Und doch blieb ich Mensch

Markus Gadringer

Band I

mgv
Markus Gadringer
Oeverseestrasse 9
1150 Wien

www.gadringer.eu
1. Auflage

ISBN: 978-3-200-03962-9

Text Copyright © 2015 Markus Gadringer
Alle Rechte vorbehalten.

Den Deutschen taten nur die Kugeln weh, die sie selbst trafen.
Heinrich Böll

Wer einen tötet, ist ein Mörder. Wer tausend tötet, ist ein Held.
Aus Indien

In Dankbarkeit für Isabell, die mich eine so lange Zeit begleitete, auch wenn die Kraft am Ende nicht gereicht hat. Sowie für meine Mutter, deren seelische Unterstützung ich immer auf meiner Seite wusste. Und in ganz besonderem Maße für Christina, ohne die dieser Roman nie zustande gekommen wäre.
Dank gebührt an dieser Stelle auch meinem Freund Norbert.

Markus Gadringer

„Sch-ei-ß-e!" Schreiend werfe ich mich auf den Boden, die Pfütze unter mir ignorierend. *Ruhig bleiben* rede ich mir ein, während mein Puls rast. *Nicht bewegen!*
Ich presse meinen Körper mit ganzer Kraft in den weichen, kalten Boden, so als könnte ich durch ein Versinken dieser Situation entrinnen. Die Kälte der Pfütze kriecht meinen Körper empor und dringt unerbittlich tiefer. Ich zittere am ganzen Körper, ich zittere um mein Leben. *Oh Gott, ich komme hier nicht lebendig raus, hier mitten in einem freien Feld, hier gibt es kein Entrinnen.*
Ich höre, ich zittere!
Benommen, als wäre es ein Traum oder eines der Manöver mit scharfer aber nicht tödlicher Munition, liege ich am Feld, konzentriert horchend auf das Rattern der polnischen MGs und das schauerhafte Geräusch der knapp über meinen Kopf Richtung Heimat sausenden Kugeln.
„Pffffiiiitt", tausendfach zerschneiden sie die kalte Abendluft, dieses vertraute Pfeifen flößt mir erstmals ungeheure Angst ein. Diese Kugeln werden ihrer Bestimmung gerecht. Sie dienen nicht der Übung, nicht dem Erlernen der Bewegung unter Feuer, im Gegenteil: sie wollen diese auslöschen.
Ein Schrei auf Deutsch!
Irgendwelche Befehle, ich verstehe nichts und bleibe ohne ein Zeichen zu geben liegen. Bitte lass es nicht so enden, nicht hier fern der Heimat! Ich muss noch so viel Mutter sagen, Mutter und Valeria. Mit beiden Händen drücke ich fest den Karabiner, der zur Hälfte unter meinem Körper liegt, doch er bietet keinen Schutz. Das Furcht einflößende, ununterbrochene Getöse verursacht, durch die hämmernden Rückstoßlader der Polen und ihre Kugeln, wird vermengt mit einem weiteren Schrei: „Sanitäter!", unweit meiner Stelle: „Sanitäter!", ein weiteres Mal in verzweifelter Tonlage.
Einen Kameraden hat's erwischt!
Meine Gedanken beginnen unklar zu werden, sich im Kreis zu drehen, zu vernebeln, als würden sie vom Feind beeinflusst, dirigiert. *Ich stehe auf! Ich beende es!* Der wilde Franz aus den Manövern pinkelt sich beim ersten Feindbeschuss an. *Nein, bleib liegen!* Dieser Gedanke wird

jäh durch „Sanitäter!" abgebrochen, ich kann nichts sehen, aber die Stimmlage sich von verzweifelt laut – leiser – ins Weinerliche ändern hören.
Wir kommen hier nicht raus, die haben uns.
Auf diesem Feld, in diesem ohnmächtigen Lärm fern der Heimat, atme ich die letzten Züge mit dem Geschmack der Endlichkeit. Den Heldentod sterbend, ohne einen einzigen Schuss in Richtung Feind abgegeben zu haben.

Ein weiterer Schrei: der Feldwebel. Ich kann nur „Hinterhalt" verstehen, trotz seines Brüllens. Ich rühre mich nicht, beginne zu beten, die Kugeln mögen meinen Körper nicht finden, ihn nicht in Stücke reißen wie tollwütige Hunde.
Die Kälte dringt tiefer und tiefer in mich ein und beginnt längst mich zu lähmen, unterstützt durch den andauernden Druck meiner gesamten Muskelkraft gegen den Boden. Ich sehe nichts. *Was, wenn ein Stoßtrupp auf mich zu kommt?* Es ist die Angst, die mich davon abhält, den Kopf in Richtung Feind und somit in Richtung der Kugeln zu drehen, zu sehen, von wo der Tod herkommt und ihm schutzlos das Gesicht anzubieten. Ich rechne jederzeit mit meiner Entdeckung, mit einem sauberen Genickschuss, doch ich höre einzig die Kugeln über mir heulen und neben mir in den Boden einschlagen.
„Ahhh!", entfährt es mir, einen stechenden Schmerz spürend. So muss es sich anfühlen, wenn jemand ein Messer mit voller Wucht in sein Fleisch gestoßen bekommt. Durch den Schmerz verursacht, scheiße ich auf die Vorsicht und drehe mich auf den Rücken. „Verdammt!" Das Blut schießt zwei Meter in die Höhe, mir stockt der Atem, mein Oberarm pulsiert wie der Rumpf eines sterbenden Tieres, die Uniform färbt sich augenblicklich rot, mir dreht sich alles im Kopf. *Aufhören!*, denke ich. *Es reicht!*, während die Geschoße unerbittlich ihren Weg aus den Läufen finden. Ich blicke in den Himmel, sehe den Übergang zur Nacht voranschreiten, die gelegentlichen Leuchtspurgeschoße schaurig schön, wutentbrannt nahe an meinem Körper, sonst nichts. Müdigkeit beginnt mich zu umgeben, umnebelt mich, befriedet mich mit dieser Situation, ich ergebe mich ihr, trotz der bis in die Beine ziehenden Schmerzen.

Oh Mutter, deine traurigen Augen als ich fort ging, sollen sie die letzte Erinnerung an dich sein?

Mit ganzer Kraft drücke ich die linke Hand auf die Wunde, den Puls daran hindernd, mein Blut weiterhin in solchen Mengen aus dem Körper zu schleudern, trotzdem, wenn auch in dünneren Strömen, rinnt mein Leben durch die Finger hindurch weiter aus meinem Körper. Den Druck verstärkend, obwohl ich wegen des Blutverlusts, der Kälte, der fortschreitenden Müdigkeit kaum in der Lage dazu bin, treibt mich eine innere Kraft an in diesem, meinem persönlichen Kampf. Aber wozu?

Wie viel Zeit bleibt mir denn noch, bevor ich einschlafe, bevor es mir ergeht wie dem Kameraden, dessen Schreie endgültig verstummten, bevor auch ich das Feld durch den einzig möglich erscheinenden Ausgang verlasse?

Die unbändige Stärke eines jungen Mannes längst verloren und in rasender Geschwindigkeit stärker werdende Müdigkeit empfindend, steigt ein mir bekanntes, schreckliches Gefühl aus dem Innersten auf, ermächtigt sich immer größerer Teile meiner Selbst, bis es mich völlig umschlossen hält und mitnichten gewillt ist, mich je wieder freizugeben. Mein Gehör nimmt Schreie aus weiter Ferne auf und transportiert sie nach innen, wo sie einem Echo gleich wiederholt von einer Seite zur anderen geworfen werden und endlich verhallen. Die Schreie in meinem Kopf sind genau wie ich gefangen, eingeschlossen in einem Körper, umgeben von einem Gefühl der Verzweiflung gepaart mit Todesangst in einer nie da gewesenen Intensität. Obschon es mich von Beginn an auf den langen Märschen durch Polen begleitete, hatte ich keine Vorstellung davon, wie stark es im Stande ist, sich zu entfalten, Besitz von demjenigen zu ergreifen, der dem Tode ins Gesicht blickt, der ihn förmlich spüren kann bei dessen Versuch, das Leben in die Flucht zu schlagen und ein weiteres Mal den einzig wahren Kampf auf Erden zu gewinnen. Er fängt auch in meinem Fall an, sich als Gewinner zu fühlen, das Leben nach stetigem Zurückdrängen zur Gänze und für immer aus diesem im Feld liegenden, verwundeten Körper zu verbannen. Ich spüre ihn unbeirrbar, seines Daseins einzigem Zwecke nachkommend, mit eisiger Kälte in mich gleiten, mich durch freudige Gedanken benebeln und täuschen, um mir den letzten Weg zu erleichtern.

Noch bin ich zu kämpfen imstande – wenn auch nicht mit dem unsichtbaren Feind, dessen Kugeln unaufhörlich vorbeizischen, manchmal ersichtlich, meistens aber unsichtbar wie er selbst – sondern mit dem Tod. Noch nie hat er mich gekümmert, noch in keiner meiner wenigen Lebensphasen hat er mir ein Zeichen gegeben, nun will er mich ganz und gar. Den Herzschlag sich verlangsamen fühlend durch den längeren Rhythmus des heraustretenden Blutes, welches wie aus einer versiegenden Quelle an meinem Oberarm entspringt, liege ich noch immer am Feld, der Kälte des Bodens keine Bedeutung mehr beimessend und konzentriere mich auf den wunderbaren Klang des Herzens, des Lebensrestes in meiner Brust, schwer hämmernd, sich des Ernstes seiner Lage wohl bewusst.

„Ich erwarte dich", waren die letzten Worte Valerias, „ich warte auf dich, bis du wieder kommst". Nicht einmal ihr Bild in meinem Geiste bleibt erhalten, es wird verzerrt, wird blass, und es wieder zu beleben, neu in die Gedanken zu tragen, ist mir unmöglich, die linke Hand muss mein Leben verlängern und würde das Gegenteil erreichen bei einem Griff in die Brusttasche.

Aber nicht mehr lange und ich werde es dennoch hervorholen, der letzte Blick meiner tränenden Augen soll nicht den Kugeln, nicht dem Tod, noch nicht einmal dem Himmel gelten, er gehört allein Valeria.

Der verwundete Arm ist mittlerweile völlig bewegungsunfähig und macht mich nicht nur wehrlos dem Feind gegenüber, sondern nimmt mir endgültig die Gelegenheit, das Bild hervorzuholen, ohne dabei den Tod schneller an sein Ziel zu führen.

Die Gedanken werden unklar, warmes Glücksempfinden umhüllt mich und lässt die Angst vor einem direkten Feindkontakt schwinden, es würde nun den sicheren schnellen Tod bedeuten, falls er mich nicht meinem Schicksal überließe.

Es wird schwer, an Valeria zu denken, ich hoffe sie findet bei Mutter Trost.

Ein mir bekannter Donner dringt auf verschlungenen, fernen Wegen an mich heran, ich bin nicht mehr in der Lage, zwischen Einbildung und Wirklichkeit zu unterscheiden. Doch nun ein weiterer Donner, noch einer und ein weiterer, nun zahlreich, sie lassen die Kugeln weniger

werden, verschwinden. Zwei Soldaten springen auf mich zu, packen mich und zerren mich weg. Sie schreien mich an – ich kann nichts verstehen.
Ich schlafe ein.

„Franz, Franz", hallt mir wie am Ende eines langen Tunnels dieses Wort entgegen. „Franz", nun deutlich: mein Name. *Wo bin ich?* Ich kann die Augen öffnen. War es nur ein Traum, oder habe ich den Kampf verloren? Sind das weitere Intrigen, Versuche, mir den Tod anzugenehmen?
Freudiges Lachen, etwas Warmes auf meiner Brust, mir gelingt eine Bewegung der linken Hand, leichtes Drehen des Kopfes, *ja ich hab's geschafft! Hier bin ich, ich lebe!* Ich spüre den ruhigen Herzschlag, der unentwegt mein Blut durch den Körper fließen lässt, nie hätte ich dem Bedeutung beigemessen.
„Franz, Servus!" Ein mir bekanntes Gesicht beugt sich über mich und drückt dabei meine linke Hand. Es dreht sich weg, spricht mit einer anderen sich im Raum befindlichen Person, ein Lachen ist zu hören. Schnelle Schritte werden vernehmbar, die mir bekannte Person steht zuerst stramm und entfernt sich anschließend. Ein älteres Gesicht beugt sich nun ganz nah an meines, sieht mir mit forschendem Blick in die Augen, ein kurzes Aufleuchten eines grellen Lichtes, sich entspannende Züge eines rauen, faltigen Gesichtes. Gefolgt von kurzem Nicken richtet auch diese Person sich auf, sagt etwas und geht.
Ein weiteres Mal nimmt mich der Schlaf auf, diesmal der wohlige, mir von der Kindheit bekannte, und trägt mich in die Mitte eines Traumes.
Schreie! Kugeln! Donner! Entsetzt wache ich auf – nichts von alledem ist um mich. Ich drehe den Kopf nach links, als müsste ich den verborgenen Feind erspähen, aber neben mir liegt nur eine weitere Person, verwundet am Bein. Er rührt sich nicht, nur leises Stöhnen dringt aus seinem halbgeöffneten Mund. *Vielleicht war er der um den Sanitäter schreiende Kamerad*, kommt es mir in den Sinn.
Wieder schleicht sich der Schlaf ein und diesmal suchen sich die Gedanken schönere Erlebnisse, um von ihnen im Traum zu erzählen.

Die heimatliche Landschaft mit den Hügeln, den Wäldern und herrlich riechenden Wiesen, durch die wir als Kinder liefen, durch die ich mit Valeria lief, damals, als wir uns kennenlernten. Ein unbeschwerter Traum, die Geschehnisse hier in Polen nicht erwähnend und doch verlieren sie – die Gedanken – die Leichtigkeit, mit der sie in den Träumen von der Heimat immer erzählten, so als ob es die Heimat und die sich dort befindlichen Personen so nicht mehr gäbe, als ob ich diesen Ort nie mehr unbeschwert, in der mir eigenen persönlichen Art, besuchen würde; als ob, ja als ob ich von nun an ein anderer, ernsterer junger Mann wäre.

„Guten Tach." Ein junges Fräulein weckt mich in mir gut bekanntem Akzent. Mit einem Lächeln stellt sie ein mit Tee und Suppe beschwertes Tablett auf mein kleines Nachtkästchen.
„Gu moang", entfährt es mir, ohne darauf zu achten, meinen starken oberösterreichischen Akzent zu reduzieren.
„Du bist der Franz, nich' wahr?"
„Mhm", nicke ich so weit wie möglich zustimmend mit dem Kopf.
„Hast tapfer gekämpft, aber schon beinahe zehn Stunden geschlafen, solle doch reichen, oder?"
„Mhm", stimme ich ein weiteres Mal zu.
„Franz, schau mal! Kannste die Finger deiner rechten Hand bewegen? Mach doch mal so", und sie bewegt ihre zierlichen Finger, zuerst einen, dann zwei, drei, bis es mich an das Spiel eines Instruments, allein mit ihrer rechten Hand, erinnert. Ihre lautlose Vorführung ist noch nicht beendet, als ich beginne, es ihr in langsameren Tönen gleich zu tun.
Was für ein Gefühl! Die schon nicht mehr spürbar gewesenen, kalten Finger fühlen sich wieder meinem Körper zugehörig. Wärmend strömt das Blut bis in die Fingerspitzen und von dort zurück durch den Oberarm – hier gemeinsam mit dem eifrigen Auf und Ab meiner Finger einen bis zur Schulter hinaufziehenden, starken Schmerz auslösend – weiter in Richtung meines gemächlich schlagenden Herzens.
„Dat klappt, was, Franz? Haste großes Glück gehabt oder Pech, wie man's nimmt", beugt sie den Oberkörper nach vorn, „denn gleich nach deiner Einlieferung wollte eine Vertretung des Stabsarztes dir den Arm

sofort abnehmen, ohne zu versuchen, ihn zu erhalten, als der Stabsarzt gerade von seiner Visite im Feldlager zurückkehrt und meint, man solle et versuchen. Dem kannste `danke´ sagen,"
„oder ihn verfluchen.", fügt sie nun flüsternd bei. „Wie ik schon sagte, denn der Krieg geht weiter für dich, aber Polen ist ja bald besiegt.", meint sie wieder in voller Lautstärke.
Wahrscheinlich liegt es an der Sprache, dass ich dieses leichte Befremden ihr gegenüber empfinde. Obwohl es dieselbe wie die meinige sein sollte, klingen ihre Worte hart, irgendwie hölzern im Gegensatz zu meinen. Möglicherweise ist es aber auch wegen der Erinnerung an den Tag meines ersten Kontaktes mit dem preußischen Akzent. Unteroffizier Klotz mahnte uns ständig in der Schwester ihrem Dialekt, er reiße `unsere ostmärkischen Ärsche´ auf, was er zwar nicht wörtlich, aber im übertragenen Sinne während der letzten Vorbereitungen für Polen auch tat. Dieser junge Klotz, kaum älter als wir und ohne jegliche Fronterfahrung, sollte uns auf einen möglichen Gegenangriff vorbereiten. Er schien es zu genießen, besonders die älteren von uns zu disziplinieren, immer mit dem Hinweis, er sei als einer der ersten am Hauptplatz in Prag gestanden und seine Aufgabe sei es nun, diese Erfahrung an uns weiterzugeben, uns bestmöglich vorzubereiten auf den Fall eines polnischen Angriffs. Als ob wir in Tschechien auf irgendeinen gewaltsamen Widerstand gestoßen wären, als ob sich die Bevölkerung nicht über uns freute, lachten wir hinterrücks über den Klotz und seine Fronterfahrung.
„Übrigens, ik bin die Martha", holt mich die Schwester in die Gegenwart zurück, „bin in der Nähe Berlins geboren, weißte, hab mik freiwillig gemeldet als Krankenschwester an die Front. Ik hab' einfach raus gemusst aus dem kleinen Dorf meiner Eltern, verstehste´?"
„Wat erleben und jungen Männern wie dir helfen an dat Schöne zu glauben, verstehste?", scheint sie sich selber von der Richtigkeit ihrer Entscheidung überzeugen zu wollen.
„Jo."
„Wat?"
„Ich meine, ja."

„Bist aus der Ostmark, ik weiß, genau wie der Führer. Aber hier gibt's keine Extras, verstehste?", lächelt sie dabei. „Jetzt iss erst mal was, Franz!", und sie beugt sich zu dem Tablett mit der schon die ganze Zeit herrlich riechenden Suppe darauf. „Wissen Sie wo die Kugel geblieben ist?", frage ich die Schwester kleinlaut. „Die Kugel?", dreht sie überrascht den Kopf zu mir, „Das Austrittsloch hättest du sehen sollen: Ein Muskel klappte zehn Zentimeter weit herunter, als wir die Bluse aufgeschnitten haben. Freu dik der guten Genesung, die Kugel blieb da, wo sie hingehört: auf dem Feld, und übrigens wir sind per du."
Nun dreht sie mir den Rücken zu und verlässt mich, während ich den Löffel, der auf dem Tablett liegt, das sie mir zuvor noch auf meinen Schoß gestellt hat, nachdem sie mir beim Aufrichten geholfen hatte, ergreife. Kaum zu glauben, gestern hat sie mein Leben gerettet, heute ist sie nicht richtig in der Lage, den mit Suppe gefüllten Löffel gefühlvoll an meinen Mund zu führen. Nach den ersten Wegen des Verschüttens gelingt es meiner linken Hand besser.
„Mahlzeit." Ich scheine meine ganze Konzentration auf die Essenseinnahme verwendet zu haben, denn die Person zu dieser Stimme befindet sich schon mitten im Raum, als ich aufsehe. Er wird sich durch die von Martha geöffnete Tür in die ihr entgegengesetzte Richtung geräuschlos in den Raum geschoben haben. Feststellend, dass ich ihn wiedererkenne, fügt der Mann, nun schnellen Schrittes die noch verbleibende Raumhälfte bis zu meinem Bett durchquerend, hinzu: „Heute Vormittag habe ich nach dir gesehen und dir etwas gegen die Schmerzen verabreicht. Mein Name ist Doktor Nowak und ich bin der Stabsarzt in diesem `godforsaken place´, wie es der Engländer wohl bezeichnen würde." „Grüß Gott", murmle ich ehrfurchtsvoll und schlucke den Inhalt meines Mundes – etwas zu stark gesalzene, ansonsten köstliche Erbsensuppe – hinunter. „Die gute Nachricht ist", fährt er fort, „du wirst wieder vollständig gesund, dafür bleibst du noch zwei Tage bei uns. Die schlechte ist, das Deutsche Reich wird ohne dich Polen besiegen." Ein Lachen, sein tadelloses Gebiss zeigend, folgt seiner Ausführung und zugleich lässt er sich auf meiner Bettkante nieder.
„Danke, Herr Doktor!" sage ich, woraufhin sich ein – trotz seines gehobeneren Alters, das an den tiefen Falten auf seiner hohen Stirn

abzulesen ist – gut aussehender Mann vorbeugt und mir aus nächster Nähe direkt in die Augen sieht. „Danken musst du den Kameraden der Artillerie. Ohne sie wären mehr als nur drei zu beklagen, wahrscheinlich jeder von euch. Ich für meinen Teil mache was ich immer mache: den Verwundeten mitsamt seiner Extremitäten zu retten, und dein Arm sah bös´ aus, obschon dein Humerus heil blieb." „Mein Humerus?", denke ich laut vor mich hin, den Blick von ihm abgewandt. „Der Knochen", zeigt er, sich dabei gerade richtend, auf meinen verbundenen Oberarm, „dein Knochen ist ganz geblieben, deshalb haben wir nur zwei Tage deine Ehre." „Mhm, sind wir die einzigen Verwundeten aus diesem Hinterhalt, Herr Doktor?", lenke ich von meinem Unwissen ab. „Du bist erstaunlicherweise überhaupt der einzige. Den Kameraden da hat´s am Übergang über die Weichsel schwer erwischt, ich hoffe, wir bringen ihn durch."

„Ich auch."

„Übrigens, die 45-er, das ist doch deine Einheit?"

„Jo", stimme ich aufgeregt zu.

„Also die befindet sich allem Anschein nach kurz vor Tomaszow, die Ostmärker marschieren ohne Ruh`, hört man."

„Ja", fühle ich mich geehrt, „mir schmerzen die Füß' jetzt noch."

„Das glaub' ich dir gern. Falls es dich interessiert wie es mit dir jetzt weiter geht, so weit ich weiß wirst du bald benachrichtigt."

„Wo sind wir eigentlich und welcher Tag ist heut', Herr Doktor?"

„Der dreizehnte und wir sind in einer von Gott verlassenen Scheune südwestlich von Tarnogrod.", scheint er sich über den Ort zu ärgern.

„Werde ich heimkommen, Herr Doktor?"

„Das kann und darf ich nicht beurteilen, aber dein Arm wird dich jeden Kilometer ordentlich spüren lassen. So und nun: Ende der Fragestunde. Von wo genau aus der Ostmark kommst du?"

„Aus Ried im Innkreis, Herr Doktor.", freue ich mich über sein Interesse.

„Nie gehört. Ich komme aus Wien." Mit diesen Worten erhebt er sich, geht, ohne ein weiteres zu sagen, und verschwindet wie Martha zuvor durch die Tür hinaus.

Diese wird hinter ihm zugezogen und ich liege nun als einzige sich vollem Bewusstsein erfreuende Person im Raum. Nun bestätigt sich mir des Doktors Feststellung, es handle sich um eine Scheune, die notdürftig zu einem Lazarett umgebaut wurde. Der hohe Raum, gen Himmel durch ein Giebeldach begrenzt und auf halber Höhe mit starken Querbalken gestützt, wird spärlich durch zwei kleine Fenster mit Licht versorgt. Im Raum stehen – sorgfältig aufgeteilt und durch einen Mittelgang getrennt – zwanzig Betten in zwei Reihen, von denen einige zwar bis vor kurzem benutzt worden, aber gegenwärtig bis auf das neben mir mit dem Kameraden darin frei sind.

Er liegt da, ohne sich – abgesehen von dem bei genauer Betrachtung leichten Heben und Senken seiner Brust – zu rühren und atmet hörbar schwer. Sein rechtes Bein, kann ich durch eine schmale Öffnung zwischen Bett und Decke erkennen, ist am Oberschenkel mit einem dicken Verband umwickelt. Ansonsten befindet sich niemand im Raum.

Nur die Stille und der um die Scheune singende Wind sind vernehmbar, mein Gehör beginnt sich zu schärfen, mit dem Erfolg, das anfangs leise Rauschen in meinem Kopf lauter werden zu lassen, unterbrochen nur von gelegentlichen unregelmäßigen Atemzügen meines Nachbarn, die von mir als Störung eben jener Stille empfunden werden, die mir so lange verwehrt geblieben ist.

Beschämt von meinem Egoismus dem Kameraden gegenüber, drehe ich meinen Kopf, in welchem sich die letzten Nebel allmählich lichten, von ihm ab und ganz ähnlich wie die Landschaft bei Aufbruch der Sonne in einen neuen Tag erhellt wird, beginnen sich meine Gedanken durch das Abklingen der Schmerzmittel aufzuklaren.

Ein freudiges Gefühl über das Glück, in einem viel besseren Zustand als er zu sein, breitet sich in mir aus, den Körper allen Kommandos folgen zu spüren, bis auf jenes, den rechten Arm zu heben, was mein Glücksempfinden aber nicht im geringsten beeinträchtigen kann. Es steigert sich nun kontinuierlich mit der Rückkehr der am Feld verlorenen Kräfte, wohl durch die Ruhe und die Einnahme einer warmen Mahlzeit hervorgerufen.

Aber nicht allzu lange darf ich diesen Zustand auskosten, denn gleich drängen weniger behagliche Gedanken in meinen Geist und das, was der rechte Arm in seiner Befehlsverweigerung nicht vermochte, gelingt nun der Erinnerung an die Aussage Marthas über mein mögliches Pech, nochmalig im Feld bestehen zu müssen und dann nicht nur auf das Ende des Kampfes wartend, um mein Leben bangend zu liegen, nein, dann kämpfen und damit töten zu müssen.

Von dumpfer Anspannung im Bauch begleitet fallen mir die Geschichten aus unserer Kaserne wieder ein. Geschichten, zu unglaublich um sie als wahr, als sich jemals zugetragen habend zu begreifen und die damit für uns junge zur Ausbildung herangezogene Soldaten das waren und blieben, wofür wir sie hielten: Geschichten.

Die alten Veteranen erzählten sie und werden sie auch jetzt anderen Jahrgängen wiedergeben, im selben Soldheim unserer Kaserne in Ried. Auch diese und noch weitere Jahrgänge werden den Berichten über den Stellungskrieg, die Flammen, das Gas mit Staunen und Entsetzen folgen, ebenfalls wie wir in der friedlichen Kaserne jede Vorstellung entbehrend. Vieles werden sie hören, von einigen gesprächigen Unteroffizieren, die sie untertags geschunden haben werden, vieles, aber nichts über ihr Empfinden; vieles über Kameradschaft, nichts über die mir nun bekannte, lähmende Angst; vieles über Mut und Abenteuer, wenig über Feigheit und Rückgratlosigkeit.

Die Gesichter werden sich, unterstützt durch das gelegentliche Gelächter der Zuhörenden, erhellen, ihren geschundenen Zügen wird dadurch die Ernsthaftigkeit genommen werden, bis sie fast freundlich scheinen. Nur werden die Aufmerksamen unter ihnen in dieselben fahlen, leeren Augen blicken, in die ich in jeder dieser Runden von den Geschichten des Kampfes blickte. Jedes Mal fuhr es wie ein Blitz durch meinen Körper hindurch, wenn mich die Augen eines Erzählers trafen.

Ich entdeckte Dinge darin, die nicht gesagt werden; Dinge, für die es keine Wörter gibt und die sie selber, die Augen, besser nie gesehen hätten und die sie nicht verstehen.

Während mich das Gesagte neugierig stimmte auf Kommendes, mahnten mich diese Augen davor. „Es kommt darauf an, wie du stirbst", war eine ständig vom täglich im Soldheim anzutreffenden Unterfeldwebel Hölzl getätigte Aussage, „aufrecht im Kampf oder davonlaufend hinter der HKL von der Gestapo!"

Der Unterfeldwebel war hart, aber zumindest gerecht und gut zu uns, seinen 17-ern, wie er uns nannte, die als erster Jahrgang mit ihm in einen möglichen Krieg ziehen dürfen. Für ihn zählte nur, aufrecht zu sterben und er verabscheute Feiglinge aus tiefstem Herzen. „Der Franz, da", hatte er einmal nach ein paar Bieren im Soldheim in die Runde gesagt, „der hat Schneid, das sieht man bei den Manövern, das braucht die Wehrmacht!"

Ein verzweifeltes Lächeln zwingt sich mir in diesem Moment auf. Er sollte die Gelegenheit nicht bekommen, mich zitternd wie einen Hund am Feld liegen zu sehen. Er kam bei einem Manöver durch eine explodierende Mine ums Leben.

Ein warmer Strahl berührt mein Gesicht. Als ich aufblicke, mich die Sonne blendet, sehe ich das erste Mal durch eines der beiden mir schräg gegenüber liegenden kleinen Fenster hinaus auf ein freies Feld mit gemächlich im Wind wankenden, mächtigen Bäumen im Hintergrund – wenn auch nicht mächtig genug, die schon herbstliche Sonne zur Gänze zu verdecken.

Welch ein Anblick!

Die Ruhe und Friedlichkeit darin lassen jedes Zeichen eines Krieges vermissen, die Bäume stehen vom Kampfe unbeeindruckt und weichen nicht vor uns Soldaten, die Situation wirkt auf mich absurd, denn nur durch die Verwundung im Krieg ist es mir möglich, dem Krieg vorerst fern zu bleiben und in völliger Ruhe diesen Anblick zu bestaunen.

Um das Feld und die darauf vermutete Wiese besser einsehen zu können, stemme ich mich hoch, der verwundete Arm beendet dabei sein leichtes Ziehen und ruft sich mir mit stechendem Schmerz wieder ins Gedächtnis; damit belasse ich es bei dem kurzen Versuch und den im Liegen ersichtlichen Waldbäumen.

Den Arm bis in den kleinen Finger schmerzen zu spüren, zu wissen, er ist noch da und wird wieder voll funktionsfähig, vertreibt mir die letzten Reste quälender Gedanken über das in so kurzer Zeit Erlebte und noch möglicherweise Bevorstehende, denn als Kriegsversehrter, als junger Mann mit nur einem Arm, will ich nicht heimkehren. Was würden da die Leute sagen, würde Valeria sagen; würde sie mich als Krüppel noch wollen? Die Gedanken an Valeria setzen sogleich eine Bewegung in meinem Bauch frei, vergleichbar der beim ersten Küssen ihrer zarten Lippen gespürten, die sie nur wegen meines ungewissen Fortgehens erlaubt hatte.

Vielleicht bekomme ich den Heimfahrtschein und sehe sie sehr bald wieder? Komme raus aus Polen und nie wieder hierher? *Gott*, was sind wir marschiert durch dieses weite Land mitsamt seinem unseligen Staub. Über die anfangs herrliche Tatra hinaus in die Ebene, durch die schaurig schönen, brennenden Städte und Dörfer – den Geruch von brennendem Holz gemischt mit Benzin einatmend und an der Uniform mittragend – welche die Polen selber, die Einheiten vor uns und im Besonderen die ständig über uns hinwegbrausende Luftwaffe, hinterlassen hatten. Immer weiter führten uns die Beine, stundenlang, zuerst den Schmerz bis in den Rücken spürend, danach taub werdend, an nicht enden wollenden Kolonnen von Gefangenen und den ersten toten Polen vorbei; unwirkliche Begebenheiten in einer unwirklichen Welt; ich konnte keinen klaren Gedanken mehr fassen, jedoch im Stehen schlafen, und während andere laut weinten aufgrund der Ausweglosigkeit der Strapazen, weinte ich in mich hinein.

Die Schultern folgten den Beinen als nächstes in die Taubheit, machten es uns unmöglich, sich rasch zu bücken; die in den Bergen noch gehörten Scherze waren schon am vierten Tag verstummt. *Verfolgung aufnehmen!* Diesen Tagesbefehl zählte ich ganze dreizehn, Klaus nur zwölf Mal, jedoch stritten wir nicht, wie so oft in der Kaserne, denn nicht einmal auf den Tag konnten wir uns einigen. Unsere Nerven waren dem Zerreißen nahe. Jeden Morgen waren wir uns sicher, tagsüber auf den Feind zu treffen, jeden Abend waren wir davon überzeugt, es am nächsten Morgen zu tun. In den gesäuberten Dörfern befanden sich keine Lebenden mehr. Abgesehen davon, dass wir manches Mal die Nerven verloren und einige sogar auf ihre Schatten schossen, blieben unsere Gewehre, außer bei den Schießübungen, stumm. Verheerende Ergebnisse erzielten wir bei den Übungen, was den strengen Kompaniekommandanten jedoch zu keiner Reaktion veranlasste, nur einmal soll er gesagt haben, er sei schon froh, wenn wir uns nicht gegenseitig erschießen würden.

Einige brachen während des singenden Marschierens zusammen,

einfach so, wenn sie zum Beispiel durch Fieber geschwächt waren oder der MG-Trupp die schweren Lasten nicht mehr tragen konnte; nach kurzen Pausen und der Gewissheit, sie nicht mehr auf die Beine zu bekommen, ging es ohne sie weiter. `Einzelschicksale können nicht berücksichtigt werden´ war die Devise, vom Führer persönlich ausgegeben.

Die Tür öffnet sich und Schwester Martha kommt herein. „Haste schon gegessen?", bewegt sie sich fragend auf mich zu. „Ja", erwidere ich und deute mit dem Kopf auf das vor mir auf dem Schoß liegende Tablett. „Gut", räumt sie dieses zugleich auf die Seite. „Hier hab' ik ein Tuch, damit mach' ik dir ´ne Trageschlinge, mit der du anschließend vorsichtig aufstehen kannst."
„Danke, Schwester", und sie zieht einen Stuhl heran, setzt sich neben mich an der rechten Bettseite, legt das Tuch halb in der Luft und halb auf ihrem Schoß zu einem Dreieck zusammen und beginnt zu erzählen – allem Anschein nach nur um des Erzählens Willen, gedankenverloren – was so unter dem wenigen anwesenden Personal an Gerüchten verbreitet wird. Ich bin bereit, so zu tun als würde ich aufmerksam zuhören; obschon es eine nette Abwechslung darstellt, bin ich nicht sonderlich interessiert, bis sie schließlich doch meine volle Aufmerksamkeit auf sich ziehen kann und dies sicherlich bemerkt, als sie von der Kriegserklärung Englands und Frankreichs an uns berichtet und mich fragt, ob ich das schon wüsste.
„Stimmt's also?", sehe ich sie fragend an, „es gab ständig Gerüchte über den Engländer, der um seine Weltherrschaft fürchtet, aber nichts Konkretes."
„Ja das stimmt, aber der Russe steht uns ja zur Seit'!"
„Ich hoffe der hält sein Wort und sieht uns nicht auch als Bedrohung", mache ich mir ernsthaft Sorgen, „dann wäre all das umsonst gewesen."
„Mach' dir keine Sorgen, der Führer weiß, was er tut!"
„Gibt es eigentlich Neuigkeiten von unserer Armee?"
„Hab' nur gehört, die Armee ist überall auf dem Vormarsch, es dauert nicht mehr lang' und Polen liegt dem Führer zu Füßen. Und dass er auf dem Weg hierher ist!"

„Was?"

„Als erster Soldat des Reiches muss er ja vorne dabei sein; er kommt in diese Gegend, aber wann und wohin weiß ich nicht, vielleicht besucht er ja unsere schöne Scheune!", beginnt sie zu lachen und blickt auf – von ihren Händen, die gerade meinen Arm anheben, um das Tuch unten durch zu schieben – mir geradewegs in die Augen und ich sehe kein schönes Gesicht; es ist freundlich, doch als Ganzes irgendwie nicht zusammenpassend, zu rundlich für die scharf das Kinn hervortreten lassenden Konturen, eine zu kurze Nase umrahmend. „Auf so einen schneidigen, feschen Soldaten wartet doch sicher jemand in der Heimat?", wechselt sie unvermittelt das Thema und trifft mich völlig unvorbereitet, sodass ich beschämt antworte: „Jo, ein paar!" Sie lässt mit ihrem Blick nicht von meinen Augen ab und wartet unverfroren. „Meine Freundin, meine Eltern, zwei kleine Brüder und drei Schwestern und ach ja, ein Hund." Aufgrund dieser von mir ernst gemeinten Beifügung beginnt sie zu lachen, was ihre Züge angenehmer erscheinen lässt. „Ak nee, ein Hund", wiederholt sie und steckt mich mit ihrem Lachen an, „is' bestimmt ein Dackel."

„Nein, ein Jackrussel, is' sie, die..". Der Satz wird durch ein plötzliches lautes Luftschnappen meines Nachbarn unterbrochen, durch das er sich verschluckt und ernsthaft zu husten beginnt. „Was passiert denn mit ihm?", frage ich Martha, ihr mit den Augen folgend, während sie – für meine Begriffe zu langsam – an sein Bett geht. „Sein Zustand hat sich verschlechtert, er benötigt viele Schmerzmittel und hat viel Blut verloren; der Doktor sagt, er wird die Nacht kaum überleben."

„Mein Gott, der Arme!"

„Ja, eine große Verschwendung an jungem Leben; genau wie du, 22 Jahre is' er jung."

Nach einer Weile und ein paar sicheren Handgriffen, die dem Kameraden offenbar das Gefühl geben, es kümmere sich jemand um ihn und ihn dadurch beruhigen, kehrt sie auf ihren Stuhl zurück. „Beug dich mal vor, Franz, mal sehen ob dat hält? Aha, bisschen zu hoch", ergänzt sie sofort. Daraufhin öffnet sie den Knopf der Trageschlinge in meinem Nacken, lässt gekonnt den Arm sachte sinken und knöpft in neuer, ihr passend erscheinenden Stellung einen weiteren. „So, nun steh' doch

'mal auf!" Die noch schwache Muskulatur lässt meine Beine nachgebend, unkoordiniert nach vorne tapsen. „Siehste, geht doch", macht sie mir Mut. „Nu net wie i' mecht!", sage ich mehr zu mir selber, als zu Martha.
„Wat? Ah, was soll's, ik kann mir schon denken, was du sagen willst."

Da liegt sie nun vor mir, nicht so wie ich sie mir vorgestellt hatte kurze Zeit vorher. In ihrem Grün kraftloser und die schattigen, von den Bäumen geworfenen Flecken ins Bräunliche übergehend, ohne Spuren von Blumen; einzig halbhohes Gras auf morastigem Untergrund ist auf der Wiese zu sehen, bis an ihrem Ende die Bäume die Sicht versperren.
„Hat's denn gar geregnet?", frage ich, den Kopf vom Fensterglas weg Richtung Martha drehend. „Ja, gestern Nachmittag kurz und ich denke, die halbe Nacht hindurch.", kommt die Antwort.
Beide vernehmen wir ein erst entferntes, aber sich rasch näherndes Motorengeräusch, so lange, bis es laut am Stand laufend vor der Scheune zum Stehen kommt, dem soliden Getucker nach zu urteilen ein DKW-Krad. „Wir bekommen Besuch!", durchbricht Martha die Stille zwischen uns, worauf ich meinen ganzen Körper in den Raum drehe und Martha, die lediglich den Stuhl verschoben hatte aber noch darauf saß, aufsteht und ihre weiße Uniform glattstreicht.
Im Vorraum höre ich eine unbekannte Stimme, die sich mit dem Doktor unterhält. Martha und ich sehen uns gespannt an und warten – das Krad nun keinen Ton mehr gebend – auf Kommendes. Die Tür springt auf, ich stehe sofort stramm und melde: „Achtung!" Ein groß gebauter Mann im Ledermantel mit deutlichen Spuren von Regen und Schmutz tritt herein. „Name und Einheit!", ruft er mir, mit klarer Stimme befehlend quer durch den Raum zu. „Schütze Meyer, 45. Infanterie Division, Regiment 135, II.Bataillon, Herr Major!"
„Rühren! Dann ist das da...", blättert er in seinen Aufzeichnungen, „Helmut Brandstetter", greift Martha, deren Nachnamen ich nicht kenne, vor. „Helmut Brandstetter", wiederholt der Major des SD nachdenklich, während er in die Mitte des Raumes schreitet, sich die Aufzeichnungen unter seinen linken Oberarm klemmt, und seine Lederhandschuhe kunstvoll – genüsslich die Aufmerksamkeit und von ihm ausgehende

Macht zelebrierend – auszieht.

„Doktor Nowak gibt ihm nicht mehr viel Zeit. Dumm gelaufen", beugt er sich über den Kameraden, fühlt seinen Puls, hört seine gepresste Atmung und dreht sich zu mir.

„Schütze Meyer, so bald Sie verlegungsfähig sind – dem Doktor nach übermorgen – werden sie in die Ostmark verlegt. Das OKW erteilt ihnen Genesungsurlaub. Sie werden sich laufend bei einem der Wehrmacht unterstellten Ärzte zur Untersuchung melden, um umgehend wieder in den Kampfverband eingegliedert zu werden, verstanden?"

„Jawohl Herr Major!"

Dieser nähert sich mir nun und sein Ringkragen funkelt in den letzten Sonnenstrahlen des Tages, die mich zuvor aus den Träumen über den Unterfeldwebel gerissen hatten, auf seiner Brust. „Gut, Schütze Meyer. In dem Bericht steht, sie hätten sich als eines Deutschen Soldaten würdig erwiesen." Sieht er mir gerade und ohne ein Zucken in die Augen; Tropfen lösen sich von seiner Kappe und fallen auf seine Schulter, um Richtung Boden zu laufen. „Sie haben keinen Schuss abgegeben und lagen am Feld, um auf die Artillerie zu warten. Ihr erster Feindkontakt?"

„Jawohl, Herr Major!"

„Sicher nicht ihr letzter. Hier, ihre Papiere.", streckt er mir die Zettel entgegen, „Das Verwundetenabzeichen wird Ihnen hier in Ostpreußen verliehen." Nun wendet er sich ab, äußert ein kurzes „Fräulein" und geht weiter Richtung Ausgang. „Achtung!", entfährt es mir ein weiteres Mal, als er die Tür hinter sich in das Schloss wuchtet.

Ich möchte schreien vor Glück! Doch Marthas Anwesenheit und im Besonderen Helmuts unglückliche Lage verbleten mir eine überschwänglich zur Schau getragene Freude. „Dat war mal ein Kettenhund, aber nee, das is' doch 'ne Neuigkeit, wat?", übernimmt Martha diesen Part, „Schütze Meyer, Glückwunsch! Und sogar mit Abzeichen, dat wird dem Fräulein gefallen!", meint sie, während sich unsere Blicke treffen. Daraufhin stolpere ich, immer noch nicht meiner Beine Herr, Richtung Bett, während Martha langsam zur Tür schlendert und wir im selben Augenblick die DKW davonbrausen hören.

Ich schrecke abrupt aus meinem Halbschlaf im Bett liegend auf. Es ist schon später Abend, als sich draußen am Platz vor der Scheune, auf dem Stunden vorher das Melde-Krad mit dem ominösen Fahrer stehen blieb, ein LKW mit lautem Quitschen in den Stillstand bremst. Draußen herrscht nun völlige Dunkelheit, von der Landschaft ist durch das Fenster nichts mehr zu erkennen; nicht einmal der Mond spendet Licht, nur zwei kleine Hindenburg-Lampen beleuchten das Innere des Raumes spärlich.

Sofort wird es am Vorplatz hektisch, verschiedene Stimmen sind zu vernehmen, darunter die des Doktors, Anweisungen gebend. Eine Klappe, wahrscheinlich die Heckklappe, wird kraftvoll nach unten geschwungen und prallt wuchtig, einen mir gut bekannten lauten Knall verursachend, auf das Gestell. Nun wird mir bewusst: Ich bekomme Leidensgenossen.

Nachdem der Motor verstummt ist, dringen laute Schreie aus dem Inneren des LKWs zu uns. Es überschlägt sich die Stimme dabei so stark, dass sie völlig überzogen, unwirklich, einem Kindgeschrei ähneln. Der Doktor gibt noch immer unentwegt Anordnungen, während um ihn herum Fußtritte von mehreren Personen, dem LKW entsteigend, hörbar werden.

Allem Anschein nach wird der Unglückliche auf einer Bahre in den Nebenraum getragen und dort von den Kameraden abgelegt, welche wiederum gleich nach dem Verrichten ihrer Arbeit angeleitet werden, sich in meinen Raum zu begeben – all dies durch die dünnen Holzwände gut hörbar.

Sachte, ganz im Gegensatz zu dem Überbringer meiner erfreulichen Nachricht, wird die Tür geöffnet und ich zähle fünf im fahlen Licht erkennbare Soldaten, hereinbegleitet von unaufhörlichem Geschrei im Hintergrund.

Sie schleppen sich – einer dabei von einer mir unbekannten Schwester unterstützt – über die Polen und ihre Hinterlist fluchend – zu den Betten, wo jeder einzelne – uns Anwesende nicht beachtend – nur die benötigte Ruhe zu finden hofft. Dieses Unterfangen ist jedoch bei geöffneter Türe unmöglich, denn die Schreie – schrecklich entstellt, eher einem Tier denn einem Menschen zuordenbar – hallen durch das ganze Lazarett. *Wie wird der wohl zugerichtet sein?* Bei diesem Gedanken spüre ich Gänsehaut sich auf Armen und Beinen ausbreiten und den Krieg wieder ganz nah an mich herangetragen.

Martha redet ununterbrochen in gelassenen Worten auf den schreienden Kameraden ein, doch er kann oder will sie nicht hören. Erst als der Doktor in ebenfalls unaufgeregter Stimmlage und vermutlich mit Morphium aushilft, beruhigt er sich bis vollständige Stille eintritt. Durch die noch immer nicht zugezogene Türe versuche ich klopfenden Herzens Bilder zu diesen Schreien zu finden.

„Drei Kugeln abbekommen, ein Wunder dass er noch lebt!", spricht der mir genau gegenüber das Bett bezogen habende Kamerad in den Raum, wahrscheinlich durch meine Neugier angestoßen. Und ergänzt in Richtung meines ihm mittlerweile zugedrehten Kopfes: „Der Kamerad wird die Sonne nie mehr aufgehen sehen, so viel ist sicher. Gott hab' ihn selig!" „Von welcher Einheit seid's denn?", frage ich, nur die schmutzigen Sohlen seiner Stiefeln sehend.

Daraufhin hebt er seinen Oberkörper an, um mich besser zu sehen oder sich besser sehen zu lassen, denn seine Schulterklappen zwingen mir sofort ein „Herr Unteroffizier" ab. „Sind allesamt Aufklärer der 19. Infanterie. Waren auf dem Vormarsch Richtung Lemberg und dachten, die ständig über unsere Köpfe hinwegbrausenden Stukas haben saubere Arbeit geleistet, weil bis dato an diesem Tag kein Feindkontakt. Tja, danach sind wir unvorsichtig geworden.", hustet er kurz, „Nun, als wir Olecsex verließen und das Tagesziel, einen kleinen Ort vor Lemberg, vor Augen hatten, machten wir gehörig Tempo. Plötzlich ein Pfeifen, wir wussten sofort: das sind keine Unsrigen. Kawumm!", und er fährt mit beiden Händen in die Höhe, „Kübelwagen: Volltreffer! Stell dir vor, der Fahrer sprang noch vor dem Einschlag ab – ich dachte noch: Mensch hat der Glück gehabt – aber ein davonfliegendes Teil hat ihn dann doch erschlagen. Tja, der Rest der Truppe geriet in Panik, sprang von den Pferden ab und wusste nicht, wohin. Dadurch wurden wir gute Zielscheiben und die verfluchten Polenschweine drückten ab."

Er schiebt nun seinen Oberkörper nach vorne in den Lichtkegel, ertastet dabei den Verband auf seinem Kopf, der das linke Auge bedeckt, deutet darauf und fährt fort: „Die Artillerie hat uns rausgehauen,

wahrscheinlich Splitter einer Forelle – zumindest kein Fremdkörper!", beginnt er zu lachen, „Kein Fremdkörper!", wiederholt er, als wolle er Bestätigung für seinen gelungenen Witz.
Ich schwenke meinen Kopf ein weiteres Mal in Richtung des Nebenraumes, als im selben Augenblick Doktor Nowak in gewohnt schnellem Gang auf den Unteroffizier zuschreitet – augenscheinlich der höchstrangige Anwesende – und berichtet: „Der Gefreite wird übermorgen beerdigt. In diesem Fall verständige ich die Truppe und seine Angehörigen." Ein leichtes Nicken seines Gegenübers bestätigt dem Doktor die Zustimmung zu Gesagtem. „Wie sieht`s hier aus, benötigt jemand medizinische Versorgung?", fragt er, sich um die eigene Achse drehend, in den Raum. „Ja hier, Herr Doktor.", kommt eine charmante Stimme in akzentfreiem Deutsch aus einer der fahl beleuchteten Ecken. Dieser bewegt sich ohne Umschweife auf den Standort der Stimme zu, knipst eine Taschenlampe an und beleuchtet den am Bett liegenden Soldaten samt der daneben stehenden Schwester. „An seiner Wade", konkretisiert die Schwester.
„Aha! Das muss genäht werden, Martha!", schreit er laut. „Ja", kommt die Antwort aus dem Nebenraum zurück. „Der ist tot, bleiben wir bei den Lebenden, bringen Sie Nähzeug und Alkohol. Das ham' ´ma glei'", verfällt er plötzlich ins Wienerische, „Und naja, woll' ´ma net geizen, Martha", schreit er nochmals, „Ein wenig Morphium. Keine unnötigen Schmerzen mehr heut', net wahr?"
„Jawohl, Herr Doktor."
„Danach sehe ich mir ihren ziemlich notdürftigen Verband an.", richtet er das Wort an den Unterfeldwebel, „Mehr als das linke Auge sollte nicht verloren gehen." „Und das jetzt, so kurz vor dem Sieg und auch noch so: Ein paar versprengte Polen scheuchen meine Männer auf wie Hühner.", stößt dieser hervor.
Während der Soldat genäht und dem Doktor von der unbekannten Schwester assistiert wird, kümmert sich Martha um die anderen drei frisch eingetroffenen.

Mittlerweile ist es zwei Uhr morgens und ich gleite, am Rücken liegend, langsam in den Schlaf. Doktor Nowak ist noch eine ganze Weile bei seiner Arbeit zu hören, unterbrochen von Momenten völliger Stille im Raum, in denen ein fernes dumpfes Grollen leise vernehmbar ist. Schauriges Grollen, in solcher Ferne und Lautstärke wie ein Naturschauspiel anmutend, doch aber vom Menschen verursacht und seine Wirkung an den neu gebrachten Soldaten ersichtlich.

„Tagwache", kommt Martha um halb sieben in der Früh an diesem denkwürdigen 15. September guter Laune in den Raum. *Endlich*, so mein erster Gedanke des heutigen Tages, endlich: *Heute geht's Richtung Heimat*. Bis zu meiner Abreise in eineinhalb Stunden werden wir den gestern gelernten Ablauf – ähnlich dem in einer Kaserne – durchlaufen: Betten machen – soweit jedem Einzelnen möglich – austreten auf den Vorplatz, in die kalte erfrischende Morgenluft, dortiges Verrichten der Morgentoilette, Beine vertreten, danach das Frühstück auf dem Bett sitzend einnehmen.
Die Scheune verlassend, begrüßt uns derselbe aus Ost wehende, fröstelnde Wind – den so intensiven Baumharzgeruch an unsere Nasen führend – der es gestern tat und es morgen wieder täte, wäre ich noch hier. Der tote Soldat liegt immer noch friedlich und leicht zugedeckt auf einer Bahre in einem Unterstand.
Wie das wohl sein mag, so gar nichts mehr spürend dazuliegen und auf die letzte Reise zu warten, welche in seinem Fall heute Nachmittag stattfinden und auf den Platz unweit zweier Linden, mit bereits einem halben Dutzend Birkenkreuzen darauf führen wird. Wird das auch für den wider erwarten noch gegen den Tod ankämpfenden Helmut der nächste und damit letzte Weg werden?

Wir zusammengeflickten Soldaten unterhalten uns über eben jenen Kameraden, über das Wetter, welches weiche, strahlend weiße Wolken, vom starken Wind über den Himmel gejagt, in Abwechslung zur Sonne für den heutigen Tag gewählt hat, und über meine bevorstehende Abreise.
Die Unterhaltung erwärmt sich auch heute nicht zwischen uns, was

wohl an der Herkunft meinerseits liegt, als nicht im Altreich Geborener. Ich entferne mich ein paar Schritte von der Gruppe, drehe mich zu unserer Scheune und sehe auch heute hinter dieser gen Süden kein weiteres Gebäude, nur Wiesen und Brachland. Vor der Nutzung als Lazarett wurde sie wohl zum Lagern von Heu genutzt, mit Wänden aus Fichtenbrettern und dem Giebeldach mit selbst gebrannten Ziegeln, den unsrigen zu Hause gleich, gedeckt. Nur verfügt diese Scheune über zwei von uns in die Wände geschnittene Fenster.

Vom Osten kommend, begleitet von einem ununterbrochenen Geheul des Windes, führt ein holpriger Weg, in der Ferne schwer zwischen den weiten Wiesen und Feldern erkennbar, direkt an unserer Scheune vorbei und weiter in ein Kiefernwaldstück, das die Sicht in den Westen nach fünfhundert Metern enden lässt. In nördlicher Richtung stellte ich gestern schon Zeichen von Zivilisation fest, und auch heute rauchen weit hinten, etliche Feldlängen von uns entfernt, Schlote winziger Häuser vor sich hin.

Auf ein Zeichen Schwester Elisabeths – den Namen hat sie mir gestern verraten – treten wir durch tiefe LKW-Spuren hindurch wieder ein in die Scheune und queren den OP-Saal mit all den Werkzeugen, Ampullen und dem in der Mitte stehenden sauberen Tisch, um auf unseren Betten zu frühstücken.

Die Wärme des Tees strömt wohltuend in meinen Körper, als Martha mir in der Tür stehend zuruft: „Nun geht's nach Hause, wat, Schütze Meyer?" Ich nicke ihr zu.

Alle auf der Ladefläche sitzenden Soldaten sind – obwohl teilweise schwer gezeichnet – guter Laune, als wir den Vorplatz mit mir als einzig neu zugestiegenem ruckelnd verlassen. *Mannschaftssoldaten*, denke ich insgeheim bei einem Blick in die Runde, auf Kameraden mit teilweise nur einem Bein oder Arm, *alles untere Ränge,* nur ganz vorne kann ich die Abzeichen dreier Männer nicht erkennen. Selbstbewusste, siegessichere Männerstimmen beginnen den Egerlermarsch zu singen, in den ich unbewusst einstimme, während mein Blick und meine Gedanken der sich entfernenden Scheune gelten, bis das Kiefernwaldstück mir die Sicht – wohl für immer die letzte – abschneidet und ich mir die Verabschiedung, dunkle hohe Bäume an uns vorbeiziehend, ins Gedächtnis rufe.

Mit wenigen Worten dankte ich besonders Martha und wünschte ihr alles Gute. Sie erwiderte in gewohnt frecher Art, das schon bewältigen zu können und vielleicht sähe man sich ja einmal wieder und, ach ja, viel Spaß in der Ostmark! *Sogar `Spaß´ spricht sie kurz und hart aus* dachte ich mir dabei. Doktor Nowak wünschte mir ebenfalls alles Gute und warnte mich in seinem wienerischen Dialekt davor, dass die 90 Kilometer lange Reise über holprige Wege schmerzhaft werden würde, aber als Soldat sei man ja so was gewöhnt. Daraufhin nahm ich mein Gepäck auf, übernahm meinen Karabiner Nummer 981213 mit der dazugehörigen, noch vollständigen Munition mittels Unterschrift aus dem Waffenstand und wartete auf den in der Ferne sichtbaren, langsam größer werdenden LKW, auf dem sich des Doktors Warnung von Beginn an bewahrheiten sollte.

Der Gesang bietet die einzige Gelegenheit, das mit jedem gefahrenen Kilometer heftiger werdende Stechen und Ziehen verdrängen zu können, um nicht Gefahr zu laufen, als jammernder Weichling eben wegen des bisschen Ziehens – hier in völliger Sicherheit – da zu stehen. Schon kurz nachdem wir das Waldstück verlassen haben, kann ich die Weichsel in einiger Entfernung erkennen, wie sie sich ruhig dahinschlängelt und die Strahlen einer noch sparsamen Sonne auf ihr glitzern. Der LKW biegt in die breite Nachschubstraße ein, auf der sich die Kolonnen von Fahrzeugen in beide Richtungen bewegen. Kurz vor dem Übergang des Flusses müssen wir warten, eingereiht in die rechte Spur und mit abgestelltem Motor, denn die provisorische Brücke kann nur in eine Richtung passiert werden und es haben die Rückwärtigen Dienste Vorrang. Von der Ladefläche aus habe ich das Gefühl, gerade das gesamte Deutsche Volk beim Einmarsch nach Polen zu sehen und die langen Kolonnen polnischer Gefangener bei ihrem Ausmarsch.

„Die sollten wir doch gleich alle abknallen!"

„Was?", sehe ich entsetzt meinen Nachbarn an.

„Na die Polacken da, genau wie die Juden: alle abknallen. Wo sollen's denn hin? Kannst ja keinem trauen, denk doch nur an Bromberg."

„Die sind aber wehrlos!"

„Das waren die Volksdeutschen auch", dreht der unscheinbare Mann den Kopf verächtlich von mir weg.
Beinahe eine Stunde sehe ich dem Treiben auf der Straße zu. Ruhig stehen die polnischen Soldaten wehrlos am Straßenrand in der Wiese. Ich kann mir gar nicht vorstellen, jetzt einfach auf sie zu schießen, obwohl sie mich vor drei Tagen umbringen wollten; da galten die Schüsse allerdings einem Soldaten im Kampf. Der LKW setzt sich wieder in Bewegung. Schaukelnd überqueren wir die breite Weichsel, während uns ständig Deutsche Soldaten passieren denen ich voller Stolz hinterhersehe. Kein einziger von ihnen dreht sich um oder schenkt uns auf andere Art Aufmerksamkeit, sie marschieren einfach stur über die Brücke ostwärts. Wir gelangen an das Westufer, wo allerlei ausgebranntes Gerät liegt, nur achtlos auf die Seite geschoben, um Platz für neue Waffen zu schaffen. Danach wackelt der LKW wieder weiter, durch kleinere Wälder und teilweise über Wiesen, auf denen vereinzelte, verlassen wirkende Häuser stehen, jedes mit einem für diese Gegend so typischen Brunnen davor. Dann erreichen wir ein kleines Dorf mit einigen verschreckt wirkenden Zivilisten und werden angehalten. Feldpolizei kontrolliert den Fahrer, sieht kurz auf die Ladefläche und schickt uns weiter durch die staubigen Straßen, vorbei an Funkern, Kradmeldern und Nachschublern, allesamt Männer, die hinter der Front für die Kampfbereitschaft an der HKL sorgen.
Danach erreichen wir eine größere Stadt, vermutlich Krakau. Nachdem wir einige Straßenzüge gekreuzt haben und drei Mal abgebogen sind, sehe ich die Aufschrift ʻzum Bahnhofʻ auf einem unserer gelb-schwarzen Heeres-Schilder, dessen Pfeil in die Fahrtrichtung deutet. Nur noch wenige, dafür ganz besonders tiefe Schlaglöcher sind zu überstehen, dann halten wir.
Na endlich, denke ich. Das Dröhnen des Motors nimmt – im Gegensatz zum Ziehen des Armes – ein Ende, gleichzeitig werden viele Stimmen – Kommandos rufend und bestätigend – außerhalb der Ladefläche hör-, jedoch durch die Stellung des LKWs für mich nicht sichtbar. Die Heckklappe öffnet sich und der Fahrer schreit in sehr ruppigem Ton: „Wir sind da, also runter!". Alle waren, so schnell es der Verletzungsgrad

zuließ, abgestiegen, als der Fahrer schon zu einem kleinen Gebäude auf der gegenüberliegenden Seite des Platzes mit einer OT-Einheit darauf zeigt und uns befiehlt, uns dort zu melden, er müsse die nächsten `Krüppel´ von vorne holen.

Mit Gepäck und Gewehr am Rücken gehe ich neben drei Unteroffizieren in der ersten Reihe einer Gruppe von circa zwanzig Soldaten los. Während wir den rechteckigen Platz durchqueren, sehe ich zu unserer Linken das Bahnhofsgebäude mit einer provisorisch ausgebauten Laderampe, um schweres Gerät ab und auf zu laden. Rechtsseitig aufgereiht steht der Fuhrpark: LKWs, Kübel, leichte und schwere Artillerie und hinter Pferde gespannte Wagen. Geradeaus ist unser Ziel.

„Die sollten schon lang' arbeiten", murmelt ein an Bein und Hand verwundeter Gefreiter, neben mir humpelnd, vor sich hin, „dann wären es Straßen und keine morastigen Wiesenwege." Ich sehe ihn kurz an, seine Augen aber lassen keinen Moment von unserem Ziel ab. „Wohin geht's?", fragt er mich nun in wohltuend bekanntem Akzent.

„Nach Ried im Innkreis, Herr Gefreiter."

„Aha, zum Stelzhamer. Ich fahr' in die Führerhauptstadt, kann man ja ein ganzes Stück gemeinsam fahren, falls wir für denselben Zug eingeteilt werden. Übrigens, Hofer mein Name."

„Schütze Meyer", erwidere ich dem Gefreiten Hofer, der klein gewachsen und eher schmächtig – also rein äußerlich kein Vorzeigesoldat – ist, sich dessen bewusst zu sein scheint und vielleicht deshalb strenge Gesichtszüge einsetzt und sich wortkarg gibt.

Die von ihm zuvor gemeinte OT-Einheit wird, kurz bevor wir gezwungen sind sie zu umgehen, vergattert und marschiert, die Schaufeln wie Gewehre exerzierend, Richtung Fuhrpark an uns vorbei. Wir setzen uns wieder in Bewegung, als uns ein lautes „Halt!" befohlen wird. Ein Mann tritt aus der Tür des kleinen Hauses vor uns mit links und rechts an der Hausfront gehissten Reichsflaggen. Nach kurzem Ausrichten der Gruppe bleiben wir in `Achtung´ stehen. Der Feldgendarm, der für mich nur an der grünen Schlaufe am rechten Arm erkennbar ist, schreitet auf uns zu und schreit: „Rühren, alles herhören! Der Führer spricht allen tapferen Soldaten des Deutschen Reiches, welche für Volk und Vaterland ihr Blut gelassen haben, seine tiefste Anerkennung aus. Nur durch

Mut, Tapferkeit und Kameradschaft war es möglich, den aggressiven Feind so schnell niederzuringen und an den Rand der Kapitulation zu bringen. Allen hier anwesenden Verwundeten gebührt die Ehre, das Verwundetenabzeichen in Schwarz – wenn bereits vorhanden, in Silber – wenn bereits vorhanden, in Gold – verliehen zu bekommen. Ebenfalls gebührt den tapfersten unter Ihnen die hohe Auszeichnung des Eisernen Kreuzes zweiter Klasse – wenn bereits vorhanden, das Eiserne Kreuz erster Klasse."

„Wenn bereits vorhanden?", fragt scherzhaft einer aus der Gruppe leise.

„Fähnrich!"

„Jawohl, Herr Leutnant", schreitet sein Adjudant aus dem Gebäude.

„Fähnrich, lesen sie vor!"

„Unteroffizier Vogler!"

„Vortreten", fügt der Leutnant Gendarm hinzu.

Nach ungefähr einer halben Stunde, die sich wie zwei anfühlte, neunzehn verliehenen Verwundetenabzeichen und drei EK zweiter Klasse, stellen wir uns in einer Reihe vor dem Gebäude auf, jeder seine Verlegungspapiere in Händen geklammert, mit den neuen Orden auf der Brust, darauf wartend, in das Gebäude zu gelangen, dort Name, Dienstgrad und Einheit an drei hinter einem schweren Tisch im Halbdunkel sitzende Offiziere zu melden, um nach kurzem Geflüster derer untereinander die besten Genesungswünsche zu erhalten und wichtiger: die ausgefertigten Papiere.

„Da haben wir's Meyer, darauf müsst' ma einen heben!" Noch in der Tür stehend fuchtelt Gefreiter Hofer schon voller Freude mit den Papieren in der Luft herum, mir im nächsten Augenblick damit auf den Kopf schlagend.

„Jo, das wär' einen wert", erwidere ich, erstaunt über den neuen Hofer und ebenfalls über den reibungslosen Ablauf erleichtert, stolz und voll freudiger Zuversicht, die Liebsten bald schon wiederzusehen.

Qualmend und dampfend quält sich eine Lokomotive, viele Waggons ziehend, in den Bahnhof; das Gerät: Panzer, Artillerie, Munition, im hinteren Teil des Zuges genau in Höhe der Laderampe zum Stillstand kommend, während aus den vorderen Waggons Mannschaften springen. Unsere Gruppe – schon eine ganze Weile neben dem Bahnhofsgebäude sitzend – sieht Artillerieeinheiten, Schnelle Einheiten, Infanterie, Pioniere, Funker und aus dem vordersten Wagon SS-Männer aussteigen.

„Klar, wenn der Feind von uns aufgerieben ist, dann kommen die – aber nicht zum Spaß!", flüstert mir Hofer, vorsichtig um sich blickend, ins Ohr.

„Hast schon gehört, was die so treiben hinter der Front?"

„Nein", lüge ich ihn an.

„Besser so."

Der ganze Zug ist in Windeseile geräumt, doch die Lokomotive muss, nachdem sie mit frischem Wasser befüllt wurde, auf dem einzigen noch zur Verfügung stehendem, kurzen Geleisstück verschoben werden, um uns in die entgegengesetzte Richtung transportieren zu können. Ein Schauspiel wird uns geboten, dem wir gerne beiwohnen. Die Waggons werden abgekoppelt, der Lokführer, ein stemmiger, ruhiger Mann mit einer sicher einst weiß gewesenen, schwarzen Kappe und rußigem Gesicht, gibt Anweisungen, kommuniziert mit dem Bahnhofsvorstand und löst die Bremse, um den ebenfalls schwarzen Stahlkoloss tief atmend, riesige Dampfwolken ausstoßend zu dem Verschiebemanöver zu bewegen.

Die Heizer treiben das Feuer, das Feuer den Dampf, der Dampf die Zylinder und diese endlich die riesigen Räder an. Völlig eingenommen von dieser Ingenieurskunst hört keiner so recht den uns geltenden Pfiff eines Mannes der Reichsbahn, nahe den abgehängten Waggons stehend. „Heh, Kameraden, der pfeift uns, wir können einsteigen.", schreit inmitten des fauchenden Getöses ein Jäger ohne linken Unterschenkel. *Endlich, nun steigen wir gleich ein.* Während wir uns auf die vorderen Waggons zubewegen, tragen hier stationierte Helfer schwer Verwundete an uns vorbei in den letzten Waggon, welcher zuvor noch der erste war. Alle aus unserer Gruppe, denen es irgend möglich ist, helfen dabei mit, nicht nur aus kameradschaftlichen Gründen, denn die Heimat lockt mit sehr kurzem Aufenthalt und jede Stunde zählt.

Es sind arme Hunde darunter: Beinlose, Armlose, einem fehlt der halbe Kopf. Kein Ton ist von den auf Holzbahren Liegenden vernehmbar, eine bedrückende Stille begleitet sie in den Waggon. Ich wäre beinahe selber so in die Heimat geschickt worden, mit dem Orden auf der Brust und einem fehlenden Arm, der sich nun aber ziehend und pochend in der Trageschlinge befindet. Im Zusammenspiel mit dem äußerst schwierigen Balancieren des Gewehres auf dem Rücken dürfte ich keine große Hilfe sein, denn ein anwesender Arzt richtet die Worte „Steigen's ein und halten's uns nicht auf" an mich. Dem gehorche ich nur zu gern, betrete den vorletzten Waggon und setzte mich auf einen Platz am Fenster. Der Waggon beginnt sich langsam mit allesamt von der Kriegsmaschinerie ausgespuckten und großteils bald wieder von ihr aufgesogenen Gestalten zu füllen.

„Is' der noch frei, Meyer?", fragt mich der Gefreite Hofer, auf den Fensterplatz mir gegenüber deutend. „Sicher", freue ich mich über seine Gesellschaft. Die hölzernen Bänke bieten beiderseits des Fensters komfortablen – zumindest räumlich gesehen komfortablen – Platz für drei Personen, unangenehm wird es ab vier Personen je Bank und ich kann mich der Befürchtung nicht erwehren, die gründlich organisierte Reichsbahn stelle keinen Waggon zu viel für uns bereit.

Hofer, am Fensterplatz sitzend, das Gepäck in der Ablage über uns verstaut und das Gewehr, wie alle anderen Soldaten auch, mit dem Kolben am Boden und dem Lauf zwischen seinen Oberschenkeln nach der Decke zielend, zeigt – siehe da – seine redselige Seite. Das ständige Rutschen, sich schmaler machen, um neuen Sitznachbarn Platz zu gewähren, kümmert ihn nicht und so lausche ich seinen Ausführungen über im Krieg Erlebtes, die Familie, Teile seiner Kindheit, kurzum in weniger als einer Stunde wusste ich viel aus seinem Leben, er im Gegenzug nur meinen Heimatort, was er durchaus bemerkte und mich, nach kurzer Unterbrechung – vom abermaligen Geruckel des Zuges hervorgerufen – auffordert, doch irgendwas aus meinem Leben zu erzählen.

Doch schon der zweite Satz dürfte von ihm als zu langweilig empfunden worden sein, denn er schneidet ihn ab, setzt nahtlos an der Stelle vor der erzwungenen Pause seine Geschichte fort und ich folge ihm, diesmal allerdings nur mit halber Aufmerksamkeit. *Gut so, denke ich insgeheim, nun kann ich mir Valerias Wiedersehen ohne gestört zu*

werden ausmalen.
Ein weiterer Ruck holt mich unsanft aus Valerias Armen und lässt Hofer verstummen. Dampf entweicht dem Kessel mit lautem Zischen, ein „Huut" und wir bewegen uns langsam aus dem Bahnhof, auf dessen Vorplatz noch immer reges Treiben herrscht.
Trotz der Enge auf den harten Bänken ist die Stimmung gut, schier ausgelassen, ganz ähnlich jener auf dem LKW, aber deutlich intensiver. Man fühlt sich zugehörig, ungesagt, als Teil eines Großen Ganzen, Bewegenden; stolze Blicke suchen andere und finden nicht minder stolze, die dem Lied noch stärker Ausdruck verleihen, als es der vielstimmige Chor ohnehin in der Lage ist, ein Soldat den anderen auf spielerische Weise übertönen suchend, unterstützt von der überschwänglichen Gestik spielender Kinder. Ein Gefühlshoch hat augenscheinlich alle, aber besonders mich ergriffen, hier inmitten der Kameraden sitzend, die meisten davon überhaupt nicht kennend.
Der Geist des Weines trägt das Übrige bei und lässt einige von ihm Beeinflusste auf dem Gang wie stolze Hähne tanzen, ihrer Freude, die Heimat bald wieder zu sehen, Ausdruck verleihend; jene Heimat mit all denen, um die gebangt worden war und die, zur Untätigkeit gezwungen, wahrscheinlich in viel größerem Ausmaß selber gebangt hatten, und hätten wir nur geringfügig mehr Pech gehabt – zurecht!
Viele Kilometer weiter – sicherlich schon tief im Altreich – beruhigt sich die Menge und nach und nach entstehen Gespräche untereinander. Ein Oberschütze, der ebenfalls den rechten Arm in einer Trageschlinge habend auf Hofers Bankseite sitzt, liest konzentriert die `Schlesische Frontschau´ – zumindest kann ich diese Wörter auf der ersten Seite lesen – sieht auf, faltet die Zeitung und meint: „Nun, wir werden wieder 'ran müssen!"
„Dann aber gegen richtige Gegner", ergänzt er, ein in die Jahre gekommener Soldat. Wahrscheinlich hat er sich freiwillig gemeldet. „Da können wir nicht wie die Angsthasen und aufgescheuchten Hühner herumlaufen, so wie ich das erlebt hab'." Sofort muss ich an mein eigenes Verhalten denken, vielleicht weiß er gar darüber Bescheid? Die Zeitung raschelt in seinen Händen, als er prüfend in die Runde blickt, ob er sich der Aufmerksamkeit aller sicher sein kann.

„Ein kleines Dorf sollten wir einnehmen", fährt er mit für sein Alter und seine Statur zu hoher Stimme fort. „Denkste! Geregn't hat's und Finster is' schon 'worden. Das Dorf ist in einer Senke g'legn, umringt von diesen verdammten morastigen Wiesen und am lichten Wald, ihr wisst schon.", versucht er in der Luft das Gelände mit seiner linken Hand nachzubilden. „Ideal als Nachtquartier, meinte der Leutnant. Es hat unbewohnt gewirkt. Also, ihr kennt das ja: Späher nach vorne, während sich drei Gruppen in westliche Richtung für bessere Sicht auf Rufkontakt abgesetzt haben. Eine Stunde haben wir gewartet auf ein Zeichen der Späher; nichts. Die Männer – alles junges Gemüse so wie ihr da – ", zeigt er mit der zusammengerollten Zeitung auf uns, „die sind nervös 'worden. G'sehen haben wir fast nichts mehr und sie haben sich dumme Fragen gestellt und sich in die Hose g'macht. Na gut, hungrig und g'schlaucht waren wir ja alle, auch der junge Leutnant, weil anders kann ich mir sein weiteres Vorgehen net erklären.

Stellt's euch vor, er ordnet an, von beiden Seiten auf das Dorf vorzurücken, obwohl keine vernünftige Einschätzung der Lage vorliegt. Schnellstmöglich sollte im Trockenen Quartier bezogen werden, denn es hat nun aus Kübeln geschüttet."

„Ah, das muss so um den achten gewesen sein!", wirft ein Kamerad ganz außen auf meiner Bank sitzend ein. „Die Nacht auf den neunten war's." gibt der Erzähler in einem `Keine-weitere-Unterbrechung-Ton´ zurück.

„Also, wir rücken vor. Keine Sicht mehr, nur kurze Kommandos von den vordersten nach hinten. Am Ausgang vom Wald, circa 200 Meter vorm Dorf bleiben sie stehen, und wir, noch mitten im Wald, auch. Der Leutnant verlangt noch Verbindung mit den abgesetzten Gruppen, die sich ohne Sichtkontakt im Vormarsch befinden. Die hat sich aber nicht mehr herstellen lassen, es hat ja mittlerweile Hunde g'regnet und der verfluchte Ostwind hat uns den Regen waagerecht entgegengeblasen.

Ich weiß heut` nur, dass ein Panzer uns danach einiges erspart hätt`, das könnt ihr mir glauben, die beiden ersten am Waldrand, sind nun auf Befehl des Leutnants auch in das Dorf vorgedrungen. Nach einer Weile haben wir Schüsse gehört: „Peng! Danach noch einen: Peng!" Seine Hände bilden zur Darstellung ein Gewehr nach. „Wir haben natürlich sofort gewusst was das bedeutet. Der Leutnant hat das Dorf und die umliegenden Wiesen einleuchten lassen und die Nerven völlig verloren. Stellt euch vor, der Junge befiehlt, das Dorf einzunehmen, aufs Geratewohl; keiner hat gewusst, wie viele Polen auf uns warten", schüttelt er heftig den Kopf.

„Anfänger. Nun Kameraden, zweihundert Meter, die können lang sein, wisst ihr? Verdammt lang! Viele sind liegen geblieben zwischen Wald und Dorf, durch Heckenschützen sauber ausgeschaltet, bei schöner Beleuchtung unserer Soldaten."

„Heckenschützen?", frage ich, ohne es eigentlich zu wollen, laut denkend in die Runde.

„Sind wie Geister, die siehst du nicht, Jungschwanz", greift der Oberschütze gerne meine Frage auf.

„Du hast nur drei Möglichkeiten, diese Biester zu entdecken. Erstens," und er streckt den Daumen in die Höhe, „am Mündungsfeuer. Zweitens", dabei seinen Zeigefinger ausstreckend, „du hörst eine Kugel knapp an dir vorbeifliegen und kannst die Richtung bestimmen. Drittens," und jetzt legt er den Arm um Hofers Schulter, „drittens, du findest das Einschussloch bei einem Kameraden, dann hast' auch die Richtung." Jetzt berührt er Hofers Verband an der Hand und lacht über unsere versteinerten Mienen. „Nun", setzt er wie auf Kommando beruhigt fort, sich unserer ungeteilten Aufmerksamkeit gewiss, „nun ich war dann bei den ersten am vordersten Haus. Wie gesagt, wir haben nicht gewusst wie viele es waren, nur dass sie eine kleine Gruppe und nahe unserem Haus sein mussten."

„Wieso kleine Gruppe?", tönt die Frage von der anderen Gangseite einleuchtend herüber. „Habt ihr gar nichts gelernt! Ein Wunder, dass ihr noch lebt!", meint er kopfschüttelnd und höchstwahrscheinlich in vollem Ernst. „Eine große Gruppe hätt' doch gar keinen durchgelassen bei dieser Sicht, aber die mussten ständig Laden und die Zeitabstände zwischen den Schüssen waren groß. Meine Güte, ihr seid's wie meine Kameraden am Haus. Ich also mit drei Jungschwänzen", sieht er mich eindringlich an, „an eine Seitenmauer gelehnt. Alle drei haben beinahe das Gewehr fallen lassen vor Schiss, ich hab' auch noch Pfarrer spielen dürfen. Die Leuchtraketen waren nun völlig abgebrannt, das heißt

wieder keine Sicht, dafür scheußlicher Regen und Wind. Nichts war zu hören, der Pole hätt' einen halben Meter vor uns stehen können, den hätten wir net gesehen, eine wirklich beschissene Situation, aber die drei haben sich aufgeführt wie die Mädchen. Einem sind die Nerven dann völlig durchgegangen, er ist einfach weggerannt, war nicht mehr zu halten, wisst ihr. Plötzlich: Peng! Ein deutsches Gewehr. Wahrscheinlich hat es einer aus den drei Gruppen abgefeuert.
Daraufhin hab' ich den beiden anderen befohlen, sich ja zusammenzureißen. Es gibt jetzt kein Zurück mehr, hab' ich denen gesagt, wir müssen den paar Polen in den Arsch treten und zwar bevor Verstärkung kommt, die wären uns nur im Weg. Also hab' ich ihnen erklärt, dass einer von ihnen mit dem Gewehr im Anschlag vorausgehen soll und wir beide mit gezogenen Handgranaten hinterher, denn diese feigen Polen haben sich sicher in einem Haus verschanzt. So sind wir dann gebückt ums Haus geschlichen, ich hab nur gedacht, wenn jetzt noch einer durchdreht, dann war´s das. Kein Geräusch, nur Wind, Regen und der erste Kamerad direkt vor mir, ständig hinter sich blickend, um sich die Richtung anzeigen zu lassen.
Da war es! Plötzlich: ein größeres Gebäude direkt vor uns. Da sind sie drin' hat mir mein Gefühl g'sagt. Also, wir kriechen unter das erste Fenster im Erdgeschoß, verharren einige Zeit lautlos um zu horchen, aber nichts. Verdammt, wo sind diese Polacken, hab ich gedacht, als ich nach oben schaue. Nur faustgroße Tropfen fallen auf mein Gesicht. Also weiter. Der erste Soldat ist am zweiten Fenster angelangt, als wir leise Stimmen hören. Ganz ruhig, sag' ich zu den beiden, deute ihnen, sich zu setzen und erkläre ihnen unseren großen Vorteil, um sie zu beruhigen. Sie mussten einen Stock höher sein und nah am Fenster stehen, das heißt für uns: genaue Würfe in die schlecht erkennbare Öffnung über unseren Köpfen. Bei drei haben wir dann geworfen, sofortiger Rückzug um die Ecke, warten. Drei Detonationen, davon nur eine am Boden vor dem Haus. Ein kurzer Aufschrei und...", er lehnt sich zurück, klatscht mit seiner linken auf seinen Oberschenkel und atmet gepresst aus, „tja, deutsche Granaten in einem polnischen Zimmer, ihr wisst schon, danach hab'n wir Ruh' g'habt für die Nacht."
Er beschließt den Satz mit einem Griff auf sein EK II. Nach kurzem

Blick darauf mustert er uns abermals, ein wenig verächtlich nun, so als möchte er uns mit einem ʽzu so was seid ihr nie in der Lageʼ abkanzeln, doch er fügt nur hinzu, dass die beiden Tapferen natürlich auf seine Empfehlung hin das EK II ebenfalls erhielten.
„Gute Arbeit", ergänze ich, um die Stille in der Runde zu durchbrechen.
„Stimmt", gibt mir der Kamerad neben mir Recht, „hast einigen das Leben gerettet."
„Ja, aber am nächsten Tag hab' ich meinen Schutzengel beansprucht, muss ich zugeben." und er hebt den Arm dabei leicht an.
„Habt ihr auch diese Geschichten mit den Mädchen erlebt?", frage ich in die Runde.
„Selber schuld", meint der Oberschütze, anscheinend sofort Bescheid wissend, „wenn sie sich einlassen auf diese Dirnen."
„Was?", kommt es vom bisher erstaunlich ruhigen Hofer.
„In den ersten Tagen in Polen sind wir häufig eingeladen worden", fahre ich fort, „von sehr feschen Mädchen, die haben sogar Wein dabei gehabt. Stellt euch vor, so was hab ich gar nicht gekannt. Die wollten dann auch mit einem allein' sein, aber ich bin nie mitgegangen. Zwei Nächte ist das so gegangen und nach der zweiten Nacht haben unserem Zug ganze drei Mann gefehlt. Wir haben sie überall suchen müssen, den ganzen Vormittag lang, bis wir sie an einem Fluss erstochen gefunden haben, von den Mädchen keine Spur."
„Tja, diese Hurenböcke", wirft der Oberschütze ein.
„Danach haben wir Ausgangssperre für die nächsten Tage ausgefasst."
„Unglaublich, dieses Pack! Aber die SS hat sie sicher gefunden", wirft Hofer ein.
Der Oberschütze gähnt schon die ganze Zeit und steckt mich damit erfolgreich an, daher lehne ich den Kopf gegen den Fensterrahmen, durch welchen kalte Zugluft strömt. Die harten Stöße auf der Holzbank – jetzt in der alle ihren Gedanken nachhängenden Ruhe – besonders spürend, frage ich mich auf einmal, ob es mir tatsächlich gelingen würde, das EK zu erhalten. Durch das Retten eines Kameraden vielleicht oder ein kühnes Vorgehen; Gelegenheiten würden kommen, wie der Oberschütze erwähnte.

Die Lokomotive übernimmt nun nach und nach in ihrem mechanischen Stil das Erzählen in unserem auf Flüsterton gedämpften Waggon. Ehrfurchtsvoll lausche ich dem schönen, reinen, noch ungewohnten, für mich untrennbar mit Krieg verbundenen metallenen Klang, dem sich ständig nur in Nuancen ändernden Tempo, immer vorwärts stürmend uns Soldaten gleich, das mich zum wiederholten Male als letztes Geräusch in den Schlaf begleitet.

Es ist früher Morgen, als wir im Münchner Hauptbahnhof einlaufen. Nur wenige Leute haben sich eingefunden, um uns bei nebligem Wetter um halb acht Uhr früh zu begrüßen. Die Gaue Oberdonau und Niederdonau bleiben im Zug, die wenigen mitgereisten Münchner steigen ebenso aus wie die Zugehörigen der Gaue Kärnten und Tirol-Vorarlberg, welche umsteigen müssen. Über eine Stunde warten wir bei Tee und etwas Trockenbrot, ehe wir den bis auf wenige Beamte und vereinzelte enttäuschte Gesichter leer geräumten Bahnhof verlassen, in der Gewissheit, bald wieder hier durch zu müssen.
Als Fahrt aufgenommen war, kontrollieren Herren der Feldpolizei ein zweites Mal auf dieser Reise unsere Papiere, was den Gefreiten Hofer zu einem „Bei der Fahrt zurück an die Front werdet's kein einziges Mal kontrollieren." und den gerade unsere Papiere Prüfenden daraufhin zu einem sicher schon häufig geäußerten „Sei dir da nicht so sicher." in gelangweiltem Ton veranlasst.
Hofer lächelt ihn gespielt freundlich an, verstaut die als rechtens zurückerhaltenen Papiere ungewöhnlicherweise mit der verletzten linken Hand in seiner linken Brusttasche, sieht auf und schreit völlig unvermittelt gegen den durch halbgeöffnete Fenster dringenden Fahrtlärm an, einem Soldaten gleichen Ranges auf der anderen Gangseite zu:
„Dich wird Keine erwarten in Linz, des glaub' i' net, aber auf den Meyer da," und er hebt den rechten Zeigefinger oberlehrerhaft neben sein verschmitzt dreinblickendes Gesicht,
„auf den Meyer wartet ein fesches Mad'l in Ried, da wett' i'.", zeigt er auf einmal mehr Interesse an mir.
„Ah, Hofer, dein Weibsbild wird sich sicher auf die g'frein, des glaub' i' gern!", erwidert der Angegriffene mit deutlicher Betonung auf das i,

sichtlich beleidigt.

Hofer zeigt sich ungerührt und meint nur: „Na Meyer, was is'?" „Ich hoff' mei' Valeria", gebe ich ihm als Antwort, in Gedanken unaufhörlich die baldige Umarmung Valerias auf- und abspulend. „Aha, auf mich wartet mei' Frau mit den zwei Buam und der Tochter, wie i' da' erzählt hab', schau her, Meyer, ich zeig' dir a' Bild." Zu ihm hinbeugend erfahre ich, dass der jüngste auf dem Bild fehlt, die Tochter auch damals schon sein ganzer Stolz war und er nach über zwei Monaten ganz gespannt auf ihre Entwicklung ist und dass der größere – eben jener auf dem Bild – ein ziemlicher `Dübel´ ist.

Nachdem auch ich, große Anerkennung erhaltend, meine Valeria zeigte – die Unversehrtheit des Bildes hatte ich im Lazarett tausendfach geprüft – lehnen wir beide uns wieder zurück und beobachten die noch immer mit Nebel bedeckte Landschaft, welche Valeria augenblicklich durch vollständige Besitznahme meiner Gedanken mit Nichtbeachtung meinerseits bestraft.

Sie wird eine Veränderung an mir spüren! Sie, die mich immer sofort durchschaut hat in den gut zwei Jahren, meine Gefühlswelt besser kannte als ich selber. Wird sie dennoch zusagen, oder ihrem nun ernsteren Franz das höchste Glück verweigern? Ernster doch nur der außerhalb seiner Wahlfreiheit liegenden Pflicht wegen, des Erfahren habens seines zerbrechlichen, unbedeutenden Daseins, dem Großen Ganzen dienend.

Den erscheinenden Hügeln hat es die Landschaft schließlich zu verdanken, meine ihr gebührende Aufmerksamkeit zurückerobert zu haben. Nur mehr in den Tälern liegen jetzt einzelne milchig weiße Wolken, sich ihrer nur noch kurzen Existenz in der wärmenden Sonne gewiss. Die wenigen Männer an den flachen Hängen in dieser Umgebung des Geruches frisch gemähten Grases, schneiden mit zahlreich helfenden Frauen die letzten Halme für dieses Jahr, unterbrochen nur von kurzem Winken zu uns Vorbeifahrenden – dem einzigen Beweis eines Krieges in ihrer Welt.

Wir scheinen uns von einer weit entfernten in eine andere, mir gut vertraute, zu bewegen, dabei nur die Reliquien als Zeugen der Existenz eben jener Welt mittransportierend, den fremdländischen Tieren eines Zirkus gleich, die ich einmal zu Gesicht bekam. Entgegen dem kriegerischen Inneren des Zuges verschafft mir der Anblick friedlicher Heimat außerhalb ein heftiges, durchaus sehr angenehmes Ziehen, das vom Magen bis in die Hoden hinab reicht, unterstützt von einem lustvollen Pochen eines die Lebensfreude genauso wie Tage zuvor die Bedrückung aufnehmenden Herzens erfüllt es den ganzen Körper, fern jedem noch Stunden vorher gefühlten Stolz, reine alleinige Freude, allen Heimkehrern aus gefährlichen, fernen Ländern gebührend.

„Alle Rieder und Braunauer steigen in fünf Minuten in Attnang um", spricht ein betrunken wirkender Schaffner, sich seinen Weg durch den von Gepäck und Beinen verstellten Gang bahnend, wiederholend vor sich her und verschwindet in den letzten Waggon, mit den meinen Gedanken völlig entfallenen Kameraden darin. Was wird er bei denen machen, frage ich mich. Kein Ton war zu hören, die ganze Reise hindurch. Nun werden sie wissen wollen, wo wir sind.
Was soll's. Ich jedenfalls steckte bereits kurz nach der Abfahrt in Salzburg meine während der Reise ausgelüfteten Füße wieder in die Stiefel und sammle jetzt die Ausrüstung, so gut es die Situation zulässt für ein baldiges Umsteigen zusammen.
Hofer scherzt noch eine Weile mit mir und nach dem gegenseitigen Versprechen, einander zu schreiben, entsteige ich dem Zug mit überraschend vielen anderen Soldaten, um eine spielende Musikkapelle aus nächster Nähe zu vernehmen.

„Sogar der Gauleiter is' da."
„Mhm", erwidere ich knapp dem zu dieser Feststellung gehörenden Kameraden, mir gleich, am geöffneten Fenster unseres Zuges stehend, um kurz vor unserer letzten Abfahrt das Schauspiel am Bahnhof in der klaren Sonne zu übersehen. „So viele Leut' und alle wegen uns.", freut sich der wegen eines Bauchschusses heimkehrende Soldat, was er mir bereits erzählte und die halbstündige Fahrt nach Ried hindurch wohl weitererzählen wird. Ein guter Freund sei neben ihm gefallen, einfach so habe er sich nicht mehr gerührt, das sei hart gewesen und er selbst

habe sein Ende vor Augen gehabt. *Wer eigentlich nicht*, muss ich dabei denken. Die ihm entnommene Kugel, will er jetzt um den Hals tragen, bis ihn selbst eine zweite zu seinem Freund befördert, meint er gelassen.

Monate zurück scheint mir der Moment meiner Verwundung, bis der Arm, als ob er mir mein Irren beweisen wolle, zu ziehen beginnt, während ich Thoma davon berichte, gleichzeitig an die doch noch sehr lieb gewonnene Martha und an meinen letzten Blick auf ihre Wirkungsstätte denken muss.

Thoma, mit Vornamen Ferdinand – aber alle würden ihn nur Ferdl nennen – also Ferdl, werde von seinen Eltern in Braunau abgeholt, eine Verlobte oder gar Frau habe er nicht, dafür sei er viel zu schüchtern, lässt er mich wissen. Er habe vor seiner Verwundung gern Lemberg oder „natli" wie er statt ʻnatürlichʼ sagt, Warschau sehen wollen, da soll es doch so hübsche Mädchen geben, wie er hörte, er, der Ferdl, ein untersetzter, noch sehr jung wirkender, aber unverkennbar vom Land stammender Mann mit rundlichem Gesicht, roten Backen, die ein wenig eingefallen erscheinen – wahrscheinlich des vielen Marschierens wegen – und einem starken Dialekt, der sogar mich hin und wieder über von ihm Gesagtes rätselnd zurücklässt.

„Natli' gäb's die auch bei uns, na die hübschen Mädchen", fügt er nach kurzer Unterbrechung, mich leicht verlegen anblickend bei, „aber dort oben sollen die Weiber auf Deutsche Soldaten nur so fliegen." und er zeigt ein hämisches Grinsen, als wäre er auf Frauen gestoßen, mit denen die Soldaten nicht zimperlich umgegangen waren, wie ich es selbst schon gesehen habe, dann jedoch wäre er wiederum nicht schüchtern, oder aber sie käme nur in bestimmten Situationen zum Vorschein, die Schüchternheit, und in anderen bestimmten bliebe sie völlig verborgen, wie ich ebenfalls auch bei Kameraden beobachtet habe.

Mein Aufstehen lässt diese Gedanken verflüchtigen. Nachdem ich meinen Körper völlig gestreckt habe, beuge ich die Beine und versuche, so wie viele andere im Waggon ebenfalls, durch Gewichtsverlagerung vom linken auf das rechte Bein, auf das linke Bein und so fort, die innere Anspannung zu lindern. Eine allerletzte Biegung – eine langgezogene, gleichmäßig nach links führende leitet den Zug in unseren Bahnhof ein. Das Spiel der Musikkapelle fügt sich in das monotone der Lokomotive mit ansteigender Lautstärke so lange ein, bis sich mir der vertraute Grenadiermarsch vollends erschließt.

Jubelnde Frauen, Kinder und vorwiegend ältere Männer überfüllen den kleinen Bahnhof, stehen gefährlich nahe dem Geleis, auf dem wir einfahren. Das von Mal zu Mal länger dauernde „Huut" unterliegt in seiner Wirkung der Schaulust der Menge, ähnlich wie meine zuvor gefühlte Freude sich nun dem aufdrängenden Stolz zu beugen hat. Die ganze Stadt scheint sich eingefunden zu haben, um uns Versehrte zu begrüßen, mehr noch: heldenhaft zu feiern, sagt mir die, wenn auch eingeschränkte Sicht aus dem Fenster auf die winkenden Leute. Heiß und kalt gleichzeitig überläuft es meinen Körper bei diesem Anblick, lässt ihn mich in höchstem Maße, mitsamt den verschiedensten Empfindungen, spüren; Empfindungen, die die Geschichte normalerweise nicht für jemanden wie mich bereithält, mir aber heute und hier eine Ausnahme genehmigt, denke ich, das Gewurl der Menschen weiter betrachtend.

Mein trügerisches Zeitgefühl gibt mir tatsächlich das Gefühl, dass meine Verwundung Monate, die Abfahrt unseres Regimentes auf dem zweiten, nun von den vielen Füßen verdeckten Geleis Richtung Linz führend, nur wenige Wochen zurück liegt, obwohl ich genau weiß, dass meine erste Verlegung überhaupt, die mich damals zur Eingliederung in die 45. Infanterie-Division brachte, beinahe eineinhalb Jahre zurückliegt. Mein Gott, wie wird es den noch kämpfenden Kameraden ergehen, oder ergangen sein? Gut möglich, dass mittlerweile ein ganzer Friedhof aus den wenigen Kreuzen nahe des Lazaretts gewachsen ist. Ebenfalls gut möglich ist bereits ein weiterer Verwundetenabtransport – so der genaue Wortlaut in meinem Bescheid – auf dem Weg hierher. Was, wenn der Stabsarzt in seinem kalten Tonfall Klaus' Beerdigung ankündigen musste, oder der Sepp, unser Kompanieclown mit sehr lockerem Mundwerk – und das sogar den Vorgesetzten gegenüber – schwerverwundet im letzten Waggon liegt?

Ich weiß noch gut wie es aus meinem Blick verschwand und ich mich mit alarmierendem Ziehen im Bauch fragte, ob ich es je wieder sehen würde: das sich jetzt langsam an uns heranschiebende

Bahnhofsgebäude. Erst kurz vor meiner Abreise wurde es renoviert, das Mauerwerk an seinen Ecken kunstvoll verziert und das Vordach an beiden Seiten von jeweils drei grün bemalten Säulen aus Metall, die viel zu wuchtig für diesen Zweck sind, gestützt. In diesem Moment trägt das kleine Vordach ein Transparent mit der Aufschrift: „Herzlich Willkommen Soldaten".

In Windeseile war es fertiggestellt, so wie viele Gebäude dieser Stadt nach Erhalt der hohen Geldsummen, um bei *Seiner* Durchfahrt im März `38 sich glanzvoll zu zeigen. Spät erst haben wir erfahren, wann genau mit *Seinem* Besuch, der nicht mehr als eine Durchfahrt wurde, zu rechnen sei. Dies war, neben der Frage, wem wieviel Geld denn zustünde, über Wochen das einzige Thema an den Stammtischen, kann ich mich erinnern.

All jene, die mit mir in Ried die wenigen Waggons verlassen werden – sicher zwei Drittel der Mitgereisten – versuchen aus den geöffneten Fenstern in die Sonne zu winken. Ein Durcheinander herrscht im Waggon; Soldaten suchen so kurz vor dem Aussteigen entweder den Weg zu einem Fenster oder Teile ihrer Ausrüstung, ich werde gestoßen, gerempelt und schließlich vom Ruck der plötzlich Halt machenden Lokomotive umgeworfen. Durch die hohe Zahl an Aussteigenden und verstärkt durch eine völlige Verweigerung der militärischen Ordnung – abgesehen von einem wenig hilfreichen, gleichzeitigen Anlegen des Marschgepäcks und der Gewehraufnahme – herrschen tumultartige Zustände. Gerade noch, bevor ich von der Masse erfasst und aus meiner Bank geschwemmt werde, gelingt mir ein Händedruck zur Verabschiedung von Thoma und ich betrete im nächsten Moment auch schon heimatlichen Boden.

Ein Stimmengewirr nimmt mich sofort ein, es wird von allen Seiten gedrängt, Menschen rufen Undefinierbares, ständig wechselnde Gesichter zeigen sich mir, um gleich wieder abzutauchen. Die Kapelle verstärkt unwissentlich den Lärm aus sicherer Entfernung.

„Franz", endlich ein Bekannter. „Servus", sagt er zu mir, „Franz, die Vali hab ich weiter vorn' gesehen", weiß er meine Gedanken zu lesen. Unerwidernd, ihn sogleich ignorierend, folge ich seiner Aufforderung wie einem Befehl, dränge mich mit berauschten Sinnen durch all die Leute,

zwei, drei Wagenlängen am noch stehenden Zug entlang.
Valeria!
Tränen lassen sie verschwimmen, so wie alles an und in mir haben sie sich verselbständigt, zeigen Valeria umrissen, auf den Zehenspitzen das Gemenge angespannt absuchen, einen zauberhaften Hut tragen, der ihr wundervolles Haar eher hervorhebt denn bedeckt.
Weiter dränge ich mich vor zu ihnen, einem ernst dreinblickenden Vota und einer wie immer neugierig suchenden Mutter, direkt hinter Valeria mich auch als erste erspähend. „Franzl!", ruft sie mir laut entgegen, durch all das Getümmel, die ehrliche Freude einer Mutter in ihrem Gesicht. „Franzl!" und winkt mir dabei, obwohl ihr Arm kaum Platz dafür findet.
Aufgeregt, ihrer normalerweise zurückhaltenden Art nicht entsprechend, klopft sie auf die mir zugewandte linke Schulter Valerias, die daraufhin instinktiv mit entzückend feiner Bewegung ihren Kopf dreht, um sogleich meinen Blick einzufangen. Genau in die Augen sehen wir uns, steten Schrittes gehe ich, keinen anderen Menschen beachtend, auf sie zu. Auch sie beginnt mir entgegen zu gehen, ohne einem Wimpernschlag das Recht zu geben, den Kontakt zu unterbrechen.
Tausendfach wundervoller als ich es mir in all den Nächten und den mich einsam fühlenden Momenten vorgestellt hatte ist es, sie mit aller Kraft an mich zu drücken, sie meine Erregung spüren zu lassen, ihren Körper von Kopf bis Fuß an den meinigen gepresst zu fühlen, nach tausend Kilometern nicht einen einzigen Millimeter Distanz zuzulassen – möglichst meinen ganzen Heimaturlaub lang.
Wir küssen unsere Hälse ohne ein Wort zu verlieren, ihre heißen Tränen treffen die meinen und laufen mich kitzelnd die Wangen hinunter, einen herrlich salzigen Geschmack auf ihrer Haut hinterlassend.
„Na des reicht jetzt aber, was soll'n die Leut' denken?", gibt uns mein Vater viel zu wenig Zeit für die Umarmung und trennt uns, mit einem leichten Druck seiner kraftvollen linken Hand gegen meine Schulter die Worte unterstützend.

„Servus Vota!", lasse ich schweren Herzens von Valeria ab und reiche ihm ausnahmsweise die linke Hand. Mit gewohnt kurzem Kopfnicken erwidert er den Gruß, schnell seinen Blick auf meinen Orden senkend. *Älter bist geworden*, denke ich, „gut schaust' aus", sage ich ihm. Ansonsten ist er der gleiche großgewachsene, attraktive Mann, das Haar glatt nach hinten gekämmt und in seinem – zugegeben, leicht abgetragenen – Hosenanzug mehr an einen dieser Leute vom Film, als an einen Knecht des Grafen erinnernd.

In diesem Moment schiebt sich die Mutter an ihm vorbei, an der rechten Hand meine zwei kleinen Brüder aus der Menge ziehend und umarmt mich ebenfalls, während ich nur nach Valerias Armen verlange. „Servus Muata und griaß' euch", beuge ich mich zu den beiden – einer schon in Uniform – hinunter, die mich staunend und wortlos anblicken. „Na, habt's die Sprach' verlernt?" und ich nehme den jüngeren auf meinen linken Arm hoch. „Die sind ganz deppert, mit dir und dem Blödsinn da", antwortet an ihrer Stelle meine Mutter, der augenscheinlich die Kreuzschmerzen zumindest erhalten geblieben sind, die jedoch an jugendlichem Aussehen und Attraktivität nichts eingebüßt hat, wenn sie auch in Letzterem dem Vater nicht das Wasser reichen kann. Genau wie der Max, mein Vater, trägt die Zilli, wie meine Mutter von allen gerufen wird, das Sonntagsgewand, nur im Gegensatz zu Vaters schlichtem schwarzen, den wenig getragenen dunkelblauen Rock und einen dazupassenden beigefarbenen Pullover, umhüllt von einem mir unbekannten grauen Herbstmantel, welcher die teure Brosche – zumindest hält Mutter sie für teuer – über dem Herzen nicht verdeckt. Die dünnen, halblangen Haare sind frisch gewellt, sicher mit dieser neuen, aufwendigen Lockenwicklermethode, von Valeria dabei assistiert.

„Schön euch zu sehen, wie geht's euch?"

„Naja", fühlt sich der Vota angesprochen, „wie soll's denn geh'n bei der ganzen Arbeit?"

„Der Vota hat sich extra frei genommen heut' und die Vali da hat dein Lieblingsessen gekocht, das kannst du eh gebrauchen, so schlank wie du bist."

„Wirklich?", weiß ich nichts Besseres zu sagen und sehe Valeria eindringlich an, die zustimmend kurz mit dem Kopf nickt, woraufhin mir

einfällt, dass wir noch kein einziges Wort miteinander gewechselt haben. „Wir müssen noch in die Kaserne, die Sachen abgeben, aber dann komme ich gleich nach Hause."
„Warum hast du geweint?", gewinnt der Pepi auf meinem Arm die Sprache zurück.
„Ach nur so", kann ich mir leider nicht über die Augen wischen und sehe, nachdem ich ihn wieder auf seine Füße gestellt habe, zu Valeria auf.
„Auf jeden Fall schön dass du wieder da bist, Bua, und zwar ganz, aber sauber ab'gnommen hast, gell Vali?", kommt die Mutter nochmalig auf meine scheinbar recht schlanke Figur zu sprechen, erst dann kommt die Frage nach meinem Arm und den daraus resultierenden möglichen Schmerzen über ihre Lippen, was ich mit einem
„Ja, wenn ich ihn beweg'" quittiere.

Die Masse der Leute setzt sich angeregt unterhaltend in Richtung Bahnhofsgebäude in Bewegung. Auch wir fügen uns unbewusst ein und lange bevor ich eigentlich will, habe ich die zarte Hand meiner Vali mit einem kurzen „Bis später" los zu lassen, müssen doch alle Zivilisten außen um das Gebäude herum gehen, während nur den Soldaten der Marsch hindurch, empfangen auf der anderen Seite von der Kapelle mit dem Grenadiermarsch, vorbehalten ist.
In Viererreihe stellen wir uns am Vorplatz in Zugstärke auf und werden von einem mir unbekannten Unteroffizier angewiesen, die Uniform zu ordnen. „Der Knopf da" dreht sich ein Kamerad um und zeigt auf meine Brust. „Danke", schließe ich ihn, hebe meinen Blick aufgrund der Tatsache, dieses Gesicht doch zu kennen, gleich wieder an. „Ah, du bist doch der...", eine unglückliche Einleitung, wenn der Name entfallen bleibt. „Georg", fügt er verschmitzt ein. „Ach genau, von der dritten", rette ich mich, nicht sicher ob ich mich unter diesen Umständen über einen Bekannten freuen sollte. „Ja, der Mondscheinkompanie und du bist der Franz von den Schweinen." „Mhm", fühle ich mich wenig geehrt.
All jene, die in der Lage sind zu marschieren, werden vergattert und setzen sich singend Richtung Kaserne am anderen Ende der Stadt in

Bewegung, die übrigen nehmen auf einem der beiden bereitgestellten Fuhrwerke Platz.

Den ganzen Weg entlang grüßen uns die Leute, winken aus den Fenstern, die an diesem sonnigen Herbsttag ohnehin geöffnet sind, Kinder begleiten unseren Marsch die Bewegungen nachahmend über weite Strecken, doch zum ersten Mal seit unserer Ankunft ziehen dunkle Wolken durch meine Gedanken. Der Mayor hat es ja gesagt, ich persönlich habe nichts vollbracht, alles wäre auch ohne mich so erfolgreich verlaufen. In Polen hätten sie uns alle bei den Märschen aber eher bemitleidet als uns zugejubelt, bin ich mir sicher, so wie ich auch mit Sicherheit kein Jubelgeschrei, kaum Glückwünsche bei unserer endgültigen Verlegung aus Ried ins Ungewisse vernommen habe, obendrein hatte die Unterredung mit Herrn Reiter kurz vor Abfahrt meine Stimmung schon vorher beträchtlich gedrückt.

Die Instandhaltung der Stabskompanie steht so wie immer Spalier, als wir mit knurrenden Mägen in unsere kleine Kaserne einmarschieren. In der kurz gehaltenen Ansprache bekommen wir den Befehl, sofort die Munition hier an die Munitionsabteilung abzugeben und danach in einer halben Stunde wieder hier anzutreten.
Nur wenige schlagen den Weg zu Block II ein, ich betrete ganz allein unser Zimmer im zweiten Stock der Wildschweinkompanie. Dieser Raum mit all seinen Geschichten und der früheren Hektik, von den zehn einquartierten Soldaten verbreitet, lässt sich, trotz seines haargenau gleichen Aussehens nicht wiedererkennen, auch der Geruch ist ein anderer, nichts riecht mehr nach stundenlangem Reinigen nach den Manövern und vor den Visiten. Geräuschlos stelle ich mein Gewehr in den Spind – halte es noch eine Weile unbewusst am Lauf, bevor ich es gegen die Rückwand lehne – lege den Tornister, den Behälter mit der Gasmaske, die Zeltplane und den Stahlhelm auf den Spind, hänge die leeren Munitionstaschen, den Brotbeutel, das Seitengewehr, die Koppel an die Tür. Die Schirmmütze, das Essgeschirr, Schuhputzzeug, Rasierzeug, Reinigungsgerät, Soldpapiere und die beiden Briefe kommen auf die dafür vorgesehenen Plätze, den Drillich und den Mantel hänge ich auf Kleiderhaken, lege Trainingsanzug, Pullover, Strickjacke und

Unterwäsche zuerst am Bett auf und danach wie immer genau in einer Linie ebenfalls in den Spind und bin im Begriff, mich zu setzen, als ich sofort wieder mit einem „Achtung!" in die Höhe schieße.

„Stehen'S bequem, Soldat", fordert der in der Tür stehende Leutnant mich auf, „ich wollt' nur wissen, ob hier alles rechtens ist, Schütze?"

„Jawohl Herr Leutnant."

„Nun", kommt er langsam in den Raum, „nun, Sie müssen wissen, dass die ganze Stadt, einschließlich meiner Wenigkeit sehr stolz auf die Soldaten dieser Kaserne ist."

„Danke, Herr Leutnant."

„Keine falsche Bescheidenheit, Ehre wem Ehre gebührt! Übrigens, wie geht's dem Arm?", zeigt er darauf.

„Gut, Herr Leutnant!"

„Gute Besserung! Na auf eure Geschichten bin ich 'mal gespannt, schad', dass ich selber nicht dabei war. Antreten in – ", sieht er auf seine Taschenuhr, „antreten in zehn Minuten!" „Jawohl, Herr Leutnant!" Eine Weile sitze ich auf dem Bett und grüble, wie ich über meine Verwundung berichten werde, ohne dabei als Feigling dazustehen, dann verlasse ich das mir auch jetzt noch der Stille wegen fremd gebliebene Zimmer Nummer 23.

Das gesamte Gebäude scheint aufgrund der fehlenden Anwesenheit der Soldaten verändert, denn es findet sich alles an seinem Platz. Der Waschraum mit beiderseits der Tür stehenden Kübeln, anschließend die nun geruchlose Toilette, der kalte Steinboden am Gang, wie immer gewienert. Weiß Gott, wie viele Male wir darauf liegend unsere ´Bräute´ auseinander- und wieder zusammenbauen mussten. „Ha!", überrasche ich mich selber mit diesem Ausruf, sogar unsere Zimmertür hat ihr kräftiges Knarren am letzten Stück ihres Weges ins Schloss nicht verlernt, jeden Tag hat sich der Sepp köstlich darüber aufgeregt. Auf den Stiegen hinunter zum Eingang treffe ich drei mir nur vom Sehen bekannte Kameraden, die auf einen weiteren warten und ich trete allein vor die Tür in Richtung Exerzierplatz.

Das seltsame Gefühl, nicht entsprochen zu haben, wird durch die Möglichkeit verschlimmert, dass der Leutnant des Ersatzheeres schon Bescheid wissen und mich durch gezielte Fragen vor den anderen bloßstellen könnte. Aber die kurzen Gespräche mit den anderen zusammenströmenden Verwundeten vertreibt mir diese Gedanken, bis es `Antreten´ auf besagten Platz heißt. Ein mir unbekannter Unteroffizier, geht durch die Reihen, um Rasur, Uniform und Stiefel – nur oberflächlich und das erste Mal in meinem Soldatenleben ohne Schikane – zu kontrollieren.

„Achtung!", befiehlt er im Anschluss, um dem zur Vertretung eingesetzten Bataillonskommandanten, flankiert von zwei Leutnants – einer davon mein Zimmerbesucher – unsere Ehrerbietung zu bezeugen. Der Kommandant stellt sich wie schon sein Vorgänger zwischen Fahnenmast und uns Angetretenen die wir auf dem rechteckigen Platz von genau 30 mal 20 Metern stehen. Wiederum holt mich die Erinnerung an diesen Ort ein, diesmal betrifft sie die letzte gehörte Ansprache genau hier, wir wussten weder Verlegungsort noch Ziel, vom Westwall über Ostpreußen bis hin zum Balkan gingen die Gerüchte.

„Melde gehorsam, alle Verwundeten vollzählig angetreten, Herr Hauptmann!" Auf diese Meldung des Unteroffiziers hin fährt der Kommandant, ein Mann mittlerer Größe mit Schnauzbart, wesentlich jünger als sein Vorgänger, aber auch schmächtiger, übertrieben schnell mit der Hand von seiner Kappe an den Oberschenkel und schreit überraschend selbstbewusst: „Rühren!", was die angetretenen knapp fünfzig Mann mit einem im Einklang ertönenden Schritt quittieren. „Ich habe die ehrenvolle Aufgabe", beginnt er sofort in Hochdeutsch, „in der mir übertragenen großartigen Tätigkeit als stellvertretender Kommandant dieses hervorragenden Bataillons, hier vor Ihnen zu sprechen. Vor Kameraden, die tapfer und unerschrocken ihre Pflicht in so schwerer Stunde erfüllt haben, in entscheidender Stunde! In der sie gerufen wurden, um für den Führer, seines Zeichens Oberbefehlshaber der Wehrmacht, für Volk und Vaterland ihr Blut zu lassen."

„Ich hab Hunger, wann is' er denn fertig?", flüstert ein hinter mir stehender Soldat vor sich hin, mit Knurren antwortet der Magen eines Nebenmannes, was uns zu einem kurzen, verhaltenen Lachen veranlasst. Der Kommandant fordert eine Schweigeminute für alle gefallenen Kameraden dieses Waffenganges, nimmt daraufhin das Wort wieder mit viel Herzblut auf und kommt dann doch irgendwann zu einem Ende.

In ´Achtung´ und salutierend begleiten wir die Reichsflagge, zu Ehren der gefallenen Kameraden dieser Kaserne nur auf Halbmast, dabei die eindrucksvolle, von der Heereskapelle gespielte Reichshymne vernehmend.
Auch ich hätte nur mehr in schriftlicher Form hierher gesendet werden sein können, aber wir hatten einfach Glück, denke ich, als die Stimme des Unteroffiziers ein weiteres Mal ertönt und endlich das Erhoffte verkündet: „Standeskontrolle: Montag acht Uhr! Zum gemeinsamen Mittagessen. Weggetreten!"

Den Hunger stillen zu können ist schon großartig, ihn mit einer Rindssuppe zu vertreiben, selten und dadurch kaum zu beschreiben. Alle im Soldheim löffeln begierig, lautes Geklapper erzeugend, aus ihren Tellern, manche mit vollem Mund einfach drauf los über die Polen redend und über ihr soldatisches Vorgehen ganz nach Plan, also ´planmäßig´, wie einige es ausdrücken und ´ohne zu zögern´. Dies gibt mir das Gefühl, dass ich, auch wenn es nur der Leutnant und nicht einmal der gewiss, weiß, der einzige vor Angst im Feld erstarrte war und lässt mich immer ruhiger werden.
Den Hauptgang und das kalte Bier verschlinge ich nicht allein der Köstlichkeit wegen, sondern auch um erst gar nicht in die Lage zu kommen, erzählen zu müssen, also eine sogenannte ´natürliche Barriere´ bildend, wie wir dies zu früheren Anlässen scherzhaft nannten, welche aber auch gleich wieder in sich zusammenzustürzen beginnt, als ausgerechnet der Leutnant, wie um meine Befürchtung bestätigen zu wollen, von seinem Vorsitz am anderen Ende des Tisches in meine Richtung fragt: „Na Schütze, wo genau war's bei dir geschehen?"
Äußerlich ruhig bleibend tauche ich ein Stück Rindfleisch zuerst in den weichen Krenn, stecke es danach in meinen Mund und zeige keinerlei Reaktion, da ich an der nicht unberechtigten Hoffnung festhalte, nicht gemeint zu sein, bis mich Georg mit einem Schubser seines Ellenbogens und einem „Der meint dich" dieser Einbildung beraubt.
„Was?", fahre ich, gespielt langsam das zarte Fleisch kauend, den Kopf hoch.

„Na endlich, der scheint schon bei seinem Fräulein zu sein." Alle lachen über des Leutnants Aussage, auch jene, die sich gerade noch über die Polacken unterhalten haben. Das Warten des Leutnants scheint allen ein Signal zu sein, auch zu warten, einige sich dabei sicher fragend, worauf denn genau, die Situation durch ihre Ruhe für mich verschlimmernd.

„Bitte Herr Leutnant, Entschuldigung, mir schmeckt das Fleisch einfach zu gut", finde ich wenig passende Worte. „Schon gut, Soldat, also erzählen'S!", klopft er mit der Gabel auf seinen Unterarm, „Die Verwundung."

„In der Nähe von Tomaszow, gleich hinter der Weichsel war's, bei einem Feuerüberfall. Als wir von einem kurzen Abhang auf eine Lichtung gekommen sind." Viele am Tisch sehen mich an, der Rest isst mittlerweile wortlos weiter, währenddessen in mir das Getöse erneut losbricht um mich herum, die ersten für mich bestimmten Kugeln zischen wieder an mir vorbei. Wie sind die anderen in der Lage, so gleichmütig darüber zu reden?

„Und? Spannen'S uns nicht auf die Folter, wie ging's weiter?", bleibt der junge Leutnant auf mich fixiert, was meine innere Nervosität steigert.

„Knapp war's", spiele ich mit meinem Krug und schlucke den letzten Rest des Fleisches, „ich dacht' schon das war's."

„Nun mal langsam, Kamerad", lacht er laut auf, Spuren der Verachtung zeigend, „So schnell ist kein Deutscher Soldat gefallen, Kamerad! Schon gar nicht bei einem kleinen Scharmützel, verstanden?"

„Jawohl," unterdrücke ich die Anrede.

„Wie seid's 'raus 'kommen?"

„Die Artillerie..."

„Aha, die gute alte Artillerie.", unterbricht er sofort meinen Satz, „Nicht umsonst die Königin am Feld." „Meine Herren", legt er mit ernster Miene die Gabel beiseite und schiebt den leeren Teller von sich weg, „warum ich den, naja, etwas verträumten Kameraden frage und ihre Geschichten gerne höre ist, weil die 45er gestern früh angeblich in schwere Gefechte verwickelt wurde, das ging hin bis zum Nahkampf mit Handgranaten und Messern. Sie sehen also, dass trotz der modernsten Waffen der richtige Umgang mit dem Seitengewehr ihr Leben retten kann. Deshalb werden wir die Zeit hier in der Kaserne nützen und diese Art der Auseinandersetzung verstärkt trainieren. Ich weiß nicht, ob Sie nochmalig nach Ostpreußen verlegt werden, aber denken'S immer daran, zu was der Polacke fähig ist, ich sage nur: Bromberg und Jaslo. Seien Sie auch darauf gefasst, dass vermehrt Verwundete, oder schlimmer, Totenscheine in den nächsten Tagen eintreffen werden, deshalb ist es von großer Wichtigkeit Sie schnellstmöglich wieder auf die Beine zu bekommen. Heil Hitler und schönes Wochenende.", drückt er sich mit seinen wuchtigen Armen hoch und verlässt nach kurzem Gespräch mit dem am Offizierstisch sitzenden Kommandanten das Soldheim.

„Der Blutsonntag" stößt ein schon die zweite Portion verschlingender Kamerad zischend hervor, „zehntausend Volksdeutsche hat er hingemetzelt, der Polacke", sieht er während eines kräftigen Schlucks mit seinen wachen Augen in die Runde. „Giftgas hat er hinterhältig eingesetzt gegen die erlaubte Kriegsführung", fügt der neben ihm sitzende Gefreite, den ihm wohl schon längere Zeit auf der Zunge liegenden Satz in triumphalem Ton hinzu. „Auf Berlin wollt' er marschieren, da hätt' ihn der Führer aber ordentlich versohlt", greift jener Kamerad, dem man zutrauen könnte, noch eine dritte Portion zu ordern, hämisch lachend wieder ein, „Aber dafür hört dieses unselige Land bald auf zu existieren und der Jud' und der Freischärler werden was erleben!"

„Jawohl!", prosten ihm viele am Tisch zu, hauen die Krüge ordentlich auf den Tisch und leeren den kalten Inhalt in ihre Kehlen. „Dass er g'rad dich g'fragt hat", nimmt der sich wie ich zurückhaltende Georg den letzten Bissen mit der Gabel auf.

„Keine Ahnung", nutze ich die Gelegenheit und erhebe mich mit einem „So, jetzt werd' ich aber." „Was?", sieht mich der Georg ungläubig an, „Franzl, es ist erst zwei Uhr. Ein Bier trink' ma schon noch, weißt eh, so jung kommen wir nicht mehr z'samm!"

„Nach drei is' schon und wir sehen uns nur zwei Tage älter, höchstens." Ich lasse mich nicht erweichen und verabschiede mich in dem Wissen, wo dies hier und heute enden wird, verlasse den Raum und werfe ein kurzes „Bis Montag" der am Eingang stehenden Wache zu, während ich aus der Kaserne eile.

Ach würde jetzt doch bloß die Zeit stehen bleiben! Leicht angeduselt fällt mir auf, dass mein Arm nur mehr gelegentlich und meist auch nur wegen meines unüberlegten Bewegungsdranges schmerzt, ich in Kürze meine Verlobte nochmalig und wiederholend in den Arm nehmen darf und schließlich alle Sorge, der Leutnant würde mich als Feigling hinstellen umsonst gewesen ist. Schon seltsam, was sich ein Mensch so einbilden kann.

Nur ein paar hundert Meter sind es bis nach Hause. Vorbei an den mich beglückwünschenden Nachbarn, was ich leicht beschämt entgegennehme, gelange ich, links an dem vom Vota vor 25 Jahren aufgestellten Marterl abbiegend, an unser Gartentor.

„Der Franz kommt!", höre ich Pepis schrille Stimme aus dem Haus bis hier an das Tor, ein Krach folgt und diesem wiederum ein Aufschrei Mutters, was mir ein kurzes Lächeln abverlangt.

Ein kleiner Gemüsegarten, aus dem Mutter mühsam Jahr für Jahr das Nötigste zieht, liegt der Länge nach auf der linken Seite des gepflasterten Weges bis kurz vor die Eingangstür des zweistöckigen Hauses, rechts des Weges noch ungeordnet mit der Sense geschnittenes Gras zum Trocknen.

Das mir zugewandte Eckzimmer unter dem Dach zeigt mit geöffneten Fenstern an, schon auf seinen Bewohner zu warten, gern hätte ich ein eigenes Haus mit eigenem Garten, eigenen Kindern zu beehren, jedoch fehlte zuerst das Geld, hernach die Arbeit und im Anschluss musste ich weg. Die Fensterläden an der Vorderseite sind alle zur Sonne hin offen stehend und in hellem Grün frisch gestrichen. An der von mir ebenfalls eingesehenen Längsseite des Hauses gen Norden tragen sie noch den alten, schon gebleichten Grünton, der durch das Fehlen der sonst prachtvollen Blumen noch uncharmanter wirkt.

Das gesamte Bauwerk erscheint und erschien mir immer bei genauer Betrachtung der Konstruktion seltsam, nie aber brachte ich den Mut zusammen meinen Vater um den Grund des kläglichen Fundamentes zu fragen, oder der Hauswände, die hinten unter dem Giebel beginnend schräg nach vorne bis zur halben Höhe der Vorderseite gemauert verlaufen, die restliche Höhe vorne bis unter das Dach – warum auch immer – aus Holz sind. Das Giebeldach unterscheidet sich nur durch den gemauerten Schornstein, aus welchem der Rauch des einzigen Ofens im Haus gen Himmel entweicht, von dem mich die letzten Nächte in der Scheune bedeckenden. Nochmals denke ich an den letzten, so einprägenden Blick auf die Scheune in ihrer eindrucksvollen Umgebung, ein Abenteuer aber war es auf jeden Fall. Wer weiß, wenn ich die Vali nicht hätt'…

Den halben Weg zur Eingangstür bereits abgeschritten, kann ich am zumeist freiliegenden Mauerwerk die mich seit meiner Kindheit faszinierenden Zeichen der großen Hitze bewundern, in der es erbaut worden war, als ich von einem buschigen, aufgeregten Schwanzwedeln aus der einen spaltweit geöffneten Tür begrüßt werde. Sofort fordert sie all die ihr entgangene Liebkosung von mir ein, hüpft um mich herum und genießt das Gekraule ihres Felles ganz ohne Vorwürfe: Wo ich denn immer gewesen sei? Was ich denn getan hätte? Warum sie denn nur mit einer Hand gekrault würde? Frei jeglicher Scham hüpft sie dabei an mir hoch. *Ob wir Erwachsenen je so zügellos gehandelt haben?*, überlege ich, den lebenden Gegensatz zu unserem Verhalten kraulend.

Der Pepi umklammert auch gleich mein rechtes Bein mit beiden Armen und der zwei Jahre ältere Max, hinter ihm hergelaufen, tätschelt seinem Bruder – um ihn zu ärgern oder weil ihm nichts Besseres einfällt – den Kopf, welcher mich, die leichten Schläge ignorierend, fragt: „Wo hast' denn das Gewehr, Franz?" „Na in der Kasern'.", erwidere ich, etwas enttäuscht Koras immer noch nicht gestillte Wiedersehensfreude spürend.

„Ach so", kann er anscheinend doch auch ohne den Karabiner leben. Ich nehme ihn an der Hand und er daraufhin den schon immer zurückhaltenderen Max. „Kommt's geh'n wir hinein!" Mit dieser Aufforderung ziehe ich sie schnell hinter mir her auf den Eingang zu. „Die Post ist da!", rufe ich, meine Stiefel auf der Matte abputzend, in die herbstlich kühle, vom herrlichen Geruch meines Lieblingsessens durchzogene Luft, die aus dem dunklen Haus strömt. „Endlich bist' da, Bua.", werden die Umrisse der Mutter schärfer, „Wart' i' helf' dir."

„Ja, bitte.", setze ich mich vorsichtig auf die mir für ihr Quietschen bekannte Bank im Vorraum, gewähre den Dreien Eintritt und lasse mir von Mutter dabei helfen, jene Stiefel, die mich hunderte von Kilometern

verlässlich getragen haben, auszuziehen. „Die musst' dem Schuster geben, schau her da!", zeigt sie mir die sich ablösende Sohle, dem prüfenden Blick einer fürsorglichen Mutter nicht entgehend.
„Da schau her, g'rad hab` ich noch gedacht, wie gut sie g'halten hab'n."
„Na, sehr guat", biegt sie die Sohle gegen ihre Bestimmung nach hinten und wir beginnen beide zu lachen. *Was sie für ein lustiger, lebensfroher Mensch geblieben ist*, denke ich, in dem Augenblick in ihren Augen lesend. So viele Schicksalsschläge, dazu dem Vota seinen Grant, der scheinbar nicht in der Lage ist, auf sie abzufärben. *Diesmal frage ich sie wirklich, bei erster Gelegenheit.*

Wie unschwer zu erahnen war, sitzt der Vota auf seinem dem Eingang zugewandten Stammplatz auf der Eckbank und grüßt mich auch sogleich mit einem „Na endlich!" Am anderen Ende der Bank, nur den äußersten Rand beanspruchend, sitzt Valeria. *A' sauberes Mad'l*, bestätige ich mir in voller Überzeugung. Ihr gegenüber ist Mutters Stammplatz, der gegenwärtig noch frei ist: ein Sessel nahe dem Herd. Ich ziehe den zweiten am Küchentisch stehenden Stuhl heraus, nutze dabei die Gelegenheit, Valeria auf die Stirn zu küssen – ihren betörenden Duft dabei in den letzten Winkel meiner Lunge pressend – und setze mich.
Nachdem ich die Hand Valerias auf dem Tisch erreicht habe und meine darauf verweilen lasse, frage ich, dabei ihren Blick auf meinem verwundeten Arm spürend, wo denn all die anderen sind.
„Na deine zwei großen Schwestern sind dahoam am Hof, arbeiten. Die hab'n momentan überhaupt keine Zeit. Die Betti kommt bald heim, oder Muata?"
„Stimmt schon."
„Aha, und Vota, wie is' er denn heuer 'worden?", deute ich mit dem Kopf auf das vor ihm stehende halbvolles Stammglas. „Jessas, na Bua, magst ja sicher auch einen und Hunger wirst ja auch hab'n, weißt eh, was die Vali 'kocht hat?", fragt mich die Mutter, entsetzt über ihre Vergesslichkeit, während sie den Schritt hin zum Herd macht.
„Hunger hab' i' keinen, wir hab'n schon a sehr guat's Rindfleisch in der Kasern' g'essen, vielleicht am Abend dann.

Aber trinken möchte' i' schon einen."
„A bisserl säuerlicher als letzt's Jahr, wenig Sonn' im Mai, wie du eh weißt, aber trinkbar.", lässt sich der Vota seine Expertenmeinung nicht nehmen. „Na dann, Prost!", nehme ich einen ersten Schluck des Mosts Jahrgang '39 und wie immer kann ich dem Vota nur beipflichten.
„Habt's ja gute Arbeit g'leistet dort oben, wie man so hört.", nimmt er sein Glas und prostet mir ebenfalls zu. „Ja, Franzl", ergänzt die Mutter sofort, sich dabei wieder zu uns setzend, „durch das Ding da…"
„Volksempfänger!", deutet der Vota durch seinen Tonfall die Häufigkeit an, in der er die Bezeichnung des neuartigen Geräts an wohl schon ergänzt hat. „Stimmt schon, durch den da", zeigt die Mutter auf den säuberlich mit einem Tuch abgedeckten Kasten, „hab'n wir alles Neue sofort g'wusst, also die Polen, die sind ja a grausam's Volk, ich möcht's gar net wissen. Der Doktor Goebbels aber hat voller Bewunderung von euch g'sprochen.", schließt sie sich Votas leisem Lob an und meint dann doch: „Aber g'fiacht hab'n wir uns, is' net wahr, Vota?" „Ach was!", stellt der sein Glas, das eher einem Krug gleicht, ohne getrunken zu haben wieder ab.
„Ich hab' jedenfalls Angst g'habt. Und die Vali da, ich hab sie gar n'imma anschau'n können, so ein Häufchen Elend. Jeden Tag is' 'kommen, um die Neuigkeiten zu hören."
Beschämt öffnet diese den Mund und dreht den Kopf, als wolle sie Mutters Annahme abschwächen, aber kein Ton entflieht ihr. „Und Franzl", hat die Mutter noch nicht alles gesagt, „wie die Verständigung 'kommen is', dass' di' erwischt hat, na' Franzl das war schlimm. Keiner hat g'wusst, wie's dir geht, wo du bist. Die arme Vali da." „Aber jetzt bin i' ja da!", klopfe ich zuversichtlich auf Valis Hand und möchte gar nicht weiter darüber reden, wie knapp es gewesen ist. Alle sitzen wir am Tisch, selbst die beiden Kleinen haben, unter ihm hervorkriechend, Platz zwischen dem Vota und Valeria genommen. Nur die Kora läuft noch aufgeregt wedelnd, doch nur hin und wieder spürbar unter dem Tisch herum, in dem Haus meiner harten Jugendzeit, die aus Sicht vom Vota 'viel zu gut' verlief, was ich besonders oft zu hören bekam, als ich arbeitslos viel zuhause saß. Wir lauschen Mutters Erzählungen und dazwischen den kurzen Geschichten vom Jungvolk, in dem der Max

seit dem Sommer ist, doch würde ich viel lieber mit meiner Verlobten allein sein.

„Jetzt hätt' ma so viel Arbeit.", beginnt der Vota aus heiterem Himmel, „du wärst da' und kannst net helfen!" Vorwurfsvoll sieht er mich nach dieser Aussage an, der Vota, so wie ich ihn kenne: unfähig, auf andere Weise mit mir zu reden, also macht er mir einen Vorwurf, denn – und hier befindet er sich in einer Zwickmühle – reden will er ja mit mir. Das war schon immer so und passierte regelmäßig bei den gemeinsamen Mittag- und Abendessen. Diese kränkende Art, unterfüttert von seinem andauernden Grant, ist aber heute nicht in der Lage, mich in meinem Frohsinn – auch ihm gegenüber – zu bremsen. „Eine Hilfe werd' ich euch net sein, das is' wahr", gehe ich auf den Vorwurf ein und füge unbedacht hinzu: „Denn ich bin da zur Genesung und werd' im Anschluss gleich wieder einzogen."
In diesem Moment entreißt mir Valeria ihre Hand, springt auf und verlässt weinend den Raum. „Du bist ein Depp", höre ich die Mutter gerade noch sagen, als ich schon die Hintertür aufstoße und meine Vali an die große Eiche neben unserem Haus angelehnt, bitterlich weinen sehe. Als sie meine Schritte hört, dreht sie tief schluchzend ihren Kopf gerade so weit, dass sie aus ihren Augenwinkeln sehen kann, wie ich hinter ihr stehen bleibe. Ich schlage ihr einen Spaziergang vor und nach einem Kopfnicken ihrerseits beginnen wir, den oftmalig abgeschrittenen Steig in der mittlerweile versinkenden Sonne entlangzugehen.

„Weißt', dass der alte Huber gestorben ist?", sind ihre ersten Worte überhaupt an mich und sie wischt sich ihre Tränen mit einem Tuch fort, während wir das kleine Bächlein mit seinem wenigen, dahinplätschernden Wasser darin, entlang schreiten. Die Bauern nutzen eifrig das schöne Herbstwetter, um das Gras auch auf der anderen Seite getrocknet zu bekommen und der vor uns auf einer Anhöhe liegende und von mir schon so häufig umrundete Wald wird noch in vollem Umfang von der Sonne gewärmt, während er wiederum schon lange Schatten auf die unter ihm liegenden Felder und Häuser wirft, ohne dabei auch nur ein einziges Haus des kleinen Dorfes nicht fern von uns zu schonen.

„Der alte Huber, sagst? Gott hab' ihn selig", spreche ich in die Landschaft vor uns. „Er war immer nett und ich weiß noch, damals, als ich klein war, hat er mir immer einen Groschen gegeben. Ja, sehr oft hat er das getan, für eine Süßigkeit, obwohl er selber nix g'habt hat."

„Is' wahr? Musst' gleich wieder geh'n, in den Krieg?"

„Ja, Vali, wenn mich die Kameraden brauchen, dann muss ich geh'n, wenn der Arm wieder heil is'", klingen die klaren Worte des Majors in meinen Ohren und ich will sie keinesfalls anlügen. „Aber hab' keine Angst, das passiert mir kein zweites Mal, dass ich verwundet werd'", hebe ich den Arm sachte an.

„Wenn net gleich um'bracht!"

„Ach geh, Vali", ergreife ich ihre überraschend, kühle Hand und drücke sie fest. „Wirst seh'n", suchen meine Augen die ihren vergebens, „das dauert nicht mehr lang', die Polen sind so gut wie besiegt und vielleicht kann der Führer den Franzosen und den Engländer noch vom Frieden überzeugen."

„Und wenn net?"

„Dann schlagen wir sie, ohne dass ich mir dabei weh tu', das versprech i' dir hoch und heilig. Komm, erzähl' mir von daheim, Vali!", schicke ich den Blick von der vergeblichen Suche ihrer Augen in die Ferne, hin zu jenem Wald vor uns, der seine dunklen Schatten mehr und mehr über die Felder verbreitet. „Mir geht's gut, Franz, aber ich möcht' halt einfach, dass du da bleibst!", trübt sich ihr Ton weiter. „Bald, Vali, bald bleib' ich da. Aber ich muss jetzt noch gar nicht weg, also red' ma' 'was anderes. Wie geht's den Eltern?", bleibe ich Fragender. „Ganz gut. Nur, dass die Mama, und i' glaub der Papa auch, umkommen vor Sorge, genau wie deine halt. Der Gerd is' ja auch dort oben."

„Mei' dein Cousin, wisst's was von ihm?"

„Es geht ihm gut, und er is' ständig am Vormarschieren, hat er geschrieben, aber wann er heimkommt weiß er net."

„Sicher bald! Mein Arzt, ein Weana Bazi, hat gemeint, die Ostmärker hätten schon den Ruf, ohne Ruh' zu marschieren."

„Dann soll er gleich nach Hause marschieren!", befiehlt sie plötzlich in solcher Bestimmtheit, dass ich sie zuerst verdutzt ansehe, dann aber nach kurzem studieren ihrer Gesichtszüge zu lachen beginne und sie damit erfolgreich anstecke, wohl deshalb, weil sie selber über ihren Ton überrascht ist. Wir lachen beide aus ganzem Herzen und es tut unendlich gut, sie in ihrer ganzen Schönheit, die Valeria immer dann zeigt, wenn sie fröhlich und ausgelassen ist, das erste Mal seit meiner Heimkehr betrachten zu können.

Drei kleine Jungen kommen den noch vor uns liegenden Weg vom Wald herunter, von dort wo wir uns noch einen Blick auf die Sonne und ihre letzten wärmenden Strahlen erhoffen. Alle drei haben Platz auf nur einem Fahrrad gefunden; der offensichtlich jüngste davon in kurzer Hose und barfuß, schreien sie schon von weitem: „Grüß euch!", und eben jener barfüßige: „Heil Hitler!", ein Anzeichen seiner wahrscheinlich baldigen Aufnahme in das Jungvolk, was bei den beiden Freunden – an den Uniformen ersichtlich – schon geschehen ist. „Servus!", erwidern wir, noch immer lachend, während sie zu schnell vorbei flitzen, als dass wir sie ihren Eltern zuordnen hätten können.

„Die beiden sind auch bei dem Verein", sieht Valeria den dreien nun wieder nachdenklich hinterher, „genau wie der Max und bald der Pepi."

„Ich weiß", nehmen wir beide den durch Fuhrwerksspuren vorgegebenen Weg wieder auf. „Ist ja net so schlecht: Was die alles machen, das hätt's bei uns net ´geben."

„Franz!", bleibt sie, mich entsetzt ansehend, stehen: „Die spielen Krieg! Die werden euch nachfolgen, darauf werden's vorbereitet."

„Vali, bitte! Jetzt sieh nicht alles so schwarz. Dort machen's keinen Blödsinn und werden gut erzogen.", schwingt in meinem noch freundlichen Ton unüberhörbar etwas Missmut mit, ständig von diesem Blödsinn, wie es Mutter nannte, zu sprechen. „Komm, wir laufen hinauf zum Wald, wir müssen der Sonne `Gute Nacht´ sagen!"

Der Anblick lohnt uns die Anstrengung allemal. Weit hinten am Horizont steht der feuerrote Ball, der uns zwar die noch erhofften warmen Strahlen bereits verwehrt, an unserer statt aber die südlich gelegenen Berge der Alpenausläufer vor kaltem blauen Hintergrund wunderbar rötlich färbt. So weit das Auge reicht, grüne Felder, Dörfer und immer

wieder kleinere und größere Wälder, bis hin zur Grenze des Sichtbaren: dem großen Kobernaußer Wald.
„Oft bin ich da g'wesen, die letzte Zeit, und oft hab ich den Herrgott...", schweigt sie plötzlich.
„Was, Vali? Was hast ihn, den Herrgott?"
„Ach nichts."
Was auch immer sie ihn gefragt oder gebeten haben mochte, es wird – zumindest für heute – ihr Geheimnis bleiben, weiß ich aus Erfahrung und verdränge meine Neugier. Noch immer etwas außer Atem wage ich es, hier auf der bezaubernden, im Volksmund ʻPulverturmʼ genannten Anhöhe, sie in den Arm zu nehmen; nicht wie am Bahnhof, ganz sachte diesmal drücke ich sie an mich, blicke ihr geradewegs in die haselnussbraunen Augen und küsse zuerst ihre weichen Wangen – den uns Männer so betörenden weiblichen Geschmack kostend – dann ihren Hals – eine lieblich pochende Ader führend – bis sie kurz vor dem Schönsten, dem Manne zum Küssen gegebenen, den Kopf mit einem „Franz, wenn uns wer sieht?" wegdreht, sich geschickt aus meiner Umarmung windet und verlegen ein paar Schritte die Anhöhe hinab zurücklegt. „Du hast recht", entschuldige ich mich für mein Vorgehen, obwohl mein Herz und viel mehr noch meine Lenden des Verstandes Meinung nicht teilen.
„Valeria, ich lieb' dich doch so sehr", bestätige ich hinein in die Stille des gemeinsamen Hinabgehens. „Ich dich auch, deshalb hab ich ja solche Angst um dich", zwingt sie ein zaghaftes Lächeln auf ihre von mir so begehrten Lippen, längst nicht vergleichbar dem Unbeschwerten von vorhin. *Es gibt keine die an sie heranreichen könnte, das kann ich mir nicht vorstellen,* danke ich für das Glück, sie morgen schon wieder sehen zu dürfen; einfach nur sehen und vielleicht küssen, das reicht schon, begleite ich sie mit den Augen die Straße hinunter zu ihrem Elternhaus.

Nun muss ich das Gartentor zum wiederholten Male alleine aufstoßen, denn meinem Bitten, nochmals mit hinein zu kommen, wollte sie nicht nachkommen, wahrscheinlich der bevorstehenden Dunkelheit wegen. So gerne ich mit Valeria alle Zeit der Welt zusammen bin, so ungern verbringe ich selbige mit ihren Eltern, stelle ich mir diese, den Garten durchschreitend, vor. Die reden immer so g'scheit und er, ein Veteran, lässt kein gutes Haar an der Sache und überhaupt geben sie mir ständig das Gefühl, für Valeria zu gering zu sein, ihre einzige Tochter hätte einen besseren, einen aus ihren Kreisen, verdient. Nicht, dass sie es je direkt zur Sprache gebracht hätten – was mir manches Mal sogar lieber gewesen wäre – aber die Anspielungen und versteckten Hinweise haben durchaus gereicht.

„Wo is' denn die Vali?", schreit meine Mutter, aus dem noch offenen Küchenfenster gelehnt, zu mir in den Garten. „Na heimg'angen", antworte ich in unbewusst gereiztem Tonfall und gehe weiter auf die Eingangstür zu.

„Zsakara, sie hat den Hut vergess'n."

„Net so schlimm", beruhige ich sie, in einem auf freundlich geänderten Ton durch den Vorraum rufend und gleichzeitig die Tür hinter mir schließend, „morgen bin i' bei ihnen eing'laden am Nachmittag, da nehm' ich ihn mit." „Oder schon in die Kirch'n?", meint die Mutter daraufhin, mich im Haus wissend und deshalb mit etwas gedämpfter Stimme. „Da weiß i' net, ob ich sie treff', bei all den Leuten dort", und ich setze mich an den leeren Küchentisch. „Na Muata, wie geht's dir denn?" „Ah Bua, mir geht's schon gut", schließt sie das letzte noch offene Küchenfenster in einer meine Erinnerung weckenden Art. Sie hebt nämlich dabei genau wie früher den Rahmen, der ohne diese Hilfe nicht mehr in den nach all den Jahren stark verzogenen Fensterstock passen würde, ganz vorsichtig von unten an, drückt mit der linken Hand dagegen und führt mit der rechten den Schließmechanismus aus. Im Anschluss zieht sie die schweren, dunkelroten Vorhänge ruckartig vor das Glas, um uns – wie ebenfalls all die Jahre schon – vor der Dunkelheit zu schützen. „Und dein Kreuz? Bist jetzt schon einmal beim Doktor damit g'wesen?", schenke ich mir aus dem am Tisch stehenden Tonkrug in meinen Glaskrug ein. „Nein, is' net so schlimm", versichert sie mir, während sie sich bereits auf der Suche nach der nächsten Arbeit in Richtung Herd zubewegt.

Immer nur arbeiten, fällt mir auf. Durch mein Fernbleiben habe ich wohl einen anderen Blick auf das als `normal´ Geltende bekommen, also auch auf die Mutter, die im Jahr 1889 – genau wie der Führer – geboren und damit drei Jahre jünger als der Vota ist. „Setz dich doch!", kann ich ihr schon gar nicht mehr zusehen.

„Ja, gleich. Die Ribisel stell ich noch auf, damit genug Saft da is'."

„Das is' also die neueste Mode?", nehme ich vorsichtig den auf der Eckbank vergessenen weißen Hut, zu klein, wie ich gesehen habe, für seinen eigentlichen Zweck, deshalb eher als Aufputz zu betrachten.

„Ja, schön is' er, net wahr? Den hat's von ihren Eltern, wie du dir denken kannst. Sehr stolz is' d'rauf, darum wundert's mich ja, dass'n vergessen hat. Du musst ihr auch unbedingt was schenken, Bua, das g'hört sich, weißt doch, wie die Eltern sind."

„Nur was?", sehe ich sie fragend an. „Beim G'wand kenn ich mich net aus."

„Blumen", nimmt sie nun doch neben mir am Tisch Platz, die Ribisel allein weiterkochen lassend, „Blumen, Bua!"

„Eine gute Idee, Muata. I' pflück' morgen gleich welche."

„Aha, und wo und welche? Du bist a Gspinst." Gspinst! Mein Gott, Gspinst hat sie mich früher immer dann genannt, wenn ich Einfälle hatte, die in der kindlichen Phantasie problemlos umgesetzt waren, in der Realität aber schnell an ihre Grenzen stießen. Ein Fahrrad aus zusammengebundenen Stangen, ohne Pedale war so eine – irgendeinen komischen Namen hat es, das Vehikel, soweit ich weiß. Oder ein rollendes Bett, ja! Das wollte ich mir lange Zeit bauen, denn so wie viele andere Kinder hatte ich den Wunsch, im Bett liegend zur ungeliebten Schule zu rollen.

„Kaufen musst' ihr welche Das zeigt ihr, wie gern du sie hast, wenns't etwas von deinem Sold für sie hernimmst."

„Genau, weil du es g'rad' sagst."

„Der Vota, Bua, weißt eh."

„Versteh' schon, aber is' noch was davon über?"

„Ja, es liegt droben in deinem Zimmer."

„Ein paar Blumen und ein Bier morgen werden sich schon ausgehen."

Still, bis auf das die Ribisel in Saft umwandelnde, im Herd knisternde Holz, bleibt es daraufhin, das ab und an laute Knacksen führt mich zurück in die wunderbar brennenden Dörfer; lärmend fraß sich ein unkontrolliertes Feuer durch das Holz, herrlich bei seiner Arbeit zu beobachten, wenn wir rechtzeitig eintrafen. Schon von weitem wiesen die dunklen Rauchwolken auf die unstillbare Gefräßigkeit hin, schlimm waren dann die Auswirkungen, wenn die Flammen den Hungertod sterben mussten. Plötzlich waren da wieder die vielen Menschen, ohne einen Herd, der wohlige Wärme an diesem frischen Herbstabend verströmen würde, ganz zu schweigen von einem Dach über dem Kopf – für viele das Schicksal den ganzen Winter hindurch. Warum hat der Pole ganze Dörfer seiner eigenen Leute angezündet?

Gedankenverloren umspiele ich dabei heftig den Krug mit meiner linken Hand, sodass der Henkel einmal links, einmal rechts von ihm absteht, was meine Gedanken wieder hierher führt, zu einer mich offenkundig beobachtenden Mutter, die – ohne zu fragen, weil vermutlich wissend, was in meinem Kopf vor sich geht – neben mir sitzt. „Wie geht's denn Oma und Opa?", bestimme ich das weitere Thema.

„Naja, weißt eh, dass die Oma fast nix mehr hört und der Opa recht ungeduldig is' mit ihr. Vielleicht besuchst du sie einmal, das würd's freuen."

„Während der Woche schau ich einmal vorbei. Der Vota is' beim Sigi?"

„Wie jeden Samstag, da hat sich nix g'ändert."

„Warum auch, der Sigi hat das beste Bier in ganz Ried. Und die Betti, ich hab' g'laubt die kommt heim?"

„Sie war kurz da, is' im Anschluss aber noch zu ihrer Freundin... I' glaub', da steckt ein Bursch dahinter", weiht sie mich in geheimnisvoll leisen Worten ein. „Eh klar, um die Betti wird's angeh'n, das is' sicher", nehme ich einen Schluck aus dem schwindelig gedrehten Glaskrug, den Aufenthaltsort der beiden Jungen über uns durch lautes Gepolter erfahrend.

„Franz, wegen dem Sold..."

„Is' schon gut, Muata."

„Nein, is' net! Was du dafür tun musst, das is' ja net wie bei den Manövern und wie du bei uns ständig g'wohnt hast."

„Das net", ertappe ich mich ein weiteres Mal beim Herumwirbeln des Kruges. „Der Vota", sieht sie mich zögerlich und leicht beschämt an, „kriegt sein Geld net regelmäßig vom Herrn Tutzlinger, obwohl er genau

wie immer alles erledigt. Wir müssen spar'n, trotz des von Herrn Hitler eing'führten Kindergelds. Wir hab'm dein Sold immer wieder herg'nommen, das tut mir leid, Bua."
„Aber geh, Muata, wichtig is', dass ihr halbwegs durchkommt's. Ich muss ja gleich wieder weg, also was soll i' mit dem Geld?", bin ich nicht in der Lage, der Mutter zu sagen, was ich wirklich denke. „Das is' liab von dir", beendet sie unser Gespräch durch ihr Aufstehen, um mit einem riesigen Kochlöffel in dem dazupassenden Topf die mühsam geernteten Ribisel umzurühren. „Aber ein schlechtes G'fühl, hab' i' schon, mit dem Vota kann i' net reden drüber, weißt eh."

„Max!", schreit sie plötzlich laut. „Was hab' i dir g'sagt?" Ungehört hat er es bis an die Küchentür geschafft, das Anschleichen und Ausspionieren war immer schon seine Leidenschaft. „Na", muss ich mich zu ihm umdrehen, „von welcher Aufklärungskompanie sind Sie denn, Herr Soldat?" Strahlend sieht er mich daraufhin an, lässt jedoch Pepis loses Mundwerk zur Gänze vermissen und kommt mir, so in der Tür stehend, eigenartig vor. Den Max, denke ich, als ich ihn betrachte, habe ich noch nie einschätzen können, nie habe ich gewusst, was in ihm vorgeht, ob er Gutes oder gar Böses denkt, ob er sich überhaupt etwas zu seinem Gegenüber oder über irgendetwas denkt.
„Die Stiefel net im Haus!"
„Aber die sind eh net dreckig, Mama!"
„Zieh sie sofort aus und dann ab auf dein Zimmer!"
Etwas trotzig verzieht er seinen Mund, weiß aber, so wie alle Kinder in diesem Haus immer wussten, um die Zwecklosigkeit eines Protests bei Mutter. „I' möcht' net, Franz", rührt sie bedächtig im Topf, dabei gelegentlich gegen den Rand schlagend und versichert sich der Abwesenheit vom Max, „dass die zwei noch depperter werden. I mach' mir große Sorgen um di', aber wenn die beiden irgendwann auch fort müss'n, na', Bua, dann dreh' i' durch."
„Ja Muata, i' versteh' schon. I halt' mich z'rück!", trinke ich verlegen und gleichzeitig an die mahnenden Worte Valerias denkend. Kann es tatsächlich sein, dass die Mutter den gesamten männlichen Nachwuchs viel zu früh und für immer gehen lassen muss? *Weibsbilder!*

Nach und nach entzieht sich mir – teils durch die Müdigkeit aufgrund der mäßig erholsamen Heimfahrt, teils durch die Wirkung des Getränkes – das Gefühl für die Zeit, in dieser unangenehmen Situation und so gänzlich ohne Nutzen. Der Most erfüllt in jedem Fall durch den heurig hohen Prozentsatz an Alkohol den einen Zweck: des Sich-berauschen-Wollens. Wenn ich auch ahnungslos darüber bin, wodurch diese jährlichen Schwankungen seiner Stärke hervorgerufen werden, verfüge ich doch über die Kenntnis, dass bezüglich des anderen Zwecks die Hoffnung für heuer noch nicht aufgegeben werden muss, denn das mostern der größten Mengen steht noch bevor: mit Glück süßlicheren Geschmacks für mehr Genuss.

Eine kleine Portion des von Mutter gewärmten, hervorragenden Erdäpfelgulaschs von Valerias, dämpft ein wenig den Essig-Sauren Nachgeschmack, direkt vom Magen bis in den Gaumen herauf, ist dann aber doch nicht in der Lage, ein aufkommendes Sodbrennen zu vermeiden. Ebensowenig kann es den Most davon abbringen, meine Gedanken erneut fortzuführen, mich marschieren zu lassen, durch Polen, schnell jenen Punkt erreichend, an welchem – zum ersten Mal in meinem Leben – mein Schicksal nicht mehr in meinen Händen lag; schnell gelangen sie, ohne mir das System dahinter auseinanderzusetzen, zu den beiden liebenswerten, noch kleinen, aber schleunigst große Soldaten sein Wollenden über mir in ihren Betten. Eine Geschichte, „unbedingt vom Franz" diesmal, hatten sie hören wollen, nachdem sie die Mutter mit der Tuchent bis unter das Kinn zugedeckt und links wie auch rechts auf die Wange geküsst hatte. „Aus Polen, von meiner Verwundung", so die Wünsche der beiden, es gelang mir dennoch, Mutters Worten innerlich zustimmend, sie mit einem selbsterfundenen Märchen in ihre unschuldigen Träume zu begleiten. Beneidenswert schnell waren sie ohne Bewusstsein, in einem Zustand, der sie mich betrachten ließ, ohne dadurch bei ihnen Reaktionen hervorzurufen. Bewegungslos stand ich zwischen ihren kleinen, vom Vater gezimmerten Betten, und beobachtete ihre entspannten, frischen Gesichtszüge, unfähig, sie mir in einem Kampf vorzustellen. *Auch in Polen werden Kinder von ihren Vätern oder oder Brüdern, die unsere Gegner waren und sind, zu Bett gebracht, ihre Gedanken dabei für sich behaltend*, ging es mir durch den Kopf. Lautlos schlich ich daraufhin immer noch ohne Schuhwerk aus dem nun abgedunkelten Raum und schloss geräuschlos die Tür zum spärlich beleuchteten Gang hinaus, anschließend betätigte ich für einen ersten Besuch meines Zimmers die Türschnalle direkt nebenan. In der überwiegenden Dunkelheit waren die größeren Möbelstücke – wenn auch nur umrissen – erkennbar, meine in dieser Situation verlässlichere Nase meldete aber sofort ein frisch bezogenes Bett mit dem Duft von Wiesengräsern, die die Mutter gerne der Lauge beimischt, um die Luft damit zu füllen. An solchen Gefälligkeiten, weit über den eigentlichen Nutzen hinausgehend, zeigt Mutter ihre Zuneigung, die sie in den Gesprächen zu verbergen weiß.

Erst um zehn Uhr versetzt mich die laute Pendel-Kuckucksuhr – ein Erbstück vom Großvater – von außen wieder in den Takt der Zeit, als die Eingangstür sich öffnet und ich mit gelockerter Zunge den Besucher ankündige: „Servus, Betti!", tippe ich aufgrund der doch frühen Nachtzeit und dem verhaltenen Eintreten auf meine kleine Schwester. „Servus, Franzl! Grüß dich, Mutti!", schreit sie laut die Wiedersehensfreude in die Küche. „Servus, grüß' dich", und ich gebe meiner wunderhübschen fünf Jahre jüngeren Schwester, für die ich immer eine brüderliche Verantwortung fühle, die Hand. „Mein Gott, dein Arm!", setzt sie sich erkennbar sorgenvoll auf die Eckbank. „Is' net schlimm", bestätige ich den harmlosen Zustand auch ihr gegenüber und fühle mich dennoch aufgrund der sichtbaren Wirkung meiner männlichen Gleichgültigkeit auf Betti geschmeichelt. Auf eine junge Frau, denke ich, sie dabei betrachtend, der mit Sicherheit nicht allein ihrer äußeren Erscheinung wegen die heiratsfähigen Männer der halben Stadt her sind, sondern auch und vielleicht gerade weil sie ihr Herz am rechten Fleck trägt, wenngleich auch ich ihre Schönheit nun voller Stolz betrachten muss. Ihr gewelltes, schulterlanges Haar umspielt ihr volles, wenn auch keinesfalls rundliches Gesicht und fällt auf das von Mutter gestrickte Jäckchen, welches die Ansätze eines jugendlichen Busens bedeckt und am langen schwarzen Rock abschließt. Die braunen Augen, die ebenso wie ihr Haar von Mutter geerbt sind, stechen klar, durchdringend über den zartrosenen Wangen aus dem Gesicht hervor. Und als sie den Kopf hin zu der am Herd das Ergebnis ihres Gekoches und Gerühres in Flaschen füllenden Mutter dreht, kann ich den Fleck an ihrer rechten Halsseite, ganz dicht unter dem Kiefer gelegen, erkennen; kein Leberfleck, wie unser Hausarzt einmal angemerkt hatte, irgendwas ungefährliches anderes wäre es.

Noch eine gute Stunde unterhalten wir uns, das heißt, anfänglich beschreibe ich ihr die sie besonders interessierende polnische Landschaft, und dann, nachdem meinerseits alles gesagt ist, lehne ich mich zurück und lasse mir von Betti alle möglichen Neuigkeiten berichten: zuerst nur vom ungeliebten BDM und seinem ʼgemeinen Weibsvolkʼ, aber nach dem zu-Bett-Gehen der Mutter schließlich von dem schon von Mutter erahnten feschen Burschen. Meine Neugierde muss leider auch hier ungestillt bleiben, denn weder sein Name noch die etwas dürftige Beschreibung – für Verliebte eher unüblich – können ihn in meinem Gedächtnis zu einem Bild formen. Reichlich beeinflusst vom Most und mit scharfem Sodbrennen stehe ich nach längerem Rätseln und Fragen auf, wünsche eine gute Nacht und gehe hinauf in mein Zimmer. In meinem alten, aber frisch riechenden Bett, das beinahe für immer unbezogen geblieben wäre, finde ich mich in den Armen der spärlich bekleideten Valeria, mich innig küssend, wieder. Durch das Fenster war sie geklettert, bilde ich mir ein – wie wundervoll wäre es, das vom Alkohol noch gesteigerte Verlangen nach ihrem Körper stillen zu können, lange noch hält diese Vorstellung den Schlaf erfolgreich von mir fern.

Für kurze oder gar längere Zeit, genau kann ich das nicht sagen, dringt er ein in meinen Traum, ehe er diesen beendet und mich aufwachen lässt: Der Ascherüttler! Die Mutter betätigt ihn wie jeden Morgen mit hellem Geklimper und leitet damit den Kreislauf so gegen sechs Uhr von neuem ein: das zu Asche verwandelte Holz verlässt dabei und getrocknetes neues befüllt die Feuerkammer.

Da noch Zeit bis zum gemeinsamen Frühstück bleibt, genieße ich ausgiebig die wohlige Wärme des angenehm weichen Bettes und spüre die vollständige Geborgenheit unter diesem Dach bis unter die Tuchent hinein, die mir ausschließlich ein eigenes Heim geben kann. Vertraut knarrende Geräusche verraten mein Drehen zur linken Seite hin und ich bleibe eine längere Weile ruhig liegen, bevor ich den Schutz des Bettes dann doch aufgebe und die Beine, wie immer das rechte zuerst, auf den stark abgekühlten Holzboden stelle. Das löst durch die rasche Bewegung und den nun auf den Kopf treffenden Luftzug starke Kopfschmerzen aus. Meine Hand greift zuerst unbewusst an die Stirn – dabei denke ich vorwurfsvoll an den gestrigen Abend – greift anschließend den Sold von genau 28 RM und legt das Geld auf dem Nachtkästchen wieder ab. Nachdem ich den Verband gerichtet habe, öffne ich die schweren Vorhänge und ein wolkiges Morgengrauen begrüßt mich. Tief hängen einzelne Wolkenfelder unbewegt am Himmel, der Garten darunter liegt noch verschlafen, bedeckt vom herbstlichen Flaum des Rauhreifs, still mit dem von diesem abermals feucht gewordenen Gras darauf, einzig zwei Feldhasen hoppeln kurzweilig außerhalb unseres Gartens umher. Eine ganz schöne Summe war es, die der Vota genommen hat. Da muss ich nochmals die Mutter fragen, denn falls er all das zum Sigi getragen hat, nein, dann wäre ich nicht einverstanden damit. Ich kann mir allerdings nicht erklären, was er mit dem von mir heimgeschickten Geld sonst angestellt haben könnte. Ich hole meinen aus dem Fenster gebeugten Oberkörper wieder herein, gleich nachdem die Hasen ganz in meinen toten Winkel gelaufen sind. Genau eine Stunde dauert es von Mutters ersten Aktivitäten bis zum gemeinsamen Frühstück aller im Haus Anwesenden. Der Takt innerhalb dieser vier Wände wird von Mutter vorgegeben, mit Hervorhebung eines frühen Anstimmens.

„Geh'n wir nach der Kirch' zum Sigi, Bua?", fragt mich der Vota. „Ja gern", erwidere ich leicht verstimmt und zurückhaltend, aber am Morgen war ich noch nie sonderlich gesprächig. „Die hab'm gestern schon nach dir g'fragt!", steigert er meine Vorfreude auf den sonntäglichen Stammtisch. „Na, na Vota. Die Kirch' reicht 'leicht net zum Ratschen?", gibt die Mutter, mit vorwurfsvoller Miene ihr Erdbeermarmeladebrot streichend, zu bedenken. „Das verstehst' net", trinkt er seinen, allerdings um diese Zeit gespritzten Most. Das warme Gesöff, wie er es nennt, kann er auf den Tod nicht ausstehen. Alle anderen am Tisch trinken den selbstgemachten Lindenblütentee – in meinem Fall dem Pochen in meiner Stirn entgegenwirkend, wenngleich ich dem selten erlebten Geschmack von Kaffee den Vorzug geben würde. *Vielleicht komme ich heute noch in den Genuss.*

Wie gewohnt hält sich auch der Kirchgang an den vertrauten Tagesablauf und es finden sich alle, von mir abgesehen, in Sonntagskleidung in der Küche mit einer hektischen Mutter und einem gelassenen Vater ein. Auf dem Weg zur Kirche nahe dem Hauptplatz entfahren dem Vater spöttisch–witzige Bemerkungen über unseren Pfarrer und die Kirche im Allgemeinen; so ziemlich das einzige, dafür um so heftiger von ihm mit Spott überhäufte, und ihn selber, sowie Betti und mich zum Lachen bringende, Thema, was die Mutter, abgesehen von ein paar Randbemerkungen, über sich ergehen lässt. Ein Gläubiger oder doch zumindest ein Freund des Glaubens wird er nicht mehr werden. Das zeigt auch die Geschichte über mein erstmaliges Fernbleiben vom Gottesdienst aufgrund eines Manövers in Döllersheim, bei dem der Vota, vom Pfarrer in ernstem Ton über meinen Verbleib gefragt, laut eigener Erzählung, genauso entschieden antwortete: „Der Franz kämpft doch für die Verbreitung des katholischen Glaubens!", was den Herrn Pfarrer stumm zurück ließ und den Vota bis heute amüsiert. Die Mutter hingegen stammt aus sehr streng katholischem Haus und hat nicht nur deshalb ein viel besseres Ansehen beim Herrn Pfarrer. Sie hilft, falls zuhause dann doch keine Arbeit zu finden ist, bereitwillig in der Pfarre aus und will dem Vota seine Aussagen nicht recht hören, der jetzt weiter meint: „Tatsächlich gehen die Leut' doch gar nicht wegen dem Glauben in die Kirch'. Sondern nur deshalb, um von den anderen Scheinheiligen, besonders vom Pfarrer, gesehen zu werden."

„Grüß Gott!", hebt er den Hut übertrieben freundlich, um die anderen Heranströmenden zu grüßen. *Gut dass sie des Vaters Aussage nicht gehört haben*, denke ich sicherlich nicht als einziger. Wegen der derzeitigen Unregelmäßigkeit meiner Kirchenbesuche gehe ich heute gerne mit; früher, muss ich mir eingestehen, durch die ungefragte

Verpflichtung eher, um anschließend den Frühschoppen guten Gewissens genießen zu können. Es erfordert eine Weile des Nachdenkens, um auf einen gesehenen Seelsorger im Feld zu kommen. Gleich zu Beginn, in Neumarkt, war einer und zu einem Zeitpunkt großer Angespanntheit gab mir seine bloße Anwesenheit für kurze Zeit innere Ruhe, kann ich mich gut erinnern. *Interessant, betrete ich die Kirche, wie die Not über die Annahme eines Angebots entscheidet.*

Nun folgen wir in der sehr gut besuchten Kirche auch schon dem lateinischen Kauderwelsch, einer für mich mysteriösen Sprache, in der ich kein Wort, von „Amen" einmal abgesehen, verstehe. Der einzige, den ich außer dem Pfarrer in dieser Sprache je reden gehört habe, ist der Herr Reiter, sonst niemanden. Der Pepi und der Max, beide zu meiner linken, verstehen natürlich ebenfalls nichts, machen aber ruhig die von einem Kirchgänger geforderten Ehrerbietungen mit, wie auch – wenngleich weniger betont – der Vota zu meiner rechten, auf unseren Plätzen mit den schon von den Urgroßeltern bezahlten und an die Hinterseite der Bankreihe vor uns genagelten Täfelchen sitzend. Wunderbar geschwungen steht auf ihnen unser Nachname und sie sind, unsere Spendenfreudigkeit kennzeichnend, etwa in der Mitte des Kirchenschiffs angebracht. Dem Vota nach wären sie lange schon abmontiert, nur war die Mutter stets dagegen gewesen und so müssen die anfallenden Gebühren regelmäßig und trotz der neu eingeführten Kirchensteuer entrichtet werden, was ihn noch wütender werden lässt, wenn ich mir dennoch nicht vorstellen kann, dass er den Mut aufbringen würde, sich gegen die Praxis einer ganzen Gemeinde aufzulehnen.

Die Mutter, die Betti und meine beiden älteren Schwestern sitzen in der für die Frauen vorgesehenen linken Kirchenhälfte, aber in genau gleichem Abstand zum Altar hin. Meine hoffentlich baldige Verlobte mitsamt ihrer Mutter können als wesentlich gläubiger bezeichnet werden, so sind deren Namensschilder bereits an der zweiten Reihe angebracht, was ihre hohe Spendebereitschaft und das damit einhergehende hohe Ansehen allen signalisiert. Durch deren Position ist mir ein guter Blick, wenn auch nur auf den Hinterkopf meiner Vali, gegeben und ich frage mich, ob sie diesen – durchaus aufdringlichen – spüren kann. Ihn zu erwidern ist ihr jedenfalls unmöglich, denn dies wäre nur durch deutliche Drehung des Kopfes ihrerseits, weg von der Liturgie vorne zu bewerkstelligen, was allen, im Besonderen aber dem Pfarrer, unangenehm auffallen würde.

Mit einem Seufzer, wie es der Vota tut, freue ich mich zwar nicht, bin aber dennoch erleichtert, als die ersten Bankreihen vorne bereits den Leib Christi empfangen, markiert dies doch das nahe Ende der Feierlichkeiten. Noch bevor sich unsere Bankzeile anschickt, aufzustehen, fallen mir wieder – wahrscheinlich der Sicht auf den Messdiener wegen – die Streitigkeiten meiner Eltern darüber ein, ob ich als Ministrant in den Kirchendienst eintreten solle oder nicht. Ich selber wurde nicht gefragt und die Mutter hätte mich nur allzu gern als jungen, tatkräftigen Diener im Namen des Herrn und in weiterer Folge als Pfarrer gesehen, was für den Vater natürlich ein Unding darstellte. Und noch heute sieht er und auch ich mich im Großverband der Wehrmacht besser aufgehoben, bin ich mir sicher.

Nachdem ich hinaus auf den Gang und nach einiger Zeit des Anstehens dem Pfarrer gegenüber getreten bin, und mich schließlich im Menschenstrom zurück zu unseren Täfelchen befinde, spüre ich ein sanftes Lächeln zwischen den Menschenreihen hindurch, welches ich nur mit einmaligem Kopfnicken erwidern kann, bevor es wieder in der Menge verschwindet. Sofort schlägt mein Herz in schnellerem Gang, wird mein Körper von diesem so wundervollen Verliebtheitszustand, in dem nichts anderes mehr wichtig zu sein scheint, eingeholt. *Mein Gott*, gehe ich weiter dem Vota hinterher in das Kirchenschiff, *wann und vor allem wie soll ich sie fragen?*

Das gesamte Kirchenvolk erhebt sich ein letztes Mal an diesem Sonntag für den Herrn und verlässt dann den heiligen Ort. Die Männer werden dabei durch den rechten und die Frauen durch den linken Seitenausgang von Herrn Hofmann, unserem Orgelspieler, mit lautem `Brimborium´ – ein Begriff des Vaters – in die mittlerweile ungetrübt scheinende, herbstlich warme Sonne begleitet. Die Männer kommen sich gedämpft unterhaltend zusammen und beginnen sogleich zu diskutieren. Viele Nachbarn, Bekannte, Väter von Freunden fragen mich, ob wir uns beim Sigi nachher sehen würden und wollen am liebsten jetzt sofort alles über „dort oben" wissen. Ein kleiner Junge reißt mir den Pepi aus der Hand und sie laufen, verständlicherweise wild, umher, werden aber sogleich streng auf das hier herrschende Laufverbot hingewiesen. Ein neu gepflasterter Weg schlängelt sich direkt an der neu restaurierten Außenwand um die Kirche herum und hält mit seiner Breite von etwa drei Metern den die Kirche umgebenden Friedhof von dem täglich mit Leben gefülltem Gebäude fern. Bis auf den im Osten das Kirchenschiff abschließenden, abblätternden Glockenturm mit seiner wuchtigen Zwiebel oben auf sind augenscheinlich alle äußeren durch die Jahre entstandenen Mängel behoben worden. Die große Männermenge schränkt mein Sichtfeld auf den schon erwähnten Friedhof erheblich ein, nur ein kleiner Teil, auf dem ich vergeblich nach neuem Auswurf Ausschau halte, kann von mir eingesehen werden. „Bua, geh'n wir zu den Weibern!", fordert mich der Vota, gerade noch im Gespräch mit einigen Bekannten verwickelt, auf.

Dort angekommen gleicht das Bild dem der männlichen Seite: Frauen stehen in gedämpftem Ton tratschend vor dem Kirchenausgang und warten. Auch auf diesem Abschnitt des Friedhofs kann ich nur fertig gerahmte Gräber, deren Inhaber schon in Stein oder Eisen für die Ewigkeit vermerkt sind, erkennen. Nun endlich sehe ich den Rest unserer Familie: meine beiden sehr früh erwachsen zu werden habenden älteren Schwestern.

„Servus, Franzl!"

„Grias euch", reichen wir uns die Hände.

„Ein so ein schneidiger Soldat, was is' das für ein Orden?", spricht mich die Rosi auf meine Uniform an. „Das Verwundetenabzeichen, Rosi. Ja, die Uniform steht dir wie immer sehr guat. Nur dein Arm passt net dazu!", fügt die Maria an, ergreift dabei die meinen Arm tragende Schlaufe und klappt das kleine Stück eingeschlagenen Stoff heraus, um das Gewicht auf eine größere Fläche zu verteilen. „Na, wer hat dir denn den Verband ang'legt?", fragt sie, die im ortsansässigen Krankenhaus tätige Schwester. „Die Martha", antworte ich ohne Zögern, „eine Preußin!" „Soso, die Martha", witzelt die Rosi, die in den Augen aller Familienmitgliedern den größten Glückstreffer gelandet hat, ist sie doch auf einem großen Hof am Rande Rieds untergekommen, hat zwar

schrecklich viel Arbeit, aber im Gegenzug auch ein gutes Auskommen. „Wo is' denn da die preußische Gründlichkeit ´blieben?", lässt sich die Maria einen Seitenhieb wegen der Schlinge nicht entgehen. „Ja genau", meint auch Rosi, zu lachen beginnend.
Zu beiden, in ihrem Aussehen unverändert gebliebenen und durchaus ansprechend Aussehenden, wenn auch neben der im Hintergrund weilenden Betti verblassend, hatte ich nie eine innige Beziehung; eher distanziert und kalt war es zwischen uns, aber die beiden hatten das Elternhaus ja auch mit jeweils vierzehn Jahren verlassen, da war ich einmal sieben und bei der Rosi acht Jahre alt. Beide tragen sie ein Dirndl in blau-weißen Farben, nur ist jenes von Maria um mindestens zwei Nummern größer, ihre Statur ist der Rosis zwar ähnlich – kraftvoll und doch schlank – jedoch überragt sie die jüngere Schwester um einen ganzen Kopf. Nur fünf Zentimeter weniger als ich, für eine Frau doch ungewöhnliche 173 cm, haben ihre Chancen auf dem Heiratsmarkt nicht gerade erhöht. Nicht selten hat sie darüber gejammert, den Vota angeklagt, warum er denn nur so groß sein müsse, was er grantig und es damit der Maria noch schmerzlicher machend abtat mit einem: „Wär'st halt ein Bub ´worden."

Nun steht sie da, die Älteste, die immer allein mit allem fertig Gewordene, ihre glatten, blonden Haare zu langen dünnen Zöpfen geflochten, die an den Seiten lustlos hängen, und überblickt mit den blauen Augen den Großteil der Menge.
Das zweite Kind war wiederum kein Stammhalter. Die Roswitha wuchs zwar etwas behüteter – auch von Maria – aber den verstärkten Missmut, das falsche Geschlecht zu sein, spürend, auf, was ihr der Vater bis zu dem schon erwähnten Glück, den richtigen Mann kennengelernt zu haben, vorhielt. Sie trägt die Haare heute der Betti gleich: hochgesteckt mit nur einigen wenigen an den Seiten in das Gesicht fallenden gewellten Haaren. Nicht nur die Haare, auch die Augen hat sie von der Mutter geerbt, das verbindet sie mit der Betti, was mir jetzt zum ersten Mal auffällt.

Wir stehen in einem Halbkreis. Der Vater hat sich, nachdem er die Roswitha über die bevorstehende Mosternte befragt hat – immer interessiert er sich für sie, die mit dem großen Glück, die Maria, die sogar noch selber arbeiten gehen muss, weil der Hof zuwenig abwirft, bleibt ungefragt – zu seinen Stammtischkollegen gesellt. Gerade als ich die beiden nach meinen Schwägern fragen will, kommt meine Mutter mitsamt Valeria, und diese ihre Mutter unter dem rechten Arm eingehakt, auf uns zu. „Guten Morgen", versuche ich die drei vornehm zu begrüßen. „Grüß dich, Franz!", streckt mir die Bertha ihre Hand entgegen, schaut dann aber zögerlich auf meinen rechten Arm, so als wisse sie nicht recht, ob sie die eigene Hand ungeschüttelt wieder wegziehen sollte. Ich reiche ihr die linke mit den Worten: „Eine Weile noch muss ich diese benutzen", es ist das Klügste was mir einfällt. Die Bertha, namensgleich diesem Weibsbild mit den verworrenen Ideen, hat äußerlich rein gar nichts mit der von Suttner gemein. Sie trägt die feinen Züge meiner Vali, nur schon sichtbar längere Zeit in sich. Valeria steht nahe an meiner rechten Seite in einem mir bekannten schwarzen Kleid, welches in der Mitte durch einen für mich etwas zu locker nach unten hängenden weißen Gürtel – zumindest optisch – geteilt wird. Ein Dirndl, in dem ich sie zugegebenermaßen gerne sähe, hat sie nie und wird sie nicht tragen, denn so wie alle anderen will sie nicht sein. Dieses sture Sich-absetzen-Wollen hat sie von der Mutter, ist diese doch ebenfalls mit schwarzer Jacke, aufgeplustertem Schal, weißem Rock und – oben auf – einem großen weißen Hut auffällig anders gekleidet. Unwohlsein befällt mich stets in ihrer Gegenwart, Unwohlsein aufgrund der mir von ihr entgegengebrachten Geringschätzung meiner Selbst und meiner Herkunft, für die ich nichts kann, die ich aber wohl am besten vollständig ablegen sollte. Meinem Naturell widersprechend versuche ich dies auch, verstelle mich so gut es mir möglich ist, um als Ihresgleichen anerkannt zu werden, nur um im Nachhinein die Sinnlosigkeit meines Tuns zu erkennen.

Meine dennoch hoffentlich zukünftige Schwiegermutter hat es wohl nie nötig gehabt ihre Herkunft zu überdenken, hat sie doch weder gearbeitet, noch jemals gar hungernde Kinder zu Bett gebracht. Aufgrund einer

Erbschaft sind ihr diese Erfahrungen erspart geblieben. Eine Menge Geld hat sie geerbt und ihren Gemahl, einen Lehrer in Ried, geheiratet. Viel Geld ging zwar durch die Entwertung wieder verloren, dennoch blieb genug für ein großes Haus mitsamt Dienstmädchen in der Schärdinger Straße übrig. Mein Vater zeigt nur bedingt Interesse an ihr, redet nur wenige Worte und auch nur dann, wenn er es nicht abwenden kann und hat mich sogar einmal gewarnt, dass die Bertha in den falschen Kreisen verkehre.

„Wo is' denn der Herr Gemahl?", frage ich manierlich in die verlegene Stille zwischen uns.

„Der unterhält sich mit dem Pfarrer. Übrigens Franz, heut' um fünf bist' recht herzlich eingeladen."

„Ja, ich komm' gern' vorbei, danke."

„Brauchst dich net bedanken, Franzl", spricht mich die Valeria mit ihrer wundervollen Stimme direkt an. „Aber sei pünktlich!", fügt meine Mutter bestimmend hinzu. „Bua!", fordert nun der Vota meine Aufmerksamkeit, dabei seinen Hut kurz anhebend, um die Bertha zu grüßen. „Geh'n wir?" Erleichtert verabschiede ich mich daraufhin zuerst von der Bertha, im Gegensatz dazu schweren Herzens von Valeria, die mich bittet, den Hut heute mitzubringen, und dann von meiner Familie, die ich zu Mittag bei uns versammelt weiß.

Bester Laune, ausschließlich unter Gleichgesinnten, befinden wir uns wenig später auf dem Weg zum Kirchenwirt. Tatsächlich kann man beim Vota von einer Laune sprechen, die er zuhause nie zu zeigen pflegt, hier jedoch, inmitten all der bekannten Leute, seinen Grant allem Anschein nach fehl am Platze meint. Überhaupt ist der Sonntag, abgesehen von einigen wenigen Ausnahmen, wie es gestern eine war, der einzige Wochentag, an dem er seinen Hosenanzug mit akkurat gebügelter Falte – und wehe der Mutter, wenn dem nicht so ist – zuerst an die frische Luft führt, um ihn danach in der Gaststube von kaltem Rauch neuerlich bedecken zu lassen. Schon Längen vor dem Eingang herrscht reger Zustrom in das von den Männern als Paradies, von den nicht geduldeten Frauen als Vorhof zur Hölle angesehenen Gebäude. Ohne Zweifel hat es eine hohe Anziehung auf das männliche

Geschlecht, bei manchen schon ab vierzehn Jahren, nicht zuletzt, wie ich meine, weil es hier möglich ist, den Frauen für einige Stunden zu entfliehen.

Auf den noch verbleibenden Metern hin in das Paradies lausche ich dem Gespräch meines Vaters mit anderen Soldatenvätern, bei welchem er sich – mich als Zuhörenden wissend – mit Lob über seinen verwundeten Sohn zurückhält. Seinen Stolz, am schwungvollen Gang sowie der aufrechten Haltung abzulesen, kann er nicht verbergen, obwohl er mich nicht einmal gefragt hat, was ich `dort oben´ zu tun hatte; vielleicht weil er fürchtet, enttäuscht zu werden, der Max: NSDAP-Mitglied Nummer 80073 und von der Sache Überzeugter. Es ergeben sich für mich zunächst keine Gelegenheiten für Gespräche. Nicht dass ich danach suchte, die im Strom fließenden Männer sind entweder im Alter meines Vaters oder noch der HJ zugehörig. Letztere starren mich bewundernd an, recken mir – zuerst durchaus mir schmeichelnd, später mich peinlich berührend – ihre teilweise noch kindlichen Hände, aus braunen Hemdsärmeln ragend, entgegen, bis einer den Mumm besitzt und eine Lawine ständig gleicher Fragen, nur mit unterschiedlicher Besetzung, ins Rollen bringt. Keiner von ihnen bemerkt meine Überforderung mit so vielen Antworten, dennoch fühle ich mich glücklich inmitten meiner Bewunderer, die ich nur flüchtig kenne. In der dichtgedrängten Gaststube ist der Platz neben dem schon sitzenden Vota noch frei, einige schreien laut, „Servus, Franz!" oder „Setz dich zu uns!" Die Burschen holen nacheinander Freunde herbei, um den großartigen Fund zu präsentieren, als der Sigi noch lauter als alle anderen schreit: „Aus dem Weg, Jungvolk!" und seinen massigen Körper durch die Burschen hindurch auf mich zuschiebt, „Heil Hitler! Die geht auf's Haus, Franz!" brüllt und ein kühles Bier vom Fass, statt auf Vaters auf meinem Platz landet. Ohne Zeit zu vergeuden dreht er seinen demonstrativ vorgestreckten Bauch wieder Richtung Ausschank, die Bemerkungen der falsch zugeordneten Burschen ignorierend – die Biere nämlich, die verkaufen sich nicht von selbst.

„Na Franz, erzähl' schon, wie war's? Hast meinen Buam g'sehen, der is' ja auch droben bei den Ostpreußen?"

„I' weiß schon, den Wolferl, hmm, wart' einmal."

„Hast recht, nimm an Schluck."

„Also, den Wolferl", stelle ich den Krug auf den Tisch und genieße die sofort einsetzende Berauschung, „den hab' ich tatsächlich g'sehn, an irgendeinem Fluss war das. Dort hat er mir erzählt, dass er a G'schbusi mit dem Polacken g'habt hat am Vortag, aber für ihn war's ungefährlich."

„Ja, das is' er, mei' Wolferl. Wie hat er ausg'schaut?"

„Ja wie immer halt, a bisserl dünner schon."

„Aha, das tut ihm nix schaden."

„Hast meinen auch g'sehn?"

„Und meinen?"

Ungeduldig beginnt einer nach dem anderen und dann gar alle gleichzeitig mich als einzigen Teilnehmer des Feldzuges an diesem Tisch auszufragen, bis – erstaunlicher Weise – mein Vater mit der Aufforderung: „Beruhigt's euch, der Bua soll erzählen von Anfang los, dann wiss' 'ma bescheid, bei dem Durcheinander versteht ja eh keiner was" versucht, Ordnung in die Runde zu bekommen.

„Recht hast, Max", sowie „Noch a halbe Bier, Sigi!", von einigen gerufen, stehen meiner Erzählung voran. „Also…", gönne ich mir einen weiteren kräftigen Schluck Bier, mir dabei Worte zurechtlegend, die mich möglichst oberflächlich und natürlich, zeitlich gereiht die letzten zwei Monate beschreiben lassen. „Mitte August sind wir südlich der Beskiden aufmarschiert, wie's eh wisst's. Dort haben wir g'wartet, die gesamte 45. Infanterie, auf einen Angriff der Polen."

„Aha, und weiter?"

„Die Warterei war das Schlimmste, sag' ich euch, ständig hat wer Bewegungen in den Bergen gesehen – alles eingebildet. Am ersten September dann, endlich…", blicke ich dabei vorsichtig um mich: „der Marschbefehl. In Gefechtsformation auf die andere Seite der Berge. Endlose Kolonnen hinauf. Im Nu waren wir droben und haben dabei die ganze Größe der Wehrmacht g'sehen."

„Ja, wie '14 bei uns auch, unterm Kaiser noch, und was is' 'worden draus?", wirft ein alter Weltkriegsveteran, mir nur vom Sehen bekannt, mit bedrohlicher Stimme ein. „Ja, Josef, da hast' recht. Mensch, war die Reichswehr stark!", pflichtet sein Banknachbar ihm bei.

„Aber wir wissen heut' ja, warum der Krieg verloren 'gangen ist", spricht die Berauschung des zweiten Biers aus mir direkt zu den beiden verlegen Dreinblickenden. „Und wir haben doch viel bessere Waffen: die Flieger, die wir dort oben gesehen haben – wie Hornissen sind's auf Neumarkt zu", schiebe ich sofort nach, um mir die dort gefühlte Ehre nicht noch mehr beschädigen zu lassen und trinke gegen die entstandene Verunsicherung an.

„Hör nicht auf die, wie geht's weiter?"

„Einige Einheiten waren schon in Neumarkt, da sind wir erst den Berg runter, andere sind schon hinter Neumarkt weiter ostwärts marschiert. Unsere Einheit allerdings ist an Neumarkt nur vorbei", sehe ich in Gedanken den gutmütigen, mit sanfter Handbewegung beim Vorbeiziehen uns Soldaten grüßenden Seelsorger; Woher der wohl kam? Wohin er ging? Halb Europa wird von uns völlig durcheinandergewirbelt.

„Also dort hat's dich net erwischt, oder?"

„Nein, Vota", sehe ich ihn, aber nicht er mich an. „Ehrlich gesagt, bis zur Weichsel sind wir in Eilmärschen vorwärts, die Stukas mit Höllenlärm ständig über uns hinweg", rede ich in den zunehmenden Dunst.

„Den kenn' ich auch noch gut, den scheiß Fluss, dort sind wir auch gestanden, Monate lang, aber nicht wie ihr im warmen September, wir sind im Winter dort g'wesen", haut der Josef mit der Faust auf den Tisch, „Zwei Zehen hat es mich dort gekostet und für was?"

„Ja, Josef, nur hat der Kaiser keine Ahnung gehabt von moderner Kriegsführung. Der Führer, der weiß was zu tun ist. Allein wie gut es uns die letzten Jahre 'gangen is', war das vielleicht unterm Kaiser? Oder in der scheiß... na, na...", schnippt er mit den Fingern, seine Gedanken sammelnd.

„Republik", hilft ihm ein anderer aus der Sackgasse.

„Ich weiß nur", lässt sich dieser Josef nicht umstimmen, „wohin es bei uns geführt hat: ins Verderben! Meine ganzen Kameraden liegen irgendwo im Graben und dann erzählt mir so ein nachgemachter,...", zeigt er auf mich, „beim ersten Schuss Verwundeter, dass das jetzt gut gehen wird! Franz", kennt er meinen Namen, „du wirst an mich denken und i wünsch' dir, dass es noch nicht zu spät is', dann."

„Ihr habt's den Krieg verloren, das passiert uns nicht", füge ich beleidigt und mit meiner Bestimmtheit alle Anwesenden überraschend bei. „Ja Soldat, so is' gut!", klopfen mir die Jungen auf die leider dadurch wieder ziehende Schulter, „Lass die Alten reden."

„Ich mein' nur, Franz, dass so a fescher, junger Mann nicht so früh meinen Kameraden folgen soll, nichts anderes."

„Ich bin mit dem Adolf droben in Flandern gewesen", stellt sich der gerade hereingekommene Mandi hinter meinen Vater. „Er war a junger Soldat, so wie du, Franz Servus! Noch nichts hat er g'sehen g'habt, nur die blöden Sprüch' g'hört, also wenn ich damals gewusst hätt', was aus dem wird", beugt er sich, dabei die linke Schulter meines Vaters als Stütze nutzend, vor auf unseren Tisch. „Den Führer hast…?", weiß einer der Burschen vor Staunen nicht mehr weiter. „Ganz recht, den Führer hab' ich g'führt!", beginnt er zu lachen, klopft auf Vaters Schulter und befreit damit augenblicklich den gesamten Tisch aus dieser eigenartigen Beklemmung.

„Servus, Mandi", weiß mein Vater, ohne sich umzudrehen, um wen es sich handelt. „Max, wie geht's der Zilli? Schönen Gruß!", setzt er sich auf einen frei gewordenen Stuhl, „Könnt's ein `Sekret´ bewahren?"

„Ein was?"

„Na ein Geheimnis, das hab ich in Gefangenschaft gelernt: `Top Sekret´ hat der Engländer gesagt: höchstes Geheimnis!"

„Und welches `Siegret´ hast' für uns?", lachen einige über dem Bert sein wahrscheinlich erstes englisches Wort.

„Also der Adolf…"

„Au weh", scheint der Vota ein Eingeweihter zu sein.

„Also der Adi hat net so viel geredet, kann i' mich erinnern, aber a listiger Bursch is' er g'wesen, bis er seinen Meister gefunden hat."

„Der du warst", wirft der Vota gelangweilt ein und lässt es damit wirken als hätten die beiden es einstudiert.

„Ganz recht."

„Und, erzähl'!"

„Also, wo war ich denn…?", sieht er seinen Nachbarn fragend an, „ach ja, er war ja einer unserer Melder und hat demnach, die – ehrlich gesagt damals noch sehr primitiven – Telefonleitungen gezogen und Botschaften von da nach dort gebracht. Lange Zeit hab' ich keinen

Verdacht geschöpft muss ich sagen, aber als einmal zufällig zwei Melder gleichzeitig bei mir an'kommen sind, der eine völlig verschwitzt, der andere – also der Adi – trocken wie Heu an einem heißen Sommertag, und das obwohl die Distanzen mehr oder weniger gleich waren, na da bin ich stutzig geworden. Natürlich hab' ich mir nichts anmerken lassen, nur beim nächsten Mal is' er nicht allein gewesen. Ich hab dem Adolf einfach einen nachgeschickt, der soll schauen, was er anstellt. Das war irgendwo bei Ypern, verlockende Obstgärten so nah an unseren Stellungen, kann ich euch sagen, und die Weibsbilder erst", träumt er vor sich hin. „Also hat mir hernach jener Soldat berichtet."
„Was?"
„Der Adolf, also unser Führer, is' zu einem kleinen Bauernhof, hat einem jungen Burschen die Botschaft – zugegebenermaßen nie ´Top Secret´ – in die Hand gedrückt und sich selber ins Heu verdrückt. Ha, ich weiß noch ganz genau wie er zurück'kommen ist und ich ein kleines Stück Heu von seiner Uniform genommen hab und ihm dicht unter die Nase gehalten hab. So hab i g'macht", demonstriert er an Vaters Nase. „Gleichzeitig hab ich g'sagt, jetzt passt's auf: Ich weiß woher das stammt und ich hoffe, Sie wissen, dass Sie damit vor dem Kriegsgericht landen, Herr Gefreiter! Herr Gefreiter, hab' ich gesagt", beginnt er zu lachen. „Gespannt hab' ich auf seine Reaktion gewartet, nur da war keine. Nicht eine verfluchte Miene hat er verzogen, nur geschluckt hat er schon a Mal kräftig, der Führer, damals, wie gesagt, für uns einfach der Gefreite Hitler."
„So a Blödsinn, geh", wiegeln die anderen ab.
„Der war doch nie vor an Gericht."
„Und überhaupt, a fremder Bursch gibt die Botschaft weiter an einen österreichischen Soldaten, das fällt doch gleich auf!"
„Ganz recht, ich sag' ja, dass er listig war", bleibt der Mandi völlig ruhig. Er ist kein schöner Mann, denke ich und soviel ich weiß bewohnt er ganz alleine ein kleines Haus in der Nähe und dürfte so Mitte sechzig sein. Er hat ein unscheinbares Äußeres, nicht kräftig, nicht groß, so wie der Durchschnitt hier am Land, deshalb fällt es mir schwer zu glauben, dass er noch immer ein Weiberheld sei wie es heißt. Seine Stimme allerdings ist von angenehmer Natur und nach dem Krieg soll er viel

gereist sein, so viel nur weiß ich von ihm.

„Also", ist er noch nicht fertig „wie er das mit dem Burschen gemacht hat, bleibt wohl für immer sein `Top Secret´. Ich wollt' ihn später noch fragen, aber es gab dann anderes zu tun. Ich persönlich halte nämlich nichts vom Verpfeifen. Da wir jeden Mann gebraucht haben, ich die jungen Männer nur zu gut verstehe und er keine `Top Secret´-Botschaften weitergegeben hat, hab' ich es dabei belassen, ihn über ein Monat in seinen Ruhepausen ständig einzuteilen, um ihn mit dem Schweiß anzufreunden. Und ihr seht, was aus ihm geworden ist."

„Das hätt' der Führer doch nie getan, das ist ja Vaterlandsverrat!"

„Bürscherl", dreht er sich zu ihm hin, „willst du mich einen Lügner nennen? Du lern' erst einmal kennen, was die Front aus einem macht, dann und erst dann reden wir zwei weiter! Hast' mich verstanden?"

„Ja", steht dieser wütend auf und lässt die Runde ein zweites Mal in einer Missstimmung.

„Na, Franz, wie macht der Arm?", will der gutgelaunte Manfred sich diese Laune dennoch erhalten.

„Ganz gut, Mandi, danke, aber das mit dem Adolf, ähm... Führer hab' ich gar net gewusst."

„Du weißt einiges net, gell Max?"

„Ahh!", wischt der Angesprochene nach einem letzten Schluck sich den Schaum zuerst aus dem linken, hernach aus dem rechten Mundwinkel und meint nur: „Trink dich z'samm Bua, wir gehen." „Jetzt schon?", blickt ihn der Mandi vorwurfsvoll an.

„Es ist schon dreiviertel Zwölf!" Um Punkt Zwölf an jedem Sonntag, und da könnte sogar der Führer nichts dagegen unternehmen, sitzt der Vota vor einem von Mutter servierten, gelungenen Essen. Nach einer ganzen Woche Magerkost ist die Freude nach ein paar Bieren – heute vier an der Zahl – auf den Sonntagsbraten ausgerichtet, falls das Fleisch dazu vorhanden ist. Mit einem längeren Aufstoßen, als ob zur Unterstützung benötigt, erhebt sich der Vota in den Stand und beginnt sein kleines Ritual. Dabei richtet er, baumgerade stehend, seine Hemdsärmel glatt, indem er das Ende des jeweils anderen Ärmels zwischen Daumen und Zeigefinger nimmt, ruckartig drei Mal kurz daran zieht, sich mit den Handrücken zwei Mal über seine Schulter wischt, als könne er sich dadurch des gesamten kalten Rauches entledigen, den Hut mit einem „Grias 'eing!" nimmt und vor die Tür geht. Nur wenige, und wahrscheinlich immer dieselben, verbleiben in der von Rauch durchzogenen Gaststube, als ich, vielen anderen gleich, ebenfalls hinaustrete.

Die frische Luft bei ungetrübtem Sonnenschein verdeutlicht mir die nicht geringe Menge konsumierten Alkohols schlagartig, duselig gehen wir Männer unserer vom Kirchenvolk leergefegten Wege. „Der Josef", schüttelt Vater dabei den Kopf, „is' ein echter Querkopf", hetzt er schnellen Schrittes – noch genau wie damals, als ich erst lernen musste, mit ihm mitzuhalten – vor mir her. „Aber ein ehrliches Haus, nur dass er halt manchmal über's Ziel hinausschießt, der Depp!"
Wir nehmen nun etwas langsamer und im Gänsemarsch die Abkürzung über einen schmalen, gut ausgetretenen Wiesenweg. Ich würde gerne mehr über ihn erfahren, doch keinesfalls jetzt am Heimweg in der herbstlichen Sonne, ohne `daran´ denken zu müssen will ich gehen und so wie es klang, hat es der Vota ohnehin mehr zu sich selber gesagt. Nur wir beide fehlen vollständigkeitshalber noch in der eng am Küchentisch versammelten Runde. Das heutige Gericht wurde vom Vota vorhin im Garten bereits erraten. „Deine Mutter is' a sehr gute Köchin", sagte er ebenfalls, den Bratengeruch dabei einatmend, „schau, dass die Vali das ordentlich lernt, dann hast du dei' Lebzeit a Ruh'. Die Schnitzel heut', wirst seh'n", führt er leicht betrunken Daumen und Zeigefinger gleichzeitig an seine Lippen und küsst darauf: „Butterweich", öffnet er langsam die Tür.

„Na endlich, alles wartet schon", erhebt sich die Mutter vom gedeckten Tisch, um die Töpfe auf ihm zu platzieren.
„Hörst net? Wir sind genau pünktlich", arbeitet die Kuckucksuhr wie zum Beweis ihr mittägliches Pensum ab, als wir uns zu ihnen setzen und anschließend in absoluter Stille Pepis Tischgebet folgen.
`Amen´" – sagend ergreift Mutter auch schon den Teller des Hausherren, um das größte Stück Schnitzel daraufzulegen. Von Portion
zu Portion werden sie kleiner, bis sich Mutter schließlich das geringste selber gönnt.

„Und, wie war's denn beim Sigi?", sieht mich Maria kauend an.

„Na kannst dir denken, was da g'rad alles geredet wird, nur um das dort oben geht's."

„Den Blödsinn da, aber bitt' gar schön, bei uns net, Franz", fordert die Mutter, was von dem an ihrer Seite sitzenden Pepi sogleich mit einem Seufzer quittiert wird und dieser wiederum mit der Anweisung von Mutter, er solle sich gefälligst die Nase putzen.

„Übrigens, Muata, einen schönen Gruß vom Mandi soll'n wir ausrichten", will auch ich über etwas anderes reden und wechsle das Thema. In diesem Moment rutscht der sonst so geschickten Zilli die Gabel aus der Hand, sie aber blickt, an Stelle um die Gabel sich zu kümmern, den Vota verärgert an, der weiterhin gelassen vor sich hinkauend sitzen bleibt.

„Der Mandi, der war auch da?"

„Ja", dämmert mir eine Vorahnung. „Der auch", bestätige ich ihr nochmals. „Wieso, was ist denn mit ihm?", scheint die Betti ebenfalls hellhörig geworden zu sein. „Nix is' mit ihm!", spricht der Vota ein – so wie immer in solchen Fällen – endgültiges Machtwort. Daraufhin kauen oder schneiden alle bedächtig und wortlos das wahrhaft weiche Stück Fleisch auf ihren Tellern und werden wohl, so wie auch ich, an Mutters gezeigte Reaktion denken, Vermutungen zu deren Grund anstellen, sie zugleich für übertrieben halten und deshalb noch angestrengter die Ursache suchen. Einzig der Vota wird, was durch sein Machtwort bestens belegt ist, nicht zu grübeln brauchen. Vor ungefähr zehn Jahren, krame ich in meiner Erinnerung, haben die Eltern viel gestritten. Den ganzen Winter hindurch war der Max ohne Arbeit gewesen und schlimmer: ohne den Willen, eine zu finden. Häufig war er in dieser Zeit beim Sigi anzutreffen, jedes Mal kam er betrunken nachhause, vom `Kontakteknüpfen´, wie er es albern nannte. Die Mutter hatte sich um alles zu kümmern und verfluchte vor allem anderen einen Mann, auf dessen Beschreibung die vom Mandi bestens passt. Dieser Mann, ein lediger, der sich in ihren Augen um nichts zu scheren brauchte, war ihrer Meinung nach der Grund für Votas Trinksucht damals, und wird heute der Grund für ihre Reaktion gewesen sein, denke ich.

„Und ihr zwei, habt's viel Arbeit am Hof?", beobachte ich die ihre Fassung wiedererlangende Mutter dabei. „Und wie!", bestätigt, wie zu erahnen war, die Rosi als erstes. „Dich könnt' der Hubert schon gut brauchen g'rad, sogar heut' Nachmittag muss er aufs Feld. Ein Knecht is' uns versprochen worden. Von irgendwoher soll der kommen, als Ersatz für den Jakob, der auch dort oben herumhirscht", deutet sie ihrem Temperament entsprechend leicht erbost mit dem Messer gegen den Plafond. „Weit und breit nix von ihm zu sehen." Die Rosi hat sich selten ein Blatt vor den Mund genommen. Gut kann ich mir vorstellen, dass sie den Hubert angesprochen hat und nicht umgekehrt. Jener Hubert ist nämlich ein ruhiger, schüchterner, und unhübscher, aber vor allem: ein überzeugter Bauer. Seinen Hof am Rande der Stadt hat er, nachdem er ihn geerbt hatte, auf die doppelte Größe gewirtschaftet und dadurch auch innerhalb der Gemeinde enorm an Ansehen gewonnen.
„Apropos sehen: Sagt's wo liegt denn der alte Huber? Ich hab' kein neues Grab gesehen am Friedhof."
„Na gleich am Ausgang zum Denkmal hin", schneidet nun doch die Mutter dem Pepi sein Fleisch und lässt sich nichts mehr anmerken.
„Aha, dann is' klar! Seid's am Begräbnis g'wesen, ja?"
„Was glaubst denn, die ganze G'moa war versammelt, den hat doch jeder mögen."
„Außer sei' Frau!", ergänzt der Vota zynisch, den Tisch bis auf Mutter zum Lachen bringend. „Dieser ewige Gestank, den du immer mitbringst von dort, was Vota?", reagiert sie wütend.
„Is' schon recht."
„Danke Muata, sehr gut war's", lege ich das Besteck nieder und lehne mich zufrieden zurück.
„Freut mich, war's auch genug?"
„Ja."
Sie beginnt sofort die Teller abzuräumen, dabei meinen Schwestern den Grund für die Weichheit des Fleisches erläuternd.
„Ich leg' mich noch eine Weile hin, wenn's recht is', heut hab' ich ja noch was vor."
„Aha, was denn?", hebt meine kleine Schwester mich neugierig ansehend meinen Teller hoch. „Na bei den Schwiegerleut' is' er eing'laden.

Dass du den Hut net vergisst!", sieht mich Mutter dabei eindringlich an.
„Was die Bertha heut' wieder in der Kirche angehabt hat, neueste Mode, muss i' schon sagen. Und dass du dich ja benimmst!"
„Mach' i' schon, bin ja dein Bua, wie soll' i' mich da net benehmen?"
„A geh", fährt auch sie mit der Gabel durch die Luft.

Bis auf den Vater sitzen alle Familienmitglieder auf der Sommerbank vor dem Haus, als ich die leise knarrende Stiege hinuntersteige. Die beiden Kleinen spielen im noch liegenden, aber trockenen Gras mit der Kora. Vier Frauen – komischerweise nach dem Alter aufgereiht – sitzen, die für heuer immer seltener werdende Sonne genießend, auf der grün gestrichenen, noch vom Großvater gezimmerten Bank. Unbemerkt stehe ich in der vom Sonnenlicht unbedachten Tür, atme die kühle Luft mit dem Duft frischer Gräser ein und denke dabei an den Manfred, während ich die Mutter in ihrer Kochschürze und der dicken braunen Strumpfhose beobachte. *Das war heute ein eindeutiges Zeichen, jetzt muss ich sie fragen, sobald der Zeitpunkt passt,* wandert mein Blick auf eine ausgezehrt wirkende Rosi, noch immer im schönen Dirnd'l wie Maria ebenfalls, die im Gegensatz zu ihr Züge leichter Bedrückung auf ihrem jugendlichen Gesicht trägt.
„Na, ausgeschlafen?", will die Betti bei meinem ersten Schritt in die Sonne sogleich wissen. „Franz!", kommen die beiden, aus dem Gras springend, auf mich zugestürmt. Der Max trägt seine schöne Lederhose, ein Geburtstagsgeschenk vom Hubert. „Franz, der Russ' marschiert auch schon ein, haben wir grad' gehört!"
„Wirklich?", beuge ich mich zu ihnen, während die Kora uns mit wedelndem Schwanz umtanzt. „Ja, gehört hätten wir's, aus dom Empfänger", bestätigt die Betti diesmal mit lauter Stimme.
„Dann dauert's nicht mehr lang'", rufe ich erleichtert den Frauen entgegen, während ich vor den beiden Jungen in die Knie gehe, aber unsicher bin, was ich jetzt mit ihnen anstellen soll. Da reißt der Pepi sein Holzgewehr hoch, hält es dem Max an die Brust und schreit: „Peng! Peng! Du bist tot!", was diesen wiederum veranlasst, ihn zornig umzustoßen und den jüngeren Bruder – sich wohl seiner Schwäche bewusst – zum Weinen bringt.

„Max, Pepi! Entweder ihr spielt miteinander oder gar net! Kruzifix nochamal!"
An der gereizten Tonlage der Mutter können die beiden erkennen, wie nahe sie heute schon am Stubenarrest sind und geben sich sogleich zweckmäßig artig die Hand.
„Is' das ein gutes Zeichen?", sieht mich meine Mutter sorgenvoll an, als ich im Gras vor ihnen Platz nehme. „Sicher", will ich bloß keine Zweifel wecken, „der Pole is' verloren. Er hat es ja so gewollt." „Mein Gott", richtet die Mutter ihren Oberkörper gerade, die Hände dabei am Gesäß abstützend. „Wenn's denn nur jetzt vorbei wär'", lassen sich heftige Kreuzschmerzen an ihrem Gesicht ablesen. Hier im Gras vor den Frauen an einem Halm saugend, kann ich gar nicht sagen, was mir lieber wäre. Sicher weiß ich mich aber am liebsten bei den baldigen Siegesmärschen am Führer vorbeiziehend, behalte diese Gedanken aber für mich und sage nur: „Ja, i' glaub', das war's!"
Die einzigen bislang aus einem Gefecht kommenden Soldaten – schaue ich den beiden sich im Gras Herumwälzenden zu – die mitten in Berlin dem Führer seine Aufwartung machen durften, war die Legion Condor. Vor dem Lustgarten bei einer dieser feierlichen Paraden zogen sie an ihm vorbei. Die Namen der Gefallenen waren allesamt auf Tafeln geschrieben, das konnten wir auf einem Bild in der Zeitung irgendwo während unserer Verlegung zwischen Böhmen und der Slowakei erkennen. Und jetzt, ganz bald, werde ich ein Teil jener Armee, die – wenn auch ohne mich am Führer vorbeimarschierend – ihm Polen übergibt.

„So dann, ich richt' mich z'samm, und hol' den Hut", unterbreche ich diese Gedanken und gleichzeitig die vier tratschenden Frauen. „Gut is', ich hab' auch noch allerhand zu tun", begleitet mich die Mutter ins Haus. Dort wische ich nur flüchtig mit dem immer bereitliegenden öligen Tuch über die Stiefel, inspiziere sorgenvoll die sich seitlich vom Schuh lösende Sohle und bringe meine Kappe verwegen, weil etwas zu seitlich versetzt, auf dem Kopf in Position. Wieder heraustretend verabschiede ich mich für heute von meinen beiden älteren Schwestern und spaziere, vergnügt den Hut schwingend, aus dem Garten.

Es bleibt noch reichlich Zeit, nicht den kürzesten Weg nehmen zu müssen und so schlendere ich, nur wenigen Menschen begegnend, zuerst der Antiesen – die ähnlich unserem kleinen Bächlein den Fischen nur geringe Tiefe bietet – entlang, hernach lange Zeit auf einem frisch geschotterten Weg hin zum Brauhaus, biege kurz davor links in ein kleines Waldstück – mir abermals die polnische Scheune in die Vorstellung rufend – und befinde mich an dessen Ausgang in der Schärdinger Straße.

Diese führt nach links in die 30 km entfernte Barockstadt Schärding, rechts auf einen kleinen Hang mit stadtseitig sich hinziehendem Wald und gegenüberliegenden Ackerflächen, vorbei an einer kleinen Ansammlung dafür großer Häuser und weiter hinten den Hügel wieder hinab über eine für mich von diesem Punkt aus nicht einsehbare kleine Brücke zurück in das Stadtzentrum. *Ohne jeden Zweifel*, denke ich, den Hügel hochgehend, *hier lebt niemand von meinen Bekannten*. Ich weiß noch genau, wie ich die Valeria einfach angesprochen habe am Tanzfest der Musikkapelle. Der zehnte Mai 1937 war das. Nach ein paar Bieren hatte ich den Mut gehabt, sie zum Tanzen aufzufordern. Keiner meiner Freunde hatte mir das zugetraut. Und heute? Noch immer bekomme ich weiche Knie beim Anblick der großen Villa. Zwei Stöcke hat sie sogar, eigentlich ist sie für zwei Familien ausgelegt und im Jugendstil errichtet, erzählte mir Valeria einmal. Der Nachkomme des Erbauers musste aus Geldnot verkaufen und die Bertha, obwohl es die Finanzen gehörig strapazierte, wollte sie unbedingt haben. Der große, aber schlichte Bau aus weißen Wänden, die nur unter dem Dach irgendwelche Musterungen aufweisen, und die von einem ebenso schlichten Dach bedeckt sind, wirkt auf mich eher kalt. Schön anzusehen, das schon, aber nicht gerade einladend, betrachte ich ihn, vor dem Garten stehend. Daraufhin drücke ich das in seiner Größe dreimalig das unsere übertreffende Gartentor auf, durchschreite den mir gut bekannten, wildbewachsenen Garten – als wäre er ein Gegenentwurf zu dem so eleganten, aufgeräumt wirkenden Gebäude – ziehe den schweren Metallknauf aus der Wand, höre ein lautes „Ding-dong" und drücke ihn wieder auf seinen Platz.

Ein Geräusch lässt mich aus meinen Gedanken hochschrecken und die

mit Blumen aus Metall beschlagene Holztüre wird vom Hausherrn persönlich geöffnet.
„Grüß Gott, Herr Reiter."
„Grüß dich, Franz. Komm' doch herein", deutet er mir vornehm in Richtung des Inneren.
„Grüß Gott!", steht ein mir noch nicht bekanntes Dienstmädchen an seiner Seite. In ihrem weißen Kleidchen sieht sie nicht älter als 14 aus, zeigt aber für ihr Alter überraschend bestimmt auf meine Stiefel, damit ich diese ordentlich abputze.
„In Uniform hättest' nicht kommen brauchen, lieber Franz", sagt er während ich mit sauberen Stiefeln Herrn Reiter folgend meine Kappe abnehme, „das ist so Vorschrift, Herr Reiter."
„Ach die Vorschriften, was wären wir ohne sie", bleibt er im großen Stiegenhaus stehen und dreht seinen Körper zu mir. „Die Valeria wird gleich kommen und meine Frau Gemahl ebenso", spricht er, dabei meinen Orden musternd, in meine Richtung. Es ist stadtbekannt, dass der Herr Oberlehrer Reiter ohne Hitlergruß unterrichtet, aber sich neuerdings in politischen Fragen wenigstens neutral gegenüber den Schülern verhält. Seit damals, vor circa einem Jahr, ist er vorsichtig geworden, damals bekam er Schwierigkeiten – würde der Vota sagen – aufgrund seiner Ansichten. Es machen seitdem Gerüchte die Runde, nur die großen Verdienste im Weltkrieg und das `por le merit´ hätten seinen Posten gerettet; nur zu gern würde ich diesen Orden sehen. Herr Reiter, nicht ganz auf Augenhöhe mit mir – natürlich nur die Köpergröße betreffend – trägt einen fein ausrasierten Bart, die Wangen und das Kinn bedeckend, ein helles Sakko mit heller Hose – einem englischen Gentleman nicht unähnlich – und braune Halbschuhe, die meine ausgetretenen Stiefel kümmerlich erscheinen lassen. Sein Haar ist wie immer kurz geschnitten und seinem Alter von 62 Jahren entsprechend, grau durchzogen.
„Grüß dich, Franz", erscheint auch schon Frau Reiter am oberen Treppenabsatz. Durch die hinter ihr einfallende Sonne kann ich sie kaum erkennen, hebe daher die linke Hand mit Hut und Kappe vor mein Gesicht und grüße zurück. Langsam schreitet sie die breite, mit grünem Teppich ausgelegte Stiege hinab, als eine zweite Gestalt oben

erkennbar wird. „Servus, Franz!" höre ich und drücke – ihre wunderbare Gestalt betrachtend – den Hut viel zu fest, „Servus, Vali…Valeria."
„Na dann wollen wir ´mal!", verlässt uns Herr Reiter seufzend in Richtung Salon, während ich auf Valeria warte, die gerade den Bereich der einfallenden Sonne verlässt und mir Schwindel bereitet bei ihrem Anblick. Sie trägt dasselbe schlichte Kleid, das sie damals trug bei unserem ersten Tanz, die Haare zu einem Zopf gebunden und sogar ihre schwarzen Schuhe mit den weißen Pünktchen oben auf, über die ich mich damals lustig machte. Als wäre die Zeit stehen geblieben, oh wie ich mich schäme in meiner Uniform, völlig unpassend an diesem Ort.
„Gut schaust aus, mein tapferer Soldat!", umarmt sie mich vor den Augen ihrer Eltern und küsst meine Wange. Ich spüre, wie das Blut nicht nur in mein Gesicht, sondern auch an andere Stelle – unpassende Regung erzeugend – fließt. Zur nötigen Abwehr hebe ich die Hand mit einem „Hier Vali, dein schöner Hut."
„Danke, Franzl", bewegen wir uns in den vergleichbar kleinen, holzgetäfelten, Salon. „Setzt euch doch. Tee oder Kaffee, Franz?"
„Kaffee, bitte gerne", sehe ich der Bertha, wie immer sehr luftig, etwas anzüglich gekleidet und mit kräftig roten Lippen, dabei zu, wie sie ihrem Mann den Kaffee aus einer wundervoll verzierten Kanne der Gmundner Keramikwerke eingießt. „Und Franz, der Arm wird wieder vollständig heil, wie uns die Valeria schon mitteilte?", äußert sie in besorgtem Tonfall.
„Ja wird er."
„Ich nehme an", räuspert sich Herr Reiter, „reine Fleischwunde, wahrscheinlich glatter Durchschuss?"
„So ist es, der…", möchte ich das komische Wort verwenden, „…Humerus", liest Herr Reiter, meine Gedanken.
„Ja genau, der ist heil geblieben."
„Wirst' bald wieder zur Verfügung stehen, ist dem nicht so?", zerrührt Herr Reiter, geduldig den Löffel in seiner Tasse immer in die gleiche Richtung drehend, die zwei Stück Zucker. „Auch das stimmt", sehe ich schüchtern zu der gefasst lächelnden Valeria hinüber. „Franz, dann lass mich bitte gleich eines sagen", nimmt er die Tasse auf, „Dir ist sicherlich meine Einstellung bekannt zu dem Ganzen, so kurz nach dem

Weltkrieg, bei dem auch ich schöne Orden an die Brust gesteckt bekommen hab'."

„Mhm", greife ich schon wesentlich geschickter mit der noch immer ungeübten Hand den Löffel.

„Auch wir sind jung gewesen und hatten zu folgen – dem Herrn Kaiser. Bei uns überwog sogar die Freude darauf, zu Beginn jedenfalls. Selbst, ja selbst der große Herr Freud fühlte sich seiner Herkunft wieder würdig, nur heute nicht mehr vica versa. Nur, mein lieber Franz", stellt er die Tasse wieder auf den Untersatz, „nur wir hatten keine Mahner, auf die wir hätten hören können. Wenn du dich an unser letztes Gespräch erinnern möchtest, der Krieg, Franz, ist nicht mehr was er einmal war. Die Waffen fressen ihre Bedienung auf beiden Seiten auf. So weit waren sie damals schon, und heute erst. Franz", ist er noch nicht am Ende, „im Grunde genommen gilt meine Sorge meinem größten Schatz", deutet er mit dem Kopf auf seine einzige Tochter. „Ich möchte ihr das Schicksal einer jungen Witwe ersparen, aber sie lässt sich nicht umstimmen, nach dem Motto: die Hoffnung stirbt zuletzt. Eben auch jenem, welches uns die Kriege überhaupt erst beschert. Nun, dadurch bleibt mir nur, dich zu mahnen, keinen Blödsinn zu machen und auf dich aufzupassen. Sei mir nicht böse, aber ich hab' zu viel erlebt."

„Der Russ' ist heut' auch einmarschiert in Polen. Das ist jetzt alles bald vorbei", entgegne ich auf die lange Ansprache mit einer meine leichte Gereiztheit unterdrückenden Stimme.

„Und? Glaubst du wirklich, das war's für euch?", hebt er nun seine Stimme deutlich an. „Glaubst du, Schütze Franz, nach den ersten, nennen wir es friedlichen Anektionen, nach der ersten kriegerischen, nach den Kriegserklärungen Englands und Frankreichs an uns, ist jetzt alles vorbei? Einfach so", beginnen seine Worte vor Wut zittrig zu klingen, „nur weil dieser Stalin genauso ein …ach", fährt er mit beiden Händen in die Luft, „sich dem Führer anschließt? `Experiencia docet´, wie der Lateiner sagen würde, aber augenscheinlich nur mich. Das war erst der Auftakt zu größeren Schandtaten, als sogar ich mir vorzustellen in der Lage bin."

„Aber der Pole hat doch die Feindseligkeiten begonnen", steckt mich sein aggressiver Ton an. „Ach", dreht er ablehnend nur den Kopf beiseite.

„Aber wahr ist auch", bin ich des Streitens überdrüssig, „der Josef hat auch so gesprochen heut' und ich hab' ja zu Beginn a schlechtes Gefühl gehabt. Nur wissen'S, Herr Reiter, als ich dort oben gestanden bin auf den Beskiden, da hab' ich gesehen, wie stark wir sind. Dieses Bild kann nicht täuschen. Und...", überlege ich eine Weile, „und ja, auch wie ich das Malheur da g'habt hab'", deute ich auf den Arm, „ist mir klar gewesen, dass ich das überleben werd', weil ich Ihre Tochter über alles lieb', und ich sie unbedingt wiedersehen musste!"

Zaghaft lächelnd greift diese daraufhin meine neben dem Sessel frei hängende Hand.

„Das hast schön g'sagt, Franz. Nicht wahr?", sieht Bertha ihren teilnahmslos dasitzenden Mann an, merkt, ihn zu keiner Reaktion bewegen zu können und fragt mich daraufhin verlegen: „Willst noch eine Tasse?"

„Bitteschön."

„Vielleicht", fährt sie, mir nachschenkend, fort, „weiß ja der Führer wirklich, was zu tun ist und du irrst dich, Andreas?"

„Bertha, bitte!", sieht er sie ernst an. „Aber lassen wir dieses leidige Thema. Wie geht's dem Vater, hab' ihn lang' nicht gesehen."

„Ganz gut", löse ich den für Valerias Eltern unsichtbaren Knoten, um die Tasse zu ergreifen, „nur viel Arbeit hat er halt, so wie alle momentan mit der Ernte, weil viele fort müssen haben."

„Unsere Nachbarn haben auch fort müssen, dafür lebt jetzt ein SS-Mann mitsamt Gattin in diesem prächtigen Nachbarhaus."

„Ja?", antworte ich Herrn Reiter, der auf Konfrontationskurs bleibt.

„Ja, Franz. Vor genau einer Woche, mitten in der Nacht, haben's die abgeholt, nicht wahr, Bertha? So ein Service, nur weil sie Juden sind. Du weißt, was mit denen passiert oder schon passiert sein wird?", sieht er mich noch immer wütend an, so als ob ich für all das verantwortlich wäre.

„Ich hab' nur einmal gehört, die werden über die Grenze gebracht, aus dem Reich hinaus", sehe ich zuerst Bertha, hernach Valeria an und fühle plötzlich eine eigenartige Gefahr in mir.

„Nein!", schlägt Herr Reiter den Kopf in den Nacken und lacht

schelmisch auf. „Nein, Franz. Da brauchst' keine Angst haben, wir sind, entgegen etwaiger Stammtischgerüchte, drei Generationen zurück geprüfte Arier", schickt er mir noch wütendere Blicke über den Tisch. „Unsere Nachbarn, übrigens nette Leute, und all die anderen Juden haben's bis vor kurzem tatsächlich versucht, so loszuwerden. Jetzt reicht ihnen das scheinbar nicht mehr oder dauert ihnen zu lang – no lo se – jetzt bringen's die einfach um."
„Papa!", schreit seine Tochter. „Nein, das glaub' i' net!", sehe ich ihn an, wobei seine dunkelbraunen, überraschend lebendigen Augen die Gewissheit, mich als Lügner enttarnt zu haben, erkennen lassen.
„Doch, `asi es´. Und der heilige römische Stuhl lässt sie natürlich gewähren!"
„Andreas!", mahnt nun seine Frau.
„Naja", spricht er in ruhigem Tonfall weiter, „dafür haben wir ein anderes, freundlich `Heil Hitler´-grüßendes Ehepaar als Nachbarn. Er wartet wahrscheinlich auf eine Einladung unsererseits, aber da kann er warten, bis er so schwarz wie seine Uniform wird!"
„Andreas! Herrgottnochmal!", springt plötzlich seine Gattin auf, dabei die Handflächen auf den Tisch klatschend. „Nicht solche Worte vor den Gästen!", weist sie auf die allzeit vorhandene Gefahr hin. „Ich darf doch sehr bitten, wir sind in meinem Haus", antwortet er bestimmt, „aber du hast recht, entschuldige bitte, Schatz. Ich hoffe, der Franz trägt Gehörtes nicht weiter – nicht meinetwegen, doch wenn ihm an meiner Tochter auch nur halb so viel liegt wie mir, wird er das auch nicht, oder?"
„Ja, ich meine, nein, werd' ich nicht", drücke ich die abermals von mir erfasste Hand Valerias fest. Es scheint nun von Seiten Herrn Reiters alles gesagt zu sein, lehnt er sich doch zum ersten Mal entspannt gegen die Rückenlehne, beobachtet distanziert das wohl durch die Stille angelockte Dienstmädchen, welches artig fragt, ob etwas fehle. „Nein danke, Lisa", richtet sich Bertha, wieder sitzend, die Haare, ihrem Mann dabei giftige Blicke sendend, die ihn jedoch nicht erreichen, begleitet er doch Lisa mit den Augen wieder hinaus.
„Wir gehen nach oben, wenn's recht ist?", bittet Valeria anschließend ihre Eltern und mit der Erlaubnis: „Gerne", erheben wir uns, ich richte dabei ein knappes: „Danke!" an den Hausherren und fuchtle nervös an

meiner Kappe herum, mich fragend, was er wohl über mich denken mag.
„Für was denn, ich habe zu danken, Franz." Mit diesen Worten von Herrn Reiter gehen wir in Richtung Stiegenhaus.

„Dein Vater hat aber ziemlich üble Laune, was?"
„Ja, es nimmt ihn alles ziemlich mit. Seit dem Kriegsende kann man sagen, dass er ein Pazifist ist, weißt?"
„Pazifist! Das auch noch", gehen wir nebeneinander hoch. Vor denen wurden wir ständig gewarnt: untergraben die Moral, die Einheit des Volkes, hieß es im Unterricht. *Das werde ich ebenfalls für mich behalten*, sage ich zu mir selber, während wir den langen, mit Gemälden ausgehängten Gang entlang, vorbei am Schlafzimmer ihrer Eltern und weiter nach hinten gehen. Langsam drückt sie die lieblich geschwungene Türschnalle hinunter, aus Metall geschmiedet und mit hin zu ihrem Ende kunstvoll in exakt gleichem Abstand zueinander durch hauchdünne Stege geschaffenen Zwischenräumen, welche sich abschließend zu einem einzigen vereinigen. *Ein Meisterwerk der Schmiedekunst*, weiß ich durch meine Erfahrungen beim alten Schmied aus unserer Nachbarschaft. Einige Male hat er mich am heißen Metall versuchen lassen, Blumen, Kreuze und anderes zu schaffen, aber wenn man das Eisen zu schnell bearbeitet, verformt es sich viel zu ausgeprägt, bearbeitet man es zu langsam, wird die Form eine unrunde und obendrein muss es viel zu schnell wieder unter die Kohlen. Großes Geschick und sehr viel Können waren an dieser Türschnalle am Werk, denke ich jedes Mal, wenn ich sie sehe.
Valeria steht bereits in der Zimmermitte und hat sich Ihrer Schuhe mit kurzer Bewegung schon entledigt, als sie sich langsam und gleichmäßig umdreht, um meine Augen zu finden. Ohne ein Lächeln sieht sie mich konzentriert, ja beinahe ernsthaft, an. Die klaren Augen funkeln vor Freude und mit einer mir bisher unbekannten Lüsternheit darin, während ihr Körper geräuschlos auf ihr Bett sinkt. „Komm Franz, setz dich neben mich!"
Irritiert durch ihr ganzes heutiges Benehmen schließe ich zuerst die Tür und bleibe dann in etwas Abstand vor ihr stehen: „Was soll das, Vali?"

„Was denn?", sieht sie mich unschuldig an.

„Das weißt du genau!"

„Setz dich doch erst einmal, du machst mir ja Angst, so vor mir stehend in deiner Uniform." Ich nehme neben ihr auf dem weichen Bett Platz.

„Meine Eltern", sieht sie mich aus nächster Nähe an, „besonders aber Papa, zeigen immer offener ihre Ablehnung dem Ganzen gegenüber", legt sie die linke Hand sachte auf meinen Oberschenkel.

„Ja, das hab' ich gehört!", durchzucken kleine, reizvolle, aus ihrer Hand fahrende Stromstöße meinen Körper.

„Wenn es nach ihm ginge", kann mich ihre auf und ab fahrende Hand zu wenig vom Thema ablenken, „wärst' doch gar net mit mir zusammen, sondern mit dem feinen Herrn Albricht!"

„Nach ihm geht's aber nicht, Franz", antwortet sie in sinnlichem Tonfall und führt ihre Hand langsam von meinem Knie wieder aufwärts und gleichzeitig auf die Innenseite zu.

„Was passiert, wenn ich wieder fort bin?", würde ich jetzt am liebsten gleich über sie herfallen, so wie es einige Soldaten in Polen gemacht hatten. Ohne Rücksicht darauf, was danach kommt, möchte ich in ihrem Zimmer im Haus ihres Herrn Papas stürmisch in sie eindringen und zum ersten Mal die Gier meiner Lenden stillen.

„Franz, jetzt hör' 'mal zu!", zeigt sie Mutters Temperament, entzieht mir dabei ihre Hand und dadurch auch die Gedanken. „Wenn ich meinen Eltern zeig', wie krank vor Sorge ich um dich bin, dann lassen sie mich tatsächlich nicht mehr zu dir. Was glaubst', warum ich fast jeden Tag bei euch daheim die Neuigkeiten mitgehört hab' und hernach lange heimspaziert bin? Damit ich halbwegs gefasst hier ankomm', verstehst du das nicht? Ich weiß nicht warum, aber ich lieb' dich von Tag zu Tag mehr, Franz Meyer. Wenn du fort bist, habe ich niemanden, dem ich mich anvertrauen kann. An manchen Tagen hab' ich die Ausweglosigkeit so stark gefühlt, dann ist es sinnlos erschienen auf dich zu warten, bist' heimkommst oder eben nicht mehr. Die Ungewissheit, die ist so schlimm, Franz; wie oft hab' ich mir gewünscht, dass alles vorbei ist", verliert sich ihre gefasste Stimme in einem Schluchzen.

„Meine Vali", drücke ich ihren Kopf fest gegen den meinen, „es tut mir so leid, das Ganze. Viel wird von uns g'rad verlangt, Liebes, aber was ich unten zu deinen Eltern gesagt hab', gilt auch: ich werde immer zurück zu dir kommen, da kann geschehen was will!" Auf und ab verreibt sie ihre Tränen auf meiner glatt rasierten Wange, zärtlich sauge ich möglichst jeden damit bedeckten Flecken ab, halte sie fest – jedoch ohne auf sie einzuwirken – in meinem Arm und küsse ein weiteres Mal nur die Wangen, den Hals, die weiche Haut hinter ihrem Ohr, denn *sie* muss ihre Lippen freigeben, denke ich, nun wieder ganz Kavalier, hat den Zeitpunkt selbst zu bestimmen, den meinen zu erlauben, ihre schön geschwungenen, so verlockend in leicht rosa getauchten, zu küssen.

In dem Moment ihres Aufeinandertreffens schießt das Blut in meine Lenden. Ohne zurückzuweichen – ganz im Gegenteil, mit großem Druck – genießt sie den langen Kuss, fordert sofort einen weiteren, legt eine Hand um meinen Hals, die andere auf meinen Oberschenkel und schmiegt ihren Körper fest an meinen, uns dadurch aufeinanderliegend auf das Bett drückend.

Ihren ganzen Speichel will ich trinken. Während unsere anschwellenden Lippen aneinandergleiten, nehme ich ihn vollständig auf, lasse ihre Zunge das erste Mal meinen Mund erkunden und fahre mit der Hand sanft über ihre zarten Brüste, die meine Augen nie noch nackt gesehen haben. Ein Bein drängt sie zwischen meine, bewegt es auf und ab, meinem vollständig erregten Glied dabei erste Tropfen der Lust entlockend. „Vali!" Starke Schmerzen in meinem rechten Arm lassen mich aufschreien und Valeria herunterrollen.

Ohne etwas zu sagen liegen wir, uns an der Hand haltend, eine Weile nebeneinander. „Ich möchte so gern' mit dir schlafen", sage ich in die Stille hinein, meine Erektion unbefriedigt abklingen lassend gegen die Decke starrend. „Ich auch, Franz, und wie gern'", küsst sie meine aus der Trageschlinge hängende Hand, „aber zuerst musst' mich heiraten", lacht sie ihres Vaters schelmisches Lachen. „Ja, das müssen wir wohl vorher", fasse ich hier und jetzt den sicheren Entschluss, sie in den nächsten Wochen um ihre Hand zu bitten.

„Alle Verwundeten vollzählig angetreten!", meldet ein Unteroffizier unserem Spieß um Punkt acht Uhr an diesem bewölkten Montagmorgen. Mäßig warmer Westwind umweht unsere Kappen, auf dem kleinen Platz zwischen Block I und Block II stehend. „Rühren! Guten Morgen, tapfere Soldaten!", beginnt ein sehr gut gelaunter Spieß, „Wie ihr wahrscheinlich schon wisst, befindet sich der Russe seit gestern auch auf polnischem Gebiet und Warschau ist von unseren Truppen weitgehend eingekesselt."
Ich spüre noch immer Valerias wunderbare Küsse.
„Auch meinerseits die größte Hochachtung vor den fechtenden Truppen, speziell vor euch und den..., ja und den leider für das Vaterland Gefallenen. Meine Kameraden", holt er Luft und wartet auf den richtigen Moment, oder die richtigen Worte: „Der Krieg bedingt nun einmal Opfer zu beiden Seiten, ich habe aber die berechtigte Hoffnung, nicht allzuviele meiner Schützlinge in diesem Waffengang zu verlieren", schmerzt ihn, so wie ich den Spieß kenne, jeder Totenschein aus seiner Kompanie, als wäre es einer seiner Söhne. „Jedes Leben ist unersetzbar dahin", sieht er mit seinem traurigen Gesicht von dem kleinen Treppenaufgang auf uns herab, „aber wir müssen uns dessen bewusst sein, dem Führer, dem Vaterland zu dienen, bis auf's Äußerste. Für die Gefallenen wird kommenden Freitag um acht Uhr eine Messe gelesen. Meine Kameraden, ihr habt bis zu dieser am Freitag stattfindenden Messe vom Kompaniechef frei bekommen." Dies führt zu einem Raunen unter dem Dutzend Soldaten. „Zuvor aber meldet ihr euch noch zu den am Aushang angegebenen Zeiten im Sanitätsblock zur Untersuchung. In der Zwischenzeit bringt ihr den Spind für die Visite um dreizehnhundert in Ordnung. Fragen?"
„Jawohl, Herr Hauptwachtmeister!"
„Ich höre!"
„Meine Stiefel sind, mit Verlaub, im Arsch!", beginnen alle Anwesenden zu lachen.
„Ruhe! Richtig. Wenngleich ich solche Ausdrücke mir gegenüber nur aufgrund der besonderen Umstände dulde", sieht er den Kameraden in zweiter Reihe ernst an, „alle beschädigten Ausrüstungsgegenstände werden selbstverständlich so wie immer ersetzt. Das OKW hat aber

dazu ein neues Formular mit Beginn des Waffenganges eingeführt, welches ihr euch in meinem Büro abholen könnt. Ein Formular pro Gegenstand. Wie viele pro Gegenstand, Schütze Wolfsberger?"
„Eines."
„Genau. Dieses bringt ihr ausgefüllt, genau wie euer Soldbuch, mitsamt dem zu ersetzenden... ähm... ja, Teil mit in die Bekleidungskammer. Noch etwas. Für Freitag wird ein weiterer Transport hierher erwartet, falls ihr anwesend sein wollt: zu Mittag am Bahnhof. Es wird euch aber vom Kompaniechef freigestellt. Nicht vergessen: Visite dreizehn Uhr. Achtung!"

Die Hälfte der abtretenden Soldaten dreht sich hinkend um, auf Block II zugehend. Der Rest kann normalen Schrittes die Verbände, an den unterschiedlichsten Körperstellen tragend, zum Aushang führen. `9:30 Uhr´ steht darauf neben meinem, genau in Blattmitte der alphabetisch geordneten, Namen und ich dränge mich durch den Pulk der Kameraden auf die Stiege zu, wo ich auf einen schwer am Bein Verwundeten treffe. Nachdem er mein Angebot, ihm zu helfen, angenommen hat, greife ich mit dem linken Arm unter seinen rechten und stützte ihn Schritt für Schritt ab.
„Danke, Kamerad. Ich hoff', ich bekomm' jetzt bald die verdammten Krücken. A Ewigkeit brauch' i' durch die Kaserne und verdammt anstrengend is' das."
„Sicher heut' beim Arzt", trage ich schon beinahe, den mir wenig bekannten Schützen. „Ha. Das glaub' i' net", überlässt er mir noch mehr seines Gewichts. „Eine Woche bin i' schon da, ich war einer der ersten, die's erwischt hat, musst' wissen", grinst mir eine Zahnlücke ontgegen, „und keine Rede bisher von den Krücken, werden's woanders brauchen."
„Aha", erreichen wir den ersten Stock.
„Übrigens, i' bin der Franz."
„Servus, Kollege", gebe ich ihm die linke Hand, „i' heiß' ebenfalls Franz."
„I' kenn' di' nur vom Sehen, aber jetzt werden wir uns ja öfter über den Weg laufen, von wo bist' denn?", zeigt er sich an mir interessiert und

lehnt sich dabei gegen die Wand, sein ganzes Gewicht auf das linke Bein verlagernd, der dadurch gespürte Schmerz spiegelt sich auf seinem Gesicht.

„Aus Ried und du?"

„Bin Andrichsfurtner", greift er auf das wunde Bein, „i' hoff', mich fährt jemand heim heut', ansonsten bleib ich da – die ganze Woche, wenn's sein muss – lass' i' mi' da umsonst verpflegen."

„Da hast' recht", bewege ich mich von ihm weg, öffne leise die Zimmertür, schließe den Spind auf, setze mich auf Klaus Bett und starre auf den geordneten Inhalt. Ohne etwas zu berühren kontrolliere ich die Sauberkeit und ob alles vorschriftsmäßig auf seinem Platz liegt. *Vorschriftsmäßig!* Herrn Reiters abfällige Äußerung von gestern fällt mir dabei wieder ein, aber ohne Vorschriften ginge es doch gar nicht, besonders beim Militär nicht Weltweit: Befehle werden gegeben, Befehle werden befolgt, *nur so kann es funktionieren*, hebe ich mein Gewehr heraus auf meinen Schoß. *Mit nur einer Hand soll ich es reinigen*, denke ich, dabei den Lauf zwischen meine Beine klemmend und öffne ruckartig den Verschluss, ziehe das Schlösschen langsam nach hinten heraus und lege es – ausnahmsweise – auf den Boden. Daraufhin hebe ich das Gewehr wackelig gegen ein von Wolken getrübtes Licht vor dem Fenster und sehe durch den Lauf. Etwas Staub hat sich in seinem Inneren angelegt, also stehe ich auf, um es auf den großen Tisch in der Zimmermitte zu legen und mit der Reinigung zu beginnen. Wirklich jedes Mal, wenn ich das mache, muss ich automatisch an den Sepp denken, und an unsere ersten Erfahrungen mit unseren `Bräuten´.

Knapp drei Jahre ist das jetzt her, es war damals noch beim österreichischen Bundesheer, mit seinem `Mannlicher Mauser ´95´, ganz ähnlich dem jetzigen Gewehr, nur schwerer beim Tragen und ungenauer beim Schießen, schaue ich auf das noch am Boden liegende Schlösschen. Jedenfalls hat es der Sepp damals bei einer der Visiten nicht für nötig gehalten, seinen Lauf wie alle anderen auch zu reinigen, indem der Docht, der am Ende einer Kette befestigt ist, mehrmals durch diesen gezogen wird. Der Sepp hat stattdessen sein Gewehr einfach unter laufendes Wasser gehalten, was bei der Visite natürlich sofort aufgefallen war. Unteroffizier Holzer nahm damals seelenruhig das Gewehr an sich und fragte den Sepp, was er denn am Abend vorhätte. Der Sepp – muss ich auch jetzt wieder lachen – der meinte nur, dies sei sein Privatvergnügen, worauf Holzer noch immer ganz gelassen bleibend erwiderte: „Ab nun nicht mehr. 19:30 Einzelvisite!" Anschließend bekomme er einen Chargen zugeteilt, der ihm die ganze Nacht hindurch bis zum Morgenappell dabei zusehen würde, wie oft Schütze Piroff sein Gewehr auseinander- und wieder zusammenzubauen in der Lage wäre. Selbstverständlich würde er, Holzer, stichprobenartig vorbeikommen und da wäre ihm nicht geraten, zu pennen. Falls die Anzahl zu niedrig ausfiele, müsse eine weitere Nacht geübt werden, selbstverständlich trotz ganz normalem Tagdienst dazwischen. *Ob er das verstanden hätte*, schrie ihn abschließend der Holzer an und drückte ihm das Gewehr gegen die Brust. „Jawohl!", antwortete sogar einmal der Sepp kleinlaut. Alle wünschten ihm damals viel Spaß mit seiner Braut, mussten aber dem Sepp seinen Jähzorn fürchten lernen. Sogar handgreiflich ist er gegen den Richard geworden, ist mir gut in Erinnerung, als ich durch den nun sauberen Lauf blicke. 73 Mal haben ihm gereicht.

Mühselig drücke ich den Verschluss zurück in seine Verankerung, dabei an alle neun Kameraden meiner Gruppe und dem Unterfeldwebel denkend; Was sie gerade jetzt in diesem Moment wohl tun? Ob es ihnen gut geht? Nichts kann ich leider für sie tun, außer, ja, heut' Abend werde ich ein Stoßgebet zu ihrem Schutz sprechen, ergreife ich den Karabiner am Schaft und stelle ihn zurück, kontrolliere nochmalig die Ordnung, schließe ab und hänge mir den Schlüssel mitsamt Kennmarke um den Hals. Dann gehe ich in den gegenüberliegenden, äußerlich ebenso wie in seinem Inneren exakt gleich wie unseren gebauten Block I. Von grauer Fassade wird das massive Mauerwerk des zweistöckigen Gebäudes umfasst, nur dem Vota seine Geschichten erinnern mich noch an die vormaligen Holzbaracken. Ebenerdig, im Eckzimmer linker Hand, ist die Waffenkammer – an den vergitterten Fenstern ersichtlich – untergebracht, rechtsseitig befindet sich, so viel ich weiß, der Duschraum sowie einige wenige Unterkunftsräume. Im ersten Stock wird sich wohl, genau unserem gleich, ein dürftig ausgestatteter

Waschraum befinden, restlich, wie ich weiß, Unterkünfte mit je 10 Mann Fassungsvermögen und das kleine Büro des Spießes.

„Name?", spricht mich bei meinem Eintreten der junge Schreiberling unhöflich an, es nicht Wert findend, von einem Blatt Papier in seinen Händen aufzusehen.

„Meyer."

„Was ist zu ersetzen?", legt er das Blatt auf dem Tisch ab, liest jedoch konzentriert darauf weiter und ergreift dabei das obere eines Stapels.

„Eigentlich wollt' ich meine Stiefel nur reparieren lassen."

„Also Stiefel. Alles andere machst' in der Bekleidungskammer aus. Hier das Formular", streckt er es mir entgegen und sieht dabei nur auf seine Hände, „ausfüllen und mitsamt dem Soldbuch abgeben, klar?"

„Ja", falte ich es auf dem Tisch einmal, stecke es in die Brusttasche und gehe.

Ein klein wenig blinzelt die Sonne aus den Wolken hervor bei meinem neuerlichen Hinaustreten. Sanft streicheln ihre Strahlen dabei die Fassade unserer Unterkunft, das Grau ein Stück erhellend. Zügig und wie im Schlaf finde ich den Weg zum Sanitätsgebäude nicht weit von hier, einzig der größere der beiden Exerzierplätze mit dem mächtigen Fahnenmast in der Mitte liegt dazwischen. Keinem Menschen begegne ich auf dem kurzen Stück hinüber. Wie ausgestorben wirkt das Kasernengelände, ganz besonders, wenn ich an die Zeit kurz vor unserer letzten Verlegung denke. Noch sind sehr wenige Verwundete zurückgekehrt, *Gottseidank!* Und das Ersatzheer, in welches ich nun vorübergehend eingegliedert bin, wird wohl gerade außerhalb eine Übung abhalten.

„Grias euch", setze ich mich im Warteraum einem Fahrer und einem Schützen gegenüber auf die Holzbank.

„Servus. Das wird noch eine Weile dauern für dich."

„Ich hab' Zeit", erwidere ich dem mit eingebundenem Fuß sitzenden Schützen.

„Zeit hätt' ich auch, nur halt was Besseres zu tun als hier zu sitzen. Kann eh nichts machen, der Herr Doktor", verschränkt er seine Arme vor der Brust, „genau das wird er mir sagen, der Suchthaufen, und mich entlassen. Und für das die ganze Warterei."

„Er hat sich den Knöchel 'brochen", sieht mich der Fahrer an und deutet auf den neben ihm Sitzenden, „als er bei den ersten Schüssen vom Fahrzeug gesprungen ist." Die Schadenfreude steht ihm ins Gesicht geschrieben. „Hast Glück g'habt, dass wir dich von der Straß' weggezerrt haben."
„Ah geh!", dreht der Schütze den Kopf von ihm weg.
„Das gefällt ihm nicht, wenn ich die Geschicht' erzähl'. Ist ja auch zu blöd."
„Der Stiefel war schuld, so a G'frast", sieht er mir geradewegs in die Augen.
„Rendl!", tönt es durch die geöffnete Tür aus dem Nebenraum und lässt als Auswirkung mich mit dem schlecht gelaunten Schützen allein zurück. Beide scheinen wir das Gespräch für beendet zu halten, denn er hat den Kopf von mir weggedreht, während ich beginne, das Formular auszufüllen: Name, Dienstnummer, Rang, Glaubensbekenntnis, Familienstand. All das ist anzugeben für eine Reparatur meiner Stiefel. Sogar wo sich die Beschädigung ereignet hat, wollen sie wissen. Kurz vor der letzten erforderlichen Angabe wird der Schütze hineingerufen und eine längere Weile später dann ich.

„Haben'S den Wundzettel?"
„Bitte sehr", gebe ich den Zettel einem weiteren jungen Stubenhocker.
„Aha!", versichert er sich. „Fleischwunde, rechter Oberarm, Haarseilschuss. Durchschuss!", schreit der Sekretär meine Papiere laut an, um es im Nebenraum hörbar zu machen, „Gehen'S rein, Meyer!"
Die beiden anderen kommen mir entgegen, als ich eine weitere, offenstehende Tür durchschreite. „Grüß' dich!", deutet der am Fenster des kleinen Untersuchungszimmers stehende Arzt auf einen Sessel, einen letzten Zug seiner Zigarette nehmend, bevor er den Rest hinauswirft. „Setz dich und leg den Arm auf den Tisch", kommt er auf mich zu.
„Zeig 'mal her!", räuspert er sich und nimmt meine Trageschlinge ab. Eine relativ große schwarze Warze wächst mir aus seinem Gesicht entgegen; mitten auf der Wange hebt sie sich weit ab, so als diene sie seiner Identifizierung unter den zahlreichen Ärzten in weißen Kitteln, muss ich denken. Mit einer Schere in seiner schon zittrigen Hand

schneidet er den Verband väterlich vorsichtig auf.
„Zieht noch ein bisschen, ich weiß schon. Welchen Arzt hast' denn gehabt?"
„Einen Wiener in einem kleinen Lazarett Nähe Tomaszow!"
„Aha, na dann sehen wir uns dem Wiener Kollegen seine Arbeit ´mal an. Mhm", gibt er mir die bereits gerauchten Zigaretten kräftig zu riechen, während er den Arm fachkundig dreht, die Nähte genau inspiziert und weiter dreht. Bis hinauf hinter mein rechtes Ohr zieht dabei der Schmerz erneut. „Mhm, tja, Soldat, verheilt trotz verdammt großer Wunde prächtig. Keine Eiterung erkennbar. Nähte wachsen gut heraus, das sind summa sumarum an die, naja, 40 Stiche, da hat sich der Kollege Mühe gegeben."
Ich betrachte ebenfalls stolz die relativ gleichmäßig in rotes Fleisch gesetzten schwarzen Fäden, wenn auch in einen Oberarm, der mittlerweile dünner ist als der Unterarm meiner Linken.
„Glück gehabt, Soldat. Solche Arme wurden im Weltkrieg noch einfach abgenommen! Speziell an der Front", richtet er sich auf. „Gute Arbeit des Kollegen. Stabsarzt?"
„Ja."
„Mhm, mein Assistent legt dir einen neuen Verband an, nächste Kontrolle mit wahrscheinlicher Nahtentfernung in einer Woche, also Montag der…", kratz er seine faltige Stirn, „welcher Tag ist heute?"
„Der 18."
„Also am 25., sagen Sie das dem Sekretär, wenn Sie hinausgehen, ich muss meine Stimme schonen", greift er sich an den Hals und geht auf das spaltweit geöffnete Fenster zu, öffnet es wieder zur Gänze und zündet sich eine weitere Zigarette an. „Lass' das ja sein, Soldat!"
Ich sehe zu ihm auf, während ein junger Arzt hereinkommt.
„Das Rauchen meine ich, das bringt dich um, da brauchst' keinen Krieg dafür."
„Wenn es zu spät ist, bleibt uns wenigstens ihr Sarkasmus in Erinnerung", antwortet an meiner Stelle der junge Arzt, mich anlächelnd.
„Wollen´S eine, Herr Kollege?"
„Nein danke. So, das war's auch schon", kann ich mit neuem Verband und Marthas Trageschlinge aufstehen.

„Wir sehen uns am 25., auf Wiedersehen."
„Soldat!", fordert der alte Arzt mich nochmals auf, „auch von Ihnen war das gute Arbeit in Ostpreußen."
„Danke, auf Wiedersehen", irritiert mich seine Höflichkeit.
„Hab's gehört, 25.", klärt mich der Sekretär über sein Wissen auf, noch bevor ich etwas sagen kann und fügt dem hinzu: „Kommen´S um zehn Uhr." Er reicht mir ein kleines Stück Papier mit Datum und Uhrzeit darauf. „Danke, auf Wiedersehen", passiere ich die innenseitig zur Schalldämmung mit Lederpolsterung überzogene Tür, durchquere den leeren Warteraum und trete in die frische Luft.

Ganz tief presse ich sie gegen den stickigen Krankenhausmief in die Lunge. Schon durch den Geruch alleine würde ich krank, wenn ich hier arbeiten müsste, denke ich. Der Vater hat es ja schon immer gesagt: an der Frischluft arbeiten zu können ist ein Segen. So, die Stiefel verlangen spürbar nach einer Reparatur, drückt der kleine Zeh jetzt ebenfalls schon an die frische Luft, hernach nur mehr die Visite und das war es dann für die Woche, schlage ich hoch erfreut die Hand auf das Geländer vor mir. Das gesamte, gut gesicherte Gelände kenne ich wie meine Westentasche, träume ich vor mich her auf meinem Weg in nördliche Richtung. Unzähliges Rundenlaufen, Exerzieren, die Schießübungen – natürlich innerhalb der Kaserne nur mit Platzpatronen – Gasalarm und die Großteils zur Belustigung der Vorgesetzten abgehaltenen Maskenbälle – alles an unterschiedlichen Plätzen ausgeführt – haben mir jeden Winkel näher gebracht. Nur zwei Stabsfeldwebel, dabei sogar ein Stabsoffizier, kreuzen militärisch grüßend meinen Weg, als ich ihn zwischen den neu errichteten Gebäuden hindurch einschlage. Sofort, nachdem ich neuerlich – diesmal von der Wehrmacht – eingezogen worden war, wurden Block V bis IX errichtet, alle identisch gebaut nur mit unterschiedlichem Anstrich, um die vielen jungen Soldaten unterzubringen. Ein völlig anderer Wind begann damals durch die Kaserne zu wehen, nicht vergleichbar mit dem des österreichischen Bundesheeres, bei welchem ich mein verpflichtendes Dienstjahr ´36 abgeleistet hatte, bin ich verwundert über die rasch vergangene Zeit. Einen Tag nach meinem 19. Geburtstag, am achten Februar kam die

Einberufung, weil das Berufsheer Ende '35 abgeschafft worden war. Meine Freude war anfangs sehr begrenzt gewesen, aber nur die ersten Tage, weiß ich noch als ob es gestern war, danach überwogen die Vorzüge, wie zum Beispiel: etwas Dauerhaftes zu tun zu haben, regelmäßiges Essen – die Mutter stark entlastend. Später schlug das Pendel gar in Freude aus, als ich obendrein ein paar Schillinge dafür erhielt. Aus Wien kamen damals – wenn überhaupt – nur beunruhigende Nachrichten. Nach dem Bürgerkrieg war der Ständestaat entstanden, soweit ich das mitbekommen hatte, und hernach ist dieses Abkommen unterzeichnet worden, wodurch in Ried genauso wie überall in Österreich die Hakenkreuzfahnen mehr und mehr sichtbar wurden, auch der Vota hatte seine schon längst besessene sofort am Fenster platziert. Einmal, irgendwann im Herbst wären wir für Sicherungsaufgaben in die Nähe Wiens verlegt worden. Beinahe. Ansonsten hatten wir ein sehr gutes Leben.

Genau ein Jahr später dann, lasse ich Block VII hinter mir, war ich auch schon wieder abgerüstet. Keinen den ich kenne hat es gefreut, mit Gelegenheitsarbeiten sein Essen zu verdienen, und Valeria – der hatte ich nichts bieten können, rein gar nichts! Was ihr zwar, mit Sicherheit aber nicht ihren Eltern, egal war. Oftmals habe ich zu jener Zeit dem Vota geholfen, beobachte ich drei Soldaten vor dem Stabsgebäude, beim Grafen, der mich immer so komisch angesehen hat; nicht wie normale Männer einen anderen ansehen, nein, der wollte etwas von mir, der `schwule Graf´, wie der Vota ihn nennt. Ständig haben ausländische Burschen auf den vielen Feldern – besonders zur Erntezeit – geholfen, die haben von ihm etwas Essen und einen Schlafplatz natürlich auch bekommen, die armen. Jedenfalls war es für mich ein Segen, als die Einberufung zur Wehrmacht nachhause kam. Im Oktober '38 war das. Keiner hat den feierlichen Schwur auf den Führer verweigert, kann ich die Bekleidungskammer nun schon sehen. Ich könnte ihn heute noch aufsagen: *Ich schwöre bei Gott diesen heiligen Eid, dass ich dem Führer des deutschen Reichs und Volkes, Adolf Hitler, dem obersten Befehlshaber der Wehrmacht, unbedingten Gehorsam leiste und als tapferer Soldat bereit sein will, jederzeit für diesen Eid mein Leben einzusetzen.*

Das genaue Datum wurde noch in den Wehrpass eingesetzt und dann bald darauf dieser durch das Soldbuch ersetzt, das jetzt in meiner Hand liegt. Abgesehen von der ungewohnten Straffheit bescherten uns die Uniformen, das neue Gewehr, allem voran das gute Gehalt, das Essen und eine ungewöhnlich gute Kameradschaft die beste Zeit. Bis März '39! Von da an ging es Schlag auf Schlag! Erste Gesamtverlegung unserer Infanterie-Regimenter 133 und 135 nach Linz, hernach, und noch völlig ungeordnet, im Zusammenspiel mit den Regimentern aus Linz und der Artillerie aus Wels gemeinsam hinauf in die Tschechei. Beinahe ausschließlich blutjunge Soldaten. Wir hatten keine Ahnung, was da auf uns zukommen würde, nervös stießen wir vor in feindliches Gebiet – mit irrsinnigerweise freundlicher Bevölkerung – und rasch waren, ohne dass ich einen Schuss vernommen hätte, Böhmen und Mähren entstanden. Durch die Nähe der Bekleidungskammer hat sich meine Schrittfrequenz unbewusst erhöht. Der Pole hat, schweifen meine Gedanken erneut ab, gleich darauf kräftig bei einigen Gebieten zugelangt und jetzt gibt es ihn bald selber nicht mehr. *Herr Gott nochmal*, zupfe ich an der Trageschlinge, *dort habe ich Glück gehabt*. Glück im Unglück, wie Vater zu sagen pflegt, sogar ein Arzt hat Marthas Aussage nun bestätigt; nicht auszurechnen, wenn der Stabsarzt später in die Scheune gekommen wäre. Meine Vali hätte meinen Antrag sicher abgelehnt, drücke ich mit meiner linken Schulter die Schwingtüre in die Bekleidungskammer, an dem für sie typischen Geruch blindlings erkennbar, nach innen.
„Franz, du bekommst natürlich neue", verspricht der mir gut bekannte Hannes mit dem Formular vor seinem Gesicht.
„Ich muss aber meine unbedingt behalten, die passen perfekt, Hannes!"
„Na, Franz, wie war's?", legt er das Formular zur Seite, beugt sich nach vorne über die große Ablage zwischen uns, den Grund für seine Beschäftigung hier auf ihr ablegend und blickt um sich in die leere Halle. „Hast einen erledigt? Wie is' das, einen abzuknallen? Peng und aus", senkt er seine aufgekratzte Stimme. „Nein, Hannes, hab' i' net!", sehe ich ernst in seine gierigen, kleinen Augen, „Nur wär' i' selber bald liegen 'blieben dort oben, weißt?"
„Ach so", starrt er mit Zügen leichter Beschämtheit auf meinen frisch

verbundenen Arm und zieht – die Augen weiterhin darauf fixiert – den Bauch wieder hinter die Ablage zurück. „Na, weißt, Franz, nix für ungut, aber die ander'n..."

„Was machen wir jetzt, mit den Stiefeln?", wechsle ich mit mich selbst überraschender Bestimmtheit das Thema, vielleicht deswegen, weil ich das Gefühl habe, den Erwartungen eben nicht entsprochen zu haben. „Weißt was, Franz, ich geb' dir vorübergehend gebrauchte, die ziehst' gleich an. Schuhzeuglänge 26, Weite 6?"

„Ja genau."

Er geht daraufhin ein kurzes Stück in einen schmalen Gang zwischen den haushohen, hinter ihm aufgereihten Regalen und stellt danach das Geholte auf die Ablage. „Deine geb' ich in der Zwischenzeit unserem besten Schuster und bringe sie persönlich am... am...", überlegt er kurz, „Freitag bei euch vorbei. Dann könnt' ich wieder 'mal die Zilli sprechen und vielleicht", steckt er sein Hemd zwischen Bauch und Hose, „vielleicht is' die Betti ja auch da?", sieht er mich fragend mit selbstgefälligem Lächeln an. Ich kenne den Hannes schon lange, aus der Schulzeit noch, das alte Redhaus, nur für die Betti kommt er schon alleine wegen seines Bauches nicht infrage. Was bildet er sich eigentlich ein, ändern sich meine Gedanken über ihn. „Ja, danke Hannes", bleibe ich trotzdem freundlich. „Dann Mittwoch um sechs?", und ich ziehe die Übergangslösung an.

„Ja, und der Vali einen schönen Gruß."

„Servus", drücke ich die Tür in unbequemen Schuhen nach außen auf. Eine Stunde bleibt noch bis zur Visite, denke ich, während ich einen anderen Weg zurück zu Block II einschlage. Mit Sicherheit gebe ich meine Stiefel nie mehr her, weil es sehr gut möglich ist, dass wir nochmals weite Strecken marschieren, sechzig Kilometer und mehr an einem Tag. Mit schlechtem Schuhwerk kann ich das Gejammer jetzt verstehen, einige Kameraden haben sogar ganz offen geweint. Auch ich war nach vier Tagen am Ende meiner Kräfte, aber auf meine Stiefel war Verlass, die schlecht besohlten Kameraden hatten jedoch keine Wahl, denn aus den Rückwärtigen Diensten konnte uns – außer dürftig Verpflegung und Munition – nichts mehr erreichen. Kurz vor meinem Block treffe ich auf drei Kameraden. „Na, tauscht ihr auch die Stiefel?", frage ich im vorübergehen.

„Ja, ich schon."

„Und ich eine Hose und den Gürtel dazu, dafür braucht es zwei Formulare von dem schlecht gelaunten Stubenhocker da oben."

Wir lachen kurz und ich betrete ein letztes Mal für heute das Gebäude, um auf die Visite zu warten.

„Achtung", stehe ich neben dem geöffneten Spind und melde dem eingetretenen Unteroffizier von heute Morgen: „Schütze Meyer zur Visite angetreten, Herr Feldwebel!"

Der großgewachsene Mann stellt sich vor den Spind und nickt. „Schütze Meyer also", greift er den Behälter für die Gasmaske. „Meyer!", schaut er mich nur kurz an und daraufhin wieder auf den Behälter. „Bilden sie sich nicht zu viel ein jetzt, wegen dem Ganzen" spricht er in tiefer, ruhiger Stimmlage. „Alle in unserer Kaserne arbeiten ganz normal weiter, wir, sowie die Heimkehrer", stellt er den Behälter wieder ab, „auch das wird sich nach ihrer Genesung wieder ändern." Er holt nämlich mein Gewehr aus dem Spind, sieht mich wütend – mir den Biergeruch seiner Atemluft zublasend – an, zieht den Verschluss heraus, hebt es gegen das Licht, baut das Gewehr kommentarlos wieder zusammen und schließt den Spind. „Gut so, Schütze. Genießen sie die paar Tage zuhause."

„Jawohl, Herr Unterfeldwebel!"

Nur Minuten später folge ich dem Unteroffizier aus dem Zimmer. „War der bei euch auch so grantig?", knarrt die Tür hinter mir zu, während ich auf den von einem Kameraden gestützten Franz, im Gang stehend, zugehe.

„Ha, der!", rümpft dieser seine Nase verächtlich. „Seit einer Woche kann i' mir das anhören, obendrein weiß ich jeden Tag über seinen Alkoholkonsum Bescheid, eh klar, vom Stab is' er."

„Na na", will ihn der junge Gefreite belehren.

„Wenn's wahr is', aber die Unteroffiziere in der Kaserne kennen wir ja und den frisst der Neid grad so auf, weil er net dabei g'wesen is', sag' i' euch", sieht der mir sympathisch erscheinende Franz uns beide abwechselnd an. Er ist ein waschechter Bauernsohn vom Land, ohne Frage zeigen das seine Arme, die großen Hände und das so typische, rundliche Gesicht mit gut durchbluteten Wangen darin. Der ihn Stützende von der Stabskompanie kann nur als das genaue Gegenteil bezeichnet werden: gertenschlank und hochgewachsen. Auf seinen schlaksigen Beinen wird er mit dem Franz die Stiegen hinunter Mühe haben.

„Da hast du recht", fühle ich mich bestätigt, „und eine Hilfe hast' auch schon?"

„Ja der Stabler da", klopft er mit der Hand seines um dessen Schulter gelegten Armes auf selbige, „hat den Auftrag, mich heimzukarren."

„Also dann, bis Freitag."

„Montag!", schreit er mir die Stiegen hinunter nach, „bis Montag bleib' i' daheim!"

Eine kleine Portion nur von dem wiederum aufgewärmten Gulasch serviert mir die Mutter, da sie gedacht hat, wir bekämen in der Kaserne ein Essen. „Leider Muata, erst wieder am Freitag", setze ich mich auf den Sessel, sogleich die heiße Speise viel zu schnell in den knurrenden Magen schaufelnd.

„Is' schon recht, das werden wir schon hinkrieg'n. Was sagt er denn, der Arzt?", setzt sie sich zu mir. Verlegen, wie ich meine, blickt sie mich an, ihre Hände in die Rückseite der Kochschürze wischend. „Er sagt", spüle ich den Bissen mit Most in mich hinein, „dass der Arm sehr gut verheilt, den Wiener Arzt hat er sehr gelobt. Muata", hebe ich die Stimme an, „die Näht', hättest sehen sollen. Mensch, der ganze Oberarm da", lege ich die Gabel ab und deute auf die Innenseite meines oberen Armes, „voll mit schwarzen Fäden."

„Nein Bua, das möcht' i' gar net sehen, was so a Kugel anrichtet, stell dir vor, wenn die dein Gesicht getroffen hätt'. Was wär' dann aus dir 'worden, hm?"

„Das, Muata, möcht' i gar net wissen", nehme ich die Gabel mit großer Geschicklichkeit auf und muss an den Soldaten mit halbem Kopf denken. Der seinen Kopf gänzlich umfasst habende Verband war leicht verrutscht gewesen und unter seinem linken Ohr war ein Loch zu erahnen, sonst nichts mehr. Herr Reiter wird viele Männer so zugerichtet und obendrein ohne Verband gesehen haben, daher seine Einstellung. Aber gleich Pazifist?

„Der Arzt von heute, raucht eine Zigarette nach der ander'n", esse ich weiter, „ein Soldat hat ihn einen Suchthaufen genannt." Sie lacht bei diesem Wort verlegen auf, aber eine gewisse Schwere lässt sich darin erkennen, irgendetwas bedrückt sie, denn so kenne ich sie gar nicht.

„Und, Muata", sieht sie mich nach meiner Anrede gespannt an, „wie funktioniert denn das Kastl' da?" Ohne hingedeutet zu haben, weiß sie den Empfänger gemeint, dreht ihren Kopf kurz hin, als müsse sie überprüfen, ob er noch da ist, und erklärt zu allererst dem Vota seine Regeln: „Das ist so bei uns, die Neuigkeiten um sechs Uhr abends dürfen von jedem und auch alleine gehört werden, ausgenommen die beiden Kleinen. Ansonsten, um Musik zu hören, wird er nur genutzt, wenn alle, aber in jedem Fall zumindest er anwesend sind."

„Aha, so meint er, der Vota", wächst, dem Gerät näherkommend, meine Neugierde. „Das heißt also, wenn ich diesen Knopf hier drehe", zeige ich andeutungsweise darauf, „kommt aus dem Kast'l da Musik?"

„Kann sein, hängt davon ab, was sie g'rad übertragen", dreht sich die Mutter, erfreut über ihre gefragte Meinung, zu mir her.

„Einige Kameraden haben gemeint, man könne sogar Musik aus dem Ausland, englische Musik, hören?"

„Bei dem da net!" Ich sehe sie fragend an und sie fährt fort: „Na der Vota meint, der kann das net, hatten's ihm g'sagt!"

„Na wenn das der Vota sagt. Das wär' wieder was für die Vali, a Negermusik, was glaubst'?"

„Geh Bua, setz di' her und erzähl' mir von gestern bei denen."

„Was soll i' da erzählen?", decke ich das Wunderding wieder ab, „Da gibt's nicht viel zu sagen, weißt eh, wie's dort zugeht."

„Ja schon, aber was sagen's denn über dich und den Blödsinn?"

„Also der Herr Reiter", trage ich den leeren Teller leider noch immer hungrig zur Abwasch, „der ist ja gar net erfreut über den `Blödsinn´, wie du es nennst, stell dir vor." Ich drehe mich ruckartig zu ihr und hebe meine Stimme deutlich an: „Genau", und ich gehe zurück an den Tisch, „die Bertha hat ihm ordentlich den Marsch geblasen, vor meinen

Augen!" Ich setze mich wieder zu ihr, ohne ihren traurigen Ausdruck zu verstehen. „Muata, interessiert di' des net?"
Völlig abwesend starrt sie auf ihre Hände. „Ja schon, Bua, aber das kann i' mir schon denken und Bua", bleibt ihr Blick gesenkt, „es wird in letzter Zeit viel g'redt über den Herrn Reiter."
„Ja, eh schon seit einem Jahr", trinke ich aus meinem Krug und fühle mich beileibe nicht so wohl, wie ich andeute. „Bua", reibt sie ihre Hände genau wie ich immer, um die Nervosität zu vertreiben, „Bua, der Vota meint, dem Herrn Reiter werden's was antun, wenn er nicht bald aufhört, so daherzureden. Er meint auch, du solltest auf ihn einreden, er muss den Mund halten, zumindest in der Schule, denn der Weltkrieg ist lang her."
„Mein Gott", stehe ich auf, „wenn's den abholen und befragen, diesen ausgemachten Sturkopf, da wäre er net der erste, der für lange Zeit verschwindet. Hast recht, Muata, wenn dem so ist, muss ich das der Vali am Freitag gleich sagen. Der scheint nicht zu erkennen, in was für eine Lage er sich bringt", gehe ich meiner Heiterkeit vollends beraubt auf und ab. „Und uns!", ergänzt die Mutter leise, die Daumen ihrer verschränkten Hände schnell um einander kreisen lassend. „Weißt, Franz, die Polizei macht da net groß Unterschied und Kontakt haben wir, oder zumindest du, zu ihm. Ich weiß, Franz, komm' doch setz dich, wie sehr du die Vali lieb hast und was für eine gute Partie sie ist, aber, Franz, die Zeiten haben sich geändert und wir kleinen Leut' müssen schauen, wo wir bleiben."
„Mutti, lass dir eins g'sagt sein", stürme ich auf sie zu und stütze meinen Oberkörper mit der Hand am Tisch ab, „der Vali mach i' einen Antrag und zwar in den nächsten Wochen, nur damit du's weißt, das kannst' dem Vota auch gleich sagen. Ich bin von unserer Sache überzeugt, genau wie er", klopfe ich mit dem Zeigefinger zur Betonung meiner Worte auf die Tischplatte, „die Vali ist beim BDM, wie es sich gehört und für ihren Vater kann sie nichts!" „Is' schon recht, Franz, aber vielleicht wartest' noch ein wenig mit dem Ganzen, nur bis sich alles wieder g'legt hat?"
„Sag einmal, Muata", antworte ich völlig bestürzt von solcher Sturheit, „hast du mir eigentlich zugehört? Da gibt's nur eine, die mir eine

Absage erteilen kann: Valeria Ruth Reiter!"

Wütend und mit gesenktem Kopf verlasse ich das Haus in den gerade einsetzenden feinen Nieselregen, denn nur ein Spaziergang kann mir jetzt helfen, die Gedanken zu ordnen. *Der Vota*, schreie ich, in einem Streitgespräch mit mir selber, verärgert über die Wiese, *lässt all das durch die Mutter an mich ausrichten und hält sich bequem im Hintergrund*, anstatt mit mir persönlich von Vater zu Sohn oder, wenn er will, von Veteran zu Soldat unter vier Augen zu sprechen. Die Mutter richtet mir auch alles brav aus, zieht sich dadurch unverdient meinen Zorn zu und muss sich jetzt sogar doppelt um mich sorgen. *Und das bei fünf Kindern*, renne ich eher als ich gehe an den vom Gras nun gänzlich befreiten Wiesen entlang. Diese ganzen Probleme; jeder will mir entweder etwas ein- oder ausreden, will mich beeinflussen in diese oder jene Richtung, am liebsten wäre ich schnell wieder weg! All das hat es in Polen nicht gegeben, da war alles klar vorgegeben. Einfach, unumstößlich durchzuführen, hatte ein jeder, ohne abzuwägen, seine Pflicht zu erfüllen. *Ja*, verlangsame ich das Tempo, die Anhöhe zum Wald hinauf gehend und dabei tief Luft holend, *mit einem Frauenzimmer aus einfachem Hause wäre alles anders*, muss ich mir eingestehen und dennoch, trotz all dem Anschein großer Selbstständigkeit, spüre ich, wie sehr Valeria mich braucht und aufrichtig liebt. Das macht es auch ihren Eltern so schwer, wie gegen eine Wand rennen sie bei ihrer Tochter an, und ich soll bei den ersten Gerüchten kleinbeigeben? Ich bleibe auf halber Höhe zum Wald hin stehen und beobachte die Sonne durch die grauen Wolken hindurch, wie sie einzelne Strahlen zwischen den Tropfen zur Erde entlässt. Ich nehme die wunderbare, beruhigende Natur um mich herum wieder wahr, wische mir die klitschnassen Haare aus der Stirn und kehre mit nun schon klarerem Kopf um. Solange ich meine Vali habe, solange ich die Natur, den mir erst jetzt auffallenden, laut rauschenden Wald, die Sonne und den Regen – vom Wind verteilt – spüren kann, lohnt es sich, zurückzukommen.

„Ich geh' auf mein Zimmer!"
„Franz", bereitet die Mutter das Abendessen vor, „Franz, i' mein's nur gut mit dir."
„I' weiß schon, Muata, i' bin da net bös'!", klopfe ich ihr auf die Schulter und lasse sie allein.

Wenn sich der tief hängende Nebel gelegt hat, wird es ein weiterer herrlicher Herbsttag, so wie die ganze Woche schon – vom Montag einmal abgesehen – kann ich aus dem Fenster gelehnt die Zeichen der Natur an diesem Freitagmorgen lesen.
Die in fünf Reihen nebeneinander stehenden Obstbäume ragen schon teilweise bis zur Hälfte aus dem feuchten Nebel. Nur mehr die beiden äußersten Reihen – genauer gesagt, die großteils von ihnen schon abgeworfenen Früchte – warten noch darauf, eingesammelt auf dem schon fast randvoll gefüllten Wagen hinter dem Haus zu landen. Nächstes Wochenende sollten wir dran sein, dann hätte der Spitzer Zeit, aus dem Rest unserer sauren Äpfel und Birnen einen hoffentlich süßen Saft zu pressen, lege ich die gewaschene Uniform an, drücke meine Beine in die mich täglich stärker schmerzenden Stiefel, ergreife die Kappe und gehe hinunter in die Küche.
Dort gibt sich der Vater mürrisch, was ihn einzig an seinem Gehabe überführen lässt, denn die Worte sind so oder so seines nicht. Die Mutter hingegen versucht alles, um ein angenehmes Klima im Haus zu schaffen, dazu gehört zuallererst, uns Männer und die Betti trickreich mit dem wenigen Vorhandenen zu verköstigen. Gestern Mittag zum Beispiel hat sie einen nicht gerade besonders schmackhaften, aber ausgiebigen `Leberpunkel´ gezaubert. Für den Geschmack konnte sie nicht viel tun, denn sie hat den Anteil teurer Leber darin von den empfohlenen 60 auf unter 10 Prozent gesenkt und den Rest mit zu dieser Jahreszeit billigem Mehl ausgeglichen.
„Könnt's heut die Birnen fertig klauben?"
„I' net" lasse ich den Beleidigten wissen, „wir haben um neun die Messe, dann kommt ein neuer Transport und hernach gehen wir ins Soldheim essen. Dann, tja, dann treff' i' die Vali", warte ich kurz auf eine Reaktion von ihm, „und dann bringt mir der Hannes die Stiefel."

„In der Kasern' essen? Euch geht's gut", sieht er die Mutter zweideutig an; „Und, Bua i' geb' dir den Rat, red' mit deiner Vali", sieht er erneut, diesmal aber mit eindeutig fragendem Blick die Mutter an. Zum ersten Mal bequemt er sich persönlich zu einem Rat in dieser Sache, was mir augenblicklich aufzeigt, wie ernst die Lage wohl sein muss. „Der Reiter hat damals wirklich 'was geleistet für Österreich, nur das Land gibt's nur mehr da drin'", klopft er auf sein Herz. „Er muss endlich begreifen, dass wir auf der richtigen Seite stehen, jetzt nach Danzig umso mehr."
„Ich werd' die Vali heut' ansprechen darauf."
„Bua", ist er mittlerweile auf die Vorräte des Most '38 angewiesen. „ich hör' schlimme Sachen. Wenn dir an dem Ganzen liegt, dann reicht ein Ansprechen nicht mehr aus."
„Ja, Vota, mir wird schon 'was einfallen, nur die Vali ist halt nicht ganz einfach in diesen Dingen."
„Naja", meint die einfach nur glücklich aus ihrer anderen Welt – von der sie mir vorgestern erzählt hat – lächelnde Betti, „ich hoff' ja doch, der kommt zur Besinnung. Die Valeria", sieht sie mich ruhig an, „macht beim BDM ordentlich mit, nicht übereifrig aber unauffällig."
„Na Gottseidank!"
„Da müsstet's die Schreinerin 'mal sehen, beinahe täglich beim Rapport, die will nicht und nicht ihren wertvollen Beitrag leisten."
Ein ganzer Feschak, der Mädchenschwarm der ganzen Stadt, hat unsere Betti in ihre Welt mit den Worten: „Darf i' dich wiedersehen?" unwiderruflich verbannt. Der Andi, so nennt sie ihn bereits, hat auf eine Bewerbung zur Marine für den 4. Oktober eine Einladung nach Kiel erhalten, hat sie mir erzählt. Dort würde er drei Tage getestet, ob er für die Offizierslaufbahn infrage käme, was für unsereinen mitnichten einfach, aber in der modernen Wehrmacht durchaus möglich ist, wie ich meiner kleinen Schwester erklärt habe. Für mich allerdings, weiß ich mit Sicherheit, käme so eine Laufbahn nie in Frage, lieber werde ich befohlen, als zu befehlen.
„Die beiden dürfen aber dann", spricht der Vater die mit dem Geschirr klimpernde Mutter an, die daraufhin: „Max, Pepi, muss erst der Papa raufkommen?" den Stiegenaufgang hochschreit. „Nur Blödsinn im Kopf, die beiden", schüttelt sie den Kopf, während die Betti und ich auflachen.

„Ich geh' dann", stecke ich mir den letzten Bissen Brot, beschmiert mit meiner Lieblingsmarmelade, in den Mund. „Denk dran, Bua", tippt er dreimal mit dem Zeigefinger auf einen Punkt in der Luft, „wir sehen uns heut nimma, i' muss bis in die Nacht hinein arbeiten, bei unregelmäßiger Bezahlung, versteht sich. Also, es hängt alles von ihm ab."

Von der einmal schlagenden Kuckucksuhr zum Laufschritt angehalten, biege ich rasch in die elendslange, schnurgerade Allee mit ihren zu beiden Seiten hochgewachsenen Linden ein. Zunächst verläuft sie stirnseitig am Haupttor der Kaserne vorbei, danach an weiten Wiesen mit vereinzelten Bauernhöfen darauf und auf den letzten 200 Metern die Friedhofsmauer entlang, bis sie, die Straße ins Zentrum kreuzend, endet. Raupenartig schiebt sich eine graue Masse in die kleine, nicht einmal halb der Größe jener im Zentrum entsprechende, aber durch ihre Lage seit Jahrhunderten vom Militär genutzte, Kirche. In ihrem Inneren bietet sie das genaue Abbild der größeren: ein hohes Schiff, verziert mit unterschiedlichen biblischen Darstellungen und vorne als Zentrum ein prunkvoller Hochaltar.

Die Liturgie unterscheidet sich dann doch in zwei nicht unwesentlichen Punkten von jener vom Sonntag, so wird diese von einem Militärseelsorger und obendrein auf Deutsch gelesen. Das Verstehen seiner krächzenden Worte, auch wenn es sich bei jeder Messe um mehr oder minder dieselben handelt, verkürzt die Zeit erheblich, bilde ich mir ein. Gegen Ende werden die Namen aller 27 Gefallenen und in Polen Begrabenen vorgelesen – Gottseidank, nur ein bekannter darunter – und bald darauf finden wir uns auf dem Friedhof in der Sonne stehend ein. Sämtliche Gänge den geheiligten Boden durchzweigend sind bis in die hintersten Winkel mit Soldaten gefüllt, die allesamt versuchen, den Bataillonskommandanten bei seiner Kranzniederlegung vor dem Denkmal zu Ehren der im Weltkrieg Gefallenen zu beobachten. Drei Salutschüsse später hebt der Musikermeister an und die Militärkapelle in ihrer prächtigen Uniform gibt uns die Melodie von ʼIch hatt' einen Kameradenʼ zum Einstieg vor. Alleine der melancholische Beginn tiefer Männerstimmen treibt mir Tränen in die Augen, wundervoll traurig klingt unser Lied, über die Gräber hinweg schwebend den darunter

Liegenden die unsterbliche Seele unseres Bataillons in ihre fauligen Leiber hauchend. Gänsehaut bedeckt meinen Körper, wie nur Tage zuvor an der Seite des – mit Sicherheit bereits auf dem nicht besungenen Friedhof liegenden – Helmut. Formationsfrei gehen wir dann zurück in die Kaserne.
„Servus, Franz", klopft mir der Georg von hinten auf die Schulter.
„Grias di' Georg."
„Na, haben ordentlich gespielt, die Schwalbennester."
„Ja, hast recht, ich wollt' ich könnt' ein Instrument." Ein langes graues Band zieht sich durch die Allee.
„Stell dir vor, Franz, was die erst für eine Zielscheibe abgeben am Feld, da sind ja Spiegel und Klappen noch harmlos dagegen."
„Ja richtig, oder mein Kommandant."
„Was meinst'?"
„Unser Zugskommandant, der erste Tote unserer Einheit in Polen, der is' geritten und hat dabei gespiegelt wie ein Haflinger, mit den ganzen Weltkriegsorden."
„So ein Depp!"
„Ja, aber wahnsinnig stolz, das kann i' dir sagen! Naja", sehe ich ihn an. „Was sagt der Arzt?", wundere ich mich über keine äußerlichen Merkmale einer Verwundung an ihm.
„Wirst' lachen, ein fauler Zahn war meine Rückfahrkarte."
„Nicht dein Ernst?"
„Ja, zuerst haben's den einfach gerissen, kein Problem, aber dann hat das zu eitern begonnen, das glaubst' net. Und nachdem ich entbehrlich war, ging's nachhause. Und bei dir?"
„Montag kommen die Nähte raus, endlich." Wir gehen eine Weile still nebeneinander weiter. „Was sagst' denn zu Danzig?"
„Mensch, spitze! Unsere ganze Verwandtschaft war versammelt und hat gejubelt, sag' i' dir", richtet er sich den Gürtel, spricht: „Mit Mann und Ross hat sie der Herr geschlagen" und damit den Führer gar nicht übel nach, sodass umstehende Soldaten Beifall klatschen. Wir kommen in der Kaserne an, vertreten uns auf dem Exerzierplatz die Beine und warten, als ich meinen Namen rufen höre.
„Hier", gebe ich mich zu erkennen, „Meyer?"

„Ja", deutet mir ein sehr junger Gefreiter, mitzukommen.
„Was gibt's denn?"
„Der Spieß will dich sprechen, in seinem Büro."
Das heißt nichts Gutes, wenn der Kompanievater – wie wir ihn nennen – einen im Büro empfängt. Schon auf dem Gang davor kommt er mir aufgeregt entgegen. „Meyer, in meinem Büro… Gefreiter, lassen'S uns allein", sieht er ihm nach, als er um die Ecke biegt, „in meinem Büro sitzt ein SS-Oberführer." Mein Bauch zieht sich wie nach einem überraschenden Faustschlag plötzlich zusammen.
„Meyer, so einer war noch nie in meinem Büro", macht er mir wenig Mut, „ich weiß nicht, was der von dir will, aber mach' kein Theater. Geh' schon hinein, er will mit dir allein' sprechen."

Ich öffne die Tür in das leere Vorzimmer und drücke mit springendem Herzen die nächste nach einem „Herein!" in das kleine Büro des Spieß auf.
„Heil Hitler, Schütze Meyer!"
„Heil Hitler, Herr Oberführer!", grüße ich den großen Mann in seiner beeindruckenden Uniform, wie er entspannt auf dem Sessel des Spieß hinter dem Tisch sitzt. „Haben'S keine Angst und nehmen'S doch Platz", erhebt er sich aus dem Stuhl und zeigt auf den leeren direkt vor mir. „Die linke Hand, Schütze Meyer, schüttle ich aus Prinzip nicht, dass Sie mich nicht für unhöflich halten", setzt er sich wieder. „Also machen wir's kurz, Schütze. Ich weiß doch, Sie müssen gleich Ihre, so wie Sie einer sind", deutet er in einer geschwungenen Handbewegung auf mich, „tapferen Kameraden bei einem guten Essen begrüßen." Er beugt sich freundlich nach vorne und entzieht seiner Stimme die anfängliche Angriffslust gänzlich. „Vorigen Sonntag habe ich Sie gesehen, bei den Reiters ein- und ausspazieren. Bitte halten Sie mich nicht für einen gewöhnlichen Spitzel, Führer bewahre", legt er seine Hände auf dem Tisch ab, „nein, es war ganz zufällig und da fragte ich mich, was wohl der Sohn eines Parteigenossen in diesem schönen Nachbarhaus denn macht", umkreist sein linker Zeigefinger dabei die Krempe seiner auf dem Tisch liegenden Kappe und er wartet offensichtlich auf eine Antwort.

„Also, Herr Oberführer, die Vali, Valeria", bemerke ich das Zittern meiner Knie, „ist doch meine Freundin."

„Aha, wusst' ich's doch. Die hübsche Valeria hat es Ihnen angetan", klappt er eine der drei vor ihm liegenden Mappen auf. „Gegen das reizende Mädchen kann nichts gesagt werden, noch nicht, haben Sie auch den Herrn Vater gesprochen?"

„Ja", muss ich die nun aufkommende Wut unterdrücken.

„Und was denn?"

„Wir haben über den Weltkrieg gesprochen und dann noch über unsere Verlobung", kann ich mir hier und jetzt einen Strick drehen, denn meine Gedanken sind vollkommen unkonzentriert, ungeordnet, sogar gleichgültig.

„Schütze Meyer, wir benötigen Männer wie Sie es sind, stramme, gutaussehende Männer. Und wir brauchen weiterhin junge Burschen für die Idee des Nationalsozialismus. Aus diesem Grunde haben wir gegen eine Vermählung Ihrerseits mit der Valeria", sieht er in die Mappe, „Valeria Ruth Reiter, nichts einzuwenden. Nur seien Sie vorsichtig im Umgang mit ihrem Herrn Vater, lassen Sie sich nicht verrückt machen. Ich bin überzeugt", sieht er mich warmherzig an, „Sie wissen, warum er noch frei herumläuft? Damit das so bleibt, muss er nur den Mund halten und das sofort", betont er jede Silbe seiner letzten Worte einzeln. „Haben Sie das verstanden?"

„Jawohl!"

„Wusst' ich's doch. Schütze Meyer, ich werde in jedem Fall Ihre kostbare Zeit nicht mehr in Anspruch nehmen, ist auch das verständlich?"

„Jawohl!"

„Na dann", drückt er sich hoch, äußert ein knappes: „Auf Wiedersehen" und haut die Hacken, `Heil Hitler´ schreiend, zusammen.

„Heil Hitler!", gehe ich gekrümmt hinaus.

„Und Meyer, was ist los?", wirbelt der Spieß aufgeregt mit den Armen vor sich in der Luft herum, als er auf mich zukommt. „Ach, der Herr Reiter", rede ich wie unter Hypnose vor mich hin.

„Herr Hauptfeldwebel!", tönt es aus dem Büro.

„Ich weiß nicht was das soll, aber ich geh' rein. Du, Meyer, kannst nach unten gehen, der Transport ist schon da."

Aus dem Gebäude tretend sehe ich die große Zahl angetretener Verwundeter und kann zugleich dem Kommandanten seine Ansprache hören, aber nicht verstehen was er sagt. Das müssen vier Mal so viele wie bei unserem sein, überblicke ich die Menge, während ich, noch immer unter Hypnose, auf den kleinen Sanitätszug zugehe. Und wenn es 40 Mal die Menge oder mehr wären, denke ich wenig kameradschaftlich, wäre mir das jetzt egal. Dasselbe Prozedere wie wir vor circa einer Woche lassen die frisch Verwundeten über sich ergehen, bis es schließlich auch für sie `Abtreten´ heißt.

„Na, Franz, bist ein bisserl bleich, hat dir der Spieß gar mit seiner Frau gedroht?", schlägt der Georg lachend die Hand auf den Esstisch im Soldheim. „Wie kann man an so einem Tag Trübsal blasen?", fügt er hinzu und schlingt beinahe die Gabel mit hinunter, als hätte er die ganze Woche nichts gegessen. „Franz, die Sonne scheint, Danzig ist wieder frei und erst das Essen hier!", versucht er mich aufzumuntern, hält dann aber kurz inne und überlegt. „Was Ernstes, nicht wahr?"
„Ja, Valerias Vater macht mir Sorgen."
„Aha und dem Spieß auch?"
„Dem auch, ja", füge ich betrübt hinzu. Nicht ein Bier gönne ich mir und gleich nach nur einem geleerten Teller verabschiede ich mich, ohne die Neuankömmlinge gesprochen zu haben.
„Was, du gehst schon?"
„Ja so ist es."
„Aber…"
„Ich weiß schon", klopfe ich ihm auf die Schulter, „dennoch."

Wie fast jeden Tag, wenn die Sonne scheint, gehe ich hinauf zur Anhöhe, umrunde das kleine Waldstück halb, setze mich auf eine der Sonne zugewandte Bank und höre den Wald in meinem Rücken, zwischen mir und der Stadt eine Art Schutz bildend, durch den föhnigen Westwind rauschen. *Meinetwegen soll die SS diesen Sturkopf doch abholen*, zur Befragung, wenn er sich nicht unterordnen kann oder eher nicht will, kocht wie wild die Wut in mir. Hat keine Sorgen, der Mann, mehr als genug Geld, ein großes Haus, eine nette Familie und ist nicht

imstande, das Einfachste in dieser Zeit zu tun: „Den Mund zu halten", spreche ich laut in die Luft. `Wenn der Mensch keine Probleme hat, dann schafft er sich welche´, waren einmal Vaters Worte. *Was glaubt er denn, wer er ist, mit seinem verfluchten Geld?* Wenn sein Nachbar uns am Sonntag gehört hätte, dann wären wir alle jetzt schon in Haft. *Der SS kann ich erzählen was ich bei ihnen mache, als wäre ich ein Verbrecher,* schlage ich die Beine wütend übereinander, am liebsten möchte ich dem ein Ende setzen und ihn selber ausliefern. *Nur, was wäre dann mit Valeria?,* schicke ich diese Gedanken auch schon wieder fort. Ein unter ihren Füßen knacksender Zweig verrät mir die sich nähernde Valeria. *Reiß´ dich jetzt zusammen,* mahne ich mich selber, das Gesicht mit der Hand reibend.
„Servus, Franz."
„Servus, Vali, na endlich!", bleibt kein Blick für ihre Schönheit übrig.
„Was heißt? Ich bin doch überpünktlich."
„Passt schon! Willst´ gehen oder dich setzen?"
„Stimmt ´was net?", entscheidet sie sich für letzteres.
„Tja, das kann man wohl sagen."
„Was? Bin ich der Grund?"
„Rat´ ´mal, wer mich heute verhört hat?", klingen meine Worte angriffslustig.
„Keine Ahnung… Warte ´mal, da geht's um Papa. Sag, was war denn?", sieht sie mich nervös an.
„Der Herr SS-Oberführer, euer Nachbar, hat mir ein paar Fragen gestellt, ganz höflich und nett."
„Dieser aufgeblasene…"
„Valeria!", schreie ich die ganze Wut heraus und springe auf, „sag´, seid ihr alle verrückt geworden in eurer Villa? Habt ihr keine Ahnung, um was es da geht?", springe ich auf und kehre ihr den Rücken zu, die Hände in den Taschen kräftig zu Fäusten geballt.
„Franz, schrei´ mich nicht an", bietet sie mir Paroli.
„Schon gut, nur i' bin mit den Nerven durch", bleibe ich regungslos stehen. „In Polen bleib´ i' knapp am Leben, Vali, verdammt knapp", laufen schon wieder die verfluchten Tränen, aber ohne mich zu kümmern, „bald hätt´ ich dich nimma g'seh'n. Dann komm´ ich heim, dahin, wo

alles in Ordnung sein sollte. Nur, dass dein Vater, und ich hoffe inständig nicht auch schon du, denkt, dem Führer widersprechen zu müssen. Vali, der Mann hat mir Folgendes gesagt", drehe ich mich um, ohne sie anzusehen: „Entweder dein Vater hält den Mund, oder sie erledigen das", zeige ich ihr erneut den Rücken. „Mehr möcht' ich gar nicht mehr sagen, ich will auch keine Ausflüchte mehr hören. Für deinen Vater gibt es ab nun nur mehr schwarz oder weiß."
„Mein Gott, Franz! Woher soll ich denn das wissen? Du stellst mich dar, als wäre ich dein Feind!", steht sie plötzlich neben mir, sodass ich überrascht den Kopf von ihr wegdrehe.
„Jetzt weißt du's", wische ich heimlich über mein Gesicht.
„Gehen wir ein Stück? Franz, sag' mir was ich tun soll!"
„Deinem Vater genau das sagen, schonungslos, so wie er es gerne anderen sagt", spüre ich die Schadenfreude in mir und ergreife ihre zarte Hand, ohne sie dabei anzusehen. Schweigend umrunden wir den schönen Wald, sehen, an seiner Hangseite entlanggehend, die großen, sich in der Sonne spiegelnden Gebäude, hinter der von hier aus so friedlich wirkenden Stadt gelegen.
„Huch", rutscht sie plötzlich aus, sodass ich sie mit meiner Hand auffangen muss und zu lachen beginne. Ganz laut lachen wir beide, in diesem Moment gibt es einfach nur uns, ohne die erstickenden Dinge, die uns beide schon so verändert haben; wie früher tut uns dieses Lachen gut.
„Ist das nicht herrlich?", sitzen wir ungestört, erneut nahe beisammen auf derselben Bank von vorhin und beobachten die Krähen. „Mein Onkel sagt", beginnt sie in ihrer so mit Leben gefüllten Stimme, „die Krähen sind sehr intelligente Tiere.
„Ach ja?"
„Ja, und ich selber hab' einmal lange Zeit eine beobachtet. Dabei ist sie mit einer Nuss in ihrem Schnabel hoch in die Luft geflogen", hebt sie ihren zarten linken Arm, „gewiss höher als die Birke da vorne und hat die Nuss auf etwas Hartes fallen lassen. Plumps", öffnet sie ihre Hand zur Anschauung.
„Doch nicht auf deinen Kopf?", greife ich vergebens danach.
„Geh' Franzl." Ich lache nur kurz, um sie gleich wieder erzählen zu

lassen: „Eine ganze Weile habe ich ihr zugesehen, wie sie diese eine Nuss wieder und wieder in die Höhe transportiert und dann fallen hat lassen, bis sie ihr Ziel erreicht hat."
„Interessant."
„Und weißt du, was mein Onkel mir noch über die Krähen erzählt hat?"
„Noch nicht", fühle ich mich über alle Maßen geborgen an ihrer Seite, besonders, wenn sie solche Verrücktheiten erzählt, geborgen und verliebt.
„Die Krähen, hat er gesagt, beobachten, so glaubt er zumindest, die Eichhörnchen, wenn diese ihre Nüsse für den Winter vergraben. Sind sie fertig damit und außer Sichtweite, graben die Krähen sie einfach wieder aus."
„Unglaublich! Aber die müssen kleine Spaten haben."
Sie lacht nun ebenfalls auf und schenkt mir ihre aufrichtige Freude. „Ja interessant, nicht wahr?", presst sie ihren Körper ganz fest an den meinen. „Es war herrlich am Sonntag."
„Ja Schatz, und wie", beginnt sofort mein Blut wieder zu kochen.
„Kommst' am Wochenende?"
„Schatz, i' glaub' eher nicht, aber komm' du doch zu uns."
„Ja, warum nicht, vielleicht am Sonntag?"
„Sehr schön. Du, Schatz, was dein Vater sagt, kann ich mir denken, aber wie siehst du das mit Danzig?"
„Franz, du weißt doch, dass mich das Ganze nicht wirklich interessiert", wischt sie eine Strähne beiseite, „aber wir mussten heute Spalier stehen für die Heimkehrer am Bahnhof. So viele Verwundete, einige schwer, da hab' ich mir nur gedacht, mein Franz soll nur ja immer g'sund heimkommen, sonst nichts", sieht sie mich ein weiteres Mal traurig an.
Das hätte ich mir sparen können, denke ich, trotzdem voller Stolz.
„Weißt' noch, wie ich dich so dumm ang'sprochen hab', damals?"
„Ja!"
„Und du hast tatsächlich mit mir getanzt, ich hab's gar nicht glauben können."
„Naja, betrunken bist' schon a bisserl g'wesen. Drei Mal hast mich um den Namen g'fragt."

„Na wenn du einmal `Valeria´, hernach `Ruth´ sagst."
„Aber sicher hätt' ich damals jede Wett' verloren, dass du dich nie traust, zu uns auf einen Kaffee zu kommen."
„Ja, hättest."
„An Schneid hast, Schütze Meyer, das muss man dir lassen."
Wir sitzen eng nebeneinander und sehen den Krähen bei ihren Manövern vor der versinkenden Sonne zu. *Ob sie auf meine Initiative wartet, darüber wenigstens nachdenkt oder gar nicht?*, sehe ich zu den drei Zinnen des Dachsteingebirges im Hintergrund. Sie zeigt in dieser Sache majestätische Gelassenheit, wie die Berge gerade auch. *Aber warum fängt sie vom Sonntag an?* Ja, es muss sie genau wie mich beschäftigen; wenn nur das mit dem Vater nicht wäre, egal, ich muss sie möglichst bald fragen. Oder doch noch warten, wie Mutter meint? Zum falschen Zeitpunkt sagt sie womöglich nur `nein´, weil sie Wichtigeres im Kopf hat. *Hach Gott, ist das kompliziert.*
„Kommst am Sonntag, ja?", halte ich ihre warme Hand, bereits an der Wegkreuzung stehend.
„Vielleicht", sieht sie mich verspielt an.
„Red' aber auf jeden Fall mit dem Vater, am besten heut' noch."
„Jawohl, Herr Schütze", salutiert sie vor mir.
„Ach Vali, also Servus", will ich noch einmal ihre weichen Wangen küssen, als sie sich erneut flink abdreht und gleich danach den Weg geradeaus weiter geht. „Ich hab' dich lieb!", rufe ich ihr nach, meine Richtung nachhause einschlagend und winke ihr dabei.

Kurz vor sechs Uhr erscheint der Hannes am Gartentor, und wichtiger – denke ich egoistisch – meine Stiefel in seinen Händen. „Danke, Hannes", öffne ich die Haustür und bitte den schwitzenden Mann herein.
„Du, Franz", sagt er mit ernster Miene, „das sind aber neue."
„Was?"
„Na' die deinen konnte nicht einmal unser bester Schuster mehr flicken."
„Hannes!", spüre ich jede Zehe einzeln, „Dann hätte ich sie selber wohin gebracht", und greife im Halbdunkel nach ihnen.

„Reingelegt", lacht er laut auf, „hier, das sind sie ja eh, neu genagelt, mach' dir nicht in die Hose."

„Bist du verrückt, alles können sie mir wechseln, alles, bis auf dieses Paar Stiefel", hebe ich sie ins Licht, um das Namensschild lesen zu können. „Danke! Magst' einen Most?", biete ich ihm an, während er sich auf die ächzende Eckbank setzt.

„Bitt' schön. Bist' allein?"

„Ja, die Muata is' mit den Kleinen Milch holen beim Nachbarn, da dürfen's die Kühe streicheln, tja." *Warum nur sage ich in letzter Zeit ständig `tja´*, fülle ich dabei zwei Krüge. „Die Betti kommt dann später vom Andi nach", will ich diesbezüglich `klar Schiff machen´, wie ihr Fähnrich sicher sagen würde.

„Aha, vom Andi", bemerke ich seine Enttäuschung.

„Und, Hannes", setze ich mich zu ihm, „was tut sich bei dir mit den Weibern?"

„Nichts, gar nichts", trinkt er aus dem Krug, „dabei hätt' i' a' gutes Auskommen mit der Anstellung da, müsst' nicht einmal zur Front. Nichts für unguat, Franzl, aber wenige Weiber sind so tolerant wie deine Valeria. Ich hab' gehört", hustet er in seine dickliche Faust, „die Männer werden sogar schon gefragt, ob sie Erstgeborene sind."

„Sowas."

„Ja wirklich und viele sagen dann einfach ja, aber i' würd' das nie machen. Nie!", fließt ein weiterer kräftiger Schluck durch seinen schwitzenden, dicken Hals. „Jetzt möcht' ich aber deine Vali ´mal kennenlernen, ich meine persönlich, denn g'sehen hab' ich sie hin und wieder in der Stadt."

„Was du nicht sagst", *du altes Tratschmaul*. Wie ein Waschweib ist er. Ein wenig erinnert er mich an den Hofer, aber der war a grader Michl, so viel steht fest.

„Ja, da is' mit ihrer Muata einkaufen g'wesen und mit einem feinen Herren, etwas älter zwar, aber fesch an'zogen, kann ich dir sagen. Mit dem hat sie lang g'redet. Kennst' den?", fixieren seine noch kleiner werdenden Augen die meinen, interessiert, ob seine kleine Intrige fruchtet und ihn – dies genießend – weitermachen lässt, oder er damit aufhören muss.

„Nein, den kenn' i' net."
„Der muss aber ein guter Bekannter von ihr sein, weil sie gar so gescherzt hat mit ihm, also so gelacht wie die haben."
„Ich werd' sie einmal fragen", unterdrücke ich es mit aller Macht, die aufkommende Eifersucht auch nur andeutungsweise zu zeigen, dem Redhaus, dem neidischen, gebe ich diese Genugtuung nicht.
Im richtigen Moment geht die Tür' auf und die beiden Kleinen laufen, ein jeder ein kleines Kännchen in der Hand, in die Küche. „Franz, wir haben die Gabi g'molken, schau her", stellen sie ihre beiden Halbliterkannen auf den Tisch, „der Pepi hat alles daneben gespritzt, aber ich hab' die ganze Kanne gefüllt. Schau, ganz warm is'."
„Tatsächlich", und ich zeige auf den Hannes, „wie sagt man denn da?"
„Grias di."
„Grias euch, sagt's bloß ihr kennt mich nimma?"
„Du bist ein Freund vom Franz, hast du auch in Ostpreußen gekämpft?"
„Sagt's einmal!", kann ich das Kriegsgefrage der Beiden selber schon nicht mehr hören.
„Lass' nur", winkt er ab. „Nein, ich bin nicht so tapfer wie euer Bruder", schmeichelt er mir. „Aber kennen müsst ihr mich trotzdem", holt er sie am Arm gepackt näher.
„Mhm." Die beiden schauen ihn an, in die Luft, ihn an, wie so richtige Lausbuben, die gerade etwas angestellt haben und Rechenschaft ablegen sollten.
„Der Hannes bin ich, und ich hab' letztes Jahr im Sommerlager mitgearbeitet."
„Kann schon sein", sagt der Pepi frech.
„Grias di', Hannes", folgt die Mutter herein. „Hände waschen und gebt's a' Ruh'!", stellt sie ihre Einliterkanne auf der Arbeitsplatte ab. „Na, die zwei werden einmal Bauern, so narrisch sind's damit."
„Soldaten!", schreit der Pepi seinen Berufswunsch sofort laut. „I' werd' Soldat!"
„Is' schon recht! Wie geht's denn den Eltern, Hannes?", sieht die Mutter den Kleinen dabei verärgert an.
„Geht schon, nur den Vater, den hat's bei den Knien."
„Auweh."

„Ja, das ständige Fliesenlegen. Das hat er jetzt davon, mir passiert so ′was net!"
„Is' g'scheit. Du, Bua, der Oma geht's nicht gar so gut, fällt mir gerade ein."
„Was hat's denn?", drehe ich mich aufrichtig besorgt zu ihr hin.
„Ich weiß net, aber gestern war ich bei den beiden. Sie sitzt nur mehr da und schaut."
„Na dann gehe ich sie morgen gleich besuchen."
„Und i' möchte gar nicht länger stören. Also", drückt der Hannes sich schwerfällig hoch, „danke für den Most."
„Ich hab' zu danken, Hannes."
„Gehst' noch mit zum Sigi, Franz?"
„Nein, ich bleib heut daheim."
„Einen schönen Gruß an die Eltern!", schreit ihm die Mutter noch hinterher. „Der wird ja immer dicker", sieht ihn die Mutter durch das Küchenfenster in der Dämmerung verschwinden, „meinst nicht auch, Franz?"
„Ich glaub' auch, ja", verspüre ich insgeheim Freude darüber. Unehrlichkeit ist mir ganz zuwider, und das ist er der Hannes: unehrlich.
„Hat der ein Frauenzimmer?"
„Was glaubst'?"
„Tsts, der darf aber abnehmen."
„Wenn der mit dem Franz mitg'wesen wäre, würd' er auch dünn sein!", bringt uns der Pepi zum Lachen, dabei den Inhalt seiner Kanne genauestens inspizierend.
„Geh' Pepi", lachen wir, als ich sein Haar durchwühle.

Ein weiteres Mal öffnet sich die Tür. „Grias euch", sagt die Betti und die Kora tappt vergnügt, allen ihre Liebkosungen abverlangend, in die Küche.
„Na, Kora, du bist ja ganz nass! Hm." Sie bellt mir mitten ins Gesicht.
„Ja, sie ist in den Bach gesprungen, den Enten nach."
„Dann trockne sie ab, Betti, sonst wird der Boden ganz nass!", ordnet die Mutter an.

„Wart's spazieren, ja?", zwinkere ich für Mutter unsichtbar der Betti zu, als diese mit einem Tuch den Hund trocken reibt. „Ja", lächelt sie zurück, ein kleines Geheimnis teilen wir somit tatsächlich; meine kleine Schwester und ich spielen dem Rest der Familie etwas vor.
„Grad' hab' ich den Hannes getroffen, er geht noch zum Sigi, hat er gemeint. Aber der ist dick geworden", lachen wir alle mit Ausnahme der Betti auf. „Wieso lacht's denn?"
„Na weil du die nächste bist, die das anspricht."
„Und, Franzl, die Vali redet mit dem Vater?"
„Ich hab's ihr mehrmals gesagt, dass sie muss, mehr kann i' einfach net machen."
„Ich hoff', Bua, das geht gut. Beim Nachbarn haben die Alten über einen Landwirt geredet, den sie vor zwei Wochen abgeholt haben, und die Frau hat ihn seitdem nimma gesehen. Sie kriegt keine Auskunft, nichts. Stellt's euch vor", dreht sie den Oberkörper zur Betti hin, „und sie kann doch unmöglich den Hof alleine bewirtschaften, haben die Alten gemeint."
„Hat's denn keine Buam?", frage ich etwas unangebracht.
„Ja, schon, sogar zwei, aber beide dort oben, die drei Töchter hat's beim BDM."
„Na, da muss sie um Freistellung ansuchen, das geht in besonderen Fällen, außer der Mann hat wirklich ´was angestellt", kennt sich die Betti aus.
„Ich kenn' sie nicht, die arme Frau, aber stellt euch vor, der Herr Reiter verschwindet einfach so."
„Ja heut...", breche ich abrupt ab.
„Was?", fragt die Mutter nach, als ich zur Besinnung komme. Wenn die Mutter von meinem Besucher erfährt, na dann: Prost, Mahlzeit.

Das Wetter beginnt sich stetig zu verschlechtern, täglich schieben sich graue Wolken zahlreicher am Himmel vorbei, der Wind unternimmt bereits erste Versuche, die Bäume kahl zu blasen, und die kurz geschnittenen grünen Wiesen liegen nach dem Regen für den Rest des Tages nass und ohne jede Chance, trocken zu werden, am Wegesrand. Die Großeltern väterlicherseits leben trotz ihres hohen Alters alleine in einem kleinen Haus etwas außerhalb der Stadt. An einer nördlichen, stark die Sonnenstunden verkürzenden Hangseite haben sie das Haus vor langer Zeit selbst errichtet. Valeria nannte es – wie hat sie es bezeichnet, als ich es ihr im Vorbeigehen gezeigt hatte – `Hexenhäuschen´, ja, wie ein Haus voller Hexen darin, meinte sie. Was der immer einfällt. Sie stellte damals auch gleich klar, dass sie so im Schatten, mit dem vielen Nebel die kalte Jahreszeit hindurch, nicht leben könnte. Daraufhin blieb die Möglichkeit einer Erbschaft lieber unerwähnt.

Ich schreite den mir wohlbekannten Steig in wieder schmerzfreien Stiefeln entlang. Der Anton mit seinen 86 Jahren ist angeblich bei bester Gesundheit, davon will ich mich überzeugen, von der Kathi ihrem – also Kathrin, glaube ich, heißt sie mit vollem Namen – schlechten Zustand im 88. Lebensjahr muss ich mich überzeugen. Tatsächlich ist sie ein Jahr älter als ihr Mann, was hier bei uns selten vorkommt. Dennoch, ihre Ehe hält, seitdem sie 19 war. Demnach haben sie – rechne ich zurück in das letzte Jahrhundert hinein – 1870, genauer 1873 geheiratet, da war doch irgendwann sogar noch dieser Bruderkrieg. Ich liebe es, alleine dahinzutraben und über den Lauf der Dinge nachzudenken; es räumt meine Gedanken so gut auf, habe ich einmal herausgefunden. Valeria meinte einmal, ich solle ein Philosoph werden, was ich sofort ablehnte, da ich nicht fragen wollte, was genau so einer macht.

„Guten Morgen, jemand daheim?", schaue ich, die Hand gegen die Spiegelung des Sonnenlichts nutzend, durch ein kleines Fenster in die Küche hinein.

„Ja, Servus!", erkennt mich der Opa sofort und steht auf. „Komm doch herein, Franz. Der Franz ist da!", schreit er nochmals, diesmal laut, während ich die Stiefel im Vorhaus aus- und gleich wieder anziehe,

durch die kalten Fliesen würde sonst eine Lungenentzündung auf mich warten.
„Komm doch herein, na so a Freud'", erscheint der Anton in der Tür.
„Ja, ganz meinerseits. Opa, Servus! Du, kann ich die Stiefel anlassen?"
„Sicher doch."
„Schöne Grüße von der Muata", halte ich einem sehr gealterten Anton, der Spuren schlechter Rasur im Gesicht hat, die halbvolle Kanne hin.
„Ah mei', danke. Komm setz' dich doch."
Hexenhaus oder nicht, auf jeden Fall ist es ein Haus alter Leute: die Küche ohne Senke, ein kleiner Ofen raucht durch das obere Türchen mitten in den Raum, in dem ein kleiner Küchentisch mit allerlei religiösem Kram darauf steht. Der niedrige Raum ist gefüllt mit der Gemengelage alter Leute, kalten Rauchs und Gerüchen von Angebranntem, essen möchte ich hier nicht unbedingt, beuge ich mich nah' zur Oma hin. „Servus Oma!"
„Die hört di' net."
Sie erkennt mich aber allem Anschein nach noch und reicht mir mit einem zaghaften Lächeln ihre vergilbte Hand mit den beinahe schon freiliegenden Äderchen, zwischen den hervortretenden Knochen verlaufend, nur von einer dünnen, durchsichtig gewordenen Haut noch zärtlich bedeckt. Das Altern muss einen traurig stimmen, besonders, wenn die Jugend einem gegenübertritt.
„Setz' dich doch, willst einen guten Most?"
„Da sag' i' net nein." Er stellt er daraufhin hustend einen Krug und zwei kleine Gläser auf den Tisch. „Wie geht's euch denn?"
„Bua, das Alter, schau uns an. Die Oma sitzt nur mehr da und wartet, bis ich sie ins Bett bring' und ich kann alles machen. Mein Gott, ich war, so wie du jetzt bist, a fescher junger Mann und die Kathi a resches Mäd'l, voller Energie. Bis ich die eingefangen g'habt hab'! Mei, alles vorbei, jetzt geht's nur mehr um den Tod", trinkt er vorsichtig aus dem mit seiner Hand zitterndem Glas. Trotz aller Bemühungen laufen an beiden Seiten kleine Rinnsale aus den Mundwinkeln über das Kinn und tropfen auf seine wohl einzige Hose.
„Zsakara!", schreit er laut, so wie jedes von ihm gesprochene Wort über ein hohes Maß an Lautstärke verfügt, „Schau dir das an! Franz, wenn i'

den Most net hätt', dann möcht' i' schon lang tot sein." Für mich als junger Mann aus dieser Position großer Überlegenheit gibt es darauf keine einfache Antwort. „Aber was wäre dann mit ihr?", deutet er auf die Oma. „Aber lassen wir das, i' hab' schon gehört, dass' di' erwischt hat. Der Polake war immer schon zäh, auch bei uns damals, aber der Russ' erst, da haben wir uns die Zähne ausgebissen, wie du weißt. Der Franzose, mei, der war a Feind auf Augenhöhe, dort haben wir lange Zeit ein schönes Leben g'habt", träumt er sich wahrscheinlich in diese Zeit. „Aber dir geht's wieder gut, ja?"
„Ja, Opa, geht's mir."
„Über den Krieg wird eh genug g'redet, erzähl' mir von deiner Valeria oder der Familie."
„Also der Valeria geht's auch sehr gut."
„Ja, gut", wirkt er völlig abwesend und starrt auf das Mostglas.
„Ich möchte sie bald heiraten."
„Wen?"
„Na meine Freundin! Die Valeria!", füge ich nun auch schon lautstark hinzu.
„Aha, na Bua, Zeit wird's eh."
„Hm?", dreht die Oma interessiert den Kopf zu uns.
„Der Franz wird heiraten!", schreit er sie an, was jeden zufällig Hereinkommenden sich in eine preußische Kaserne versetzt fühlen ließe. Aber die Oma nickt nur leicht. „Ich glaub'", zittert er wieder das Glas an seinen Mund, trinkt und das Ganze beginnt von vorne,
„Zsakara!" Er erwischt immer nur maximal die Hälfte des geleerten Inhalts. „Ich glaub', sie versteht nichts mehr, gar nichts mehr, weißt, Franzl?", putzt er genau wie vorhin die Hose in seinem Schoß ab. Aber wenn ich nur a Stück geh' draußen, oder mich in die Sonne setz' und hernach wieder hereinkomm', na Franz, da freut sie sich so sehr! Das ist alles, was geblieben ist, und genug is' damit", versucht er ein Lächeln. „Aber das Gejammer der Alten braucht doch die Jugend nicht zu kümmern", scheitert sein Versuch. „Wie geht's denn der Betti? So a fesches Dirndl, die soll doch öfter kommen. Ich weiß noch ganz genau...", und schon ist er mitten in der, in seiner Geschichte über Bettis Geburt, bei welcher sie ohne seine Hilfe – zumindest ist er davon

überzeugt – gestorben wäre.

Nicht dass der Rest der Familie das verneinen oder gar abstreiten würde, aber der Anton erwähnt es sogar der ursprünglichen Nutznießerin gegenüber so häufig, dass dies zwar ihre Dankbarkeit erhalten, andererseits sie ihn aber wahrscheinlich deshalb seltener besuchen lässt.

Seinem Monolog bis an das Ende geduldig gefolgt habend, stehe ich, noch bevor er die Zeit hat, mir nachzuschenken, auf, gebe der Oma das Versprechen, bald wieder zu kommen und die Hand, und gehe mit dem Opa vor die Tür in die jetzt mühsam gegen die Wolken ankämpfende Sonne.

„Pass' auf dich auf, Franz!", legt er seine abgearbeitete Hand auf meine linke Schulter, „Sei immer besonnen, Bua, und: ruhig bleiben, ganz wichtig, ruhig bleiben. Wie ich dir immer sag': der andere, Franz, ist auch nur ein Mensch. So hab' ich den Zirkus drei Jahre überlebt."

„Ich pass' schon auf, Opa, danke", sehe ich in seine aschfahlen Augen und denke an die Möglichkeit seiner mich gerettet habenden Worte.

„Und du, pass' auf euch zwei auf", schenke ich ihm ein Lächeln. „Wer denn sonst?", kommt erstaunlich schnell die Gegenfrage. „Franz", blickt er über die bauchigen, auf Hügel gebetteten Felder hin zu den heute nur angedeutet sichtbaren Alpen, „ich glaub' es geht nimma lang mit uns. Aber weißt", drückt er mit der Hand sanft gegen einen Einwand meine Schulter, „der Tod is' net so schlimm. Schlimm ist nur die Gewissheit, die Berge nie mehr aus der Nähe sehen zu können, ja, Franz, das schmerzt am meisten", senkt er seinen Blick auf den matschigen Boden vor uns. Die Sehnsucht, auch wenn sie niemals mehr erfüllbar ist, bleibt dennoch in einem bereits so gebrechlichen Körper und traurigerweise wohl sogar bis ganz zu seinem Zusammenbruch.

„Opa, ich komm' bald wieder und der Betti werd' ich es auch sagen!", ergreife ich seine zitternde Hand, drehe mich weg und gehe.

„Die Kanne?"

„Könnt's derweil behalten", winke ich ihm, mich nochmals umdrehend zu, als er seinen Blick wieder zu den Bergen hebt. An denen ist er immer schon sehr gehangen. Kein Wunder, er ist ja dort aufgewachsen, unter Kaisers Zeiten, nicht weit von der Sommerresidenzstadt

Bad Ischl.

Der kommende Winter wird ihnen wahrscheinlich wieder kräftig zusetzen, der Vater meint jedes Mal im Frühjahr, die beiden seien weitere drei Jahre gealtert. Aber zu uns kommen wollen, oder ehrlicher gesagt will der Anton nicht, nicht einmal den Winter hindurch.

Beinahe eine Woche ist seitdem vergangen und immer kommt einem weiteren Besuch bei den Großeltern etwas dazwischen, oder ich schiebe ihn einfach vor mir her; fünf Tage, die alle Aufregung hier in Ried allmählich in ruhige, gleichmäßige Normalität umwandelten: der tägliche Morgenappell um 6:30 Uhr, der mir seit Montag zugeteilte Innendienst. Außerdem nimmt die Familie ihren Heimkehrer schon gar nicht mehr als solchen wahr, dafür in die von ihm abzunötigende Pflicht. Der Herr Reiter hat auf Anraten oder gar drängender Empfehlung seiner Tochter die ihm womöglich drohende Gefahr vorerst erkannt, und dennoch hat – dieser Entwicklung exakt entgegenlaufend – genau mit dem Einsetzen meiner als ˋnormal´ zu bezeichnenden Lebensumstände ein ständig wiederkehrender Traum begonnen, meiner Nachtruhe die Sinnhaftigkeit ihrer Bezeichnung zu nehmen. Er greift auch am Tag auf keinen geringen Teil meiner Gedanken zu. Reden könnte ich allerdings allein mit Klaus über den auf einer Anhöhe stehenden unkenntlichen Mann, der auf mich, am Boden vor ihm liegend, mit einem Gewehr im Anschlag zielt und mein abscheuliches Gewimmer mit lautem Gelächter übertönt, dann einige Sekunden – und zwar jedes Mal gleich viele – verstreichen lässt und abdrückt, was mich schweißgebadet in die Realität bugsiert. Alle meine Versuche, den Traum abzuwenden – von der Art: offenes oder geschlossenes Fenster, den Kopf am Fußende, kein Abendessen, schließlich krampfhaftes Herbeisehnen Valerias – alle vergebens; fast jede Nacht steht der Mann vor mir, um mich auf brutale Weise zu wecken. Ich bin mir sicher, dadurch mein weniges Erlebtes zu verarbeiten, obwohl ich komischerweise ohne diesen Traum gar nicht daran dächte. Ich versuche nun seit zwei Tagen, mich am Morgen an den Traum zu erinnern, wie bei einem Rätsel oder Puzzle, das ich zusammensetzen muss, jede Kleinigkeit durchzugehen, auf der Suche nach einer Änderung in seiner letzten

Erscheinung zu den vorhergehenden. Doch nichts fiel mir bisher auf, ich weiß nur, dass ich der Todgeweihte bin, obwohl ich mich in keiner seiner vier Besuche als mich selbst erkennen konnte.

Ich bin dem ausgeliefert, wische ich das gesamte Stiegenhaus zuerst von Block I, dann von Block II, so wie jeden Tag. So oft er zu kommen gedenkt, muss ich ihn lassen; in der Realität gibt es so ein Treffen nur ein Mal, mit zwei Möglichkeiten des Ausganges, im Traum kann mir das tausendmal und öfter den Schlaf rauben, mit immer nur einem Ausgang. Ich hebe den mit brauner Flüssigkeit gefüllten Eimer auf, lege die Bürste hinein und wechsle hinüber zu Block II, tausche dort den Inhalt des Eimers gegen klares Wasser und beginne vor unserem Zimmer den Steinboden so gut es geht zu schrubben. *Und wenn ich doch den freundlichen und sicherlich sehr erfahrenen Arzt damit konfrontierte?*, ziehe ich in mittelgroßen Kreisen die Bürste über den Boden. In einer Stunde wird er mir endlich die Nähte entfernen, da könnte ich den Traum beiläufig erwähnen, oder auch nur eine Störung meines nächtlichen Schlafes. Zeigt er daran Interesse, gebe ich mehr davon preis, tut er es nicht, lasse ich es – kein allzu großes Risiko, wie mir scheint; noch dazu, wenn man den möglichen Gewinn in Betracht zieht. *Jedenfalls*, muss ich an den Franz denken, *ist es beileibe besser, schlecht zu schlafen, als mit einer Infektion und starken Schmerzen in der Sanitätsunterkunft zu leiden.* Ich schrubbe im Eilverfahren die 20 Stufen hinunter und fahre mühselig über den Gang im Erdgeschoß, die Bürste dabei schwindelig kreisend und ohne mir die Zeit für frisches Wasser zu nehmen.

Nachdem ich die schwärzliche Brühe nach schier endlosem Kreisen in die Toilette geleert und den Eimer kopfüber mit der Bürste obenauf vor den Eingang gestellt habe, setze ich mich so wie jeden Tag nach dem Wischen in das Zimmer. *So, das war's für heute!*, reibe ich die schrumpeligen Fingerkuppen meiner linken Hand aneinander. Das heißt, falls dem Spieß nicht noch was einfällt, aber seine Gedanken sind derzeit von anderen Sachen geradezu überladen. Mit sorgenvoller Miene läuft er umher – gestern wusste er nicht einmal, dass er es war, der mich zum Putzdienst eingeteilt hatte – dabei hat unsere Kompanie den Hinterhalt, aus einem Waldstück kommend, wie es heißt nur am Rande, wenn überhaupt, mitbekommen. Kein einziger neu Verwundeter oder gar Toter kehrte aus dieser Kompanie heim. Die VII. und die IX. Kompanie hat es am meisten erwischt, mit einmal acht und dann sogar dreizehn Toten. *Wie wohl die Formation darüber entscheidet?*, überlege ich, am viel zu großen Holztisch sitzend, aber als Schütze-Arsch, da hat man nur seine Nebenmänner zu beiden Seiten, den MG-Trupp und den Gruppenführer zu wissen, sonst nichts im Gelände.

Eine Ruhe, an die ich mich in Zimmer 23 nie gewöhnen werde, beherrscht es; wie an einem einsamen Ort fühle ich mich und das inmitten einer Kaserne, einsamer als in der `von Gott verlassenen´ Scheune, wie Dr. Nowak sie nannte. Dieser Gedanke lässt sowas wie Gewissensbisse in mir aufkeimen, schon nach kurzem Sitzen frage ich mich, ob nicht alle anderen im Unterricht, bei einer Übung oder sonstwo versammelt sind und mich als `unentschuldigt abwesend´ melden, während ich hier in der Stille an die noch immer kämpfenden Kameraden denke, sowie leider vermehrt wieder an meinen nächtlichen Besucher. *Was willst du mir sagen?*, stelle ich mich an das Fenster. *So lange du nur kein Ausblick auf mein baldiges Schicksal bist. Ach was!*, sehe ich den Spieß-Schreiberling als Zeichen der Normalität unten im Gebäude verschwinden. *Warum aber nur habe ich mich noch nie sterben sehen?* Jedes Mal wache ich spätestens mit dem Schuss auf. *Vor dem Knall? Ja, vielleicht, aber nie später.* Ich greife die beiden äußeren Fenster und ziehe sie herbei, stecke die langen Haken mit ihren gebogenen Enden in die am breiten Fensterstock eingelassenen Ösen, klappe die beiden inneren zu und betätige den Schließmechanismus, alles noch und wie ich merke sehr flink mit der linken Hand.

Über den nur langsam trocknenden Steinboden gehe ich hinaus in einen beginnenden Altweibersommertag. Einzelne Baumkronen und Dächer liegen noch im schon von der Sonne funkelnd durchstrahlten und in Auflösung begriffenen Nebel gefangen, als ich zum bereits zweiten Mal in dieser Woche den kurzen Weg zur Sanitätskompanie einschlage. *Bald schon werde ich wieder voll einsatzfähig sein,* gerät mein Blut in Wallung, damit `zur Verfügung stehen´, wie Herr Reiter meinte, und verlegt werden. Aller Wahrscheinlichkeit nach werden bereits Einheiten aus Ostpreußen an den Westwall verlegt, da wird jeder einzelne benötigt. *Das Ganze also von vorne,* wie um alles in der Welt soll ich das Valeria beibringen? In jedem Fall möglichst spät. *Und der Antrag?,* spüre ich die Zeit davonlaufen, ich muss wissen, ob sie – trotz ihrer Sorge um mich und der elterlichen um sie – noch bereit ist, auf mich zu warten, bereit ist, nur mich zu lieben.

Der Warteraum ist wider erwarten nur halb gefüllt, als ich mich mit einem „Grias euch" setze. *Neun Mannschaftssoldaten,* schaue ich in die Runde, *und ein Unteroffizier,* ganz außen auf der Bank mir schräg gegenüber. Seiner Anwesenheit wird wohl die merkwürdige Stille hier zu schulden sein; nur wenn jemand aufgerufen wird, kommt kurz Bewegung und dadurch Geflüster in den Raum, dann herrscht wieder Schweigen. Dieser Unterfeldwebel zieht meine Neugierde auf sich; verstohlen, aus den Augenwinkeln heraus beobachte ich ihn, wie er aufrecht – seiner Vorbildfunktion entsprechend – mit beiden Händen auf den Oberschenkeln, äußerlich ruhig sitzt; seine Augen andererseits kann er nicht an einem Punkt belassen, er schickt sie aufgeregt von einem zum nächsten, aus seinem verzweifelten Gesicht an die ihn ignorierenden, aber ihn sicher gut kennenden Kameraden. Der junge, gutaussehende Unteroffizier mit einem Verband, der eine leichte Verwundung am linken Unterschenkel bedeckt, vermittelt den Eindruck, jeden Moment aufspringen zu wollen und der Stille ein Ende zu setzen, indem er sein Versagen laut eingesteht oder sich bei den Anwesenden, die wohl großteils aus seiner Gruppe stammen, entschuldigt. Unser Gruppenführer, Unterfeldwebel Slidez, hatte es beim Sepp anfangs nicht leicht, seine Autorität durchzusetzen; bis zur ersten Verlegung, von da an wusste jeder, nur gemeinsam war an den berüchtigten Freischärlern vorbei durchzukommen. Handelte aber ein Gruppenführer leichtsinnig oder gar nur als Ordensjäger, wäre das Vertrauen dahin, die Gruppe verlöre den Zusammenhalt und meist auch ihre Leben.
Valeria hatte recht, wieder einmal: zwei der Hineingerufenen kamen scheinbar nur mit großem Glück, größer noch als meines, davon und müssen augenscheinlich dieses auch länger noch strapazieren. *Meine Vali,* lächle ich in mich hinein, *am Samstag sehe ich dich wieder,* und da werde ich endlich die Blumen mitbringen, wie Mutter schon mehrmals

empfohlen hat. An Valeria auch nur zu denken, macht den nächtlichen Besucher vergessen, zumindest für den Augenblick, denn am Morgen lässt er mich mit Unbehagen aufstehen und ungern einschlafen, am Abend. Alles hier hat seinen normalen Gang, oberflächlich; alle Heimkehrer werden bestens versorgt, aber gefragt, ob nächtens gut geschlafen, ob es einfach ist, auf den geregelten Tagesablauf umzustellen, wird keiner.

„Meyer!", tönt die Stimme des Sekretärs, noch bevor alle anderen aufgerufen worden sind, aus dem Warteraum. „Grüß' dich", sieht er mich bei meinem Eintreten lächelnd an, „heute haben wir bestimmt Zeit für dich, gib' mir dein Soldbuch und geh' in den hinteren Raum durch, ja?" Ich hole das Büchlein hervor und lege es in seine schmalen, langen Finger. Fachkundig schlägt er es etwa in der Mitte auf, blättert zwei Mal weiter und beginnt auf Seite 12 zu schreiben. Der erste Raum, in welchem ich letzte Woche untersucht worden bin, ist heute mit einer spanischen Wand künstlich auf einen schmalen Gang, hinüberführend in den nächsten reduziert. Dahinter deuten menschliche Umrisse, ruhige Stimmen und Geräusche von einem raschen Ablegen und Aufnehmen kleiner Gegenstände auf einen operativen Eingriff hin. Ich betrete leise den zweiten und zugleich hintersten Raum. Dort stelle ich mich an das Fenster und warte, bis der Assistenzarzt, aus dem vorderen Raum kommend, mich begrüßt und die Tür schließt.
„Zieh' die Bluse aus und setz' dich!" Ich beginne, Befohlenes umzusetzen. „Der Herr Stabsarzt hat einiges zu tun, nicht wahr?"
„Du sagst es, schon seit Montag sind wir sehr gut besucht. Deswegen haben wir dich…", bricht er ab, dreht sich zu mir und mustert mich von oben bis unten, „…Meyer?"
„Ja."
Er dreht sich nach meiner Bestätigung wieder weg und fährt fort etwas zu suchen. „Haben wir dich weggeschickt. Es gibt zurzeit schlimmere Fälle als dich", setzt er sich zufrieden vor mich hin und tippt die Klinge das kleinen Messers in seiner rechten Hand gegen die Tischplatte; er wirkt jedoch nicht, als wolle er mich drängen oder als sei er nervös, es hat etwas Spielerisches, so wie sein gesamtes Auftreten etwas

Spielerisches hat, einschließlich seines Dialektes, der nicht aus dieser Gegend stammt. `Schlimmer´ klingt bei ihm wie `schlämmer´, fällt mir auf und ich frage mich überrascht, wie ich das letzte Woche überhören konnte, während ich mich ihm gegenüber setze. Mit flinken Fingern nimmt er Marthas schmutzige Trageschlinge zum letzten Mal von meinem Hals, schneidet nur ein kleines Stück weit mit dem gefährlich scharfen Messer in den Verband und beginnt, ihn von oben zu einer Rolle abzuwickeln. Ihm dabei zusehend muss ich an mein Vorhaben denken, aber diesem jungen, etwas bleichen Arzt, der offenkundig alles spielerisch erledigt, davon zu berichten, würde mir nicht im Traum einfallen – *im Traum*, muss ich selber schmunzeln.

„Wie geht es denn weiter mit mir, Herr Doktor?", sehe ich ihm zu, wie er mit ernstem Gesichtsausdruck die Nähte inspiziert.

„Sehr schön!", nimmt er das Messer ohne hinzusehen auf und beginnt, Naht für Naht damit einzuritzen.

„Die ganze nächste Woche hast du noch Innendienst, danach muss ich dich `voll einsatzfähig´ melden", hebt er seinen Blick in den meinen. „Wenn du Beschwerden hast, Meyer, dann kommst´ zu uns, nicht bis nach einer Verlegung warten", schneidet er weiter eine Naht nach der anderen auf. „Ich kann mir schon denken, wie gerne du Genaueres wissen möchtest, aber wir sind generell die letzten, die etwas erfahren. 38", fügt er, bei der letzten Naht angekommen, laut hinzu und beginnt nun, jede einzelne mit einer Pinzette aus der Haut zu ziehen und sie in eine Metallschüssel zu legen. „Das ist viel besser, als Metallsplitter zu entfernen", scheint ihm die Arbeit tatsächlich Freude zu bereiten. „Ein alter Gefreiter ist zu uns gekommen, vorgestern war das, und hat neben einer frischen Wunde am Bein angedeutet, er habe Schmerzen in der Bauchgegend und das seit dem Weltkrieg", schüttelt er ungläubig den Kopf und lacht. „Vier kleine Schrappnellstückchen haben wir herausgeholt aus seinem Fettgewebe, da haben sie sich wohlgefühlt und ihn 20 Jahre lang gequält. Kannst du dir das vorstellen? Deshalb", deutet er mit der Pinzette auf mein Gesicht, „bei Beschwerden melden."

„Mhm", nicke ich zustimmend und denke an die Lächerlichkeit meines Anliegens.

„So, Schütze, das war's mit uns! Folgendes noch", steht er auf und

geht zu dem kleinen Waschbecken in der Ecke, „Möglichst viel bewegen, ein wenig Ziehen soll nicht schaden. Vor allem", trocknet er seine Hände ab, „alle Tätigkeiten sofort wieder mit der rechten Hand ausführen. Im Innendienst", finde ich allmählich Gefallen an seiner Aussprache, „bleibt sicher Zeit für gelegentliche Übungen. Zum Beispiel, das Gewehr auf und ab bewegen", zeigt er es mit schnellen Bewegungen vor. „Es wird ein paar Tage dauern, bis der Arm wieder Normalumfang hat. Nur Geduld, verstanden?"
„Jawohl", fühle ich mich zum ersten Mal seit meiner Verwundung wieder als richtiger und seiner Bestimmung gerecht werdender Soldat, mit beiden Armen in den Ärmeln.
„Schütze Meyer", kommt er nun etwas herablassend, so als könne er mir die ganze Welt erklären, auf mich zu, „nutze jeden Tag daheim, es kann sehr bald wieder losgehen. Vergiss dein Soldbuch nit, sonst glaubt am Ende noch einmal wer, du wärst hier auf Urlaub gewesen. Auf Wiedersehen", öffnet er mir die Tür.
´Auf Wiedersehen´ – das sagt er ohne Schwierigkeiten und zu jedem von uns, es ist für den Arzt nur ein bedeutungsloses Wort, er bleibt ja auch hier und wird – etliche ´Wiedersehen´ später – die Stelle des alten einnehmen. *Nur ich*, reicht mir der Sekretär mit seiner schmalen Hand das Soldbuch, *ich habe zu gehen, die Heimat zu verlassen, um für sie und diese Leute hier zu kämpfen, denn früher oder später wird der Verlegungsbefehl kommen*, überrascht mich der Zweifel an mir selbst mit der Wucht und Hinterlist einer Welle – lange Zeit unsichtbar auf offener See heranrollend und dann wie aus dem Nichts zuschlagend. Ohne mich grüßen zu lassen, trägt sie mich durch den Warteraum, schwemmt mich, plötzlich der Verzweiflung nah´, vor die Tür und rückwärts gegen das Geländer. *Wie soll das gutgehen?* Gegen Frankreich und England, zwei Großmächte, *das ist nicht mehr Polen mit Russland im Rücken*, überrollt mich die Welle nun vollständig, *und schon dort oben beim allerersten Schuss lag ich kurze Zeit im Sterben*, und jetzt dieser verfluchte Traum, in dem es direkt um mein junges Leben, indirekt um eine wunderbare Zukunft mit Valeria geht. *Dennoch*, spüre ich den wilden Herzschlag, *genau darum müssen wir Opfer bringen*, wir Soldaten größere als die Ärzte und Sekretäre, *einzig für die Zukunft*

des Deutschen Reiches, drehe ich mich um, als sich die Eingangstür erneut öffnet. Wie in Trance folge ich dem herausgetretenen Kameraden hin zum Soldheim. Eine Woche nur noch Innendienst, *warum habe ich keine Beschwerde geäußert?* Andere, so hört man, machen das auch, jammern mehr als nötig, tja, dafür bin ich wohl zu feige und überhaupt, der Verlegungsbefehl würde nur verschoben dadurch.

„Franz Servus", schreit der bereits am Tisch mit seinen Kameraden essende Georg zum Eingang herüber. Süßlicher Geruch steigt mir in die Nase, im viel zu kleinen Soldheim, welches als einziges Gebäude der Kaserne nicht mitgewachsen ist, und tatsächlich wird mir ein Kaiserschmarrn mit Apfelkompott bei der Essensausgabe auf den Teller gekippt. Mich umsehend bemerke ich, dass die drei parallel stehenden großen Tische im hinteren Bereich so wie jeden Tag als erstes vollständig mit Kameraden der Stabskompanie besetzt sind. Der Geruch von Essen beschleunigt einmal am Tag ihren Gang, den jener Abteilung, die zur Aufrechterhaltung der Einsatzbereitschaft in Ried geblieben ist. Im vorderen Bereich des Saales ist der Tisch für meine und die zweite Kompanie nur spärlich, jener für die dritte und vierte Kompanie mit dem schon winkenden Georg darunter gut besetzt. Zwei oder gar drei Kompanien müssen mit nur einem Tisch auskommen, nicht selten haben wir stehend und in kurzer Zeit das Essen hinuntergeschlungen.
„Nimm Platz, Franz, jetzt gefällst du mir wieder."
„Servus."
„Das Süße is' net so mein's."
„Wem sagst' das", zwänge ich mich in die kleine Lücke, dabei die Kameraden grüßend.
„Na, Franz, aber hör' 'mal, du ziehst wieder ein Gesicht. Macht er noch Probleme, der Schwager?"
„Der Vater meiner Valeria, nein i glaub' das passt."
„Aha", trinkt er sogar zu Kaiserschmarrn Bier, „na, was ist es dann?"
„Nichts", führe ich die Gabel um so viel geschickter mit der rechten Hand. „Bist du eigentlich schon wieder einsatzbereit?", schaue ich beschämt in die Runde.

„Ach darum geht's", hatte ich mit seine Reaktion schon gerechnet, gleich nach meiner dummen Frage. „Schon eine Woche, Franz", antwortet er in einem `Ich-wäre-im-Gegensatz-zu-dir-bereit´-Ton, „obwohl ich nur Innendienst verrichte. Aber seit Montag steht in meinem Soldbuch: `voll einsatzfähig´. Sieh sie dir an, meine Kameraden aus der Mondscheinkompanie, machen dem Namen alle Ehre: beim ersten Feuer erwischt."

„Und du bist wegen Zahnschmerzen herunter'kommen, also halt's Maul", hat ein junger Soldat uns gegenüber sitzend mit eingebundener Hand als einziger den Mumm, Georgs ungewöhnlich hartem Tonfall etwas zu erwidern.

„Ich wär' noch droben, wenn's nach mir `g'angen wär'´, oder einer der acht Toten, aber sicher nicht als feiger Verwundeter heimgekehrt", zwingt sein starkes Selbstbewusstsein auch jenen zum Verstummen. „Seit einer Woche sitz' i' da herum, die warten mit meiner Verlegung, bis das verdammte Polen sich ergeben hat", lacht er, seinen fehlenden Eckzahn präsentierend.

„Bist du eigentlich verlobt?"

„Der? Den hält doch keine aus."

Georg sieht sein Gegenüber wütend an, meint dann aber: „Da muss ich dem feigen Soldaten Hinter schon recht geben. Nein, die Weibsbilder sollen mich ja in Ruh' lassen", wendet er sich wieder mir zu, dem wutschnaubenden Kameraden keine Beachtung schenkend und gerade dadurch seine Wut zum Kochen bringend. „Pass bei denen bloß auf", deutet er mit der Gabel auf mich, „das Weib ist des Mannes Elend, steht ja schon in der Bibel. Ob du mir glaubst oder nicht," schweift sein erkalteter Blick langsam in die Runde, „ich geh' gern wieder in den Krieg. Daheim das is' nix für mich, weißt. Meine Eltern kenn' ich nicht, bin bei den bald verstorbenen Großeltern aufg'wachsen und dann bei einem Bauern – ein Säufer, der mir Härte beigebracht hat, wie es sich gehört." Die Kälte verlässt so schnell sie gekommen war wieder seine Augen. „Hab' schon g'hört, dass du a fesches Mäd'l hast, aus gutem Hause, der Hannes weiß ja alles. Nur, dort oben dann wieder, Franz, bin ich frei, vogelfrei!", fährt er beide Hände von seinem Oberkörper beginnend nach oben und ergreift dann den Krug, „Du, Franz, du

schau', dass du überlebst! Prost."
„Wahrscheinlich verlegen die uns sowieso alle gemeinsam."
„Das ist sehr gut möglich. Also, Franz, gewöhn' dich besser an mich."
Auch wenn der Georg unter vier Augen ein anderer, angenehmerer Mensch ist, macht er mir an diesem Tisch nach Kräften bewusst, wie ausgewogen meine 3. Gruppe ist und wie sehr mir der Klaus fehlt. Auf Anhieb haben wir uns verstanden, so etwas kommt – zumindest bei mir – selten vor. Ohne viel Umstände haben wir uns einander sofort nah gefühlt, wuchs eine Freundschaft – keinesfalls nur zweckdienlich – aus den besonderen Umständen heraus zwischen uns. Er hat bereits geheiratet, aber nicht die große Liebe band sie für die restliche Lebenszeit aneinander, wie er mir erzählte, sondern ein erwartetes Kind. Ein knappes Jahr nur war den beiden gemeinsam mit dem Franzl – meine größte Freude – vergönnt, dann sind wir weg.

„Achtung!", schreit ein Unteroffizier am Eingang laut in den Saal. Alle Anwesenden springen sesselrückend auf und stehen stramm an ihren Plätzen, einzelne Besteckteile landen auf dem Boden, klimpern in die von einer Sekunde zur nächsten eingetretene Stille. „Rühren!", folgen dem Unterfeldwebel sämtliche gegenwärtig in der Kaserne anwesenden Offiziere – darunter sogar ein Feldgeistlicher und, den Trupp abschließend, der Regimentskommandeurstellvertreter – in einen Halbkreis direkt vor die Essensausgabe.

„Meine Herren!", vernehme ich dessen ruppige Stimme erst zum zweiten Mal, „In genau sieben Minuten hören wir gemeinsam eine Sondermeldung. Setzen!"

„Na, da bin ich gespannt", ordert der beschwipste Georg ein weiteres Bier. „Mensch, ich auch, hoffentlich der Sieg", schreit ein anderer Kamerad.

Am Eingang erscheint der Stabsarzt mitsamt dem jungen Assistenten, deren beider Namen ich nicht kenne.

„Ist das euer Spieß?", zeige ich auf den Hauptfeldwebel am anderen Tischende.

„Ja, ist er."

„Eigentlich komisch, dass die überhaupt fern ihrer Kompanie sind."

„Jetzt wo du's sagst, stimmt, aber wird schon seinen Grund haben."

Die Lautsprecher an den Säulen in der Halle beginnen zu rauschen und ein Leutnant kommt zu unserem Tisch. „Na Soldaten, hat's geschmeckt?"
„Ja, danke. Wissen Sie, was wir da gleich hören werden, die Kapitulation?"
„Habt noch ein wenig Geduld", dreht er sich weg und geht zurück in den Halbkreis.
„Ruhe!"
Eine Stimme dringt leise und zunächst unverständlich durch das laute Knacksen und Surren: „...deshalb verkünde ich die vollständige, bedingungslose Kapitulation Polens und habe...." „Juhuuu", bricht die Freude aus allen heraus, Kappen fliegen durch die Luft.
„Meine Herren, ganz kurz noch", beruhigen sich alle im Gegensatz zu vorhin nur allmählich, „ich will diesen größten Tag unseres Heeres gar nicht lange mit Worten füllen, nur eines: es steht genug Freibier bereit! Mit einem dreifachen Sieg!" „Heil!", „Sieg!","Heil!", „Sieg!", „Heil". Das Offizierskorps stimmt „Und wir werden weitermarschieren" an, was den gesamten Saal zuerst zum Singen und dann zum Erbeben bringt. Eine verschworene Gemeinschaft brüllt sich gegenseitig den neu erworbenen Stolz in ihre vielen Gesichter, nur mehr sie zählt, die Gesamtheit, die Einheit, nicht die Toten, die Verwundeten, die ja genau um diese Einheit formen zu können, aus dem Leben, aus dem Kampf traten. Es ist ein Hochgefühl in diesem Saal, das kaum jemand nochmalig erleben wird und nie noch jemand erlebt hat, denn diese Armee in ihren grauen Waffenröcken schreibt mit dem heutigen Tage unwiderruflich Geschichte, als des Führers eisenharte Faust.

Trotz der Kapitulation Polens vor drei Tagen herrscht noch – für Vater völlig unverständlich – Misstrauen gegenüber der Richtigkeit des Tuns bei einem Großteil der Bevölkerung in Ried. Viele scheinen hin- und her gerissen, hin- durch den gewonnenen Waffengang und die damit einsetzenden hehren Töne der Führung, her- durch die vermehrten Drohgebärden, besonders Englands, und die mehr und mehr erfolgenden Kriegserklärungen. Vielleicht breche ich es mit Vaters Vereinfachung herunter: *wenigstens haben die Leut' was zum Reden,*

denke ich, im Regen neben ihm auf dem Fuhrwerk seines Bruders sitzend, die Birnen und Äpfel, die beiden noch leeren Fässer und oben auf die beiden Kleinen hinter uns her ziehend. Rosalinde hat es nicht besonders eilig, trabt genügsam, den Regen genießend, über den weichen Boden hinaus aus der Stadt. Ein angrenzendes Dorf ist unser Ziel, zum zweiten Mal Rosalindes in diesem Jahr.
„Wir haben keine Eile, um zwei Uhr hat er gemeint sollen wir kommen."
„Wie spät is' denn jetzt, Vota?"
„20 Minuten vor, du brauchst eine Uhr, Franz, so zeitlos, das wird nix. Jedenfalls, Bua, das macht die sauren Birnen süßlicher. Der Regen ist wahrlich ein Segen heut', wirst sehen." „Glaubst'?"
„*Glaubst*. Das hast' von deiner Muata, über 40 Jahre fahr' ich schon den Most zur Presse. Zuerst, so wie du jetzt, mit meinem Vota zum Spitzer sein' Vota und seiner noch sehr primitiven Press', hernach 20 Jahre schon ohne ihn, und du fragst mich, ob i' das glaub'. Tsts...", schüttelt er seinen auf dem Arbeitsgewand unpassend wirkenden Kopf, die Haare sind nämlich wie immer perfekt nach hinten gekämmt, der gesamte Rest von ihm hat jedoch nichts mit demjenigen gemein, der morgen wieder am Stammtisch akkurat gekleidet sitzen wird. Es ist ja auch nicht einfach, mit ihm ein Gespräch zu beginnen. Nie weiß ich, wie er auf die unwesentlichsten Aussagen reagieren wird, darum – so bilde ich mir jedenfalls ein – entfahren mir wider besseren Wissens solch unbedachte Fragen.
Kurz vor einem kleinen Abhang hinunter zu der großen, die dahinterliegende Landschaft überragenden, unser endgültiges Ziel beherbergenden Scheune bleiben wir stehen. Der Herr Spitzer deutet uns aus ihr heraustretend, doch hinunter zu fahren. Wie am Fließband funktioniert sein ausgeklügeltes System, denn hinten fährt gerade aus der an vielen Stellen notdürftig geflickten Hütte ein anderes Fuhrwerk, anstelle dem Obst mit drei Fässern beladen, den Hang wieder hinauf.
„Vorsichtig, Rosi", hält der Vater die Zügel ernsthaft besorgt, aber locker in den Händen, sie den Abhang hinunter dirigierend.
„Max, Pepi, haltet's still jetzt", helfe ich mit Worten, unsere kostbare Fracht heil nach unten zu befördern. Kein Stück darf verloren gehen, weder durch sorgloses Klauben, noch Befördern. Rosalinde kann das

große Gewicht noch nicht gegen sich drücken spüren und ich vermute, sie ist sich der Gesetze der Schwerkraft nicht bewusst, als der Wagen langsam anrollt. Der Vater lässt sie dabei nicht stur den feuchten Weg hinabtraben, er leitet sie etwas gegen den Hang hin, um ihm geschickt etwas von der starken Neigung zu nehmen; nur muss er darauf achten, den Wagen nicht mit allen vier Rädern vollständig vom befestigten Weg abzubringen.

„Gut so, ganz sachte", redet er in ungewöhnlich lobendem Ton mit dem Pferd – sicherlich ist es von großem Vorteil, dass sie diesen Weg bereits kennt – als der Wagen beginnt, sich nach links zu neigen. „Haltet euch an der rechten Seite fest und drückt's dagegen!", rufe ich abermals den schon ängstlich den Abhang hinunter blickenden Beiden entgegen. „So lange die Rosi die Nerven behält, kann nichts geschehen", spricht der Vater laut vor sich hin und lächelt, „und das wird sie, in ihrem Alter. Brrrr", schnalzt er laut mit der Zunge, „gleich haben wir's." Das Pferd stakst mittlerweile schon auf der Ebene dahin und zieht nun auch den Wagen darauf.

„Grias euch, die Meyers. Na, ist eine echte Rutschpartie heut', was?"

„Ja is', Servus!"

„Ihr seid's halt auch schon die fünfte Partie, das wird net besser mehr heut'. Fahrt's gleich weiter hinein, es geht heut zsak, zsak, die nächste Ladung kommt schon um drei!"

Kein Wunder, so ist er in dieser Gegend der einzige Besitzer einer Mostpresse solchen Ausmaßes, denke ich, als uns der Weg durch eine riesige Ausnehmung hinein neben den Pressenunterteil führt. Etwa zwei Meter darüber hängt das Gegenstück und einen weiteren höher, auf einem notdürftig eingezogenen Zwischenstock, kämpft ein Motor tuckernd gegen sein Verstummen. Wir klettern zu den beiden Jungen auf den rutschigen, kühlen Haufen und werfen gemeinsam das kalte Obst auf das Unterteil.

„Na, Buam! Jetzt dürft's einmal mit Essen werfen, was?"

„Ja", schleudern die beiden übertrieben hart die Birnen oder versuchen sich im Zielwurf. Herr Spitzer wäscht das dort gelandete Obst gewissenhaft mit einem Schlauch ab, schreit nach oben „Gemma!" und das Oberteil senkt sich mit lautem Motorenlärm an den seitlichen

Holzführungen entlang, gegen das Unterteil von schätzungsweise zweieinhalb mal eineinhalb Metern Ausmaß drückend.

Exakt wie ein Stempel presst ein aufstöhnender Motor aus jedem einzelnen Stück die nach unten schießende bräunliche Flüssigkeit. Ich hebe den Pepi hoch, um ihn das Verschwinden des Saftes zuerst in einem metallenen Trichter und hernach in einem riesigen, der Breite nach am Boden liegenden Fass besser sehen zu lassen.

„Auf!"

Das war es schon wieder. Zurück bleibt nur der `Grander´, die so bezeichnete, drei Zentimeter breite Verflechtung der aller Flüssigkeit entzogenen Obstreste.

„Mit den beiden Fässern da kommst du nicht aus, Max. Aber ´hast Glück, ein Fass steht noch unten, das kann ich dir borgen."

„Dank' dir, Wolferl."

Der `Grander´ ist durch den hohen Druck zu einer Platte gepresst worden und dadurch handlich in kleinen Teilen aus der Vertiefung herauslös- und in handlichen Stücken auf den Wagen werfbar, ohne dabei zu zerbröseln. Sobald keinerlei Rückstände mehr zu sehen sind, schieben wir das Fuhrwerk rückwärts wieder in den anhaltenden Regen, um über einen weiteren, tiefer hinunter führenden Abhang an das Ventil des riesigen Fasses zu gelangen. Wer von seinen Vorfahren auch immer die Idee für diese Anlage gehabt haben mag, in jedem Fall bezog er das Gelände ideal mit ein. Der Herr Spitzer, ein sehr geschäftstüchtiger, arbeitsamer Mann, rollt, während wir die Rosi nach unten führen, ein 50-Liter-Fass unter das Ventil, dreht voll auf, lehnt sich gegen das zwei Mal seiner Größe entsprechende, auslaufende Fass und wartet auf uns. Nachdem wir unsere mitgebrachten Fässer abgeladen haben, stellen wir uns zu ihm, einem mittelgroßen Mann Anfang 60 mit Hut und hohen Stiefeln aus Gummi.

„Gratuliere, Soldat! Denen habt's in den Arsch getreten, spitze! Wo hat's dich erwischt?"

„An der Weichsel."

„Aha, das is' ein Fluss, net wahr?"

„Ja."

„Dort hat's den Hofer-Buam a irgendwo erwischt, allerdings am Fuß."

Ziemlich schlimm, denn ob der noch einmal wird, hat der Alte net sagen können. Ich war net im Weltkrieg, genauso is' mein Sohn da oben", deutet er in Richtung des langsam tuckernden Motors, „bis jetzt verschont worden. Aber wie in Gottes Namen würd' ich ohne ihn – meinen einzigen – das alles schaffen? Seit drei Wochenenden geht das schon so: Fuhrwerk fährt – Fuhrwerk kommt; alles für ein paar Schilling und dem Pfarrer sein' Zorn obenauf", erzählt er sicherlich jedem in seiner entschuldigenden Art die gleiche Leier, während der Saft fließt.
„Sag' einmal, Bua", macht mein Vater einen Schritt auf das riesige Fass zu und klopft mit der Faust darauf, „wieviel' Liter glaubst' haben Platz darin?"
„Das weiß ich doch vom letzten Jahr noch." Der Vota vergisst doch sonst nichts.
„Max, was meinst du?"
„100 Liter!"
„Fast, das ganze mal zehn."
Der schlaue, interessierte Junge zählt mit den Fingern ab, verliert den Faden, beginnt von vorn, „1000 Liter!"
„Genau. Sehr gut", füge ich hinzu, „ganz recht, so viel hat da drin' Platz."
„Als nächstes", stellt sich der Herr Spitzer zum Vota hin, „also nächstes Jahr wird direkt vor dem Fass abgegraben, damit die Fässer gleich auf dem Wagen befüllt werden können, dann sparen wir uns das mühsame Auf und Ab ein jedes Mal."
„Du bist ein Hund", wechseln wir zu Fass Nummer drei und warten, den Beiden auf dem Wagen dabei zusehend, wie sie den `Grander´ essen.
„Auf jeden Fall macht ihn der viele Regen süßlicher", sagt der Herr Spitzer dann noch, woraufhin mir mein Vater einen seiner `Was-hab-ich-dir-gesagt´-Blicke schenkt.
„So, zweidreiviertel Fässer, da habt's genug für ein Jahr. Der Franz wird eh bald wieder verlegt werden, oder net?"
„Wir werden sehen", scheint es dem Vater doch nicht so recht, „was bin i' dir schuldig?" „Weißt' was, Max, wenn du mir beim Graben nächstes Frühjahr hilfst, gar nix."
„Wirklich?", zieht der die Brauen weit hinauf, „Na da bin i' dabei."

„Also dann, hat mich g'freut, i' muss dann gleich dem Bürgermeister persönlich helfen, dass er den Hang schafft, mein Bua hat einzig den Motor am Laufen zu halten. Servus, bis bald."
Nur der Vota steigt vorne auf, alle anderen helfen Rosalinde, den Wagen hoch auf den Hügel zu ziehen. Ein komisches Wetter ist heute, so als könne es sich nicht recht entscheiden, ob nun doch die Sonne, oder besser die Regenwolken weiterhin vorherrschen sollten. Auf der Anhöhe halte ich – allerdings vergebens – nach einem Regenbogen Ausschau, klopfe der braven Rosi kräftig auf den Hals und klettere auf den Platz neben dem Vota. Am Heimweg werden wir alle fünf ordentlich durchnässt; eilig werfen wir den `Grander´, wie schon einige vor uns, in einen kleinen Galeriewald und zuhause angelangt begeben wir uns zum Trocknen in die Küche, aber erst, nachdem wir die Fässer in unseren kleinen Keller gerollt haben.

„Na, habt's die beiden Fässer voll gebracht?", stellt uns die Mutter die letzten Reste des Mosts ´38 auf den Esstisch. In diesem Haus herrscht die Sitte, dass immer, wenn der neue Most in den Keller poltert – mit nur einer einzigen Ausnahme – der alte noch am selben Tag restlos vertilgt wird. „Sogar fast drei", grinst der Vater die Vorfreude in den Raum.
„Also geht das Theater jetzt wieder los?"
„Genau. Wir haben heute so an die 20 Liter zu trinken."
„Du musst uns helfen, Muata!"
„Naja, ein Glas gönn' ich mir. So ein Blödsinn."
„Diesen Hausbrauch hat schon der Opa von seinem Vater übernommen und wahrscheinlich hat dem sein Urgroßvater auf seiner Burg ihn auch schon mit dem Burgfräulein eingehalten", zeigt sich durch die scherzhafte Bemerkung Vaters ungewöhnliche gute Laune. „Dieser Brauch", hebt er seinen ersten vollen Krug hoch, „garantiert eine gute Reife des neuen Mosts im Keller und eine gute Ernte im neuen Jahr. Prost zusammen." Wir drei trinken den schon etwas fahl nachschmeckenden alten Most. Die beiden kleinen bekommen den starken Jahrgang entgegen Vaters Erlaubnis nur gehörig verdünnt von der Mutter eingeschenkt.

„Na, wo sich die Betti allerweil herumtreibt. Die wird doch net schon die Burschen im Kopf haben?"

„I' weiß net", zwinkert mir die in solchen Angelegenheiten und dadurch im Widerspruch zu ihrer katholischen Überzeugung freier denkende Mutter zu. „Auf alle Fälle muss sie ab Montag auf einem Hof helfen, hat sie schon gesagt", lenkt sie gekonnt den Vater zu einem anderen Thema. „Aha", nimmt er den Brauch von Anfang an ernst, „ja und auf welchem?"

„Das weiß sie selber noch nicht. Nur, dass es sein kann, dass sie die ganze Woche dort bleiben muss und nur am Wochenende heimkommt."

„Da lernt's wenigstens was. Und du, Franz. Wie geht's bei dir weiter, wenn der Spitzer schon so blöd g'fragt hat?"

„Ich weiß auch nur, dass ich nächste Woche noch im Innendienst bin und dann `voll einsatzfähig´ gemeldete werde."

„Wird bald weiter geh'n für dich, nach dem, was man so hört."

„Mein Gott, Bua! Hast du net gemeint, das war's gewesen, musst du wirklich wieder hin, der Pole, der ist doch schon besiegt?"

„Schau' ma ´mal, noch wissen wir nichts, Muata", ahnen jedoch ungesagt der Vota und ich, uns dabei anblickend, mehr.

„Der Xaver kommt dann auch noch und holt sein Werkl ab, is' eh sicher schon ganz nervös, weil er es unbedingt braucht."

„Na, der passt ja bestens in die Runde", steht die Mutter, so wie immer, schon nach ein paar Minuten auf. Sie kann einfach nicht lange sitzen und die Zeit verstreichen lassen, ohne sich offenbar nutzlos zu fühlen.

„Papa", sagt doch tatsächlich der Max auf einmal, „wir durften gestern ein Treffen der HJ besuchen. Stell dir vor, die neuen Pimpfe bekommen ein jeder ein schönes Messer mit der Inschrift `Blut und Ehre´ auf der Klinge." Er beginnt ein Lied der HJ zu singen, „Das hat uns der Fähfus dabei gelernt."

„Naja", erwidere ich seinem mich leicht verstörenden strahlenden Blick, „das wird bei dir noch dauern, was?"

„Ja leider, genau drei Jahre und sieben Monate."

„Du bist aber auch...", kneife ich zart seine weiche Wange.

„...ein Rechengenie, das muss ich dir lassen", nickt der Vater zustimmend.

„Und bei mir?", schreit der Pepi laut um seine Aufmerksamkeit.
„Na fünf Jahre und...", zählt er wieder seine kleinen Finger ab. „Und ein paar Monate", bringt er uns zum Lachen.

Nach einer Weile der Ausübung des einzig wahren und angenehmen Brauches – wie der Vota auch heuer wieder meint – und erst einem geleerten 5 Liter-Gefäß, meldet sich durch verhaltenes Klopfen an der Eingangstür Verstärkung an. „Servus, Xaver", begrüßt ihn sein Bruder beschwipst bei seinem Hereintreten.
„Grias euch. Servus, Zilli. Aha, also die 100-Liter-Grenze habt's überschritten, ja? Der Meyer-Brauch ist voll im Gange, was Zilli?"
„Schau's dir an die zwei."
Der Xaver weiß scheinbar nicht so recht, wie er sich verhalten soll, steht in der Küche, den Hut mit beiden Händen vor seinem Unterleib haltend, blickt von der Mutter zu seinem beschwipsten Bruder und dann zu seinem ebenfalls beschwipsten Neffen. Nicht nur für ihn ist so eine Situation keine einfache, immer wenn man mit klarem Kopf auf eine betrunkene Gruppe stößt, auf die man sich – in welcher Art auch immer – einlassen sollte, ist man im Nachteil, besonders als verschlossene Person, wie der mir wenig bekannte Xaver eine ist. Und das, obwohl er gar nicht fern von uns wohnt, aber seiner Frau, einer stadtbekannten Furie, die ihm laut Vater gleich nach der Hochzeit zeigte, wo der Bartl den Most holt, wollen wir aus dem Weg gehen und belassen es beim einmaligen Ausborgen des Fuhrwerkes jedes Jahr. Er hat, denke ich gerade, einzelne Merkmale, die ihn unverkennbar als einen Meyer bezeichnen lassen. Sein Gesicht trägt Vaters harte Konturen mit den schön hervortretenden Kieferknochen, in der Mitte ebenfalls eine perfekt sitzende Nase, nur hat ihn bereits die Kraft des Haares verlassen, da seine Geheimratsecken schon sichtbar weit nach hinten greifen. Seine Statur, beobachte ich ihn bei seinem Hinsetzen, ist, wenn auch sehr kräftig, nicht von gleicher Höhe wie die seines Bruders.
„Die Rosi wirkt zufrieden, hat alles geklappt?"
„Freilich. Da trink' erst 'mal."
„Der Abhang hinunter zur Presse ist bei dem Wetter nicht einfach mit diesem Gewicht."

„Hast recht, aber problemlos haben wir's geschafft, auf die Rosi ist Verlass. Der alte Spitzer hat dem Bürgermeister sein Fuhrwerk persönlich hinunterfahren müssen, gleich nach uns, damit der zu seinem Most kommt."

„Ja der, der hat keine Ahnung!", versucht der Xaver nach Kräften unseren Rauschzustand aufzuholen. Trotz aller Vorkommnisse und Umwälzungen, die gerade vor sich gehen und daher an allen Stammtischen und Haushalten Rieds und wahrscheinlich Österreichs diskutiert werden, sieht das der Xaver als einziger gänzlich anders. Kein Wort verliert er darüber, er interessiert sich stattdessen für die beeindruckende Presse des Herrn Spitzer, schwärmt uns vor, auch gerne so eine besitzen zu wollen, aber natürlich – fügt er niedergeschlagen bei – gehöre sich das nicht, so mir nichts, dir nichts, einem alt Eingesessenen Konkurrenz zu machen. Er nimmt einen weiteren kräftigen Schluck und kommt als nächstes auf seinen Hof zu sprechen, den er als Erstgeborener geerbt hat und wird immer gesprächiger und selbstsicherer.

„Der Spitzer wird nächstes Jahr den Abhang abgraben, dann müssen die Fässer nicht mehr extra abgeladen werden."

„Hat er mir schon erzählt."

Die Mutter sieht dem ganzen Treiben von der Ferne aus misstrauisch zu, ihr Glas ist längst vom Tisch, dafür stehen das mittlerweile dritte 5-Liter-Gefäß, 3 Glaskrüge und die beiden vom Vater gefüllten kleinen Gläser der beiden Jungen darauf.

„Mein Vota hat mir, als ich in eurem Alter war, auch eingeschenkt, das gehört zum Brauch", lallt er ein wenig vor sich her. Wir Trinkenden haben nun den Zustand hoher Berauschtheit, aber geringer Gesprächigkeit erreicht und schon führen mich meine Gedanken zu dem neuerlichen groben Aufwachen von letzter Nacht. Die Nächte davor ist er endlich ausgeblieben, gestern stand er dann wieder vor mir und zwar so realistisch, dass ich schon dachte, ich hätte laut geschrien – Gottseidank war dem nicht so, *nur was, wenn das in den nächsten Wochen passieren sollte?*

Mit den gestern Vormittag besorgten Blumen bewaffnet verlasse ich das Haus in einen sonnigen Tag. Ich spaziere gleich nach dem gemeinsamen Mittagessen mit noch dröhnendem Kopf die Antiesen entlang, dabei die Blumen in die Sonne haltend, damit sie ihre Blüten ein letztes Mal noch öffneten. Die drei Rosen zeigen mit den fest ineinander geschobenen Blättern noch keinerlei Lust, mir diesen Gefallen zu tun, die beiden Tulpen hingegen sind zumindest oben an der Spitze schon etwas neugierig, nur weiß ich nicht, ob ich das der strahlenden Sonne, oder ihrer Art zu verdanken habe. Den kleinen, aber mit nicht gerade geringem Aufwand besorgten Strauß habe ich einer alten Frau, die ausschließlich diese beiden Sorten züchtet, abgekauft, und sofort meinte sie über die schönen Rosen, diese müssten mir schon etwas wert sein, denn sie habe nur mehr wenige heuer und die Nachfrage sei groß. *5 RM – pro Stück!* – ließen mich lange zögern, ob ich meiner Valeria nicht etwas anderes mitbringen sollte, da war ich jedoch den ganzen Vormittag bereits die halbe Stadt abgelaufen, also zahlte ich die 18 RM – die Tulpen gab sie mir billiger.

Ein weiteres Mal biege ich in den langen Brauhausweg ein; viele Wege führen an mein heutiges Ziel, nur alle, bis auf den von mir gewählten, durch die Stadt, einschließlich vieler ungewollter Begegnungen. Außerdem will ich die Sonne noch so viel wie möglich genießen, was hier auf dem freiliegenden Schotterweg bestens gelingt. Genau vor dem Haupttor zur hiesigen Brauerei teilt sich der Weg, linkerhand in ein kleines Waldstück, rechts der Einfriedung entlang nach hinten an mein heutiges Ziel führend. *Ein perfekter Fußballsonntag*, muss ich denken. Im Frühjahr haben wir die laufende Saison nach einigen Unterbrechungen noch zu Ende gespielt – ein zugegeben unter den Erwartungen gelegener 5. Platz musste reichen. Valeria hat sich nur selten zu der mit Sägespänen markierten ´Müllerwiese´ verirrt – zu brutal fand sie sogar das Fußballspiel – aber immer wenn sie es dann doch wegen mir tat, pochte mein Herz wie wild und gab dem Spiel eine ganz andere Bedeutung. Nicht mehr die Punkte, die Mannschaft waren das Ziel; es hieß, die bewundernden Blicke Valerias zu mehren und zu genießen.

Trotz der absoluten Windstille kann ich den eigenartigen Brauereigestank entlang der hohen Mauer riechen. Was genau an diesem herrlichen Gebräu so entsetzlich zu stinken vermag, weiß nicht einmal der Vater, *wahrscheinlich der gehrende Hopfen*, sehe ich mein Ziel schon vor mir. Den vormalig kleinen Fischteich hat die Brauerei erworben und sogleich vergrößert. Nun ist es nicht nur möglich, für etwas Kleingeld Karpfen, Zander und leider nur allzu häufig Brachse aus dem Wasser zu fischen, es kann obendrein – und sehr zum Ärger der Fischer – die Oberfläche mit kleinen Ruderbooten durchzogen werden. Um Punkt ein Uhr sind wir an deren Verleihstelle verabredet, um ja noch eines der begehrten Boote an diesem herrlichen Sonntag zu erhalten. Das bräunliche Wasser glänzt ruhig wie ein Spiegel in der Sonne, nur wenn sich der Lichteinfall durch die Stellung des Betrachters verschiebt, erhält es eine bläulich schimmernde Tönung, ähnlich den großen Seen zwischen den Bergen, von denen der Opa gerne spricht. Der Attersee sei so schön blau, genau wie die Augen seiner Kathi, deshalb hat er sie letztlich ausgewählt: um täglich den See an seiner Seite zu haben – hat er mir einmal heimlich gesagt.

Ich setze mich am Ufer in die halbhohe Wiese, betrachte weiterhin den glänzenden See und warte mit den Blumen auf meinem Schoß. Der hintere Teil durfte seine ursprüngliche Form behalten und dicht an der Uferkante überragen zwei meiner Lieblingsbäume nebeneinader in ihren hellgelben Kostümen weit das Wasser, dabei die Oberfläche mit den langen dünnen Ästen durchstoßend. Der vordere Teil des Sees wurde hingegen arg verbreitert, weshalb sich hier keine Bäume – nicht einmal Sträucher – finden, die ein Abfallen der halbmeterhohen Uferkante verhindern könnten.

„Wer bin ich?", verdecken kühle, wundervoll weiche Hände mir plötzlich die Sicht.

„Valeria!", reiße ich unsicher ihre Hände zur Seite, behalte ihre rechte Hand in meiner und führe sie nach vorne, zeitgleich drücke ich mich mit zitternden Knien in den Stand, um mich vor ihrer strahlenden Schönheit wie ein dummer Junge zu fühlen.

„Servus Franz, mein Gott, dein Arm ist ja wieder ganz normal!"

Ohne etwas zu sagen, küsse ich zart ihre linke Wange, unser Spiel des

Hinhaltens von neuem beginnend. „Ja, ist er. Und die hab' ich dir mitgebracht."
„Oh, welch' Ehre. Wodurch hab' ich denn Rosen verdient?"
„Einfach so halt", bin ich auch schon verunsichert. „Ich hab' gedacht, die passen zu dir", setzen wir uns – noch immer händchenhaltend – auf die Wiese.
„Franz", schenkt sie mir ihren durchdringenden Blick, „du bist mir einer." Und sie gibt ihrer Stimme diesen seltsamen Klang, in der Lage, meine Erregung sprunghaft nach oben zu treiben. Denselben Hut wie damals bei meiner Heimkehr trägt sie und ihre zauberhaften Haare umrahmen seitlich das Gesicht, aus dem ihre ganze Jugend lacht. Eine in schlichtem schwarz gehaltene Weste hat sie an und den hellen langen Rock, bis hinunter zu den sauber geputzten Halbschuhen langend. „Sehr schön sind's, danke", lehnt sie ihren Kopf gegen meinen, „Franz, ich dachte wir gehen bootfahren?"
„Ja sicher! Na dann, gehen wir."

„Also, Leichtmatrose, viel Erfolg", drückt ein älterer Mann unser Boot mit dem Fuß vom Ufer, „zwei Stunden, verstanden?"
„Ja, danke", beginne ich mit beiden Armen zu rudern.
„So ein schöner Herbsttag, findest du nicht auch?"
„Und wie. Der gestrige Regen hat der Natur gut getan, obwohl wir auf dem Weg vom Spitzer klitschnass geworden sind."
„Aha, war's wieder soweit, habt's den Meyer-Brauch zelebrieren können?"
„Ja, fast 150 Liter sind es geworden, also haben wir die alten 20 Liter noch trinken müssen, gut dass der Xaver ′kommen is'."
„Die arme Zilli, die wird wieder geflucht haben."
So vor mir sitzend kann ich sie in ihrer Wirkung auf mich voll bewusst bewundern, wie sie an die Außenwand gelehnt mit einer Hand im Wasser erst zum Ufer, anschließend zu mir blickt, der ich versuche, einen Rhythmus zu finden, auf dem Weg in den hinteren Bereich des Sees. Dort angekommen und von den anderen, noch wenigen, Booten – überwiegend mit jungen Burschen gefüllt – abgesetzt, hole ich die Ruder an Bord und lasse uns treiben. Ich finde nicht die richtigen Worte,

bin davon überzeugt, dass alles, was ich jetzt in diesem herrlichen Moment fragen, ihn kaputt machen würde.

„Warum hat man einen Lieblingsbaum?"

„Weiß' nicht", treiben wir, uns verlangsamend, auf die in das Wasser hängenden Äste zu. „Warum gefällt dir gerade so eine Trauerweide mehr, als eine kräftige Buche oder gar Eiche? Was ich meine, Franz, liegt das rein an seinem Äußeren oder hat es eine Bedeutung?"

„Was meinst du?"

„Na da! Sieh dir diese Weide einmal an, in ihrer Traurigkeit, und dann schau' dir die ernste Eiche, der niemand etwas kann, da hinten an, oder dort, das verspielte, leichte Birklein, als ob es uns vor Freude winken wollte. Aber du wählst gerade die sich vor Schmerz krümmende Trauerweide und ich glaube deswegen, weil es dein eigenes, nachdenkliches Gemüt nur allzu gut abbildet."

„Kann schon sein." Die Äste berühren unser Boot. *Das ist tatsächlich gut möglich*, beobachte ich die Weide von unten. „Ich habe mir einmal gedacht", steht unser Boot nun halb im Schatten, halb in der Sonne und wir greifen beide nach den dünnen Fingern der Weide, „diese Art hebt sich von den anderen so grob ab. Sie sticht sofort und augenblicklich erkennbar aus jeder Ansammlung verschiedenster Bäume. Gespenstisch greift sie in weitem Bogen bis hinunter zur Erde, oder wie diese beiden ins Wasser, und macht sich so gar nichts daraus, dass die anderen einzig nach oben streben." Scheinbar gefällt ihr meine Erklärung, so wie ganz allgemein das Gerede über Dinge, die eigentlich keinen Sinn ergeben, die Zeit nur verschwenden, aber nichtsdestotrotz ab und an auch mir Spaß bereiten. „Also, was ist dein liebster Baum?"

„Ich denke gerade darüber nach und glaube, keinen zu haben. Wenn sie aber eine Gruppe bilden, wie am Hausruck zum Beispiel, und im Herbst bunt zu leuchten beginnen, dann gefällt mir der Mischwald am meisten. Einzelne Bäume, nun da sind alle mit ihren unterschiedlichen Eigenschaften schön anzusehen."

„So wie du", antworte ich und sie wirft mir daraufhin einen geschmeichelten Blick unter dem Hut hervor. „Valeria, ich liebe dich", höre ich seit Polen viel bewusster auf meinen Herzschlag, der nun für das einfache Sitzen sicherlich viel zu schnell pocht.

„Ja, Franz, das weiß ich."
Das Boot schaukelt hin und her, als ich näher zu ihr hinkrieche; auf Knien blicke ich sie an, direkt in ihre Augen und sie schickt diesen Blick verstärkt zurück, weicht nicht aus, macht keine Anstalten irgendwelcher Ablenkung, keinen Klamauk, um die Situation zu entschärfen, mich zurückzuordnen, die Spannung vor Kommendem aufzulösen und der entscheidenden Frage zu entgehen. Es bricht einfach aus mir heraus; nicht ich, sondern der gleiche kleine Junge von vorhin, in seiner Dummheit, spricht die lange zurechtgelegten Worte; Worte, die einmal gesprochen das ganze restliche Leben entscheiden, vier kleine Worte unbegreiflicher Wirkung.
„Ja, Franz! Ja, das will ich!", rollen Tränen sanft glänzend ihre Wangen herab.
Mein erwachsener Körper ist es wieder, der nach hinten in das Ende des Bootes fällt und es aufschaukeln lässt. Eine Begebenheit, die ansonsten Valeria sofort zum Lachen bringen würde, holt sie diesmal nicht aus ihrer Ernsthaftigkeit. Jeweils am anderen Ende des Bootes lehnen wir und sehen uns an, versuchen, die Gedanken des anderen zu erraten, zu erahnen, kosten still den Moment der geistigen Verbindung bestmöglich, längstmöglich aus. *Es ist gesagt.* Der kleine Junge hatte den Mut, dem erwachsenen Franz das Glück der erhofften Antwort zu bescheren, kann ich nur meine Gedanken lesen. *Nun gehört sie mir, ganz gleich was mit uns geschehen mag; die Zukunft bringt.*

„Du weißt, dass du meine Eltern fragen musst?"
„Ja", will ich so etwas gerade gar nicht hören. Ihr Vater weiß bestimmt, dass nur ich seine Tochter so gedrängt haben konnte und somit habe ich, Schütze Franz, ihm, dem Oberlehrer, indirekt den Mund verboten, wenn auch zu seinem eigenen Schutz.
„Ich werde sie fragen, wenn ich dich erneut einladen darf", schlägt sie unerwartet vor.
„Ja?"
„Ja, dann kannst du sie gleich um meine Hand bitten, ganz offiziell."
„Aha", greife ich die beiden Ruder.
„Franz, du wirst doch keine Angst haben?", knipst sie ihres Vaters

schelmisches Lächeln an, zweifelsfrei steckt eine gute Schauspielerin in ihr. „Der Soldat Franz Meyer hat Angst vor meinem Vater, einem Pazifisten." Ich rudere uns kommentarlos aus dem Schatten und sehe ihr dabei zu, wie sie den hübschen, vorlauten Kopf langsam hin und her bewegt. „Du brauchst keine zu haben, ich werde sie darauf vorbereiten. Überhaupt, für wie dumm hältst du sie? Die rechnen doch längst damit!"
So habe ich das noch gar nicht gesehen, ich war ständig nur mit dem Antrag beschäftigt und mit meiner anschließenden Reaktion, falls sie mehr Zeit einfordern oder mir gar eine Abfuhr erteilen würde. *Dass ich hier und heute überhaupt mich zu fragen trauen würde, hätte ich doch nie für möglich gehalten,* wärmt uns die direkte Sonneneinstrahlung sofort von neuem. „Na dann, Schatz, so lange du zu mir stehst, kann mir nichts geschehen, nicht wahr?"

Die ganze Woche hindurch erhalten wir bereits Neuigkeiten aus Ostpreußen. Jeden Tag bei der Standeskontrolle versichert ein angespannter, sichtlich täglich alternder Spieß den elf Angetretenen, dass er keine Kunde von neuen Toten oder Verwundeten unserer Kompanie habe, gleichzeitig aber ebenso keine davon, ob die Kameraden in ihre Heimatgarnison verlegt würden oder nicht. Nur heute, fügt er noch hinzu, fänden die Vorbereitungen für die Parade in Warschau ihren Abschluss. Teile der 8. Armee unter General Blaskowitz werden am Führer, Punkt 15:45 Uhr beginnend, vorüberziehen, was durch den Empfänger mitzuverfolgen sei.
„Meyer, Wolfsberger, Schmitt und Gstöttner! Für euch ist Post gekommen. Kann im Sekretariat abgeholt werden. Noch 'was", richtet er sich den Kragen nach einem leichten Windstoß, „Meyer und Schmitt sind ab Montag wieder 'voll einsatzfähig' gemeldet, das heißt für euch, die ganze Woche in der Kaserne zu nächtigen. Am Montag bei der Standeskontrolle bekommt ihr die weiteren Befehle. Achtung!"

Noch bevor der Steinboden von mir eine weitere Abreibung erhalten wird, setze ich mich mit dem Brief – wie erwartet vom Klaus – ins Zimmer, reiße ungeduldig und argwöhnisch vor Kommendem den

Umschlag auf und sehe sein schlecht lesbares Gekritzel.

Servus Franz!
Wie gehts dir? Wir alle hoffen du bist bei guter Genesung und dein Arm macht dir keine großen Probleme mehr. Ich hab den anderen versichert: du bist in besten Händen bei deiner Valeria, die du bitte herzlich grüßen lässt. Sogar der Slidez hat einmal anklingen lassen, wie es dir wohl gehen würde, welch Ehre! Du siehst, du bist noch immer fester Bestandteil der Truppe. Ich muss besonders oft daran denken, wie du so vor mir in diesem Bett gelegen bist, ganz weiß, mit blauen Lippen, da hast mir Angst eingejagt, da bist mir ein Bier schuldig, mindestens! Ich hab deine eiskalte Hand gedrückt und dann bist plötzlich aufgewacht und der Arzt hat dich daraufhin untersucht, kannst dich daran erinnern? Eigentlich hat es dich im richtigen Moment erwischt! Ich weiß nicht, ob ihr in Ried davon Wind bekommen habt, aber am 15. ganz in der Früh sind wir hart unter Beschuss gestanden. Die Linzer haben ordentlich was abgekriegt, da sind die Fetzen geflogen, das kann ich dir sagen! Und hoffentlich bald genauer berichten. Aber bei uns ist alles gut gegangen, der Sepp hat übertrieben hineingehauen in den Wald, wer sonst?
Wir wissen nicht, wie lange wir noch hier bleiben, ob wir überhaupt heim oder gleich an den Wall dürfen, aber sehen werden wir uns sicher bald. Ach ja, vor drei Tagen habe ich einigen Russen die Hand geschüttelt, in Jaroslaw an der Demarkationslinie. Kein Wort haben wir gewechselt, nur uns angesehen, die sind ganz freundlich gewesen. Dann, stell dir vor, sind Teile unserer 45. am Führer vorbeimarschiert, für die Reporter, über eine Pontonbrücke den San hinüber. Wir haben dabei zusehen dürfen, der ist ganz nah an den Truppen gestanden.
Also schreib bald zurück, beste Grüße der gesamten Gruppe und entschuldige meine Haksn, ich war schon froh, dass es lesbar ist.
Und ja, das Wichtigste, warts schon beim Spitzer?
Bis bald, Klaus.

Bei Gott, sehe ich vom Blatt auf, *die fehlen mir*. Das hätte ich nicht für möglich gehalten, aber ich will sie baldigst und gesund wiedersehen. 'Wind bekommen habt' – natürlich weiß ich, warum er das geschrieben hat. Damit steht wenigstens fest, dass er der Alte geblieben ist, derjenige, der einen durchaus zur Weißglut bringen kann. *Sei es wie es sei, alle scheinen wohlauf*, falte ich den Brief klein und gehe, um mit der täglich sinnloseren Arbeit zu beginnen. Gleich nachdem der ohnehin saubere Boden von mir ein weiteres Mal abgeschrubbt worden ist, trete ich hinaus auf den kleinen, mir derweil schon zur Gewohnheit gewordenen Platz mit bedrohlich verdunkelten Wolken darüber, eile auf die Sanitätskompanie zu und öffne dort angekommen die – allerdings auf seiner Hinterseite liegende – Tür in den Saal mittlerer Größe mit seinen 50 Betten, eines davon den Franz im Gespräch mit seinem Nachbarn beherbergend. Eine Weile zögere ich, unschlüssig darüber, ob nicht ein anderes Mal für einen Besuch besser passen würde, da entdeckt er mich auch schon.

„Franz, spitze! Komm' doch her."

„Grias euch, i' wollt' net stören."

„Ah, stören! Is' eh so fad hier. Das da ist der Max, ein Strippenzieher."

„Servus."

„Erzählt mir gerade die Technik dahinter, wirklich interessant, da gibt es Lang- und Kurzwellen in der Luft. Unsichtbar, versteht sich, schwirren die überall herum."

„Aha", kann ich mich dunkel an die Theorieeinheiten darüber erinnern, als ich plötzlich erschrecke.

„Ja leider, Franz! Geh'n werd' i' nie mehr so wie früher, 'aus und vorbei', würd' mein Opa sagen, wenn er noch leben würd'. Naja, im Paradies vielleicht wieder."

„Wann war das?"

„Schon letzte Woche. Der alte Stabsarzt hat gemeint, das seien nur unnötige Schmerzen, jeder Tag länger zögere das Unvermeidliche nur hinaus. Aber ob du es glaubst oder nicht", sieht er flüsternd um sich, „er schmerzt noch, als wäre er noch dran, wie verrückt juckt er mich."

Ich sehe in seinen traurigen Blick und erkläre ihn ungesagt für verrückt.

„Nein, wirklich! Ich will mich kratzen und greife ins Leere!"

„Soll ich dir was bringen?", weiß ich nicht, wie ernst er das meint.
„Nein, setz dich doch. Bis auf das kleine Malheur da geht's uns hier bestens, oder Maxl?"
„Ja, doch!" Der Max, einer der wenigen noch Anwesenden hier, hat mit einem Splitter im Bauch Glück gehabt und kehrt dies aus Rücksicht auf den Franz ungern hervor. Auf alle Fälle hat er seiner Leidenschaft gerecht die genau richtige Funktion inne, denn er beschreibt uns ein Tornisterfunkgerät, als hielte er es gerade in seinen Händen, dreht dabei die einzelnen Knöpfe, meint, der Sender alleine hätte 20 kg, schwafelt über die Frequenz einer 2 Watt-Leistung und von 25 Kilometern Reichweite.
Mit allem findet man sich ab, selbst wenn ein Bein fehlt: *Ein Scherz und weiter geht es im Leben*, schicken mir Maxens flinke Hände einen Tagtraum, während er bereits die beste Position im Feld erläutert, um die der hochinteressierte Franz gebeten hatte.
„Also, ihr zwei, ich werd' dann wieder."
„Gehst schon?", fragt er wenig überrascht. „Ach ja, ´musst ja die Parade mithören. Über welche Wellen, Franz?"
„Was?"
„Hat nicht zugehört, dieser Schütze", deutet er dem Max mit dem Zeigefinger ins Gesicht, „Na über Kurzwellen, da überall sind die, eine fabelhafte Erfindung."
„Also dann, ihr Funker. Hat mich gefreut, der Unterricht. Und du bist noch eine Weile hier, Franz?"
„Ja, nächste Woche sicher noch."
„Servus."

Dem nehmen sie ein Bein ab und er lässt sich von irgendwelchen Wellen fortreißen und zwar solche der Art, die mich früher schon nicht interessierten. *Wenn sowas normal ist,* landen am Nachhauseweg einzelne Tropfen auf meiner Kappe. Am liebsten würde ich dem Klaus heute noch antworten, um ihm von meinem Antrag zu berichten, aber ich will es offiziell – wie Valeria es nannte – bestätigt haben. Auf gar keinen Fall gebe ich Klaus die Gelegenheit, auf einer Absage herumzureiten, wenngleich ich auf der anderen Seite weiß, wie sehr er mir die

Valeria gönnt. In der Küche angelangt setze ich mich vor den rauschenden Empfänger. *Mit keinem Wort hat er seine Frau erwähnt in dem Brief*, was mich veranlasst, mit einem Besuch des kleinen Hofes so lange zu warten, bis ich weiß, was mit ihnen dort oben geschehen wird.
„Sind da deine Kameraden auch dabei?", ruft die Mutter gegen das starke Rauschen – *und das aufgrund des Wetters*, könnte ich mit der Kenntnis beim Franz jetzt punkten – durch die Küche. „Nein, die stehen doch meilenweit von Warschau entfernt!", klopfe ich den Rhythmus des Marsches, der durch das Rauschen klingt, auf dem Tisch nach. Nur die 8. Armee und von denen hundertprozentig nur jene Teile, welche Warschau eingenommen haben, dürfen am Führer vorbeiziehen; alles für das Radio, mit bewundernden Worten Riefenstahls unterlegt. *Das haben die sich auch redlich verdient*, ein Häuserkampf ist das Härteste, da beneide ich sie nicht.
„Wenn das doch jetzt vorbei wär'!"
„Dieser Blödsinn da, ich weiß", ärgert mich ihre ständige Miesmacherei, während ich sie dabei beobachte, wie sie ein Fenster nach dem anderen reinigt. „Was, wenn's heute noch regnet?"
„Ich hoff' es hält aus. Aber ich mach' deshalb auch nur die Ostseite, dreh' doch ein bisserl leiser."
„Soll ich dir helfen?", gewöhne ich mich langsam an die ganze Putzerei.
„Nein. Danke dir, obwohl…", senkt sie den Blick zum Eimer vor ihr.
„Das Wasser?"
„Ja, bitt' gar schön."
„Mach' ich. Du, Mutti", drehe ich mich vor der Tür noch zu ihr um, „ich hab' der Vali den Antrag gemacht."
„Wirklich, und?", hält sie den Lappen still an einer Stelle.
„Sie hat `ja´ gesagt, am Sonntag schon beim Bootfahren."
„Ich hab' mir schon so etwas gedacht, irgendwie anders bist' da am Abend gewesen, gratuliere."
„Na jetzt weißt du auch wieso und ähm… ja passt das jetzt, oder seid's noch dagegen, du und der Vota?"
„A mei, wir haben doch gar nicht mehr darüber geredet", steigt sie vom Sessel, sich die Hände wie üblich in die Schürze wischend, „und kennst doch eh den Vota, das ist das beste Zeichen."

„Na dann", öffne ich erleichtert die Tür hinaus in unseren kleinen Hinterhof mit dazupassendem Ziehbrunnen in der Mitte.
„Danke, Franzl." Sie taucht den schmutzigen Fetzen hinein und gibt damit dem Wasser eine bräunliche Färbung „Du, Franz, wir sollten in nächster Zeit die Oma besuchen, i' glaub', das geht dem Ende zu."
„Ja, dann gehen wir halt bald, Muata", setze ich mich mit schlechtem Gewissen auf die Eckbank und schenke mir den süßlichen Most nach. Eine ganze Weile sehe ich ihr dabei zu, wie sie zuerst den dreckigen Lappen über die gesamte Glasfläche zieht, rasch mit einem sauberen nachwischt, im Anschluss daran das Fenster vor dem mit dunklen Wolken verhangenen schwachen Tageslicht genau betrachtend hin und her bewegt, die an wenigen Stellen entdeckten Streifen abtupft, nochmalig die gesamte Fläche kontrolliert und dann ohne zu zögern das nächste in Angriff nimmt. Vier Gläser pro Fenster, bei allein fünf Fenstern in diesem Raum – jedoch nur drei davon ostwärts, falls sie ihr Versprechen hält – und alle auf beiden Seiten.
„Und, Muata, wie war das eigentlich mit dem Mandi damals, den magst' ja gar net leiden?"
„A, Bua", hält sie kurz inne und sieht mich an, „darüber will ich gar net reden, es war a schwere Zeit, ist aber vorbei."
„I' versteh' schon, aber ganz begreifen kann ich es dann doch nicht, er ist nämlich ein ganz netter Kerl und so anders als der Rest vom Stammtisch."
„A Strizzi is' er, sonst nichts!", wusste ich sie also aus der Reserve zu locken. „Kann gut reden, hat immer a G'schicht auf Lager, wie du weißt, nur, was steckt dahinter? Nichts!", spricht sie schneller und vor allem lauter. „Nur, damit er wen hat zum Saufen und Zuhören, zwei Jahre lang hat er den Vota verrückt gemacht und beinahe...", wischt ihre ganze Wut plötzlich über das Glas.
„Was, Mutti, erzähl' doch!"
„Beinahe wäre dein Vater mit dem Herrn Wenninger auf und davon. Das Meer hätt' es ihm so angetan. Dein Vota wollt' auf einmal das Rauschen des Meeres hören, nicht mehr das Geschrei der Kleinen. Kannst du dir das vorstellen?", scheint sie sich gerade selber einzugestehen, wie gut eine Beichte tun könnte. „Beim Sigi bin ich g'wesen,

sogar daheim beim Herrn Wenninger, alle haben sie das Gleiche gesagt und zum Vota g'holfen. Angefleht hab' ich sie, zuerst den Vota, dann die anderen. Nein, er hat seelenruhig da oben sein Pinkerl gepackt, für das Rauschen hätt' er uns hier sitzen 'lassen", kommt sie an den Tisch und setzt sich nachdenklich auf ihren Stuhl. Die Mutter ist gar nicht nahe am Wasser gebaut, Gefühle habe ich nie bei ihr gesehen, auch jetzt nicht, obwohl ihre Stimme längst zittert. „Sitzen und verhungern 'lassen, Bua. Was er damals alles behauptet hat, das er sei: Abenteurer! Eroberer! Der Weltkrieg habe ihm das gezeigt. Nun aber sei Friede, meinte er damals, und er hätt' nur noch eine letzte Gelegenheit, sein Leben zu ändern. Nur, wer zum Kuckuck fragt mich um meines? Ganz zum Schluss dann", schaut sie mir fest in die Augen, „da hab' ich mich damit abgefunden gehabt. Ich bin in der Küche gesessen, genau hier, und hab' stumm in ein Loch gestarrt, als er zur Tür hinaus 'gangen ist", weichen ihre Augen nun den meinen aus. „Genau zwei Tage später war das Abenteuer vorbei, Franzl", reibt sie ihre Hände gegeneinander. „Nicht wegen uns, und das verzeih' ich ihm nie", klopft sie mit der Fingerspitze auf den Tisch, „sondern, weil der Mandi ein großer Sprecher ist und sonst gar nix, deswegen ist er wiedergekommen."
„Unglaublich, das hab' ich gar nicht gewusst. Ich kenn' nur die wundervolle Geschichte über das Meer. Die hat mir der Mandi tausendmal erzählt und nie wurde ich der heranrollenden Wellen überdrüssig."
„Bua, ich versteh' die Männer schon, irgendwie. Nur lass' dich von solchen Leuten nicht blenden, die wollen dich nur in ihre unglückliche Lage hineinziehen, weil sie selber nichts haben, versprich mir das!"
„Ja, Mutti, das versprech' ich dir gern", verstecke ich meine Freude auf das kommende Abenteuer, die kommende Gefahr, vor der mich niemand abzuhalten in der Lage ist. Nichts kann mir in diesem Moment – nach den offenen Worten – mehr Sorge bereiten, nur dem Vater sein Abenteuertum in meinem Blut drängt zum Herzen. *Wenn sie wüsste, wie sehr ich ihn gerade jetzt dafür bewundere.*

Mehr als zwei Monate liegt dieses Gespräch bereits zurück. Der Vater hält sich, wie von Mutter gewünscht – vom Stammtisch einmal abgesehen – dem `Sprecher´ fern und ich musste brennenden Herzens bis gestern auf die versprochene Einladung Valerias warten. Sie hat sich damit Zeit gelassen und mich von einem auf das nächste Treffen vertröstet, dabei ist von genau dieser nicht endlos viel für uns vorhanden, erkennbar an den Vorkommnissen innerhalb sowie außerhalb der Kaserne.

Innerhalb ist die gesamte wiedervereinte Kompanie an diesem kalten Dezembertag wie jeden Morgen seit drei Wochen, um 6:30 Uhr vollzählig angetreten – von drei Verwundeten abgesehen – und steht Gewehr bei Fuß, kampfbereit! Meine 3. Gruppe des II Zuges der V. Kompanie des II. Bataillons und schließlich des 135. Infanterie-Regimentes steht mit ihren zehn Mann neben Unterfeldwebel Slidez mit ihren Knobelbechern im Schneematsch vom Vortag. Der Sepp, eindeutig der kräftigste und größte Mann von uns, ist ganz links in der Position des MG I. MG II und III neben ihm, die die undankbare Aufgabe zu lösen haben, den Sepp mit ausreichend Munition und Wechsellauf zu versorgen, sind der Berndl und der Richi. Schütze 1 bin ich, neben mir stehen Klaus, Bert, Hannes, Roli, Roman und als Schütze 7 ein weiterer Franz in unserer Gruppe. Der kleine Platz zwischen Block I und II, welcher gestern erst vom Schnee bedeckt worden ist, wirkt durch den großen Pulk von Männern nochmals verkleinert. So warten wir hier auf den Hauptfeldwebel und darauf, was er seiner Kompanie mitzuteilen hat, die seit ihrer Heimkehr die Kaserne wieder mit Leben gefüllt, dem Exerzieren ein wenig mehr Sinn gegeben, dem Essen mehr Geschmack gebracht und selbst den Visiten sogar ab und an Gelächter verschafft hat.

Außerhalb läuft alles auf einen zu befürchtenden weiteren Feldzug hinaus, zumindest wenn den Gerüchten zu glauben ist.

„Achtung!", stellt sich der Spieß auf den kleinen Treppenabsatz, mit noch ernsterer Miene als die ganzen letzten Tage zuvor schon. „Guten Morgen, Soldaten!"

„Guten Morgen, Herr Hauptfeldwebel!"

„Rühren! Kameraden", sieht er, wie so häufig über unsere Köpfe hinweg, „wir verfolgen seit geraumer Zeit mit Sorge die Entwicklung an der

Westfront. Der Franzose, wie ihr alle wisst, hat Truppen über seine Linie hinaus verlegt und eingegraben, um unsere Soldaten bis dato bei Laune zu halten. In der Nordsee befinden wir uns buchstäblich in einem Handelskrieg mit der britischen Admiralität. Ich halte hier in meiner Hand den heutigen Tagesbefehl, direkt vom OKW", holt er die rechte Hand hinter dem Rücken hervor, entfaltet das Papier mit einer schnellen, abgehakten Bewegung und hebt es in die Luft, „welcher uns zur Verstärkung an den Westwall, genauer in den Wehrkreis VI befiehlt, und zwar mit dem 18. Dezember, das ist der übernächste Montag. Unser Regiment wird unter dem neuen Kommandeur, Generalmajor Veith, wiederum in die 45. Infanterie-Division eingegliedert und dem AOK 12, vormalig AOK 14 unterstellt. Fragen? Wolfsberger, nicht einmal Ihnen fällt auf diese Neuigkeit eine Frage ein?"

„Nein, Herr Hauptfeldwebel!"

„Also dann, Soldaten. Erledigen sie noch alles, was Sie zu erledigen haben. Ich kann nicht sagen, wie sich die Lage dort entwickeln wird, sprich: wann wir das nächste Mal unsere wunderschöne Kaserne betreten werden. Bis dahin: Dienst nach Vorschrift. Achtung!"

„Der Hofer hat demnach recht gehabt."
„Wer?"
„Ein Linzer Gefreiter. Den hab' ich beim Verwundetentransport aus Polen kennengelernt", richtet sich die gesamte Gruppe wie ich für die folgenden zwei Stunden Exerzierens zusammen, kontrolliert Knöpfe, die Sauberkeit der Jacke und der Hose, die Rasur – wenngleich für ein Nachrasieren die Zeit kaum reichen würde – und nimmt aus der kleinen Lade links unten im Spind das Schuhputzzeug, um damit die Stiefel auf Hochglanz zu polieren. Allen Soldaten der Kaserne ist nämlich bewusst, dass wie jeden Freitag auch heute wieder Chargen für das Wochenende gesucht und an unordentlicher Adjustierung gefunden werden.
„Der hat mir vor einer Woche schon geschrieben, dass wir Mitte Dezember verlegt werden, nur wohin hat er nicht gewusst."
„Das ist wieder typisch Ried, wir erfahren alles immer als letzte."
„Wie soll ich meiner Frau erklären, dass ich Weihnachten nicht bei der Familie bin?"

„Und ich meiner", fragt der allerdings ledige Sepp ernsthaft, was alle, nicht unbedingt des Scherzes, sondern viel mehr seiner einschüchternden Autorität wegen zum Lachen veranlasst. Ich bin vollständig adjustiert, bereit zum Austreten und betrachte vor meiner geschlossenen Spindtür stehend den Sepp. Ihn will keiner zum Feind, unberechenbar wie er ist; niemand fühlt sich wirklich wohl neben ihm, aber unterlässt es aus selbsterhalterischen Gründen, sich mit ihm anzulegen. Klaus hat mir in den wenigen Gesprächen unter vier Augen erzählt, wie er sich aufgeführt hat; den Russen hat er die Hand verweigert, als sie gemeinsam in Jaroslaw zur Besatzung lagen. Die wunderhübschen Frauen hat er ständig belästigt. Einmal war er kaum zur Besinnung zu bringen, die Gruppe – so Klaus – war kurz davor, den Vorfall zu melden. Dem unscheinbaren Roli und dem wortkargen `Franzl´ – so wird er genannt, um Verwechslungen mit mir zu vermeiden – zehrte die Anspannung an den Nerven. Sie waren nach dem 15. September kurz davor gewesen, zu desertieren, was zur sofortigen Inhaftierung geführt hätte.

Entgegen unseren Informationen aus dem Empfänger, der Zeitung, sogar der Spieß schlug täglich in dieselbe Kerbe, berichtete meine Gruppe von großer Disziplinlosigkeit einiger Soldaten, was meine Vorstellung gewaltig änderte. Viele sturzbetrunkene Soldaten hat man in den vielen Scheunen gefunden – sogar mit dem eigentlichen Feind saufend – und die Frauen wurden nicht nur vom Sepp als Freiwild betrachtet, was allerdings wenigstens geahndet worden ist, sofern den Erzählungen geglaubt werden kann. *Wenn ich mir da Valeria vorstelle, umringt von einer Horde polnischer, stinkender Soldaten.*
„Und, Franz, wie lang' willst du bei deiner Vali noch warten?", fragt mich der Klaus – zugleich mein Spindnachbar – in gespielt lautem Ton, damit das ganze Zimmer auf meine Antwort warten kann.
„Weiß' nicht!"
„Du musst ihren Vater jetzt noch fragen, wer weiß, wann wir wiederkommen."
„Besser nicht!", wichst sich der Sepp mit nach unten geneigtem Gesicht die Stiefel. „Mach's wie ich. Auf der ganzen Welt gibt es fesche Weiber. Das ist doch die reinste Verschwendung, auf das `Ja´ einer einzigen zu

warten, auch wenn sie aus noch so gutem Hause ist", hebt er den Kopf und sieht mich fordernd an.
„Hab' schon gehört, wie du dich aufgeführt hast. Nur ich bin halt Soldat und kein...", pocht mein Herz laut hörbar in der Brust.
„Was denn, Franz?", sieht er kurz zu dem nebenstehenden Klaus, dann gleich wieder zu mir. „Was bin ich denn?", landet die Bürste in seinem Spind und er kommt, die Hände abputzend, näher. Langsam wächst seine Gestalt vor mir in die Höhe. „Na, Franz, du weißt doch immer alles besser. Unser `Denker´, komm schon, das will ich jetzt wissen, was ich bin."
„Austreten!", hallt es wie zu meiner Rettung den Gang herauf.

Geschlagene zwei Stunden schreien uns die Vorgesetzten in Formation durch das zu ihrer Freude mit Schneematsch bedeckte Gelände.
„Marsch, links, rechts, Halt", und wieder, „Marsch, Gewehr bei Fuß!" in einer zermürbenden Wiederkehr, als ob sie einem den Aufenthalt in der friedlichen Kaserne gar um jeden Preis verhasst machen wollten.
Genau 15 Minuten bleiben Zeit für eine heiße Gemüsesuppe mit Brot. Die bekannten Platzprobleme im Soldheim drängen unsere Gruppe in eine Ecke, in welcher mich der Sepp noch rachsüchtig anblickt, was mir momentan jedoch die geringsten Sorgen bereitet, dafür kenne ich ihn schon lange genug. Anschließend haben wir noch die letzte Visite dieser Woche, nach der alle sofort heimlaufen in das vorletzte Wochenende in Ried.

„Mein Gott, Franz, wie furchtbar", ist die schon absehbar gewesene Reaktion meiner Mutter auf die Neuigkeiten, „woiß das die Vali schon?"
„Nein, Muata, wie denn?"
„Das musst' ihr sofort sagen. Dann geht das wieder los", rührt sie den großen Kochlöffel im Topf. „Die wird wieder jeden Tag kommen und ich muss ihr dabei zusehen, sie trösten, so ein Blödsinn das Ganze! Kruzifix", sorgt sie sich tatsächlich mehr um die am gefahrlosen Empfänger mithörende Vali, als um mich.
„Zuerst will ich morgen endlich den Antrag loswerden, bei ihren Eltern."
„Das is' noch gar net geschehen?"

„Nein", wische ich mit der Hand die Brösel über dem Tisch zusammen, stehe auf und gehe zum Herd. „Ich hoffe, das klappt morgen. Wenn ich fortgeh' ohne die Vali fest im Herzen...", öffne ich das kleine Türchen hinein in das gezähmte Feuer, mein Herz hingegen bleibt aber verschlossen. Denn, dass ich durch eine Absage ihrer Eltern an Schutz und Entschlossenheit verlieren würde, steht für mich seit meinem Erlebnis in Polen fest, da hat die Aussicht auf ein Wiedersehen meine letzten Überlebenskräfte mobilisiert, habe ich in aller Deutlichkeit gespürt, wie stark mein Körper beim Anblick Valerias Bildes reagiert hat, eine unsichtbare Barriere gebildet hat, auf der Schwelle ins Nichts.

Der alte Ofen knackst zufrieden und laut vor sich hin, in seinem sich täglich steigernden Bemühen, den Raum, sowie den Inhalt des großen Topfes oben drauf gegen die sinkenden Temperaturen warm zu halten. Die Zilli gibt sich eine kurze Auszeit, zieht den Kochlöffel aus der Brühe, klopft ihn dreimal am Rand hart ab und kommt, ihn noch in der Hand haltend, auf mich zu. Er tropft – und dies zeigt ihre Gedanken außerhalb dieses Raumes, ja vermutlich dieses Hauses – weiter auf den Boden; ein Vorgang, der normalerweise sofortige Schimpftiraden auslöst, bleibt ohne Auswirkung, ganz ruhig setzt sie sich zu mir.

„Franzl. Ich möcht' nachher gleich zur Oma gehen, kommst' mit uns mit? Die Betti wird jeden Moment da sein mit den Beiden."

„Ja, ist schon recht, da geh' ich gern mit."

„Gut is'. Ich zieh' mir schnell was über, leg du derweil etwas Holz nach, bitt' gar schön." Nachdem die hungrigen Flammen von mir gefüttert sind, sitze ich am Tisch bei einem guten Glas Most und grüble vor mich hin. Jetzt bekomme ich, was ich wollte: *mein Abenteuer beginnt von Neuem*, wie ich großspurig Mutters Geschichte für mich auslegte. Den Drang der Eroberung hat so wahrscheinlich auch Klaus verspürt, bis zum besagten Feuerüberfall, den er mir genau geschildert hat und der ihn ebenfalls schweißgebadet aufwachen lässt. Mein Alptraum hingegen hält sich derweil im Hintergrund, auf eine kommende Gelegenheit lauernd, da bin ich überzeugt.

Die Tür öffnet sich und Betti kommt, von den beiden Jungen gefolgt, herein.

„Sauwetter!"

„Servus auch."

„Wenn's wahr ist. Gut, dass heut' ein Feiertag ist, das wär' wieder was beim Bauern heut'."

„Musst' hart arbeiten, dort?"

„Ja", reibt sie ihre Oberarme gegen die Kälte ab und hilft den Beiden aus ihren Jacken. „Und wehe, die Bäuerin sieht mich herumstehen, ts, ts", zeigt sie Mutters Temperament.

„Wer steht herum?", hetzt Mutter in den einzigen geheizten Raum des Hauses.

„Servus, Mutti, na die Bäuerin darf mich net sehen ohne Arbeit, dann lässt sie mich hinaus in den Matsch zum Holz holen, natürlich hab' ich dann nasse Füß' den ganzen Tag. Wehe aber, der Küchenboden zeigt davon Spuren. Die einzige schöne Zeit hab' ich, wenn der alte Drachen nicht im Haus ist, aber das ist selten der Fall."

„Au weh. Der Bäuerin wird halt nicht gefallen, dass du so hübsch bist, kennst' eh die alten Weiber."

„Geh' Franz, hör' auf, so blöd' zu reden."

„Wenn's wahr ist!"

„Also, gehen wir zur Oma", sagt die Mutter und zieht sich an.

Die beiden Kleinen stapfen mit Freude im Matsch vor uns herum und bewerfen sich mit dem nassen Schnee, der in der Sonne schmelzend als kleine Rinnsale über den Weg hinaus Richtung Großeltern läuft und den beiden Frauen, angestrengt die noch trockenen Stellen für den jeweils nächsten Auftritt suchen, erschwert.

„Und, Franz, wohin kommst' denn?", fragt meine Schwester verlegen, die Mutter hat das `Wohin´ nicht sonderlich interessiert.

„Nach Treysa, eine kleine Stadt in der Nähe Saarbrückens. Frag' mich jetzt nicht, wo genau das ist, irgendwo im Norden, soviel ich weiß."

„Aber den Wehrkreis musst' doch wissen?"

„Sechs."

„Aha", springt sie über ein schon größeres Rinnsal und hilft der Mutter ebenfalls darüber hinweg. „Dann weiß ich's schon, die Wehrkreise kenne ich in- und auswendig, die haben wir bis zur Vergasung gelernt, beim Bund." In Mutters Gegenwart kann ich sie nicht nach ihrem Freund fragen; nicht dass Mutter damit so ein Problem hätte, solange alles sittlich verläuft, aber die Betti möchte ihr nicht allzuviel erzählen müssen. Kurz bevor wir das schattige Haus erreichen, bleibe ich stehen und sehe zum Wald dahinter, wie er auf einer Anhöhe in seinem weißen Gewand in der Sonne glitzert. Scheinbar verschafft der geringe Höhenunterschied den Bäumen das winterliche Aussehen. In der Stadt hingegen – nur den kurzen Abhang hinunter – sind die Bäume allesamt schwarz geblieben.

„Servus, Opa!"
„Grias euch. Endlich kommt's einmal alle zusammen, so a Freud'. Kommt's doch gleich herein."
„Ui, da stinkt's."
„Sei ruhig, Pepi!", mahnt ihn die Mutter auf dem Weg in die Küche.
„Servus, Oma", schreit jeder laut, was uns – die Mutter ausgenommen – zum Kichern bringt.
„Ach, die hört nix mehr."
„Servus, Muata!", drückt ihre Tochter die linke Hand, „aber sie erkennt mich, glaub' ich zumindest." Tatsächlich werden die fahlen Lippen von winzigen Regungen umspielt, deuten die farblosen Augen noch ein restliches Leben in diesem alten Leib an.
„Nein, Dirnd'l", so nennt der Opa seine einzige Tochter, seitdem sie klein war, „jetzt bin ich bald allein' da". Er setzt sich mühevoll an den vollgeräumten Tisch und blickt zu uns. „Kommt's, setzt euch doch!" Mich erstaunt Antons geistige Verfassung. Jeden Tag – seit Jahrzehnten – ist der Most, pur oder gespritzt, seine Hauptquelle. Eine Zeit lang versuchte seine Tochter, ihm diese ungesunde Neigung auszureden, es ihm abzugewöhnen, auf die Gefahren hinzuweisen, die im ständigen Alkoholkonsum lägen. Nur, einen erwachsenen Menschen seiner festgefahrenen schlechten Gewohnheiten zu entwöhnen, erwies sich auch in diesem Fall als undurchführbar und schließlich kam die Zeit für Anton, sich als Sieger zu fühlen bei diesem Kampf mit teilweise heftigem Streit. Denn mit der sehr bewusst lebenden Kathi begann es,

bergab zu gehen und wenn es ihm auch sichtbar an die Nieren ging, den Verfall seiner geliebten Frau vor Augen zu haben, den Most konnte niemand mehr ihm vorenthalten.

„Ich kann sie nicht einmal mehr hinübertragen. Sie sitzt Tag und Nacht in diesem Stuhl. Das Altern ist 'was Grausliches, glaubt´s mir. Manchmal…", hebt er sein Glas und trinkt – zur Belustigung der Kleinen, die gleich Mutters böse Blicke erhalten, „denke ich mir wirklich, warum bin ich net als junger Mann irgendwo liegen 'blieben. Für das hab' ich mich so geschunden?"

„Geh' Papa!", tätschelt ihm seine Tochter die Hand, „Was redest' denn."

„Zsakara!", wischt er sich über das Kinn. „Was glaubst'! Das ist doch nicht mehr lustig, schau' mich an! Schau' die Muata an!", blickt er verzweifelt hinüber zu der mehr tot als lebendig wirkenden Kathi.

„Dann kommt's halt zu uns, Papa, bei uns is' doch genug Platz."

„Dirnd'l. Nachdem ich die Berg' nimmer richtig sehen kann, hab' ich nur einen Wunsch: irgendwann friedlich der Kathi zu folgen und zwar hier in unserem selbstgebauten Haus."

„Wenn das so ist. Dann komme ich euch öfter besuchen", scheint Mutter sich mit der Nebenrolle abzufinden, in der sie ihrem Vater nicht widersprechen kann. Meine Schwester sieht unterdessen die Kathi schon die ganze Zeit von der Seite aus an, wodurch sie dem Anton einen weiteren Vorwand zur Klage liefert: „Ja, Betti. Das kannst' dir nicht vorstellen mit deinen 20 Jahren."

„17."

„Ja, 17. Aber die Kathi, meine Frau, war, wie ich sie kennengelernt hab', so jung und hübsch wie du jetzt. Ich als alter Mann geb' dir den Rat, das Leben anzupacken, denn ehe du dich versiehst – da brauchst nur zwei Mal umfallen – bist in unserem Alter und das einzige was'd da bekommst, ist Mitleid."

Daraufhin dreht sie den Kopf zu uns und sieht den Opa an, als hätte er sie ertappt.

„Das einzige, liebe Betti, was niemand zu geben vermag, ist Zeit!"

„Und, Papa, erzähl'. Wie geht's dir. Hast' Beschwerden, brauchst 'was?"

„Nein, i' brauch' nix und schon gar keinen Arzt!", versucht er nochmals

zu trinken. „Wenn der Krieg net g'wesen wär', dann hätt' mich bis heut' kein Arzt g'sehen, aber die Kugel hat 'raus müssen", und er lacht verlegen. „Das Zeug da", schiebt er sein Kinn gegen sein zitterndes, noch volles Glas, „ist die reinste Medizin." Er sieht mit vorwurfsvollem Blick zur Mutter, stellt das Glas, nachdem er getrunken hat, wieder auf den Tisch und wischt sich über das halbe Gesicht. „Franz, wann geht's bei dir eigentlich weiter, da kommt noch was, oder?"
„Nächste Woche."
„Aha, an den verflixten Wall, ja?"
„Mhm", schmeckt der Most – übrigens zu Teilen unserer – herber, vielleicht um den Anton noch etwas schmecken zu lassen.
„Na dann, Franz, pass auf dich auf. Es ist Sünde genug, dass ich einen meiner Buam bei weitem überleb', nur ein Enkerl darf mir nicht zuvorkommen, hörst du?"
Der Opa ist gar nicht so grantig, wie auf den ersten Blick angenommen werden kann. Er ist nur sehr direkt und bringt – durch sein Alter zu keinerlei Rücksicht mehr gezwungen – alles auf seine Art zur Sprache. Man könnte von ihm und seiner großen Erfahrung viel lernen, und jedes Mal, wenn wir uns – so wie jetzt – anschicken, ihn wieder mit der Kathi allein zu lassen, versichere ich mir selbst, ihn baldigst wieder zu besuchen, was schon in der Stadt in Vergessenheit gerät, nach ein paar Wochen dadurch für Gewissensbisse sorgt und bei einem tatsächlichen Gang zu ihm herauf mich über meine eigene Faulheit ärgern lässt.

Ich verabschiede mich zuerst von Oma, instinktiv drücke ich ihre gebrechliche Hand und gebe ihr – entgegen dem aufkeimenden Ekel – einen kräftigen Schmatz auf ihre Stirn, was sie mit zwar nur angedeutetem, aber glücklichem Lächeln quittiert und mich plötzlich auf eine mir peinliche Weise berührt. Sie hat das wünschenswerte Alter erreicht, das in diesen Zeiten vielen verwehrt bleibt; sie wirkt als schon des Lebens müde, scheint nur mehr in Ruhe und Gelassenheit auf den allerletzten Schlag ihres abgekämpften Herzens zu warten, auf die Abberufung ohne geringste Angst, hier neben ihrem Mann, vorbereitet zu sein. Ich lege ihre Hand wieder auf die Lehne und drehe mich um.

Wir verabschieden uns vom sitzen bleibenden Anton, ich werfe einen kurzen Blick auf Oma und wir gehen hinaus in den Schatten, den Abhang hinunter.

„Glaubst', Mutti, dass er wirklich schon gern' tot wär'?"

„Kann gut sein, recht viel bleibt ihm nicht mehr. Nicht 'mal reden kann er mit der Oma noch, das glaub' ich ihm, 'ist nicht lustig."

„Ja, aber als junger Mann hätt' er doch nicht sterben wollen, wie meint er das?"

„Als der Gerd vermisst gemeldet worden ist, Betti, das hat ihn beinahe verrückt gemacht, bis heut' ist sein Schicksal ungewiss. Wir haben zwar nie darüber gesprochen, aber das hab' ich dem Vater angesehen, wie sehr er sich Vorwürfe gemacht hat, ja da hab' ich als junges Mäd'l schon mit dem Schlimmsten gerechnet... Aber lassen wir das. Und, Franz, morgen ist dein großer Tag?"

„Naja", bleiben meine Gedanken bei der so glücklich wirkenden Oma. Wie kann das sein, dass wir Jungen vor Sorge umkommen und diese Frau in ihrer absoluten Untätigkeit vor Glück strahlt?

Mit gleichmäßigem Zug zweier Finger ziehe ich den goldenen Knauf aus der Wand, achte auf das sogleich ertönende Ding-Dong und drücke ihn, gegen merklichen Widerstand – vermutlich durch die Kälte hervorgerufen – zurück, drehe dem Eingang meinen Rücken zu und warte. Heute Morgen begann es leicht zu schneien, friedlich fallen mittlerweile dicke Flocken lautlos zu Boden, ohne dabei vom Wind in ihrer natürlichen Fallrichtung beeinträchtigt zu werden. Die ganze Stadt, von hier aus wegen des kleinen Waldstückes nur zur Hälfte einsehbar, bekommt ungefragt ihr erstes weißes Winterkleid des heurigen Winters übergezogen. Ein lauter Ruck und ich drehe mich um.

„Grüß Gott, Franz."

„Grüß Gott", begrüße ich das neue Hausmädchen.

„Du wirst schon erwartet."

„Na denn!", durchschreite ich in gespielter Eile die Tür, um keine Zeit zu verlieren. „Ach, die Schuhe, ich weiß schon", sehe ich sie versöhnlich an.

„Hier, ich habe Hausschuhe für dich."

„Danke", fühle ich mich allein durch das Du-Wort, auch wenn es nur dem Hausmädchen gilt, schon beträchtlich wohler. Ich folge dem wahrlich kessen Mädchen in das Stiegenhaus, wo sie mir andeutet, mich in den kleinen Saal zu unserer Linken zu begeben.

„Grüß dich, Franz!" Die Frau Reiter ruft mir gleich bei meinem zögerlichen Eintreten diesen Gruß entgegen. Valeria schenkt mir ein entzückendes Lächeln, das ich wie einen zugeworfenen Rettungsring ergreife in der Seenot, in die mich Herrn Reiters verächtliche Blicke bringen und das ihn selbst als einzige Hilfeleistung zu einem kurzen Nicken mit dem Kopf hin zu dem freien Platz an der Seite seiner Tochter veranlasst.

„Grüß Gott!", spiele ich meine Kappe nervös durch beide Hände im Kreis. Wenngleich ich bereits einige Male diese Situation – alleine Valerias wegen – durchlebt habe, weiß ich noch immer nicht, wie ich mich zu verhalten habe, ob die Hand zu reichen oder einfach der zugeteilte Platz einzunehmen ist, was ich –ob richtig oder falsch – in dieser angespannten Atmosphäre bevorzuge.

„Gut schaust' aus, Franz. Der Arm ist vollständig geheilt, ja?", scheitert Frau Reiters Versuch, Druck dem Raum entweichen zu lassen.

„Mhm." Ohne Valeria dabei anzusehen, setze ich mich artig auf den mir zugedachten Stuhl. Am liebsten aber würde ich im Boden versinken. *Wie um alles in der Welt soll ich diesen Mann, der Blicke wie Blitze über den Tisch sendet, überhaupt etwas fragen, und dann noch um die Hand seiner Tochter?*

„Also, Franz! Unsere bezaubernde Tochter hat gemeint, du hättest uns etwas zu fragen, das heißt natürlich, wenn du diesmal den Mut dazu aufbringen kannst, nicht über dritte die Antwort einholen zu lassen."

Sieh einer an, der offene Herr Reiter ist nachtragend und nicht zu knapp! Ein kleiner Soldat mischt sich in sein großes Leben und schickt sich an, ihm seine Tochter wegzunehmen. Komischerweise fördert seine eigentlich der Entmutigung dienende Beleidigung diesen vielmehr. Vielleicht, weil mein Stolz gekränkt ist, aber sicher, weil ich genau weiß, nichts Falsches getan zu haben.

„Papa! Wir haben doch etwas ausgemacht."

„Ach ja, richtig! Ich habe mein vorlautes Mundwerk zu halten, zu allen Vorkommnissen, insbesondere die, meine Tochter – dem von mir als

größten Schatz empfundenen Geschenk – betreffend. Ganz gleich, ob ihr baldiger Herr Gemahl in sein ebenso baldiges Verderben rennt, sie im Anschluss bei uns zuhause sitzt und heult, Depressionen erleidet…"
„Andreas", zischt seine Frau ihn an.
„Schon gut. Bevor ich mich aber empfehle", fixiert er nun Berthas Augen, „nur noch so viel, falls mir das gestattet sei: Ja, ich bin enttäuscht, dass ausgerechnet meine Tochter einen überzeugten Soldaten, der du mir scheinst zu sein, heiraten will. Nachdem jedoch in diesen Zeiten des `casus bellum´ alles mit jedem geschehen kann und ich meinen Schatz lieber später als gegenwärtig in der Verzweiflung ertrinken sehe, lassen wir das leidige Frage-und-Antwort Spielchen. Ja, Franz, unseren Segen hast du." Ich drücke ihre Hand fest und sehe mit flauem Magen, wie der Herr Reiter sich erhebt und allem Anschein nach geknickt und sich als Verlierer fühlend das Spielfeld verlässt.
„Danke, Frau Reiter."
„Für was denn? Wir, oder besser ich habe mich für sein Verhalten zu entschuldigen. Schließlich ist es ja nicht so, als würde dir eine Wahl gelassen."
Jetzt erst bemerke ich, welche Mühe es sie gekostet haben muss, ihren Herrn Gemahl von seiner Einwilligung zu überzeugen. „Mama, stört es dich, wenn wir uns ebenfalls zurückziehen?"
„Na, na. Eine Tasse Kaffee könnt ihr trotz, oder gerade wegen deines Vaters Störrigkeit mit mir trinken", beginnt sie erneut, ohne eine Antwort abzuwarten, aus der mich faszinierenden Kanne in die dazupassenden Tassen das herrlich duftende Gebräu zu leeren. Meine Mutter würde beim Anblick dieses Sortiments platzen vor Freude. Jahrelang versucht sie bereits, das geerbte schlichte Porzellan, bestehend aus nur jeweils zwei Teilen, zu erweitern, doch noch nicht einmal das will ihr gelingen.
„Also, ihr beiden", richtet die immer etwas aufgedrehte Bertha ihre Bluse, „wie machen wir das jetzt mit eurer Hochzeit?"
„Das möchten wir ja oben zuallererst unter vier Augen besprechen, liebe Mama."
„Also, mein Kind, wenn ich euch einen Rat geben darf, plant den schönsten Tag eures Lebens sorgfältig, denn ihr werdet ihn so oder so nie vergessen."

„Wir beginnen jetzt sofort!", springt meine Verlobte auf.
„Ach, meinetwegen, geht schon, wenn euch der Rat der Alten nicht interessiert."
Ich kann mir durch einen letzten kräftigen Schluck bestätigen, dass Kaffee, gleich nach Bier, mein Lieblingsgetränk ist, und laufe der voraus eilenden Vali hinterher.
„Dein Vater hat jedes Mal üble Laune wenn ich da bin, mir wäre lieber, er zeigte etwas Verständnis, meine Situation betreffend", höre ich mich wie ihre sorgfältig die Worte wählende Mutter an.
„Er rechnet halt immer mit dem Schlimmsten. Seiner Meinung nach sind alle Optimisten Dummköpfe, die nichts vom Leben begriffen haben."
„Na, dann bin ich wohl so einer," gelangen wir in den ersten Stock, „und was meint er mit `casus bellum´?"
„Kriegsfall. Irgendetwas vom Cäsar, glaub' ich zumindest."
Wir betreten gemeinsam Valerias Schlafzimmer. Es herrscht jetzt exakt eine jener Stimmungen vor, in denen es mir so schwer fällt, das weibliche Geschlecht zu verstehen. So gibt sich meine Vali in diesem Moment unnahbar, sogar mich einschüchternd stark und unabhängig, schon im nächsten wird sie kaum wiederzuerkennen sein. „Franzl, ist 'was? Willst' mich nicht heiraten?", lacht sie nicht mehr ganz so unbefangen auf und setzt sich auf ihr Bett. „Ja, Vali. Da ist etwas", kann ich einfach die Gelegenheit aus moralischen Gründen nicht zu meinen Gunsten nutzen, „aber versprich mir, nicht zu heulen. Vali, ich, tja, ich lieb' dich von ganzem Herzen", sage ich, worauf sie ihren schönen Mund zu einer Grimasse verzieht, da sie meine Einleitung für schlechte Nachrichten schon kennt, „aber ich… ich muss vor unserem schönsten Tag nochmals weg." Äußerlich gefasst blickt sie sofort ins Leere.
„Wann?"
„Nächsten Montag, den 18ten."
„Was? So kurz vorher sagst du mir das?", treffen ihre entsetzten Augen auf meine.
„Wir haben's selber erst am Montag erfahren."
„Und wenn du nicht wiederkommst, so wie Vater befürchtet?"
„Vali", setze ich mich bestürzt auf ihr Bett und lege meinen Arm um sie,

„denk doch so 'was nicht. Ich komme wieder, das versprech' ich dir."
Keine Träne verlässt ihre Augen, die, ohne auch nur feucht zu werden, geradeaus starren, in Gedanken versunken einen Punkt fixieren, daran festkleben, ihn jedoch mitnichten in ihre Gedanken, die entweder unserer Zukunft oder viel schlimmer ihrer Fehlentscheidung gelten, einbinden.
„Franz, bitte geh' jetzt."
„Was?" Sie scheint nicht mehr ganz bei Sinnen. „Ich möcht' allein' sein, jetzt!"
Mit diesen Worten entlässt sie mich in die stille Winterlandschaft, durch die ich – anfangs wütend – nachhause schreite. Die Wut in meinem Bauch wandelt sich bei jedem Schritt, den ich vergebens auf ihr Nachlaufen warte, mehr in pure Verzweiflung, die einen jungen Mann in solchen Angelegenheiten maximal treffen kann. *Bevor ich sie eingeweiht habe, war alles in Butter,* seit dem scheint alles innerhalb weniger Sekunden vergebens geworden zu sein, dem Hannes seine Aussage fällt mir plötzlich ein und stößt sogleich meine Gedanken vollständig in eine Ohnmacht, aufgrund der Erkenntnis, dass es an den stürmischen Zeiten liegt, nicht an mir.

Genau eine zermürbend lange Woche, gefüllt mit Manövern und schlechtem Schlaf ist vergangen, als ich vor Freude die Stiefel ergreife und aus dem Haus laufe.
„Servus, Vali!"
„Servus, Franzl!"
Erst am Gartentor, ganz in ihrer Nähe, nehme ich mir die Zeit, meine schneebedeckten Füße in die Stiefel zu stecken.
„Gehen wir hinauf zum Wald?"
„Ja, sehr gern", nehme ich ihre kalte Hand und führe sie in der Sonne den zugefrorenen Bach entlang, „weißt' noch, wie wir das erste Mal nach meiner Heimkehr hier 'gangen sind?" Ich sehe in ihrem Gesicht die Haltung erlöschen und von der Seite kleine Tränen in den Augen.
„Ja, weiß ich noch. Du bist den ganzen Weg barfuß gegangen. Franz, ich hab' die ganze Woche nachgedacht und zwar jede Nacht."
„Ich doch auch, mein Schatz."

„Und ich wollte dir sagen", fährt sie fort, während ich unbedacht ihre Tränen laufen lasse, „dass ich ganz fest an dich, an uns glaube." Ihre Stimme zittert ganz leicht. „Und, Franzl, ich hab' auch nicht mehr so viel Angst, Gott weiß, was er tut." *Da bin ich anderer Meinung*, denke ich, *denn warum schickt er mich überhaupt weg*, erwidere aber nur: „Ich, liebe Vali, vertraue auf mich selbst und die Kameraden. Wir kommen unbeschadet zurück."

„Franz", hebt sie meine rechte Hand hoch, öffnet sie und es wirkt, als hätte sie sich darauf vorbereitet, „da hast' ein neues Bild von mir." Sie legt es in ihr ab, schließt sie mit ihren kalten Händen, drückt sich ganz nahe an meinen Körper, sodass ich ihren heißen Atem spüren kann, und sieht mir unschuldig von unten in die Augen. „Und hier, Franz, hab' ich noch 'was für dich", holt sie etwas aus ihrer Manteltasche.

„So, was denn?"

„Hier, mach's gleich auf."

„Danke Vali, du bist so lieb. Eine Uhr?"

„Ja, gefällt sie dir?"

„Was, woher hast du denn die?"

„Ob du's glaubst oder nicht, die hat mir mein Vater gestern noch für dich gegeben. Er meinte, sie habe ihm im Weltkrieg vortrefflich gedient und ein Soldat ohne Zeitmesser, das wäre ein Anachronismus, was auch immer er damit gemeint haben mag."

„Dein Vater", schüttle ich den Kopf. „Aber die ist doch sehr viel Wert, da bin ich mir sicher."

„Umso besser. Damit du immer weißt, wann du heimkommen musst."

Ohne Umschweife küsse ich diesmal sofort ihre zauberhaften Lippen, schmecke sie so lange wie möglich, beginnen unsere Zungen das noch wenig bekannte Spiel. Sie drückt ihre weichen Brüste ganz fest an mich, schiebt ihren Unterleib fordernd gegen meinen und fängt sanft an, ihn langsam an meinem für sie spürbaren Glied zu reiben. Ich weiß nicht, wie lange wir so am Wegesrand vereinigt standen, bis wir uns endlich entschließen können, weiter zu gehen.

„Also, willst du mich noch immer heiraten?"

„Ja, Franz, und wollt' doch nie 'was anderes, du Depperl." Wir lachen beide dabei herzlich. Noch den ganzen Nachmittag darf ich sie im Arm oder zumindest an der Hand halten, den Körperkontakt aufrechterhalten, egal wie. Nur läuft uns die Zeit davon, wie jedes Mal in ihrem Beisein, doch heute wohl durch die letzten gemeinsamen Stunden für heuer noch schneller.

„Franz, so bald du wieder da bist, will ich mit dir schlafen, hast du mich verstanden, Schütze Meyer?"

„Mhm", beschämt mich ihre Offenheit, oder die daraus resultierenden Gedanken, vielleicht auch beides, „das will ich auch, Schatz!" Ein weiteres Mal möchte ich die Zeit anhalten. Im Hier und Jetzt ewig verweilen. *Nur*, starre ich vom Pulverturm über die weiß glänzenden Hügel hinweg, *könnte ein flüchtiger Augenblick in der Ewigkeit gefangen, in dieser Intensität überhaupt brennen? Ihre Lippen einen so hohen Grad der Erregung in mir dauerhaft erhalten*? Alles hat ein Ende, meinte Anton einmal, dafür alles auch einen Anfang. Ein letztes Mal auf unbestimmte Zeit gehört sie meinen Armen.

„Ich liebe dich, Franz."

„Ich dich auch und wie. Ich schreibe dir so schnell wie möglich, Vali. Denk' an mein Versprechen!"

„Servus", neigt sie auch jetzt zu keinem Schabernack. „Bis ganz bald", will ich ein allerletztes Mal ihre weiche Wange zum Abschied küssen.

Einen Tag später, bis um acht Uhr abends, müssen alle Soldaten in die Kaserne eingerückt sein. Bevor ich unser Haus verlasse, sitzt die Familie noch bei ein paar Gläsern Most in der Küche zusammen und hört Musik. Schon seit einer Stunde spielen sie klassische Musik, jetzt gerade irgendwas von Beethofen, während Mutter hin und her saust und mir ständig irgendwelche Dinge in einen Beutel packt, von denen ich nur die beiden Halstücher – eines davon weiß, das andere braun – als sinnvoll erachte. Der Staub in Polen, sowie der teilweise schneidende Wind bei den Manövern, sind mir im Gedächtnis geblieben.

„Also, dann werd' ich 'mal." *Eigentlich*, blicke ich in die Runde, *hasse ich Abschiede*, besonders solche wie gestern oder jetzt gerade, die ins Ungewisse führen. „Mach's gut, Bua", gibt mir der Vater die Hand, „und mach' uns keine Schand'." Die Mutter beginnt bei unserer Umarmung verlegen zu weinen, am Schlimmsten aber ergeht es der völlig blassen

Betti. Sie bringt tatsächlich kein Wort heraus, sodass ich versuche, sie mit dem Versprechen, baldigst zu schreiben, zu beruhigen. Den beiden Kleinen scheint die Tragweite noch nicht begreifbar, so freuen sie sich, ihren Freunden von mir berichten zu können.

Alleine gehe ich aus der Küche, streichle nochmals die Kora, kraule ihren Nacken – was sie ganz besonders liebt – sehe zu allen am Tisch Stehenden, die weder Worte noch Gesten finden, stehe auf und gehe.

„Austreten!"

Mit dem gesamten Spindinhalt auf dem Rücken und dem Gewehr bei Fuß warten wir in vollständiger Adjustierung auf den Kompaniekommandanten. Eilenden Schrittes tritt er aus dem Gebäude in den hart knirschenden Schnee und stellt sich neben den schon nervös wartenden Spieß für die Begrüßung. „Soldaten", schreit er nach einem kräftigen `Guten Morgen´ in die kalte, dafür trockene Morgenluft, „heute ist es endlich so weit. Das gesamte Bataillon wird in den Wehrkreis 6 verlegt. Gleich im Anschluss werden wir zum Bahnhof marschieren, und zwar so, wie es sich für Soldaten der V. Kompanie gehört. Ich will, dass bei dem Gesang die Häuser zittern, verstanden?"

„Jawohl, Herr Oberleutnant!"

„Männer! Ganz gleich, was die Zukunft an Aufgaben für uns bereithält, wir werden sie lösen, wie wir sie in Ostpreußen gelöst haben: zur vollsten Zufriedenheit unseres Führers. Heil V. Kompanie, Achtung!"

Im Stechschritt durchschreiten wir als erste Kompanie das Kasernentor, direkt der Musikkapelle folgend. „Ein Lied!", kündigt ein Soldat laut bei unserem Einbiegen in die lange Allee an, die heute Morgen mit Menschen vollgestellt ist. Der kraftvolle Gesang, der gleichmäßige, kräftige, harte Schritt beeindruckt die seitlich stehenden Leute so sehr, dass sie, obwohl genug Platz vorhanden wäre, ehrfurchtsvoll zurückweichen, während hinter uns eine Kompanie nach der anderen die Kaserne verlässt. Ein intensives Machtgefühl spüre ich unweigerlich; die Gruppe, das gesamte Bataillon bildet eine unzerstörbare, bestens ausgebildete, effektive Einheit. Es ist wundervoll, an der Spitze dieses bei Marschentfaltung hunderte Meter langen, grauen, gefährlichen Tieres zu schreiten und dabei die Leute durch unsere Entschlossenheit gehörig das Fürchten zu lehren. Es ist *unser* Lied – das Bataillon mitsamt seiner ewigen Vergangenheit lobend – das wir durch die Straßen, vom Gleichklang der Schritte unterstützt, in absoluter Überzeugung und somit aus tiefstem Herzen singen. Am Bahnhof angekommen, steht der lange Zug mit dampfender Lokomotive bereit. Noch eine abschließende Vergatterung, danach wird unverzüglich eingestiegen.

Ein letztes Mal – kurz bevor ich im Waggon verschwinde – drehe ich mich, an den seitlichen Griffen hängend, um und überschaue die kleine Menge aufs Geratewohl, als ich plötzlich den traurigen Blick meiner Mutter treffe. Durch mich hindurch fährt dieser Blick, die Euphorie augenblicklich erstickend; ihre niemals ausgesprochene Angst, es könnte der letzte auf dieser Welt sein, zeichnet sich von ihrem regungslosen Gesicht ab. Für keinerlei Geste bleibt mir Zeit, durch eines der Fenster versuche ich sie nochmals zu finden – vergebens. *Verflucht, was fällt ihr eigentlich ein? Gestern haben wir uns doch alle verabschiedet und nun nehme ich diesen Blick mit auf die Reise*, setze ich mich auf die Holzbank. Es mag verrückt klingen, aber es verunsichert mich, genauso wie ein Auseinandergehen im Streit mit Valeria mich verunsichert hätte. Unsicherheit aber endet am Feld tödlich. *Ein Traum bleibt einfach ein Traum, aber diese Dinge sind real, echt,* rollt der Zug pünktlich an, *oder regt sich das schlechte Gewissen,* wieder vieles versäumt zu haben, mit der Mutter zu besprechen. Die Anzahl der Waggons ist vom Stabszahlmeister wieder exakt berechnet worden, weshalb wir eng zusammensitzen und ein jeder verhalten aus dem Fenster des anrollenden Zuges winkt. Eine ganz ungewöhnliche Stimmung liegt über dem kleinen Bahnhof, alle winken von draußen zurück, jedoch ohne dem Lächeln über ein sicher erhofftes Wiedersehen.

„Was sagt's zur Spee?", fragt Klaus und beobachtet das ganz nah an den Geleisen vorbeiziehende hohe Silo.
„Dieser Kapitän, wie heißt er noch gleich?"
„Langsdorff."
„Genau der. Also, der gefällt mir, volle Kanne ´rein."
„Wenn das ´mal gut geht, die Engländer sind erfahrene Seeleute."
„Ja schon, aber die `Graf Spee´ ist gegen die stärksten Geschoße

gepanzert, also unzerstörbar."
„Wie kommst' denn da d'rauf?", sehen alle den Hannes wartend an.
„Also, das mit der Panzerung, das hat mir ein Bekannter erzählt. Er ist doch bei der Marine, ein Obermaat. Ich hab' euch doch sogar das Foto gezeigt, das er mir nach Polen geschickt hat."
„Ah ja, das war die Spee?"
„Ja, wie sie am 21. August majestätisch aus Wilhelmshafen geglitten ist. Er sagt, sie hat neben der stärksten Panzerung eine Artillerie an Bord, die seinesgleichen sucht."
„Na, das wird sie nun zeigen können, aber wie gesagt, der Engländer ist ein alter Seehund."
„Zumindest kracht es dort sicher ordentlich. Du meine Fresse, Uruguay, Südamerika, wo die Seeleute überall hinkommen, was? Und wir Stoppelhopser fahren nach Treysa, Wehrkreis 6." „Ist doch auch schön, da in der Nähe ist der Westerwald, über den der Preuß' immer so gern singt, und die Pfalz."
„Der Franzos'!"
„Ja, der auch."
„Mensch, was da jetzt noch wird?", schaue ich aus dem Fenster, wo bereits die weißen, glänzenden Hügel und Felder mit den ruhenden Ackerflächen darunter an uns vorbeiziehen.
„Glaubt ihr wirklich, der greift uns jetzt an? Ich meine, beinahe die gesamte deutsche Armee war in Polen beschäftigt und er lässt uns trotz Kriegserklärung in Ruhe und jetzt plötzlich fällt ihm ein, gegen uns vorgehen zu wollen? Das kapiere, wer will, ich nicht."
„Stimmt, eigentlich idiotisch!", bin ich mit dem Richi einer Meinung, so habe ich das noch gar nicht gesehen.
„Ja, aber auch egal, warum, es ist nun 'mal so. Wenn man den täglichen Berichten glaubt, dann bereiten sich der Franzenmann und der Engländer hinter der Marginot-Linie vor, die müssen doch auch erst Truppen ausheben, das dauert doch!"
„Ich hoff', wir geh'n 'rüber!"
„Was?"
„Ich will lieber angreifen, als angegriffen zu werden, Angriff ist die beste Verteidigung."

„Gegen die bestverteidigtste Linie der Welt willst' anrennen?"
„Ach, ihr habt ja nur die Hosen schon wieder kräftig geladen." Der Sepp erfreut sich daran, uns als Feiglinge hinzustellen. Zu Beginn unseres ungewollten Zusammenseins redeten wir noch dagegen an, jetzt bleibt meist die gesamte Gruppe still und geht auf seine Provokationen gar nicht mehr ein.

Unzählige Stunden des Grübelns später, und mitten in der Nacht, fahren wir in unseren Zielbahnhof ein. `Treysa´ steht auf einem von Schnee befreiten Schild – durch die seitliche Laterne gut lesbar, die zugleich den heftigen Schneefall anzeigt. `2:13 Uhr´ kann ich an meiner Armbanduhr ablesen, womit wir seit dem Umsteigen in München über sieben Stunden in dieser zugigen Röhre gefroren haben. Kein Auge ließen mich die zitternden Muskeln schließen, denn bis jetzt zögerte ich unentschlossen, die Zeltbahn aus dem Gepäckfach herunterzuholen.
„Alles Aussteigen!"
„Aufwachen", gebe ich dem beneidenswerten Klaus einen Ruck, der trotz der Unterbrechung des gleichmäßigen Schaukelns und der lauten Befehle außerhalb des Zuges noch fest schläft.
„Wir sind da!"
„Was?"
„Wir steigen aus, du Schlafmütze."
„Scheiße, es müssen unter null Grad sein", meint er noch immer schläfrig, während wir am Vorplatz antreten. „Da wirst' wenigstens sofort munter", gähnt Roland und wir marschieren los.
In dem offenkundig nicht allzu großen Städtchen verteilen sich die Kompanien, indem sie den Quartiermeistern in abzweigende Seitengassen folgen, oder halten an, um eines der Häuser direkt an der Hauptstraße in Richtung Zentrum zu beziehen. Noch ein Stück weiter, dann hören auch wir ein lautes „Halt!". Der Quartiermeister, der lange Zeit im starken Schneefall nicht zu erkennen war, spricht einige Worte zu unserem Chef und deutet nacheinander auf drei Häuser vor uns, an deren Eingangstüren Lampen ein flackerndes Licht werfen.
„Soldaten! I. Zug bezieht dieses, II. Zug das mittlere und III. Zug das letzte Haus", deutet er, ohne sich umzudrehen, hinter sich, in der

sicheren Annahme, wir hätten verstanden. „Schlafen in Alarmbereitschaft! Gute Nacht!"
Daraufhin trampeln 40 Mann, einer dem anderen die kleine Holzstiege in den I. Stock hinterher folgend, drehen großteils auf halbem Wege wieder um und suchen ebenerdig eine noch nicht bezogene Bleibe.
„Hier, Kameraden!", streckt der Sepp seinen kräftigen Körper aus dem schmalen Türrahmen.
„Was, so gleich beim Eingang?"
„Was soll's. Dann haben wir beim Austreten immer den kürzesten Weg."
Gleich hinter der niedrigen Zimmertür stehen zwei große Kästen an der Wand, daran mit geringem Abstand anschließend und getrennt durch einen schmalen Gang, links drei und rechts zwei Stockbetten, bis der Raum mit einem kleinen Tisch stirnseitig am Fenster abschließt.
„Verdammt, is' das eng!"
Sofort wetteifern wir um die augenscheinlich besten Betten ganz hinten, nahe dem kleinen Fenster. „Also", stellt Klaus sich uns anderen in die Quere, „ich als Stubenältester teile die Betten nach Alter ein, wenn's recht ist?"
„Stubenältester! Das i' net lach'!", raunzt ihn der Sepp an, „um drei Monate bist' älter als ich."
„Deshalb Stubenältester, wurscht wie alt", und er beginnt, die Leute dem Alter nach einzuteilen.
„Wie nah' der Wall wohl sein wird?"
„Mach dir net in die Hose, Franz. Der ist weit weg, da sind ja nicht 'mal andere Truppenteile zu sehen."
„Aber die gesamte 45er muss hier doch liegen?", klettere ich auf das zugewiesene wackelige Stockbett in der Raummitte mit der wohl schlechtesten Luft des Raumes.
„Das werden wir morgen alles erfahren."
Ich starre noch eine ganze Weile auf die einengend nahe Decke über mir und fühle das Auswegslose an dieser Situation. Wir stecken nicht nur zusammen in einem viel zu kleinen Raum, sondern tief in einer Sache, die kein Zurück kennt, die ab morgen uns keine Wahl mehr lassen wird und nur mehr von der Entscheidung einzelner abhängt.

Was daran ´vogelfrei´ sein soll, ist mir schleierhaft, rolle ich die frisch bezogene, den Dienstgrad anzeigende rot-weiße Wolldecke über mich und schlafe hundemüde ein.

In altbewährter Manier, um 6:30 Uhr, steht die gesamte Kompanie vor den drei wundervollen Häusern, in 20, vielleicht 30 Zentimeter tiefem Schnee. Wenngleich es in der Nacht aufgehört hat zu schneien – nur vereinzelt verirren sich dicke Flocken, noch tanzend im Wind, auf unsere Uniformen – liegt das ganze Städtchen zauberhaft tief verschneit im Winterschlaf unter einer dicken Schneedecke. In mindestens 150 Metern Entfernung kann ich eine weitere angetretene Schützenkompanie erkennen, andere, sich in der Nähe befindliche, nur aufgrund von Befehlen und unterschiedlichen bekannten Geräuschen, die seltsam dumpf durch den Schnee tönen, hören. Solcherlei Häuser habe ich nie noch gesehen, und in dieser Stadt reiht sich gar eines dem anderen an. Durch die Enge der Gasse und wegen der Vielzahl dicker Balken an der Fassade wirken sie in ihrer Art sogar einschüchternd auf mich. Ihre Fassaden sind am unteren Ende des Giebeldachs mit einem mächtigen Querbalken durchzogen, an dem dünnere, von oben gleichmäßig schräg nach unten führende Balken ihren Abschluss finden und somit herrlich geometrische Formen bilden. Nicht etwa nur unsere – auf die wir gezwungen sind, zu blicken – alle an diesem Platz zeichnen sich durch dieselbe Bauweise aus, Fassade für Fassade ist von schwarzen, blauen oder roten Balken durchzogen.
„Guten Morgen, Männer!"
„Guten Morgen, Herr Oberleutnant!"
„Alles herhören! Das sind unsere Quartioro auf unbestimmte Zeit. Geschlafen wird bis auf Weiteres in Alarmbereitschaft. Jedes dieser Häuser verfügt über einen Waschraum, der täglich aufzusuchen ist, von jedem. Körperpflege ist die viertwichtigste Sache eines gesunden Soldaten. Alles Weitere erfahrt ihr durch die Unterführer. Nur so viel noch: Wir sind hier als Reserve-Einheit abkommandiert und daher weit vom Schuss. Dennoch werden wir uns auf den Ernstfall vorbereiten, dabei werden preußische Kameraden helfen."
„Auch das noch."

„Der Dienstplan für diese Woche wird am frühen Nachmittag ausgehängt. Wir werden jetzt diesen Platz freiräumen, der bis auf Weiteres als Alarmplatz dient. Sobald ihr damit fertig seid, habt ihr bis zum Mittagessen frei. Ein's noch: Es gibt eine traurige Mitteilung des OKW an alle Soldaten des Reiches. Das Panzerschiff `Graf Spee´ wurde gestern von seinem Kapitän Langsdorff eigenhändig gesprengt und damit versenkt, weshalb die Flagge Halbmast bleibt. Achtung!"
Sofort laufen wir um unsere allerdings wenig tauglichen Klappspaten. Wild durcheinander und ohne System schaufeln wir den Schnee von da nach dort und leider zurück nach da, 120 Mann ohne rechte Führung und damit Vorstellung.
Endlich schreit jemand laut: „Halt, Kameraden! So wird das nie ´was." Ein kleiner Mann steht in der Mitte des Platzes, hält den Spaten in der rechten Hand hoch und wartet. „Aufhören", ruft er laut über den Platz, richtet seine dick umrahmte Brille und legt den Spaten verlegen über seine Schulter, „wir müssen zusammenarbeiten, das ist viel zu viel Schnee. Wir schaufeln einfach von der Mitte die eine Hälfte nach rechts hinaus, die andere nach links. 60 Mann hier, 60 dort." Durch die ersten sich am richtigen Ort bildenden Haufen angespornt, schaufeln wir wie wild weiter, um wenigstens noch ein wenig Zeit frei zu haben.
„Ach, verdammt", stecke ich völlig verschwitzt den Spaten zurück in die Seitentasche, „nur noch eine Stunde Zeit."
„Aber ohne diese Type da würden wir noch lange werken."
„Ja, eine schlaue Brillenschlange, die sie da haben im III. Zug."
„Aber egal! Gehen wir in die Stadt, da gibt´s bestimmt ´was zu seh'n."
„Abmarsch!"
„Die `Graf Spee´ gesunken. Was sagst' da jetzt, Hannes?"
„Das kann ich gar nicht glauben, nicht nach dem, was ich über sie gehört hab'."
„Aber so ist es."
„Ja, wahrscheinlich."
Fast die gesamte Kompanie hatte diesen Einfall und geht, dabei lachend und einander mit dem vielen Schnee einreibend, auf das vermutete Zentrum zu. „Die Häuser da", zeigt Richard auf die allesamt im gleichen Stil gebauten Häuser – was zumindest auf einen gewissen

Reichtum in dieser Gegend schließen lässt, verglichen mit den Baracken in Ostpreußen sogar auf einen großen – „also die Bauweise davon, die hat einen bestimmten Namen, wisst ihr welchen?"
„Mauer-Holz-Mischung!"
„Genau, du Affe!"
„Sag' schon."
„`Fachwerksbauten´ nennt sich das. Ein Bild von genau so einem Haus war auf unserem Fachkundebuch, als ich noch Lehrling g'wesen bin. Es ist ein ganz besonderer Stil dieser Region."
„Wieso machen die das?"
„Aus Tradition? Als Aufputz? Keine Ahnung. Nur, seht's den dicken Balken da? Der drückt in der Mitte schon nach unten, was dazu führt, dass sich das Haus zu ziehen beginnt."
„Liegt das am Baustil?"
„Ich denke ja, Holz arbeitet immer und diese Häuser verfügen über keine echte Befestigung, soviel ich weiß."
Der Richard ist ein angenehmer Zeitgenosse, wenn auch sonst sehr still. Er spricht leise seine meist sehr gewählten Worte, und wenn er sich gedrängt fühlt, noch leiser, was Vorgesetzte gerne veranlasst, ihn grob anzubrüllen. Er kann keiner Fliege etwas zuleide tun; deshalb wohl seine Meldung zum MG III, da braucht er nur die Feuerbereitschaft aufrechterhalten, abdrücken muss er selber nicht – so zumindest meine Theorie. Er weiß nicht nur sehr viel, er ist auch rein äußerlich ein ansehnlicher Mann, hat ganz blondes Haar – auch im Winter – blaue Augen und ist beinahe so groß wie der Sepp. Einzig wenn er seinen Mund öffnet, zeigen sich leicht auseinanderstehende Zähne. Eine Spange in der Kindheit hätte das verhindert, meint Valoria, so wie ich ebenfalls von ihr weiß, wie gut er bei den Mädchen ankommt und dass sie ihn als Zuhörer gern an ihrer Seite wissen. Er gibt sich jedoch, als könnte er kein Wässerchen trüben.

„Gut, dass wir Reserve sind!", forme ich einen kleinen Schneeball, der durch die Kälte gleich wieder zerbricht. „Nicht unbedingt!", antwortet Klaus bestimmt. „Wo wird die Reserve eingesetzt?", sieht er mich prüfend an, „Na, da, wo es ordentlich kracht und es hohe Verluste gibt, genau da wird die Reserve nachgeschoben. Wir könnten in unbekanntem Gelände sofort fürchterlich belegt werden. Wie in Tomaszow. Da weißt' nicht mehr, wo hinten und vorne ist."

„Na umso besser, da hast' keine Zeit zum Nachdenken", grinst der Sepp bis über beide Ohren und gibt mir einen kräftigen Stoß. „Merk' dir, Franz, es gibt nichts Blöderes, als einen zaudernden Soldaten. Wenn's auch für dich losgeht, leg' deine Gedanken auf Eis, im Sinne der Truppe", wirft er mir den kalten Schnee ins Genick. „Ja, danke Sepp, ich werd's mir merken", erwidere ich und sehe zu Klaus hin. In diesem Augenblick strömen weitere Soldaten aus einer kleinen, durch einen halben Meter hohe Schneeverwehungen für Fahrzeuge unpassierbare, Seitengasse.

„Ah, die MG-Kompanie. Seid's eingeschneit, ja?"

„Nein, 'wollten sehen, wo's da lang geht. Wir sind weiter hinten in einer Querstraße einquartiert. Ganz in der Nähe vom Regimentsstab. Heut' haben wir den Veith schon gesehen, wie er elegant von zwei Offizieren begleitet weggeritten ist."

„Sicher das Gelände erkunden."

„Ganz recht, ein echter Chef halt."

„Habt ihr da in der Gasse schon Einheimische gesehen?"

„Nein, wie ausgestorben ist es hier."

Wie auf Kommando treten junge Mädchen aus dem Schatten einer alten, halb eingestürzten Kirche gerade vor uns hervor, bleiben stehen, kichern laut hörbar und sehen verstohlen zu uns herüber. „Schau doch!", schreit einer der MG-Leute und fügt hinzu: „Wie heißt es im Handbuch? Ein Deutscher Soldat hat sich der Zivilbevölkerung gegenüber vorbildlich zu benehmen." Langsam schreiten – betont gelassen – allerdings viel zu viele Soldaten auf sie zu, was die Mädchen veranlasst, sich umzudrehen und zu gehen.

„Wartet doch, wir tun euch nichts!"

Sie drehen sich nun doch neugierig immer wieder zu uns jungen Männern um und verlangsamen ihr Tempo.

„Grüß Gott."

Daraufhin bleiben sie stehen.

„Wir kommen aus der Ostmark", übernimmt jener Soldat, den man sich gut als Adjudanten eines Oberst vorstellen könnte, das Wort; „Ich heiße Matthias. Matthias Gruber", streckt er die Hand dem ersten, noch sehr jungen Fräulein entgegen. „Ich bin die Tanja", antwortet sie frech in komischem Dialekt. Dieser Matthias dreht daraufhin seinen Kopf zu uns Staunenden – *ja, denke ich, er wäre eingebildet genug für einen Adjudanten.*

Aus sicherer zweiter Reihe überblicke ich wenig interessiert die kleine Gruppe sowie das gockelhafte Treiben einiger Kameraden, als mich plötzlich der Blick eines ebenfalls im Hintergrund wartenden Mädchens trifft. Sofort ziehen diese Augen ihren Bann über mich, alles regt sich, ohne es zu wollen, willkürlich pocht es bis zum Hals in der Brust. Völlig überrumpelt von dieser unpassenden Regung in mir, drehe ich den Kopf beiseite, hin zu der alten Kirche nebenan, deren Schatten uns umgibt. Den Gedanken jedoch kann ich diesen Blick nicht so einfach entziehen, sie kreisen einzig um dieses Paar Augen, wollen das Verlangen eines neuerlichen Hinsehens gestillt wissen. Einige belanglose Gesprächsminuten später verabschieden meine Kameraden sich endlich, wobei ich meiner Neugierde nochmals nachgeben muss und in die frechen, mich noch immer fixierenden Augen unglaublicher Schönheit kurz und beschämt, aber fasziniert eintauche.

„Lasst uns weitergehen!", fordere ich eher mich selbst – ganz nach dem Motto `Aus den Augen, aus dem Sinn´ - laut auf und drehe mich weg.

„Na, jetzt wo er verlobt is' kann man ja gar nichts mehr anfangen mit unserem Feschak, was, Kameraden?"

„Mensch, die haben hier aber Prachtweiber! Da kann man nur hoffen, möglichst lang' zu bleiben."

„Wie mein Alter immer sagt, andere Mütter haben auch schöne Töchter."

Die uns entwaffnenden Fräulein außer Sicht, befinden wir uns vor dem Rathaus, mit nur einer anderen kleinen Menschenansammlung, die allerdings wenig Interesse an uns zeigt und sich langsam entfernt. Es handelt sich hier um einen rechteckigen Platz, der von Fachwerksbauten umrahmt ist, die einzig von vier relativ schmalen, hineinführenden Gassen getrennt werden, welche allesamt geradewegs auf den Brunnen mittig des Platzes zeigen, der im Sommer wohl aus dem Mund des darüber throhnenden, zu Stein gewordenen Neptuns mit Wasser befüllt wird. Immer mehr Soldaten füllen den Platz, einige besitzen Kameras und schießen Gruppenfotos mit Brunnen und ohne, mit Rathaus, Bäckereigebäude, Schneiderei oder Kürschnerei, sogar mit der Metzgerei. *Der Platz*, überkommt mich das Gefühl scheint von uns Soldaten besetzt worden zu sein.

Zurück im Quartier hat sich eine Traube grauer Männer um den Dienstplan gebildet, auf dem für unsere Gruppe Exerzieren für heute Nachmittag vorgesehen ist. Morgen Vormittag geht es ins Gelände, danach ist Unterricht, und so fort bis zum Sonntag, an diesem Tag haben wir – wie alle anderen – ein leeres Kästchen. In der Spalte für das Datum steht ʻHeilig Abendʻ, sonst nichts. *Mein Gott, meine ersten Weihnachten ohne Familie.* Wir haben gar nicht darüber gesprochen, wohl vergessen in dem ganzen Durcheinander.
„Na, Franz, eine dünne Fleischbrühe, die sie uns da geben."
„Ja, von der Feldküche verpflegt zu werden mitten in einer Stadt, das is' wirklich zum Weinen."
„Naja, zumindest scheint die Sonne und warm ist's auch und die Bäckerei läuft auf Hochtouren für Weihnachten. Wie hat es deine Vali eigentlich verkraftet?", schneidet Klaus die Brotration konzentriert in sein Feldgeschirr.
„Zuerst war sie vollkommen geschockt und hat mich heimgeschickt, einfach so. Ich war gerade bei ihnen zu Besuch, als ich es ihr gesagt hab'."
„Ach?"
„Ja, und das war eine Woche vor der Verlegung."
„Ja und weiter?"
„Dann ist sie ʼkommen, einfach so ohne Voranmeldung an unser Gartentor, am Samstag noch." Dabei denke ich – warum weiß ich selber nicht – an diese wundervollen Augen von vorhin und schlucke den Rest der Brühe, aus dem Blechgeschirr schlürfend. „Das war noch einmal wichtig, sie hat mich mit dem letzten Besuch sehr glücklich gemacht und schau' dir das an: der Alte hat mir seine Uhr geschenkt, die hat er selbst im Weltkrieg getragen, das hätt' ich ihm nie zugetraut.

Vielleicht hat er sie bei der Verleihung des `pour le merit´ kurz vorher noch gestellt, was meinst'?"
„Der Reiter is' einfach ein Verrückter und ein Pazifist, ein ganz gefährlicher. Aber wer weiß, vielleicht hat er sogar recht? Auf jeden Fall würd' mir der grad' noch fehlen in meiner Raupensammlung."
„Ha?"
„Na, mei' Frau freut sich über die weitere Frontzulage, was glaubst du denn? Was weiß ich, was die jetzt anstellt an der Heimatfront, so allein mit dem Franzl. Nur den Sold halt, den muss i' schicken, das ist fix, da kommst' dir vor wie die Melkkuh der Nation."
So scharf hat er seine Frau, die ich viel zu wenig für ein eigenes Urteil kenne, noch nie verurteilt. „Den Kleinen muss sie ja auch alleine durchbringen, Klaus."
„Genau, den *auch*."

Pünktlich um 13:00 Uhr treten wir gutgelaunt in der Sonne an, um die erste Einheit hier in Hessen zu erhalten. Dabei tritt der Franzl, wenn auch nicht tollpatschig, dann doch der Ungeschickteste unserer Gruppe, genau zum einmaligen Glockenschlag der laut hörbaren Kirchenuhr gerade über die Türschwelle.
„Das jefällt mir! Am ersten Tag, während der Alarmbereitschaft, kommt unser Schütze zu spät." Mit diesen Worten stellt sich der Feldwebel mit preußischem Akzent und von immenser Statur, ganz nah' vor den Franzl. „Haben Sie gut gegessen, Schütze?", schreit er ihm, wahrscheinlich bis zum Divisionsstab hörbar, mitten ins Gesicht.
„Jawohl, Herr Feldwebel."
„Name?"
„Franz Mittendorfer, Herr Feldwebel!"
„Sie wurden soeben mein Lieblingsschütze. Die ganze Gruppe in zwei Minuten in vollständiger Kampfadjustierung angetreten. Weg!"
„Verdammt! Was ist das wieder für ein Arschloch."
Jeder schnappt in dem engen Zimmer was er kann, fixiert einfach einen Tornister auf der Koppel, fädelt die Schlaufen der Munitionstaschen ein, nimmt das Gewehr und stürmt hinaus. Keiner will als Letzter dem Unteroffizier einen Grund geben, auch ihn auf dem Radar zu haben.

„Schon besser, 1:43! Habt ja doch wat jelernt in ...", macht er eine wohlüberlegte Pause, „in der Ostmark! Schütze Mittendorfer, vortreten! Sehen wir uns dat 'mal an. Mhm, mhm", berührt er alles mit seinen klobigen Händen, bis er laut schreit: „Gruber, vortreten! Ach, Sie sind das. Ein guter Weg, seine Männer kennen zu lernen, finden Sie nicht auch?"
„Jawohl, Herr Feldwebel!"
„Nur leider", brüllt er sein zweites Opfer an, „bei den Jungschwänzen. Sie, Pappkamerad, sollten bald ins Feld ziehen." Er macht einen Schritt zurück zur Mitte vor die Gruppe: „Wenn ich mich auf solche Pfeifen wie Sie et sind verlassen muss, ziehe ich lieber allein ins Feld. Verstanden, Gruber?"
„Jawohl, Herr Feldwebel!"
„In einer Minute zum Exerzieren angetreten. Verschwinden Sie, alle!"
Wir lernen den Vorteil unserer Unterkunft jetzt schon zu schätzen.
„Klaus, 'greif dir jetzt das richtige Zeug", meint Roman – wohl froh darüber, nicht einer der Lieblinge zu sein. Aber keiner nimmt Notiz davon, denn alles Unnötige wird auf das Bett geworfen, die Uniform kurz gerichtet und danach ausgetreten.
„Sieh an, sieh an, 57 Sekunden", geht er wieder auf den Franzl zu, mustert die Uniform und brüllt ihn an: „Haben Sie dat köstliche Essen jetzt gut verdaut, Schütze?"
„Jawohl, Herr Feldwebel!"
„Gut!", lässt er vom immer kleiner werdenden Franzl los.
„Soldaten! Ich bin hier, um euch preußisches Blut in eure kleinen Schwänze zu pumpen. Es kann jeden Tag losgehen, deshalb gleich eines: Es wird in Alarmbereitschaft gefressen, geschlafen, gewichst und geschissen, verstanden?"
„Jawohl, Herr Feldwebel!"
„Wenn sich der Rest dieser Ansammlung zusammenreißt, bin ich ein sehr umgänglicher Vorgesetzter, wenn aber noch jemand meint, er könne mich verarsche', reiße ich ihm ebenfalls den Arsch, genau wie diesen beiden Backpfeifen hier, so weit auf, dass er zum Scheißen nicht mehr sitzen braucht."
Alle haben verstanden.

„Ich habe die Scheiße in Bromberg mitgemacht und hernach ist die 4. Armee auf Warschau zu, während die 14. gemütlich von Ort zu Ort spaziert ist. Das wird gegen den Franzenmann nicht mehr passieren, deshalb werde ich aus euch so weit als möglich preußische Soldaten machen, verstanden?"
„Jawohl, Herr Feldwebel!"
„Gut. Der Franzose wartet in vielen kleinen Bunkern und mit einer starken Panzerflotte, die durch Infanterie, also uns, bekämpft werden muss. Was machen Sie, wenn ein Franzenpanzer auf Sie zurollt, Schütze?", gibt er mir ein Zeichen mit dem Kopf.
„Meyer!"
„Also, Meyer?"
„Ich laufe wenn möglich in seinen toten Winkel oder springe in ein Schützenloch, wenn vorhanden."
„Gut! Wenn das nach Dienstvorschrift geübt wird, ist der Mittendorfer hier unser Mann. Achtung!"
Es folgt wieder: sinnloses Exerzieren quer über den Platz an den anderen Gruppen vorbei, hernach endlich, mit kalten Füßen, abtreten.

„Sagt ´mal, werden eure Füß´ auch so kalt in diesen Stiefeln?", versuche ich meine Sachen geordnet zu verstauen.
„Ja, meine kleine Zehe spüre ich gleich gar nicht mehr."
„Du wirst bald andere Probleme haben. Wieso schaust du nicht, was du anlegst?", blickt der Sepp von den Spielkarten in seinen großen Händen schadenfroh zu Klaus auf.
„Eigentlich hat der Franzl meinen Tornister zuerst g'nommen, ich hatte keine Zeit mehr, nach dem Namensschild zu schauen."
„Ein Soldat, lieber Stubenältester, muss wissen, wo seine Sachen sind. Was ist, wenn wir jetzt einen Alarm haben?"
„´Ist aber trotzdem nicht dein Problem, Sepp."
„Nein, zum Glück nicht. Zum Glück nicht", wiederholt er leise, sein Blatt in der Hand lächelnd betrachtend.
„Scheiße, Franzl, jetzt wirst du von einem Ungetüm überrollt", stichelt der Berndl, am Kartenspiel beteiligt und neben dem Sepp sitzend, welcher gleich ergänzt: „Zieh aber unbedingt den Kopf ein, da hab' i' schon

Sachen gehört." Der MG-Trupp lacht bei der Skat-Partie über den Pechvogel, wobei die Beiden verständlicherweise alles dafür geben, um mit dem Sepp nur ja im Gleichklang zu sein.

„Denk' einfach daran, was wir gelernt haben", setze ich mich zu meinem Namenskollegen auf das Bett, „nur ja nicht zu breit graben und mindestens zwei Meter tief."

„Eineinhalb."

„Je tiefer, desto besser."

„Nur im Winter nicht ganz einfach", lacht nun der Sepp als einziger auf.

„Am Scheißhaus stinkt's jetzt schon bis zum Himmel, eine Freud' für den Latrinendienst. Und spart's ja mit dem weichen Wehrmachts-Papier, streng rationiert", kommt Reinhardt in die Stube. Seufzend und beide Hände auf die Oberschenkel klatschend, wahrscheinlich um unsere Aufmerksamkeit zu erhalten, richtet Klaus sich auf: „Der Ofen braucht Holz vom Keller, oder wollt ihr in der Kälte weiter kartenspielen?"

„So kalt is' doch gar net, oder?"

„Na das war klar. Komm, Franz, geh'n wir zwei", folge ich ihm hinaus.

„Der Sepp glaubt, er kann alles entscheiden."

„Na hättest' ihm doch diese Stubenältestengeschichte überlassen."

„Ich bin der Älteste. Das, Franz, hab' i' mir net ausg'sucht, aber deswegen heißt es ja `Stubenältester´."

„Ja, Klaus, aber mit dem, was heut' war, wird das net ganz einfach."

Wir klauben so viel Holz wie wir tragen können aus dem relativ großen Keller, der kaum Spuren von Feuchtigkeit aufweist, und gehen, dabei andere Kameraden passierend, wieder hinauf.

„Aber weißt', Franz, der Sepp sucht ja nur nach Fehlern bei den anderen und reitet darauf herum, und noch ´was: Es war nicht meine Schuld, was hätt' i' tun sollen und wer denkt denn, dass dieser Preuß' alles genau kontrolliert!"

Den runden, sehr dünnwandigen Kanonenofen von etwa einem Meter Höhe, der sicherlich schon lange in diesem Raum steht und genauso lange unbenutzt gewesen zu sein scheint, reinigen wir beide, holen die schwarz gefärbte Asche heraus, die sich zu einem klebrigen Klumpen in dem teilweise durchgerosteten Behälter abgelegt hat und sich nur Schicht für Schicht herauslösen lässt.

„Sepp, kannst' wenigstens das Fenster aufmachen?"

„Ach Gott, nicht 'mal skatspielen kann man hier in Ruhe", kann er nichts unkommentiert lassen.

„Ich hab' andere Stuben gesehen, wir können uns glücklich schätzen, überhaupt einen Ofen zu haben. Wer weiß, wie kalt es hier noch wird", sieht mir der verärgerte Klaus dabei zu, wie ich mit beiden Händen ruckartig das Rohr vom Ofen abziehe, wobei sich eine Staubwolke bildet, die durch den Luftzug zunächst emporgewirbelt wird und dann allmählich auf dem Boden vor dem Eingang und auf den Kästen und Betten in der Nähe landet. „Na super, du Depp!", springt Roland auf.

„Dann mach's doch selbst! Dieses Ding ist uralt!", rufe ich, als das Rohr mit einem Krach auf dem Boden landet – diese ruckartige, ungewohnte Bewegung hat ein kräftiges Ziehen im Oberarm verursacht, und ebenfalls verärgert setze ich mich auf Franzls Bett.

„Dein Arm?"

„Mhm", drehe ich ihn hin und her, während Klaus weiterreinigt. *So froh wir auch über ihn sein können*, denke ich, den Arm beugend und streckend, *von der Raumaufteilung her könnte er kaum ungünstiger stehen.* Genau im schwer zugänglichen Eck neben dem Kasten, der wegen dem Eingang unverrückbar zu bleiben hat, steht der Ofen, außerdem wird sich dadurch im Raum die Wärme schlecht verteilen. „Jeden Tag", kratzt Klaus dabei den Rost mit seinem Messer ab, „werden sich zwei andere um das Ding da kümmern. Das Holz liegt, wie gesagt, im Keller. Einfach die kleine Stiege hinten im Gang 'runter."

„Gespannt bin ich ja, was der Russ' dort oben erreicht. Der fackelt not lang', dieser Stalin, was?"

„Jetzt schaut's jedenfalls besser aus für ihn, aber diese Nordmänner wehren sich mit Händen und Füßen und der Führer schaut da einfach zu!"

„Zu wem willst' helfen, Herr General, zum Russ' gegen ein neutrales Land? Abgesehen von der scheiß Kält'n dort oben, da frierst' dir ja den Arsch ab!", klatscht Roland mit der Hand auf Hannes' Hintern, sodass alle lachen.

„Die Russen waren aber freundlich, in Jaroslaw. Alle haben uns die Hand gereicht. Wisst's noch, der eine, wie er immer auf das Hoheitszeichen getippt hat und den Daumen in die Luft gestreckt hat?"
„Trotzdem sind's und bleiben's Russen!"
„Egal was du sagst, i' hab' sie freundlich g'funden und deshalb sollen wir, wenn schon, auf ihrer Seite kämpfen."
„Leute, es steht keine Visite an. Wenn die nicht überraschend vor dem Zapfenstreich erfolgt, dann weiß i', wieso."
„Alarm?", fragt Klaus und kratzt den letzten Rost penibel ab.
„Genau, dann holen's uns mitten in der Nacht 'raus, da bin ich mir sicher", spielt Richard seine Karte mit einem Knall aus. In solchen Dingen hat er ein Gespür, eine eigene Antenne, wie man es nennen könnte.
Geräuschlos und dadurch wohl bereits eine Weile unbemerkt, steht im dunklen Eingang unser Gruppenführer Slidez und dreht seinen Kopf jetzt hinaus in den Gang, wo der Lärm einiger Soldaten sogleich verstummt.
„Achtung!", schreit Klaus alle auf die Beine.
„Schütze Gruber meldet Zimmer äh...vollständig angetreten."
„Rühren! Na, 'habt es ja ganz gemütlich hier, vielleicht etwas eng. Ach, hier steht sogar ein Öflein, denkt d'ran, um zehn: Ofen aus. Spätestens."
„Jawohl, Herr Unterfeldwebel!"
„Ich wollt' nur 'mal nach meiner Gruppe sehen und euch mitteilen, dass ich euch bald wieder übernehmen werd', aber alle Unterführer zusammen werden die nächsten Wochen unterrichtet und bis dahin macht's mir keine Schand'."
„Jawohl, Herr Unterfeldwebel!"
„Eigentlich war's das schon, und ja, legt's euch heut' zeitig hin."
„Jawohl, Herr Unterfeldwebel! Achtung!"
„Na, was hab' i' euch g'sagt, einen schönen kleinen Alarm haben wir."
„Gleich in der zweiten Nacht."
„Dennoch, sicher kein echter, so entspannt wie die alle sind."
„Wir sollen ihm keine Schand' machen. Ha, der war gut, der Franzl und unser Stubenältester stecken bis zum Hals drin'!", müssen alle lachen.

„Was soll's, die paar Wochen gehen auch 'rum."
„Der Slidez ist einer von den Guten, das hat sich in Polen gezeigt."
„Stimmt, aber was das für ein Arschloch vorher war."

„Abendessen", landet ein grüner Essensbehälter auf der Türschwelle.
„Kameraden, es gibt leckeres Fleisch und Sauerkraut", steckt der Küchengehilfe den Kopf herein. „Das ist wohl die Luxusgruppe hier. Ihr habt einen Ofen, schöne Gulaschkanone. Dann Mahlzeit, ihr Glücklichen, und den leeren Behälter im Anschluss auf den Gang."
„Abendessen", schreit er diesen weiter entlang.
„Na, Stubenältester, bitte nach Ihnen", deutet der Sepp vom Sessel auf den Behälter in Klauss Hand, alle nehmen das Geschirr, als er ihn auf den Tisch wuchtet, den Sepp ansieht und ihn dabei öffnet.
„Mein Gott, herrlich!"
„Das riecht ja wie daheim!"
„So hat es bei uns nie gerochen."
Und doch stopfen alle die magere Schnitte vom Schwein und das bisschen Kraut in sich hinein, möglichst schnell, um das Geschirr ohne sich anstellen zu müssen abwaschen zu können. Es schmeckt nicht unbedingt so wie es riecht – das Fleisch hat gar keinen Geschmack und das Kraut war dafür schon im Behälter lauwarm – aber den Magen erfreut es, was uns einige gleich wissen lassen und wir sofort lüften müssen.
„Euch is' schon klar", löffelt der Sepp das Kraut in seinen großen Mund unter dem dichten Schnauzbart, „wem ihr die Luxusherberge zu verdanken habt?"
„Ja, *natürlich* dir."
„Richtig! Und nicht so abwertend."
„Nur war halt sonst schon alles voll, niemand wollt' hier rein."
„Auch richtig. Nur manchmal, lieber Berndl", tippt er mit dem Löffel in seine Richtung, „muss man gegen den Strom schwimmen, merk' dir das."
Das gewaschene Geschirr ist im Tornister verstaut, alle – sogar die Kartenspieler – packen und überprüfen das eigene Alarmgepäck, was hier das ganze Zeug bedeutet, und ein jeder legt sich hin.
Fünf Minuten vor zehn ziehe ich die prächtige Uhr auf. Jeden Tag, so

haben wir ausgemacht, denke ich dabei an meine Verlobte und sie an mich für genau fünf Minuten. Es war wieder einer ihrer typischen Einfälle, der mir auf Anhieb gefallen hat. *Wo sie wohl jetzt gerade sein wird, in ihrem Zimmer und da in ihrem weichen Bett?* Ihre bestimmenden Worte zum Abschied erregen mich spürbar, wie gerne wäre ich jetzt bei ihr, würde sie umarmen, ließe den ganzen Blödsinn hier hinter mir. *Tja,* drehe ich noch immer an dem silbernen seitlichen Knopf, *so vergänglich sind fünf Minuten.* Die Uhr ist handgefertigt, hat mir ein Kamerad versichert, und sie verfügt über ein etwas abgeschlagenes, aber sehr robustes Glas mit weißem Ziffernblatt darunter, über das drei schwarze Zeiger in unterschiedlicher Geschwindigkeit wandern. Das ebenfalls schwarze, anschmiegsame Lederband ist an von mir gezählten vier Stellen ganz leicht eingerissen, ansonsten völlig ohne Spuren des Gebrauchs.

Ich zerstochere noch die wenige Glut im Ofen, zerteile die größten Klumpen und schließe den Deckel sowie die kleine Klappe der Luftzufuhr, die mich an Antons Ofen erinnert, als das langgezogene, gut bekannte Signal draußen ertönt. Irgendwer macht die Runde und schließt unsere Tür mit einem „Gute Nacht!"

„Alarm!", reißt mich der Schrei aus dem Traum vom Zeltlager in die Wirklichkeit. Ein jeder springt in einem Satz aus dem Bett in die Stiefel, streift die Jacke wortlos, aber in Eile über, nimmt Tornister und Gewehr und stürmt – allen im Haus befindlichen Soldaten gleich – auf den Alarmplatz. Exakt drei Uhr morgens zeigt meine Uhr, in der spürbar zunehmenden Kälte hoffentlich weiterhin verlässlich tickend. „Lagebericht!", beginnt unser Kommandant ohne Umschweife, dafür in gedämpftem Ton, „Vermuteter Feuerüberfall feindlicher Truppen in Kompaniestärke. Wir werden zur Bekämpfung und gleichzeitigem Hindern des Feindes an weiterem Geländegewinn befohlen. Zur Munitions- und schweren Waffenausgabe weggetreten."

Eine Nachschubeinheit steht neben den Holzkisten, die mit Ladestreifen zu je 5 Patronen, Kaliber 7,92 gefüllt sind. Ohne langes Zögern drückt mir jemand 9 Streifen in die kalten Hände; ich versuche gar nicht, sie hier zu versorgen, schreite vorsichtig auf den Platz und stecke

8 Streifen in die zwei Patronentaschen, den neunten in den Zubringer meines Gewehres. Alles verläuft außerordentlich ruhig, nur in den Gesichtern zeichnet sich eine große Anspannung ab. Einige Soldaten suchen im Schnee einzelne ihrer Ladestreifen – was in der Kaserne sofort Gebrüll ausgelöst hätte, hier verursacht es keinerlei Reaktion der Vorgesetzten. Die einzelnen Zugführer blicken nur ständig auf ihre Uhren; als sie sich gegenseitig zunicken, geht einer zur seitlich stehenden Gruppe Stabsangehöriger unterschiedlicher Ränge, von denen sich einer auf einem Blatt Papier, das wiederum auf einem Klemmbrett steckt und mich dadurch an den Gendarmen im Lazarett erinnert, etwas notiert.

„V. Kompanie versorgt und vollständig angetreten!"

„Laden und sichern!"

Die Schlösser rasseln gespenstisch dumpf durch den hohen Schnee, genau 120 Mal kommt leise die Rückmeldung „Geladen und gesichert!", eine Tätigkeit, geübt, um sie im Schlaf durchführen zu können.

„In Gefechtsformation, Abmarsch."

Mit kurzem Abstand zum Vordermann marschieren wir mit dem schweren Tornister auf dem Rücken und der Waffe vor dem Körper über einen geräumten Weg entlang eines schmalen Flusses hinaus in Richtung unbekanntes Gelände. Keine Sterne sind zu sehen, denn der ganze Himmel ist mit Wolken vollgehangen, die allerdings keinen Schnee fallen lassen. Der bereits liegende Schnee schluckt viele Geräusche oder ändert den wohlbekannten Klang, der durch die windstille Luft dringt. Ein riesiges Viadukt mit fünf gut erkennbaren, oben abgerundeten Öffnungen ist allem Anschein nach unser Ziel, gibt doch der helle Schnee jeglichen dunklen Punkt in der Landschaft nur allzu gerne preis. Völlig `abgedunkelt´ durchschreiten wir zwei der Rundbögen hinaus auf ein weit ausladendes Feld, das durch den Fluss geteilt wird, dessen Verlauf Bäume mit ihren dunklen Stämmen und hellen Kappen bis an den Horizont begleiten. Gleich am Ausgang des Viadukts ändert sich der eingeübte, präzise Vormarsch in ein schwankendes Hin- und Her von Personen, die mühsam aus dem nicht geräumten, tiefen Schnee das eine Bein ziehen und mit dem anderen fast einen halben Meter tief einsinken.

„Abstand halten, langsam!"
Der Fluss wird bereits von Soldaten vor uns an unterschiedlichen Stellen lautlos überquert. Einzig die dunkle Böschung auf der anderen Seite nimmt sich, neben den über, vor und hinter ihr kriechenden Gestalten, in der Landschaft aus. Mit großer Vorsicht setze ich den rechten Fuß auf das vom Schnee mittlerweile befreite Eis, nur das Glucksen und Gurgeln darunter ist zu hören. *Gottseidank, auch mich hat es getragen,* dann die kurze Böschung hoch und weiter den Fluss entlang. Wie gut von der Anhöhe zu erkennen ist, erstreckt sich das Feld kilometerweit nach vorne, dort ragt als Begrenzung ein Wald – auf einer Anhöhe weithin sichtbar – empor, rechtsseitig führt der Fluss die Begrenzung, links, in schwer einschätzbarer Entfernung, liegt eine weitere bewaldete Anhöhe. Mit kalten Füßen stakse ich seitlich versetzt zwei Meter hinter dem Richi mit seinen beiden klappernden Munitionskisten, denn die guten Sichtverhältnisse ermöglichen normale Marschentfaltung. Andererseits bräuchte es nur ein paar gute MG-Schützen, um die gesamte Kompanie kampfunfähig zu machen, so deutlich sind wir zu erkennen.
Mehr als zwei Stunden kämpfen wir uns bereits wortlos – von gelegentlichen Flüchen abgesehen – den Fluss entlang. Rehe hüpfen neugierig auf die freie Fläche, bestaunen uns und verschwinden hinter der Böschung am Fluss. Ganz vorne an der Spitze ist die berittene Kommandantur zu erkennen, dann folgt einzig Infanterie der V. Kompanie, somit handelt es sich um keine Großübung. Mittlerweile sind auch die Stiefel mit kaltem, dort zu Wasser gepresstem, Schnee gefüllt und trotz der Bewegung fangen die Zehen an, taub zu werden. Der Schnee wird ständig tiefer und schwerer – so fühlt es sich zumindest an – derweil schwinden langsam nicht nur mir die Kräfte, an der hohen Zahl von Flüchen hörbar. *Der Richi vor mir, sowie der Berndl vor dem Richi haben sich ordentlich abzuschleppen,* sehe ich den beiden zu, wie sie die Munitionskisten auf dem Schnee als Stütze abstellen, diese durch die Decke brechen, nach unten sinken, wieder hochgezogen werden und ein Stück weiter vorne wieder einbrechen – genau wie die Beine ihrer Träger.
Ein bekannter Knall peitscht dumpf durch die schier endlose Ebene und wird von dem typischen Zischen einer Leuchtkugel auf dem Weg in den

Himmel überlagert. Die gesamte Kompanie liegt im nächsten Augenblick flach und wartet auf die kommende Farbe. Mit einem 'Plop' beginnt rotes Licht gleißend und knisternd die Landschaft für die nächsten Sekunden künstlich zu erhellen. Ein weiterer Knall unterbricht das laute Knistern über uns und kreischend schrill, fährt eine verfluchte Pfeifpatrone hoch. *Verdammt! Auch das noch. Verflucht!* Ich lehne rasch den Karabiner gegen meine Schulter, öffne mit beiden Händen den Verschluss des Gasmaskenbehälters unter dem sperrigen Tornister, hole die Maske heraus, nehme den Helm ab, ziehe die Maske sofort über den Kopf, setze den Helm wieder auf und schließe den Behälter.

Von einem auf den nächsten Atemzug wird dieser erschwert, die Lunge durch den starken Filter nur gering gefüllt, was zu flacher und dadurch noch schnellerer Atmung führt und unter schwerer Belastung sogar Erstickungszustände auslösen kann. Die Gläser laufen sofort verlässlich an; das geringe Sichtfeld ist allen Soldaten bekannt, weshalb der Richi vor mir so lange 'Marsch' anzeigt, bis er sicher sein kann, dass ich es gesehen habe. Dasselbe gebe ich nach hinten an Klaus weiter und stehe auf. Das einzig Gute in dieser Situation ohne echtem Gas ist, dass man die Maske anheben kann, um an ungefilterte Luft zu gelangen. Dabei muss ich an die Kameraden in Jaslo denken, die hatten keine Wahl; entweder das Ding hielt, oder man ging elend zugrunde. Nur noch den Richi vor mir kann ich relativ gut erkennen, nachdem die künstliche Beleuchtung am Himmel erloschen ist. Was auch immer seitlich von mir vor sich ginge, ich könnte nicht eingreifen. Die Konzentration liegt einzig am Aufrechthalten des Körpers und darauf, den Vordermann nicht aus den Augen zu verlieren. Die kalte, geringe Menge an Luft wird durch den Filter trocken wie feiner Sandstaub und schneidet den Hals hinunter in die Lunge. Wieder hebe ich die Maske von unten leicht an, um an ungefilterte Luft zu gelangen – der Schweiß läuft den Rand entlang und fließt vorne aus dem Filter. Nur habe ich dadurch keine Hand frei, um meinen Körper auszubalancieren, weshalb ich die Maske wieder auf mein Gesicht presse, um ja nicht hinzufallen; den Tornister am Rücken wieder hoch zu bekommen, würde zu viel Zeit und Energie verschwenden. Ohne dass ich es bisher bemerkt hätte, scheinen wir die Formation zu ändern, deutet sich die

Igelstellung, mit Sicherung zu allen Seiten, an. Tatsächlich, der MG-Trupp zieht sich auf 12 Uhr zusammen und sichert nach vorne, ich sichere 2 Uhr und so weiter, bis wir alle ringförmig im tiefen Schnee hocken. Ein Vorgesetzter umrundet mich, greift auf den Behälter und klopft auf meine Schulter. So kurz nach der Belastung ist die Atmung unter der Maske am allerschlimmsten, am liebsten würde ich sie herunterreißen, aber wir stehen sicher unter Beobachtung.
Endlich ein weiterer Knall – weißes Licht. *Runter mit dem verdammten Ding.*
„Dritte Gruppe hierher."
Wir sammeln uns vor Slidez.
„Also, Soldaten, der Nachtspaziergang ist beendet. Kurze Pause, Rauchen erlaubt, danach Einrücken in die Unterkunft."
„Dieses verdammte Ding, keine Luft kriegst' damit", schimpft der Sepp mit dampfendem Schädel und hochgeschobener Maske darauf, während er den 200er-Gurt geschickt aus dem MG zieht und dem Berndl in die Hand drückt.
„´Hast recht, und seh'n tust a nix", verstaut dieser den Gurt in seiner Kiste. Alle schwitzen im Stehen vor sich hin, einige rauchen oder beobachten den Tagesanbruch, der in roter Färbung aus Osten hinter dem noch immer weit vor uns liegenden Wald langsam hervorkriecht. Seltsam fühlt es sich an, hier im Schnee mit geladener Waffe zwischen all den Männern den Tagesanbruch zu betrachten. Die hochgebaute alte Kirche steht, an ihren Umrissen gut erkennbar, hinter uns, nahe dem Rathausplatz in Treysa, wo ich in diese zauberhaften Augen blickte, und das am Fuße der Anhöhe von uns durchschrittene Viadukt liegt jetzt bis zu den Bögen in einem Nebelfeld.
„Na, Franz, herrliches Büchsenlicht, was?"
„Ja."
„Ich glaub', da sind wir drüber, vor zwei Tagen erst."
„Glaubst'?"
„Ja, da fährt die Reichsbahn scheinbar um den Berg herum, bis nach hinten zum Bahnhof", zeigt mir der Richi mit ausgestrecktem Arm und greift automatisch nach einer vom Hannes angebotenen Zigarette. „Ja, das könnt' hinkommen", nehme ich einen weiteren Schluck Wasser mit

gefrorenen, kleinen Eisstücken darin und beobachte ihn aus den Augenwinkeln, dessen Sprachfehler mir nur manchmal auffällt, da wie eben gerade „Reichsbahn" nicht klang wie es sollte.

„In Zugstärke angetreten! Meine Herren, wir sind in Anbetracht der Umstände mit gezeigter Marschleistung zufrieden. Geordneter Rückzug in 5 Minuten."

„Scheiße!", greift sich der Bertl an die nasse Stirn, „Mein Verschluss ist offen!"

„Spitze, Berti, 2 Wochen Latrinendienst oder Wache, gratuliere!"

„Oder beides", heben alle lachend den Tornister auf, „wenn der Slidez schlecht d'rauf is'."

Die Gruppe steht den Rest der Pause abmarschbereit zusammen und rätselt, wie eine Strafe fern unserer schönen Kaserne aussehen könnte.

Zurück in der kalten Stube reinigt jeder zuerst seine Ausrüstung, wäscht die Gasmaske aus und hängt sie tropfend auf das Bettgestell.

„Na hoffentlich bleibt uns das wenigstens erspart; Nebel ist das eine, Gelbkreuz das andere, stellt euch vor, wie man da betet, dass sie dicht ist."

„Na du kennst dich aus. Gelbkreuz, da hilft gar nichts mehr, das greift die ganze Haut an. Aus und vorbei is' dann."

„Dafür haben wir doch die Losantintabletten."

„Pah!"

„Ein Kamerad vom Vota hat im Weltkrieg g'sehn, wie einer durch Senfgas drauf'gangen is', oben in Ypern", dreht sich Roman in den Raum.

„Da is' verbrennen harmlos dagegen, den hat's minutenlang g'schüttelt. Immer wieder hat ein Sani ihn beruhigen wollen, aber der hat Angst um seine eigene Mask'n g'habt und helfen kannst' dann sowieso nimma."

„Scheiße, die so 'was erfinden..."

„Die so was erfinden", unterbricht auf einmal der Hannes, „die hab'n mit Krieg nix zu tun, für die sind wir Ärsche, sonst nix!"

„Na hör' sich einer den Hannes an, alle Achtung!"

„Wenn's wahr is'!"

„In einer Stunde Munitionsabgabe und Waffenreinigung vor der Unterkunft", schreit jemand vom Eingang durch das Haus.

„Na seht's, wir hören alles bestens, wissen Bescheid, ein weiterer

Vorteil unserer Stube."
„Schon recht."
„Das gefällt ihm net, unserem Stubenältesten, was?"
„Ach", klettert Klaus für eine kurze Rast in sein Bett.

Auf den extra herangeschleppten, wackeligen Holztischen nehmen wir unsere Waffen auseinander, aber nicht etwa, um Staub aus deren Inneren zu holen, wie es in Polen der Fall war. Bei diesem Wetter setzt sich schneller als einem lieb sein kann Flugrost an den unzugänglichsten und deshalb wenig geölten Stellen an, so wie in meinem Fall an der Schlagbolzenfeder. Der Berndl hat zusätzlich zu seinem Gewehr alle 200 Glieder des gebrauchten Gurtes abzubürsten, denn weisen einige davon Spuren von Rost auf, schießt sich der Sepp von einer Hemmung zur nächsten. Die dichten Wolken der Nacht hat ein aufkommender frischer Ostwind allesamt nach Frankreich geblasen, und uns einen sonnigen Tag bei Temperaturen knapp unter Null Grad hinterlassen. Alles bis auf den Platz unter unseren Füßen glitzert im weißen Schnee.
„Na, Berti", reinigt der Sepp die Laufhalterung mit einem weißen Tuch, „vielleicht sperren's dich zur Straf' in den Hexenturm da?"
„Was?"
„Na in den Turm dort, wo's früher die Hexen g'sperrt haben, bevor sie's verbrannt hab'n. Da wär' i' gern drin' g'wesen, damals!"
„Woher kennst' den Namen?", frage ich, mich zum Turm hindrehend, der ganz allein in circa 200 Metern Entfernung etwa 30 Meter in die Höhe ragt und an dem Fehlen einiger Zinnen oben auf sowie der Bauweise sichtbar, tatsächlich gehöriges Alter aufzuweisen scheint.
„Das hab' i' g'hört, das is' der Hexenturm, alles andere sagt doch der Name!"
„Vielleicht", dreht der Bert sich wieder weg.
„Dem Preußen trau' i' das zu."
„Sicher net! Da sorgt der Slidez schon dafür. Wie lieb dich der hat seit Tomaszow."
„Ach."
„Hättest' sehen sollen, Franz", reibt Klaus neben mir seinen Verschluss in einem Tuch trocken, „wie unser Bert vorgegangen is'. Die ganze

Gruppe, ach was, der ganze Zug, am Boden festgenagelt, minutenlang, so wie bei dein' Malheur, nur viel länger. Der Bert kriecht sich auf Wurfweite an den Wald heran, wirft zwei Granaten und wir, oder besser unser Sepp da, haut voll rein."

„Was? Und dafür kein EK II?"

„Nein, des wundert uns alle, der Slidez war voll des Lobes, hat vielleicht sogar ein Ansuchen gestellt, aber nichts, du bist der einzige mit hübschem schwarzem Orden in unserer Gruppe."

„Naja, i' bin in bester Position g'legen, an einer steilen, für die Polen uneinsehbaren Geländekante", sieht der Bertl plötzlich furchtbar traurig auf das Gewehr vor ihm, als würde er sich wünschen, jemand anderer hätte geworfen.

„Ja und dann?"

„Ging's weiter, keine Zeit, dem Bert sein schönes Werk zu besichtigen." Diese Worte lassen ihn aufstehen und gehen.

„Mensch, der rettet unsere Leben, und was macht er? Er geht abprotzen", setzt der mir stets unheimlicher werdende Sepp das MG mit seinen groben Händen, lächerlich geschickt wirkend, zusammen, drückt den Schlitten auf seinen Platz, klappt den Lauf zu und lässt es vor sich in seinem bewundernden Blick glänzen.

„Also dann…" Tosender, wie aus dem Nichts kommender, aufheulender Motorenlärm zweier Aufklärer unterbricht ihn, keine 50 Meter und dadurch riesengroß über unsere Köpfe hinweg verschwinden sie im Westen.

„Achtung!" Wir stehen sofort stramm.

„Setzen! Meine Herren, die Beiden klären das Gebiet für uns auf und sind in einer modernen Armee unentbehrlich, sie schießen dabei gestochen scharfe Bilder ganzer Stellungen, Landschaften und feindlicher Einheiten. In den letzten Tagen wurden lebhafte Artilleriegefechte nordwestlich von uns geführt. Also weiter vorne tut sich schon 'was. Ich muss jetzt nochmals bestätigen, dass die `Graf Spee´ den britischen Seestreitkräften nicht gewachsen war, und da sie von Uruguay keine Schonfrist für die notwendigsten Reparaturen bekommen hat, wurde sie vor drei Tagen außerhalb der Hoheitsgewässer auf direkten Befehl unseres Führers eigenhändig versenkt. Daraufhin schied der hochdekorierte Kapitän zur See, Hans Willhelm Langsdorff, wie es sich für einen Offizier gehört, eigenhändig aus dem Leben. Ich will dem ehrenvollen Offizier und dem prächtigen Panzerschiff `Graf Spee´ eine Schweigeminute widmen."

„Alles auf!", schreit ein Leutnant. Die Reichskriegsflagge wird kurzerhand auf Halbmast gezogen.

„Setzen."

„Danke, Soldaten! Nach dem Mittagessen habt ihr bis Punkt 18:00 Uhr Zeit, eure Briefe zu schreiben, sowie kleine Pakete oder sonst ´was hier drüben an der Feldpoststelle abzugeben, und falls jemand in der Heimat euch schon sehr vermissen sollte, abzuholen. Wie ich wohl nicht betonen muss, sind nur noch vier Tage bis Heilig´ Abend."

Das ganze Haus ist in eine merkwürdige Stille getaucht, jeder in unserer warmen Stube – vom Sepp einmal abgesehen – sitzt in seinem Bett, die meisten mit Kameraden anderer Gruppen, die sich abwechselnd bei uns wärmen wollen und die Stube neidvoll verlassen. Die Luft auf meinem Bett, so nahe der Decke, ist kaum zu atmen, der Ruß wird sichtbar vom Luftzug hin- und hergetrieben, während ich mich mit den Zeilen an meine Verlobte quäle, schließlich sollen sie für unser erstes getrenntes Weihnachten ganz besonders klingen. Alleine schon die Anrede ändere ich auf dem Papier sichtbare drei Mal, um doch wieder bei meinem Erstversuch zu landen.

Liebste Vali!

Ich denke sehr viel an dich, nicht nur die fünf Minuten, während ich die Uhr deines Papas aufziehe und in denen ich auch deine Gedanken spüre. Hier in Treysa hat unsere Gruppe eine Stube mit Ofen und dadurch sitze ich jetzt gerade im Warmen, nur ganz wenige Stuben haben einen. In diesem Städtchen, meine Liebste, würde es dir gefallen, die Häuser sind sogenannte Fachbauten...

„Richi, wie heißen die Häuser hier?"

„Fachwerksbauten!"

„Aha, danke!"

...Fachwerksbauten, hat mich der Richi gerade verbessert. Ich hoffe, ich kann dir bald ein Foto davon zeigen. Heute scheint bei uns die

Sonne, aber wir sind alle hundemüde. Die halbe Nacht sind wir durchs Gelände im knietiefen Schnee gestapft. Aber schreib mir bitte schnell wie es dir geht und mach dir keine Sorgen, uns geht es sehr gut hier. Dieses Jahr können wir uns an Weihnachten leider nicht sehen, weißt noch, was ich dir letztes Jahr geschenkt habe? Ich liebe dich über alles und hoffe, du mich auch, obwohl ich so fern von dir bin!
Die besten Grüße an deine Eltern und einen kräftigen Kuss für dich.
Frohe Weihnachten!
Dein dich liebender Franz

Ich hole das neue Bild von ihr hervor. Es ist dem alten, das ich als Erinnerung an Polen immer bei mir tragen werde, nicht unähnlich. Nur hängt auf dem neuen um ihren Hals eine Kette aus Gold mit einem Kreuz daran, das genau in ihrem Grübchen am Hals aufliegt, und in ihren Haaren steckt jene Spange, die sie damals beim Maitanz getragen hat. Schon wieder fallen mir ihre bestimmenden Worte ein: *Sofort will sie mit mir schlafen, wenn ich heimkomme*, das erregt mich sogar hier in dieser Stube sichtbar, sodass ich den Kameraden den Rücken zudrehen muss. So hübsch wie sie ist, muss ich sie sehr bald heiraten. *Wenn dieser Herr Albricht weiß, wo ich bin, kann er ihr gar schön den Hof machen, noch bevor wir geheiratet haben*, regt sich ein unangenehmes Ziehen im Bauch.
„Na, Franz, hast' deiner Vali g'schrieben, ja?"
„Schöne Grüß'", schreit Klaus dazwischen.
„Ja, Sepp, hab' i' und wem schreibst du?"
„Werd' ja net frech!", deutet er mit dem Messer auf mich. „I' hab' das in der Kaserne noch net vergessen", bewegt er drohend die Klinge auf und ab.
„Ich hab' doch nur g'fragt, so wie du mich."
Er weiß darauf keine Antwort und schärft weiterhin wortlos seine Klinge.
„Der Ton macht die Musik", sagt Richi vom Bett nebenan.
„Ah, unser Sprücheklopfer, ich dacht' schon, das hast aufgeb'n."
Ich nehme das zweite Stück Papier mit Wehrmachtssiegel und beginne „Servus Eltern!"darauf zu schreiben, was zwar komisch klingt, aber mich nicht sonderlich stört.

„Ich hoffe", schreibe ich weiter, „es ist alles in Ordnung, besonders den Kleinen und der Betti gehts gut, ja? Sag ihnen und auch dem Vota gleich an schönen Gruß. Mir gehts sehr gut hier, so haben wir heute Nachmittag frei und auch so tut sich net viel. Die Stadt ist sehr schön, die Häuser haben so dicke Holzbalken in der Fassade, Fachwerksbauten nennt sich das. Das Essen schmeckt bei weitem nicht wie deines, Mutti, aber es füllt den Magen. Ansonsten leben wir wie in unserer Kaserne daheim. Leider kann ich Heilig Abend nicht nach Hause und deshalb wünsche ich euch ein gesegnetes Weihnachtsfest. Und, Mutti, falls es dir nichts ausmacht, könntest du mir wollene Socken und eine Bauchbinde mitschicken, nur für den Fall? Alles Liebe! Euer Franzl"

Ich sehe sie erneut in der Küche versammelt und ohne ein Wort vor mir stehen, während ich beide gefalteten Briefe für 0,20 RM pro Seite in ihre Kuverts stecke, dafür ist der Versand von der und in die Heimat kostenlos.
„So, ich bin fertig, wer geht mit in die Stadt?"
Wie zu erwarten war, wollen alle das stickige kleine Zimmer verlassen, Roland schließt zur Sicherheit die Luftzufuhr des Ofens und wir gehen mit ungewöhnlich leichtem Schritt, so ganz ohne Gewicht auf den Schultern, in die herrliche Sonne.
„Adresse ist drauf? Ah ja!", sitzt ein älterer Kamerad mit Weltkriegs-Orden in der kleinen, beheizten Poststube und freut sich scheinbar, etwas zu tun zu bekommen. Langsam durchblättert er die Kuverts.
„Müssen alle nach Ried", redet er dabei mit sich selbst, stempelt jedes einzelne mit Rundstempel ab, nimmt sie allesamt auf und humpelt damit nach hinten. „Gut, Kameraden, i' hoff' ihr habt's was G'scheites g'schrieben?"
„Und für uns hast' nix?"
„Nein, die erste Sendung trifft erst kurz vor sechs Uhr ein, wenn alles glatt läuft", setzt er sich wieder auf den Stuhl und reibt sich das rechte Knie. „Is' noch vom Weltkrieg."
„Auf Wiedersehen."
„Heil Hitler, die Herren!"

„Wir haben ab jetzt fast 3 Stunden Zeit, gehen wir zum Rathausplatz."
„Wem hast du eigentlich g'schrieben, Hannes, deinen Eltern?"
„Ja, die Muata is' ganz krank vor Sorge."
„Sorge, aber nicht zu viel, es geschieht doch was Gott will."
„Sag' mal, Richi, kannst du die alle auswendig?"
„Ja, ich musste jeden Tag dem Vater kurz vor dem Zu-Bett-gehen ein neues Sprücherl aufsagen. Eigentlich hasse ich das, aber kann es wahrscheinlich zeitlebens nicht mehr abstellen, das ist schon unbewusst wie der Herzschlag, und erst wenn der verstummt, dann vermutlich auch das."
„Vielleicht ist das schon bald", grinst der Sepp ihn an.
„Aber in letzter Zeit hast' ja schon keine mehr aufgesagt, wie Klaus vorhin richtig gemeint hat."
„Das ich sie nicht sage, heißt nicht, ich hätt' sie nicht hier drinn'", klopft er auf seine Kappe, „zu allen Situationen, ganz gleich welcher Art, überleg' ich mir als erstes einen passenden Spruch. In der Kindheit war ich ein Meister darin, denn der Vota wollt' täglich einen anderen aus der riesigen Sammlung `Simrocks´ hören, die bei uns zuhause stand. Gehört zur Allgemeinbildung, hat er ständig gemeint. Heut' überleg' ich zwar auch noch, aber schon nach kurzer Zeit, wenn mir keiner einfällt, lasse ich es bleiben. Ja, das hat sich dann doch geändert."
„So hat jeder sein Kreuz zu tragen, oder, Richi?"
„Das Kreuz wohl gefasst ist halb getragen!"
Die ganze Gruppe lacht sofort laut auf und lässt Richard zunächst verdutzt dreinblicken, dann aber kräftig mitlachen.
„Seht euch nur 'mal das hier an, hunderte, wenn nicht tausende genau gleicher Holztäfelchen, für nur eine einzige Häuserfront."
„Ja, sehr schön, gehen wir weiter."
„Oder hier, kommt her, Kameraden! Das müsst ihr euch ansehen."
„Na was denn, Richi?", nähern wir uns einem Fachwerkshaus mit grellroten Balken und dem gebückten Richard davor.
„Seht her, diese Nägel aus Holz, die gibt es auch bei uns zuhauf, aber die hier, seht ihr die?"
„Die sind rund."
„Genau. Runde Holznägel, wem fällt denn so was ein? Wenn das mein

alter Meister sehen könnt'."
„Da kommen schon die anderen. Los, gehen wir weiter", teilt keiner von uns so recht seine Begeisterung für die Nägel. Die nur wenigen Einheimischen, die uns aber freundlich grüßen, verschwinden vor uns in den engen Seitengassen. Die Männer heben dabei ihre Hüte, die Frauen an deren Armen sehen nur verstohlen zu uns herüber. Es ist ein ganz gewöhnlicher Werktag, irgendwo versteckt macht sich ein Schmied daran, das Metall hämmernd zu formen, und an einer duftenden Bäckerei direkt auf unserem Weg liegend, halten wir an.
„Ich kauf' mir was', zieht der Roman einen rosaroten Schein heraus und wir begleiten ihn hinein.
„Grüß Gott!"
„Guten Tach!", erwidert die ältere Frau, uns vorsichtig beobachtend.
„Eine Semmel bitte!"
„Wie bitte?"
„Eine Semmel", deutet er auf den kleinen, frisch duftenden Haufen neben ihr.
„Ach, ein Brötchen meinen Sie?"
„Ja, dann halt ein Brötchen."
„Macht 10 Pfennig."
„Danke! Auf Wiedersehen. Das ist doch kein kleines Brot, oder?", beißt er gleich die Hälfte des weichen Gebäcks ab. „Mhm, aber vom Backen verstehen die ´was."
„Gib doch was ab, du gieriger Hund."
„Nein, du hast deinen eigenen Sold."
„Pah, den hat mei' Frau."
Daraufhin gelangen wir an den Rathausplatz, wo wir eine Weile, nicht einig, was wir hier sollen, umherwandern, bis der Hannes meint: „Geh'n wir zu der zerfallenen Kirche da, dort stehen schon andere."

„Grüß euch", gehen wir durch die Ruine hindurch auf deren andere Seite und können von der dortigen Anhöhe auf das weite Feld mit dem Viadukt im Vordergrund hinabsehen.
„Ihr habt schon einen Alarm gehabt, ja?"
„Ja, gestern, die V. Kompanie ist immer die erste."

„Genau, wir werden heut' folgen."
„Naja, gleich die VI. nach der V., das wär dann doch zu einfach für die Kommandanten. Wen habt's denn da mit?"
„Ah, junge Fräuleins, nix für euch."
Ich erkenne die Gruppe sofort wieder, obwohl sie weit hinten und umringt von einer Traube Soldaten, die nichts für diese herrliche Aussicht mehr über haben, steht. Auch mich versetzt die bloße Anwesenheit der Mädchen in Nervosität, unsere gesamte Gruppe stiert nun ebenso in ihre Richtung, dabei egal ob verheiratet, ledig oder so wie ich verlobt. Dennoch gehe ich zu der abgrenzenden Mauer vor uns und tue so, als kümmere mich das Ganze einen feuchten Kehricht, sehe den zugefrorenen Fluss bis weit nach vorne führend und folge unseren gut erkennbaren Spuren, so weit das freie Auge in der Lage dazu ist.
„Franz, gehen wir doch hinüber, komm mit. Die Landschaft läuft dir eh nicht davon."
„Was willst' denn von denen?"
„Nur reden, sonst nix. Wer weiß, wann dazu wieder Gelegenheit is'."
„Guten Tach", verneigt sich Klaus vornehm und erregt mit dieser Begrüßung gleich große Aufmerksamkeit. Die freche Wortführerin von vorgestern nimmt mich als weiter entfernt Stehenden sofort gründlich in Augenschein und mustert mich schamlos von oben bis unten, während sie den Klaus begrüßt. Nun kann ich von hier aus jedes einzelne Mädchen erkennen und spüre die Enttäuschung, als ich das eine darunter nicht finde, mit einsetzender Vernunft aber die Erleichterung, und drehe mich der Kirche zu, um sie klopfenden Herzens zu bestaunen.
„Das ist die Totenkirche", höre ich die sanften Worte eines von hinten herangeschlichenen Mädchens.
„Ach ja?", fahre ich herum und reiße vor dem frechen Fräulein die Kappe vom Kopf. „Grüß' Gott."
„Tach, Soldat. Ui, sogar einen Orden", und sie blickt an mir vorbei auf die Kirche. „Eine als Basilika gebaute Kirche in gotischem Stil, eine echte Seltenheit in unserer Gegend."
„Ach ja?"
„Ja."
„Na, Tanja, komm doch wieder zu uns, was willst' bei dem Langweiler,

der ist doch frisch verlobt!"

„Aha! Die arme Verlobte, so ein fescher junger Mann und so weit weg, das kann böse Folgen haben!"

„Ach so?"

Sie grinst mir verschmitzt ihre weißen Zähne auf meine Antwort entgegen, hoch erfreut, mich so verlegen vor sich zu haben.

„Ich hoffe, wir sehen uns bald wieder, dann aber mit unserer Anna, die du sicher an ihren schönen Augen wiedererkennst. Wiedersehen." Mein Herz schlägt bis zum Hals und verhindert somit jedes Wort.

„Gruppe drei, sammeln", schreit der Klaus neben mir.

„Der Franz ist in die Tanja verknallt."

„Ja, wer denn nicht!"

„Ach quatsch", erlange ich langsam wieder die Fassung, „sie hat mich nur überrascht. Die tut's doch mit jedem!"

„Na und? Umso besser, dann fällt für mich auch 'mal eine ab", fährt sich der Sepp in wahrscheinlich wilder Vorstellung über den Schnauzbart.

„Wisst's was? I' brauch' ein Bier!"

„Na, Hannes, jetzt lebst sogar du auf, was? Nachdem du der Rosi den Hof gemacht hast."

„Das ist während der Dienstzeit verboten, Hannes!"

„Aber net zum Wirten gehen, wir sagen dann einfach, wir haben Wasser getrunken. Und wenn schon, was soll uns geschehen, dass' uns an die Front schicken?"

„So ein Schlawiner, also auf geht's."

Die geräumige Gaststube gleich neben dem Rathaus ist sauber, also kein anderer Soldat ist darin zu sehen. „Heil Hitler, Soldaten!", schreit der Wirt erfreut und kommt auf uns zu. „Nehmt doch Platz, hier gleich um's Eck." Wir rücken um den gezeigten Tisch eng zusammen. „Na, was darf es denn sein? Ein jeder ein Bier, ja?"

„Das, Herr Wirt, ist leider verboten, wenn Sie verstehen?", bringt es der Richi gekonnt auf den Punkt.

„Kein Problem, das bleibt unter uns", geht er schon zur Schank.

„Aber wenn da jemand vorbei geht, so ein Wadlbeißer von Gefreiter?"

„Wie soll der uns seh'n? Er sieht nur die leere Gaststube da vorne und überhaupt, Hannes, es war doch deine Idee, von wegen Front schicken und so", lachen wir wieder.

„So, meine Herren, ein frisches Bier direkt aus dem Bräuhaus hier, lasst es euch gut schmecken. Sind die Herren ebenfalls aus Ried, ja?"

„Ja", prosten wir die Literkrüge zusammen und genießen das kalte, herrliche Bier.

„Gestern waren die Herrn Offiziere zu Gast, na die haben ′was vertilgt."

„Was, wirklich?"

„Ja, wenn ich es sage. Mensch, und warum sollte das Fußvolk nicht auch einmal dürfen?"

„Ja, aber wie gesagt, das muss unter uns bleiben."

„Ich schweige wie ein Grab, das können die Herren den anderen auch gleich weitersagen. Und übrigens, die Herrn Offiziere haben gestern gemeint, dass heute bis 18:00 Uhr eine Besprechung aller Vorgesetzten in Offiziersrang stattfindet, deshalb hätten sie einen Rausch nötig."

„Tja, das sind mir Vorgesetzte."

Reines Wohlbefinden fühle ich in diesem Moment, die schwelende Müdigkeit wird durch das Bier auf angenehme Weise verstärkt, und die verbotenen Gedanken an diese unbekannte Anna, die sie offensichtlich auch an mich hat, schicken mich hier in Treysa in einen Tagtraum, von dem ich in der Heimat mit all der Arbeit, dem Hunger und dem verfluchten Alptraum tagein, tagaus, keine Spur kannte.

„Ah", rülpst der Sepp laut in die Runde und streicht mit Daumen und Zeigefinger den `Foam´ von der Mitte beginnend bis über die Enden des Schnauzbartes.

„Du bist hier net daheim, wenn das wer hört."

„Ein Leben ist das, was meint ihr, Kameraden?"

„Du vergisst allzu schnell, warum wir überhaupt hier sind."

„Du vergisst, warum wir überhaupt hier sind...", wiederholt der Sepp in hoher Weiberstimme, „So einer in meinem MG-Trupp. *Jetzt* leben wir! Und i' muss sagen, so hab' ich noch nie g'lebt. Wenn i' da an früher denk', da wär' i' beinah' wie meine zwei Brüder im Winter draufg'angen, und jetzt soll mich so ein bisserl Krieg fürchten? Was wollt's denn mehr? Es läuft doch prima! Denkt's an Tschechien, an die Hochzeit dort, an die Leut', alle mit Deutschem Gruß, Hakenkreuzfahnen an jedem Haus, was die uns bewundert hab'm, unvergesslich. Ich sag's euch, Freunde, der Führer hat alles im Griff, die Tschechen haben doch nur auf ihn g'wartet, auf unseren Mann aus Braunau."

„Mei, die Hochzeit war wirklich ein Erlebnis, nur das Wetter halt nicht, aber das war denen egal. Prachtweiber in ihren rot-blauen Dirndln, saubere Mädchen, muss ich schon sagen."

„Wisst's noch, nach der Feier, wie unser Franzl net verstanden hat?", bricht großes Gelächter aus.

„Psst, leiser!", werden alle bereits gesprächiger.

„Wann sind wir zuletzt so z'samm g'sessen, Freunde?" So nennt der Sepp uns gern, wenn er den Alkohol spürt.

„Na in Polen halt."

„Nein, alle mein' ich, auch der da?"

„Ah, das war dann in der Tschechei das letzte Mal, in der stinkenden Bruchbude."

„Ui, pfui Teufel, das war 'was."

„Trotzdem, der Pole hat auf uns net g'wartet, zumindest nicht auf mich."

„Ah, Franz, so schnell is' net geschehen, du Hosenscheißer", klopft Klaus mir dabei auf die Schulter. Unter Alkoholeinfluss, wie ich weiß, ist er mit Vorsicht zu genießen.

„Auch wennst' im Spital gar net gut mehr ausgeschaut hast, für den Schock schuldest' mir ein Bier", hebt er seinen Krug schon wieder auf.

„Ja, und uns!"

„Na dann, einen Doppler für die Gruppe."

„Aber das Beste hat er doch versäumt, der Franz, sag's ihm, Klaus."

„Was meinst'?"

„Na am San."

„Ach ja, das hab' ich dir eh geschrieben. Die ganze Division hinter dem Brückenkopf, Bataillon für Bataillon aufgereiht, und sieht dabei zu, wie einzelne Einheiten für die Pressefritzen direkt, keine zwei Meter am Adi vorbeimarschieren. Der is' net auf einem Podest g'standen, eine kleine Anhöhe hat ihm gereicht."

„Das gäb's in einer Demokratie niemals."

„In dem Lazarett, wo ihr mich besucht habt, da hat mich die Schwester

Martha gepflegt."

„Ah, Schwester Martha, a großbusige?"

Ich sehe den Hannes mit gelangweilter Miene an: „Die hat mir, so große hat's gar net g'habt, Folgendes gesagt: `Der Führer jommt in unsere Gegend, vielleicht besucht er ja unsere schöne Scheune´.", wiederhole ich in ihrem Akzent, „Ich hab' damals geglaubt, sie will mich nur aufmuntern."

„Na, Franz, dazu hätt's doch ´was anderes tun müssen, oder?"

Ohne zu wissen warum, stelle ich sie mir daraufhin ganz nah und mit Annas Augen vor.

„Nein, er war dort! Er hat sogar einen Verwundetentransport der Reichsbahn anhalten lassen und jedem Kameraden, egal welchen Ranges, beste Genesungswünsche ausgesprochen und die Hand geschüttelt. Jetzt denkt's einmal, was unsere Väter im Weltkrieg durchgemacht hab'n, und hat sich der alte Kaiser auch nur einmal sehen lassen, dieser Sauhund?"

Na, na, Klaus."

Er hat es, gleich nach dem Sepp, wahrscheinlich am schwersten gehabt, durchzukommen, nachdem sein Vater aus der Gefangenschaft heimgekommen ist, am 19. März 1920. Den Tag wird er nie vergessen, hat er mir erzählt. So sehr hat er sich gefreut auf den Papa und so stolz war er auf ihn, aber er hat sofort einfach eine abgefangen. Bis er ihn im Alter von dreizehn Jahren halbtot geprügelt hat, und Klaus danach davongelaufen ist, von einem kleinen Dorf im Sauwald bis nach Ried in das Waisenhaus zu den viel zu `kinderlieben´ Pfarrern und Erziehern. Das hat jeder in der Stadt gewusst, aber wehe, es hätte jemand etwas gesagt über die `hilfsbereiten´ Kirchendiener.

„Aber genau das hab' ich ja vorhin gemeint, der Franzos' is' doch nimma der Polake oder Tscheche, der greift mit über 100 bestgerüstetsten Divisionen an und hat den Engländer an seiner Seit'. Dann…", blicke ich um mich, „dann, ja wer weiß, was dann is'."

„Franz, und was i' damit sagen wollt', es hat sich doch gezeigt, dass der Adi ein ganz anderes Gespür hat als der alte Depp: Und noch ´was, er hat selber den Weltkrieg als einer von uns durchgemacht, allein dadurch wird es keine Massengräber an der Siegfriedlinie geben,

Punkt."

„Also", schiebt der Richi seinen Krug beiseite, „ganz egal, ob der Franzenmann mit seiner, wie wir alle wissen, weltweit modernsten Armee herüberkommt, oder wir hinübergehen, lieber Klaus, das wird kein Spaziergang, so oder so, da brauchen wir net d'rüber reden. Ich für meine Begriffe hoff', auch wenn mich der Sepp gleich einen Feigling schimpfen wird, dass es dazu, wie auch immer, nicht kommt und wir friedlich von dannen ziehen", nimmt er dem Sepp geschickt den Wind aus den Segeln, der sichtlich mit sich selber um eine Antwort ringt.

„Aber wenn der Befehl kommt, verflixt und zugenäht, dulde ich in meinem Trupp kein zögern! Ich will es dem Berndl gleichmachen, der als einziger von uns mit Sicherheit einen Feind auf dem G'wissen hat. Das muss ein Volltreffer g'wesen sein, kein Schrei, nix, in den Sekunden zwischen dem Feuerwechsel", dreht er seinen Kopf vom überlegenen Richi zum Berndl, den die Erinnerung sichtlich schmerzt.

„Lass das, Sepp. Einfach in den Wald hauen is' keine große Leistung."

„Deswegen mein' ich ja, MG III."

„Kompanie vollständig angetreten, Herr Oberleutnant."

„Rühren! Kameraden, in zwei Tagen ist Weihnachten, aber in vier Tagen steht das große Stefanischießen an, bei dem die Gruppe mit den meisten Ringen einen Ausflug in die wunderschöne Stadt Marburg, mit sämtlichen Annehmlichkeiten, gewinnt. Das heutige Übungsschießen dient dazu, euch mit dem genauen Ablauf vertraut zu machen und Gelegenheit zu geben, euch einzuschießen. Es beginnt der I. Zug, dann folgt der II., und der III. schließt ab. In der Zwischenzeit, Nahkampfschulung. Achtung!"

Zugweise marschieren wir erneut durch das Viadukt auf das riesige Feld, nur der I. Zug überquert den Fluss auf einer von Pionieren errichteten Brücke und marschiert auf den aufgebauten Schießstand zu. Wir anderen bleiben diesseits des Flusses, bei windig-trübem, sehr kaltem Wetter, und treten in Gruppenstärke vor dem gefürchteten Preußen an.

„Guten Morgen, Soldaten!"

„Guten Morgen, Herr Feldwebel."

„Ausgangsstellung!"
Über eine Stunde greifen wir unablässig hauend und stechend die Luft vor uns an, immer in gleicher Vorwärtsbewegung.
„Pause. Rauchen erlaubt!"
„Da drüben knallt es ordentlich."
„Mich stört eher der ständige Jubel. Ich will diesen verdammten Ausflug gewinnen", überkommt mich in meiner Disziplin der Eifer, „wir sind immer vorne dabei! Roland, putz' dir ordentlich die Brille und Franzl, du reißt dich gefälligst z'sammen. Heute auf den Wind achten, der kommt scheußlich seitlich von hinten."
„Ausgangsstellung! Seitengewehre aufgepflanzt!"
Wir ziehen die Messer aus der Scheide und stecken sie in die Halterung vorne am Gewehr.
„Soldaten! Wir haben hier drüben zwei Franzenmänner stehen, die et zu erledigen gilt. Dat heißt, Tempo eins, zwei, danach kräftiger Stoß in die Brust, verstanden?
„Jawohl, Herr Feldwebel!"
„Ik zeig' euch dat 'mal", ergreift er dem Richard sein Gewehr. „Tscha, tscha, tschaaa!!!", sticht er mit Gebrüll in die Strohpuppe. „Was mach' ik jetzt, Gruber?"
„Drehen und 'rausziehen, Herr Feldwebel!"
„Drehen ist richtig", zeigt er uns die Vierteldrehung des Gewehres, „nur, dann nicht einfach 'raus damit. Aus dem Stroh da ist es einfach, das kennt ihr aus eurer Kaserne. Aus der Brust eines Krepierenden ist es schwer, der wehrt sich mit Händen und Füßen, oder hält sich an eurem Gewehr fest, das weiß ik, der hängt an seinem Leben und am Messer. Also mit Karacho in die Eier getreten, dann scheißt er auf alles, verstanden?"
„Jawohl, Herr Feldwebel!"
„Wo haben's denn den ausgelassen?", keiner erlaubt sich auch nur den geringsten Grinser.
„Die ersten Beiden, vorwärts!"
„Tscha, tscha, tscha und in die Eier. Fester, du Tunte! Die Nächsten!"
Die Strohpuppen hängen schon beim zweiten Durchgang nur mehr an einzelnen Halmen zusammen.

„II. Zug sammeln. Ausgangsstellung! Messer versorgen! Vergesst den Tritt niemals, Soldaten, mir hat es eine nette Narbe hinterlassen. Abtreten!"

„II. Zug mir nach. Also", hören wir, bereits hinter den noch schießenden Kameraden stehend, „jeder erhält drei Ladestreifen. Den ersten auf die fünf Ringe, freistehend, 100 Meter, den zweiten hockend dort drüben auf 200 Meter, den dritten dort auf der Holzbank liegend auf 300 Meter. Keine Zeitvorgabe, verstanden?"

„Jawohl, Herr Fähnrich!"

„Also, zur Munitionsausgabe, anschließend hier warten, nicht laden!"

„Mensch, ein echter Anwärter, `nicht laden´."

Als vierter unserer Gruppe melde ich mich am ersten Stand.

„Schütze Meyer, laden und sichern!"

„Geladen und gesichert!"

„Freistehend auf 100 Meter, Feuer frei!"

Mein Gewehr liegt ruhig und mit festem Druck gegen die rechte Schulter in meinen Händen, die Beine stehen für einen sicheren Stand schulterbreit. Dreimal atme ich tief und langsam während der Zielerfassung, mit dem letzten Ausatmen drücke ich gleichmäßig den Hahn durch und die Waffe peitscht mit kräftigem Schlag gegen meine Schulter. *Treffer!*, weiß ich sicher, während ich die zweite Patrone in die Ladekammer repetiere. Weitere 4 Mal später melde ich die Waffe als abgefeuert, woraufhin sich ein Obergefreiter davon überzeugt, die Meldung wiederholt, und ich zu den sich als ebenso problemlos erweisenden 200-Meter-Ringen wechsle. Eine wirkliche Herausforderung bilden die 300er. Die ersten beiden, mit ihren 30 Zentimetern Durchmesser, sind noch relativ gut über der Kimme anvisierbar, Ringe drei und vier mit 20 Zentimetern, benötigen gutes, der letzte mit 10 Zentimetern Durchmesser sehr gutes Auge und obendrein Glück, welches ich heute nicht habe und dies sofort am Schuss bemerke. Bei dieser Entfernung wirkt der Wind auf die Flugbahn – wenn auch minimal, dann doch ausreichend für diese Genauigkeit – unberechenbar ein.

„Na, diesmal alle Neune?"

„Der letzte ging daneben!"

„Mensch, Franz, so gewinnen wir nie die Reise."

Zurück in der Unterkunft beginnen alle automatisch mit der Reinigung der Gewehre, aus Platzmangel auf den jeweiligen Betten.
„Der Roli hat total versagt, schon einen 100er hat er liegen ′lassen."
„Wenn ich's sag', irgend'was stimmt mit dem Gewehr net."
„Dann bring's doch dem Waffenmeister!"
„Ja, morgen."
„Warum nicht gleich?"
„Geh, was soll denn net stimmen, ein mieserabler Schütz' is' er, *das* stimmt net."
„Ein schlechter Schütze, der keine Ausrede weiß", bringt Richi einen weiteren Spruch ein, während mich mein Ehrgeiz einfach nicht loslässt und ich sage: „Hilft's nix, so schad's nix, bring' es unserem Waffenmeister, der ist ein Spezialist."
„Aber sagt's einmal, wer war das eigentlich, der das vom Preußen gesagt hat?", prusten alle sofort vor Lachen los.
„Na der Hannes halt."
„Ich hab' mir auf die Zunge ′bissen, um ja keine Miene zu verziehen, der hätt' mich sonst neben seine Franzosen g'stellt."
„Ja, und", hält sich der Sepp vor Lachen den Bauch, „der hat wirklich g'meint, da bin ich mir sicher, der hat g'meint, die beiden Puppen leben." Jetzt brechen alle Dämme. Es gibt nun kein Halten mehr in der Stube, alle kugeln wir uns vor Lachen, sehen uns gegenseitig an und müssen immer weiter lachen.
„Der is' doch komplett hinüber."

„Na, gute Laune hier, was?"
„Ja, was gibt's denn?"
„Ist hier der Meyer unter euch?"
„Ja!", wische ich mir die Tränen aus dem Gesicht und gehe auf den Eingang zu.
„Ein Brief für dich, hier!"
„Danke!"
„Hier unterschreiben!"

„Ah, die Verlobte wird schon ganz ungeduldig daheim."
„Nein", lese ich enttäuscht den Adressaten auf der Rückseite, „vom Hofer is' der, den kann ich ja laut lesen!", reiße ich unsanft das Kuvert auf.
„Jetzt is' er aber enttäuscht, unser Einser-Schütz'."
Ich bin es tatsächlich, und mache mir nun selber die Sorgen, von denen ich Valeria abgeraten habe. In diesem Moment darüber, was denn wäre, wenn sie diesen Herrn Albricht näher an sich heranlassen würde. Ihre Eltern jedenfalls hätten nichts dagegen, mich hier fern ihrer Tochter abschreiben zu können. *Wer weiß, wie lange wir noch so getrennt sind? Oder hat sie gar von meinem Techtelmechtel...*, sticht es wie verrückt im Bauch. *Ach, wie sollte sie, das ist einzig das schlechte Gewissen. Eindeutig.*

S. S. Franz!
Bei mir hat sich ordentlich was getan! Ich bin vorletzte Woche noch kurzerhand als Ladeschütz ins Nachbarbataillon versetzt worden, ganz ohne Ansuchen. Die letzten Manöver in Döllersheim bin ich auf einer schweren Feldhaubitze eingeschult worden, du meine Fresse, wo die hinhaut, da wächst kein Gras mehr. Gelandet bin ich aber bei der leichten 10,5 cm Feldhaubitze, die spuckt auch ganz schön. Wir liegen hier in einer schönen Sommerresidenz mit Bad, wo alles zugefroren ist, wirklich alles! Das ganze Gebäude eisig kalt, mit nur einem beheizten Raum, in dem alle am Abend zusammenhocken dürfen. Ach ja, das Örtchen heißt Bad Zwesten! Es gehen Gerüchte, dass es bald losgeht, also die Knie einreiben, du Stoppelhopser.
Ein frohes Weihnachtsfest, wo immer ihr auch liegt.
Gef. Hofer

„Der hat Glück."
„Ist das dieser Hofer, der gewusst hat, wann wir aus Ried verlegt werden?"
„Ja, das is' er", sehe ich quer durch das Zimmer und durch die teilweise angelaufenen Fenster hinaus bis zu den erkennbaren Bögen des Viadukts.

„Scheiße, warum schreibt er nicht, wann?"
„Weil er es selber net weiß, Trottel!"
„Morgen, übermorgen, ja nächste Woche is' auch noch bald."
Ich hole mein Gewehr von meinem Bett, stelle es an seinen Platz, stecke den Mündungsschoner auf und verlasse das Zimmer.
Hoffentlich ist alles in Ordnung daheim. Die Vali sitzt sicherlich bei ihren Eltern, die dennoch guten Willen zeigen *und ich lasse mir von diesen Flintenweibern den Kopf verdrehen und jetzt auch noch diese Nachricht*, beobachte ich die Regimentsflagge im leichten Wind auf dem gegenüberliegenden Gebäude. Morgen, allerspätestens übermorgen muss ein Brief von ihr kommen. Wenngleich ich mir gut ihre Absicht dahinter vorstellen kann; sie bringt es fertig, an der Poststelle die längstmöglich vergehenden Zeitspanne zwischen Absenden und Ankommen eines Briefes zu erfragen, um diese für größtmögliche Überraschung zu nutzen. Ich wollte, ich könnte sie von hier aus anrufen, da würde sie nicht schlecht staunen. Das würde sie freuen, im Falle dass meine Vermutung noch zutrifft.
„Na, geht's um die Vali?", klopft Klaus mir auf die Schulter.
„Naja, wenn man aus heiterem Himmel einen Brief bekommt, freut man sich. Nur, kommt er vom Falschen, dann…"
„Die Vali macht keinen Blödsinn daheim, das weiß ich. Deshalb musst du auch auf sie schau'n, so eine findest, egal wo, nimma. Was die an dir eigentlich findet? Aber auch die Weiber hier haben ein Aug' auf dich g'worfen und wenns't' da auf dumme Gedanken kommst, dann macht das gleich die Runde, und falls, weiß der Teufel, wie, unser Redhaus in Ried von der Sach' erfährt, dann kannst' eine wie deine Valeria vergessen."
„Ich weiß, längst hätt' ich sie heiraten sollen. Wenn ich sie nur anrufen könnt, irgendwie!"
„Ah geh, zum Heiraten hast' noch immer Zeit. Wie gesagt, wenn das hier vorbei ist und du dir keinen Blödsinn anfängst, die Vali, die hab' ich kennengelernt, die ist anders als die meinige, die hält zu dir, hundertprozentig. Glaub' mir, bei den Weibern kenn' ich mich aus."
„Herr Leutnant!", grüßen wir den vorbeieilenden Mann.
„Ah, sehr gut, mitkommen."

Wir folgen ihm zu einer kleinen Ansammlung weiterer Soldaten.
„So, jetzt sind wir in ausreichender Stärke vertreten. Immer zwei Mann holen aus dem Wald da eine ordentliche Tanne. Die größte schmückt die Offiziersunterkunft, die anderen stellen wir vor den Mannschaftsunterkünften auf. Also, rann an das Schanz... äh, die Äxte und hoch mit euch."
Die langstieligen waren sofort vergriffen, mit zwei kurzen Äxten klettern wir also durch das Unterholz mit nur wenigem Schnee darin.
„Nehmen wir gleich die hier, warum sich lang' plagen."
Dabei hören wir die Scherze der anderen über eine gestandene 30-Meter-Tanne im Hintergrund.
„Na, jetzt hör' aber auf, so ein Gesicht zu ziehen. Was in Gottes Namen soll ich sagen, glaubst' mei' Frau schreibt mir auch nur eine Zeile? Die hofft wahrscheinlich auf meinen schnellen Tod, damit sie das Witwengeld kassiert."
„Spinnst' jetzt?", sage ich, und es fliegen bei unserer Arbeit die Späne, „Seit wann redest du so von deiner Frau?"
„Wart', bist' verheiratet bist. Dann kennst' dich aus. Ich komm' heim aus dem scheiß Polen, wo ich nie hinwollt', und sie ist wie verändert. Ja, glaubst' die Hex' hätt' mich 'lassen? Nix, sag' ich dir, da ist jemand im Spiel. Wenn ich den erwisch', dann Gnade ihm Gott. Aber für mich besteht die eheliche Pflicht weiter im Heimschicken des Sold's, da soll der andere auch gleich zahlen, wenn er sie schon bespringt."
„Spinnst' jetzt komplett, du bist ja auch nimmer der alte."
„Oh doch, und die Weiber, die können's, pass' da ja auf", fällt die vielleicht 3 Meter hohe Tanne krachend zu Boden.
„Obwohl, Franz, wenn ich so nachdenk', gibt's doch nichts Schöneres als eine heimliche Liebschaft, oder was meinst'?"
„Für dich vielleicht", behalte ich die verbotenen Gedanken dann doch für mich.
„Geh, Franz. Ich hab' dich doch gesehen, vor der Tanja, ich möcht' nicht wissen, was da in deinem Kopf vorgegangen is'", trifft er den Nagel auf den Kopf. Einzig in der Person täuscht er sich, und ich lasse ihn in seinem Irrglauben. Als erste Gruppe ziehen wir den Baum hinunter und tragen ihn geschultert durch die fast hüfthohe Anwehe am

Waldesrand.

„Ah, gut so, Soldaten, aber etwas klein, findet ihr nicht? Der reicht nicht für unsere Unterkunft, fürchte ich, ragt ja g'rad so aus dem Schnee vor dem Haus. Sie können eigenständig zurückmarschieren, mit Baum, versteht sich."

„Wo sollen wir ihn abstellen, Herr Leutnant?"

„Lehnt ihn vor eurer Unterkunft gegen die Wand, da kümmert sich schon jemand d'rum."

„Jawohl, Herr Leutnant!"

Um zehn Uhr morgens, an diesem der Traumwelt entsprungenen Weihnachtstag – mit seinen leise fallenden, dicken Schneeflocken, die bei Windstille kerzengerade und sich spielerisch drehend, tanzend im Licht der Sonne, auf ihrem ganzen Weg vom Himmel bis an ihren Bestimmungsort und auch dort angelangt glitzern, und in ihrer Heiterkeit ausnahmslos alles flockig leicht bedecken – schneidet ein von Pferden gezogener, schwerer Schlitten zwei tiefe Spuren in das frische, weiße Kleid. Alle Männer scharen sich ohne einen Blick für das Naturschauspiel um die ersehnten Zeichen von den an sie Denkenden zuhause.

„Männer, alles der Reihe nach, jeder kommt d'ran, lasst uns durch", drängen sich die Herren der Feldpost seitlich an den Schlitten, klettern unter die Plane hoch und decken den hinteren Teil ab. Der Haufen von Paketen wurde bereits am Bahnhof zugweise vorsortiert, was einen reibungslosen Ablauf gewährleisten sollte.

„Meyer?"

„Hier!"

„Da, für dich!", wirft einer der drei Männer mir ein Paket in hohem Bogen zu, dreht sich um und ruft sofort den nächsten vom Paket abgelesenen Namen. Eine Weile noch warte ich darauf, ein zweites Mal aufgerufen zu werden, was allerdings diesem System nach sehr unwahrscheinlich ist und gehe mit dem Päckchen unter dem Arm zurück in die Stube, in der sich einige Kameraden schon mit Girlanden gegenseitig schmücken, Socken auspacken und sie herumreichen. Das Paket ist von meiner Mutter und sie hat meiner Bitte Folge geleistet, sogar drei Paar wollene Socken, und die Bauchbinde ebenfalls, liegen seitlich schützend um eine kleine Schachtel in der Mitte. Darin finde ich erstaunt das kleine Christkind aus Ton, das mir mein Vater zu meinem siebten Heilig Abend selbstgemacht und noch unbemalt geschenkt hatte. Jahr für Jahr bis an mein fünfzehntes Weihnachten passte ich es mit Pinsel und Farbe von Neuem in das immergleiche Kleid ein. Seit damals stand es dann unbeachtet neben unserer Marienstatue in der Küche. Die Erinnerung daran löst heftige Regungen in mir aus, auch oder wahrscheinlich gerade, weil sich Mutters Verzweiflung über die ersten Weihnachten ohne mich in dieser Geste zeigt; mit bereits verschwommenen Augen entfalte ich den beiliegenden Brief.

Ganz lieber Franz!
Es ist bei uns alles in Ordnung. Deine Grüße habe ich gleich an deine Geschwister, auch der Rosi und der Maria ausgerichtet. Alle lassen dich wieder lieb grüßen und der Pepi hat gesagt, dass er den Herrgott gebeten hat, auf dich aufzupassen. Unsere Betti hat deinen Brief gleich weiß Gott wie oft gelesen, ich glaub die würd dich am liebsten besuchen, dort oben bei den komischen Häusern. Der Vota hat jetzt wenig Arbeit, was zwar den Sigi, aber net mich freut, nein gar net! Leider gibt es eine traurige Nachricht, die Oma ist vor zwei Tagen für immer eingeschlafen, aber der Opa lässt sich nicht aus seinem Haus vertreiben, wie er sagt. Jetzt kann ich jeden Tag da hinaufwatscheln. Die Beerdigung kostet wieder einen Haufen Geld. Dennoch hoffe ich, dass du dich über die Sachen freust, die kleine Figur soll dir Schutz bieten, das hast du ja immer behauptet.
Wir wünschen dir ein gesegnetes Weihnachtsfest und pass auf dich auf!
Deine Mutti!
Ach ja und deine Valeria hat uns bei ihren oftmaligen Besuchen von deinem schönen Brief erzählt, bist ein lieber.

Jetzt fällt mir wieder ein, was ich als Kind lange in der Tonfigur, die jetzt abgegriffen, mit seinen ungleich bemalten Augen in meiner Hand liegt, gesehen habe. Selbstständig und still laufen die Tränen aus meinen Augen-Winkeln, *die Oma,* denke ich, *hat des Lebens müde auf den letzten Schlag in ihrer Brust gewartet.* Viele müssen es gewesen sein, bis zu ihrem letzten Blick – stumm aus den fahlen, aber warmen, angstlosen Augen – in die meinigen. Mit dem Anton hat sie Glück gehabt, meinte die Mutter ständig; er hat sie gut behandelt, sogar als er heimgekommen ist aus dem Weltkrieg; sie haben sich immer gut ergänzt, bis in den letzten Jahren der Opa halt mehr und mehr an Arbeit übernehmen hat müssen. Selbstverständlich – auch wenn sie nicht direkt darum bittet – schicke ich einen Teil des Soldes, obwohl der Vota ja doch alles zum Sigi trägt; nur kann die Mutter ja nichts dafür, dass er sich das nicht mehr abgewöhnen wird.

„Na, Franz, hast' auch einen Schmuck für unseren Baum? Schau her!"
Auf dem Tisch liegen allerhand Girlanden, Figürchen aus Stroh, Kerzen und zwei Kreuze aus Glas, die oben dem Baum als Abschluss dienen sollen.
„Nein, leider!"
„Na denn, wir haben schon mehr als genug für das Bäumchen da", stellen sie die nicht einmal einen Meter hohe Tanne in das als Standhilfe bereitliegende Holzkreuz, und es beginnen Männer in kindlicher Freude, die Zweige und Äste mit dem Plunder zu behängen.
„Ich hab' mit einem aus der Verpflegung gesprochen, Kameraden! Heut' Abend gibt's Schweinswürstel, Sauerkraut und frisch gebackenes Brot."
„Mensch, vielleicht auch noch Bier."
„Ich sag's ja, daran könnt' man sich gewöhnen, da tun mir ja beinahe die Leut' daheim leid und bezahlt werden wir auch noch", meint der Sepp, aber es lässt sich dann doch keiner von ihm aus der Reserve locken. Der heutige Tag gibt uns ungewöhnlich viel Freiraum, der mich immer wieder in meine Gedankenwelt entführt. Kurz vor dem Abendessen dann steht eine Zimmervisite an und um 23:00 Uhr abends ist die Mette angekündigt, die ausschließlich für Soldaten gehalten werden wird. Bis dahin strecke ich mich eine Weile auf meinem Bett aus und schlafe ein.

Um drei Uhr nachmittags, und damit eine Stunde vor der zweiten und letzten Lieferung aus der Heimat, weckt mich Klaus, nimmt mich fest am Arm und meint, wir sollen in das Posthäuschen hinübergehen.

Nur wir beide, fällt mir auf, befinden uns in der warmen Stube.
Eilenden Schrittes queren wir den Alarmplatz, mit regem Treiben einiger Männer darauf.
„Was soll das, warum gehen wir dorthin?", kann ich mir keinen Reim machen, so führt er mich gar auf die Rückseite des Posthäuschens an ein offenstehendes Fenster zu ebener Erde, wo die anderen in anhaltendem Schneefall mit schon weißer Uniform warten.
„So, Franz, folgendes...", sieht er geheimnisvoll über meine Schulter in den Raum hinter mir.
„Du kletterst jetzt da rein, nimmst den Hörer dort und in...", sieht er auf seine Armbanduhr, „in genau vier Minuten hörst du dein Christkind!"
„Was?"
„Egal jetzt! Mach' schon, die Zeit läuft doch!"
Wie verlangt klettere ich hinein in den ausschließlich militärischen Zwecken dienenden kleinen Funkraum, nehme den am Tisch liegenden Hörer und warte, meinen Puls laut durch die Apparatur schlagen hörend. Nach endlosen Minuten knackst es in der Leitung, bis eine freundliche Stimme fragt: „Können Sie mich hören, Soldat Meyer?"
„Ja, laut und deutlich!", kommt die gelernte Ansage automatisch von mir.
„Ich gebe Ihnen genau drei Minuten, hernach trenne ich die Verbindung. Frohe Weihnachten!" Und die Stimme ist wieder im Nichts, aus der sie gekommen war, verschwunden. Es folgt ein lautes Klicken, monotones Rattern, danach tritt wieder Stille ein.
„Reiter?"
Wie gelähmt halte ich den Hörer an mein Ohr gepresst.
„Ja, hier bei Reiter."
„Grüß Gott, Herr Reiter, Franz spricht, Franz Meyer. Frohe Weihnachten!"
„Ja was denn...", traut auch er dem Ganzen offenbar nicht.
„Bitte, ich hab' nicht viel Zeit, kann ich Ihre Tochter sprechen?"
„Wie hast....ja, frohe Weihnacht! Valeria!", schreit er vom Platz mit dem kleinen Tischchen am Treppenaufgang im Stiegenhaus, „Valeria!"
„Ja, Papa?", höre ich ihre wundervolle Stimme von oben antworten.
„Dein Verlobter ist hier am Apparat, komm schnell!"

„Was?", läuft sie hörbar die genau 25 Stiegen über den wuchtigen Teppich nach unten.
„Ja, hallo?", vernehme ich ganz rein, als stünde sie neben mir und nicht 1000 Kilometer entfernt, ihre zarte Stimme. Die ganze Gruppe drängt sich an das Fenster, um alles mithören zu können.
„Franz, bist du das wirklich?", hebt sie ungläubig die Stimme.
„Ja, Vali! Ich bin's, der Franz!"
Schluchzend fragt sie mich sofort, wie es mir gehe.
„Ich hab' sehr wenig Zeit, Vali, aber mir geht's sehr gut, nur du fehlst mir so sehr."
„Du mir auch, Franz, ich kann gar net schlafen, die ganzen Gerüchte über euch."
„Aber warum hast' mir nicht auf den Brief geantwortet?"
„Doch, hab' ich doch, der Brief muss heut' noch ankommen!"
„Valeria, ich hab dich…", ein piepsendes Geräusch, und die Leitung ist tot. Ich hänge den Hörer enttäuscht in seine Vorrichtung und zweifle sofort daran, dass es richtig war, wie ich mit ihr gesprochen habe, sie gefragt habe. Ich hätte ihr von mir frei heraus erzählen sollen, sie beruhigen sollen, aber das fällt mir einfach schwer; schwerer noch, wenn nur so kurz Zeit ist.
Auf die drängenden Zeichen von Klaus klettere ich wieder hinaus.
„Na, hast' sie gesprochen?"
„Ja, aber viel zu kurz!"
„Na, jetzt werd' nicht undankbar, das war alles andere als einfach."
„Ja und wie hast du das hinbekommen?"
„Kommt, gehen wir zurück. Sepp, mach' du das Fenster wieder zu. Sagen wir so, ich hab' einfach die Vermittlung angekurbelt. Dann der jungen Dame deinen Fall von Liebeskummer geschildert, woraufhin sie ein Einsehen hatte. Weißt' eh, ich kenn' die Weiber. Daraufhin hat sie eine in Linz sitzende Kollegin gebeten, ein paar Minuten für dich eine Leitung frei zu machen."
„Und die Anschlussnummer?"
„Na wie viele Reiters mit Telefon wird es in Ried geben, was meinst'? Die hat das Fräulein in Linz extra für dich herausgefunden."
„Das vergess' ich dir nie!"

„Ach", treten wir in die Stube ein.
„Ein weiterer Doppler, und wir sind quitt, stimmt's Kameraden?"
„Ja sicher, war ja aufregend, das Ganze."

Nun endlich, wie versprochen: der Brief meiner Verlobten ist da. Als würde sie durch das Telefon Wort für Wort sprechen, oder es mir lächelnd mitten ins Gesicht sagen, verschlinge ich ihre zauberhaften Zeilen drei Mal und verstehe erst beim vierten Durchlesen den Inhalt, hingemalt auf parfümiertes Papier, dessen Geruch mich ganz fest in ihre Arme wünscht und dort das zu tun verlangt, was sie bei meiner Rückkehr einzufordern gedenkt. Nach allgemeinen Wünschen an mich, sowie Erzählungen, Ried betreffend, klagt sie sehr offen über schlaflose Nächte und darüber, ganz allein' am kleinen, zugefrorenen See zu stehen, frierend `meine´ Weiden zu betrachten und einfach bei dem Anblick des – wenn auch in der Sonne liegenden – Geländes keine Freude zu verspüren. Die Trostlosigkeit ewig gleicher Tage, ohne die geringste Freude, mich in ihrer Nähe zu wissen; auf ein Zeichen meines Verlangens danach, sie sehen zu wollen, wartend; in den Dienst, an den See oder zu Bett zu gehen. Sie würde gerne schreiben, alles wäre in bester Ordnung, nur sollte sie ihren zukünftigen Ehenmann anlügen?
„Weihnachten wird für mich ein Fest der Trauer und des Kummers. Obwohl die Eltern sich so sehr bemühen, habe ich seit unserer letzten Umarmung oben auf dem Pulverturm nicht mehr gelächelt – das weiß ich ganz bestimmt! Es zeigt mir, da du jetzt nicht hier bist, wie sehr du, mein Verlobter, mir fehlst. Dich wohlbehalten durch den Sturm zu hoffen und ein ganz baldiges Wiedersehen bleiben die alleinigen Wünsche, die – wenn erfüllt – das Lächeln, von dir doch so geliebt, zurückzubringen in der Lage sind. Entschuldige, Liebster, die schmerzlichen Zeilen. Mein tapferer Soldat, aber du siehst, die starke, unabhängige Valeria, die du glaubst zu kennen, bin ich einzig an deiner Seite und da fühle ich mich sicher und geborgen. Trotz aller weinerlichen Zeilen deines verzweifelten Weibes, ein gesegnetes Weihnachtsfest und ganz besonders ein friedliches Neues Jahr, liebster Verlobter, Franz Meyer! Deine Vali"

Wie wunderbar sie schreiben, in welch' herrliche Worte sie die ehrlichen Gefühle packen kann – *unverkennbar meine Vali*, nimmt mich am Ende der kurzen Verbindung zu ihr eine tiefe Traurigkeit in Beschlag. Eine ganze Weile noch versuche ich, mehr aus den Zeilen über ihre Verfassung zu erfahren und auch darüber, ob es letztlich wirklich so ehrlich ist, wie es sich liest. Ich lese nochmals Satz für Satz eigenständig, doch auch das ändert nichts an der Tatsache, sie in solch' schrecklicher Situation zu wissen, in großer Furcht vor Kommendem, was mich insgeheim – trotz des Wissens über dessen Unrichtigkeit – doch auch freut.

„In zehn Minuten angetreten zum Abendessen!", schreit der Charge in voller Lautstärke durch die Unterkunft. Er wird heute, genauso wie die Wache, Dienst nach Vorschrift verrichten müssen.

Immer noch fallen dicke Flocken leise vom Himmel, werden jedoch durch den aufkommenden kalten Wind ein Stück weit nach Westen abgetragen. Direkt auf der Straße vor dem Alarmplatz, durch den Luftzug zwischen den Häusern entstehend, drehen sie sich in einem Wirbel und schweben, sich ständig um sich selbst drehend, hinunter auf den Hexenturm zu und somit aus dem gedämpften Lichtkegel hinaus.

„Achtung! Also, meine Herren!", beginnt unser Spieß seine erste Ansprache an uns seit der Verlegung hierher. „Wir haben für das heutige gemeinsame Abendessen einen Saal für die gesamte Kompanie hergerichtet, deshalb hatte ich die letzten Tage keine Zeit, vor euch zu treten. In diesem Saal werden wir nach einer kurzen Ansprache des Kommandanten herrliche Würstel, Sauerkraut und frisch gebackenes Brot aus der Feldbäckerei, ich sag' jetzt ´mal, genießen. Dazu gibt es das eine oder andere Zielwasser."

Und es geht, wie immer bei Ankündigungen solcher Art, ein kräftiges Raunen durch die Reihen.

„Im Anschluss daran hören wir die Weihnachtsansprache von Herrn Doktor Goebbels, und später, also um Punkt elf Uhr, geht es gemeinsam zur Mette in die Kirche. Fragen? Na dann wünsche ich euch allen Frohe Weihnachten!"

„Frohe Weihnachten, Herr Hauptfeldwebel!"

Die Unterführer geben den Weg vor und wir folgen in freiem Schritt

Richtung besagtem Saal, bekunden uns gegenseitig unseren großen Hunger, scherzen und bewerfen uns mit feinem Schneestaub – zu richtigen Kugeln ist der feine Schnee noch immer nicht formbar. Der große Saal, dessen riesige Fenster zu beiden Seiten mit Reichsflaggen verhängt sind, wirkt nicht nur äußerst kalt, er ist es spürbar auch; es sind einfache Wände aus Beton, an denen Spruchbänder, Reichsadler und noch mehr Spruchbänder hängen, um ihn pompös wirken zu lassen. Die Beleuchtung kommt von den typischen Deckenlampen aus Blech, die kreisrunde Lichtkegel auf drei lange Tischreihen – vorne und nahe dem Podest beginnend, bis nach hinten zu drei prächtig geschmückten Tannen reichend – werfen. Zwischen den Tannen an der Rückseite des Saales hängen weitere Reichsflaggen – es hat den Anschein, als wolle man jegliches Zeichen von Feindseligkeit an Heilig' Abend vermeiden. Wir setzen uns in den mittleren Bereich und einige schießen dabei Fotos, auch noch, als der Kommandant, mit ernster Miene den Eingang passiert.

„Achtung!", steht der ganze Saal sofort an den einzelnen Plätzen stramm, mucksmäuschenstill.

„Setzen! Meine Herren! Es liegt nicht in meiner Absicht, euch länger als nötig mit meinen Worten zu quälen. Ich möchte euch zuallererst mitteilen, wie stolz ich bin, euer Kommandant sein zu dürfen und darauf, wie alle hier Anwesenden ihr Schicksal eines Soldaten würdig tragen. Denn auch ich, Kameraden, habe Familie und weiß um den Trennungsschmerz, gerade an einem Tag wie heute. Umso stolzer machen mich die bisher gezeigten Leistungen. Die Marschleistung, wenn auch noch steigerbar, war durchaus in Ordnung. Das Übungsschießen lässt ein spannendes Stefanischießen auf hohem Niveau erwarten. Das alles zeigt, dass wir auf dem rechten Weg sind, um bestens vorbereitet unser Vaterland zu verteidigen. Einzig das Zusammenspiel zwischen den einzelnen Waffengattungen muss noch besser abgestimmt und daher in Manövern geübt werden. So, nun Schluss dem Ganzen, ich wünsche euch, Kameraden, ein Frohes Weihnachtsfest!"

„Frohe Weihnacht, Herr Oberleutnant!"

„Ich bitte Sie, sich nun für das gemeinsame Singen von `Stille Nacht´ zu erheben."

Hinter uns an den drei Tannen, sowie an den beiden vorne werden die Kerzen entzündet und die Lichter über uns gehen aus, als wir das ungeübte Lied – im Gegensatz zu den normalerweise von uns gesungenen Liedern – in falscher Tonlage zu singen beginnen. Aber niemanden stört es, jeder hängt den Erinnerungen, die dieses Lied in ihm hervorrufen, nach, stellt sich sicherlich die Familie daheim vor dem Baum vor, oder vielleicht einfach den Abschied von ihr. Nach der dürftigen Darbietung beginnt die Bedienung mit dem Servieren dessen, was in dem wieder erhellten Raum den Geruch von Essen verbreitet und die Männer sofort wieder hier in diesen Raum bringt.

„Na, wo bleibt er denn?", sieht Klaus aufgeregt zum Eingang. Er ist der nächste an der Reihe, der Hannes zu seiner Linken lobt die Würstel schon die ganze Zeit und denkt aber gar nicht daran, sie zu genießen. Schließlich, als alle versorgt sind, und in dem Stimmengewirr großer Menschenmengen in einem Raum der eine mehr, der andere weniger seine Würstel genießt, beginnt sich vom Eingang her ein lautes Raunen durch den Saal nach hinten zu bewegen, da immer mehr Kameraden den Grund erkennen: Bier wird in den hiesigen Maßkrügen serviert.

„Ich sag's doch, die verwöhnen uns nach Strich und Faden."

„Naja, irgendwie kommt man sich wie ein Mastschwein vor, zuerst schön anfüttern und hernach das Messer zum Ausbluten in den Hals", zeigt der Berndl es mit dem Messer an Richis Hals vor.

„Immer noch besser als bei deiner Alten daheim, oder?"

„Es gibt ein böses Weib; aber ein jeder meint, er hätt' es!", zwinkert der Richi dem Berndl zu und hebt genau wie wir lachend den Krug.

„Mensch, das ist doch, das gibt's doch nicht, das ist ein kühles Rieder Bier!"

„Herrlich!"

„Na, Franz, wenn wir schon beim Thema sind, hast' also den Brief noch erhalten, von deiner Verlobten?"

„Ja, mit der letzten Lieferung. Typisch Vali halt'. Und übrigens, danke euch allen für das Telefongespräch, damit hab' ich sie ganz schön überrascht."

„Nichts zu danken, zwei Doppler bist' halt schuldig."

„Die lass' ich mir besonders gut schmecken, von unserem `Denker´

bezahlt, aber nur Rieder Bier, versteht sich", rülpst der Sepp weit über seinen Teller hinaus hörbar.
„Was hat's denn g'schrieben, die Valeria?"
„Das Übliche halt."
„Prost, Kameraden", schreit jemand vom I. Zug nebenan zu uns herüber, „viel Glück übermorgen, das werdet's brauchen gegen uns."
Sofort reden wir über das anstehende Stefanischießen und über die dabei zu gewinnende Reise.
„Ein Lied!", schreit jemand ganz vorne, dort, wo auch gleich „Erika" angestimmt wird. Ein Unterführer holt sich eine Trommel, weiß Gott woher, und wir singen laut: „Auf der Heide steht ein kleines Blümelein" – bum bum bum – „und es heißt" – bum bum bum – „Erika!"
Noch einige Lieder folgen, und später wird vorne am Podest der Empfänger eingeschaltet, aus dem noch der Schluss von ʼOh Tannenbaumʼ zu hören ist, bis um Punkt acht Uhr Doktor Goebbels zur Nation, den Soldaten und allen Daheimgebliebenen spricht. Die Worte verbinden alleine schon deswegen, weil alle im gesamten Reich sie, egal wo der Empfänger stehen mag, zur gleichen Zeit hören können und man die Familie oder die Bekannten als Zuhörer weiß. Vielleicht ist meine Vali dafür extra zu meinen Eltern gegangen, um ein letztes Mal für heute noch ʼbei mirʼ zu sein, denn bei ihr daheim lehnt ihr Vater das Gerät schlichtweg ab, obwohl er sonst ja für den Fortschritt durchaus zu begeistern ist.

Viel zu früh verlassen wir den, durch den steigenden Alkoholeinfluss geselliger werdenden, Saal und schreiten, immer noch singend, durch die Stadt hinauf zur Kirche, biegen in die enge Bräugasse ein, durchschreiten sie, mit den Fackeln jedes einzelne Haus großflächig beleuchtend, und treten an deren Ausgang komischerweise in aggressiver Stimmung vor die große Kirche. Nicht der hiesige Pfarrer, sondern unser Feldgeistlicher – kurzerhand aus Ried mitgenommen – ist für den religiösen Beistand auch hier zuständig und hält die Mette in der gut gefüllten Kirche. Ihr Inneres weicht irgendwie von dem unserer Kirche daheim ab, die Liturgie aber ist dieselbe wie eh und je.

„Glaubst du eigentlich an das Ganze, Franz?", fragt der leicht angeheiterte Klaus neben mir und sieht dabei weiterhin geradeaus.
„Eigentlich net. Nur in Polen, dort hab' ich schon für kurze Zeit an ihn gedacht, ehrlich gesagt."
„Ich muss dir sagen, ich hab' früher täglich zu ihm gebetet und gefragt, wo er denn ist! Bis ich gemerkt hab', da is' keiner, und heut', tja heut' kann mich der ganze Hokuspokus kreuzweise, am liebsten möchte ich die Pfaffen erschießen, einfach so."
Und ich lasse ihn mit seinen schlimmen Erinnerungen allein.
„Es war in Polen", sieht Klaus um sich und spricht ganz leise, „nicht so einfach wie du vielleicht glaubst. Es hat sich dort ordentlich 'was abgespielt. Der Polake hat uns völlig überrascht. Einige aus dem I. Bataillon haben sich angeschissen und sind aufgestanden, die hat er regelrecht zerfetzt, direkt vor unseren Augen, keine 100 Meter entfernt."
Ich sehe ihn klopfenden Herzens an.
„Da hättest' dabei sein sollen. Wenn der Polake einen Werfer – nur einen – gehabt hätt'… Oder er war im Wald einfach zu feige, ihn sprechen zu lassen, wer weiß. Was ich weiß is', dann wärst nur mehr du über, und zwar von der ganzen Kompanie, mindestens."
„Warum sagst' mir das jetzt erst?"
„Na weil in der Gruppe Stillschweigen herrscht, und darüber musst' erst einmal reden können. Wir haben schon beim Marsch durch das weite Feld Fehler gemacht. Und dann erst! Deswegen hat überhaupt niemand ein EK verdient, das wissen auch alle, insgeheim."
Ich sehe dabei den Feldwebel von damals im Lazarett vor mir, mit seinem Verband am Kopf und dem Grinsen im Gesicht.
„Der Bertl hat vollkommen überhastet die Granaten an den Waldrand geworfen, zwei Detonationen ohne jeden Treffer, aber die Polaken im Wald haben das Weite gesucht. Wenn's dafür einen Orden geben soll, bitte. Naja, die wurden sicher schon für weniger verliehen."
„Hast' auch geglaubt, dassd' draufgehst?"
„Ja, und wenn die nur ein wenig mehr Mumm gehabt hätten… Denn Verstärkung, die war weit, weit hinten, aber der Kommandant hat uns marschieren lassen, egal ob die Verbindung noch stand, er wollt' scheinbar der erste in Jaroslaw sein. Was glaubst', wieso wir einen

neuen haben? Nix war's für sein EK, abgesetzt haben sie ihn. Jedenfalls haben die aus dem III. Bataillon tatsächlich Mann gegen Mann, wie wir vorgestern gegen dem Preußen seine Franzosen, gehauen, hat's geheißen. A scheiß Gefühl, mit dem wir danach weiter sind, das kannst' dir denken. Und…. Naja, Franz. Die nächsten Dörfer sind 'kommen, und der Befehl, auf alles zu schießen was eine Waffe in der Hand hält, auch. Noch immer waren wir innerhalb der Armee weit zurück, trotzdem sind noch Männer und Frauen vor den Häusern gelegen zur Abschreckung. Alles Frankiteure, so zumindest die Aussage, aber ab dem 15ten waren alle Feinde."

„Scheiße! Aber nervös waren wir doch auch vorher schon, und da haben wir auch nicht wahllos 'umgehauen."

„Ja, vorher. Schon. Ich wett', wenn's denn mal losgeht gegen den Franzosen, weißt' was das heißt."

Zum bereits dritten Mal an diesem Abend erheben wir uns für den Herrn, setzen uns dann und hören weiterhin dem Pfarrer zu, oder denken – so wie ich gerade – über Gehörtes nach. Es hat sich bis jetzt immer ganz anders angehört. *Niemand hat über die Soldaten gesprochen, die einfach aufgestanden sind.* Aber vor allem: *Hat er mir jetzt alles gesagt, oder wieder nur die für mich `erträgliche´ Hälfte? Wie soll ich ihm jetzt noch glauben, wenn er sagt, dass sie alles schon von anderen Einheiten erledigt vorfanden?*

„Na, bist' geschockt, was?"

„Ein wenig schon."

„Jede Gruppe hat ihre Geheimnisse, das ist so im Krieg, bei den nächsten bist du eingeweiht."

Alle Kameraden reichen ihren Nachbarn die Hand als Zeichen des Friedens, somit nehme auch ich dem Klaus seine, sehe sie aber entsetzt an, worauf er mich angrinst und mir dadurch vermittelt, er hätte mich ertappt; Ich drehe mich daraufhin ohne etwas zu sagen nach vorne, höre den Segen des Pfarrers mit seiner sinnlosen Friedenshoffnung und verlasse die Kirche im Anschluss daran mit allen anderen in Richtung Unterkunft.

„Franz, sei nicht bös', aber red' mit niemandem darüber, schon gar nicht mit deiner Verlobten, in deinem eigenen Interesse!"

Bevor wir in die Unterkunft verschwinden dürfen, müssen wir am Platz antreten, damit überprüft werden kann, ob sich jemand verdrückt hat.

„Meine Herren, ich hoffe der Abend war für euch ebenso angenehm wie für mich, aber wie ihr alle wisst, stehen wir trotz Heilig' Abend in Alarmbereitschaft. Gute Nacht."

„Gute Nacht, Herr Hauptfeldwebel!", treten wir bei stärkerem Wind, aber schwächer werdendem Schneefall ab.

Auf der mit Stroh gefüllten Matratze überlege ich noch lange, bin froh darüber, nicht mehr dabei gewesen zu sein, aber irritiert, was plötzlich, innerhalb weniger Tage, mit einer Gruppe passieren kann. *Ob ich in einem Zimmer mit einfachen Mördern liege?* Auch wenn die Freischärler uns von Anfang an die Knie zittern ließen, aber Frauen?

„Unser Einserschütze, bist' gescheit, der trifft einfach jeden verdammten Ring."

„Ja, den letzten auf 300 hab' ich gar nicht mehr g'sehen. Glück gehabt!"

„Komm schon, Franz, sei nicht immer so beschissen bescheiden, das hat doch mit Glück nichts zu tun! Wir werden gleich erfahren, ob noch jemand in der ganzen Kompanie alle 9e hat."

Wir reinigen unsere Gewehre vom Schießpulver und sind gespannt, ob die gute Gesamtleistung ausreicht. Es war aber auch ein perfekter Vormittag; kein, bis ganz leichter Wind geradewegs von hinten, die Sonne stand günstig, und ohne mich zu blenden, hat sie die Tafeln hell beleuchtet. Das Ergebnis freut mich innerlich riesig. *Alle Ringe zu treffen und nicht einmal auch nur kurz das Gewehr zu verreißen kommt sehr selten vor*, baue ich meine saubere Braut zusammen und warte.

„Dafür kenn' ich keinen, der sein Gewehr so schnell zusammenbauen kann wie du, Sepp."

„Ja, wenn's nur dafür einen Bewerb geben würd'."

„Austreten!"

„Meine Herren! Spitzenleistungen, die ihr gezeigt habt, was auch seit dem Übungsschießen und bei dem heutigen schönen Wetter zu erwarten war. Fünf Schützen haben alle Ringe geschossen! Gratulation, ihr solltet Scharfschützen werden. Aber nur eine Gruppe konnte die Tagesreise nach Marburg gewinnen. Und zwar...", überprüft der Spieß

nochmalig die Liste, um ja keinen Fehler zu machen, führt sie näher an sein Gesicht, wieder ein Stückchen weiter weg und wieder ganz nah heran – ein oft gesehenes Ritual, entweder seinen Augen geschuldet oder nur, um die Spannung zu erhöhen.
„Und zwar... ach hier, die 3. Gruppe des II. Zuges. Gratulation!"
„Juchuu!"
„Gruppenführer Slidez, treten Sie vor! Hier, der Gutschein. Sie fahren selbstverständlich auch mit, wann genau Sie die Reise antreten werden, erfahren Sie kurzfristig."
„Danke, Herr Hauptfeldwebel, im Namen der gesamten Gruppe!"
„Es war sehr knapp, denn nur ein Ring fehlte der Gruppe von Feldwebel Neumayr, um auszugleichen, dann hätte es ein Entscheidungsschießen gegeben."
„Spitze, Leute, wir fahren nach Marburg! Ich weiß zwar nicht, was wir dort tun, aber hier ´rauszukommen ist Grund genug zur Freude."
„Und das haben wir unserem Adlerauge zu verdanken, er lebe..."
„Hoch!" „Er lebe..." „Hoch!" und lauter „Er lebe..." „Hoch!"
„Aber die Doppler bleibst' trotzdem schuldig."
„Der Roli hat zweimal gepatzt, ich hab' nicht mehr d'ran geglaubt."

Es ist der erste unbeschwerte Tag heute, ähnlich den Manövern vor Kriegsausbruch. Am Nachmittag hört die gesamte Kompanie einen Vortrag über die eigenen Stellungen im Westen, die unser Vaterland gegen die Franzosen sichern, wie der Führer vor kurzem bei deren Fertigstellung versprochen hatte. Bis kurz vor dem Zapfenstreich kommen ständig Kameraden anderer Gruppen in unser Zimmer, insbesondere, um mir zu der gezeigten Leistung zu gratulieren, wahrscheinlich ist dies aber auch ein Vorwand, um sich ein wenig an unserem mittlerweile recht ordentlich heizenden Ofen zu wärmen. Nach dem Zapfenstreich gelingt es mir lange nicht, einzuschlafen; sobald ich die Augen schließe, tauchen die Ringe – genauer der eine, der sich großteils wirklich nur mehr erahnen ließ – auf.

„Alarm! Alarm!"
„Was?"
„Scheiße!"
Zum zweiten Mal springen wir – diesmal kalt erwischt – aus den Betten, nehmen alles auf und stürmen hinaus. Innerhalb weniger Minuten, um kurz vor sieben Uhr morgens, steht die gesamte Kompanie angetreten.
„Soldaten!", spricht der Kommandant ruhig, mit fester Stimme und verzieht keine Miene. „Die Stunde ist gekommen, wir werden gerufen, das Vaterland zu verteidigen! Gleich im Anschluss überprüft ihr gegenseitig, ob alles am Mann ist. Nach der Munitionsausgabe werden wir im Eilmarsch hinüber zum Bahnhof gehen, unverzüglich einsteigen und bis nach Trier gebracht, wo wir ausgeladen werden. In der dortigen Umgebung wird die gesamte Division aufgestellt und in Marsch gegen Frankreich gesetzt. Gott mit uns! Zur Munitionsausgabe abtreten!"
Derselbe Ablauf wie damals beginnt, sogar derselbe Soldat drückt mir die Munition in die Hände, nur sagt keiner auch nur ein Wort. Noch mehr Kameraden suchen im Schnee ihre Ladestreifen, auch mir entrutscht einer.
„Reißt euch zusammen, Soldaten!"
Ich hebe ihn auf, blase den weichen Schnee ab und versorge ihn.
„V. Kompanie, auf mein Kommando, rechts um, im Schritt Marsch!"
„Schneller, Männer!", schreien die Unteroffiziere, während wir unten am Hexenturm vorbeimarschieren, dort einen uns unbekannten, geräumten Weg zum Bahnhof einschlagen und damit die noch schlafende Stadt umgehen. In sternenklarer Nacht marschieren wir auf den grell erleuchteten Bahnhof mit unter Dampf stehender Lokomotive und den auf ihre Fracht wartenden Waggons zu. Am Vorplatz steht die uns boobachtende Feldgendarmerie, sich mit dem Bürgermeister oder gar Gauleiter unterhaltend, der nun die Haken zusammenschlägt und den Arm zum `Deutschen Gruß´ hebt, den unser Kommandant militärisch erwidert. Alle klettern wir ohne Umschweife hoch, eine Tür nach der anderen knallt laut zu, jemand pfeift schrill und der gesamte Zug fährt ab, noch immer ohne auch nur ein gesagtes oder gehörtes Wort von den Kameraden. Selbst der Sepp hält die Klappe und dreht sich weg, als ich ihn ansehe. Vollkommen leer fühlt sich mein Kopf an, nicht

einen Gedanken kann ich fassen; sooft ich mir diesen Befehl auch vorgestellt habe, so anders ist es, ihn erhalten zu haben, kein Vergleich mit dem Ausmarsch aus unserer Kaserne. Von außen dringt schwaches Licht durch die beschlagenen Fenster in den Waggon, nur die Umrisse sitzender Männer sind erkennbar, wie sie angespannt, Dunst von ihren Uniformen abgebend, das Gewehr verkrampft in beiden Händen am Schaft halten. Draußen ist die weite Landschaft hell und weiß erleuchtet, als das Viadukt unter den Rädern laut das monotone ʽTuck-tuck....Tuck-tuck´ verstärkt. Durch den gefahrenen Bogen kann ich die alte Kirche – vielleicht ein letztes Mal – sehen, wie sie mittlerweile vertraut auf der Anhöhe – jetzt gerade besonders beeindruckend – thront.
„Hat jemand eine Zigarette?"
„Danke."
Der Rauch füllt sogleich den Waggon, kann aber nichts gegen die zum Zerreißen gespannte Luft ausrichten. Alle sitzen, als würden wir geradewegs zur Schlachtbank geführt. Diese Untätigkeit ist der Unterschied zu Polen, *was, wenn der Zug aus der Luft angegriffen wird?*

Um 8 Uhr 10 fahren wir in einen kleinen Bahnhof ohne Schilder ein und bremsen uns in den Stillstand. Durch das Fenster, das ich vom Nebel befreie, sehe ich einen SS-Mann, wie er geradewegs auf den Lokführer zugeht. Die Minuten vergehen auf meiner Uhr, als wären es Stunden, danach löst sich hörbar eine Verriegelung und die Lok fährt vorne weg, nur wir bewegen uns nicht.
„Was ist jetzt los?"
„Die haben uns abgekoppelt!"
„Was?"
„Vielleicht ist der Krieg vorbei."
Keiner lacht, aber jeder staunt über die auf dem zweiten Gleis durch den aufwirbelnden Schnee rückwärts dampfende Lokomotive.
„Ja spinn' ich?"
„Vielleicht sind die Schienen kaputt?"
Daraufhin bewegen wir uns tatsächlich rückwärts, und auch wenn es sinnlos erscheint: mir fällt ein Stein vom Herzen.
„Fehlalarm?"

„Wie ist das möglich?"
„Vielleicht haben die Herren sich geeinigt?"
„So ein Quatsch", zischt Richi aggressiv mit gut hörbarem Sprachfehler, „das Wetter ist schuld."
Langsam rollen wir zurück über das Viadukt und sehen die Kirche schon sehr deutlich in der Morgendämmerung. Die ganze Stadt hat nichts weiter gemerkt; als wäre nichts geschehen.
„Alles aussteigen! Am Vorplatz antreten! Meine Herren, der Aufmarschtag wurde aufgrund schlechter Wetterverhältnisse verschoben, alle Heeresteile wurden zurückbeordert. Wir marschieren zurück in die Unterkunft, geben Munition und schwere Waffen ab, danach Ruhe bis 12 Uhr. Zugführer, übernehmen Sie."
Der Rückmarsch ist genauso angespannt wie jener Stunden zuvor. Auch wenn wir auf sicherem Boden bleiben, wurde es jedem mit einem Schlag bewusst – obwohl doch immer war – warum wir hier sind. Die Gruppe wirft wortlos die Sachen auf die Betten, niemand sagt etwas, bis Richi förmlich explodiert. „Ich hab's doch gesagt!", schreit er laut. „Und jetzt hör' ich keine Scherze mehr, nicht ´mal von dir!", stellt er sich vor den Sepp hin und deutet mit dem Zeigefinger aus kurzer Entfernung in das wie versteinerte Gesicht seines Gegenübers. „Nichts mehr, kein blödes Grinsen mehr!", gibt er ihm mit der flachen Hand einen Stoß auf die Schulter.
Blitzschnell packt der Sepp den überraschten Richi mit beiden Händen am Hals und reißt ihn herum. Krachend landet dieser mit dem Rücken auf dem Tisch, dabei zieht der Sepp das Messer aus der Halterung und rammt es voller Wucht – knapp an Richis Kopf vorbei – in das Holz. „Richi, einmal noch so ´was und du bist der erste, den ich ins Jenseits befördere, noch vor jedem Franzosen!", lässt er ihn mit blutendem Ohr auf den Boden fallen und dreht sich um zu uns.
„Jetzt passt alle ´mal auf, Kameraden!", spricht er, heftig schnaubend vor Wut, „Vielleicht bin ich nicht der Hellste hier, aber ich weiß genau, was uns bevorsteht. Nur, was sollen wir machen? Die Waffen wegwerfen und heimspazieren? Es gibt für einen wie uns keinen anderen Weg, als dem Franzenmann früher oder später in den Arsch zu treten! Ich als MG I ziehe doch sofort jedes Feuer auf mich, und… soll ich jetzt auch

durchdrehen wie unser Freund da, ist dann vielleicht irgendwem geholfen, Franz? Schon nächste Woche kann's das gewesen sein für mich, aber gerade deswegen genieße ich jede Sekunde hier. Und eines sollte euch Schlaumeiern allen miteinander klar sein: Je brutaler wir vorgehen, desto sicherer kommen wir alle durch. Vergesst Polen nicht!", reißt er das Messer aus der Tischplatte und geht hinaus.
„Scheiße. Alles klar, Richi?"
„Geht schon, lasst's mich, der is' doch verrückt!"
„Der Sepp wär' bei den Pionieren besser aufgehoben, was meint ihr?"
„Ich glaube, wir können uns glücklich schätzen, so einen in der Gruppe zu haben."
Ohne auf dem Berndl seine Aussage zu antworten, kriechen wir in unsere Betten und suchen ein wenig Ruhe. Der Sepp ist ein roher Hund, aber schlimmer ist, dass er mit der Ansprache recht haben könnte.

Die darauffolgenden Tage, zugleich die letzten des Jahres '39, waren bis zum heutigen Silvestertag überschattet von diesem Zwischenfall. Nicht nur unsere Gruppe, die gesamte Kompanie war seit dem A-Tag wie ausgewechselt, sodass sich der Spieß veranlasst fühlte, seinen nun wieder täglichen Ansprachen einen Witz folgen zu lassen, mit mäßigem Erfolg. Alle Vorgesetzten sind sich darüber im Klaren, welche Auswirkung üble Laune auf die Truppe, den Gehorsam haben kann, weshalb sie uns noch weniger Zeit zum Nachdenken einräumen, indem sie in den letzten drei Tagen die ganze Palette an Übungen, kleineren und größeren Schikanen und keine freie Minute bis heute, einem bewölkten, kalten Nachmittag, für uns bereithielten. Um 16:00 Uhr steht die gesamte Kompanie, in gewichsten Stiefeln und tadellosen Uniformen auf ihren Kommandanten wartend, erneut angetreten.
„Achtung!"
„Rühren! Männer!", sieht er durch die Reihen und nimmt sich eine kurze Pause. „Soldaten! Gerade eben hatte ich eine Unterhaltung mit Obersturmführer Kautze, dem hiesigen Gauleiter, der unbedingt im Namen der Partei zu euch hier und jetzt sprechen wollte. Das Einzige, was mir dazu eingefallen ist, war, dass ich als euer Kommandant *einzig und allein*' hier in Treysa das Wort an euch richte.

Dies könnte mich unter Umständen in Schwierigkeiten bringen, Männer. Nur war und bin ich immer bereit, ein Risiko für eine Kompanie, wie ich sie führen darf und jetzt vor mir sehe, einzugehen. Ich bin, wie ihr wisst, auch nicht jemand, der die Tatsachen zu beschönigen versucht. Wir – allesamt – sind nicht hier, um schön Urlaub zu machen, gut zu essen, oder den Weibern nachzustellen. Wir – gemeinsam – ziehen in den Kampf, auf Befehl der obersten Heeresleitung! Ich fordere von euch die Treue, die ich bis zu meinem letzten Atemzug euch entgegenbringen werde, ist das verstanden?"
„Jawohl, Herr Hauptmann."
„Wenn das jetzt nicht lauter geht, dann vergess' ich mich!"
„Jawohl, Herr Hauptmann!", schreit jeder aus voller Kehle.
„Gut! Wir haben, in Anbetracht der Umstände, lange überlegt, ob der Jahreswechsel gefeiert wird oder nicht. Auch hier habe ich mich durchgesetzt, weil ich für euch die Hand ins Feuer lege. Um Punkt 22:00 Uhr ist ein kaltes Buffet anberaumt, wobei heute bis auf ein Glas Wein strengstes Alkoholverbot herrscht. Verstanden?"
„Jawohl, Herr Hauptmann!"
„Abtreten!"

Der Flur vor unserer Stube ist voll von Kameraden, die über unseren Kommandanten diskutieren. Viele, so ist durch die offene Tür zu hören, sind seiner Meinung und stolz auf ihn, einige sind zurückhaltender, besonders was den beinahe `allmächtigen´ Gauleiter betrifft. Unsere Gruppe hält sich auch mit Äußerungen darüber bedeckt und ich habe mir ein weiteres Papier besorgt, um endlich dem Gefreiten Hofer zu antworten, ihm von unserer warmen Stube zu berichten, zu seiner Versetzung zu gratulieren – und die angespannte Situation nach dem A-Tag will ich ihm ebenfalls nicht vorenthalten. *Vielleicht schreibt er, was bei ihnen geschehen ist.* Dann bitte ich ihn noch, schöne Grüße an seine Frau, die Söhne und natürlich seine Tochter auszurichten, fertig. *Valeria*, drückt jetzt erneut das schlechte Gewissen, *sollte ich doch am letzten Tag dieses Jahres ein paar Zeilen schicken.* Aber in der momentanen Verfassung meinerseits liest sie womöglich zwischen den Zeilen, dass etwas vorgefallen ist, und das Letzte was ich möchte ist,

sie noch mehr leidend zu wissen. *Und überhaupt*, beruhige ich mich, *kämen die Neujahrswünsche frühestens übermorgen in Ried an.* Kurz vor 22:00 Uhr beginnt mein Ritual von neuem. Ich ziehe, wie jeden Tag seit der Abreise, die mir täglich persönlicher werdende Uhr auf. Sogar die Gedanken an Valeria, die mit der ganzen Sache doch gar nichts zu tun hat, haben sich geändert. Viel intensiver koste ich die fünf Minuten nun aus und lasse durch hohe Konzentration auf ihr Aussehen, ihren schwungvollen Gang, ihr offenes Lächeln, keine andere Vorstellung als unser Wiedersehen – dieses aber in unterschiedlichen Variationen – zu, und überlege mir bereits die ersten Worte an sie.
„Austreten!"

Das kalte Buffet, auf wenigen Tischen an der Rückwand des Saales, passt genau zu dem mit geringem Aufwand – verglichen mit Weihnachten – geschmückten, trostlos wirkenden, kalten Saal. Das anfangs nur vereinzelt hörbare Gemurmel wird aber rasch lauter, Männer holen ständig vom Buffet nach, treffen im Saal mit dem Brot, der Butter, und vor allem der köstlichen Fleischpastete zusammen und beginnen Gespräche. In kleinen Gruppen stehen wir zusammen, die Teller in Händen, und sprechen über die Familie, Freunde, Bekannte und natürlich über die Frauen, gar nichts aber über unsere Situation, die versucht jeder zu verdrängen. Kurz vor halb zwölf stößt ein Soldat die Schwingtür' von außen auf und kommt wankend in den Saal.
„Heil Hitler! Kameraden", stolpert er über den kleinen Absatz und will zu uns in den hinteren Bereich, als sich – glücklicherweise für ihn, nur – der Spieß ihm in den Weg stellt.
„Schütze Lackinger, wo waren Sie?"
„Herr Hauptfeldwebel, draußen!"
„Stehen Sie stramm, wenn Sie dazu noch in der Lage sind!"
„Jawohl", schließt er die Beine, legt die Arme an und wankt mit dem ganzen Körper, sodass wir alle zu lachen beginnen.
„Ruhe!", schreit der Spieß verärgert und deutet der Saalwache. „Abführen, er steht unter Arrest."
Die beiden Wachmänner sehen sich überrascht an: „Wo sollen wir ihn hinbringen, Herr Hauptfeldwebel?"

„In den Keller unserer Unterkunft, mein Adjudant zeigt euch den Weg."
„Jawohl, Herr Hauptfeldwebel!"
„Na, kennt ihr den?", fragt Hannes die anderen bei uns Stehenden.
„Der ist einer von uns! Der Gustl halt, ein Spitzenkerl, aber besoffen wann' geht, mit billigem Zeug, egal was."
Wir sehen uns gegenseitig auf die mit Saft gefüllten Gläser und schmunzeln.
„Ich hätt' jetzt auch gern' einen Obstler, aber von daheim, einen guten. Denn", so erzählt diesem Gustl sein Kamerad, „zu Silvester, da haben wir immer am Küchentisch Karten gespielt, aber viel wichtiger, der Alte hat dann seine Schätze hervorgeholt und allen, auch den Schwestern, eingeschenkt."
„Letztes Jahr haben wir nix zu feiern gehabt, gleich nach Weihnachten is' die Mutter gestorben, nach einer Totgeburt!"
„Na, wir haben zusammen gesessen", will ich jetzt nichts von Toten hören, „der Vota, sein Bruder und ich, lang' in die Nacht, und haben den Most ordentlich rinnen lassen."
„Meine Herren!", unterbricht uns der Spieß, „ich hoffe, das wird der letzte Zwischenfall dieses Abends gewesen sein. Wir werden gleich gemeinsam hier im Saal das so erfolgreiche Jahr 1939 verabschieden, jegliches Feuerwerk wurde ausdrücklich verboten. Aufgepasst", erheben sich alle Offiziere vom Tisch ganz vorne „ein Gutes Neues Jahr!"
Rechte Freude will nicht aufkommen, als wir uns gegenseitig die Hand reichen, da schaltet der Charge den Empfänger ein, aus dem der Donauwalzer uns zum Tanz einlädt. Egal, dass einzig Männer anwesend sind, es verschafft weitere Ablenkung. Steif und am Takt vorbei kreisen wir durch den Saal und lachen beschämt, aber wissend, dass niemand anderer es sehen oder je erfahren wird. Verlegen sehen die Vorgesetzten uns Tanzenden zu, bei dieser der Mannszucht zwar nicht, dafür der Ablenkung, sowie damit einhergehenden Besserung der Laune dienlichen Aufführung. Nur, so mit absoluter Sicherheit ihre Berechnung, darf das Ganze nicht zu weit gehen, weshalb wir unter strenger Beobachtung stehen.
Auf einmal, nach einem weiteren Walzer mit besserem Taktgefühl und Schritttechnik, soweit es genageltes Schuhwerk auf Holzboden zulässt,

hören wir klopfende Geräusche und – eindeutig durch dessen Ungewöhnlichkeit hier – Gelächter von Mädchen. Die Saalwache weiß nicht, wie sie dort am Eingang auf den unangemessenen Besuch reagieren soll und meldet, obwohl alle lange schon hinsehen, das Weibsvolk dem Spieß, der – in diesem Augenblick selber nicht weiter wissend – den Kopf fragend zum Hauptmann dreht.

„Na lassen Sie sie herein, ist doch eine schöne Abwechslung!", befiehlt er die Wache zur Seite.

„Guten Abend!", ungewohnt schüchtern zwar, schreitet Tanja wie gewohnt der Gruppe voran.

„Wir wollten nur vorbeigehen, haben aber die Musik gehört und möchten nun den tanzenden Herren ein Gutes Neues Jahr wünschen."

Nun lösen sich auch die letzten Paare voneinander; beschämt stehen wir da, wie eine Kompanie schwuler Soldaten, was sich durch das gezeigte Knie von Tanja sofort als nicht zutreffend herausstellt. Denn beinahe alle 120 Männer stürmen auf die Gruppe zu und versuchen, irgendein Mädchen persönlich in das Neue Jahr zu wünschen.

„Na, na, na", schreit der Spieß leicht überfordert dazwischen, „nicht so hastig, ′ist doch kein Bordell hier!"

Nur wenige widerstehen der Anziehungskraft des schönen Geschlechts und bleiben dort, wo sie sind. Ich zum Beispiel, allein aus meiner Gruppe, ergreife ein Stück Brot und beschmiere es – ganz langsam Schicht für Schicht auftragend – mit feinster Pastete. Das Gelächter und einige Tanzschritte hinter mir hörend, will ich meine Erregtheit dadurch unterdrücken, dass ich keines der Weiber ansehe, dem Treiben so lange es dauern mag fern bleibe.

„Na da, dort steht er ja!", schreit Klaus eindeutig in meine Richtung, „Unser Franz, mit dem Orden. Franz, schau her, wer da ist."

Das Brot, die Fleischpastete, das gesamte Buffet sind mit dieser Aufforderung nicht mehr vorhanden, das Herz macht sogleich, was es will, der Bauch folgt wenig verwunderlich mit starkem, sehr angenehmen Ziehen, bis die Erregung dort ankommt, wo kein Mann sie in der Öffentlichkeit haben will.

„Er ist ein wenig schüchtern, unser Feschak. Na, Franz, willst' nicht ′Guten Tach′ sagen?"

Es ist einfach verrückt, was diese kleine Gruppe mit den Soldaten im Handumdrehen veranstalten kann. Sie gäben die besten Vorgesetzten, alles hört auf das, was sie von sich geben. Kein Mucks, abgesehen von der Musik und den beiden tanzenden Paaren, ist zu hören, alle anderen Männer – sogar die von Offiziersrang – warten gespannt auf weitere Befehle der Weiber, als ich mich mit dem Brot vor der Brust betont langsam, und dadurch lächerlich wirkend, umdrehe.

„Ach, na komm doch her, du Feigling!"

„Oder hast' solche Angst?"

„Ich ess' grad!", hebe ich das Brot zum Beweis an. „Wünsche den Damen ein Gutes Neues Jahr!", drehe ich mich erneut weg, um ja nicht der Versuchung nachzugeben. Auf Befehl der Mädchen tanzen jetzt alle; abwechselnd dürfen unterschiedliche Kameraden führen und es scheinen alle ohne mich ganz gut zurechtzukommen. Eine Weile später hat sich die Anspannung weitestgehend gelöst, deshalb drehe ich mich unbedacht in den Saal und sehe, wie Anna mit jemandem tanzt, aber über dessen Schulter meine Augen, wie damals am Rathausplatz, fixiert und zu allem Unglück Anstalten macht, auf mich zuzukommen. Ganz allein löst sie sich aus der drehenden Ansammlung und streckt mir aus kurzer Entfernung ihre Hand entgegen.

„Ein Gutes Neues Jahr, Soldat!"

Unbewusst wische ich die rechte Handfläche noch am Gesäß ab und greife wortlos die zarte Hand. Ganz vorsichtig umschließe ich die kalte, weißliche, durch die zärtliche Art ihres Berührenlassens elektrisierende Hand, und die von ihren dunklen Augen ausgehende Faszination – willens oder nicht – wird unermesslich gesteigert.

„Na, willst du mir kein Gutes Neues Jahr wünschen?"

„Ein Gutes Neues Jahr."

„Anna heiße ich."

„Ich bin der Franz. Guten Abend", gefällt es mir, nach all dem groben Gerät diese zerbrechliche Hand vorsichtig wie Glas zu halten und dabei in ihre Augen zu starren. Von beidem kann ich einfach nicht loslassen, wie von einem Zauber hat sich jegliches Sträuben in mir gelegt.

„Also", nimmt sie ihre Hand zurück, „das ist das Verwundetenabzeichen III. Grades, nicht wahr?"

Ich stimme mit dem Kopf zu und denke, dass sie etwas Unberechenbares an sich hat. Ich habe das Gefühl, nicht zu wissen, was als nächstes von ihr kommt, und gerade das hat eine magische Anziehung auf mich, neben ihrer Schönheit. Dunkles, welliges Haar, auf der rechten Seite durch eine mit Blume verzierte Klammer hochgesteckt und ein schmales Gesicht mit feinen Lippen, kleiner Nase und den leicht geröteten Wangen – perfekt harmonierend. Am liebsten würde ich sie jetzt sofort mit auf die Stube nehmen, ganz egal, was nachher kommen möge.
„Mein Bruder", grinst sie, als würde sie meine Gedanken erraten, „hat den auch, er ist bei Guderians Panzertruppe ganz vorne dabei!"
„Wirklich?"
„Ja, den kennst du doch?"
„Natürlich."
„Ähm, meine Damen!", steht der Spieß auf dem Podest und schaltet die Musik, zum Zeichen, dass der Punkt an Ausgelassenheit für heute erreicht sei, ab. „Ich darf Sie jetzt bitten, wieder zu gehen, und danke für den reizenden Besuch. Auf Wiedersehen!"
Enttäuschtes Gemurmel wird hörbar, einige Männer greifen die Mädchen noch einmal am Arm, wollen sie nur noch einen Augenblick halten.
„Also dann, Wiedersehen, Franz."
„Auf Wiedersehen."
„Auch für die Herren wird es Zeit, bevor noch jemand auf dumme Gedanken kommt."
„Das bin ich doch schon längst", antwortet Klaus beim Hinausgehen.
„Aber ich bin ja völlig falsch gelegen bei dir", knirscht der Schnee laut unter unseren Füßen, „du Hund, nicht die Tanja, sondern diese Anna hat es dir angetan! Die ist aber gefährlich, sieh' dich vor bei der."
„Wieso, ich mach' doch nichts."
„Mensch, Franz, dass du es überhaupt zu einer Frau gebracht hast. Die stillen Wasser, das sind die tiefen. Die Tanja redet doch nur, aber die Anna, das ist eine, die handelt."
„Ich versteh' das alles nicht", schreiten wir durch die Kälte, „warum verfolgt mich diese Frau? Aber ja, sie fasziniert mich auch irgendwie, aber das bleibt unter uns!"

„Sicher!"
„Es ist so, als wäre ich ihr hörig, sie gibt mir die Hand und ich bin machtlos. Ich darf sie nicht mehr wiedersehen, das hat vielleicht irgendwann wirklich böse Folgen."
„Kann sein, Franz. Wie ich dir im Wald zu Weihnachten gesagt hab', nichts ist so aufregend wie die heimliche Liebe, aber auch nichts so gefährlich, außer der Krieg natürlich. Und deswegen vergiss nicht, was der Sepp geschrien hat. Morgen schon kannst du unter einem schönen Birkenkreuzlein liegen, dann kräht kein Hahn mehr danach."

Durch den Neujahrstag, an dem die Zahlmeisterei andere Dinge zu erledigen hatte, verschiebt sich die Auszahlung des Soldes um einen Tag. Den ganzen Vormittag schon steht unser Zug wartend in einer Schlange vor der Zahlmeisterei, mit frierenden Füßen und starkem Wind, der durch den Mantel fährt. „Schütze Meyer!", melde ich mit vorgehaltenem Soldbuch in der warmen, kleinen Stube des provisorischen Feldpostamtsgebäudes.
„In Ordnung, Soldgruppe 16", stempelt der Stabsbeamte wie üblich mein Soldbuch ab, während der Gefreite neben ihm bereits meine 15 RM plus 30 RM Frontzulage abzählt.
„Hier unterschreiben!"
„Schütze Mitterer!", meldet bereits der nächste hinter mir.
Die Frontzulage werde ich gleich jetzt nachhause schicken, um der Mutter bei dem ganzen Gezahle auszuhelfen, so weiß ich genau, wie sehr sie – nicht aber den Vota – Geldsorgen belasten. In dieser Kälte musste die Oma tief in den gefrorenen Boden. Alleine die Vorstellung daran lässt mich noch stärker frieren. *Ich weiß noch*, stehe ich nun in der Schlange vor dem Postamt, *wie streng sie immer gewesen ist*. Wehe, bei einem von uns waren die Ohren am Sonntag nicht sauber, dann hat sie gerne daran gedreht; heimlich, um es vor den anderen Erwachsenen zu verbergen, aber nicht weniger schmerzhaft. *Dennoch hat sie uns Kindern vieles gegönnt*, will ich die Oma so in Erinnerung behalten, *alles, was der Opa uns bei den Besuchen geschenkt hat*. Sie war zwar die Sparsame der beiden, aber doch einsichtig gegenüber den Kinderwünschen, die so groß gar nicht waren.

Schnell ist das Geld nachhause übergeben, sind ein paar Zeilen und erneut Grüße an die Familie geschrieben, ist die geforderte Unterschrift gemacht, der Durchschlag über die eingezahlte Summe genommen, und ich gehe in die noch kalte Stube, wo Klaus bereits den Ofen entzündet.
„Na, hast' deiner Frau schon das Geld geschickt?"
„Ja, 42 RM mit den besten Grüßen, als Zeichen, dass ich noch leb'!"

„In einer halben Stunde Filterrückgabe, alle Filter werden ersetzt!"
„Das haben sie nun davon", zieht Hannes seine Maske aus dem Behälter, „durch das blöde Manöver sind die alle unbrauchbar geworden."
„Ach, die Wehrmacht hat mehr als genug Geld. Der Sold kommt pünktlich, da können's auch ein paar Filter sein."
„Gespannt bin ich auf den Besuch vom Stab, der Spieß ist ja schon ein reines Nervenbünbel."
„Nächste Woche kommen die erst und er dreht jetzt schon fast durch, ein richtiger Spieß halt, alles muss passen bei seinen Kindern."
„Aufmarsch in Bataillonsstärke, na das kann wieder heiter werden", kommt Roland herein und scheint den Dienstplan gelesen zu haben.
„Das kennen wir doch: Überprüfen der Marschdisziplin, Verbesserung der Reichweite…"

Genau wie von Hannes vorhergesehen hört der Divisionsstab Tage später wahrscheinlich zum x-ten Mal die Ausführungen des Generals an die versammelte Kompanie im Saal, und gleich zu Beginn über die Wichtigkeit der Marschleistung: „Um somit einen raschen Vorstoß am Operationsgebiet zu gewährleisten. Denn, so hat Generaloberst von Moltke es richtigerweise schon verdeutlicht, auch in einer modernen Armee hängt der Sieg von der Marschleistung der Truppen ab. Entscheidend ist, wie schnell diese von A nach B gelangen, um dort, wenn nötig, noch rechtzeitig den Kampf aufnehmen zu können", spricht der General, kerzengerade stehend, von beachtlicher Statur und beeindruckender Ausstrahlung, vom Podest aus zu uns Sitzenden, den Hauptmann in der ersten Reihe verblassen lassend. „Bevor wir das morgige Marschziel genauer erläutern werden, gebe ich Ihnen einen Überblick

zur gegenwärtigen Lage am Frontabschnitt West."
Zwei junge Adjudanten bringen eine riesige Karte, mit allerlei Linien, Kreuzen etc., an der Wand hinter ihm an.
„Danke! Soldaten. Die Franzosen verfügen über schätzungsweise 100 bestens ausgerüstete Divisionen, welche – für uns am interessantesten – hinter dieser stark ausgebauten Verteidigungslinie warten. Ihr Fehler dabei ist, alles auf diese Linie hier", fährt er eine schwarze Dopellinie mit dem Zeigestab ab, „zu konzentrieren, die sogenannte Marginotlinie. Ein beeindruckendes Bauwerk", zieht er, wieder ganz vorne stehend, den Uniformrock mit beiden Händen gleichzeitig stramm nach unten, „wie ich mehrmals mit meinen eigenen Augen begutachten konnte. Eine mehrstöckige Bunkeranlage, tief in den Boden gegraben, an deren Grund eine rasche Verlegung kleinerer Einheiten mithilfe einer Schmalspurbahn gewährleistet ist." Lautes Gemurmel beginnt im Saal.
„Ruhe!", schreit ein Unterführer, seitlich von uns stehend. Diesem mit Kopfnicken dankend, spricht der General weiter: „Und die sie dadurch für uneinnehmbar halten. Ich darf Ihnen, soweit es die Geheimhaltung erlaubt, versichern, dass es nicht in unserem Interesse liegt, gegen dieses Bollwerk anzurennen. Sondern, es schlichtweg zu umgehen, und zwar hier, hier, und für Sie besonders wichtig, hier", legt er die Spitze des Stabes auf kurze strichlierte Linien.
„Hier, im Raum südlich von Luxemburg Stadt, stehen nur einzelne Bunkersysteme, die nicht miteinander verbunden sind und somit einzeln herauszubrechen sind. Meine Herren! In dieser gesamten Festungsanlage bindet die französische Armee unglaubliche 20 Prozent ihrer gesamten Infanterie, die im Falle einer Umgehung eingeschlossen und abgeschnitten, und entscheidender: mit einem Schlag kampfunfähig sind. Für Ihre Division als Reserve-Einheit ist vorerst das bereits erwähnte rasche Nachstoßen im Rückraum der operierenden 12. Armee des XXVI Armeekorps, genauer in diesen Korridor hinein, von ausschließlicher Wichtigkeit. Noch etwas über den Gegner: Er hat als erste moderne Armee die Panzerkampfwagen als entscheidende Waffe erkannt, und doch ihre Wirkung bis heute unterschätzt. Der Franzose sieht in dieser Waffengattung eine Unterstützung der marschierenden Infanterie und bis heute nicht einen selbstständig operierenden

Verband."

Ich stelle mir gerade Annas unbekannten Bruder in einem deutschen Panzer vor.

„Das aber führt zu sehr geringen Geschwindigkeiten und dadurch zu einer Verkleinerung des eigentlichen Wirkungsgrades dieser überaus schlagkräftigen Waffe, was sie im Weiteren zu langsamen Zielscheiben bei unseren unabhängigen, schnellen Vorstößen macht. Fragen?" „Jawohl, Herr General."

„Ja?"

„Wenn unser Angriff an dieser Marginotlinie abgefangen wird, was wäre dann die Alternative?", drehen sich alle zu dem frechen Kerl um, und wieder entsteht lautes Gemurmel.

„Seien Sie unbesorgt, Soldat. Die Pläne im Führerhauptquartier lassen keine Verzögerung oder gar ein Abfangen, wie Sie es nennen, zu!" Wir lachen alle auf.

„Jawohl, Herr General", sagt er wenig überzeugt und setzt sich.

„Noch jemand eine Befürchtung dieser Art? Ach ja, genau", nimmt er das vom Adjudanten gereichte Blatt Papier, „es gibt ein paar neue Erlässe, davon zwei direkt Ihre Einheit betreffend. Mit dem Erlass vom 02.12.´39 ordnet der Ministerrat für die Reichsverteidigung, Feldmarschall Hermann Göring, die sofortige Zufuhr von Arbeitern in die Rüstungsindustrie an. Es werden einige von Ihnen auf unbestimmte Zeit eingezogen. Der Erlass vom 20.12.´39 sieht eine neue und speziell für die Seele des Heeres eingeführte Auszeichnung vor: das Infanterie Sturmabzeichen. Es wird bei besonderen Leistungen im Nahkampf, jedoch ohne Panzer-, Artillerie-, oder sonstiger Unterstützung, ab dem gegenwärtigen Zeitpunkt neben den bestehenden Eisernen Kreuzen verliehen. Gleichzeitig wurde das Panzerkampfwagen-Abzeichen eingeführt, was für jeden selbstständig bekämpften und ausgeschalteten Panzer verliehen wird. Abschließend komme ich noch auf den morgigen Marsch zu sprechen. Unter der Beobachtung des Divisionsstabes trifft das gesamte II. Bataillon vollständig ausgerüstet um Punkt 9:00 Uhr hier in diesem Gebiet zusammen", umkreist er ein rotes Kreuz auf einer anderen Karte, die das umliegende Gebiet zeigt, „marschiert bei vollständiger Marschentfaltung in Richtung Südost,

um genau um Punkt 16:00 Uhr hier an dieser Anhöhe einzutreffen, in Stellung zu gehen, und über Nacht zu halten. Am nächsten Tag, also übermorgen, geordneter Rückzug in die Unterkunft. Auf dem Weg dorthin über unbedeutendes Gelände, werden Sie die eine odere andere Überraschung erleben, die zu raschem Handeln zwingt, also realistische Bedingungen schafft. Fragen? Machen Sie sich auf sehr stürmisches Wetter gefasst. Danke für Ihre Aufmerksamkeit!"
„Kompanie in fünf Minuten am Alarmplatz angetreten", schreit der Spieß durch den Applaus.
„Ihr habt bis zur Visite um 17:00 Uhr Zeit, alles für morgen in Ordnung zu bringen. Abtreten!"
„Das ist einmal jemand, was? Ein General, eine Führungspersönlichkeit, alle Achtung. Wenn ich auch den Kommandeur selbst lieber gehört hätte."
„Ach der, der hat doch keine Zeit, von Kompanie zu Kompanie zu gondeln und immer dasselbe zu erzählen."
„Aber", schließt der Richi die Zimmertür leise, „kein Wort hat er über die *Verteidigung* des Deutschen Reiches verloren, das war doch der Grund für unsere Verlegung hierher, oder net?"
„Ja, Richi, da hast' recht, aber jetzt wissen auch wir wenigstens Bescheid", stimmt ihm ausgerechnet der Sepp zu, „ja, wo er recht hat, da hat er recht!"
„Sturmabzeichen, na herrlich! Da haben die Herren aus Polen gelernt, was? Der Nahkampf ist längst noch nicht Geschichte."
„Für mich schon."
„Ja, aber für uns Schützen nicht."
„Wir sollten uns freiwillig für die Industrie melden, dann wär' das morgen die letze Übung auf lange Zeit."
„Was? Freiwillig geh' ich dort nicht hin, was glaubst', was da für Zustände herrschen! Überall Zwangsarbeiter. Na, das mach' i' nur, wenn ich muss."
„Aber viele Weiber sollen dort auch sein!", sagt Klaus und blickt verschmitzt um sich.
„Und wenn schon!"
„Wenn der Wind morgen auch so durch die Gegend fährt, na dann

Prost Mahlzeit. Ich schlage vor, jeder kontrolliert nochmals die Zeltbahnen auf Risse, und die Stiefel könnt's an den Ofen stellen."
Auch Kameraden aus den Nachbarstuben halten ihre Stiefel über unseren Ofen, oder stellen sie einfach in unseren Raum, was uns wegen der Geruchsentwicklung zwar nicht gefällt, aber wir dennoch nichts sagen, damit sich ja keiner beschwert und wir nicht Zimmer tauschen müssen.

Gegen starken Ostwind kämpfen wir uns voran, das gesamte Bataillon, Kompanie für Kompanie, bis hinten der Bataillonstross – für uns lange nicht mehr sichtbar – abschließt. Vor uns müssen sich irgendwo berittene Melder den Weg bahnen, und in ständiger Verbindung mit der ebenfalls berittenen Kommandantur – gerade noch vor uns ersichtlich – den optimalsten Weg abgleichen. Der von den Pferden emporgewirbelte feine Schnee wird vom starken Wind erfasst und mit Druck in jede noch so kleine Öffnung zwischen Uniform und Körper gepresst, zergeht durch die Körperwärme in Sekunden auf der Haut und läuft als kaltes Wasser über den gesamten Körper bis in die Stiefel hinein. Alle 300 Meter kann ich durch das kleine Sichtfeld zwischen Stahlhelm und Stofftuch, das Mund und Nase bedeckt, einen Funkerkoffer seitlich des Weges erkennen; sie bilden ein willkommenes Hindernis, das vom Schnee kräftig angeweht wird. Überall wirbelt der Schnee, pfeift – wenn nicht durch uns hindurch, dann neben uns heulend vorbei – und selbst nach über zweistündigem Vorwärtskämpfen könnte ich nicht sagen, ob es überhaupt schneit. Plötzlich durchstoßen zwei riesige Flugzeuge die weiße Wand vor uns, brausen über unsere Köpfe hinweg und sind längst wieder in ihr verschwunden, als ihnen lautes Motorengeräusch folgt.
„Luftangriff!", geht das Kommando von vorne durch. Was die steifen Gliedmaßen noch hergeben, suchen wir Deckung und warten hockend am Wegesrand mit minimalem Sichtfeld auf weitere Befehle.
„VI. Kompanie ausgefallen, Sanitätszug versorgt und transportiert ab!", gebe ich die Information laut schreiend weiter, als neben mir ein Pferd mit einem Adjudanten der Stabsdivision auftaucht, mich nur kurz mustert und weiter vom Wind nach hinten durchgeschoben wird.

„Der Rest vorwärts, Marsch!"

Ein Uhr ist es mittlerweile, der Wind bläst jetzt wie verrückt, aber durch unser südliches Abdrehen weniger schmerzhaft von der Seite, als unsere Kompanie zur Geländesicherung befohlen wird. Noch während wir uns auseinanderziehen, bemerke ich den kleinen Fluss vor uns, ohne jegliche Brücke darüber. Mitten auf dem Eis stapfen bereits drei Melder, die Pferde an den Zügeln haltend, prüfend darauf herum und verschwinden aus dem Sichtfeld im Schneegestöber. Der gesamte Stab folgt unverzüglich nach, dann zieht die VII. Schützen- und dieser folgend die VIII. MG-Kompanie schwerst bewaffnet über den Fluss, abschließend folgt der Tross mit der schweren Feldküche, unter deren Räder lange Holzlatten auf das Eis gelegt werden, und verschwindet ebenfalls im Nichts. Wir lösen die Sicherung auf, um ebenfalls an das andere Ufer zu gelangen, überrollen die dort sichernde Kompanie, und marschieren wieder an erster Stelle hinter dem Stab. Wie an einer Schnur fädelt sich alles trotz geringster Sicht auf. Meine tadellos funktionierende Uhr zeigt noch eine Stunde bis ans Ziel, Hunger und Durst erschweren jede Bewegung zusätzlich.

„Sicherung der Anhöhe!"

Endlich, wir sind sogar vorzeitig am Ziel, das irgendwo vor uns liegen muss.

„V. Kompanie hinauf, VII. Kompanie Sicherung Rückraum, MG-Kompanie zu gleichen Teilen seitlich der V. Kompanie!"

Eine weitere Stunde hocken wir im Schneetreiben des über die Anhöhe schneidenden Windes. Nur kurz blicken wir auf das vermutete Feld vor uns, das einfach eine weiße, schneespeiende Wand bleibt, drehen dem Ganzen – unerlaubter Weise – den Rücken zu, und warten mit gefrorenen Fingern und Zehen auf die Ablösung. Vollkommen wortlos wechseln wir dann die Stellung und bewegen uns zur Sicherung des Rückraums in die Nähe der Feldküche, die es tatsächlich fertiggebracht hat, hier etwas zu kochen. Im Blechgeschirr bringen uns die Küchenbolzen eine lauwarme Suppe und ein Stück Brot. Wärmend sauge ich sie in der Stellung und mit Rückenwind schnell auf.

„V. Kompanie, Nachtlager in diesem Bereich errichten!"

Also, auf, hin zum Gepäckstross, Tornister – wenn möglich den

eigenen – herunter, Zeltbahn im Schutze des Fuhrwerks heraus, die Finger beweglich machen und die Bahn mit dem Wind ausbreiten, um sie zu einem Zelt zu verbinden. Eine Bahn wird vom Wind erfasst und sofort vom Schneegestöber verschluckt. Ein anderer Kamerad kommt mit dem fehlenden Teil für einen weiteren Versuch. Das fertige Zelt drücken wir gemeinsam gegen den Boden und versuchen, es gegen den Wind zu verankern, was sich als unmöglich herausstellt. Der Schirrmeister läuft besorgt um die herumstehenden, oder gar noch bespannten, Pferde und wirft vergeblich Decken darüber, bangend, ob die Tiere hier, gänzlich ohne Schutz, eine Nacht aushalten können.
„Neuer Befehl!", kommt Slidez auf uns zu, als wir noch immer das Zelt gegen den Boden drücken. „Sofort alles verstauen. Sofortiger Rückzug in die Unterkunft, Anhöhe wird aufgegeben!"
Ich weiß nicht, ob ich lachen oder weinen soll, *die ganzen Strapazen jetzt zurück, wahrscheinlich hinein bis in die absolute Dunkelheit*, hier hingegen würden wir kein Auge schließen können. Also, Zeltbahn wieder verstauen.

„Abmarsch! Marsch, Marsch!"
Wir folgen den Kommandanten im von hinten andrückenden Wind. Lange schon liegt der Fluss hinter uns, als uns die Dunkelheit rasch einnimmt. Über am Weg angewehte, halbe Meter hohe Verwehungen schreiten wir, das Gewehr im Schutze der Dunkelheit als Stütze verwendend, vollkommen erschöpft, Meter für Meter, bis die ersten Lichter direkt vor uns sichtbar und damit die letzten Reserven in uns freigesetzt werden. Tatsächlich lässt der Hauptmann die Kompanie noch antreten, sie die Munition versorgen, und erklärt sich mit uns zufrieden – auch, als einer der Kameraden umfällt und den Sanitätern einen echten Einsatz verschafft.
„Alle Soldaten suchen die einzelnen, bereits warmen Stuben zur Reinigung sämtlicher Gerätschaften auf. In einer Stunde Abendessen. Abtreten!"
Einen immens beißenden Schmerz fügt das wärmende Blut den Fingern und Zehen zu, die langsam wieder erwachen.
„Wie haben die sich das mit dem Aufmarsch so vorgestellt, um diese

Jahreszeit? Es fehlt doch hinten und vorne an Frostschutz, so wie sie die Fahrzeuge jetzt schon mit den Gewehrkolben bearbeiten."
„Na, den brauchen die Panzer ganz vorne! Wie wir nachrücken, ist dem OKW egal, Hauptsache wir tun es."
„Aber diese Flieger, wenn die nicht verrückt sind! Bei null Sicht voll über uns drüber!", merkt man dem Roman seine Leidenschaft an.
„Wie können die überhaupt starten und landen bei dem Wetter?"
„Natürlich nur irgendwo außerhalb des Sturmes, aber dass sie da durch, mitten hinein fliegen, das ist schon ein starkes Stück."
„Apropos Sturm, wem hat's denn die Zeltbahn weggerissen? Das sehen die Vorgesetzten gern, Unachtsamkeit mit dem Wehrmachtseigentum."
„Ha! Die war futsch in einer Sekunde, dem werden's 'was abziehen vom Sold, das steht fest. Das war einer vom III. Zug, glaub' ich."

Gleich am nächsten Tag bei der Standeskontrolle – gerade heute, wo es egal wäre, in beruhigtem Wind – werden die Namen zweier Drittel der Kompaniestärke laut vorgelesen, nämlich jener Männer, die sich morgen mitsamt vollständigem Gepäck – außer dem Gewehr, welches in der Waffenkammer versperrt wird – auf den Weg Richtung Ruhrpott zu machen haben. Nur der Sepp, der Richi und ich bleiben aus unserer Gruppe unerwähnt.
„Na, Klaus, jetzt kommst' in die Schmiede", klopfe ich ihm auf die Schulter und sehe ihm aber den Zweifel an.
„Irgendwie freu' ich mich jetzt weniger. Ihr werdet doch hier so gut wie nichts machen, in so geringer Anzahl, höchstens Instandhaltung."
„Kann sein, aber 'halt alles ohne Weiber."
„Hab' schon verstanden! Heut' abend gibt's aber einen Abschiedstrunk, genau hier in der Stube nach dem Zapfenstreich, ich besorg' uns 'was."
Während der Nachtruhe klettert er tatsächlich aus dem Fenster und kommt nur 30 Minuten später mit zwei Flaschen Wein wieder zurück.
„Spitze, Klausi, wo hast' denn die her?"
„Na von dem freundlichen Wirten am Rathausplatz, wo natürlich einige Vorgesetzte gemütlich in der Stube sitzen. Ich hab' ihm einfach von außen gedeutet. Er hat sofort kapiert, das Spiel kennt er sicher! Also, auf die glorreiche 3. Gruppe des II. Zuges und eine baldige

Wiedervereinigung", hebt er seinen Blechbehälter und fügt hinzu: „Möge sie zusammen alle Stürme dieser Zeit durchstehen! Prost!"
„Prost!"

Exakt drei Tage halten die Vorgesetzten den Rest der Kompanie mit den üblichen Einheiten bei Laune. Gerade als wir drei uns an die entspannte Situation gewöhnen, tritt am Morgen des 17. Jänners der Hauptmann vor die Kompanie.
„Guten Morgen, Soldaten!", muss er uns scheinbar an unseren Berufsstand erinnern, so friedlich wie alles hier wirkt.
„Guten Morgen, Herr Hauptmann!"
„Ihre Kameraden arbeiten seit vorgestern an der weiteren Aufrüstung mit. Jetzt werden, auf direkten Befehl des Wehrkreiskommandos VI, weitere 30 Mann an die umliegenden Grundbesitzer überstellt, um die dort fehlenden Arbeitskräfte zu ersetzen. Morgen früh werden...", liest er die Namen von einer Liste, diesmal mit meinem darunter, „...in die einzelnen Höfe gebracht, alles, bis auf das Gewehr, am Mann."

Auf einem pferdegezogenen Fuhrwerk gleiten wir durch den glitzernden Schnee in nördliche Richtung, passieren kleinere auf oder zwischen Hügeln liegende Wälder und fahren über tiefverschneite Wiesen, als die ersten Kameraden an großen Höfen absitzen. Gut, dass ich Valeria gestern noch geschrieben habe, um ihr von meiner Versetzung zu berichten und ihr dadurch die Sorge um mich für die nächste Zeit zu nehmen, denke ich, über die Felder in die Ferne blickend, *wer weiß wann die nächste Gelegenheit dazu sein wird.*
Stefan aus dem III. Zug und ich sitzen an einer kleinen Wegkreuzung mit wartendem, sehr klapprig wirkendem Knecht ab, der nach ein paar sparsamen Worten langsam einen Hügel hinauf vor uns hergeht. Von der Anhöhe blicken wir auf einen – im Unterschied zu den vorher gesehenen – kleinen Bauernhof mit zwar großer Scheune, die augenscheinlich vor kurzem völlig neu errichtet wurde, aber kleinem Haupt- und winzigem Nebengebäude – alles von hier oben aus sichtbar in Form eines L angelegt. Nicht auf das Haupt- oder wenigstens Nebengebäude schreiten wir zu, die Scheune ist unser Ziel.

„Dort oben ist euer ˋSchlafgemach´, alles hergerichtet. Legt die Sachen ab und meldet euch dann drüben beim Bauern."
„Alles hergerichtet?", klettere ich die Holzleiter in die Zwischendecke hoch und finde zwei schmutzige Decken inmitten des Heus, werfe den Tornister daneben hin und klettere wieder hinunter. „Da wimmelt's sicher von Ratten und Mäusen."
„Das ist ja wie in der Kindheit."
Ungläubig sehe ich Stefan fragend beim Hochklettern zu.
„Oder hast du nie im Heu geschlafen?"
„Doch", gehe ich vor die Scheune in die blendende Sonne, um das umliegende Gelände zu überblicken. Die Hand als Sonnenschutz für die Augen an die Stirn haltend, überschaue ich den Hof, wahrscheinlich seit über 200 Jahren in dieser Senke liegend. Direkt vor uns liegt die kleine Anhöhe und links und rechts Galeriewälder, die ein kleines Bächlein vermuten lassen, das wohl auf der anderen Seite, nahe am Hof vorbeilaufen wird. Es ist weder etwas zu hören, noch ein Nachbar in Sichtweite; in absoluter Stille – im Gegensatz zu dem lauten Treiben der letzten Wochen – schreiten wir beide hinüber in das Haupthaus. Ein griesgrämiger alter Mann sitzt dort in der schlecht beleuchteten warmen Stube nahe dem Herd mit einer uns ignorierenden Frau davor auf einer Bank. Er trägt, fällt uns auf, als wir grüßend näher treten, einen dichten Bart und stützt den schweren Körper mit den abgearbeiteten Händen am Eichentisch ab. Die ganze Stube stinkt nach dem sich sichtlich an der Decke sammelnden und durch das ständige Nachlegen dichter werdenden Rauch.
„Drei von euch hätte ich gebraucht, mindestens! Wir führen hier ein sehr karges Leben. Das dort ist die Bäuerin, die redet nicht viel, ist auch besser so. Den nutzlosen Knecht kennt ihr schon und ich bin der Bauer. Alle anderen sind weg. Mit vier Söhnen hat uns der Herrgott gesegnet, jetzt stehen die alle an der Front und warten auf die Kugel."
Kurz dreht die Frau den Kopf zu uns und legt dann doch kommentarlos Holz in das knisternde Feuer.
„Damit sie möglichst vor mir bei ihm...", dreht der Bauer die Augen gegen die Decke, „sind, diese Tölpel!"
„Alle vier sind eingezogen worden?"

„Alle bis auf den ersten, doch der wollt' den jüngeren Brüdern in ihren Heldentaten um nichts nachstehen. Aber ich kenn' das auch. Setzt euch doch und esst 'was. Heute Nachmittag geht es gleich in den Wald, da gibt es viel zu tun bei dem Wetter. Warum nur zwei?", trinkt er aus dem Krug vor sich. „Na hoffentlich bleibt's dafür lang', meinetwegen für immer!"
Wir essen die von der Bäuerin wenig gastfreundlich auf den Tisch gestellte kalte Jause. Brot, ein Stück geräucherter Speck und ein Käse, dem man das hohe Alter sogar bei wenig Licht gut ansehen kann, sind darunter.
„Haben Sie auch Viecher?"
„Was?"
„Tiere. Kühe oder sonst 'was?"
„Mhm. Zwei Pferde, wahre Vollblütler, zwei Kühe, drei Ziegen, ein Hausschwein und ein paar Enten und Hühner, alles drüben im Stall. Um die kümmert sich der Knecht, den haben sie natürlich nicht brauchen können. Für die Tiere ist er recht, aber zum Wald gehen, na ihr habt ihn doch gesehen", holt er eine Pfeife hervor und klopft sie laut am Tisch aus.
„Die Viecher leben hier besser als wir", stoße ich Stefan am Ellenbogen, der das mit dem kindlichen Abenteuer ernst zu nehmen scheint.
„Also dann, auf in den Wald! Ich hole den Schlitten und warte draußen auf euch."
Beide essen wir noch in der Stille des Raumes weiter und beobachten dabei die Bäuerin, ein karges Weib, das – kein Interesse an uns zeigend – am Herd die ihr übertragenen täglichen Aufgaben ruhig verrichtet und uns das Gefühl gibt, sie sei über Fremde im Haus nicht sonderlich erfreut. Der Käse vor uns muss noch länger auf seinen Verzehr warten; obwohl ich Käse – dabei egal welchen – gerne esse, bin ich vorsichtig, was diesen hier betrifft. Auch der Stefan lässt Vorsicht walten und ihn dadurch unberührt – aus nicht besprochenen Gründen – liegen.
Zu dritt sitzen wir auf dem alten Holzschlitten und überwinden, von einem prächtigen Pferd gezogen, den unsicht- und nur vorstellbaren Bach, fahren einen schmalen Weg die Böschung hinauf, weiter über

schneebedeckte Wiesen und halten schließlich links an einem langgezogenen schmalen Streifen Wald an.

„Also, ihr beiden, hier holen wir die ersten Bäume heraus. Nehmt die Äxte und kommt mit. Diese drei hier müssen unbedingt ′raus. Also, ihr kennt euch doch mit Waldarbeiten aus, das war meine Bedingung für euch?", klopft er auf den dicken Stamm der ersten Fichte und sieht an dem pfeilgeraden Holz bis an die Spitze hoch.

„Ja, geht so."

„Na dann. Beginnt beide mit diesem hier und lasst ihn bloß nicht nach unten fallen, sondern hinauf auf das freie Feld. Ich sehe mir inzwischen an, was wir noch aus diesem Holz holen. Wenn etwas ist, ruft ihr mich."

„Der hat 30 Meter, bestimmt", hacken wir abwechselnd im Rhythmus von beiden Seiten dicke Kerben in das weiche Holz.

„Kennst du dich aus mit dem richtigen Fallen?"

„So einen hab' ich zwar nur mit jemandem gefällt, der genau gewusst hat, was zu tun ist, aber so viel ich weiß, ist es so: Wenn wir tief genug sind, holen wir die Keile vom Schlitten und treiben sie von deiner Seite hinein, hauen dann auf meiner Seite immer mehr heraus und klopfen die Keile weiter hinein, bis er fällt. Einfach, oder?", sehe ich Stefan an, wie er sich wahrscheinlich gerade meine Beschreibung vorzustellen versucht.

„Na wenigstens sind die Äxte nicht stumpf."

Unter den Augen des neben uns stehenden Bauern fällt der erste Baum um halb zehn Uhr genau dorthin, wo er sollte und liegt gut zum Abtransport bereit. Weitere vier Bäume dieser Größe – wobei der Bauer sich beim letzten sogar beteiligt – fallen, bis auf einen, wie gewünscht. Nach kurzer Pause säubern wir sie mit an Schärfe verlierendem Werkzeug und hören ringsum durch die Wälder weiteres Geklopfe und in längeren Abständen lautes Krachen schwerer Stämme. Den einen, unter Schimpftiraden des Bauern seitlich schräg und somit nicht mit dem Schlitten erreichbar, gefallenen Baum, hebeln wir mit Holzpfosten, die stabil und dennoch nicht zu dick sein durften, Stück um Stück weiter hinaus auf die Wiese, was den Bauern, dessen Namen wir nicht kennen, wieder beruhigt, als er ihn mit dem Schlitten den Waldrand entlang zu den anderen ziehen kann.

Gleich nach dem Mittagessen führt er uns erneut hinaus, mit den vom Knecht geschärften Äxten, um bestmöglich das Tageslicht zu nutzen. Sage und schreibe neun Bäume haben wir gefällt, gesäubert, auf die Wiese gezogen und übereinander gestapelt, um sie dort über den Sommer zu lagern, als wir endlich die Arbeit beenden dürfen.
„Gute Arbeit, Männer!", freut er sich und lächelt ein erstes Mal. „Ist doch besser, als mit dem Gewehr herumzulaufen, oder?"
Ich fühle mich wie damals beim Grafen: müde durch die schwere Arbeit, doch die Muskeln ziehen sehr angenehm, nachdem sie viel geleistet haben, besonders nach den vielen Tagen des Wartens. Nach dem Abendessen, bei dem wir wiederum denselben Käse am Teller liegen lassen, dürfen wir uns im Haupthaus waschen und anschließend zurückziehen.

Täglich holen wir – sehr zur Freude des Alten – mehr Bäume aus seinen Wäldern, finden zu zweit einen perfekt abgestimmten Rhythmus, und lassen daraus sogar einen kleinen Wettstreit entstehen, wie viele Bäume bei besten Tagesbedingungen überhaupt zu schaffen sind. Am 22. Jänner legen wir uns bei gutem Wetter die Latte mit 15 vergleichbar dicken Waldbäumen sehr hoch und ich muss Stefan auf seine Bitte hin mit seinem Fotoapparat nach erfüllter Arbeit vor dem Stapel des heutigen Tages fotografieren.
Die Tage gewinnen an Routine, die Nächte dienen einzig unserer Wiederherstellung für den jeweils folgenden Tag, als wir am Sonntag, an dem wir aus religiösen Gründen nicht in den Wald zu gehen haben, einzig unser Werkzeug selber am großen Schleifstein schärfen müssen. Unsere jeweilige Axt gehört mittlerweile schon eng verbunden zu uns, so vertraut ist sie. Wehe, jemand würde sie vertauschen. Es ist eine Verbindung wie zum eigenen Gewehr entstanden, nach Monaten oder gar Jahren im Dienst damit. Jedes andere Gewehr ist und bleibt ein Gewehr, das eigene aber liegt besonders in den Händen, reagiert besonders beim Schuss; man fühlt sich zuallererst dem Wohle – ja selbst noch vor dem eigenen – des Gerätes verpflichtet. *Der vielgepriesene verlängerte Arm muss funktionieren, um den Feind – egal, ob Mann oder Baum – bekämpfen zu können*, lasse ich die Klinge über den von

Stefan mit Wasser benetzten Stein gleichmäßig hin und her gleiten. Das Wetter ist hier in Hessen gleich dem unsrigen im Jänner: klirrend eisige, aber sonnige Tage, von trockener Kälte, so um die 10 Grad unter Null – ideal für Waldarbeiten.

„Schau 'mal!", klopft Stefan mir auf die Schulter und zeigt mit dem Kopf in die Richtung hinter mir. Von der Anhöhe gleiten zweit Pferdeschlitten herab, und wir wissen sofort: militärischer Besuch kommt. „Wahrscheinlich Kontrollbesuch", sage ich und höre auf, den Stein mit dem Fuß über das Holzgestell anzutreiben. Mit der Axt in der Hand stehen wir da und warten auf die Fuhrwerke.

„Heil Hitler, die Herren!"

Angespannt legen wir die Äxte ab. „Heil Hitler, Herr…", stehen wir vor dem SS-Mann von – für uns nicht genau einordenbarem – Rang stramm, und bevor wir die allerschlimmste Verfehlung begehen, einen falschen zu rufen, wählen wir die zweitschlimmste: ihn unerwähnt zu lassen.

„Hauptsturmführer, Soldaten!", ist seine gute Laune aus dem Gesicht entwichen. „Schöner Tag, nicht wahr?"

„Jawohl, Herr Hauptsturmführer", will er den Rang von uns hören. Er dreht, direkt vor uns stehend, den Kopf – nicht jedoch den Oberkörper – und sucht das Gelände ab, links und rechts. Dann mustert er genau die Scheune mit den Worten: „Rühren! Ist Ihnen irgendetwas aufgefallen in letzter Zeit?"

„Nein, Herr Hauptsturmführer!"

„Na gut, den Altbauern finde ich im Hauptgebäude?"

„Wahrscheinlich, Herr Hauptsturmführer."

„Wer von euch beiden hört auf den Namen Franz Moyer?"

„Jawohl, Herr Hauptsturmführer."

„Aha! Sie packen unverzüglich Ihre Sachen, geben das Werkzeug da zurück und warten vor dem Schlitten auf mich."

„Jawohl, Herr Hauptsturmführer." Im Laufschritt verlasse ich Stefan hinüber zur Scheune, packe den Wäschebeutel in den Tornister, diesen auf den Rücken, klettere hinunter und schreite langsam, den Hauptsturmführer noch nicht bei den Schlitten sehend, auf diese zu. Am ersten sitzen vier großgewachsene junge Männer, die kein Wort sagen und keine Miene verziehen, mit ihren Abzeichen – besonders dem Totenkopf am Kragenspiegel, der ihre besondere Stellung selbst innerhalb der SS anzeigt, was mich besonders beunruhigt. Auf dem zweiten Schlitten sitzt lediglich der Fahrer, ein ziviler Helfer, wahrscheinlich aus der Umgebung, der für ein paar RM und Privilegien dem Herrn Hauptsturmführer zu Diensten steht, voll und ganz verlässlich.

„Na dann, Franz, ich hoff', wir sehen uns bald wieder. War sehr nett die letzten Tage."

Es kommt dieser Hoffnung gerade jetzt besondere Bedeutung zu. „Ja war es, und viel Glück! Alleine wird es schwer, die 15 zu schlagen."

Er lacht kurz auf und wir geben uns die Hand, als der SS-Mann aus dem Gebäude tritt, sich die Kappe aufsetzt, wieder die Gegend gründlich prüft und zu uns herüberkommt. Einer der jungen Männer springt von dem einen Schlitten und öffnet den zur Sicherung gespannten Riemen des anderen.

„Kommen Sie, Meyer, steigen Sie ein! Keine Angst, diese Herren sind nicht Ihretwegen mit mir gekommen", setzt er sich und klopft auf den freien Platz neben ihm. „Legen Sie den Tornister da nach hinten. Ich muss jetzt nicht denken, Sie haben Ihr Gewehr vergessen?"

„Nein, es ist in der Waffenkammer unserer Unterkunft, Herr Hauptsturmführer."

„Aha! Also fahren wir", ziehen uns die Pferde die Anhöhe hinauf in meine ungewisse Zukunft und ich sehe nochmals in meine Vergangenheit zurück, auf den alten Bauern, vor der Tür seine Pfeife rauchend, und Stefan, regungslos am Nebengebäude zwischen den beiden sich in der Sonne spiegelnden Äxten stehend.

„Also, Schütze Meyer, ich habe da eine Frage an Sie, die mich seit Erhalt dieses Auftrages quält", sitzt er aufrecht, mit einer braunen, dünnen Mappe, die geschlossen auf seinen Oberschenkeln liegt, und sieht mich mit großen Augen neugierig an. Die Ohren stehen unter der schwarzen Kappe deutlich ab – sicher ein Grund für andere Kinder, ihn während der Schulzeit gehänselt zu haben, was heute jedenfalls vorbei ist. Der Durchzieher auf seiner rechten Backe aber steht ihm ausgezeichnet.

„Warum fordert der wohl einflussreichste Großgrundbesitzer dieser Gegend, mit besten Kontakten ganz hoch hinauf in unserer Partei, gerade Sie als Aushilfe an?", besieht er erneut das Gelände, beobachtet konzentriert den Wald neben uns und fährt fort: „Ich meine das nicht persönlich, aber ich habe mir erlaubt, dem Herren von Gershausen andere, noch in der Unterkunft untätig wartende Soldaten vorzuschlagen. Aber nein, nichts zu machen", begutachtet er die Kappe in seinen Händen, wie wahrscheinlich immer in solchen Situationen, setzt sie wieder auf und fügt hinzu: „Der Herr Graf besteht auf einen Schützen namens Franz Meyer, aus... aus..."

„Der Ostmark, Herr Hauptsturmführer."

„Ach ja, aus Ried. Ich frage Sie jetzt, warum?"

„Ich weiß es nicht, ich höre diesen Namen zum ersten Mal in meinem Leben, Herr Hauptsturmführer."

„Wissen Sie was, ich glaube Ihnen. Nur können wir Ihr soziales Umfeld daheim getrost als Möglichkeit ausschließen. Ich habe hier in Ihrer Akte nämlich einen kleinen Vermerk gefunden, nichts Besorgniserregendes, aber dennoch einen Vermerk, dass Sie mit einem Herrn Reiter verkehren, der sich im Weltkrieg für Ihr vergangenes Land sehr verdient gemacht hat, aber in der jüngeren Vergangenheit des tausendjährigen Reiches als Oberlehrer aufgefallen war. Negativ. Sie werden verstehen, dass mich auch dieser Zusammenhang lange beschäftigt hat, und ich deswegen um Auflösung bitte."

„Ich weiß nur, dass ich von einem Oberführer, also SS-Oberführer, in Ried dazu schon befragt worden bin und auf Anraten des Herrn Oberführers auf meinen baldigen Schwiegervater..."

„Ach, sieh' an!"

„Ja, das ist er. Also habe ich auf ihn eingeredet, was er mir zwar übel genommen hat und nimmt, aber daraufhin ein Einsehen hatte, Herr Hauptsturmführer."

„Na dann", lächelt er wieder freundlich, „ich sehe, Sie sind ein intelligenter Mann und schon deshalb sagen Sie die Wahrheit. Aber nichtsdestotrotz können Sie meine Neugierde nicht befriedigen. Schütze Meyer, ab heute sind Sie zu Gast bei Herrn von Gershausen, einem persönlichen Freund von mir, und ich gebe Ihnen den Rat, sich in jeder

Hinsicht bestens zu benehmen."
„Jawohl, Herr Hauptsturmführer."
„Gut! Und jetzt genießen wir diese herrliche Fahrt."
Ich kann mir zu dem Ganzen keinen anderen Reim machen, als einen gewissen Verdacht zu hegen, der erst zu abwägig erscheint, und trotzdem nach längerem Überlegen die einzig mögliche Ursache für diesen ganzen Aufwand bleibt. Wir fahren noch einige Kilometer, meist auf präparierten Wegen, auf denen wir – gleich den ungespurten, unserem Fahrer bekannten Abkürzungen – niemandem begegnen; nur wir und hinter uns folgend die mehr bedrohlich, denn schützend schweigenden Männer. Von weitem sticht das Anwesen aus der Mitte eines Südhanges hervor, das zweistöckige Hauptgebäude, sich mächtig erhebend und jedem Besucher sofort imponierend, wurde vor nicht allzu langer Zeit komplett renoviert. Flankierend zu beiden Seiten stehen direkt daran mittelgroße Stallungen, immer noch von der Größe des Haupthauses, dessen Hof wir heute verlassen haben. Wir passieren eine mannshohe Umzäunung, ganze 200 Meter vor dem Anwesen, und fahren das steilere letzte Stück hinauf in den verdeckten Innenhof auf der Rückseite, der durch die versetzte Stellung der drei Häuser zueinander riesig wirkt.
„So, Soldat! Da wären wir", spricht der Hauptsturmführer, und einer der jungen Männer öffnet mir widerwillig, weil weit über meinem Rang, den Riemen.
„Lassen Sie Ihr Gepäck ruhig da! Kommen Sie, wir sind spät dran."
„Ah, Heinrich, da bist du ja endlich, freut mich", öffnet uns vermutlich der Hausherr persönlich und wir betreten eine geräumige Stube im Erdgeschoß mit bester Aussicht auf das gesamte Gelände vor uns.
„Ist er das?"
„Ja, Arthur, das ist der, warum auch immer, gesuchte Schütze."
„Heil Hitler, Schütze!", reicht er mir die Hand. „Ein ansehnlicher Bursche."
„Heil Hitler, Herr..."
„Graf von Gershausen. Bitte, lass' dir von der Magd dein Zimmer zeigen, mach dich etwas frisch, jemand wird dich dann holen, na!", geht der Graf hinter den riesigen Schreibtisch und stellt sich an eines der

Fenster, während ich, still zwischen zwei Statuen stehend, vergessen werde. Nur wenige Möbel befinden sich in diesem sehr großen, hellen Raum, mit dem schweren Schreibtisch aus nicht definierbarem Holz, zwei bequemen Stühlen davor und einem dahinter als Mittelpunkt.
„Hast du den Verrückten bereits gefasst?"
„Nein, Arthur", setzt sich der Hauptsturmführer in einen Stuhl davor.
„Ich dachte, das hier hätte Priorität. Jetzt gleich im Anschluss werden die Männer auf die Jagd gehen."
„Ich hoffe, er stellt nicht irgendetwas an und macht damit die Leute nervös."
„Ich kenne seine Krankenakte, der ist im Grunde harmlos. Man kann sich höchstens vor ihm erschrecken, das ist alles, ab heute Nachmittag ist der Spuk zu Ende!"
„Tach", stellt sich die Magd neben mich.
„Grüß Gott!"
„Komm mit, ich zeige dir dein Zimmer", deutet die hübsche und dennoch kräftige Magd mir an, ihr hinaus über die teuren Fliesen in das schlichte Nebengebäude zu folgen. „Hier, dein Zimmer", hält sie mir die Tür auf, „deine Sachen liegen am Bett. Ich bin die Roswitha."
„Ich heiße Franz."
„Also, Franz, du kannst es dir bis zum Essen bequem machen."
Das Zimmer ist von doppelter Größe des meinigen zuhause, packt mich gerade heftiges Heimweh. *Was um alles in der Welt soll das Ganze hier, warum diese Umstände? Meine Eltern würden es mir nicht glauben. Und Valeria? Selbst sie wäre ratlos, sicherlich.* Ich setze mich auf das frisch bezogene weiche Bett und knöpfe den Mantel, mich umsehend, auf. Das Zimmer verfügt sogar über ein eigenes Waschbecken mit untergestelltem Eimer voll frischem Wasser. Es würde mich nicht wundern, wenn der täglich gewechselt wird. Darüber hängt ein kleiner Spiegel, in der Ecke steht ein großer Schrank und über dem Bett befindet sich ein kleines Fenster, das seitlich hinaus auf das Gelände und die einzige Auffahrt zeigt, jedoch ohne Sicht auf ein anderes Gebäude. Ein leises Klopfen vertreibt die lustvolle Vorstellung von Valeria vor meinem geistigen Auge, während ich durch das Fenster in die weiße Gegend starre.
„Herein!", schreite ich durch `mein Reich´ hin zur Tür.

„Servus!"

„Grüß...", bestätigt sich jetzt die als zu verwegen gegoltene Annahme, meine Verlegung betreffend.

„Na, Franz, ist die Überraschung geglückt?"

„Ja, aber ich sollte nicht hier sein, Tanja."

„Ach komm schon!", geht sie in den Raum, „Das wird bestimmt lustig mit uns. Den Anfang haben wir schon gemacht."

Ich sehe unverständlich in ihr unhübsches Gesicht – vielleicht ist sie deswegen auf den frechen Ton angewiesen, dadurch und ihrer Abstammung wegen. Ich hoffe insgeheim jetzt schon, dass der Klaus recht behält. Diese Tanja kann mir hier das Leben ganz schön zur Hölle machen.

„Na deine Verlegung. Mein Vater hat den Herrn Hauptsturmfurz über den Grund im Dunkeln gelassen, etwas, was er auf den Tod nicht ausstehen kann, so wie ich ihn kenne, diesen Angeber. Hat er dich gefragt?", wirbelt sie herum. „Sicher hat er das!", geht sie weiter an das Fenster, um es zu öffnen. „Aber auch du wusstest bis jetzt nicht Bescheid, ein perfekter Plan", und sie lacht laut in ihrer hohen Stimme aus dem Fenster.

„Du musst wissen, Franz, was hier in der ganzen Umgebung", deutet sie mit dem Arm über die weiße Landschaft, „geschieht oder eben nicht, das bestimmt mein Vater, und dieser liebt seine kleine Tochter seit dem Tod ihrer Mutter über alles. Also", schließt sie es wieder, „bin ich sicher, wir beide kommen hier gut miteinander aus. Ich habe veranlasst, dass du neben der Obermagd, dieser Ziege, und dem langweiligen Verwalter als einziger Bediensteter mit uns am Tisch sitzen darfst. In einer halben Stunde wird das Mittagessen serviert", geht sie hinaus und ich schließe erleichtert die Tür, mich erstmals in die schäbige, enge Unterkunft in Treysa mitsamt dem geschmacklosen Essen wünschend.

Hier jedoch duftet das zubereitete Mahl durch den Gang, den ich geradewegs zur großen Stube hin einschlage.

„Hier entlang", zeigt mir ein weiteres Fräulein den Weg. *Wie viel Personal alleine hier am Hof wohl leben mag?*

„Ah, unser neuer Gast."

Es sitzen bereits alle bis auf mich und eine weitere noch fehlende Person an der großen Tafel, der Hausherr am Vorsitz. Neben ihm sitzt seine Tochter, ihr gegenüber Roswitha, neben dieser ein schmächtiger Mann mit Brille, mich skeptisch musternd, und ihm wiederum gegenüber und damit neben Tanja, ist mein gedeckter Platz. Der dem Grafen gegenüberliegende Stuhl bleibt leer und lässt mich somit folgern, hier habe die Frau Gräfin gesessen.

„Nimm doch Platz, Soldat! Hast du dich in deiner Stube bereits eingelebt, oder anders gefragt, fehlt etwas?"

„Nein danke, ich bin sehr zufrieden!", beginnen wir mit einer klaren Suppe und Knödel aus Leber darin. Ich beobachte die Versammelten, wie sie die Löffel an den Mund, und nicht wie bei uns den Mund an den Löffel führen, und muss innerlich über die Vorstellung meiner Familie – besonders des Vaters – in dieser Haltung lachen.

„Na, Soldat!"

„Papa, er heißt Franz!"

„Nun denn. Also, Franz, erzähle doch. Du kommst aus einer kleinen Stadt in der Nähe der Geburtstadt des Führers, ist das richtig?"

„Ja, ungefähr 30 Kilometer entfernt von Braunau lebe ich in Ried, noch bei meinen Eltern. Aber meine Verlobte und ich, wir wollen nächstes Jahr heiraten!"

Gleich bei dem Wort 'Verlobte' blickt der Hausherr seine Tochter energisch an. *Aber sie kann doch unmöglich so weit gegangen sein, ihrem doch so besorgten Vater... Ach, was soll der auf den Wunsch – wenn auch sogar seiner geliebten Tochter – anderes sagen, als: ein Sohn eines Knechts habe von ihr nichts zu wollen.* Der Graf ist ein sehr ansehnlicher Mann, einer, den man schon rein äußerlich in solch einem Anwesen vermuten würde, was daraus schließen lässt, dass seine Tochter ihrer Mutter Züge hat. Der Vater jedenfalls trägt einen dicken Schnurrbart mit kunstvoll gerollten Enden, sorgfältig gescheiteltes, etwas ergrautes Haar über der flachen Stirn und hat blaue Augen. Der braune Anzug mit goldenem Parteiabzeichen sitzt perfekt und an der für seine Erscheinung zu weichen Hand mit dem Löffel darin, steckt ein schwerer Ring mit Adler darauf.

„Du bist also verlobt, in deiner Heimat wartet also jemand auf dich?", hätte er scheinbar tatsächlich kein Problem mit meiner Herkunft.
„Ja, die Valeria, die ich über alles liebe!"
„Also, Soldat!", hat sich der Ton seiner zuvor weichen Stimme hörbar verändert. „Morgen begleitest du die Arbeiter in den Wald, um Bäume zu fällen. So lange das Wetter hält, wird das deine Tätigkeit von früh bis spät sein. Du bist momentan der einzige Mann von militärischem Rang hier, wenn auch dem untersten. Danke!", richtet er das Wort an die Bedienung, die eine Portion zartes Rindfleisch vor ihm abstellt. „Sollte das Wetter umschlagen, sehen wir weiter!"
„Wie Sie meinen, Herr Graf!", schneide ich in das von alleine zerfallende Stück Fleisch, als ich Tanja ansehe, wie sie mich verstohlen beobachtet und dabei wirkt, als wäre sie nicht sonderlich erfreut über meine Aussage.
„Also, Franz, nochmals herzlich willkommen bei uns, fühl' dich wie zuhause. Falls etwas ist, kannst du die Roswitha oder selbstverständlich meine liebste Tochter fragen", erhebt er sich mit einer Empfehlung.
„Musst du das ausgerechnet am ersten Tag sagen?"
„Was, die Wahrheit?", stehe auch ich auf und gehe in mein Zimmer. Wenn sich das hier in diese Richtung weiterentwickelt mit dem Fräulein, das gewohnt ist, alles zu bekommen, was immer sie von ihrem Papa verlangt, dann hoffe ich auf möglichst baldigen – sowieso unausweichlichen – A-Tag. Nachdenklich liege ich im Bett. Andererseits bin ich den ganzen Tag im Wald, nur zu den Essenszeiten muss ich sie unweigerlich sehen. *Aber was will sie eigentlich? Wollte sie mich nicht der Anna vorstellen und bekannt machen?*, erregt mich diese Vorstellung ungemein, sodass ich große Lust verspüre, mich hier im ruhigen Zimmer selbstzubefriedigen. *Was, wenn Anna tatsächlich zu Besuch kommt*, beginne ich tiefer in die reizvollen Gedanken zu tauchen, *wir uns im Wald treffen, ganz alleine, versteckt, oder gar hier, und uns küssen, ohne langes Reden übereinander herfallen*, bringt schon alleine die Vorstellung daran das Blut in Wallung, bis ich erstmals fern der Heimat gar nicht mehr anders kann, als den einzigen Weg dauerhafter Abhilfe zu gehen. Nur wenige Male darf ich die Vorhaut des pochenden Gliedes lustvoll unter der Decke auf und ab bewegen, um es von seinen

warmen Strahlen zu befreien, sowie meinen Kopf durch Verebben des herrlichen Gefühles augenblicklich von den abwägigen Gedanken, die ich mit niemandem bereit wäre, zu teilen.

Ertappt fühle ich mich jetzt danach dabei, etwas Schmutziges gedacht und vor allem getan zu haben. Der Pfarrer im Religionsunterricht warnte eindringlich vor der Freude mit sich selbst. Alle stimmten ihm zu und taten es – trotz der Gefahr, daran zu erblinden – dennoch regelmäßig. Ich wische das Zeug fein säuberlich ab und verlasse mit dem feuchten Papier in der Hand das Zimmer für einen Spaziergang in der Sonne. Noch nie habe ich einer Frau ihre Geheimnisse entlocken können, noch nicht einmal die nackten Brüste meiner Verlobten gesehen oder gar berührt. *Andererseits,* blicke ich weit über den Westerwald hinweg, *überall – wie sich sogar hier bei meinem nichtigen Arbeitseinsatz bestätigt – wo Weiber sind, sind auch Probleme nicht weit, dabei egal was oder wer genau der Grund dafür sein mag.*

Auch heute, um genau fünf Minuten vor zehn Uhr abends, ziehe ich – in Gedanken ganz nah bei Valeria – die Uhr für einen weiteren Tag des Zeitnehmens auf, küsse das alte, verblichene Bild von ihr und schlafe unruhig ein.

Nach heißem Tee, Brot und frischem Käse um 5:30 Uhr morgens, stapfen wir – ein Trupp von 12 Mann, alle bis auf den Führer Ausländer – in den Wald und teilen uns auf. Zwei Äxte pro Person und riesige Sägen mit Griffen zu beiden Seiten lassen auf einen arbeitsreichen Tag schließen.

„Nein, du kommst mit mir!", deutet der Führer mir an, „Die können nicht einmal ordentliches Deutsch, diese Banater. Wir beide gehen hier hinunter und wählen gemeinsam die weiteren Bäume für unsere Kollegas aus!"

Nun wird mir hier sogar die Nützlichkeit als Arbeitskraft genommen. Bäume auswählen gelingt ihm alleine auch, dem untersetzten Mann bäuerlichen Aussehens mit Hakenkreuzbinde über der zivilen Kleidung.

„Ich wäre gern' bei der SS, Ordnungstrupp, irgend so 'was", keucht er schwer im knietiefen Schnee, „da bist' dann wirklich jemand. Einen Nachbarn von mir, den haben sie genommen, schon vor über 2 Jahren,

als kleinen SS-Mann. Jetzt ist er bereits Rottenführer, ´führungstauglich´, wie es heißt. Ja, und dafür im ganzen Ort bewundert angesehen in seiner prächtigen Uniform. Ich aber war ihnen zu klein, das wirkt nicht besonders, in dieser Uniform darf zu keinem hochgeblickt werden. Kann ich gut verstehen, sehr gut sogar."
Den ganzen langen Vormittag streunen wir durch den Wald, an den bereits markierten Bäumen vorbei. Ab und an schlägt er einem der Arbeiter aus Spaß mit seinem langen Stock voller Wucht auf das Kreuz, erst jetzt fallen mir die ängstlichen Blicke zu ihm auf, während sie unermüdlich schuften. Irrsinnigerweise gibt er sich fernab der sägenden, klopfenden Männer überaus friedlich, zeigt mir die Umgebung, erklärt den Grund der zu fällenden Bäume, lässt mich, seinen ´Ostmärkle´, von seinem höchstwahrscheinlich entflammbaren Schnaps trinken, und erzählt von seiner Frau, die bei weitem nicht so hübsch sei wie die Weiber hier am Hof. Nur seien die, auf ausdrücklichen Befehl des Grafen, für ihn absolut Tabu. Die ganze Zeit aber überlege er sich einen Plan, wie er es zustande bringen könnte, an sie heranzukommen, ohne dass der Graf oder die Obermagd davon erfahren, denn das würde ihn sofort diese einträgliche Stelle kosten. Einträglich deshalb, spricht der Schnaps um 11 Uhr vormittags aus ihm, weil der Verwalter ihm das Geld für den ganzen Trupp hier überlässt – Woche für Woche – und er selbst, der Detlef höchstpersönlich, entscheidet, wie viel an die Kanaken abfällt. Schade sei in diesem Fall, dass er einzig die Hand über *Männer* hält – *die* könne man verhauen, aber hübsche Weiber, da fiele ihm besseres ein.
„Aber die Roswitha, die ist eine Deutsche, oder?"
„Ja, sicher. Die Obermagd, die den ganzen Laden hier am Laufen hält, ist natürlich eine aus der Gegend, astrein und dem Grafen sehr zugeneigt, da musst' kuschen bei der. Aber die anderen Weiber im Haus – bis auf die Olle in der Waschküche, die alte Hex – sind alle von irgendwo persönlich vom Hauptsturmführer hergekarrt worden, teilweise als Geschenk an den Grafen. Originell, nicht wahr?"
„Ja, sehr", verachte ich diesen Abschaum für seine Einstellung, mehr aber noch für die Macht über diese hart arbeitenden Männer, die so wie ich fern ihrer Familien leben, getrau mich aber nicht mir etwas

anmerken zu lassen, selbst als er den extra angefertigten Stock ein weiteres Mal auf den Rücken eines jungen Mannes rauschen lässt, der sofort nach unten in die Knie geht und mit der rechten Hand auf die Axt gestützt hart stöhnt.

„Willst du wohl aufstehen, du G'frast!", rast er plötzlich vor Wut, Speichel läuft aus seinem Mund, während er wie besinnungslos noch drei Mal auf den knieenden Mann vor ihm einschlägt.

„Hören Sie!", schreie ich ihn an.

„Was?"

„Ich möchte mehr über den Grafen erfahren, wenn's recht ist?"

„Ach", verpasst er dem am Boden kauernden noch einen heftigen Tritt in den Hintern und lässt von ihm ab.

„An die Arbeit, sonst!", erkenne ich eine kleine Anzahl eingeritzter Ringe auf dem erhobenen Stock, ähnlich den Eichenstäben bei den Jagdfliegern.

„Also, Franz, was wolltest du?"

„Über den Grafen reden."

„Ja und was?", wischt er sich schwer keuchend die Stirn mit seinem Taschentuch nach `getaner Arbeit´.

„Ist die Tanja seine einzige Tochter?"

„Tochter schon, aber da gibt es noch drei Söhne, die sich hier selten blicken lassen. Alles hohe Tiere in Berlin, das sage ich dir", holt er schwer Luft, „da steigt der Rauch auf am Hof, wenn die mit ihren Frauen aus den schwarzen Karossen steigen, du meine Güte."

Der ganze restliche Tag besteht aus herumwandern, stehen, Schnaps, prügeln, schreien und den Leuten bei ihrer Arbeit zusehen. Es ist der bereits zweite Tag, der mich zurück nach Treysa oder zum alten Bauern, dessen Namen ich nicht erfahren habe, wünschen lässt – da muss ich Stefan dann sofort fragen. Nicht der Montag allein, die ganze erste Woche verläuft bei sonnigem Wetter für mich in vollkommener Untätigkeit. Die Prügelei nehme ich mittlerweile mit Schulterzucken hin, aber den von ihm mehrmals angebotenen Stock weigere ich mich, auch nur anzufassen. Ohne großen Aufhebens akzeptiert er seinen `Ostmärkle´ als kleinen Soldaten und keinen Totschläger, wie er einer ist.

Ich sei, habe ich ihm gesagt, Soldat und kein Mörder, worauf er mir stolz und lange erklärt hat, das mache doch überhaupt keinen Unterschied.

Am Freitag abend essen wir wie jeden Tag um 18:00 Uhr zusammen bei Tisch, nur heute gönnt der Graf sich und den anderen ein Glas Wein.

„Prost. Auf eine weitere erfolgreiche Woche, nicht wahr, Herr Verwalter?"

„Ja, das war sie. In jeder Beziehung", hat sich der schüchterne Mann mit seinem Namen wohl abgefunden.

„Und, Franz, der Herr Fleischer gibt sich mit dir sehr zufrieden, ich hoffe, du kannst viel von ihm lernen? Zugegeben, seine Methoden sind gewöhnungsbedürftig, aber effizient, solange nicht viele d'ran glauben."

„Ja, kann ich", verbreitet dieser süßliche Rotwein unbekannten Genuss in meinem Mund. „Vielleicht kommen uns meine drei Söhne bald besuchen. Viel zu selten sind sie entbehrlich in Berlin, und wenn sie doch einmal abgängig sein können, dann alle zusammen, nicht wahr, Liebes?"

„Ja, Papa, immer gemeinsam", sieht sie mich dabei an.

„Im Westen ist es relativ ruhig, was ich weiß. Ein paar Jäger der Briten oder Franzosen wurden die letzten Tage abgefangen, ab und zu kleinere Artilleriegefechte, sonst ist da nichts los. Weißt du, Franz, wie deine Einheit im Falle eines Angriffes vorgehen wird?"

„Im Groben ja. Wir werden bis nach Trier gefahren, mit dem Zug", spüre ich auch jetzt noch die Angespanntheit in der Enge des Waggons deutlich, „dort in der Umgebung wird die gesamte Division aufgestellt und marschiert los."

„Aha, na das klingt ja spannend. Seid ihr ganz vorne dabei?"

„Nein, ehrlich gesagt sind wir als Reserve-Einheit befohlen, wir setzen in einem Korridor des XXVI Armeekorps nach und werden große Marschleistungen erbringen müssen, aber dadurch – zumindest anfangs – nur gering am Feind sein, so alles nach Plan verläuft."

„Verstehe, Soldat! Man hört ja seltsame Gerüchte von den vorderen Einheiten."

„So?"

„Ja, angeblich rufen sich unsere Männer und die Franzosen Dinge wie `wenn ihr nicht schießt, schießen wir auch nicht´ zu", hält er die Hände hoch, als würde er sich ergeben, und alle außer mir lachen daraufhin.
„Aber Spaß beiseite. Das ist natürlich für die Moral äußerst bedenklich und wenig erwünscht, wir sind nun einmal im Krieg. Aber wenn wir uns schon so gut unterhalten", schenkt ihm die Bedienung nach, „hast du von dem peinlichen Vorfall vom 10. Januar gehört?"
„Nein, welcher Vorfall?"
„Nun gut. Zwei meiner Söhne, musst du zuvorderst wissen, arbeiten für die Spionageabwehr", kann er seinen Stolz nicht verbergen. „und dadurch bin ich von Zeit zu Zeit bestens informiert, obwohl sie nicht einmal mir, ihrem leiblichen Vater", hebt er die Stimme an, „alles erzählen dürfen. Jedenfalls steht seit diesem Tag der gesamte Führungsstab in Berlin, und ich wette auf das Grab meiner Mutter, sogar der Führer selbst, buchstäblich Kopf. Ein Kleinflugzeug mit zwei hochrangigen Beamten musste bei Sturm auf belgischem Gebiet notlanden. Mit an Bord", drückt er den Oberkörper nach vorne, „sämtliche Pläne, akkurat ausgearbeitet, für den Feldzug gegen Frankreich", lehnt er sich wieder zurück.
„Was?"
„Ja, du hörst recht. Einer der beiden hatte angeblich noch Zeit, die Pläne vor seiner Verhaftung anzuzünden. Bis jetzt weiß aber niemand, ob sie sich lesbar in den Händen des Feindes befinden oder nicht."
„Unglaublich! Wir kleinen Soldaten, wie Sie mich richtigerweise bezeichnet haben, erfahren nur das Allernötigste", steigert sich mit dem dritten Glas mein Mut.
„Ach, ich wollte dir nicht zu nahe treten, Soldat, es war ein anstrengender Tag. Aber das Beste an dieser Sache ist: Wie soll diese Angelegenheit jetzt behandelt werden? Denn laut meinen Söhnen melden die einen Verbindungsmänner aus dem Ausland, der Feind wäre in der Lage, die Pläne zu lesen, die anderen, er wäre es nicht. Und diejenigen, die vorgeben, die Pläne lesen zu können, melden wiederum einerseits, an einen wahren Unfall, aber in überwiegenden Fällen, an eine weitere Finte der ausgefuchsten Deutschen zu glauben, was uns zu erwähntem Köpferauchen in Berlin führt."

„Meine Güte, die haben Probleme", ist das erste, was mir dazu gerade einfällt, denn so richtig kann und will ich die große Politik auch nicht verstehen, das wäre etwas für den Herrn Reiter.

„Du hast recht, Soldat, das ist alles etwas zu hoch für uns. Eines würde mich noch brennend interessieren. Ist das nicht der Verwundetenorden?", zeigt er auf mein Revers.

„Ja, III. Grades."

„Wusst' ich's doch! Hat es dich in Polen erwischt?"

„Ja!"

„Wo und wie?", beugt er erneut den Oberkörper vor, über den Tisch.

„An der Weichsel. Das ist ein Fluss", ergänze ich, seit der Spitzer nachgefragt hat, lieber gleich. „Da sind wir drüber', im Anschluss einen kleinen Abhang hinunter auf eine Lichtung und geradewegs in den Hinterhalt." Weit weg fühlt sich dieser Tag an, fern und ohnmächtig.

„Wo hat dich die Kugel gestreift?"

„Nicht bloß gestreift, Herr Graf." *Was diese Zivilisten immer für Vorstellungen haben.* „Mitten durch den rechten Oberarm ist sie und trat, ein großes Loch hinterlassend, wieder aus, beinahe wäre ich dort verblutet."

„Du heilige Scheiße!" Und alle sehen Tanja an.

„Bitte, liebste Tocher, nicht solche Wörter in meinem Haus, woher du die alle hast?" „Entschuldige, Papa", zeigt sie ihr überlegenes Grinsen darüber, von ihm ja doch keine Konsequenzen fürchten zu müssen.

„Na denn, Soldat! Die Tochter hat es ja gesagt. Jetzt ist wieder alles in Ordnung, soweit ich sehe, aber dafür habt ihr Polen ja geradezu überrannt, ich bin stolz auf euch, jeden einzelnen von euch! So, nun aber genug vom Krieg gesprochen, was sagst du eigentlich zu meiner Tochter, findest du sie nicht sympathisch?"

„Ich kenne sie doch kaum, Herr Graf."

„Na denn, das wird sich im Laufe der Zeit noch ändern, denke ich. Für mich ist es für heute genug, ich darf mich dann empfehlen. Guten Abend allerseits."

„Ach, Herr Graf", stehe auch ich auf.

„Ja?"

„Ich hätte eine persönliche Bitte."

„Nur zu."
„Kann ich von hier aus einen Brief nachhause schicken, wäre das möglich?"
„Selbstverständlich, es kommt täglich der Postbote, du gibst am besten deinen Brief dem Herrn Verwalter."
„Danke!", richte ich an Gemeinten, der mit dem Kopf zustimmt.

In meinem Zimmer beginne ich mit leichtem Dusel sogleich mit dem Brief an Valeria auf kostenlosem Papier des Verwalters. Gerade dabei, die ganzen Vorkommnisse in Zeilen zu verpacken, klopft es in bekannter Manier an der Tür, worauf ich den Brief zur Seite lege und aufstehe, als Tanja einfach in mein Zimmer spaziert.
„Ah, das ist aber mein Zimmer!"
„Eigentlich, genau betrachtet, ist es meines und deshalb komme ich herein, wann ich will, ich müsste noch nicht einmal anklopfen."
„Was gibt es?"
„Nichts Spezielles. Ich wollte nur ein wenig plaudern, damit wir uns näher kennenlernen", setzt sie sich auf das Bett und stiert auf den begonnenen Brief, den ich sofort ihrem Blickfeld entreiße.
„Na, Franz, komm, setz' dich doch neben mich."
„Tanja, ich weiß noch immer nicht, was das Ganze soll, wirklich nicht. Ich bin verlobt mit einer Frau, die ich sehr liebe, und ja…"
„Aber reden darfst du doch mit mir?"
„Du hast mich extra zum Reden angefordert? Obwohl zig Soldaten in Treysa untätig herumsitzen?"
„Ich gehe nie den einfachen Weg", stellt sie sich direkt vor mich hin, „das hat doch keinen Reiz. Gute Nacht, Soldat! Träum' schön."
Als hätte sie schon einmal – außer bei ihren Spielchen – einen schweren Weg zu gehen gehabt, drücke ich die nicht verschließbare Tür zu. Wenn sich diese Situation entspannen lässt, dann nur über ihren Vater, der – trotz aller Liebe zu ihr – einsichtig sein wird, spätestens wenn ich ihm meine Abstammung erkläre. *Nur, wann und vor allem wie?*

In Windeseile vergehen die Wochen, nachdem eine sinnvolle Tätigkeit – in dem Augenblick, als das Wetter umgeschlagen hat – für mich gefunden werden musste. Ich halte nun mit zwei Ausländern den Fuhrpark – vom kleinen Schlitten der Angestellten, bis hin zur teuren Karosse des Grafen – in Schuss. Den ganzen Februar hindurch bis Mitte März stehen wir drei von Montag bis Freitag schraubend, schleifend und biegend in der Werkstatt, und im Falle ein Metallteil müsse ersetzt werden, heize ich das Schmiedefeuer an und fertige ein neues. Die beiden Männer, so konnten wir uns trotz der sprachlichen Barriere austauschen, sind Polen und damit ehemalige Feinde, was auch sie an meinem Drillichanzug erkennen konnten. Aber sie sind ausgesprochen hilfsbereit, wenn ihnen auch in dieser Situation, in der sie sich befinden, gar nichts anderes übrig bleibt. Entscheidend aber für mich ist, dass wir uns bereits blind verstehen und gut ergänzen.

An den Abenden habe ich eine weitere Beschäftigung gefunden: im Bett liegend lese ich einen der elf von Valeria geschickten Briefe. Obwohl ich sie bereits auswendig beherrsche, will ich die Zeilen täglich sehen und den betörenden Duft am Papier einatmen, während die Uhr, um verlässlich zu bleiben – auch das weiß ich bereits genau – den Silberknopf zwölf Mal um die eigene Achse gedreht bekommen muss.

Am Donnerstag, den 21. März, müssen alle Bediensteten und sonst am Hof abkömmlichen Personen zum `Strümpfe ziehen´ auf die Felder, so will es die Tradition hier. Dabei steht viel mehr das gemeinsame Begrüßen des Frühlings, als die Arbeit im Vordergrund, meint Roswitha, die mittlerweile meine missliche Lage erkannt hat und sich durch ähnliche Erfahrungen, bloß von der anderen Seite, gut in mich hineinversetzen kann, wenn ich ihre seltenen Andeutungen richtig verstanden habe. Die Herde spaziert über bereits grüne Wiesen, begünstigt durch den Regen der letzten Tage, und an blühenden Bäumen vorbei. Der Brauch verlangt, die Nachbarn an der Grundgrenze mit einem Glas Wein zu begrüßen und anzustoßen. Der Graf persönlich lässt sich das nicht nehmen und schreitet voran, über ein Feld nach dem anderen, bis in einer mir unbekannten Gegend ein kleiner Grenzstein, sowie eine Ansammlung von Menschen auf der anderen Seite dessen, sichtbar werden. Es herrscht offenkundig gutes Einverständnis zwischen den Nachbarn, die Hausherren sprechen hörbar über das gute Wetter und die mögliche Ernte heuer. In dem Moment erblicke ich sie, denn ihre Schönheit sticht alle anderen Frauen aus und macht mich auf Anhieb verlegen.

„Franz?"

„Anna?"

„Was machst du bei den Gershausens?"

„Ich arbeite hier, schon über zwei Monate!"

„Was? Diese..."

„Ich hab' mir ehrlich gesagt schon gedacht, warum du nicht deine Freundin besuchen kommst."

„Ach Franz, komm, stoßen wir an."

„Und du arbeitest hier?"

„Das da ist mein Vater, der Großbauer."

„Aha. Prost."

„Franz, vielleicht können wir uns einmal sehen, alleine?"

„Ja, warum nicht", stört mich in diesem Fall eine Zusammenkunft keineswegs.

„Was machst du am Sonntag nachmittag?"

„Nicht viel. Normalerweise gehe ich spazieren, aber meist in die andere Richtung, damit ich Treysa mit dem hohen Berg im Hintergrund sehen kann."

„Diesen Sonntag gehst' hier herüber, um 3 Uhr, oder nein, sagen wir um 5, genau 5 Uhr hier."

„Ja gern, also..."

„Servus Anna!", stellt sich Tanja einfach neben uns und sieht zuerst Anna, hernach mich verdächtig an.

„Servus Tanja. Ich muss noch mit den anderen anstoßen. Guten Tach euch beiden."

„Was wollte sie denn?"

„Anstoßen, wie es Tradition ist, oder nicht?", habe ich keine Lust, sie nach dem mir ohnehin bekannten Grund für ihr Schweigen über mich zu fragen. Immer wieder, solange wir mit diesen Leuten zusammen stehen, heben Anna und ich – uns dabei tief in die Augen sehend –

das Glas an und trinken. Ihre Lippen berühren das dünne Glas auf eine Art, die mich verrückt macht. Langsam neigt sie den Kopf, um an die rote Flüßigkeit zu gelangen, führt das Glas von ihren Lippen – mich immer noch mit ihren dunklen Augen fixierend – weg und beginnt zu lächeln, um mir mit ihrer über die Oberlippe fahrenden Zunge völlig den Verstand zu rauben. Die ganze Zeit will ich mich umdrehen, zumindest so tun, als würde dieses verbotene Spiel an Reiz verlieren, wo es doch an jenem gewinnt.

Ein letztes und hernach ein allerletztes Mal prosten wir einander zu, dann verabschieden wir uns zu den östlich angrenzenden Bauern.

„Jeder sucht sich einen Strumpf", fordert der Graf uns alle auf, „und wirft ihn drei Mal hoch in die Luft, dann erst gehen wir weiter."

Alle suchen lachend das noch kleine Unkraut, reißen es aus dem feuchten Boden, werfen es in die Höhe, und gehen langsam nach Osten weiter.

„Was für ein Schauspiel!"

„Was?"

„Na was dir Anna da geboten hat."

„Ach, sie ist mir halt von damals, Silvester, bekannt und ich kenne sonst hier keinen."

„Ich hoffe, Franz, du weißt, was du tust und für wen du arbeitest."

„Für deinen Vater! Aber in erster Linie bin ich Soldat der Wehrmacht!"

An diesem Abend liege ich mit schwerem Kopf im Bett – der Wein scheint mir nicht zu bekommen – und ziehe erstmals mit schlechtem Gewissen die Uhr auf, lege sie rasch auf die Komode und versuche einzuschlafen, was aufgrund des Vorgefallenen lange nicht gelingen mag. *Ich muss sie sehen!* Aber ganz heimlich nur, denn Tanja bringt es fertig, die Adresse von Valeria herauszufinden und ihr zu schreiben. Das wäre eine Genugtuung für sie, wer weiß, ob sie nicht schon daran denkt. Nur, wenn ich mich mit Tanja selbst treffen würde, dann gäbe es nichts zu schreiben, was für Valeria ja gar keinen Unterschied machen würde…

Weiber!

Am Sonntag um kurz nach vier Uhr erscheint die Gelegenheit günstig, ungesehen vom Hof zu schleichen. Zur Sicherheit schlage ich die südliche Richtung in den Wald ein, gehe durch diesen mir bereits gut bekannten auf feuchtem Boden bis nach hinten durch und drehe erst kurz vor dem Waldrand – noch zwei Baumreihen innerhalb – auf Ost, um anschließend, mich links haltend, in weitem Bogen nördlich des Hofes an besagter Stelle zu landen. Bereits 10 Minuten warte ich, an einen Obstbaum direkt an der Grenze gelehnt, als eine Person von weit weg sich mir rasch nähert. Lange Zeit bleibt unklar, ob es sich um Anna, oder überhaupt eine Frau handelt, bis – nur mehr ein letztes Feld zwischen uns – die heimliche Freude einsetzt.
„Grüß' dich, Anna!"
„Servus! Das ist doch Aprilwetter, was wir gerade haben", reicht sie mir in zärtlicher Bewegung ihre jetzt warme Hand. „Gehen wir ein Stück?"
„Gerne. Auf eurem oder dem Grafen seinem Grund?"
Ein Lächeln gilt als Antwort darauf; völlig unaufgeregt, ohne Verlangen, sich mir aufzudrängen, schreitet sie neben mir, an den in regelmäßigen Abständen stehenden Obstbäumen entlang. Die vereinzelten weißen, bauchigen Wolken zwischen der scheinenden Sonne und uns werfen weite, schnell wandernde Schatten über die Felder, dicht gefolgt von den warmen Strahlen einer immer kräftiger werdenden Märzsonne.
„Sag', Franz, wie bist du ausgerechnet zu den Gershausens gekommen?"
Also erzähle ich ihr die ganze Geschichte, erwähne den Hauptsturmführer, der auch ihr gut bekannt ist und die Einstellung Tanjas wenigstens in diesem Zusammenhang teilt, sage ihr die Wahrheit über mein schlechtes Verhältnis zu Tanja und warte auf ihre Reaktion.
„Ja, die Tanja, ich kann sie schon verstehen", lässt alleine ihr Blick mein Herz einen anderen Rhythmus schlagen, „sie sucht schon länger einen passenden Mann. Sie war auch der Grund für unser Hineinplatzen in eure Tanzveranstaltung", beginnt sie zu lachen.
„Ja von mir aus. Aber ich kann doch unmöglich passend sein. Alleine schon meine Herkunft, ich bin ein kleiner Bauernsohn, ach was red' ich, noch nicht einmal das."
„Genau wie ihr Vater."

„Was meinst du?"

„Na der Graf ist durch die Heirat mit der Gräfin erst ein Graf geworden. Die Gräfin zu Gershausen, eine Dame durch und durch, stand vor demselben Problem wie ihre Tochter heute. Bei Männern ihres Standes war sie trotz des Geldes, der Ländereien und dem Einfluss chancenlos; die Leute dachten lange Zeit, sie finde sich mit dem Schicksal ab, als eines Tages wie aus dem Nichts dieser gutaussehende Mann aufgetaucht war."

„Aha."

„Ja, zunächst dachten alle an eine kleine Liebschaft, nichts Großartiges, aber dann, wenige Monate später schon, wurde die Hochzeit groß gefeiert, es ging ihm wie dem Aschenbrödel."

„Du meinst Aschenputtel?"

„Aschenputtel? Was soll das sein?"

„Na bei uns heißt es so."

„Ihr Österreicher, oder Ostmärker, seid's ein bisschen... na wie auch immer, so war es jedenfalls angeblich."

„Niemand weiß, woher er gekommen ist?"

„Nein, es gingen Gerüchte, er sei Sudete oder gar Pole, dumme Gerüchte, wie sie halt gerne kursieren."

„Aber seine Frau, woran ist sie denn gestorben?"

„Zehn Jahre – und zwar auf den Tag genau – nach der Hochzeit, am 18. Mai '35, hat der Arzt Krebs bei ihr festgestellt und ihr nur noch wenige Wochen gegeben. Ich glaube, sie wurde keine 40 Jahre alt. Ich kann mir gut vorstellen, was du jetzt denkst, aber ich weiß, dass der Graf sie wirklich geliebt hat, obwohl er den jungen hübschen Dingern immer schöne Augen gemacht hat."

„Wirklich, das hat er?"

„Natürlich, wie alle Männer halt, nicht wahr, Franz?"

„Naja", fühle ich mich angesprochen und dadurch schlecht, „Nur, dass ein Herr Graf nicht in den Krieg ziehen muss, und ich weiß...", frage ich mich, warum ich ausgerechnet ihr das erzähle, „dass es gut sein kann, nie mehr nachhause zu kommen, nie mehr meine Verlobte zu sehen, und...", nähere ich mich ihr an, so nah, dass ich ihren Geruch nach Parfüm rieche und sich unsere Körper berühren, „und dass ich dich jetzt küssen will."

„Willst du das?"

Ich fasse ihren Arm und drücke sie fest an mich, versinke in ihren undurchdringlichen Augen und will ihre Lippen kosten, als sie sich kurz vorher losreißt.

„Franz, du bist einer anderen versprochen, hast du das vergessen?", macht sie sogar diesen schweren Vorwurf noch mit einem Lächeln.

„Ich weiß doch, aber... ach...dieser verdammte Krieg."

„Wann musst du denn weg?"

„Das weiß ich eben nicht. Morgen schon kann es sein, dass der Hauptsturmführer mich grinsend zurück in die Unterkunft bringt. Das versteht niemand, was das heißt, der nicht dabei war", starre ich in die sich verdunkelnde Landschaft.

„Alle jungen Männer wissen das, meine beiden Brüder waren schon lange nicht mehr daheim."

„Hast du einen Freund?"

„Nein. Die jungen Männer sind weg, die anderen hier in der Umgebung alt, oder Nazis durch und durch, oder einfach nur Idioten. Ich sollte 'mal in die Ostmark fahren, oder?"

„Ah, ich weiß nicht."

„Franz, ich finde dich sehr nett, aber das hat doch alles keinen Sinn mit uns. Du gehörst nicht hier her und das weißt du auch. Komm, drehen wir um", sieht sie die Enttäuschung in meinem Gesicht, „siehst du den Mond?"

„Ja, sehr schön ist er."

„In genau einer Woche ist Vollmond. Weißt du, was das heißt?"

„Nein."

„Na immer der erste Sonntag nach dem ersten Vollmond im Frühling ist der Ostersonntag."

„Aha, also in zwei Wochen, hab' ich recht?"

„Genau."

„Was du alles weißt, das hab' ich noch nie gehört."

„Das habe ich vom Vater. Also dann, da wären wir, hat mich sehr gefreut die Unterhaltung."

„Mich auch, und wie. Wann sehe ich dich wieder?"

„Franz!", sagt sie mit leichtem Vorwurf. „Naja, meinetwegen nächsten Sonntag wieder hier. Um 5 Uhr?"
„Gerne", drücke ich ihre Hand, so lange, bis sie meint, ich könne sie jetzt loslassen.
„Servus", geht sie einfach weg.
Vorsichtshalber nehme ich den selben Weg wieder zurück und komme dadurch erst nahe dem Anwesen aus dem Wald direkt auf den Innenhof und gelange, ohne jemanden zu sehen, in mein Zimmer. *Interessante Neuigkeiten, die Anna mir da gesagt hat*, kann ich den Mond durch das Fenster betrachten, *aber dass gerade sie keinen Freund hat*. Sicherlich, die jungen Männer sind allesamt irgendwo. *Mensch, aber so ein hübsches Mädl.*

Am nächsten Morgen herrscht ungewöhnlich geschäftiges Treiben, überall wird geputzt und gewischt, die Küche riecht bereits um 8 Uhr morgens nach herrlich gebratenem Fleisch. Um 11 Uhr werden die Söhne erwartet, lässt Roswitha – mit ihrem Kontrollblatt in der Hand – mich wissen, und auch ich hätte mich zu deren Begrüßung in meiner Ausgehuniform am Innenhof einzufinden.
Dort steht die gesamte Belegschaft kurz vor 11 Uhr wie eine Kompanie – nur außer mir alle in ziviler Kleidung – angetreten. Der Verwalter steht seitlich als erster neben den Arbeitern, anschließend Roswitha, dann der Herr Fleischer mit leuchtenden Augen, neben ihm der Graf, rechts davon seine Tochter neben dem Hauptsturmführer und außen dann ich. Drei schwarze Karossen vom Typ Opel Olympia, mit den Kennzeichen SS 535, SS 536 und SS 537, brausen in den Hof und halten. Schnell laufen drei Bedienstete darauf zu und öffnen zuerst den feinen Damen die Tür und hernach den jungen Männern, die keine 10 Jahre älter als ich sind. Trotz ihrer speziellen Abzeichen, von denen wir sicher irgendwann gehört haben, kann ich auch sie nicht genau einordnen, weiß sie aber in jedem Fall höherrangig als den Hauptsturmführer.
„Grüß' euch!", stürmt der Graf auf die Damen zu – eine davon etwas dicklich, die anderen von sehr schlanker Statur – und küsst ihre Hände, die sie ihm aus den teuren Kleidern entgegenstrecken. Danach reicht er seinen kühl wirkenden großen, schlanken Söhnen die Hand, erkundigt

sich nach deren Wohlbefinden, nach der Fahrt, und schlägt vor, hinein und damit aus dem kräftigen Wind zu gehen. Rasch schreiten sie militärisch die Front ab, mustern dabei nur mich genauer und verschwinden im Haus. Die gesamte Belegschaft – jeder einzelne weiß offenbar, was zu tun ist oder tut zumindest sehr beschäftigt – legt sich ins Zeug, während die Chauffeure aus den Autos steigen.

„Soldat Meyer!"

„Ja, Herr Graf?"

„Komm, meine Söhne wollen dich kennenlernen!"

Wir gehen eine versteckte Stiege hinauf in den ersten Stock in ein Esszimmer, das wohl extra für Treffen dieser Art eingerichtet worden ist. Eine schwere Tür und, falls es sich um höchste Geheimhaltung handelte, auch schwere eiserne Fensterläden – jetzt gerade offenstehend – garantieren, dass die Gespräche nur den in diesem Raum befindlichen Personen zuteil werden.

„Heil Hitler, Soldat!"

„Heil Hitler."

„Ach, die Wehrmacht und ihre Kenntnisse unserer Ränge. Dann werde ich dich einmal aufklären. Wir beide sind Standartenführer, vergleichbar eurem Oberst, und unser kleiner Bruder hier hat den Rang eines Sturmbannführers und wartet schon länger auf den Zusatz `Ober´. Den Rang des Herrn Trippel kennst du ja bereits, oder?"

„Jawohl, Herr Standartenführer!"

„Na bestens. Setz' dich zu uns, unser Vater hat schon einiges erzählt von dir."

„Wir hoffen, unsere kleine Schwester kann die Finger von dir lassen?"

„Ach Poldi, lass das!", mahnt der Graf seinen jüngeren Sohn, dem diese Anrede seines Vaters gar nicht zu gefallen scheint. „Bevor wir zu Mittag essen, will ich alle Neuigkeiten von euch erfahren", fordert der Graf, dabei den Vorsitz einnehmend. Rechts von ihm sitzen die zwei älteren Söhne, links der als Poldi bezeichnete jüngere, neben dem der Hauptsturmführer, daran anschließend dann ich. Die Frauen befinden sich im Erdgeschoss zum Tratsch.

„Vater, mit ihm als Zuhörer?"

„Ach, der Franz ist doch harmlos und gehört doch so gut wie zur

Familie."

„Na gut! Es gibt tatsächlich Neues, denn es geht jetzt mit Sicherheit bald los."

„Was?", entfährt es mir. „Entschuldigen Sie, Herr Standartenführer!"

„Ja wirklich, seid ihr sicher?", fragt der Graf in aufgeregtem Ton. „Erzählt schon, wann?"

„Der genaue Tag steht noch nicht fest, aber gegen Anfang April wird Belgien besetzt."

„Der Führer hat sich gegen alle Bedenken des OKW durchgesetzt. Und er drohte ernsthaft damit, den Geist von Zossen auszurotten, daraufhin hat von Brauchitsch ebenfalls eingelenkt. Die Herrn Generäle scheinen kein großes Zutrauen in ihre Soldaten zu haben", sieht dieser Poldi mich direkt an.

„Ich bin dem Führer vor kurzem begegnet. Er ist zum Platzen gespannt, nicht einmal wahrgenommen hat er mich, als ich an ihm vorbeigegangen bin. Und immer dieser Keitel an seiner Seite, wie sein Schatten. Manche sagen sogar...", sieht mich der scheinbar ältere der Brüder an, „ach was soll's, was andere sagen."

„Hast du die Sondermeldungen der letzten Tage gehört?"

„Ja, die grauen Wölfe jagen recht ordentlich."

„Dieser Kretschmer, der fährt die Angriffe über Wasser! So hat er 33.300 BRT bereits in die Tiefe geschickt. Der muss Nerven aus Stahl haben."

„Ja, ja, schon. Aber an Land? Jetzt gegen Frankreich, ist da das Risiko nicht erheblich? Was, wenn wir... ja, was wenn wir verlieren?"

„Dann ,Vater, musst du das Abzeichen an deinem Mantel schleunigst verschwinden lassen und die vielen Helfer gleich mit", lachen die Brüder auf.

„Na, ich denke doch, das wird klappen, oder? Was wird dazu beim SD, oder besser noch, im Ausland gedacht?"

„Die Pläne vom Absturz im Januar konnten tatsächlich noch gelesen werden. Aber so wie es aussieht, halten sie alle für eine Täuschung, weil für zu gewagt. Die Franzosen verlassen sich auf ihre Marginotlinie, eben weil eine Umgehung für sie unvorstellbar ist."

„Und können wir das?"

„Guderian, der hat persönlich bei einer Sitzung des gesamten Stabes nochmals den Mansteinplan erklärt, und er hält ihn, als Mann der Tat, für absolut durchführbar."
„Der ist mir nicht geheuer, dieser Guderian. `Klotzen, nicht kleckern!´, also ich weiß nicht."
„Das ist einer, Vater. Wenn der spricht, ist der Führungsstab, einschließlich dem Führer selbst, still, so heißt es im Bendlerblock. Aber es wird sich bald zeigen, was unsere Soldaten leisten können, nicht wahr, Schütze?"
„Ja, wird es, Herr Standartenführer."
„So, ich hätte dann Hunger, Vater. Sagen wir den Frauen Bescheid?"
Nach einem Knopfdruck geht die Tür auf und Roswitha steckt den Kopf herein, ohne den Raum zu betreten.
„Holen Sie die vier Damen herauf und Sie können dann beginnen."

„Na, haben die Herren ihre geheimen Gespräche beendet?"
„Ach, so geheim waren sie dann auch wieder nicht", erhebt sich der Graf als einziger beim Eintreten der Frauen, „aber ihr müsst verstehen, dass ich gerne die seltene Gelegenheit nutzen will, mit meinen Söhnen allein zu sprechen."
„Allein?", erwidert die scheinbar älteste von ihnen und sieht mich an.
„Ah, und du bist der Schütze, von dem uns Tanja schon so einiges erzählt hat."
„Grüß Gott."
„Gutaussehend und auch noch vornehm. Du kommst aus den Bergen der Ostmark. Ich war bereits zwei Mal in Salzburg. Wunderschön, muss ich sagen. Exquisit."
„Na dann haben wir ja ein nettes Thema, setzt euch doch, die Suppe kommt schon."
Diese, den Hauptgang hindurch und noch bis zur Nachspeise – in Form von mir heiß geliebtem Kaffe und Marmorkuchen – stehe ich Rede und Antwort bezüglich meiner Heimat, in der nicht überall hohe Berge stehen und über das gar nicht so romantische Soldatenleben unter lauter Männern, weit von den eigenen Frauen entfernt. Fragen, wie sie eben gelangweilte Menschen beschäftigen und die dadurch für sie auch von

hoher Wichtigkeit sind, die denen aber, denen sie gestellt werden, selber größtmögliche Langeweile bereiten. Tanja hält sich wie in den letzten Wochen mir gegenüber zurück; sie lächelt, wenn die anderen Damen lächeln, gibt sich bei meinen Erläuterungen als interessierte Zuhörerin und schickt mir dann kurze Blicke schräg über den Tisch, was wiederum der Graf mitsamt seinen Söhnen genauestens beobachtet. Nachdem alles gefragt war, unterbricht der ältere Sohn mit Namen Baldur die Stille, und weist auf die nahende Rückfahrt hin, die für heute Nachmittag noch ansteht – so wenig ist in Berlin auf sie zu verzichten, oder wollen sie auf Berlin verzichten. Nicht ohne mich zu ermahnen, alles Gehörte für mich zu behalten und mir viel Glück gewünscht zu haben, treten sie hinaus, gehen an der wieder versammelten Belegschaft vorbei und steigen bei nur noch gering wehendem Wind in ihre Gefährte.

Eine lange Woche sollte vor mir liegen, in der ich täglich vom Aufwachen bis zum Einschlafen den Hauptsturmführer mit seinem aufgesetzten Grinsen zu sehen erwarte, um mich abzuholen. Aber bis hin zum Treffen mit Anna, am Vollmondtag, bleibe ich ohne Neuigkeiten, welcher Art auch immer. Neuerlich schreite ich an dem lange erwarteten Tag den großen Umweg zur Grundgrenze ab und darf mich über Annas Lächeln freuen.
Wenn sie sich vorstellt, sagt sie mir heute bei strahlendem Sonnenschein, dass sie mit den Dreien früher gespielt hat, ganz normal, wie Kinder eben spielen. Und heute sind sie bei diesen kaltherzigen Menschen und tun so, als ob sie das auch wären.
„Es geht bald los."
„Haben sie das gesagt?"
„Ja."
„Na wenn die Herren des SD das sagen. Die müssen es ja wissen", sieht sie mich auf ihre unberechenbare Weise an und wieder liegt der einzige Wunsch des Treffens für mich darin, ihre herrlichen Lippen zu berühren. Ganz fest umarme ich sie, drücke sie an mich und presse meine Lippen gegen jeden möglichen Einwand auf die sanften Annas. Einen kurzen Moment lang will ich sie – verunsichert durch ihre

Zurückhaltung – freigeben und lockere die Umarmung, als sie die Lippen erst ein klein wenig öffnet und dann genussvoll stetig weiter, um das wundervolle Spiel mit mir zu beginnen. Meine ungeübte Zunge folgt ihrer flinken, sie einmal schneller, dann wieder langsamer umspielend und ist benetzt von ihrem wunderbaren Speichel, während meine an ihren anschwellenden Lippen saugen. Sie küsst in einer mir völlig unbekannten Leidenschaft, einer, die sie sogar die Augen aufschlagen lässt; dieses ganze Benehmen dient ihrem, aber auch dem Genuss ihres Gegenübers, ihr Becken kreist fest an meinem steifen Glied, als sie meiner Hand erlaubt, ihre zarten Brüste zu erkunden.

„Komm!", nimmt sie mich an der Hand und zieht mich hinter eine kräftige Eiche. Sie öffnet meine Hose und greift hinein, um meinen Schwanz zu umschließen, was noch keine fremde Hand getan hat und mir Schwindel bereitet. Das lässt meine Hand sofort ihre Brust vergessen und ich fahre unsicher unter ihren Rock an ihren warmen Schoß, um dann aber nicht genau zu wissen, was dort zu tun sei. Anna aber hält mich schachmatt. Mit allein ihrer rechten Hand bestimmt sie, was ich tun oder lassen darf, um ja nur in der zarten, warmen Hand bleiben zu dürfen, die ihn fest umschlungen hält und nur dann auf und ab fährt, wenn *sie* – nicht ich – es will. Fortwährend sie küssend, lassen meine Arme von ihrem Körper ab und ich genieße das gekonnte Spiel ihrer demonstrativ gezeigten Macht über mich in diesem Moment, bis sie bei meinem heftigen Keuchen den Blick senkt und den weißen, kräftigen Strahlen über das Feld hin mit ihren schönen Augen folgt. Sofort dreht sich die Lust in Schuld, als ich wortlos die Hose zuknöpfe.

„Schon gut, Franz, von mir erfährt niemand etwas. Ich wollte nur, dass du mich niemals vergisst. Normalerweise kommt keiner so schnell so weit bei mir."

„Ja, das bleibt unser Geheimnis", ist dieses doch so starke Verlangen mit einem Augenblick weg, als wäre es nie da gewesen.

„Du bist wunderschön! Such' dir einen Mann und bekomm' viele hübsche Kinder. Aber vorher muss ich dich noch'mal sehen."

„Nächster Sonntag ist Ostern. Den folgenden vielleicht. Mach's gut."

„Ich warte hier auf dich, um 5 Uhr wieder!" und ich rieche an der Hand, ihr lange nachsehend, den weiblich süßlichen Geruch, und drehe dann um.

Diesmal bleibt meine Heimkehr nicht unbemerkt. Tanja steht neben der Eingangstür zum Nebengebäude und wirkt, als warte sie dort schon eine ganze Weile.
„Servus Franz, wo warst du denn?"
„Spazieren. So wie jeden Sonntag."
„Nur spazieren?", kommt sie mir ganz nah. „In unordentlicher Uniform, oder hast mit einem Tier gekämpft?"
„Was soll das? Ich will mich hinlegen."
„Du hast dich mit Anna getroffen, gib's zu! Du riechst doch sogar nach ihr."
„Ach, lass mich zufrieden." Ohne weiteren Kommentar gehe ich auf mein Zimmer, aber sie lässt heute nicht wie in den letzten Tagen und Wochen von mir ab; sie besteht darauf, gehört zu werden – wie zu Beginn unseres von mir ungewollten Zusammenseins – und folgt mir wütend bis ins Zimmer.
„Franz, ich weiß genau, was hier vorgeht! Ja begreifst du denn nicht?"
„Was?"
„Ich habe dich hier her geholt wie damals meine Mutter den Vater, das alles könnte dir gehören, du könntest an meiner Seite meinem Vater nachfolgen. In diesen unruhigen Zeiten wäre der Krieg für dich vorbei, ab sofort!"
„Ich weiß nicht, was du dir da alles zusammenreimst, aber ich weiß, dass ich nicht hier her gehöre und vor allem", sehe ich sie entschlossen an, „lasse ich meine Kameraden nicht im Stich. Niemals!"
„Na gut, Soldat. Deine Entscheidung. Ich hoffe, du bereust das nicht irgendwann."
„Das hab' ich schon einmal gehört", rufe ich ihr den schmalen Gang hinterher, befürchtend, das Schicksal doch zu sehr herauszufordern.

Die gesamte Karwoche war auf dem Anwesen geprägt von drei Umständen: Erstens Tanja, die versuchte, mir mit Absicht das Leben schwer zu machen. Dann die Belegschaft – und allen voran der Graf, der, wie man es sonst nur von Tieren her kennt, das heraufziehende

Gewitter spürte – die, obwohl ich der einzig direkt Betroffene bin, sich höchst besorgt zeigte; der Graf wahrscheinlich um seine von den Söhnen angesprochenen Privilegien, die Arbeiter wegen der dadurch eintretenden Verschlechterung ihrer Situation – falls dies überhaupt noch möglich war. Und als dritten Umstand endlich, wie es die Vorschrift verlangt, der Zahlenfritze, der mich persönlich, wenn auch ohne Frontzulage, ausbezahlte. Ein Wehrmachtsbeamter kam dazu eigens auf das Anwesen, überblickte aber einzig seine Zahlen, egal was rings um jene vor sich gehen mochte, denn von Gerüchten aus der Unterkunft konnte er mir nichts berichten.

Am Karsamstag nun fühle ich mich endlich in der Lage, zwei Briefe nachhause zu verfassen. Aber selbst nachdem sie beide in ihren Kuverts stecken und ich jenen an meine Verlobte zur Sicherheit noch zwei Mal zur Überprüfung der Anrede heraushole, entscheidet sich mein Gewissen gegen ein Absenden und für weiteres Warten auf Neuigkeiten aus der Heimat. Dieses Warten ist beileibe nicht alleinig aufgrund des Vorgefallenen ein schweres, in ebenso großem Umfang auch deshalb, weil es den Gedanken vor dem Einschlafen nicht gelingen mag, sich diesen verlangenden Küssen zu entziehen. So wenig Erfahrung ich auch mit Frauen besitze, weiß ich dennoch seit einer Woche, wie unterschiedlich sie ihren Körper einsetzen. Das Küssen Valerias ist ein zurückhaltendes, nicht zu viel an Hingabe zulassendes, um auf gar keinen Fall die Kontrolle über die Situation oder gar sich selbst zu verlieren. Ein Umstand, den Anna geradezu heraufbeschwören reizt: sich Verlieren und Ergeben.

Am Dienstag, den 9. April, lässt der Graf eilig die Belegschaft der I. Reihe – wie er seine treuesten Arbeiter nennt – zusammentrommeln und im Gästezimmer für eine Sondermeldung versammeln. Gespannt lauschen wir an dem störungsarmen Gerät Dr. Goebbels, der über eine Weserübung redet, im Zuge derer unsere Truppen die Grenzen der neutralen Nachbarländer Belgien und Holland überschritten haben und Fallschirmjäger in Norwegen gelandet sind.

„Mensch, Meyer! Jetzt geht es los!", sind die einzigen Worte neben den hell klingenden aus dem Empfänger; alle sehen mich – auf unterschiedliche Weise – an und warten auf eine Reaktion, die ich aber schuldig bleibe, so kann ich gerade nur daran denken, Anna unbedingt wiedersehen zu müssen.

Am darauffolgenden Sonntag warte ich bereits eine halbe Stunde am kleinen Grenzstein wie ausgemacht, bei bewölktem Himmel mit ungemütlichem Westwind, sehe zur nahen Eiche und über die Felder dahinter, bis eine ganze Stunde daraus wird und mich begreifen lässt: *es ist nicht ihre Absicht und war es nie gewesen, mich je wiederzusehen.* Geradewegs über die mittlerweile blühenden, aber noch kurzen Wiesen gehe ich zurück, drehe mich dabei regelmäßig um – nicht, um doch noch Anna herbeilaufen zu entdecken, alleinig, um der Eiche, unserem einzigen Zeugen, die das lange nach unserem Ableben noch erzählen würde können, `Lebe wohl' zu deuten. Selbst die im Innenhof im Wind sitzende Tanja zeigt sich beruhigt und sieht mir dabei zu, wie ich den Hof quere, wohl wissend, nicht alleine – wie noch vor einer Woche angenommen – die Verliererin zu sein.

„Meyer!", rüttelt jemand heftig meinen Arm.
„Was gibt's?"
„Guten Morgen!"
Exakt wie in meiner Vorstellung holt mich ein vergnügter Hauptsturmführer persönlich ab, eine Aufgabe, die er niemals delegieren würde.
„Kommen Sie, Soldat, es geht los! Nehmen Sie alles auf, das war Ihre letzte Nacht hier, na los."
Er gibt mir sogar noch Zeit, mir das Gesicht zu waschen, dann habe ich alles einzupacken und ihm auf den noch dunklen Innenhof zu folgen, auf dem ein LKW mit laufendem Motor wartet. Der Graf reicht mir seine Hand und sagt in freundlichem Ton: „Alles Gute, Franz. Und viel Erfolg!" Der Herr Fleischer steht in der Tür und grüßt wortlos mit dem Deutschen Gruß, als ich aufsitze.
„Guten Morgen, Franz! Na, du bist aber sauber untergekommen!"
„Servus, Stefan!", setze ich mich neben ihn, als wir den steilen Abhang hinunterbrausen. „Hast du etwa bis jetzt in der Scheune geschlafen?"

„Ja, jede Nacht. Aber Franz, das wirst' nicht glauben", ist er der zweite heute, der mich am Ärmel reißt, „die Bäuerin, das karge Weib, die ist immer 'mal wieder 'kommen, mitten in der Nacht. Da war sie wie ausgewechselt, am Tag kein Grüßen, nichts, aber in der Nacht, puhh!"
„Ernsthaft?"
„Ja, wenn ich's dir sag'!"
Ich schaue zurück auf das noch dunkle Hauptgebäude. Durch die bereits beleuchteten Nebengebäude sind seine ausladenden Umrisse gut zu erkennen und ich stelle mir vor, hier Graf zu sein; jemand, zu dem die Leute, nur weil er – egal wie geworden – Graf ist, aufblicken, was mich ja nicht klüger oder gar besser machen würde. *Die Leute müssen halt zu jemandem aufsehen.* Auch mir gefällt es so besser, ich wüsste mich doch gar nicht richtig zu verhalten! So einen Blödsinn, würde es Mutter einfach heißen.

„Wir sind da, runter, Kameraden!"
Am Alarmplatz herrscht sofort große Aufregung, Soldaten laufen mit Helm und Waffe herum, erhalten Munition oder verstauen Gurte.
„Sepp!", schreie ich laut, „Richi!"
„Servus, Franz, na wenigstens du bist dabei! Stell dir vor, jetzt geht's an die Front."
„Was? Aber die anderen, wo sind die?"
„Nur wir fahren, die anderen kommen nach. Schnell, hol' dein Gewehr."
Zurück aus der Waffenkammer stelle ich mich mit versorgter Munition zum kläglichen Rest der Gruppe, sogar MG-Munition und Wechsellauf, die normalerweise der Berndl tragen muss, schleppe ich heute mit mir.
„Achtung! Guten Morgen, Soldaten!"
„Guten Morgen, Herr Oberleutnant!"
„Ich komme besser gleich zur Sache. Das Oberkommando befiehlt uns mit heutigem Tage nach Trier, und so wie die Dinge liegen, wird es heute kein Zurück geben. Der Rest, oder besser gesagt der Großteil dieser Kompanie, wird direkt in Trier zu uns stoßen. Gott mit uns! Achtung!"
In völliger Dunkelheit – nur ganz weit im Osten wird der Himmel bereits leicht angestrahlt – umgehen wir wieder den Hexenturm, diesmal in

einem regelrechten Durcheinander. Durch das Fehlen der vielen Soldaten sind die Gruppen ungeordnet, keiner weiß, wo er jetzt genau marschieren soll. An einer geringen Steigung überholt uns ein Krad mit Beifahrer, bewirkt ein Anhalten der Kompanie und braust weiter zum Bahnhof.

Kurz darauf marschiert wortlos der I. Zug hinter den Kommandanten an uns vorbei wieder zurück in die Unterkunft und wir schließen uns an.

„Meine Herren! Die sind sich nicht ganz einig im OKW, wie mit uns zu verfahren ist. Es wird abmagaziniert, dann habt ihr bis 10 Uhr Zeit, euer Alarmgepäck zu richten. Abtreten!", ruft der Kommandant völlig entnervt.

In der nun noch enger wirkenden Stube setzen wir drei uns an das kleine Tischchen, auf das ausgerechnet der eine – jetzt rechts von mir sitzend – von dem anderen – jetzt links von mir – geworfen wurde, und beginnen, in einer gedämpften Wiedersehensfreude in Anbetracht gegebener Umstände, uns die getrennte Zeit zu schildern. Keiner von beiden hat sich rein äußerlich verändert, schlank sind sie geblieben, Haare und Rasur wie immer nach Vorschrift, alles wie gehabt.

„Na, was sagt's zu Norwegen?"

„Warum die Norweger angreifen? Wir brauchen doch nur über die Grenze nach Belgien oder Frankreich!"

„Ach Sepp, das kommt schon, bald darfst' 'ran, und dürfen wir 'ran müssen!", ist der Richi auch in seinem Spott der alte geblieben und hat sich nun mit dem Unvermeidbaren abgefunden.

„Ihr zwei habt sicher ein schönes Leben gehabt hier, was?"

„Es geht so", sagen sie gleichzeitig und sehen sich wie ein lang verheiratetes Ehepaar an, „eigentlich zu ruhig. Nur einmal, da war es dem Leutnant selbst zu bunt und er hat uns beide zusammen mit dem Slidez nach Marburg mitgenommen, vor drei Wochen war das."

„Unsere Reise?"

„Genau. Wir haben den Leutnant sogar noch gefragt, ob wir nicht auf euch warten könnten. Entweder heute, hat er darauf gesagt, oder gar nicht."

„Jedenfalls", beginnt der Sepp erneut, „war das absolute Spitze, stell' dir vor, der Slidez hat mit uns gesoffen, während der Leutnant in der

Kirch..."

„Dom."

„Meinetwegen, im Dom gewesen ist, dann hat er kurz mit uns 'was gegessen und ist dann noch zu einer Burg den Berg hinauf. Wir drei sind einzig im Gasthaus g'sessen und haben uns von der Wirtin bedienen lassen. Ein saumäßig guter Tag, der 18. März, was, Richi? Aber hier in Treysa war nix. Technischer Dienst, Waffenkunde, Wache schieben, die ganzen Monate 'durch. Im Februar noch hab' ich mich freiwillig g'meldet für einen Arbeitseinsatz bei einem Bauern oder für die Industrie. Alles abgelehnt, dann wäre die Mindeststärke unterschritten, so die Antwort."

„Es hat noch einen Erlass gegeben!"

„Ach!", stöhnt der Sepp, auf seine genervte Art.

„Welchen? Uns betreffend?"

„Nicht direkt, nur den Roman haben sie ganz genau überprüft."

„Worauf?"

„Der Erlass besagt, alle Mischlinge seien aus der Wehrmacht mit sofortiger Wirkung zu entlassen, der Roman ist gerade noch als abstammender Sudete eingestuft worden."

„Mensch! Die in Berlin haben Probleme, das hab' ich beim Grafen auch schon gesagt."

„Was, bei einem Grafen bist' gewesen?"

„Ja", erzähle ich die für sie wohl ausreichende halbe Wahrheit der letzten Monate. Sehr neugierig, mit den üblichen Kommentaren folgen sie mir, jede Einzelheit interessiert sie erstaunlicherweise, ihnen muss tatsächlich furchtbar langweilig gewesen sein. Besonders die Geschichte über den Flugzeugabsturz sowie den Besuch aus Berlin bringt mich in Schwierigkeiten, nicht zu viel zu verraten, so lasse ich die Tanja zur Gänze weg.

Erneut angetreten, beginnt der Kommandant mit folgender Ansprache: „Soldaten! Wie ihr wahrscheinlich wisst, halten nach schweren Kämpfen unsere Truppen große Teile Norwegens. Jeden Augenblick erwarte ich unseren dann endgültigen Befehl. Niemand verlässt ohne ausdrückliche Genehmigung dieses Gelände. Die noch fehlenden Kameraden werden

morgen, spätestens übermorgen hier eintreffen, heißt es im Wehrkreiskommando. Fragen? Abtreten in den Dienst nach Vorschrift!"
Das Wehrkreiskommando hält Wort und schickt nur zwei Tage später alle fehlenden Soldaten des II. Bataillons, das füllt unsere Gruppe und die enge Stube restlos auf. Ihr Erscheinungsbild entspricht den Geschichten von 12 Stunden-Arbeitstagen mit nur kurzen Pausen. Im Akkord mussten Granathüllen an Drehbänken hergestellt werden, wie Maschinen mit immer den gleichen Handgriffen, überall lag dieser Metallstaub – ganz schwarz hätten sie die Fabrik jeden Abend hundemüde verlassen. Gefüllt wurden dann die Granaten von mageren Frauen, die unter strengster Aufsicht standen.
Alles wartet nun auf den endgültigen Befehl. Jede Vorfahrt unbekannter Gefährte führt zu schnell um sich greifenden Gerüchten – mindestens zwei Mal tägliches Exerzieren, teilweise in Kompaniestärke, sollte uns davon ablenken. Dem entgegen dürfen wir eine Sondermeldung nach der nächsten über unsere Kameraden in der Offiziersunterkunft mitverfolgen. Gänzlich unpassend fühlt es sich an, mit den Gewehren im Sonnenschein herumzulaufen, diese hernach wegzustellen und aus dem Gerät die Erfolge unserer Einheiten in Norwegen zu hören. Im Anschluss daran wird in den Stuben debattiert, um welche Einheiten es sich handeln könnte und was die Marine an Booten, die Luftwaffe an Maschinen für das schwer zugängliche Gelände Norwegens einsetzen würde. Kaum zu glauben, aber ständig entwickeln sich regelrechte Streitgespräche und enden gar nicht selten in einem Handgemenge. Jedem ist die Anspannung anzusehen, gleichfalls versucht jeder, auf seine Weise damit klarzukommen. Die sich mehrenden Erfolgsmeldungen werden von allen bejubelt und doch denken alle an den nächstfolgenden Schritt im Zuge dieser. Ein letztes Mal noch, und zwar am 5. Mai, versichere ich meiner Familie und Valeria, auf mich aufzupassen und wünsche sie mir in Gedanken herbei. Ich gebe den Brief am Feldpostamt ab, welches als einzige Einheit Gelassenheit ausstrahlt, aber mir nicht versprechen könne, wann der Brief sein Ziel erreichen würde, so werden alle Fahrzeuge zurzeit anderweitig verwendet.
Unser Hin- und Herlaufen hier ist nicht nur den kämpfenden Truppen gegenüber peinlich, es scheint auch außerhalb dieses Geländes unser

Getue und Geübe nichts zu bewirken, denn die umliegenden Siedlungen zeigen keinerlei Anflug von Hektik und liegen ruhig da, wie sie bei unserer Ankunft dagelegen sind. Der Alarmplatz aber ist das Zentrum an Aufgeregtheit, keiner getraut sich ihn in normalem Tempo zu queren. Das liegt wohl an der schieren Größe der kommenden Unternehmung, die am 10. Mai mit einer Ansprache des Führers und obersten Befehlshabers der Wehrmacht an das Heer im Westen seine Einleitung auch für uns findet.

Nur zwei Tage nach der begonnenen Überschreitung der Grenzen zu Belgien und Holland, wünscht uns der Kommandant um Punkt 5:30 morgens zum dritten Mal Gott an unsere Seite, befiehlt die Vergatterung – mit Sicherheit zum letzten Mal in Treysa – und wir marschieren vollständig ausgerüstet und versorgt los. Dieses Mal überholt uns kein Fahrzeug, beobachtet keine Feldgendarmerie unseren Marsch, bloß einige Frauen mit ihren staunenden Kindern winken uns beim Einsteigen zu. Es ist die haargenaue Wiederholung des 27. Jänners – von der Landschaft einmal abgesehen – denn ich starre wieder auf die heranziehende Totenkirche und beobachte sie, kleiner werdend bis zu ihrem vollständigen Verschwinden. Monate sind vergangen, seit wir dort oben standen. *Wer weiß, was in Monaten sein wird*?
Alle sitzen ruhig im Waggon und sind scheinbar tief in Gedanken, niemand verliert die Nerven oder dreht gar völlig durch, wie Erzählungen über denselben Weg an die Westfront aus dem Weltkrieg berichten. Ständig ziehen kleinere Wälder und Hügel – vergleichbar unseren, wenn auch weniger stark ausgeprägt – vorüber. Von weitem sichtbar, thronen in großen Abständen zueinander Burgen, oder die zu ihnen gehörenden Wachtürme von den Anhöhen und weisen auf eine noch einfachere Zeit hin. Wenn überhaupt, dann mussten die Burgen eingenommen werden, nicht ein ganzes Land hinter schweren Befestigungsanlagen. Mehr als fünf Stunden sitzen wir bereits im Zug, in denen wir zwar, immer wieder zum Anhalten gezwungen, in Bahnhöfen warteten, aber nur, um entgegenkommende Züge passieren zu lassen. Die Angestellten der Reichsbahn winken uns alle freundlich zu und wirken dabei auf eine Art froh, nicht hier drinnen zu sitzen.

Bei Koblenz überqueren wir dann den Rhein auf einer von Flakgeschützen gesicherten Brücke, drücken uns langsam an einem schweren Panzerzug vorbei und nehmen dann, erstmals westlich des Rheins befindlich, wieder Fahrt auf. Nach einer weiteren Stunde ständiger Blicke aller Kameraden auf ihre Uhren erreichen wir kurz nach Mittag die Endstation: Trier.

„Aussteigen, Männer! Kompanieweise angetreten, also 'raus hier!"
Einer springt dem anderen mit dem schweren Gepäck am Rücken hinterher auf den Bahnsteig, der sich in Windeseile mit einer unübersichtlichen Menge gleicher Menschen füllt. Alle orientieren sich an ihren Gruppenführern, die ihrerseits nach den Kommandanten Ausschau halten. Aus allen Türen fließen graue Gestalten auf den kleinen Bahnsteig nach, über die Rampe im hinteren Teil des Zuges rollen die ersten Geschütze, während am Rand der Menschenmenge die Kompaniekommandanten unruhig auf die von den Unteroffizieren zusammengepfiffenen Züge warten. `Rasch folgen!´, deutet Slidez uns ständig an, als wir eine breite, kilometerweit schnurgerade nach vorne führende Straße entlanglaufen, dann in den Schritt übergehen und noch einen Kilometer marschieren, um in eine vordere Position zu gelangen und damit den hinteren Einheiten genügend Platz zu lassen.
„Männer!", schreit der Kommandant gegen den Lärm um unsere Aufmerksamkeit an. „Wir warten hier, bis alles abgeladen ist. Die Tornister bleiben hier am Straßenrand in einer Reihe liegen, die nimmt der Tross am Ende auf. Sturmgepäck und Brotbeutel bleiben selbstverständlich am Mann, die 24 Stunden-Verpflegung wird gleich ausgeteilt. Danach werden wir bis südlich der Stadt Luxemburg marschieren, wo derzeit das 133. und das 134. Regiment ausgeladen werden und auf unser Aufschließen warten. Alles Weitere erfahrt ihr von den Unterführern. Rühren!"
Gruppenweise stehen wir am Straßenrand als Beginn einer kilometerlangen Kolonne. Bis nach hinten zu den nun klein wirkenden Waggons verstauen Soldaten ihr Gepäck, bespannen die aufgeregten Pferde, kontrollieren Ausrüstung oder Geschütze.
„Die überzählige Munition könnt ihr bei mir abgeben", bietet Slidez uns

mit ruhiger Stimme an. *Er will seine Führungsqualitäten unter Beweis stellen,* denke ich mir, als wir ihm vier 250er-Gurte und zwei Trommeln, die niemand so weit durch feindfreies Gelände zu tragen bereit ist, übergeben. Ständig brausen Fahrzeuge knapp an uns vorbei, berittene Aufklärer traben mit den schönen braunen, aber unruhigen Pferden an die Spitze und besprechen wahrscheinlich die kommende Route und Zeit mit den sich dort befindlichen Offizieren. Bis drei Uhr nachmittags stehen wir bei mäßigem Sonnenschein am Straßenrand, bis schließlich alle versorgt sind. Die Nachschuboffiziere und besonders die Unteroffiziere sind mit der Aufgabe hier auf engstem Raum völlig überfordert und verhalten sich den ständig fragenden Soldaten gegenüber dementsprechend gereizt, so müssen zeitgleich die Verpflegung vom Tross ab- und Tornister sowie Munition aufgeladen werden.

„Mensch, ein Krad, das wär's jetzt!"

Ohne großen Aufwand rollen sie knatternd und langsam vorbei, deuten mit Tafeln nach hinten und vorne und schreien: „Aus dem Weg da!" Drei Karossen folgen ihnen dicht. An der Standarte ist der Regimentsstab sofort erkennbar und auf den jeweiligen Rückbänken herrscht reges Treiben mit allerlei Papierkram. Diese Vorfahrt gilt wie immer als Zeichen baldigen Abmarsches und in Viererreihe folgen wir mit deutlich geringerem Tempo den außer Sichtweite fahrenden Autos. Richtung innere Stadt verbreitert sich die Straße nochmals und nehmen die Häuser zu beiden Seiten an Größe und Pracht zu; vereinzelt lehnen Menschen – meist Frauen – aus den Fenstern und wissen offenbar nicht so recht, wie sie sich verhalten sollen, sie winken freundlich, doch mit ernsten Mienen, dabei wohl an ihre sich schon in Frankreich befindlichen Männer denkend. Genau am Eck an der ersten großen Straßenkreuzung zieht ein riesiges, wohl tausende Jahre altes Gebäude unsere Blicke auf sich. Es sieht aus wie von den Römern errichtet, mit großen Steinen, um die 40 Meter an Höhe und 30 Meter an Breite.

„Ist das von den Römern, Richi?"

„Ich denke ja, sieht danach aus. Wahnsinn, was?"

Imposant wirkt es, so nah von der Straße aus betrachtet, dahinter ist für einen Moment ein Platz und diesem anschließend eine große Kirche durch das Portal einsehbar, die graue Kolonne aber kann es nicht aufhalten, die zieht einfach daran vorbei. Direkt vor uns zwingt uns ein Fluss, links abzubiegen. Wir marschieren diesen etwa zwei Kilometer entlang um die Stadt herum, bis auf der linken Seite erneut der Bahnhof ersichtlich wird, schreiten über die `Kaiserbrücke´ und biegen auf eine nach Westen führende, enge Straße in ein durch steile Hänge zu beiden Seiten ebenso eng begrenztes Tal. Der Fluss fließt ruhig, genau in der Mitte des Tales neben glänzenden Schienen, die schnurgerade, keine fünf Meter neben uns Richtung Frankreich führen. In zu Eilmarsch erhöhtem Tempo zieht hinter uns die Kolonne über die Brücke, als weiter hinten aus der breiten Straße, kurz vor dem als Mosel beschilderten Fluss, bereits die ersten Geschütze rollen. Stundenlang marschieren wir die Mosel entlang. Um uns herum klimpern hell die bei jedem Schritt irgendwo dagegenstoßenden Metallteile. Durch die von den dicht vorbeifahrenden Wagen aufgewirbelten Staubwolken marschieren wir als Spitze direkt hindurch, und vervielfachen sie durch unsere von den Stiefeln aufgewirbelten. Einiges davon wird über den Fluss auf die gegenüberliegenden Weinberge geblasen, der größte Teil aber bleibt förmlich in der Luft stehen, um von den kommenden Kompanien teilweise eingeatmet, großteils aber weiter vermehrt zu werden.

Eine weitere, diesmal sehr schmale Brücke aus Stahl muss von uns überschritten werden. Seitlich beobachtet eine kleine Flakabwehr den wenig einsehbaren Luftraum und unsere genagelten Sohlen erzeugen ein lautes, helles Klackern auf den metallenen Trägern. Zurück auf staubiger Erde marschieren wir weiter, direkt am linken Moselufer und ohne Geleise dazwischen, in die einsetzende Dämmerung. Ich nehme einen ersten Schluck aus der Feldflasche und die ungewohnte Bewegung des rechten Armes führt zu starkem Ziehen in der Schulter, was mir die bereits einsetzende grobe Steifheit der Gliedmaßen anzeigt; Der Sepp ganz links außen hat begonnen, das 12 kg-MG von Schulter zu Schulter zu wechseln, auch bei ihm schwinden die Kräfte. Endlich: wir halten an, eine Stunde Pause. Alle, die den Befehl nach hinten weiter durchgegeben haben, fallen danach wie Dominosteine zu Boden. Ich ziehe meine perfekt sitzenden Stiefel aus und greife hungrig nach meinem Brotbeutel.

„Wenn wir jetzt die Nacht durchmarschieren, dann werf' ich meine Geliebte zum Teufel."
„Wir wechseln uns ab innerhalb der ganzen Gruppe, Sepp."
„Aber was sollen die Werfer sagen? So einer hat doch gut und gerne 18 kg!"
„Ja schon, aber bequem am Rücken. Ich muss das MG geschultert tragen, das schmerzt scheußlich."
„3. Gruppe, hört her", stellt Slidez sich neben uns, „ihr habt's gehört, eine Stunde Pause. Nutzt die Zeit, dann geht's weiter bis tief in die Nacht hinein, morgen müssen wir auf die anderen treffen!"
„Wie weit ist das noch, Herr Unterfeldwebel?"
„Die Hälfte liegt sicher hinter uns, aber wir müssen schleunigst zu den beiden Regimentern aufschließen."
„Na dann, gute Nacht!", schließe ich die Augen und wache tatsächlich erst durch die um mich herum zunehmenden Geräusche auf. Jetzt nach der Rast spüre ich jeden Muskel; Kommandos hallen durch das Tal, dann das typische Hochpfeifen der Soldaten. Fahrzeuge blenden mit ihren hellen Scheinwerfern die Kolonne entlang durch die Nacht und lassen uns anschließend erneut in absoluter Dunkelheit zurück.
„Marsch, marsch!"
Vereinzelte Sterne sind durch die klare und frische Nachtluft zu sehen, auf der Erde nehmen sich nur einzelne und ganz nah heranreichende Wälder aus dem dunklen Nichts um uns herum. Die Sinne werden durch Dunkelheit sowie Müdigkeit empfindsamer; jedes Mal erschrecke ich, wenn uns ein Reiter überholt, ansonsten ist nur das laute Geklimper im Rhythmus zu hören.
„Mensch, ich kann nicht mehr!", hat der Hannes als erster seine Grenze erreicht.
„Halt' durch, wir machen sicher gleich eine Pause", weiß doch jeder, dass dem nicht so sein wird.
„Diese scheiß Koppel, die drückt und scheuert wie verrückt. Und der verfluchte Spaten, verdammte Scheiße!"
„Verlier' jetzt nicht die Nerven. Nicht nachdenken. Keinem geht's hier besser, Hannes."
Abwechselnd tragen wir nun sein Gewehr, ebenso nehmen wir dem

Sepp das MG ab. So gut es eben möglich ist, helfen wir uns, nur sein eigenes Gewicht muss jeder selber schleppen, und wenn es sein muss, die ganze Nacht hindurch.

Irgendwann in den Morgenstunden kommt der erlösende Befehl in den Halt. Weitere zwei Stunden Rast. Hundemüde fallen alle zu Boden und in den Schlaf, oder essen noch hastig die Kaltverpflegung, bevor sie danach sofort einschlafen. Mit einsetzender Morgendämmerung pfeifen sie uns erneut hoch. Niemand klopft – wie sonst üblich – die Uniform ab oder richtet etwas; einfach stehen, wortlos; hoffen auf baldige Ankunft. Die Beine kurz abwinkeln und weiter, bis weit hinein in den Vormittag, als wir ein Schild mit der Aufschrift `Frankreich´ passieren. Zum ersten Mal betreten wir französischen Boden und marschieren einfach weiter, wenn auch mit erheblich verändertem Bauchgefühl. Dennoch, nichts ist zu sehen von einer Marginotlinie, keine Spuren eines Kampfes, einzig die Straße weist hier tiefe Furchen auf und lässt mich noch weniger einen Regen herbeiwünschen. Weit vorne, in schwer schätzbarer Distanz, steht eine riesige Staubwolke hoch am Himmel als Zeichen sich bewegender großer Massen darunter. Die beständig wachsende Wolke rührt sich bei Windstille nicht von der Stelle und muss dem darunter liegenden Platz die ohnehin bereits schwache Sonneneinstrahlung völlig nehmen.

Gegen 10 Uhr biegen auch wir auf das weite Feld mit den beiden Regimentern ein, die bereits streng geordnet und regungslos stehend auf uns warten. An hinterer Stelle reihen wir uns ein, bilden wie üblich – so auch jetzt nach enormer Anstrengung – eine Front nach Einheiten, und stehen stramm vor dem Divisionskommandeur, der aus zeitlichen Gründen einfach in einem Auto fahrend unsere Front abnimmt – aber alle Angetretenen genau mustert, als würde er uns persönlich kennen – weiter zur aufgestellten Standarte braust und – für uns wichtig – uns `In Rast´ beordert. Ein Stück Brot, Margarine und das kleine Stück Fleisch – den gesamten Rest meiner Verpflegung also – stopfe ich in mich hinein, wohl wissend, hier neu versorgt zu werden. Zum ersten Mal seit Polen liegt die gesamte Division, vereint zu einem gigantischen selbstständigen Kampfverband, auf einem tatsächlich `künstlich´ beschatteten Platz. Knapp 18 000 Mann warten hier auf den Abmarschbefehl, die vorher noch von den ständig nach hinten brausenden Fahrzeugen versorgt werden müssen.

„Mensch, wir sind in Frankreich! Was, Leute?", legt sich der Sepp mit knacksenden Knien in die Wiese. „So einfach geht das!"

„Bonjour, Monsieur!", antwortet der Richi, am rechten Arm aufgestützt die vielen Käfer vor ihm betrachtend. Natürlich muss er uns gleich die wenigen Wörter, die ihm auf französisch bekannt sind, beibringen.

„Sind das hier überall Maikäfer?"

„Sieht so aus, die gibt's auch in Frankreich. Und ich glaube, wir haben heuer die Maikäfertage, da sind's besonders viele", klärt uns der Hannes auf, der jede Sekunde der Erholung bitter benötigt.

„In zehn Minuten Abmarsch!"

„Scheiße!"

„Die Linzer da haben's ja leicht, sind gerade einmal von Luxemburg hier her spaziert."

Das erste Regiment beginnt, aus der angetretenen Formation den langen Strom zu bilden. Kompanie für Kompanie gliedert sich ein, eine Reihe nach der nächsten nimmt die Gewehre auf und dreht nach rechts ab, bald folgt – für uns gut beobachtbar – das zweite Regiment, an das wir nahtlos anschließen.

Das bis vor kurzem uns umfassende enge Tal lassen wir gänzlich hinter uns und innerhalb weniger Kilometer breitet sich das Gelände vor uns endlos weit aus. Ganz sanft steigt ein Hügel am Horizont vor uns in die Höhe und wird bereits von der Kommandantur begutachtet, als die ersten Soldaten – trotz der enormen Breite des Geländes noch in Viererreihe – am Scheitelpunkt eintreffen. Der Zusammenhalt des gesamten Verbandes lässt uns die noch restlich verbliebenen Kräfte frei machen; auf keinen Fall will man hier und schon gar nicht als erster zusammenbrechen, obwohl bereits einige laut stöhnen und fluchen, denn jetzt beginnen sich auch noch diejenigen Stiefel, die nicht perfekt passen, schmerzlich zu melden. Dann gilt es nur mehr, das Gehirn auszuschalten, wie Slidez uns oftmals geraten hat. Auch wir treffen auf der Anhöhe ein, während die vordersten bereits das erste kleine Dorf hinter sich gelassen haben und auf die nächste, diesmal bewaldete, Anhöhe zumarschieren. Das Dorf, oder eher die kleine Häuseransammlung, wirkt menschenleer und im Gegensatz zu denen drüberhalb der Reichsgrenze ärmlich. In der Mitte ragt eine schwarze Kirche mit außergewöhnlich hohem, spitz zulaufenden Turmdach hervor, zwischen den Häusern sind nicht einmal ordentliche Wege, dafür aber ein paar Hühner zu erkennen, sonst ist nichts zu sehen, alles wirkt friedlich. Die nächste Erhebung hinaufmarschierend, enttäuscht mich die Landschaft etwas, so ist sie – abgesehen von der schieren Weite und diesem hellbraunen Erdton – genau wie die unsere. Nur an der Kirche sahen wir bisher das Fremde dieses Landes.

Spät am Nachmittag treffen wir auf das erste größere Dorf. Irgendwelche Einheiten – Ordnungstrupps oder Feldgendarmerie – lenken den grauen Strom kurz davor auf ein freies Feld.

„Na endlich! Es wird Rast geben."

„Hoffentlich nicht wieder nur eine Stunde."

Zwischen Dorf und Feld verläuft eine befestigte Straße, die für den Nachschub genutzt wird. Alles, was fahrbar ist, ruckelt langsam und voll beladen mit allem, was weit vor uns benötigt wird, dahin. In einiger Entfernung sind Flugzeuge zu hören, ihr tiefes Dröhnen lässt auf Bomber oder Transporter schließen.

„Wir werden von der Feldküche versorgt und hier den Großteil der Nacht verbringen", erlöst uns ein müde wirkender Slidez.

„Gottseidank!"

„Die vordersten Panzer operieren erfolgreich bereits 100 Kilometer weiter westlich."

„Wirklich?", ist uns das gerade jetzt aber ziemlich egal. Im Halbkreis sitzen wir um die mittig zusammengelehnten Gewehre und schlürfen die heiße Suppe, gegen ständig zufallende Augen ankämpfend. Das Dorf mit Namen ʼMarlevilleʼ – was niemand richtig auszusprechen weiß – zeugt ebenfalls von großer Armut. Außer der übergroßen Kirche auf einer Anhöhe in seiner Mitte, sind alle Häuser von schlichtem Gemäuer in hellgelber Färbung, ohne Schnörkel, dafür die meisten von ihnen mit reparaturbedürftigen Dächern. Die Kirche zeigt uns ein riesiges, reich verziertes rundes Fenster, das in der direkt einfallenden Abendsonne unterschiedliche Färbungen widerspiegelt, und davor schieben sich die unbeeindruckten Fahrzeuge raupenartig nach Westen, hinein in ein sich wieder verengendes Tal.

„Wir sind doch längst über der Marginotlinie, oder?"

„Sicher, nur seitlich umgangen halt."

„Ja, aber nichts, gar nichts zu sehen, nicht ein Bunker oder Panzer. Ich glaub' schon, wir sind in einem Manöver, ehrlich."

„Wir marschieren einfach nach Paris. Dort drüben steht ein Wegweiser. Berlin diese Richtung, 400 Kilometer, Paris diese", deutet Klaus zwischen Dorf und Nachschubkolonne, „200 Kilometer."

„Wenn aber die Panzer in die Zange genommen werden, dann ist es schnell vorbei mit Marschieren bei uns. Dann darfst' endlich auf den Franzosen anlegen", spottet der Richi, gereizt über den Sepp, der sich heute – wahrscheinlich aus Erschöpfung – nicht provozieren lässt und sich einfach umdreht. Plötzlich, ohne die geringsten Anzeichen, beginnt es zu regnen. Alle reißen ihre Zeltbahn vom Geschirr und decken sich damit zu. Nur ein paar Minuten lang fallen winzige, dafür viele Tropfen, danach treffen die für heute letzten, schon rötlichen Sonnenstrahlen erneut auf das Kirchenfenster und erzeugen kräftig bunt spiegelnde Lichter, die die karge Landschaft spielerisch umschlingen.

„So 'was hab ich noch nie erlebt, als würden wir von einer Gießkanne nur kurz begossen, komisch."

An den Seiten der Felder, die von unseren Stiefeln verschont geblieben sind, steht das Gras noch kniehoch und überall fliegen die Maikäfer umher, die ihrerseits eine große Zahl an Vögeln anziehen, als um 7 Uhr abends die Kirchturmuhr aus dem verlassenen Dorf mit einer wundervollen Melodie alle Soldatenblicke auf sich zieht und uns lauschen lässt. Ein nie gehörtes Schauspiel ist dieses Geläut der Kirchenglocken, nicht vergleichbar dem mechanischen Schlagen daheim – je nach Uhrzeit unterschiedlich oft, aber jedes Mal von gleichem Klang. Hier wird die volle Stunde ja regelrecht begrüßt, den Dorfbewohnern eine Freude bereitet. *Ist dies schon ein erster Eindruck der viel gepriesenen französischen Lebensart?* Nur oberflächlich wische ich dabei den Staub von meinem Gewehr, als mir – schon beinahe den verstummenden Vögeln gleich – mit untergehender Sonne die Augen unter freiem Himmel zufallen.

Der erste Schlag gegen mein Bein zeigt noch keine Wirkung, so drehe ich mich im Halbschlaf einfach um, als der nächste und härtere seinen Zweck erfüllt.

„Meyer, aufstehen!"

„Was?", weiß ich nicht einmal, wo ich mich befinde. „Ach Scheiße, geht's weiter?"

„Sozusagen. Und spar' dir die `Scheiße´ bei mir!"

„Jawohl, Herr Unterfeldwebel!"

Noch während ich auf die schweren Beine komme, bemerke ich die ungewöhnliche Stille um uns. Der riesige Verband liegt noch schlafend, gut vor dem frischen Wind geschützt unter den Planen und zeigt keinerlei Regung, aufzustehen. Alleine die Umrisse stehender Männer in Zugstärke sind erkennbar, das heißt wahrscheinlich Aufklärung, wenn nicht gar Schlimmeres. Relativ geräuschlos sammeln wir uns vor dem Leutnant.

„Guten Morgen, Soldaten!"

„Guten Morgen, Herr Leutnant!", melden wir müde zurück.

„Wir warten noch auf die restliche Munition und Handgranaten, danach marschieren wir sofort ab, zur Freischärlerbekämpfung."

Wortlos sehen wir uns an – mit einem Mal putzmunter – und wissen, was das heißen kann.

„Wie ihr hören könnt, steht der ganze Nachschub still."

Ein Trupp meldet sich mit Gurten, Patronen und Handgranaten in Holzkisten.

„Die Schützen nehmen je zwei Granaten und zwei Ladestreifen mit Spezialmunition, das MG die SmK-Munition. Rasch greifen, Männer!"

Ich ziehe die normalen Patronen ab und ersetze sie durch Stahl-, Wolframkarbit und die sehr teuren Phosphorgeschoße. All das lässt auf Bunkerbekämpfung schließen.

„Mir nach!"

Im Laufschritt folgen wir in geringem Abstand querfeldein über duftende, feuchte Wiesen, klimpern, wahrscheinlich weit hörbar, rasch über ein Bachbett, durch seinen Galeriewald und warten auf das Zeichen des an einer Anhöhe sich in der Dunkelheit orientierenden Leutnants. Wir folgen ihm hinaus auf ein weites Feld und hören durch die Stille lautes Knacksen brennenden Holzes, oder in diesem Fall eher brennender Fahrzeuge, verschwinden in einem pechschwarzen Waldstück, durchschreiten es bis nahe an den Waldrand, wo die noch hellen Rauchwolken und die bereits erstickenden, nur noch spärlich lodernden Flammen von vier bekämpften Fahrzeugen – in circa 500 Metern Entfernung erkennbar – schauerlich schön vor schwarzem Hintergrund tanzen.

„Lage, Männer!", zischt der Leutnant schwer atmend. „Beschuss der Kolonne vor einer Stunde. Vier Fahrzeuge unbrauchbar, Fahrer vermutlich tot. Entscheidend: der wichtige Nachschub steht seit dieser Zeit völlig still. Beschuss erfolgte aus drei Bunkern auf der anderen Seite, die im Halbkreis von 100 bis 150 Metern zur Straße stehen und von versprengten Soldaten oder Zivilisten auf eigene Faust in der Nacht neu besetzt wurden. X-30 wirkt leichte Artillerie auf die Bunker 10 Minuten lang ein. Zeit genug für uns, an die Fahrzeuge zu gelangen. Ein Pioniertrupp wird zu uns stoßen und die Bunker dann mit uns schleifen. Vorbereitung gruppenweise. Unterführer, übernehmen Sie!"

„Jawohl, Herr Leutnant! 3. Gruppe mitkommen."

Wir ziehen die Ansammlung in die Breite.

„Also, Männer, wie in Döllersheim, alles einwickeln, was Geräusche macht. Los!", wirft Slidez uns Stofftücher für das klappernde Geschirr und den Spaten, sowie Säcke für die Handgranaten zu.

„MG-Trupp, bringt das MG dort am zweiten Fahrzeug in Stellung und sichert 12 Uhr den Hang, verstanden?"

„Jawohl!"

„Der Rest der Gruppe geht im Dunkeln hinter mir mit den Pionieren auf den mittleren Bunker zu. Links und rechts befinden sich zwei weitere, die schräg in das Gelände vor dem mittigen zeigen. Erst wenn die ausgeschaltet sind, sind wir dran, verstanden?"

„Jawohl, Herr Unterfeldwebel!"

„Ein's noch! Meyer nimmt eine `Geballte´ mit. Also, rasch greifen!"

Nachdem ich die sechs Handgranaten im Kreis mühsam miteinander verbunden und die geballte Ladung dann im Sack verstaut habe, liegen wir lautlos am Waldrand und versuchen, irgendetwas zu erkennen. Die Franzosen geben keinen Mucks von sich und verhalten sich vollkommen ruhig. Slidez wird laufend zum etwas nervösen Leutnant gerufen, um sich abzusprechen, als sich von hinten durch den Wald ein Trupp nähert.

„Oberfeldwebel Sandt meldet Pioniertrupp angetreten."

„Ausgezeichnet", sagt der Kommandant und erklärt ihm noch eilig die Lage, als die ersten Granaten über uns hinweg in Richtung der vermuteten Bunker krachen, dem Pfeifen und hellen Aufschlag nach zu urteilen, tatsächlich leichte und gegen dicken Beton machtlose Granaten, die rein der Ablenkung sowie Abschreckung dienen können.

„Männer! Vorwärts!"

Wir springen geduckt aus dem Wald den flinken Pionieren hinterher, die in drei Zweiertrupps ihre unheimliche Waffe möglichst nahe an die Bunker bringen müssen. Die Sicht ist auf wenige Meter beschränkt. Noch immer pfeifen vereinzelt Granaten auf das Feld, weshalb wir stoppen und einige Minuten hockend warten, bis auf einen Schlag wieder völlige Ruhe herrscht – einzig der schnelle Puls unter dem Helm pocht laut und wie verrückt, die Hände als Auswirkung des Pulses feucht werden lassend. Die erlischenden Flammen lassen das heiße Material noch einmal laut knacksen und hinter uns im Wald durchbricht gespenstisch ein Waldkauz die Stille.

„Weiter!"

So geduckt wie irgendmöglich, schleichen wir lautlos an die stinkenden Fahrzeuge heran und legen uns in den halben Meter tiefen Graben davor, während der Sepp wie befohlen am Vorderreifen die Sicherung übernimmt – feuerbereit, die Waffe im Anschlag – und der Berndl, nur leise hörbar, den Gurt in der Kiste dreht. Leicht angedeutet kann ich einen Schatten inmitten des Hanges ausmachen. Aber auch nur dann, wenn ich die Augen langsam von links nach rechts über den ganzen Hang gleiten lasse, fällt ein dunkler Schleier relativ mittig auf, der nicht zur übrigen Landschaft passt.

„Also, Männer! Links von uns geht's gleich los! Still halten, bis ich es sage. Verstanden?"

Neben uns, am hintersten Fahrzeug, richtet die Gruppe sich zum Sturm und ist im nächsten Moment weg. Sie quert, für uns unsichtbar, die Straße, als plötzlich gleißendes Licht für Sekunden die ganze

Umgebung in hellen Tag taucht. Sofort beginnt das MG neben uns gegen den Beton zu hämmern, aus allen drei Bunkern wird die entdeckte Gruppe unter Feuer genommen, die ersten Kameraden werden hart zu Boden gerissen. *Ein zweiter Strahl!* Auf diesen folgt ohrenbetäubendes, gellendes Geschrei, das sich in ein lautes Winseln wandelt, verstummt, und alle – Freund und Feind – entsetzt zurücklässt. Es fallen kaum mehr Schüsse, obwohl die Gruppe durch das brennende Gestrüpp gut sichtbar sein muss. Aus mittigem Bunker prasseln nochmals Kugeln auf die Straße und pfeifen unter den uns schützenden Wagen hindurch auf die Wiese hinter uns. In dieser Beleuchtung können wir die Kameraden regungslos am Boden liegen sehen, nur einer windet sich in seinem eigenen Blut – keine 10 Meter von uns – schreiend hin und her.
„Die hauen ab!", schreit jemand laut.
`Sepp!' rufend, stürmt Slidez nach vorne, dicht gefolgt vom Sepp, der keine Rücksicht auf den Rest des Trupps nimmt. Danach folgen wir in vollem Tempo den Hang am leeren Bunker vorbei hinauf bis zur Geländekante. Sofort schicken die Kommandanten Leuchtkugeln hoch.
„Da vorne!"
Und das MG hämmert los. Die Leuchtspurgeschoße zeigen uns, wie sein Feuer liegt. Alle feuern wir wie berauscht, bis jeder im hell beleuchteten Feld zu Boden gegangen ist.
„Super! Die haben wir, diese Halunken!", schreien wir die nun abfallende Anspannung heraus. *Allemal besser auf die Entfernung, als sie standrechtlich hier an Ort und Stelle erschießen zu müssen.*
„Alles klar, gut so, Männer. Das war's für heute. Um die kümmert sich wer anderer. Ihr untersucht den Bunker, aber Vorsicht vor Sprengfallen, dann treffen wir uns unten auf der Straße. Los!"
Der Sepp zieht das restliche Stück Gurt aus der Waffe – mit glühendem Lauf – und ich betrachte das weite, noch hell beleuchtete Feld mit den sechs Toten darauf. *Wer die wohl waren? Die sich einfach in Bunker setzen, ohne ausreichend Munition oder Verstärkung?* Es hat geheißen, dass die Franzosen sich auf eigenem Boden zäh verteidigen würden, aber sowas braucht tatsächlich Mut.
Ich habe lediglich zwei Mal abgedrückt, die kostbaren Phosphorgeschoße sparend. Der Sepp macht auf diese Entfernung bei dieser Sicht

alles platt.
„Kommt, geh'n wir!"
„Schaut her!", kommt Klaus mit zwei MGs aus dem engen Bunkereingang.
„Das sind doch…"
„Na klar, auch der Feind bezahlt echtes Geld, um mit denselben Waffen auf uns schießen zu können."
„Pecunia non olet!", weiß der Richi etwas wahrscheinlich Passendes.
„Ja ja, du mich auch!"
Wir gehen den Hang hinunter und sehen im Morgengrauen, wie die Fahrer und die fünf toten Soldaten über die großen, dunklen Flecken auf der Straße getragen und an deren Rand abgelegt werden. Drei weitere Kameraden werden von Sanitätern versorgt, umringt von den Kameraden der jeweiligen Gruppen.
„Die hat's schwer erwischt, stellt euch vor, wir wären als erste Gruppe ′raus."
„Das stell' ich mir lieber nicht vor."
„Die haben einfach Pech gehabt", fügt der Franzl nachdenklich hinzu.
Die Kommandanten stehen rauchend neben der Straße und grüßen abwechselnd die sich wieder bewegende Kolonne. Das ganze Gefecht hat keine fünf Minuten gedauert und war trotz der Möglichkeit, hier tot zu liegen, oder gerade deswegen, höllisch aufregend. Bis in die Haarspitzen standen alle sichtbar unter Strom, bis zum Ende oben am Hügel.
„Kameraden, jetzt hat die gesamte Gruppe ihre Feuertaufe bestanden. Gratuliere, Franz!"
„Danke!"
„Dabei wird es aber nicht bleiben."
„Mein Gott, unser Richi und seine Miesmacherei."
Noch immer brennen kleine Büsche neben dem hochragenden Bunker mit pechschwarzen Wänden, aus dem dieser Schrei sich unauslöschlich in mein Gehirn gebrannt hat. Die Verursacher aber unterhalten sich gemütlich und nur Gott weiß, warum sie keine Verluste zu beklagen haben.
„Aber die da sind komplett verrückt, was, Leute?"

„Kein Wunder, dass die den Totenkopf tragen", zeigt der Sepp – selten genug – aufrichtigen Respekt.

„Habt's das G'sind'l Leut' erwischt?", fragt einer der in schwarzen Uniformen stehenden Pionieren in lange nicht gehörtem Wienerisch.

„Ja, haben wir."

„Sehr gut. Wenn's wollt's, könnt's 'an Blick in den haßen Schuppen dort werfen, da hot wer die Hazung net aus'draht", lacht der ganze Trupp, als wäre das alles ein großer Spaß.

„II. Zug, antreten. Gute Arbeit, Männer! Das hätt' schlimmer kommen können. Leider sind fünf Kameraden unseres Zuges sowie vier Fahrer gefallen, die drei Verwundeten dort bis auf Weiteres außer Gefecht gesetzt. Die toten Kameraden werden gleich hier vor Ort bestattet. Im Anschluss daran sind wir zur Nachschubsicherung befohlen, zumindest bis in die nächste Ortschaft. Also, Augen offen halten. Die Division marschiert seit einer knappen Stunde und ist jetzt etwas südlich von hier. Also geben wir den Kameraden das letzte Geleit, wir haben nicht viel Zeit."

Rasch liegen die noch warmen, teilweise schwer durchlöcherten Körper in den kalten Hügeln, ihre Helme sitzen am senkrechten Stock des Birkenkreuzes, der Gruppenführer hält eine kurze Abschiedsrede, und dabei die Kennmarken, Soldbücher, Briefe und Fotografien in den Händen.

Alle sehen wir, wie verdammt schnell es einen ereilen kann, aber die beiden nur leicht Verwundeten starren unentwegt auf die Hügel und erwecken den Eindruck, jeden Moment loszuheulen. Der Leutnant selbst sagt noch ein paar Worte und bemerkt die schockierten beiden, weshalb er stoppt und Irrtümlicherweise annimmt, ein Lied könne die Situation entspannen. Noch nicht einmal eine Strophe war gesungen, da fällt einer der beiden kreidebleich um und wird von den Sanis weggetragen.

„So, das will reichen. 10 Minuten Pause, danach Abmarsch."

Der ganze Zug teilt sich in zwei Hälften. Die eine schreitet rechts und wir links der Kolonne – in 100 Metern Abstand zu ihr – weiter gen Westen. Ein schöner Tag meldet sich, durch die wenigen Wolken, bei Sonne und geringem Westwind an. Überall auf den Feldern – speziell an kleinen Baumreihen – nehme ich Bewegungen wahr, die sich auf den zweiten Blick als Täuschung herausstellen. Die seitlich ausgebreitete, sich bis weit in die Ferne schiebende Weite, zieht sich erneut auf ein enges Tal mit beidseitig bewaldeter Anhöhe zusammen. Einzelne Häuser stehen am Rand des vollgestopften Weges. Bevor noch die staubige Straße nach rechts über einen Hügel wieder aus dem Tal führt, wird unser Zug zusammengezogen.

„Männer! Das Dorf dort unten ist unser Ziel. Aufklärer haben von nächtlichen Aktivitäten berichtet, aber das muss nicht heißen, dass dort Freischärler ihr Unwesen treiben. Vermutlich sind in den Häusern, wenn überhaupt, nur Frauen und Kinder, also ruhig vorgehen. Zwei Paks sichern die Zugänge vor Überraschungen, die Pioniere bleiben vor dem Dorf liegen", traut selbst der Leutnant denen nicht, die sich nun enttäuscht, aber kommentarlos wegdrehen.

„Es kommt in Kürze ein Dolmetscher, der das Gespräch führt. Falls es keine Anzeichen irgendwelcher krummer Dinge gibt, belassen wir es beim Dolmetsch, ein paar Mahnungen auszusprechen, betreten kein Haus und ziehen ab, verstanden?"

„Jawohl, Herr Leutnant!"

„Auch die mir unterstellten Pioniere?"

„Jawohl, Herr Leutnant!"

„Ah, einen Anwärter bekommen wir! Auf die ´Theresianische´ gehen Sie, Fähnrich? Sehr gut geführt. Haben Sie Generalmayor Rommel noch als Befehlshaber erleben dürfen?"

„Das habe ich, Herr Leutnant!"

„Sehr gut! Sie sprechen also Französisch?"

„Jawohl."

„Also dann, wir rücken vor."

Ein nicht einmal 20 Jahre junger Anwärter schreitet stolz neben dem Leutnant her und wir entfernen uns von der Straße, setzen einen Hang hinunter, hin zu einem Viadukt in etwa der Größe dessen von Treysa. Die Sockel des gemauerten, alten, zweistöckigen Bauwerks liegen unterhalb des Dorfes, das aus circa 30 Häusern besteht, die aber von hier aus sehr gut eingesehen werden können.

Etwa zehn Minuten achten wir auf mögliche Bewegungen und suchen nach Zeichen von Leben, was durch frisch gemähtes Gras rund um eines der lose, seitlich stehenden Häuser angenommen werden kann.
„Hörst du", rempel ich den neben mir liegenden Klaus an, „der kleine Vogel da, wie komisch der singt?"
„Du meine Güte, ja stimmt! Also ja, das ist nicht zu beschreiben."
„Als würden tausende Tropfen rasch auf einen Teppich fallen", kichern wir leise.
„Die 1. und 2. Gruppe umgeht das Dorf rechts, die 3. Gruppe kommt mit uns direkt auf das Dorf zu, Gruppen 4 und 5 kommen von links. Denkt d'ran, die Nerven behalten. Niemand schießt, wenn nicht unbedingt notwendig."

„Da, sie kommen!"
„Seid still! Scht!"
Wir Frauen – viele mit den Kindern fest an den Händen – beobachten die am Viadukt liegenden Soldaten. Anscheinend suchen sie etwas oder jemanden, denn seit vorgestern lärmen unentwegt deutsche Fahrzeuge über die weiter oben vorbeiführende Straße und bislang hat sich noch niemand für unser Dorf interessiert. Ungefähr die Hälfte der dorfansäßigen Frauen hat sich im I. Stock des südlichsten Gebäudes zusammengefunden. Die Hälfte deshalb, weil die ältesten Frauen nicht mehr aus ihren Häusern können und einige junge es nach dem raschen Heranströmen der Soldaten nicht mehr gewagt hatten, ihre Häuser zu verlassen. Wir alle, in diesem als Dorfschule genutzten, aus der Häuserreihe herausragenden Gebäude, stehen leise im Halbdunkel an den zugezogenen Gardinen und sehen hinüber zu den sich scheinbar besprechenden Deutschen.
„Was machen wir jetzt?"
„Gar nichts, wir warten!"
Wie bei jeder Ansammlung von Menschen der Fall, gibt es auch unter dieser, jene, die einzig das Schlimmste befürchten, dann jene, die hin- und hergerissen sind zwischen den Befürchtungen eben ersterer und der unerklärlichen Angstlust derer, die neugierig am Fenster stehen und letztlich noch jene – und hier bin das leider nur ich – die das Dorf am liebsten, und sei es mit Waffengewalt, verteidigen wollen, und falls dies aussichtslos, dann eben mit den Waffen einer Frau.
„Sie kommen ins Dorf!"
„Falls sie in das Gebäude kommen, sind wir einfach nur nett zu ihnen!"
„Du willst sie hier herein lassen?", bin ich fassungslos.
„Ja, warum nicht? Wir haben doch nichts zu verbergen!"
„Ich kenne das. Die Soldaten suchen herum und wollen ihren Spaß, da kommt eines zum nächsten. Nein, wir lenken sie noch vor dem Haus ab!", schlage ich in Kämpferlaune und in der Mitte des Raumes stehend vor, während erneut gemeldet wird, dass sie kommen.
„Denkt daran, das sind alles nur Männer, einsame Männer!"
„Sie teilen sich auf!"
„Na klar. Damit niemand ungesehen flüchten kann. Carmen, lauf'

hinunter und hol' Käse, und nimm eine Flasche Wein mit. Wenn sie die Gasse hoch kommen, öffne ich die Tür und reiche ihnen das", nehme ich das Zepter in die Hand.
„Willst du wirklich das Haus verlassen? Die sollen doch ruhig alles durchsuchen, wir verbergen doch nichts."
„Wenn du in deinem Haus Deutsche haben willst, bitte. Ich will ihnen nicht zusehen, wie sie meine Unterwäsche durchsuchen und grinsend beteuern, dass sie das eben müssten", hat sich jeder weitere Kommentar erübrigt, nicht unbedingt der Worte, wohl eher meines klaren Tones wegen. Denn wie immer hören die anderen auf mich, im harten Alltag oder in Ausnahmefällen wie diesen.
„Ihr drei bleibt mit den Kindern hier oben, wir gehen in das Erdgeschoß und warten hinter der Tür." Es liegt auf der Hand, die ängstlichen oben zu belassen, alle anderen folgen mir nach unten – einen Deutschen aus der Nähe zu sehen, ist, wenn auch nicht der sehnlichste Wunsch, dann doch eine nie gekannte Gelegenheit.
„Sie sind schon am Haus. Zwei von ihnen biegen in unsere Gasse ein", meldet Eva, die als einzige an einem ostwärtigen Fenster steht, sachlich und nur im großen Klassenraum hörbar, bewegt sich anschließend auf leisen Sohlen zu uns am Hauptportal wartenden Frauen – alle hinter mich mit gezückter Käseplatte und Flasche Wein, gedrängt.
„Oh là là! Der ist aber ein `Hubscher´! Sagt man das so auf deutsch, `hubsch´?"
„Ach was. Er ist Deutscher, der Feind!"
Dennoch packt alle die Neugierde und wir beobachten die beiden langsam Näherkommenden, die nervös alle Fenster auf mögliche Gefahren hin absuchen, dabei die ihnen geltenden Blicke scheinbar spüren, nur nicht wissend, woher, und vermutlich entscheidender, von wem. Das wird auch der Grund sein, warum einer ausgerechnet in den schräg gegenüberliegenden Stall verschwindet, was uns alle erheitert. Der zweite und überaus ansehnliche, inzwischen auf drei Meter herangekommen, wittert richtigerweise die Gefahr hinter unserem Portal, macht einen Schritt nach hinten, um besser die oberen Fenster einsehen zu können, nimmt die Waffe hoch, schreit etwas auf Deutsch zu seinem Kameraden und geht vorsichtig auf das Portal zu. Ich war immer

schon der Meinung, und damit entgegen der militärischen Ansicht Frankreichs, Angriff gehe vor Verteidigung und öffne langsam das Tor, was den Soldaten veranlasst, wie angewurzelt stehen zu bleiben.
„Bonjour, Monsieur!"
„Bonschur", versucht sich dieser mehr schlecht als recht im Französischen.
„Puis je vous offrir quelque chose?"
„Was?"
„Kase, Wein?", krame ich meine Deutschkenntnisse hervor, hebe das Tablett an und mache einen weiteren Schritt auf diesen Feschak zu, dessen Uniform von der Brust bis zu den Knien mit hellbrauner Felderde beschmiert ist, was wohl gerade auch ihm auffällt, da er sich mit dem linken Arm abzuwischen beginnt, als würde er sich schämen. Er sieht vergewissernd nochmals auf das Portal, stellt das Gewehr auf den Boden und nimmt mit schmutzigen Händen ein Stück Weichkäse von meinem Teller.
„Danke!"
„De rien!", wird mir der gutaussehende Soldat fast ein wenig sympathisch – wenn ich das auch niemals vor den anderen zugeben würde.
„Franz", schreit der andere, sich wieder in der Gasse Befindliche, „Franz, was machst du da?"
„Komm her, Klaus, hier gibt's Käse, das hast' noch nicht g'sehen! Und sogar Wein!"
„Wir sollen doch nichts annehmen, schon gar nicht von hübschen Fräuleins!"
Ich muss laut lachen und auch dieser Franz lacht, den anderen dabei ansehend.
„Was ist, was habt's denn?"
„Hast' Milch 'trunken, was?"
„Ach", wischt der sein Gesicht ab und nimmt, den Franz prüfend ansehend, ebenfalls vom Käse, aber nur vom bereits getesteten.
„Soldaten!", kommt jetzt ein ganzer Trupp die Gasse hoch.
„Ja, Herr Leutnant!"
„Nichts annehmen! Auch wenn die Dame noch so hübsch ist."
„Jawohl, Herr Leutnant!"

„Endlich finden wir jemanden. Fähnrich, übersetzen Sie: Guten Tag, Madame. Wo sind die Männer dieses Dorfes?"
Ich erkläre dem blutjungen Dolmetscher, dass die irgendwo gegen die Besatzer kämpfen, was er dem Lieutenant übersetzt.
„Sehr humorvoll" findet der Lieutenant wohl gefallen an meinem Sarkasmus.
„Sind in einem der Gebäude Männer, bewaffnete Männer?"
„Non", gebe ich die zu erwartende Antwort.
„Fragen Sie, ob sie etwas über nächtliche Aktivitäten weiß?"
„Non."
Gut, ich glaube ihr. Hinter der Tür steht jemand. Ich will die Person sehen."
„Carmen, Eva, Martha, Isabel, kommt heraus! Die wollen eure Schönheit bewundern!", rufe ich hinein, was den jungen Übersetzer das Gesicht verziehen lässt.
„Fragen Sie, ob das alle im Dorf sind."
„Nein", übersetzt er, während alle die herausströmenden Frauen beobachten. Ich sage ihm, dass da oben noch drei bei den Kindern sind und vereinzelt in den Häusern noch ganz alte Frauen, was er auch weiterleitet.
„Feldwebel Gattner, Ihre Gruppe überprüft den I. Stock!"
„Jawohl, Herr Leutnant!"
Die restlichen Soldaten stieren schon die ganze Zeit auf die Weinflasche in meiner Hand, als hätten sie noch nie Chardonnay gesehen, doch keiner greift zu – die müssen ziemlich Respekt vor ihrem Lieutenant haben.
„Alles klar, Herr Leutnant. Es stimmt, was sie gesagt hat."
„Gut. Fähnrich, sagen Sie ihr, wir rücken jetzt ab. Wenn nochmals von nächtlichen Aktivitäten trotz Ausgangssperre berichtet wird, wird die SS das übernehmen, mit viel weniger Geduld und Humor!", schaut er mich in einer Art an, die keine Zweifel aufkommen lässt.
„Ja, das hat sie verstanden."
„Noch ´was, dort hinten am Friedhof liegt ein Sarg neben seinem offenen Grab. Sollen wir begraben helfen?"
„Qui", bin ich von seiner Hilfsbereitschaft verblüfft.

„Ja, sagt sie, das wäre sogar sehr nett!"
„Gut. Unterfeldwebel Slidez, Sie hissen die Reichsflagge auf diesem Gebäude. Feldwebel Mitter, Sie geben den Pionieren Bescheid, dass wir abrücken, wir treffen uns vorne am Friedhof bei der Kirche", sehe ich den Soldaten nach, wie sie gut organisiert ihre Pflicht erfüllen und frage mich, was sie eigentlich von unseren Männern unterscheidet.

Hinter dem Gruppenführer verschwinden wir durch das große Portal, durchschreiten ein mit kleinen Bankreihen vollgestelltes Klassenzimmer, folgen einer breiten, aus winzigen Stufen bestehenden Holzstiege in den I. Stock, wo eine kleine Gruppe Frauen ängstlich im Eck kauert und gelangen über eine weitere, für Erwachsene gebaute Stiege auf den stickigen Dachboden, wo wir die vom Leutnant erhaltene Flagge unverzüglich am dortigen Mastdraht anbringen.

„Der Leutnant war schon besser gelaunt", behauptet Klaus, ein Ende des gefärbten Stoffes in Händen haltend.

„Kein Wunder, nach dem was die Pioniere veranstaltet haben", zieht Slidez die Fahne am dünnen Drahtseil Ruck für Ruck nach oben.

„Mit ihrem ersten Feuerstoß in die Botanik haben sie alles hell ausgeleuchtet. Wenn der sofort gesessen hätt', wären die Freischärler gleich davongerannt und wahrscheinlich keiner von uns d'raufgegangen. Aber ich glaub' am meisten stört den Leutnant", hält er kurz inne und blickt am Holzmast sich vergewissernd hoch, „dass sie so tun, als hätten sie alles richtig gemacht. Ich wäre ebenfalls stinksauer, wenn durch eine Schlamperei anderer die Hälfte meiner Gruppe unter die Erde käm'. So, fertig."

Laut trampeln wir wieder durch das Gebäude hinunter. Als Letzter sehe ich die noch immer an der gleichen Stelle sitzenden Frauen, im Arm die Kinder, die weniger Furcht als ihre Beschützerinnen zeigen, und denke an das soeben Gehörte. *Der Slidez hat sich vom Vorgesetzten zum Kameraden gewandelt. Er merkt, dass er von allen – auch vom Sepp – respektiert wird, und nicht nur muss er sich auf uns verlassen können, auch – so hat es den Anschein – braucht selbst er jemanden zum Zuhören.*

„Aurewoa!", klopft der Leutnant auf der Straße der hübschen Französin auf die Schulter, die noch immer die herrliche Käseplatte vor ihrem schlanken Körper hält und mir durch kurzes Anheben dieser noch ein Stück anbietet, was ich ungern ablehne. Für einen Moment habe ich vorhin vergessen warum ich hier bin, in diesem Dorf, sogar warum in dem doch so fernen Frankreich. So eine volle Käseplatte jedenfalls habe ich niemals noch gesehen, die scheinen wirklich zu wissen, wie es sich lebt, die Franzosen.

In nördliche Richtung verlassen wir die uns erleichtert nachblickenden Frauen und ziehen hinaus aus dem Dorf auf die umliegenden Wiesen, weit unterhalb der dennoch gut sicht- und hörbaren Straße.
„Ich möcht' zu gern wissen, was die Weiber g'rad eben von uns denken!"
„Naja, Sepp, nur das Beste halt."
„Sehr witzig. Die hätten uns am liebsten hinterrucks abgemurkst, sag' ich euch."
„Dieser Käse war jedenfalls fabelhaft, nicht wahr, Klaus? Und das Fräulein ganz nett, bevor ihr dahergestürmt seid."
„Ja, richtig, eine Französin wie man sie sich vorstellt, die hätt' ich zugern…. Naja, aber dieser Käse! Zwei davon waren extra mit richtigen Glaskuppen einzeln abgedeckt. Sowas, diese Franzosen."

Wir schreiten in gleichbleibendem Abstand zur Straße und direkt gefolgt von den geächteten Pionieren weiter, vorbei an einem wiederum kleinen Dorf, müssen uns kräftezehrend durch ein dichtes Waldstück mit kreuz und quer fließendem Bach schlängeln und nehmen eine weitere Anhöhe, was die Kraftreserven stark beansprucht, wie an der einsetzenden Stille innerhalb der Truppe bemerkbar wird. Keiner sagt mehr etwas. Ich spüre die Müdigkeit der letzten Tage meine Stiefel erschweren, die Strapazen geleisteter Kilometer, den aufgenommen Kampf, der völlig überraschend alle in höchste Leistungsbereitschaft zwang und der wiederum diesen Schrei zu meinem Begleiter machte. Weiter, Schritt um Schritt, durch enge Täler und über offene Landschaften stolpern wir friedlich vorwärts, als müssten wir den Grund unseres Marschierens erst noch finden, oder von den Vorgesetzten gesagt bekommen, ähnlich wie letzte Weihnacht in Treysa, die mir schon Jahre zurückliegend vorkommt. *Wie lange meine Vali schon zuhause alleine wartet, untätig einer Nachricht von mir entgegenfiebernd, und hoffentlich sich noch mit meinem Bild am Nachttischchen begnügt.* Meine gestern nicht mehr in Schwung versetzte teure Uhr am Handgelenk steht seit heute genau 11:23 Uhr regungslos, mit allen Zeigern still.
Wieder setzt plötzlich der unvermittelte feine Regen ein, den wir diesmal anteilslos, ohne Kommentar über uns ergehen lassen, die dabei

scheinende Sonne und der angenehme Wind beginnen uns gleich wieder zu trocknen. Eher auf allen Vieren, als aufrecht steigen wir auf eine weitere Anhöhe und sehen weit hinten am Horizont eine imposante riesige Festung.

„Was ist denn das?"

Die enorme Festung – abschreckend und irgendwie faszinierend zugleich – steht auf der nächsten Erhebung, am Beginn der hinter ihr einsetzenden Weite. So ein wuchtiges Bollwerk von solchem Ausmaß habe ich mit Sicherheit noch nie gesehen.

„Das, meine Herren, ist die berühmte und noch von Napoleon ausgebaute Zitadelle von Montmédy. Im Weltkrieg hart von unseren Vätern umkämpft, jetzt, wie ihr sehen könnt, wehen bereits unsere Fahnen darauf."

Tatsächlich ist alles rings um die Festung, soweit von hier aus ersichtlich, friedlich. Durch die am Fuße des Hanges liegende Ortschaft zieht die Nachschubkolonne hindurch und dann weiter, über eine erneut folgende Anhöhe.

„Seht, dort am seitlichen Hang der Zitadelle liegt das Gefängnis, in dem mein Vater gesessen hat. Ganze 3 Jahre. Und daneben liegt bereits die Division, dort erwartet euch die willkommene Rast."

Immer näher rücken wir an die schwarze Festung heran, ein Bollwerk erheblicher Breite, nicht jedoch Höhe. Dadurch wächst es von seinem steilen Hang aus nicht ständig höher in den Himmel, je näher wir auch kommen.

Unsere letzten Reserven bringen uns an das Tagesziel. Der Leutnant meldet den Zug dem Bataillonskommandanten als angetreten und wir dürfen uns endlich setzen, grad' so in die Wiese, die Festung, von hier – der französischen Seite aus gesehen mit kleinen Häusern darin – betrachtend.

„Muss ein tolles Gefühl sein, dagegen anzurennen, was?"

„Daran haben sich unsere Väter die Zähne ausgebissen."

„Ja", meint Berndl, „immer und immer wieder ist mein Vater den rutschigen Hang über tote Kameraden hoch, hat er mir erzählt, nichts war zu holen, damals."

„Wenn die hören, dass sie diesmal fast kampflos in unsere Hände gefallen ist. Naja, die Kriegsführung hat sich stark geändert."

Tage später, nachdem wir – wieder dem Tross eingegliedert – Montmédy verlassen haben und fernab der mir vertraut gewordenen Nachschubstraße marschiert sind, weiter und tiefer ins Feindesland hinein, bei dürftiger Verpflegung eine kaum zu bewältigende Marschleistung Tag für Tag hingelegt haben, ohne weiteren Feindkontakt zwar, aber ich mit einem schmerzhaften 'Wolf' – einer beidseitigen Wundscheuerung im Schritt – der das Vorwärtsbewegen eines jeden Beines nur unter brennenden Schmerzen erlaubt, erreichen wir in meiner höchsten Not die Stadt Sedun. Hundemüde, mit zusammengebissenen Zähnen für die letzte Etappe hinein in die Stadt, lassen wir einen kleinen Vorort hinter uns, in dem vereinzelte Männer uns verächtlich zusehen, wie wir – 'der Feind' – in ihre Stadt so zahlreich einfallen, queren einen Fluss – bei einsetzendem Regen und schon mattem Tageslicht – und können die berühmte Festung etwas im Hintergrund und dadurch weniger bedrohlich, aber schon mit breiten Reichskriegsflaggen darauf, sehen. Aufgeteilt in Kompanien schreiten wir durch die verwinkelte Stadt mit ihren engen Gassen und sich eng aneinanderreihenden, schmalen Häusern, von denen jedes über zierliche und dennoch hohe weiße Fensterläden verfügt, die ausnahmslos alle, bis hin zu unserem Quartier, fest verschlossen sind. Wir beziehen doch tatsächlich ein Hotel gleich unterhalb der Festung, reinigen in den Zimmern Gerät und Ausrüstung und legen uns – seit Tagen zum ersten Mal – auf ein Bett.
„Alle Soldaten zum duschen!"
„Darauf könnt' ich gern' verzichten!"
Wir kriechen abgekämpft aus den Betten, nehmen die Waschbeutel und folgen dem Chargen – oder wem auch immer – hinunter in den zuerst dunklen Keller und dann in den grell erleuchteten Duschraum.
„Seid doch froh, dass ihr euch endlich waschen könnt! Wie ihr stinkt", dreht er alle Wasserhähne voll auf, „ein wenig müsst's noch warten."
Die Unterwäsche stinkt tatsächlich entsetzlich nach Schweiß und Urinrückständen und weist überall weiße Salzränder auf.
Unter lautem Johlen werden wir wieder zu Menschen. Das lauwarme klare Wasser perlt erfrischend den Körper hinab, nimmt Staub und

Schweiß dabei mit und da wo Wasser allein nicht reicht, hilft Seife, etwaige Staub und Dreckkrusten entfernen.
„Ordentlich waschen, Männer, morgen geht's weiter!", kümmert sich sogar der Hauptmann persönlich um die Körperpflege und zeigt sich selber wieder sehr gepflegt.
„Jawohl, Herr Hauptmann!"
„Na, Hannes, hast' ein wenig abg'nommen", klopft Klaus ihm dabei auf den noch leicht schwabbelnden Bauch, alle Duschenden lachen vor Glück, die noch wartenden vor Freude darauf.
„Habt ihr auch so einen Wolf, seht 'mal her", zeige ich den anderen die hellroten Innenseiten meiner Oberschenkel."
„Mensch, geh' da gleich zum Sani, gut dass das die Vali nicht sehen muss", lacht die Gruppe laut.
„Aber ernsthaft. Geh' zum Sani, da kannst' sonst morgen keinen Schritt mehr tun." Alleine das Überstreifen der neuen Unterhose schmerzt höllisch und erst der auf dem Weg zur Sanitätseinheit reibende Ziehgummi; trotz schlechten Gewissens der Kleinigkeit wegen, gehe ich zu ihm.
„Nummer 14", nimmt ein älterer Sanitätsgefreiter die Metalldose und setzt sich auf den Stuhl vor mir, „du bist der vierzehnte heut', der vom Wolf gebissen wurde, zieh' die Hose aus. So, dieser `Stupp´ wird… ja, wird ein wenig brennen, aber morgen siehst' nix mehr."
Ein paar Mal – als würde er mein Geschlecht würzen – staubt er die roten Stellen so lange ein, bis sie vollständig bedeckt sind.
„So, Kamerad, schöne Träume."
„Danke."
Endlich kann ich die Uhr in einem bequemen, aber unbeleuchteten Schlafgemach liegend in Ruhe aufziehen. Zum ersten Mal seit langem – oder überhaupt, so genau will ich das gar nicht wissen – schleicht sich der verbotene Genuss mit Anna in die Gedanken; mit ganzer Anstrengung konzentriere ich sie jedoch auf Valeria, die sehr fern und dadurch schwer fassbar in meinem Kopf zu finden ist. Einer abgeliebten Freundin ähnlich, an die man sich – allerdings nur in den schönsten Momenten – lange noch erinnert, bis einem irgendwann sogar der Name verloren geht. *Die Bilder von ihr habe ich, heute Mittag betrachtet,*

erschreckend fremd gefunden; kaum noch fand ich Spuren von Vertrautheit, das offene Lächeln auf dem neuen – etwas verhaltener gegenüber dem alten – wirkte heute erstmalig distanziert und keineswegs so, als würde sie neben mir stehen, fahre ich nachdenklich mit den Fingern noch lange über den neuen Kratzer im Glas meiner Uhr.

Mit dem Rücken zur Festungs – vermutlich – vorderseite stehen wir an diesem 18. Mai bei warmem, einen heißen Tag ankündigenden Wetter angetreten.
„Guten Morgen, Soldaten!"
„Guten Morgen, Herr Hauptmann!"
„Ich hoffe, ihr habt gut geschlafen in diesem erstklassigen Hotel?"
„Jawohl, Herr Hauptmann!"
„Männer", sieht er uns stolz, und wie gewohnt mit beiden Händen am Rücken verschränkt, an.
„Die gezeigte Marschleistung erfüllt mich, und wie ich gestern erfahren durfte, ebenso Generalmajor Veith, mit Stolz und ich will euch hier meinen größten Respekt aussprechen. Ganz besonders freut mich das rasche und wirksame Vorgehen des II. Zuges gegen einige Individuen, die sich fern jedes Soldatentums entschlossen haben, uns hinterlistig anzugreifen. Wenn dabei auch meiner Kompanie Verluste entstanden sind, die mich härter treffen, als jeden einzelnen von euch, mit Sicherheit. Aber wir Lebenden müssen nach vorne schauen, und ich kann euch nur sagen, dass unsere Armee von Sieg zu Sieg eilt, allen voran die Panzertruppen. Bevor wir uns ein französisches Frühstück einverleiben, welches ich persönlich trotz aller Umstände eingefordert habe, folgendes: Laut OKW sind wir seit gestern erneut der 12. Armee unter Generalleutnant von Kleist unterstellt, und werden südlich von Sedun zur Verteidigung abkommandiert. Um Punkt 11:00 Uhr stehen wir hier zum Abmarsch bereit. Noch etwas: die Festung direkt hinter euch konnte im Weltkrieg von unseren Vätern nicht und nicht eingenommen werden, genau wie Montmédy", schwingt sein ganzer Stolz jetzt deutlich mit, „Zum Frühstück abgetreten!"

Aufgeregt stürmen wir die Straße hinunter, zurück in das Hotel mit riesigem Speisesaal und einer Handvoll auf uns wartender Kellner. Das Buffet – im Mittelgang aufgereiht – ist überreich an verschiedensten Käsesorten, unterschiedlichen Wurstsorten, darunter ein in zartrosa getauchter und hauchdünn geschnittener Schinken, der ausgerechnet von Obst prächtig verziert wird. Aus vollen Kannen duftet herrlich der Kaffee, neben dem die berühmten Brötchen – lange Stangen – teilweise aufgeschnitten, teilweise nur halbiert, in geflochtenen Körben liegen. Dieser Anblick versetzt alle in wortloses Staunen; die, die in Sekundenschnelle den Raum gestürmt haben, wissen jetzt nicht weiter, stehen vor der unlösbaren Aufgabe, welche der glänzenden Zangen für was zu nutzen, ob das Obst gemeinsam mit dem Käse zu essen ist, bis es den einfachsten Gemütern zu bunt wird und sie beginnen, mit den Fingern alles aus diesem Buffet, ein vielfaches reicher als unseres zu Silvester, zusammenzuklauben und sich mit den Tellern beleidigt auf die verschwenderischen Franzosen an einen Tisch setzen. Die Kellner, alle vier Franzosen und wahrscheinlich nicht ohne Grund ausschließlich Männer, sehen wortlos den einfallenden Barbaren dabei zu, wie die jetzt auch noch ihr Essen entweihen.

„Also jetzt weiß ich", schreit einer laut, „warum die Franzosen nicht gewinnen können. Bei so einem Essen, wer denkt denn da ans Kämpfen", stopfen wir, obwohl genug Zeit vorhanden wäre, das Essen wie gewohnt hinunter. Von den Kellnern wird in überraschender Betriebsamkeit nicht nur nachgeschenkt und Brot angeboten, sondern auch stolz lächelnd der Käse – und dies ungefragt – auf unseren Tellern verteilt, eine aufdringliche, uns unbekannte Art, die wegen dem einen oder anderen, der darüber verdutzt auf seinen Teller blickt, gemeinsam Freund und Feind lachen lässt. Wir sind uns nicht sicher, warum, aber jeder von uns will den Männern, die doch unsere Feinde sind, die Hand schütteln, kurz vor dem Verlassen des Hotels.

Draußen aus der Stadt, wiedervereint im gesamten Verband und endlich mit vollem Magen, marschieren wir erneut quer durch die schier endlose Landschaft, die staubtrocken und verlassen bei Windstille in der brennenden Sonne vor uns liegt.

„Also, der Sonne nach bewegen wir uns nach Norden!"
„Vielleicht ist das die Marschroute."
„Beschwer' dich beim Kommandeur, Richi!", lachen alle.
„Tja, wer weiß. Auf jeden Fall gehen wir nicht südwärts."
„Aber das Frühstück, das war Spitze, was?"
„Und viel, ich muss scheißen."
„Hahaha", lachen alle.
„Die Kellner waren die bisher nettesten Feinde, das muss gesagt sein."
„Was? Und die Weiber, komm schon, die waren doch mindestens genauso nett, und obendrein hübsch!"

In aufziehender Dämmerung – nach geschätzt weiteren 30 Kilometern – fängt diese verdammte Unterhose in der linken Leistengegend erneut zu scheuern an, und wir können, noch ein paar Kilometer später, die ersten Geschützdonner auf französischem Boden durch die Nacht hören. In einer für uns noch ungefährlichen Entfernung sehen wir eine Vielzahl kleiner Blitze am Horizont, etwas abseits unserer Marschrichtung. Die zwei Stunden Rast hindurch versuchen wir mehr über Geschütz und Bedienung herauszufinden, was allerdings auf diese Distanz für uns unmöglich bleibt, nur das dumpfe Abfeuern kann bei genauem Hinhören vom schellenden Knall einschlagender, wütend wo gegenhauender und sich zerteilender Projektile unterschieden werden. Teilweise zucken zwanzig Blitze gleichzeitig hinauf in den Himmel, dann nur ein paar, dann ist wieder, wie in einem Konzert, minutenlang Ruhe. Von der Ferne betrachtet, zeigen die Blitze und Donner ein wundervolles Schauspiel, nur, wer damit beschossen wird, der bangt um sein Leben. Mit einsetzendem Wind, der den wunderbaren Grasgeruch intensiver durch die Nacht befördert, müssen wir weiter, hinein in die Nacht, mit hellen Blitzen im Hintergrund und direkt gegen böig werdenden Wind ankämpfend, als fühle sich jemand dort oben herausgefordert. Ein kurzes, aber kräftiges Gewitter entlädt sich genau über uns, wird vom Wind unter lautem Donner jedoch schnell weitergeblasen; den Sinn einer Abkühlung zum falschen Zeitpunkt hat es trotzdem erreicht, gut, dass es nicht sonderlich kalt ist.
So marschieren wir noch weitere zwei Tage und das zeitweilig heftige

Grollen aus den Geschützrohren wird zunächst täglich, dann sogar Stunde um Stunde deutlich lauter. Bei Tagesanbruch des 23. Mais, befinden wir uns – durch Schilder darauf hingewiesen – mit schlotternden Knien in Reichweite feindlicher Artillerie auf einem breiten, schnurgeraden Wiesenweg, im Rückraum der vor Ort hinter einer winzigen Anhöhe liegenden Verbände verlaufend, die durch Bäume nach Süden vor Feindsicht mäßig geschützt sind. So weit das Auge reicht sieht man Soldaten, die in aller Hektik Stellungen ausheben, Geschütze abprotzen oder Material von da nach dort transportieren, während aus den hinteren Bereichen zu unserer Rechten weitere Großverbände über die Weite, auf diese breite Marschstraße ziehen, an deren Seiten sich tiefe Krater, aus dem Weg geschobene zerschossene Fuhrwerke und liegengebliebene Fahrzeuge neben vereinzelten Gräbern befinden. Vor einer Stunde, um 11 Uhr, hatten wir alle die verflucht heißen Helme aufzusetzen und nun horchen ihre Träger gespannt – die meisten so wie ich mit schweißnassem Gesicht – um nur ja nicht das Pfeifen herannahender Granaten zu überhören, denn an aufrecht stehenden Soldaten wirken sich die Splitter verheerend aus. Alle blicken ständig nach Süden, obwohl die Bäume und Kameraden alle Sicht verdecken; geduckt gehen wir weiter den Weg entlang, in der Hoffnung, ein eingezogener Kopf bliebe erhalten. Bereits 40 Minuten befinden wir uns schon in Reichweite des Feindes, aber es herrscht Ruhe; aufgestellte Schilder verweisen alle 100 Meter auf die Gefahr von oben, oder darauf, was zu unternehmen sei im Falle eines Treffers – was allerdings etwas Komisches an sich hat, *denn wie soll man dann noch Platz schaffen?* Eigentlich, so meine Vorstellung, die 3. Division entlangschreitend, liegen wir, wenn auch hinter knapper Geländekante und Bäumen sichtgeschützt, dennoch Division für Division wie auf dem Präsentierteller aufgereiht. Die 3. Division versucht vorsichtig, ihre dürftige Tarnung zu verbessern und Stellungen im Liegen zu vertiefen, sowie die dicken Baumstämme gegen die gefürchteten Splitter abzudichten. Die in den letzten Tagen ständig hörbare Artillerie ist heute gänzlich verstummt. Das 133. Regiment, unsere Division anführend, verlässt gleich am Ende der 3. Division, die sich zusammenziehen muss, um Platz für uns zu schaffen, die Marschstraße in Richtung der Geländekante.

Wir marschieren einfach an ihnen vorbei, als ob wir in Döllersheim in einem Manöver von Platzpatronen beschossen würden, es fehlte zur absoluten Albernheit nur mehr die spielende Regimentsmusik, doch hier bleibt einzig der von uns selbst verursachte Lärm zu hören. Die Hektik der 3. Division wird augenblicklich auf das 133er übertragen, das sofort nach vorne in Stellung geht und mit deren Ausbau beginnt. Dem Franzosen muss der gesamte Aufmarsch, alleine des Lärmes und Staubes wegen klar sein, nur macht er bislang keine Anstalten, ihn zu unterbinden. Die 134. verlässt die Straße und danach – ganz am Ende unserer Division, und damit als Verbindung zum nächsten, bereits liegenden Verband – kriechen wir an die knapp einen halben Meter hohe Geländekante heran.

Zug für Zug liegen wir an der hier sehr losen Baumreihe, teils im Schatten der Bäume, teils in der prallen Sonne, und direkt neben uns rollen die Bedienungen vierer Paks nahe an die Bäume heran und richten sie ein, höchstwahrscheinlich auf die ersten Baumreihen am Fluss. Mit dem Spaten versuchen wir, den Erdhügel zu befestigen, vor allem für den Fall, dass es stark zu regnen beginnen sollte. Die schweren Baumstämme vor uns könnten nur von vorne abgedichtet werden und das wiederum nur im Schutze der Nacht. Alle Augen sind auf das weite Feld vor uns gerichtet, während hinter uns, um den Divisionsgefechtsstand, alles mögliche herumfährt oder -läuft.

„Können Sie irgend'was sehen, Herr Unterfeldwebel?", fragt der Sepp, mit seinem MG in der Stellung noch nicht feuerbereit liegend, unseren Gruppenführer neben ihm, der seit einigen Minuten bereits durch sein Fernglas starrt, es auf die Frage hin absetzt und sich mittig hinter die Gruppe hockt.

„So wie es aussieht, liegt circa 500 Meter entfernt vor uns ein Fluss, das wird die Aisne sein. Zu beiden Seiten der Aisne stehen hohe Bäume, die die Sicht nach hinten verdecken, somit kann ich nur eine stark ansteigende Geländekante weiter hinten erkennen, auf der immer wieder Ferngläser in der Sonne aufblitzen. Wir werden uns vorerst weiter besser tarnen und auf die Dunkelheit warten, weitere Befehle gibt es um 21:00 Uhr."

„Herr Unterfeldwebel, warum um alles in der Welt lässt uns der

Franzose, wenn er uns ja beobachtet, in aller Ruhe aufmarschieren?"
„Schmidleitner, auch die müssen ihre Stellungen befestigen, und wer weiß, wieviele wirklich hinter diesem Fluss liegen. Es hat aber den Anschein, als würden sie auf unseren Angriff warten, oder einen eigenen vorbereiten. Aber jederzeit können die uns ordentlich betrommeln, also Köpfe unten halten."
„Nichts zu sehen, was, Klaus?"
„Nein. Nur ein stilles, langweiliges weites Feld. Aber dass die nichts tun, ist mir nicht geheuer, die hätten doch nur die Baumkronen zu treffen, das wär' doch unser sofortiges Ende."
„Ja, schon", antwortet Roland, „aber ´hast ja gehört, was der Slidez gesagt hat, und überhaupt, sobald die feuern, justiert unsere Artillerie nach und kann gezielt gegenfeuern, also warten alle ´mal ab."
Ab und an schießt sich dann doch irgendwo ein Geschütz ein, was tatsächlich sofort Erwiderung findet. Es klingt immer wieder gespenstisch, wenn der Abzug betätigt, die Ladung mit lautem Knall auf den Menschen losgelassen wird und nach Sekunden das Projektil an seinem Bestimmungsort einschlägt. Jeden Soldaten, egal wie nahe er ist, lässt dies zusammenzucken – denn man glaubt bei jeder Ladung, sie gelte einem selber. Die Leute der B-Stellen, die die Sekunden zählen, um Entfernung und Richtung der stehenden Batterie berechnen zu können, sind wahre Spezialisten. In Döllersheim wohnten wir einer Vorführung bei, in der nach nur einmaligem Schuss aus unbekanntem Gelände und mit unbekanntem Geschütz, nach wenigen Augenblicken die Stellung bis auf 50 Meter Abweichung von ihnen ausgemacht war. Den ganzen Tag hindurch bis zur einbrechenden Dunkelheit wachen wir und suchen das weite Gelände vor uns mit den Augon ab. Die Baumreihen, den Fluss anzeigend, sind gut zu erkennen, ziemlich gerade muss er wohl vor uns von West nach Ost fließen, jedoch kann sich dahinter alles Mögliche befinden: Panzer, Minen, Sperren, Bunker. Hinter uns laufen ständig Nachrichten beim Divisionskommandanten ein, das Feldlazarett steht mit großem roten Kreuz am Dach keine 300 Meter seitlich dahinter – funktionsfähig. Es fröstelt mich davor, seit dem Aufenthalt in dieser Scheune, die ich gerade erneut vor mir sehe, und jagt mir eine scheiß Angst ein, die mich aber nur ja nicht mehr lähmen darf in der

Bewegung. Noch immer strömen Truppen aus dem Hinterland nach vorne auf unsere Linie.

„Was sagst' zum Sepp, Franz? Jetzt hat er seine ersten Franzosen abgeknallt, von hinten auch noch!"

„Ja, aber es war mir so allemal lieber, als sie gefangenzunehmen."

„'Hast recht, nie in die Augen sehen, dann hast' kein Problem. Aber ich mein', den Sepp hat das nicht groß gekümmert, wer weiß, wie alt die waren."

Wir liegen müde mit dem Bauch auf warmer Erde, heben von Zeit zu Zeit den Kopf über den Baumstamm, um dann wieder hinter der Deckung zu verschwinden und schließen dahinter abwechselnd die Augen, dabei sofort einschlafend.

Das Tageslicht taugt gerade noch für eine Sicht auf 50 Meter, als Slidez in die Stellung kommt.

„Also, Männer, ab jetzt wird's spannend. Gleich im Anschluss verbessern wir unsere Stellung. Im hinteren Bereich liegen weitere Baumstämme, die ihr holt und an der Kante in einer Linie befestigt, dazwischen die Sandsäcke gegen Splitter. Verstanden?"

„Jawohl, Herr Unterfeldwebel!"

„Verpflegung kommt bald. Schaut, dass euer Geschirr griffbereit ist. So, jetzt zur Tagesmeldung: 12 Uhr 400 liegt der Fluss, dahinter Feindesland. Auf 3 Uhr die 3. Division, 9 Uhr die 5. Division. Unser Divisionsgefechtsstand 6 Uhr 1000, Lazarett 5 Uhr 1200. Das Codewort der heutigen Nacht: Graureiher. Falls ihr Besuch von vorne bekommt und der nichts sagt, wird er umgenietet. Passt ordentlich auf, die Nacht wird stockdunkel. Ich bin aber in der Nähe."

Noch eine ganze Weile liegen wir horchend in vorderster Stellung. Nichts als ein weites Feld, der Fluss und die vermutete Geländekante liegen zwischen dem Feind und uns, der Infanterie, der Seele des Heeres. *Auf das kann ich gerne verzichten*! Als erste werden *wir* früher oder später da 'raus auf das Feld müssen, ohne Deckung, ein Fest für jeden Schützen. Überall klimpert es, sind Stimmen hörbar; vor uns auf eben jenem Feld laufen Melder im Schutz der Nacht, während Aufklärer über uns hinwegbrausen. An die Erzählung des Obergefreiten im Zug heim aus Polen muss ich denken. Von 200 Metern hat er gesprochen,

die Hälfte dieser Strecke allein bis zum Fluss, dessen Breite und Tiefe ich nicht kenne.
Die Essensträger ziehen bereits aus den großen Behältern am Rücken den guten Geruch durch das Feld.
„3. Gruppe auf, wir holen noch einen Baumstamm, also Helme nicht vergessen!"
„Grüß' euch", treffen wir an den liegenden Stämmen auf Soldaten der Nachbardivision.
„Tag, Soldaten, ihr seid heute erst auf dieses schöne Plätzchen gekommen?"
„Ja."
„Wir liegen schon zwei Tage an diesem scheiß Fluss. Gestern hat's etwas gehagelt, sonst warten wir und bessern die Stellung aus. Woher kommt ihr, aus der Ostmark, ist das richtig?"
„Ja, stimmt. Wieso, hört man das?"
„Auch, aber die 45er sagt mir 'was. Wurde in Wien aufgestellt, dort waren wir im März '38. Eine schöne Stadt. Aber hier gibt es halt keine Alpen."
„Ja, leider."
„Alle zusammen, den Stamm da nehmen wir", sagt Slidez und wir hieven den schweren Stamm auf unsere Schultern.
„Das ja keiner auslässt! Also, vorwärts!", hat Slidez leicht reden neben uns. Die ganze Gruppe trägt dabei streng nach Vorschrift den Helm, denn sollte jemand stolpern – besonders im Dunkeln ist die Gefahr dazu keine geringe – kann es sein, dass der Stamm für den Rest der Gruppe zu schwer wird, zur Seite kippt, dabei einzelne Soldaten mitreißt und über deren Köpfe hinweg davonrollt, dabei egal ob über Stahlhelm oder Schädelknochen. Langsam nähern wir uns der Geländekante, der Stamm muss als Verlängerung hinüber zur Pak-Stellung eingepasst werden.
„Und ab, Männer, zugleich!", spricht der Gruppenführer leise.
„Alle bei drei!", keucht der Sepp schwer. Erstaunlich schwer ist es, einen Stamm, auf zehn Schultern verteilt, verletzungsfrei loszuwerden.
„Drei."
Hart schlägt er am ebenso harten Boden auf, hebt sich auf einer Seite

nochmals hoch, aber macht keine Anstalten, loszurollen. Sofort holen wir, sowie die Pak-Bedienung auch, Sandsäcke und dichten ab.

„Sind alle aus der Steyerer-Gegend", informiert uns Hannes bei Erbsensuppe und Brot, „die 3.7er-Pak kann über 100mm Panzerung durchschlagen, oder die Infanterie großflächig bekämpfen, je nach Ladung."

„Aber bei denen, also ich weiß nicht. Wenn so ein Ungetüm von Panzer auf dich zurollt und es heißt er oder du. Also, da brauchst' Nerven!"

„Schon, aber wir sollen sie mit T-Minen bekämpfen", nehme ich das zweite Blechgeschirr mit Fleisch und Kartoffeln, schlinge es hinunter und gehe damit zur Latrine, besser gesagt dem `Donaubalken´, neben schon sitzenden Soldaten.

„Warum essen, wenn man alles sowieso wieder scheißt?", lässt der Gefreite laut einen fahren, als würde es hier nicht schon genug stinken, woran das warme Wetter sicherlich schuld ist.

„Ich weiß nicht!", antworte ich.

Die Gefreiten, das sind die Wadelbeißer der Armee, die von uns normalen Soldaten gemieden werden, wo es nur geht. *Außer am `Donaubalken´*, muss ich schmunzeln. Ich wasche mein Geschirr und die Hände, fülle die Feldflasche neu und krieche in die noch immer warme Stellung, um weiter zu warten und – mit Klaus abwechselnd – zu schlafen. Irgendwann in den frühen Morgenstunden – die Uhr kann ich ohne Licht nicht lesen – kommt laut hörbar jemand geradewegs und schnell auf unsere Stellung zu. Instinktiv greife ich den Schaft des Gewehres, lasse es aber am Boden und schreie: „Codewort?" Nichts!

„Halt, Codewort!", repetiere ich durch, um die Forderung zu bekräftigen.

„Graureiher!"

„Na endlich!"

„Gut, Soldat!"

„Ah, Herr Leutnant!", springe ich sofort auf.

„Die Meldung, Soldat!"

Also melde ich vorschriftsgemäß dem Leutnant die wichtigsten Ziele, er bleibt dabei vor der Stellung seelenruhig stehen und inspiziert, auf den Stamm gelehnt, unsere Stellung.

„Sehr gut. Wo ist Ihr Gruppenführer?"

„Ich denke, austreten, Herr Leutnant!"
„Sie denken also! Na gut. Ihr Name?"
„Schütze Meyer!"
„Weitermachen", entfernt er sich nach links die Geländekante entlang, wo ihn bald der nächste um die Erkennung fragt. Die ganze Nacht hindurch bleibt es ruhig auf unserem Abschnitt, ab und zu werden Ladungen verschickt, aber nie in unseren Bereich. Aufklärer und Jäger wechseln sich über uns ab, legen aufheulend an Höhe zu und drehen gegen den Feind.
Maximal zwei Stunden kann ich unter der Zeltbahn schlafen, dann muss ich liegend Wache schieben, starre dabei verträumt in das Dunkel vor mir und denke an daheim. *Was da wohl jetzt los sein wird?* Meine Eltern wissen sicherlich besser als ich Bescheid, was hier in Frankreich passiert, und werden darüber mit Sicherheit von den Kleinen mit Fragen durchlöchert. Der Anton wird traurig allein in dem Häuschen fern seiner Berge und noch ferner seiner geliebten Kathrin sitzen und als einzige Freude den Most schlürfen, dazu noch täglich mit Mutter streiten, die ihre Pflicht der zwei Kilometer sicher wahrnimmt. *Und meine Vali?* greife ich in die linke Brusttasche und kann die Ränder der beiden Bilder fühlen. Und wie ich sie lieb habe und hoffe, dass sie auch diesmal an mir keine Veränderung und kein schlechtes Gewissen spürt, aber zuerst müssen wir das hier überstehen. *Und dann?* Hinter der Geländekuppe wird der Krieg kaum beendet sein. Bis dahin reicht ein Volltreffer, Querschläger, Abpraller, und all das schlechte Gewissen steigt mit mir ins Grab. Weit drüben im Westen brennt eine Leuchtkugel ab, gefolgt von fünf Donnerschlägen, dann wieder nichts.

Die folgenden zwei Tage und Nächte verlaufen in genau dem Rhythmus: Stellung ausbauen, essen, schlafen, warten – auf was auch immer. Von hinten strömen unaufhörlich Truppen nach, eine Artillerie-Batterie nach der anderen wird abgeprotzt und justiert. Die Hölle wird hier bald losgehen und Slidez meldet die neuesten Ereignisse: Panzertruppen, allen voran Guderians, hätten britische Truppen am Atlantik umschlossen. Und drüberhalb des `Ardennen-Kanals´, so die offizielle Bezeichnung der Aisne, meldet die Luftaufklärung nur kleinere

Verschiebungen der französischen Truppen.

Kurz nach Morgengrauen des 27. reißt uns lautes Geschützfeuer hoch. Die ersten Einschläge, keine 200 Meter neben uns und genau vor den Stellungen der 3. Division, die sofort mit Splittern laut prasselnd übersät wird. Wie gegen Holz, Erde und eben Menschen geschleuderte Kieselsteine hört es sich an. Einige Stimmen beginnen laut zu schreien, weitere Granaten pfeifen heran.

„Unten bleiben, die tasten nur das Gelände ab, keiner rührt sich vom Fleck!", schreit Slidez laut und sieht durch das Fernglas, zieht den Kopf nur kurz vor der nächsten Detonation ´runter und versucht dann wieder, etwas zu sehen.

„Die schießen sehr flach, da kann nichts passieren!", rauschen nun mehrere auf uns zu, brechen – vermutlich keine 100 Meter vor uns – auseinander und schicken uns kräftigen Hagel gegen die Baumstämme, zischen an uns vorbei und fassen alles, was sie kriegen können, noch immer pfeilschnell, sodass einige Kameraden weiter hinten sofort zu Boden gehen.

„Da!", schreit irgendwer durch den Lärm, sofort reißen die Panzerkanonen neben uns herum, schicken mit metallenem Abschuss ihre Ladung gegen die über die Brücke strömenden französischen Soldaten. Das Rohr fährt zurück, die nächste Ladung fliegt in den Lauf, Klappe zu und die Pak hüpft schon wieder von der Stelle. Sämtliche Geschütze beißen auf die Soldaten hin, reißen sie bei erstem Sichtkontakt nach hinten in den Fluss, geben keinem mehr als drei Sekunden auf dem Feld, dann jagt der Körper, oder nur mehr Stücke davon, bis zu fünf Meter in die Luft, wie an Fäden hängende Marionetten. Vor und hinter uns schlagen weitere Granaten ein und zwingen uns in Deckung vor diesem geisterhaften Schauspiel. Geduckt auf dem Rücken mit geschlossenen Augen und Ohren fliegen tausende Metallstücke waagrecht durch die Luft, prasseln wieder gegen die Baumstämme, sausen knapp an uns vorbei, alles benagelnd.

„Ruhig, Männer! Bleibt nur unten!"

Unsere Geschütze stellen das Feuer ein, die französischen halten abgeschwächt an, dann eine laute Explosion.

„Das hab' ich mir gedacht, die sprengen die verdammte Brücke!"

Ein paar Sanitäter nehmen unter Lebensgefahr die getroffenen Soldaten auf und laufen um ihr eigenes Leben mit ihnen nach hinten. Wie auf Knopfdruck herrscht wieder Ruhe. Das ist so seltsam an diesem Krieg: der Zauber hält nur kurz an, wer überlebt, kriecht heraus, sieht, was die Entfesselung der Wut angerichtet hat, räumt auf, bessert aus, und wartet, das war's.

„Mensch, was für eine Begrüßung, was, Leute? Also, wenn wir da 'rüber müssen, dann `Gute Nacht´, die hatten nicht den Funken einer Chance."

„Scheiße! Was soll das alles? Wir können nicht zurück, wir müssen da 'rüber!", zittert der Franzl am ganzen Leib, seinen Bauch fest gegen die Erde gedrückt.

„Komm schon, Franzl, es ist doch vorbei. Du kannst aufstehen, komm hoch", reißt Hannes an seinem linken Arm – vergeblich. Er lässt sich nicht bewegen und zittert nur noch stärker.

„Ich kann das nicht", dreht er den Kopf zu uns, mit Augen eines Verrückten darin, die Zähne fest zusammengepresst, „ich kann es einfach nicht, ich kann nicht mehr aufstehen", krallt er die Hände in die helle Erde.

„Schütze Mittendorfer, stehen Sie auf!", befiehlt Slidez, neben ihm aufrecht stehend. „Haben Sie gehört?", schreit er unnachgiebig in hartem Befehlston mit dem am Boden festgekrallten Franz, so wie sie es auf der Unteroffiziersschule bei Anzeichen von Kriegszittern gelernt haben werden.

„Bewacht ihn, dass er sich oder euch nichts antut, ich hole einen Sani."

Wir reden ihm eine Weile gut zu, während der starke Pulvergeruch noch in Schwaden durch die sich wiederbelebenden Stellungen zieht. Die Pak-Mannschaft versorgt ihr Geschütz und sieht entsetzt auf das Häufchen Elend am Boden, fragt, wie man in solcher Situation eben fragt, aber unterlässt jeglichen verächtlichen Unterton. Der junge Sanitätsgefreite weiß anhand einiger Erfahrung aus Polen, wie damit zu verfahren ist. Zuerst eine kleine Dosis Morphium zur Beruhigung. Die Spritze, so sagt er während des Aufziehens, wird schmerzhaft, denn die Menschen spannen in solchen Situationen alles an Muskeln an, was sie haben.

Danach bringen sie ihn zur Beobachtung auf den Truppenverbandsplatz.

„Mensch, der Arme!"

Die ganze Gruppe sieht ihm dabei zu, wie seine Beine am Boden schleifen, oder unkontrolliert mitarbeiten, und jeder wird sich, so wie ich, insgeheim als besonders tapfer fühlen.

„Was machen die jetzt mit ihm, Herr Unterfeldwebel?"

„Da gibt's nicht viel. Beruhigungsmittel, und hoffen, dass er sich wieder einkriegt. Männer, denkt daran, was unsere Väter im Stellungskrieg großteils ohne irgendwelche Mittel durchgemacht haben, und dass wir hier gemeinsam durch müssen, verstanden?"

„Jawohl, Herr Unterfeldwebel."

„Also, überprüft die Sandsäcke, los!"

Der Gruppenführer neigt immer dazu, an den Korpsgeist zu appellieren, wenn er nicht genau weiter weiß, so entsteht zumindest bei mir der Eindruck, das werden sie vielleicht ebenfalls auf der Schule gelernt haben.

„Das war doch nur eine Frage der Zeit, bis der durchdreht, er hat doch schon länger nicht mehr viel gesagt, die letzten Tage war er nur mehr kreidebleich."

„Warum hast' ihn nicht angesprochen?"

„Wieso ich?"

„Sepp, er ist und bleibt einer von uns, seit knapp vier Jahren! Der wird schon wieder."

„Mag schon sein, aber...", stehen wir vor den teilweise völlig durchlöcherten Sandsäcken, „Seht euch das an! Die können wir wechseln."

„Aber was?"

„Da nach vorne über den Fluss, die Anhöhe hinauf, und, sind wir uns ehrlich, das wird bald befohlen, sich dabei auf ein Nervenbündel verlassen müssen. Habt ihr daran schon gedacht? Los, holen wir neue!"

Den ganzen Tag liegen wir am abkühlenden Boden und beobachten zur Abwechslung die Wolken am Himmel, die zahlenmäßig zunehmen, aber nicht bedrohlich werden. Eher freundlich wirken sie und zeichnen verzerrte Figuren, die wir stundenlang versuchen, phantasievoll zu deuten; Klaus erkennt in jeder eine schöne Frau. Manchmal sehen wir den Jägern bei ihrer Vorführung weit hinter den Truppen zu, wie sie eine gerade Linie ziehen, sich um die eigene Längsachse einmal links herum dann rechts herum drehen, aufsteigen, und sich wie ein Stein dem Boden entgegen fallen lassen, die Kiste – wie sie selber sagen – abfangen und dann in geringer Höhe über die Landschaft brausen.

„Das sind erst verrückte Kerls! Mein Schwager ist beim Jagdgeschwader 108.", erzählt Roman begeistert. So viel ich weiß, wollte er auch zu den Fliegern.

„Der hat mir schon Sachen erzählt. Bei einem Angriff fliegt die Staffel über den Wolken ungefähr auf 1000 Meter heran, da drehen sie sich durch die Wolken so in den Sturzflug", zeigt Roman mit der flachen Hand, sie vor sich auf den Rücken drehend und seitlich wegführend, „ein unbeschreibliches Gefühl, meint er. Dann wird das Ziel anvisiert. In Polen, hat er mir geschrieben, waren einige Züge dabei. Zuerst volle Kanne zwei Gurte hinein, dann die zwei Bomben und Abflug."

Die restlichen Tage im Mai verlaufen für das OKW und ihre Berichte ruhig, für uns hinter den Holzverschlägen mit zunehmender Spannung, die sich allmählich in Gereiztheit wandelt, denn seit Tagen liegen wir hier vorne, nackt und schutzlos zum Abschuss freigegeben. Der französischen Zielerkundung dienten bisher einzelne näherrückende Einschläge, bis vor wenigen Stunden Granaten keine 20 Meter vor uns laut einschlugen, jedoch ohne Splitter zu schicken. Der unzureichende Schlaf und die ständig in erzwungener Untätigkeit auszuhaltende Warterei auf kommende Granaten führen zu ersten Ablösungen vorne liegender und sicherlich abgekämpfter Einheiten, ganze Ströme an Soldaten fließen hin und her.

Am ersten Juni, bei einsetzender Dämmerung kommt routinemäßig wie jeden Tag der Gruppenführer mit den neuesten heiß begehrten Nachrichten von der Divisionskommandantur.

„Gute Nachricht, Soldaten. Der Mittendorfer kommt zurück. Der Kommandant will ihn noch gleich heute Nacht mit mir und zwei von euch bis zum Fluss aufklären lassen!"

„Was?"

„Meyer, Gruber, ihr legt nachher alles, bis auf das Gewehr und die Munition ab, der Mittendorfer begleitet uns, unbewaffnet."

„Mit Verlaub, Herr Unterfeldwebel, aber ist das keine unnötige Gefährdung aller vierer, einschließlich Ihnen?"
„Der Divisionskommandeur will bei einem möglichen Angriff keine diesbezügliche Überraschung erleben. Es gibt bereits einige Angsthasen innerhalb der Division und es wurde auf diese Methode entschieden, verstanden?"
„Jawohl, Herr Unterfeldwebel!"
„Das Codewort für heute Nacht ist `Nashorn´, also dann."

Klaus und ich drücken unsere Oberkörper gegen den warmen Holzstamm und strecken die Köpfe darüber hinweg nach vorne, um in das Dunkel hinein auf ungewöhnliche Geräusche abseits der üblichen zu achten, denn wir starren in eine schwarze Wand vor uns.
„Das kann ja lustig werden. Wenn der mitten am Feld die Nerven verliert, was dann?"
„Er wird es schaffen, da bin ich mir sicher."
„Da kommt unser Hasenfuß."
„Kein Wort, Klaus, wir dürfen ihn nur ja nicht reizen."
„Servus, Franzl, ist alles wieder in Ordnung?"
„Naja, geht schon, danke", kriecht er mit abwesendem Blick, soweit in der Dunkelheit an seinem Gesicht abzulesen, auf allen Vieren zu uns, legt sich auf den Rücken und beginnt wieder zu zittern. „Mensch, Franzl, was hast' denn? Du weißt, was uns bevorsteht?"
„Ja, Kameraden", sieht er mir verloren in die Augen, was mich sofort hart trifft. „Wann geht's denn los?"
„Wissen wir noch nicht, jetzt beruhig' dich erst ´mal, wir sind ja alle bei dir."
Nichts Ungewöhnliches regt sich, soweit wir in das Feld vor uns sehen, oder besser hören können, die ganze Nacht laufen vereinzelt Melder und Funker vor der Stellung hin und her, aber nach vorne an den Fluss zu den am anderen Ufer wartenden Scharfschützen wagt sich keiner.
„Also, Männer, wir gehen dann nach vorne. Mittendorfer, alles klar bei dir?"
„Ja, Herr Unterfeldwebel."

„Überprüft noch'mal, dass ja nichts klappert. Zwischen die Ladestreifen Stofffetzen hinein. Das kleinste Geräusch und die nehmen uns aufs Korn. Der Wind weht ungünstig für uns. Besonders am Fluss keinen Mucks, wir werden circa zehn Minuten horchen, dann ziehen wir uns gemeinsam zurück, verstanden?"
„Jawohl, Herr Unterfeldwebel."
Bereits beim Sprung über den Holzstamm und damit Verlassen jeglichen Schutzes, wäre eine einzige Granate, und wenn auch weit vor uns aufschlagend, ausreichend, um dieses Unterfangen zu beenden, mit viel Glück den einen oder anderen in ein Lazarett, die anderen direkt unter die Erde befördernd. Seitlich versetzt, auf Sichtweite – zumindest zum unmittelbaren Vordermann – schleichen wir geduckt rasch geradeaus nach vorne. Der Franzl gleich in meinem Rücken flößt mir ordentliches Unwohlsein ein, häufig drehe ich mich um und sehe, dass er nachkommt, aber von blindem Verlassen-können, wie immer gefordert, kann keine Rede sein. Geräuschlos drängen wir weiter, bleiben in absoluter Dunkelheit stehen, hocken uns auf ein Zeichen Slidez' hin und horchen die umliegenden Geräusche: alle aus unseren Stellungen. Ich drehe den Kopf zur Seite, aber vorne scheint nichts und niemand zu sein; der Puls wird durch die Stille lauter, der in unsere Richtung schwach wehende Wind erschwert es uns, und erleichtert dem Feind unser Auffinden. Ab der Mitte des Feldes bis hin zum Fluss steht noch hohes Gras. Unebenheiten, die von der Stellung aus nicht sichtbar waren, beginnen sich parallel zum Fluss aus dem Boden zu heben – gerade hoch genug, um vor Kugeln unerreichbar liegen zu können – als die hohen Bäume bereits aus der Dunkelheit greifen. Nochmals bleiben wir stehen, deute ich dem Franzl, auch stehen zu bleiben, was er mit Kopfnicken quittiert und schnell weitergibt: hocken und horchen.
Dann hin bis zu den Bäumen, das letzte Stück am Boden kriechend. Der Fluss liegt in einem flachen Bett, circa zwei Meter unter uns, und zieht als dunkle Masse von etwa zehn Metern Breite langsam von links nach rechts. Das Ufer der anderen Seite lässt sich nur an den hohen Bäumen erahnen, fünf, sechs Minuten hören und sehen wir nichts. Plötzlich dringen leise Stimmen über den Fluss, in fremder Sprache unterhalten sich drei, vier Männer, sie werden kaum mit einer

deutschen Aufklärung nahe dem Fluss rechnen. Nicht mehr als 15 Meter trennen den Feind, den es bald zu bekämpfen gilt, von uns. Eigenartig fühlt es sich an, einer friedlich wirkenden Unterhaltung – vielleicht über ihre Kinder – zu lauschen und dennoch, unvermeidbar, bald über sie hinwegrennen zu müssen. Nicht das Geringste eines ersten feindlichen Soldaten in Frankreich ist zu *sehen*, niemand raucht, und wenn doch, dann verdeckt, also befiehlt Slidez den lautlosen Rückzug. Alles läuft nach Plan, aufgeregt und schweißgebadet überklettern wir, nachdem der Sepp sich einen Spaß mit zweimaligem Nachfragen nicht verkneifen konnte, die Stellung auf die sichere Seite.
„Gottseidank!", durchfährt mich ein albernes Gefühl der Sicherheit.
„Na, geht doch, Schütze Mittendorfer, sehr gut", zeigt sich Slidez zuversichtlich und kann positiv Vollzug melden. Die Bodenwellen jedenfalls können nützlich werden, stimmt die gesamte Gruppe zu.
„Was die wohl geredet haben?"
„Was, habt's Franzosen g'hört?"
„Ja, drei oder vier Mann."
„Vielleicht haben die uns gerochen, so wie wir bereits stinken", öffne ich meine feuchte Bluse, lasse den alten und jetzt auch noch neuen Schweißgeruch entweichen und nehme ein wenig Wasser, um wenigstens die Brust zu befeuchten.
„Ganz schön aufregend, was, Franz?"
„Ja, doch, aber wenn die uns hören, gibt's kein Zurück mehr."
„Ach du alter Hosenscheißer."
Wir sehen gleichzeitig auf den Franzl, wie er sich nach getaner Arbeit auf die Seite und von uns wegdreht. Er hat sich stark verändert, es lastet enorm die Angst vor dem Befehl auf ihm, das ist unverkennbar.
Hin und wieder blitzen Geschütze auf, wird Störungsfeuer verschossen, sonst herrscht – nicht nur für die OKW-Meldung – Ruhe. Den folgenden Tag, nach erneut unruhigem Schlaf – manchmal bin ich mit einem Ruck aufgeschreckt, durch den verfluchten Schrei aus dem Bunker oder wegen der bedrohlichen Stellung aus der ich nicht entkomme und in der ich mich dann auch wach befinde – reinigen wir die Waffen, ölen sie gut ein und liegen dann in der Sonne, um das weite Feld vor uns mit noch größerem Respekt weiter abzusuchen. Nur wenn man es weiß,

hebt sich das hohe, von Granaten verschont gebliebene Gras in drei Wellen, kaum sichtbar, etwa ab der Hälfte des Feldes an. Der MG-Trupp spielt 17 + 4, was den Sepp, wenn er sich gerade auf der Verliererstraße befindet, laut und ordinär fluchen lässt.
„Was ist eigentlich mit der Post, da kommt gar nichts mehr, Herr Unterfeldwebel?"
„Alle Marschstraßen sind vollgestopft, da kommt nichts mehr durch, was nicht unbedingt muss. Sämtliche Panzereinheiten sind am Weg hierher. Laut unserem Kommandanten befinden sich die ersten Einheiten Guderians im Zielgebiet. Die Briten konnten angeblich in letzter Minute bei Dünkirchen noch übersetzen, jetzt geht es allein gegen die Franzosen und ihre Kolonialhelfer. Wenn die Panzertruppe vollzählig ist, dann werden wir loslegen, da bin ich mir sicher", reinigt Slidez seine Stiefel, während ich an Anna's Bruder in so einem Stahlkoloss denke.
„Wo gehen die in Stellung, Herr Unterfeldwebel?"
„Guderian und Kleist treten westlich von uns an", orientiert er sich kurz und deutet mit der Bürste in der Hand nach Westen. „Die Luftaufklärung meldet kein Zurückweichen des Feindes, die warten drüberhalb des Flusses mit allem, was sie haben. Das wird ein heißer Tanz, Männer."

Am Morgen des 6. Juni sind laute Detonationen, viel umfassender in ihrem Grollen als Geschützdonner, zu hören.
„Die sprengen die Schleusen, vermutlich. Schlecht für uns und die Brückenpioniere."
Drei Mal rumst es ordentlich, dann eine weitere Detonation, und danach, als hätte es als Zeichen gegolten, schicken sie der ganzen Linie entlang – verdammt nahe – ihre Granaten. Alle liegen wir direkt am Erdwall, als die Splitter wie Geschoße die ersten Male durchrauschen – wehe dem, der sie zu spät hören konnte.
„Meine Spielkarten", schreit der Sepp noch laut gegen die nächsten Einschläge. Die Zeit des Abtastens scheint vorbei, der Beschuss findet seine Ziele und dauert an, eine Granate nach der anderen heult aus dem Himmel, mehrere zusammen ergeben ein zynisch schönes Pfeifen über unseren Köpfen, zerlegen sich befehlsmäßig und nageln gegen

die den Boden beben lassenden schweren Artillerie-Batterien, welche kaum beeindruckt einen Feuersturm über uns hinweg gegen die Geländekante entfachen. Stunden vergehen, aneinandergedrängt am Wall und damit zwischen den Fronten, mit unseren lächerlich wirkenden Karabinern dem Sturm ausgeliefert. Regen um Regen steigt die Bitte, die Sandsäcke mögen halten, an einigen Stellen finden die Splitter längst zwischen Stamm und Erde, knapp über unseren Körpern durch, ihren Weg. Immer wieder bleiben Blindgänger am Feld liegen, aber beständig werden wir unbeweglich in die Deckung gezwungen.

„Na, Soldaten, da bekommt man eine Ahnung vom Weltkrieg, was? Schönes Betrommeln!" „Also wenn jetzt der Befehl kommt, da 'raus zu müssen..."

Ihr tagelanges Einschießen zeigt Wirkung in der Genauigkeit, hinter uns beginnt bereits der Divisionsgefechtsstand, das Weite zu suchen, der schlecht ausgebaute Verschlag mit getarntem Zelt könnte einem Volltreffer der gefährlich nahe einschlagenden Granaten nicht standhalten. Den ganzen Tag, die folgende Nacht und den folgenden Tag, hält der ohrenbetäubende Donner an, grast er vor uns das Feld immer und immer wieder neu ab, zuweilen heftig, dann mit kurzen Pausen dazwischen – aber nur gerade so lange, dass wir möglichst unbeweglich bleiben müssen und um uns die Furcht vor dem nächsten Einschlag zu erhalten, uns mürbe zu machen.

An Schlaf war die letzten beiden Nächte nicht zu denken, völlig entnervt liegen wir – wenigstens bei gutem Wetter – an den Wall gepresst, essen die eiserne Ration und spüren das Nervenkostüm schwinden. Der Franzl liegt ruhig auf der Seite, hat beide Hände am Helm und rührt sich nicht, isst kaum, sagt nichts, als hätte er schon mit dem Leben abgeschlossen. Es zerrt allen an den Nerven, jede heulende Granate, jeder Einschlag kann einen erwischen, einen Kameraden umreißen, was mittlerweile für jeden hier draußen genauso schlimm wäre. Unser schweres Feuer hingegen hält sich zunehmend zurück, das feindliche wird wohl nicht als sonderlich gefährlich eingestuft, egal wie es den Mannschaften vorne ergeht. Noch bis in die Dämmerung krachen sie heran und regnen über das Feld, welches längst nicht mehr als solches zu erkennen ist. Unzählige Splitter glänzten heute der weiten Ebene entlang in der Sonne, Granathülsen, oder Teile davon, liegen kreuz und quer nahe den kleinen Kratern. Die Bäume unserer Stellung entlang ragen ihre beschädigten Wipfel in den Himmel, die Stämme sind allesamt gespickt mit Metall. Die Wipfel dienten ihnen vielleicht zur Orientierung, das Feuer aber richteten sie zumindest in unserem Bereich nie direkt darauf.

Der feine, kurze Regen strich heute zwei Mal und wie üblich ohne Ankündigung über die Landschaft, und der bereits am Tag ersichtliche Mond leuchtet trotz geringer Größe hell, jetzt im Dunkeln.

„Männer!", beginnt Slidez wie jeden Tag die Einleitung zu den Nachrichten, aber heute ungewöhnlich aufgeregt, „Morgen Punkt 5:30 Uhr geht's los!"

„Scheiße!"

„Ab 5 Uhr setzt Artillerie ein und belegt alles was da drüben kriecht, eine halbe Stunde lang, dann stoßen wir, unterstützt von den Jagdstaffeln, vor. Wir müssen so schnell wie möglich an den Fluss, dann übersetzen, dazu stehen mit viel Glück Floßsäcke bereit, aber rechnet nicht damit. Die Aisne ist gut einen Meter tief, bei schwacher Strömung also gut zu durchwaten, drüben am Ufer versammeln wir uns und entscheiden je nach Lage. Männer, die hohe Geländekante circa 200 Meter hinter dem Fluss muss unter allen Umständen genommen werden! Fragen? Wie geht's dem Schützen Mittendorfer?"

„Wird schon gehen."

„Na dann. Männer, schaut, dass alles funktioniert, genug Munition am Mann ist. Viel Glück! Und Heil Hitler!", hören wir zum ersten Mal aus seinem Mund.

An Schlaf war nun nicht mehr zu denken, wir liegen der Reihe nach am Rücken, das Gewehr entweder neben dem Körper, oder wie ich am Bauch und sehen ständig auf unsere gut lesbaren Armbanduhren. Seltsam, wie langsam die Zeit vergeht. Mehrmals habe ich den Eindruck, das verlässliche Uhrwerk stehe trotz des gewohnten Aufziehrituales still und erschrecke dann zu einem späteren Zeitpunkt, wie weit sie bereits fortgeschritten ist, nichts sehnlicher wünschend, als dass alle Zeit der Welt einfrieren würde. Nur, für uns kommt das nicht mehr in Frage.

Das alles hat in dieser Nacht keinen Wert mehr. Wir oder sie, ich oder er – so einfach kann es im Leben sein, wenn es nur mehr darum selbst geht. Ab und zu ist aus den umliegenden Stellungen ein metallenes Klicken zu hören, Menschen sind in dieser Nacht verstummt, kein Gelächter ist zu hören, kein Fluchen, wie so häufig aus der Pak-Stellung, keine Schwüre oder gegenseitige Versprechen, den Frauen zuhause zu erzählen, wie sehr der Gefallene sie geliebt hätte. All die Streitgespräche, besonders die mit den Eltern: einzig albern; das Schmerzlichste aber – hier den hellen Mondschein betrachtend – ist die Tatsache, dass niemand zuhause ahnt, was hier in genau drei Stunden auf uns losschlägt, denn dort wird erst zeitverzögert vom großen Angriff der Deutschen Armeen berichtet werden, ob erfolgreich, oder vorerst vom zahlenmäßig stärkeren Feind abgewehrt. Wie und warum hören sie nicht, können nur die Väter oder vielleicht deren Väter mit vergrämtem Gesicht nachvollziehen. Wenn es das morgen für mich gewesen ist, dann habe ich noch nicht einmal erlebt, wie eine nackte Frau sich anfühlt, wenn sie sich ganz fest an meinen Körper presst. Das einzig Verbotene bleibt dann Anna.

Die schweren Artillerieklappen werden geschlossen und verriegelt, die verbleibenden fünf Minuten gewartet, der Abzugshebel betätigt und der Boden zittert. Klaus klopft mir auf die Schulter. Wir geben uns die Hände, als überall hinter uns die schwere Artillerie loshämmert, die ganze Stellung mitsamt unseren Körpern schier aushebt. Die sorgfältig ausgewählten Treibladungen schicken jedes Projektil über die Baumreihen am Fluss und schlagen dumpf mit Höllenlärm ein. Sofort kommt die Antwort, kracht es hinter uns. Splitterregen fährt durch die Reihen und lässt die vorderen Geschütze unter Geschrei verstummen.
„Also, Männer! Laden und sichern! In drei Minuten beginnt der Tanz! Wir laufen weiter, egal was kommt! Verstanden?"
„Jawohl", warten wir scheiß nervös ewig lange drei Minuten, dann kommt die entscheidende Frage: „Geladen und gesichert?"
„Geladen und gesichert!"
„Entsichern!"
Ich drücke mit zitterndem Zeigefinger den Metallbolzen auf die andere

Seite, als der Unterführer laut pfeift. Überall um uns ertönen immer mehr Pfiffe und wir klettern über die Holzverhaue auf das freie, verflucht weite Feld. So weit das Auge reicht, strömen Soldaten aus den Stellungen und tragen ihre Waffen in Richtung Fluss. Der Feind reagiert sofort mit den gefürchteten Infanteriegranaten, einfach weiter laufe ich den Vordermännern hinterher, nur aus den Augenwinkeln sehe ich über der dritten Division einzelne Granaten brechen, die ganze Einheiten wie Halme umknicken lassen, ganz egal, wir laufen weiter in vollem Tempo. Zwei Granaten explodieren viel zu weit in unserem Rücken.

„Weiter, Männer, vorwärts!", schreit Slidez von vorne wie verrückt mit der Pistole in der Hand. Alle warten auf die ersten Gewehrkugeln, dann erst dürfen wir uns flach auf den Boden zum Erdkampf werfen. Das rettende hohe Gras ist erreicht, noch ein paar Meter, dann kommen die Hügel, da reißt es ohne einen Schrei wie von Geisterhand Roland zurück, Kugeln jagen zwischen den Bäumen hindurch waagerecht auf uns zu, pfeifen vorbei und wir kommen gerade noch hinter der ersten Bodenwelle rutschend zum Liegen. Schweißüberströmt, doch ohne zu zögern legt der Sepp im Schutze des Grases an und haut den ersten Gurt gegen das andere Ufer in einen aufziehenden Nebel hinein, aus dem die Kugeln weiterhin heraus und über uns hinweg zischen.

Die ersten Jagdstaffeln heulen im Sturzflug auf die Stellungen des Feindes zu. Der Sepp holt sein MG in die Deckung und klappt es unglaublich geschickt auseinander, während Richi mit dem Lappen den glühenden Lauf herauszieht und den neuen hineinstößt. Sofort klappt die Waffe zusammen, Gurt hinein und in Stellung.

„Nur kurze Feuerstöße, Sepp!", wechselt dieser daraufhin in kurze Salven gegen die überall hell zischenden Kugeln. „Gruppe, vorwärts!"
Hinter dem Berndl hebe ich mich aus der Deckung, als er wuchtig über mich drüber nach hinten gerissen wird und mit halbem Gesicht liegen bleibt.

„Franz!", schreit der Sepp durch das wahnwitzige Lärmen, „Franz, verdammt, ich brauch' die Kisten und den Lauf, komm schon!" Der Berndl liegt friedlich auf dem Rücken, die kleinen Griffe der Kisten noch fest von seinen Händen umfasst, seine Pflicht über den Tod hinaus

erfüllend. „Franz, du Arsch, jetzt mach!"
Ich werfe mich auf den Bauch in den matschigen Boden, hole den Lauf von seinem Rücken, ohne auf seinen Kopf zu sehen, führe dadurch unachtsam den Tragegurt über den Helm, weshalb sich Berndls Kopf zur Seite neigt und aus dem Hals Fontänen von Blut schießen.
„Verdammt, er lebt!"
„Scheiße, Franz, wenn wir hier bleiben, gehen wir alle drauf. Nimm die scheiß Sachen und hau' ab!"
Ich greife nach den beiden Kisten, berühre seine noch warmen Hände, reiße die Kisten weg und drücke mich an die niedrige Kante neben dem MG-Trupp. Ich sehe die versiegenden Spritzer mit laut klopfendem Herzen und warte auf eine Gelegenheit zum Sturm, die nicht kommt. Also einfach 'raus, in Zickzack laufe ich wie ein Verrückter inmitten der Kugeln und erreiche erschöpft einen schützenden Baum. Umringt von dichtem Nebel deute ich den letzten beiden, nachzuziehen, doch in dem Augenblick, als sie über die erste Bodenwelle springen, rauscht eine Granate hinter ihnen in die Deckung, reißt den Berndl in Stücke und dann hoch. Die anderen beiden liegen flach, stehen auf – der Sepp dabei ohne Helm mit blutendem Kopf – und laufen in vollem Tempo auf die Bäume zu.

„Verdammt! Sehr gut, Männer! MG gibt durch den verdammten Nebel Feuerschutz! Selbstständiges Nachrücken! Die Gruppe macht sich bereit zum Sprung! Meyer, die Mun' zum Richi, dich brauch' ich vorn'! Kommt schon, vorwärts!"
Ich springe mit den Beinen voran ins Nichts, reiße dabei das Gewehr über Kopf und lande bis zum Hals im stinkenden Fluss, stehe tief im Schlamm, als die starke Strömung dagegendrückt, mehrmals muss ich dem seitlichen Druck nachgeben, werde nach rechts gedrückt und stemme all meine verfügbare Kraft gegen eine unterschätzte Strömung. Aus dem Nebel treiben zerschossene Schlauchboote und Menschenkörper gegen mich. Einer taucht knapp neben mir auf und dreht den Kopf nach oben, ich bilde mir ein, er will mich angreifen, bleibe erstarrt stehen und ziehe dann den Leichnam hinter mir vorbei, während ich versuche, voran zu kommen.

„Vorwärts!", schreit Slidez ganz in der Nähe und kann uns nur lebend vermuten, denn alles Mögliche befindet sich in der Luft, alles, was irgendwie den anderen umbringt. Trotz des ganzen Getöses ist der Sepp mit seinen kurzen Feuerstößen in den Nebel gut hörbar, ringsum gellen Schreie durch die weiße Wand. Die Bilder dazu fehlen.

Kurz vor mir das Ufer, noch zwei Schritte durch den Schlamm, ich kralle mich mit der linken Hand an einer Wurzel fest und ziehe mich ganz flach unter das Gestrüpp an Land, die Beine zittern mir vor Anstrengung. Handgranaten detonieren dumpf im Wasser, kleine Fontänen wie aus dem Hals vom Berndl fahren hinter uns hoch, wir sind auf Wurfweite herangekommen.
„Dritte Gruppe, hierher!"
Auf allen Vieren krieche ich durch dichtes Gestrüpp hoch zur Baumreihe, an der das Gelände wieder flach zu werden scheint. Ab und an reißt ein kurzer Windstoß einen Tunnel in die Nebelwand und gewährt einen tiefen Einblick über vollkommen zerschossene Felder, wild durcheinander liegende Körper und Gerätschaften.
„Also, Männer!", keucht Slidez schwer, an einen Baum gelehnt das Gelände absuchend, „Wir warten hier auf den Sepp und sichern das Feld. Keine Ahnung, was da vor sich geht. Wo ist der Mittendorfer, dieser Arsch?"
„Keine Ahnung!"
„Der kommt vor's Kriegsgericht, wenn der irgendwo kauert! Der Feind wird sich vermutlich in zweiter Welle neu sammeln, denn hier herrscht bereits schwache Feindeinwirkung, unsere Artillerie hat planmäßig das Feuer auf die zu stürmende Geländokante verlegt!"

Mit zitternder Hand hole ich die Feldflasche hervor, nehme einen Schluck Wasser, versuche, die Flasche in die Halterung zu stecken, als sie mir entgleitet und im Dickicht verschwindet. Mein ganzer Körper ist mit Schlamm bedeckt, was mich instinktiv an die linke Brusttasche greifen lässt, die sich ganz schmierig anfühlt und den Inhalt sicher nicht vor Nässe schützen konnte.
„Sehr gut, Sepp, Richi. Genug Mun' vorhanden?"

„Zwei Kisten!"

„Hier Stellung, Feuerbereich zwischen 11 und 1 Uhr, verstanden?"

„Jawohl", hämmert er kurze, exakt gleiche Salven in den Nebel.

„Also, Männer, weiter!"

Wir laufen geradewegs aus der Deckung in den Nebel, stolpern über Körper und Waffen, in dem Moment reißt ein kleiner Windhauch wieder einen Tunnel und gibt den Blick auf einen geduckt hockenden Franzosen frei, auf den ich geradewegs zulaufe. Noch bevor er mich sieht, hebe ich das Gewehr und scheiße fast vor Angst in die Hose, es könne jetzt versagen, drücke ab und jage ihm eine Kugel in die Brust. Erst im Sterben kann er mich sehen, ganz friedlich kippt er in seiner braunen Uniform zur Seite. Ich repetiere und verdränge die Neugierde, in sein Gesicht sehen zu wollen. Möglichst unbekannt muss er bleiben.

Ich bin bereits auf seiner Höhe und laufe weiter nach vorne – ab und zu nur fahren Kugeln aus dem sich bereits lichtenden Nebel – laufe Krater um Krater immer weiter, Geschütze stehen verlassen und zeigen gegen uns auf der weiten Ebene.

„Deckung!", schreit Slidez laut. Werfer setzen auf die Ebene ein, welche vom Nebel noch ausreichend eingehüllt ist und den Feind daher nur ahnen lässt, dass wir mit noch immer unzähligen Soldaten heranstürmen. Ich werfe mich unter ein Geschütz – eine vorstehende Metallkante reißt mir den linken Unterarm ungefährlich tief blutend – als der tödliche Metallregen von oben laut gegen mein schützendes Metalldach und ringsum auf die Erde prasselt und Kameraden schreien lässt. Es folgen – für uns ungefährlich – Granaten, brechen in der Luft mit lautem Knall und hageln ihren Inhalt gegen alles, was sich auf der Erde befindet. Unsere Artilleriebeobachtung reagiert sofort und lenkt das Feuer auf die Werferstellung, was die Werfer rasch verstummen lässt.

Unter dem Geschütz hervor kann ich die noch immer weit hinten steil aufragende Geländekante jetzt gut sehen, wir befinden uns am Rand des Nebelfeldes, vor uns auf circa 150 Metern ist ein weiterer Fluss, von geringer Breite, zu erkennen.

„Männer! Wo seid ihr?"

Ein paar Stimmen melden sich. Ich kann Slidez bereits sehen,

schlammbedeckt, unter einer betonierten Stellung, blickt er hektisch nach links und rechts: „Meyer, komm her!"
Ich laufe hinüber und gehe neben ihm in Deckung.
„Hat's dich erwischt?"
„Nein, ein Kratzer."
„Dritte Gruppe hierher!", schreit er laut in den abziehenden Nebel, aus dem hinteren Bereich läuft der Leutnant mit ein paar Soldaten und unserem MG-Trupp.
„Sepp, gleich hier in Stellung!", ignoriert Slidez vorerst den Leutnant.
„Dritte Gruppe!", schreit er nochmals laut.
„Hier, hier drüben!", höre ich erleichtert Klauss Stimme.
„Bleibt wo ihr seid! Herr Leutnant!"
„Sehr gut. Slidez", schreit dieser laut, „der Feind formiert sich hinter dem Kanal neu, die geben sich nicht geschlagen. Jede Minute zählt, wir müssen sofort an den Kanal heran nachsetzen. Dort, sehen Sie, ist eine gute Deckung für das MG, danach setzt sofort Ihre Gruppe über!"
„Jawohl, Herr Leutnant!"
„Slidez!"
„Ja?"
„Viel Glück, und nehmen Sie diese Soldaten mit."
„Ihr habt's gehört, Männer! Also, vorwärts!", pfeift er und deutet auch den anderen zum Sprung. Wir laufen aus dem Nebel in die hell strahlende Sonne, weichen allem möglichen aus, als vor uns, direkt zu Slidez Füßen, sich einer regt, die Hände hilfesuchend hochstreckt; ohne zu zögern hält der Gruppenführer die Pistole in kurzem Abstand an dessen Helm und drückt ab, sein Kopf fliegt nach hinten. Sprachlos starre ich in Slidez Augen, deren Kälte mich hier im neu aufflammendem Getöse erstarren lassen.

„Weiter, Soldat!", nimmt uns der Feind erneut unter Feuer, MG-Garben schlagen auf uns los, zischen knapp vorbei, einer direkt hinter mir geht schreiend zu Boden, und wir erreichen die Deckung.
„MG-Sicherung 12 Uhr. Munition?"
„Ausreichend", antwortet der gelassen wirkende Richi während kurzer Feuerpause. Mit blutüberströmtem Gesicht und französischem Helm auf

dem Kopf hämmert dem Sepp die schwere Waffe gegen die Schulter, unablässig spuckt sie dabei hunderte Patronenhülsen zu Boden.
„Also, Gruppe, nur mehr diesen scheiß Kanal, dann sind wir durch. Sepp, du haltest das MG-Nest und Schützen nieder. Meyer, Gruber, wir schalten die sich einschießende Pak dort drüben aus. Der Rest schießt auf alles, was sich bewegt! Los!"
Geduckt laufen wir im seichten Graben den Kanal entlang, um auf die Mannschaft der Pak einwirken zu können, auf deren Höhe wir uns hinlegen.
„Meyer! Wir beide lenken sie ab, du kriechst weiter nach vorne und machst sie fertig, los hau ab!"
Die Pak-Mannschaft reagiert sofort auf die sinnlosen Schüsse gegen ihre Panzerung und dreht gegen die beiden, feuert erste Projektile, noch weit über sie hinweg, als ich in ihrem Rückraum mich aus der Deckung wuchte, den Ladeschützen anvisiere, langsam ausatme und ihn am Oberschenkel erwische, rein in die Deckung, repetieren, raus! Der Richtschütze, ein Neger, sieht entsetzt und erstarrt zu mir herüber, ich drücke ab und es reißt ihn über das Geschütz herum, die beiden anderen Neger fliehen in das angrenzende Waldstück, einzig den Ladeschütz kann ich noch mit einem gezielten Schuss den Garaus machen.

Erschöpft lehne ich mich gegen den Erdwall. Das ganze Feld ist verwüstet, Stöhnen dringt aus vereinzelten Kratern, neben uns strömen die ersten Soldaten über den Kanal.
„Sehr gut, Meyer!", laufen die beiden auf mich zu, „Spitze! Nur sterben ist schöner, nicht wahr?"
„Komm hoch, gleich haben wir's!"
Hinein in das Wasser, im ausbetonierten Becken, zwei, drei schwere Schritte, dann hoch über die Kante – mein Unterarm brennt durch das braune, stehende Gewässer wie Feuer – und hin an die steile Geländekante. Der MG-Trupp wird vom Leutnant losgeschickt, beide kriechen fluchend in das Wasser, der Richi trägt nur mehr eine Kiste über Kopf, kämpft sich mit einer freien Hand über die Kante und stapft vorneweg unter unserer Anfeuerung völlig erschöpft den Hügel hinauf, wo

allmählich die Einschläge unserer Artillerie nachlassen. Tatsächlich, sie sind oben. Der Sepp feuert noch Salve um Salve, hat die erste Hemmung, behebt sie – noch immer flink – in wenigen Sekunden und feuert weiter. Als auch wir endlich unser Ziel, die verdammte Anhöhe, erreichen, lasse ich mich direkt neben Slidez auf den Bauch fallen. 20, vielleicht 30 Kilometer weit zieht sich eine gerade Ebene hin an den Horizont, überall bis ganz nach hinten stehen Rauchschwaden, direkt vor uns auf einem dünnen Streifen liegt alles tot und von der Artillerie begraben. Seitlich ist die Geländekante bis an einen relativ unbeschadeten Weltkriegsfriedhof hin bewaldet, an dem sich hunderte von Soldaten aus diesem Krieg bereits ergeben haben.
„Meyer! Das dort unten musste im Sinne der Gruppe sein. Wenn der eine Waffe greift, kann er uns alle von hinten abknallen, also halte mich nicht für einen Mörder, verstanden?"
„Jawohl."
Er verzieht keine Miene: „Feuer einstellen, Sepp!"

Es ist tatsächlich geschafft! Jubelgeschrei kommt überall auf, dazwischen wird laut gepfiffen, um die Ordnung der Truppen sofort wieder herzustellen. Auch wir kriechen über die Kuppe hinauf, stehen erschöpft auf wackeligen Beinen und fallen uns in die Arme, vor Freude, diesen Feuersturm, den sich der gesunde Menschenverstand nicht ansatzweise ausmalen mag, überstanden zu haben. Einige fangen laut an zu weinen, schütteln sich am ganzen Körper, werfen dadurch – so scheint es zumindest – das Geschehene, den Ekel der letzten eineinhalb Stunden auf den verwundeten Boden. Ich drehe mich in Richtung Operationsgebiet und setze mich mit brennendem Unterarm und ausgetrocknetem Hals an die Kante. Auf der Fläche vom Kanal bis hinten zur Aisne, die noch durch zarte Nebelwölkchen – als ob gar nichts geschehen wäre – weiter fließt, wurde das Obere nach unten gekehrt, kein grünes Fleckchen mehr, nicht ein Halm; sogar der sich in der Sonne spiegelnde Kanal weiß in seinem künstlichen Bett nicht mehr wohin, aus dem Wald singen Vögel wild durcheinander, als ich unten, an dessen Rand, das Pak-Geschütz noch genau in die Deckung der beiden feuerbereit zielen sehe, mit dem Richtschützen merkwürdig verdreht vornüber. *Verdammt!*, beginnt die enorme Anspannung sich zu lösen, der Körper sich aus der Umklammerung zu befreien, aber setzt zugleich das von Soldaten gehasste, unsoldatische Gefühl großer Trauer und Einsamkeit frei; gerade jetzt fühle ich mich unendlich einsam.

„Dritte Gruppe. Die gesamte Kompanie tritt in 10 Minuten an!"
Einige mir unbekannte Soldaten setzen sich neben mich. Ohne Worte beobachten wir mit den nach Schießpulver riechenden Waffen in Händen das Aufprotzen der Artilleriegeschütze hinter unseren Stellungen der letzten Tage, einige der schweren Geschütze werden bereits zum Fluss hin gezogen, wo Pioniere schon eifrig an einer Achttonnen-Brücke bauen. Und weiter geht es, wer weiß, wohin? Gegen wieviele schwer kämpfende Einheiten? Das ich noch lebe, grenzt jetzt bereits an ein Wunder.

„Fünfte Kompanie, angetreten! Männer! Nehmen Sie gefälligst Haltung an, Soldat! Also, Männer!", blickt der Hauptmann den gemeinten ärgerlich, unnachsichtig und doch müde an; unverwundet ist er geblieben, aber seine Uniform mit Schlamm und fremden Blut beschmiert, „Ein großer und überaus wichtiger Sieg unseres Heeres im Zusammenspiel mit der Luftwaffe. Gratulation an euch alle. Die fünfte Kompanie hat sich außerordentlich bewährt, darauf ein dreifaches Sieg!" – „Heil!" – „Sieg!" – „Heil!" – „Sieg!" – „Heil!"
„Soldaten des deutschen Reiches! Ich kann euch versichern, der Feind ist zahlenmäßig nicht mehr überlegen, ganz im Gegenteil, aber wir müssen ihm folgen, folgen und ihn vernichten! Das heißt, wir suchen jetzt gleich verloren gegangene Ausrüstung zusammen und begraben hier an diesem historischen Ort, neben ihren Vätern und Großvätern in geweihtem Boden, die tapferen Kameraden, die für uns in Erfüllung ihrer Pflicht dahingegangen sind. Danach Verpflegung, im Anschluss Abmarsch. Abtreten!"

„Dritte Gruppe, hierher!", erkenne ich nun das Ausmaß dieser Schlacht, beinahe die Hälfte unserer Gruppe hat die Anhöhe nicht erreicht.
„Als erstes suchen wir die Kameraden, alle. Ich will ihre Schicksale

kennen, die Soldbücher und ihre Kennmarken haben, verstanden? Kontrolliert eure Ausrüstung und sucht das fehlende Material am Feld. Wir gehen da jetzt gemeinsam hinunter, also Nerven behalten. Sepp, du lässt dir hier einen Verband anlegen, wo ist dein Helm?"
„Was?"
„Wo dein Helm ist?", schreit Slidez laut.
„Noch drüberhalb der Aisne, wo es den Berndl..."
Schon gut, den nehmen wir mit, und gib den feindlichen Helm herunter."
„Wie?"
„Den Helm, verdammt."
„Ich hör' auf dem rechten Ohr nichts mehr, nur mehr lautes Summen!"
„Also, der Berndl ist nicht mehr", stellt Slidez ganz nüchtern fest, „den Roland hat es direkt im Lauf umgehauen, noch drüberhalb der Aisne. Fehlen nur noch der Bertram und der Franzl." Als spielten wir Räuber und Gendarm, zählen wir die noch abgängigen Kameraden auf, unselige Freude, unausgesprochene Erleichterung spürend, lebendig über das tote Feld unter unseren Stiefeln gehen zu können.

Überall laufen Sanitäter herum, verabreichen den stöhnenden Männern Morphium, transportieren auf Bahren liegende Körper nach hinten ab. Vereinzelt peitschen noch Schüsse durch das nach Schießpulver stinkende Feld, die aber niemanden kümmern.
„Kameraden, kommt her, da liegt der Bertram!"
Richard beugt sich langsam zu ihm hinunter, legt dessen Arme sachte auf den Bauch, die Hände übereinander und schließt – einen Moment zögernd, als wolle er ihm den blauen Himmel ein letztes Mal noch sehen lassen – seine braunen Augen für immer, erhebt sich und beginnt leise mit gebrochener Stimme ein `Vater unser´, das wir mit hängenden Köpfen gemeinsam für Bertram aufsagen, für ihn, den stillen, zuweilen komischen und oftmals undurchsichtigen dieser Gruppe.
„Ich schlage vor", zittert Richards Stimme, „zwei von uns tragen ihn gleich auf die Anhöhe, der... der klägliche Rest von uns sucht weiter!"
„Scheiße! Warum müssen die drei drüberhalb des Flusses liegen?", gehen wir zu dritt auf den Fluss zu, wo sich ein grauenhaftes Bild zeigt:

auseinandergerissene Körper, herumliegende Arme, ein Bein, einfach aus der Hüfte gerissen, welches bereits von tausenden summenden Fliegen bedeckt ist. Speiübel versuche ich mich an den hohen Bäumen irgendwie zu orientieren und schlüpfe durch das halbhohe Gestrüpp wie vor einer Stunde, nur von der anderen Seite und unter andern Umständen.
„Was wird das, Franz?"
„Ha, da ist sie", krieche ich zurück, „meine Flasche!"
„Na toll!", steigt Klaus als erster in die stinkende Brühe. Friedlich, ohne Hast, und damit im Unterschied zu vorher, treiben weitere tote Körper, Holzpfosten, Gummiteile, an uns vorbei, durch die rotbraune Flüssigkeit. „Kommt schon, ihr zwei, das müssen wir tun, das sind wir ihnen schuldig."
Wie Slidez vermutet hatte, hockt der Franzl da, seelenruhig den Kopf gegen einen Baum gelehnt, und hat noch zu Beginn des Ganzen seinen Frieden gefunden.
„Na, der Feigling, der hat hier nicht mehr weitergewusst."
„Da drüben liegt der Roland", läuft Hannes hin und kann ebenfalls nur mehr den Tod feststellen. Merkwürdig verdreht liegt er im hohen Gras.
„Und der Berndl?"
„Sucht weiter, ich besorg' von hinten ein Floß!"

Zurück auf der Anhöhe wird bereits – und so wie es aussieht, streng nach Einheit geordnet – neben dem relativ kleinen Weltkriegsfriedhof mit seinen unscheinbaren, namenlosen Kreuzen gegraben. Für unsere Gruppe werden vier Gräber nebeneinander ausgehoben, wobei eines zur Gänze leer bleiben, und unser Bernhardt Schlosser – wider besseren Wissens – als vermisst gemeldet werden muss. Alles schreitet zügig und demütig ruhig voran, auch hier dreht keiner durch, vielleicht deshalb, weil die Gefährdeten neuerdings schon bei geringen Anzeichen von den Hilfssanitätern ruhiggestellt werden. Auf einem breiten Weg, abseits unseres Treibens, ziehen Protzen die Geschütze und Fuhrwerke den Nachschub weiter westwärts.
In `Achtung´ verabschiedet der alte Generalmajor Veith die toten Kameraden mit einer knappen, jederzeit auswechselbaren und dadurch kalt

wirkenden Rede, worauf die seitlich stehende Regimentsmusik in schwerem, ergreifendem Ton ihr Spiel beginnt. Wieder treiben mir die Melodie und der alte Text, den wir gleich zu Beginn, 1938 in Ried auswendig lernen mussten, die Tränen in die Augen; wie am Kasernenfriedhof, wo all' so'was weit entfernt von meiner Vorstellung war. Bald, sehr bald schon, vielleicht ebenfalls in der Nähe eines kleinen Waldstückes, könnten sie es ein letztes Mal für mich anstimmen, und so wie wir jetzt – nur dann ohne mich – kraftvoll und tief `Ich hatt' einen Kameraden´ singen. Das gesamte Lied wird in der warmen Sonne gesungen, bis es heißt: „Musik ab! Achtung!"
Daraufhin schießen einige Kameraden drei Mal `Salut´, das war's dann.
„Soldaten, eine Stunde Pause. Reinigung der Ausrüstung, Essen fassen, danach Abmarschbereitschaft herstellen!"
„Könnt's euch noch erinnern, wie der Roland in der Kaserne..."
„Hör' bitte auf, Klaus. Lass' es gut sein!"
„Ich wollt' doch nur... ach Scheiße, du hast recht!"
„Die Reihen haben sich ordentlich gelichtet, was?"
„Das kannst' laut sagen. Darüber singen ist einfach, es mitansehen aber, verflucht noch eins!"
„Der Wessel, mein Gott", spuckt Klaus kräftig aus, „war der überhaupt jemals dabei?"
„Glaubt ihr wirklich, da liegt jetzt der Vater neben dem Sohn, auf demselben Friedhof?"
„Unwahrscheinlich, aber möglich", stellt Richi alle vier Kisten nebeneinander. Gereinigt und leicht geölt schimmern sie in ihrem Grünton in der Sonne. Er fühlt sich für die Sachen überaus verantwortlich, so wie der Berndl bis vor wenigen Stunden noch.
„Aber die Franzosen lassen doch tatsächlich ihre Kolonialneger für sich kämpfen! Sind die so feig oder so gescheit?", deutet der Sepp auf die Gruppe gefangener Neger am Waldrand.
„Jedenfalls gut für uns, die sind sicher schlecht ausgebildet."
Alle schütteln den Schlamm aus den Stiefeln und reinigen so gut es geht die Uniform.
„Mahlzeit, Männer! Alles in Ordnung in Anbetracht der Umstände?"
„Ja."

„In 20 Minuten geht's weiter und, ja wie soll ich sagen, ich bin stolz auf euch. Das mit dem Franzl vergessen wir, er wird ehrenhaft aus der Armee scheiden, verstanden?"
„Jawohl!"
„Aber der Bertram, der war doch verheiratet?"
„Mensch, die arme Frau."
„Die Witwenpension wird sie ein wenig trösten."
„Der Kommandant hat allen Vorgesetzten befohlen, die Lietzen umzudrehen, das heißt wir werden verstärkt mit Scharfschützen rechnen müssen."
„Na spitze!"
„Noch 'was, uns fehlt nun der MG III. Meyer, oder nein, besser Gruber übernimmt den Part, Richi wird MG II."
„Er nennt dich und den Sepp schon beim Vornamen, seid's befördert 'worden?"

Wir marschieren irgendwo in einem riesigen Pulk, so weit wir wissen auf eine Stadt namens Reims zu. Bereits völlig erschöpft stolpern wir voran, es wäre nicht nur mir – glaube ich zumindest – jetzt gerade vollkommen egal, wenn es mit einem gezielten Schuss plötzlich vorbei wäre. Wir marschieren geradeaus; die Nachbardivision schert nach links aus und entfernt sich auf ein anderes Ziel hin. Überall strömen Soldaten über die schier grenzenlose Weite; noch immer keine Sicht auf die unaufhaltsamen Panzertruppen, einzig dunkle Rauchschwaden am Horizont zeugen von ihrem Wirken. Ein weiterer, diesmal riesiger Weltkriegs-Friedhof wächst langsam mitten aus der Ebene. Mit mulmigem Gefühl betrachte ich im Vorbeigehen die vielen kleinen Kreuze, die in exakt gleichem Abstand zueinander stehen, so als müssten die Toten auch jetzt noch Befehle entgegennehmen. Die Kreuze zielen immer in geraden Linien – egal, aus welchem Winkel man sie betrachtet – auf sein Zentrum mit dem großen Eisernen Kreuz darin.
„Verflucht noch eins, dieser scheiß Spaten, bei jedem Schritt aber auch."
„Mensch, das müsstest' aber schön langsam gewöhnt sein. Mein ganzer Schädel dröhnt, bei jedem Auftreten quillt Blut aus der Wunde."

Die Beiden streiten tatsächlich darüber, wer mehr Berechtigung hat, zu jammern, und vergessen ist – so wird ja nun das eigene Fleisch gequält – was hinter uns liegt. Einmal noch drehe ich mich um und fühle mich, als wäre ich gerade aus einem Alptraum aufgewacht und würde doch nur wieder über grüne Wiesen spazieren. Stundenlang schreiten wir weiter, hinein in die anbrechende Dunkelheit – bei guter Sicht im Halbmondschein – Schritt für Schritt, bis zur Nachtruhe mitten am Feld. Einige schlafen unruhig, schreien sich und andere hoch – im Gegensatz zu Worten lassen sich Träume nicht verdrängen – was Kameraden gleich mit einem `Ruhe! Verdammt noch ´mal´ quittieren.

Im Morgengrauen jagen sie uns hoch. Ich konnte nur ein Stück hartes Brot mit Margerine hinunterschlingen, bevor wir wieder in Eiltempo weitermarschieren mussten. Plötzlich, ohne jedes Anzeichen, schlagen Panzergranaten mitten in die Reihen weiter vorne und mähen streifenweise Kameraden aus der Formation.
„Scheiße! Verfluchte!"
„Panzerangriff! Verteilen und Deckung! Pak in Stellung!"
Rasch ziehen wir uns auseinander, werfen uns auf dem vollkommen ebenen Feld einfach auf den Bauch und warten auf die kommende Infanterie. Die Pak steht beruhigend nah, während weiter hinten schwere Haubitzen hektisch abprotzen. Die zwei verdeckten Panzer feuern aus einem Wald eine zweite Ladung. Eine Granate erwischt die sich gerade herumdrehende Pak mit voller Wucht, hebt sie krachend vom Boden und begräbt ihre ganze Mannschaft unter ihr. Unsere Granatwerfer setzen ein, lassen die Bäume des kleinen Waldstücks krachen, zeigen aber keine Wirkung. Drei Haubitzen werden bereits mit Panzergranaten geladen und feuern mit dem typisch abgehakten kurzen Knall; drei Mal rauscht es knapp an den vermuteten Panzern vorbei durch den Wald. Ein Ladeschütz wartet nervös mit der nächsten Granate in Händen auf das zurückfahrende Rohr, das gleichzeitig vom Richtschützen durch gefühlvolles Kurbeln nach unten justiert wird. Die Panzer haben die Hauptgefahr erkannt, feuern erneut und reißen die gerade noch justierende Haubitze mitsamt Bedienung wie Spielzeug von der Erde. Das zweite Projektil fährt knapp an einer anderen vorbei wirkungslos auf

auf das weite Feld. Zwei Haubitzen jagen ihrerseits wütende Ladungen in den linken Panzer – Volltreffer! Der zweite Panzer beginnt, nach hinten zu rollen. Sofort werden drei weitere Haubitzen mit vollem Tempo zum Wald gezogen, gehen ruhig – mit der Gelassenheit eines Jägers, der seine Beute sicher weiß – in Stellung und jagen den Panzer über die Distanz.

„Alles auf! V. Kompanie, hinauf zum Wald. Stellung, Sicherung!"

Wir laufen hinauf und betrachten den französischen Panzer, aus dessen Turm Rauch aufsteigt. „Verdammt, das Geschoß hat voll gesessen!"

„Sollten wir die nicht ehrenhaft begraben?" .

„Ich schau' mir das nicht an, sogar die Luke hat es aufgerissen durch die Wucht. Da drinn' ist nur mehr Matsch!"

Also entfernen wir uns und verteilen uns still in dem Wäldchen, um liegend die Weite abzusuchen. Panzerspäher fahren bereits weit vorne das Gelände im Zick-Zack ab, um solche Überraschungen zu vermeiden. Hinter uns werden an Ort und Stelle schon wieder Soldaten begraben. *Wenn das jetzt in dieser Schlagzahl weitergeht...* Gerät wird wieder versucht, in Gang zu bekommen.

Meine Uhr zeigt halb zwei Uhr, als wir schließlich weitermarschieren, auf ein enges Tal zu. Ganz automatisch werden unsere Blicke bei seinem Durchschreiten nervös, fahren über ideal wirkende Verstecke, Deckungen und ganz besonders durch den an unserer Seite gelegenen Wald. Nahe herankommend, beengt er das Tal zu einem Nadelöhr für eine ganze – wenn auch dezimierte – Division. Mit wenigen Werfern könnten uns die Franzosen hier vernichten, die 45er von der Karte im Führerhauptquartier nehmen – bis zu ihrer Neuaufstellung – denn ein Auseinanderziehen wäre hier unmöglich. Alles bleibt jedoch ruhig; berittene Aufklärer traben im Wald nach vorne, Spähpanzer nehmen das mit einem Schlag wieder weite Gelände jetzt genau unter die Lupe.

Erneut müssen die Beine bis hinein in die Nacht durchhalten; bei sehr guten Sichtverhältnissen fahren Blitze stumm am Horizont in den Nachthimmel. Mitten auf einem der unzähligen riesigen Felder halten wir, nehmen die Zeltbahn und fallen bei hellem Mondschein einfach auf den Boden.

„Dieser Rommel, wisst ihr, welchen Spitznamen seine Panzertruppe hat?"
„Nein, welchen?"
„Gespensterdivision! Weil er nachts Angriffe fahren lässt, wenn ihn niemand sieht. Einfach durch die Reihen und weg. Das ist ′mal einer nach dem Geschmack des Führers!", höre ich Soldaten neben uns – wahrscheinlich Unteroffiziere – miteinander reden. Lange unterhalten sie sich noch gut hörbar über unsere Armeen, dann aber – vielleicht durch Alkohol beeinflusst – über daheim und die Angehörigen, besonders die Kinder, die ihnen fehlen.

Wieder, noch vor Morgengrauen, geht es weiter. Alle Gliedmaßen schmerzen. Der Magen knurrt laut, dagegen sollten zwei Scheiben Brot und heute die Fleischpastete helfen.
„Abmarsch! Ohne Tritt, Marsch!"
Regiment folgt Regiment, hintereinander geht es geradewegs über die Weite in Richtung Südwest. Doch bereits nach kurzer Distanz halten wir erneut, was die Nervosität augenblicklich steigert.
„Verdächtige Aktivitäten in dem Wald zwölf Uhr! In Gefechtsformation übergehen! Späher nach vorne!"
Das 133er wird breit und marschiert feuerbereit, links flankierend, auf das Waldstück, gut und gerne zehn Kilometer entfernt, zu. Das 134er bleibt mittig und wir verlagern uns in Eilmarsch auf die rechte Flanke. Protzen ziehen lärmend leichte und schwere Haubitzen nach vorne; deren Beobachtungstrupps mitsamt Funkwagen versuchen, Sicht auf Ziele zu erhalten. Ein gut bekanntes Geräusch wird in für uns ungefährlicher Entfernung aus dem Wald kommend hörbar: Französische Granaten reißen weit vor uns erste Krater in die Erde.
„Laufschritt! Vorwärts!"
Auf diese Distanz sind wir Infanterie einzig Kanonenfutter der gegnerischen Artillerie, und von unserer ist weit und breit nichts zu sehen. *Also müssen wir näher ′ran!* Bereits weit vor uns brausen die Protzen, brechen links und rechts aus, müssen dann aber doch die enge Straße für ihr schnelles Tempo nutzen. Die wahrscheinlich kleine französische Batterie, unsichtbar hinter dem Wald positioniert, feuert erneut – jetzt

gebündelt – auf die fünf dahinjagenden Protzen. *Weit daneben!* Aber alle wissen, die zweite wird gefährlich. Zwei unserer Haubitzen bleiben mitten auf der Straße stehen, protzen ab, drehen gegen den Wald und jagen auf gut Glück Störfeuer hinein – *vielleicht hauen die unverrichteter Dinge ab* – laden die Rohre neu und feuern schaurig schön mit großem Druck die tödliche Wut gegen die Bäume. Die ganze Weite in einem Halbkreis vor dem Wald ist übersät von laufenden, reitenden und fahrenden Soldaten. Alle sicherlich übermüdet, aber nun in der Aktion taufrisch und wie ich funktionierend, verringern wir die noch immer zu große Distanz kontinuierlich für einen Nahkampf.

„Na, die haben die Hose voll. Da kommt nichts mehr!", schreit der Sepp laut, als wir in gehörigem Abstand hinter den Protzen herjagen, in den matschigen, schmierigen Socken und diese in den ebenso schmierigen Stiefeln.

„Weiter! Vorwärts!"

Wir passieren die in Stellung liegende und feuernde Pak und laufen die trockene Straße entlang, plötzlich knattert MG-Feuer aus dem Wald hinüber gegen das 133er. Keiner reagiert, alles läuft weiter, um näher heranzukommen. Gewehrfeuer auf diese Distanz gilt als Anfängerfehler und sinnlos, wohingegen Geschütze bereits bestens greifen und nun wieder die 133er beschäftigen. Vier Granaten in kurzen Abständen schicken das ganze Regiment zur Deckung auf den Boden. Rasch schiebt sich die restliche graue Masse heran, alles klimpert laut um mich herum, ohne Flüche über die Ausrüstung zu verursachen, angespannt wollen wir auch dieses Gefecht hinter uns bringen. Drüben springen fast alle wieder auf, die Pak feuert Störfeuer, die Infanterie läuft in Zangenbewegung weiter. Aus uns unerklärlichen Gründen schießt sich der Franzenmann gegen die noch ungefährliche 133er ein und lässt die einzig wirkungsvollen Haubitzen ungestört feuern. In weitem Bogen hinterlaufen wir die bebenden, schweren Geschütze und schwenken scharf links, direkt auf den nun circa zwei Kilometer entfernt liegenden Wald.

„Weiter! Schneller! Keiner schießt!"

Eigene Geschosse pfeifen waagerecht an uns vorbei in den Wald, Bäume ächzen laut auf.

„In Deckung!"

Jetzt endlich heulen hinter uns Stukas laut auf, entladen ihre Magazine in den Wald und werfen ihre Bombenlast auf dessen Rückseite ab, wo sie dumpf einschlagen. Die Flieger drehen, so schnell sie gekommen sind, wieder ab.

„Weiter! Vorwärts!" Die 134er erreicht unter kurzen Gefechten den Waldrand und wir befinden uns wenige hundert Meter davor.

„V. Kompanie, sammeln!"

Wir treten keuchend und verschwitzt an.

„Das Gelände wird gesäubert, wir warten hier. Kurze Pause. Folgendes, ab heute hat uns das OKW der 2. Armee unter Generaloberst von Weichs dem XXVI Korps unterstellt!"

„Und was ändert sich für uns?"

„Nichts! Aber wenigstens sind wir einmal nicht mit Säubern dran!"

„Da weiß man ja bald nicht mehr, wem man jetzt unterstellt ist."

„Das ist doch egal. Aber wenn wir jetzt jeden Tag durch ganz Frankreich aus dem Hinterhalt angegriffen werden, dann schaffen das meine Nerven bald nicht mehr."

„Nerven sind bei mir da noch das kleinere Übel. Ich habe blutende Fersen, alles schmerzt scheußlich. Nacht für Nacht auf kaltem, harten Boden, ich muss schlafen, in einem Bett."

„Brauchst' deinen Schönheitsschlaf?"

„Sogar im Weltkrieg hatten sie Betten, auch wenn es dauernd gerumst hat."

„Ja, und das über Monate hinweg."

„Aber das kann bei uns doch auch noch kommen, damals haben's zu Beginn von wenigen Wochen gesprochen, nicht von Jahren, hat mein Vater gesagt."

„Alles auf! Soldaten, es geht weiter. Der Wald ist gesäubert. Morgen erreichen wir die Stadt Reims!"

Einen Tagesmarsch und einige Stunden der Nachtruhe im Freien später, treffen wir auf befohlener Höhe Reims ein und treten auf einer dicht bewachsenen Wiese mit einem Wald im Hintergrund, unter bewölktem Himmel und in leichtem Regen an.

„Männer!", schreit unser Hauptmann laut, „Ein weiteres Mal erfüllt mich das Kommando über euch mit Stolz. Die gezeigte Marschleistung übertrifft sogar die Erwartungen der Führung bei weitem. Selbst die hinterhältigen Feuerüberfälle halten uns nicht mehr lange auf, ihr verhaltet euch eines deutschen Soldaten in allen Belangen würdig: ruhig und absolut entschlossen. Der Divisionskommandeur möchte allen gefallenen Kameraden eine Schweigeminute um Punkt 18:00 Uhr, also in genau", sieht er auf die Uhr, „10 Minuten widmen. Die Stadt Reims liegt zwei Kilometer westlich von hier und wurde von den Franzosen zur freien Stadt erklärt. Auf direkten Befehl des Führers setzt kein deutscher Soldat einen Fuß in diese Stadt. Zur weiteren Lage: Der Feind wird von den Panzereinheiten in hohem Tempo weiter nach Süden gedrängt. Wir folgen in Divisionsstärke im Rückraum Guderians und schieben rasch nach. So wie es aussieht, meine Herren, hat der Feind nicht mehr viel entgegenzusetzen, aber bevor er nicht kapituliert, wird weitergekämpft, oder für uns entscheidender, weitermarschiert. Die sich vor uns befindlichen Truppen haben ausdrücklich vor Scharfschützen gewarnt. Also, Augen auf, Verdächtiges sofort melden. Die Unteroffiziere werden ab jetzt unkenntlich innerhalb der Gruppen marschieren. Kompanie, Achtung! Rechts schaut!"

Die Division steht – wie damals unter dieser riesigen Staubwolke – in Reih und Glied, um dem Kommandanten seine Aufwartung zu machen. Er stellt sich zu seiner sorgfältig aufgereihten Adjudantur, mittig etwas hervortretend, für die Angetretenen gut sichtbar, und lässt die Schweigeminute in Achtung, ohne Ansage oder Flaggenparade lautlos verstreichen.

„Rühren! Zwei Stunden Pause, danach Abmarsch!"

Sofort verkriechen wir uns vor dem Regen in den Wald und warten auf die Essensausgabe, auf dem noch warmen Waldboden sitzend.

„Langsam begreife ich", spricht Richi müde vor sich hin, „dass unsere vier nicht beurlaubt oder meinetwegen verwundet – so wie du, Franz, in Polen – sind, sondern für immer auf diesem kleinen Friedhof liegen bleiben."

„Am besten, Richi, du denkst gar nicht darüber nach."

„Und wie soll das geh'n? Der Berndl, der war doch ein Stück von diesem MG-Trupp, ohne ihn... das klappt doch nicht 'mal!"

„G'rad deswegen müssen wir das hier fertigbringen, den Franzosen vernichten oder zur Kapitulation zwingen, damit unsere Kameraden nicht umsonst gefallen sind, wie der Hauptmann doch gesagt hat", drückt der Sepp an seinem blutdurchtränkten Verband herum.
„Wie geht's mit deinem Schädel?", frage ich ihn, froh, nur einen kleinen Kratzer am Unterarm verpasst bekommen zu haben.
„Wird besser, aber noch Schädelweh wie Sau, dazu dröhnt das rechte Ohr noch immer. Dennoch, Freunde, das war schon ordentlich, was?", nennt er uns doch tatsächlich Freunde. „Die haben wir platt gemacht, so schnell konnten die doch gar nicht 'mal schauen. Ich hab' sicher ein Dutzend erwischt, und da mein' ich nur die, die vor mir umgefallen sind. Dieser scheiß Nebel, verdammt noch eins, wo der her'kommen ist? Aber der Franz hat zwei Neger auf dem Gewissen. Und was noch?"
„Ich weiß nicht. Das war aber ein natürlicher Nebel, der hat den Übergang arg erschwert. Ich hole mir das Essen!", stelle ich mich, in Gedanken bei allen drei Männern, die durch meine Hand umgekommen sind, in die Reihe vor der Essensausgabe. *Die wollten noch nicht einmal auf mich schießen, machten den Anschein, nicht zu wissen, was sie hier sollten. Unerträglich einfach ist es, einem Menschen das Leben zu nehmen.* Immer haben wir von der Artillerie gesprochen, die überhaupt nichts mehr mitbekommt, außer die Rohre zu laden, aber wir Infanteristen, wir müssten das Weiße im Auge des Feindes sehen. Vor dem hatte ich immer eine höllische Angst, und nun hebe ich den Karabiner wie geübt hoch, feuere und danach ist ein Feind weniger am Feld.
„Nicht nachdenken, Franz", meint Klaus hinter mir, „da wirst' verrückt. Da hat der Sepp allerdings recht, das ist eben unser Befehl, unser Handwerk, das wir so gut beherrschen, dass wir überlebt haben."
„Wir schon. Noch!"
Zurück im Wald lehnen wir an den hochgewachsenen Bäumen und schlingen die warme Suppe – und einige sogar gleichzeitig die Würstel – hinunter, wobei ich an das herrliche Frühstück in Sedan denken muss und an die eleganten Kellner, nebenstehend und uns bei diesem Akt zusehend. Ich hole das erste Mal seit unserer Stellung noch vor der Aisne – den Fluss werde ich, wie die Weichsel, so lange ich lebe nicht mehr vergessen – meine Vali aus der Brusttasche, sehe das alte,

aufgeweichte Bild an, lege das neue, nur an den Rändern nasse darauf und starre es an, um mich dann nochmalig für das alte, mir eindringlichere, zu entscheiden. Mit der linken Hand muss ich es gegen weitere Benetzung schützen, so gleiten die ersten Tropfen von den Wipfeln herab auf uns. *Was sie wohl gerade jetzt machen wird?* Immer ist das der erste Gedanke, jedes Mal seit meiner Verlegung, wenn ich ihr Bild betrachte und an die Ungerechtigkeit denke, hier weit entfernt von ihr töten und dabei hoffen zu müssen, dass sie nochmals auf mich wartet, ihre Jugend an den einfachen Soldaten mit Blut an seinen Händen verschenkt, und den Bitten ihres Vaters, egal was kommen mag, nicht nachgibt. Erst danach, aber von dieser unsäglichen Angst des Verlustes unterlegt, fühle ich die wohlige Wärme ihres Lächelns, den betörenden Geruch und das letzte Versprechen, das ich nach dieser Hölle am Fluss umso mehr einzulösen gewillt bin.

„Na, Franz. Die Vali wirst' jetzt bald heiraten, oder?"
„Ja, werd' ich, sofort wenn ich heimkomm'!"
„Ein richtiger Romantiker. Ich sehe mir die Französinnen an, die sind doch Beutegut nach unserem Sieg!", lachen alle.
„Das kann er doch auch noch tun, Sepp. Er ist ja noch nicht verheiratet!"
„Ach, wie ich unseren Franz kenn', wird er doch die Ehre seiner Valeria Reiter nicht beflecken, er ist doch die Treue in Person."
Er ist ein ziemliches Schlitzohr im Hinterfragen etwaiger Vermutungen seinerseits, so weiß er mich natürlich monatelang auf einem Gutshof und kennt – oder kann sich gut vorstellen – den großen Hofstaat an Weibern dort.
„Nein, Sepp, 'hast recht. Die Franzosenweiber können mich gernhaben!"
Bei Nieselregen müssen wir den Wald erneut verlassen und setzen uns weiter in südliche Richtung in Bewegung. Es dauert seine Zeit, bis der Tross auch ganz an seinem Ende von der Stelle kommt. Slidez – einzig noch durch seine Pistole als Unteroffizier ersichtlich – geht hinter Klaus und direkt vor mir das ostwärtige Ufer eines Flusses entlang.
An der darüberliegenden Seite stehen einige schwarz-weiß gefleckte Kühe frei im kniehohen, nassen Gras kauend herum, halten inne und

beobachten neugierig – und wie mir scheint, über uns lächelnd – die Menschenmassen bei ihrem Vorüberziehen. Kleinere Ansiedlungen, eine jede davon mit Kirche und diese wiederum in schwarz und von der hervorblinzelnden Sonne bestrahlt, zeigen sich menschenleer, jenseits des Flusses. Einzig Funker laufen mit ihren Kabeltrommeln am Rücken ringsum und weiter westlich zieht der Nachschub seine Kolonne hinter sich her, an endlosen Gefangenenkolonnen vorbei. Diesseitig stehen in einigem Abstand zu uns liegengebliebene Panzer alleine auf weitem Feld. Von der Stadt Reims, in der wir uns halbwegs vernünftige Quartiere versprochen hatten, ist von hier aus nichts zu sehen. Es ist verrückt, aber alles, die ganze Landschaft liegt friedlich vor uns; wären nicht die Schmerzen durch das elende Marschieren, unaufhörliche Weiten entlang, wüsste ich mich in keinem Krieg, sondern eher in einem Manöver, bei dem sich ab und an Geschützdonner vernehmen lässt. Wegen der täglich eingehenden und an uns weitergegebenen Warnungen vor Schützen aus dem Hinterhalt, marschieren wir ganze vier Nächte im Schutze der Dunkelheit und rasten jeweils den ganzen Vormittag rund um Ansiedlungen herum, ohne dem Feind die Möglichkeit zu geben, an uns unsichtbar heranzukommen. Spät am vierten Nachmittag setzen wir uns, noch gut sichtbar, in Bewegung, als ein Schuss einen großen Tumult weit vor uns auslöst. Sofort feuert alles blindlings in die vermutete Richtung. Der Sepp hebt seine Waffe auf Richi´s Schulter und feuert in ein mindestens einen Kilometer entferntes Waldstück.
„Feuer einstellen! Sofort Feuer einstellen!"
Späher laufen geradewegs auf den Wald zu, der ganze Tross hält, wartet hockend oder noch stehend, wie unser Richi, welcher das MG von seiner Schulter wuchtet und den grinsenden Sepp grimmig ansieht.
„Ich hör' nicht's mehr!"
„Na dann weißt' jetzt, wie's mir ergangen ist. Keine Angst, übermorgen legt sich das Pfeifen!" „Warum machst du das? Kannst du das verdammte Ding nicht abstellen?"
„Hier vom Boden aus? Da hab ich keine Wirkung, das weißt' doch, du kennst die Vorschrift!"
„Ach", reibt Richi sein Ohr mit der rechten Hand, bewegt es rasch hin

und her, was zwar kaum Linderung bringen wird, aber wohl alle versuchen würden.

„Da hat's einen erwischt, was?"

„Feige Hunde sind das, sonst nichts. Setzen sich auf Bäume, drücken ungesehen ab und suchen das Weite, und die Neger lassen's ohne Ausbildung direkt gegen uns antreten, pah, schöner Gegner!"

Beinahe zwei Stunden – die wir mit Sicherheit wieder einholen müssen – warten wir, beobachten zugleich den Wald und die Vorgänge in der 134er, wo ein Kamerad an Ort und Stelle begraben wird. Danach heißt es wieder alles aufnehmen und weiter, an dem frischen Erdhügel vorbei. Späher laufen seitlich noch weiter den Waldrand entlang, erhalten Befehl zur Wiedereingliederung und wir erreichen den ersehnten nächtlichen Schutz, der heute alles in tiefes Schwarz für exakt sieben Stunden tauchen wird.

Zum vierten Mal bereits fällt ein Kamerad am nächsten Tag geräuschlos um und zum ebensovielten Male knallt kurz darauf ein Schuss, auf welchen zuerst die betroffene Kompanie, dann das Bataillon und schließlich die gesamte Division das Feuer gegen die Baumgruppe erwidert, es einstellt und wir erneut – verzögert um bis zu zwei Stunden – versuchen, den Anschluss an die regulären feindlichen Truppen zu halten.

Es ist diese Art der Kriegsführung nicht in Einklang mit unserem Befehl zu bringen: möglichst rasch vorzustoßen. Einzig bleibt auf jeden Kilometer zu hoffen, nicht der nächste willkürlich Gewählte zu sein, was zwar unwahrscheinlich – so hat es bislang keinen aus unserem Regiment erwischt – aber doch möglich ist. Diese unsichtbare Gefahr für den einzelnen, keineswegs für den Verband als Ganzes, nagt gehörig an den überreizten Nerven, und ich beginne voranschreitend abzuwägen, was der Anspannung zuträglicher sein würde, *ein offener Kampf mit sichtbarem Feind oder diese Strategie des Abknallens einzelner auf vollkommen unbedeutendem Gelände?*

Weit vorne beginnt der Tross über eine Brücke den Fluss, der uns die ganzen letzten Tage ruhig begleitet hat, überzusetzen; dadurch verlangsamt sich die Geschwindigkeit, was wiederum die Blicke auf das bereits schlecht beleuchtete Umland fahren lässt, vor Furcht, hier den

Fangschuss zu erhalten. Eine Stunde vergeht, dann setzen auch wir im Dunkeln über, weit in die Nacht und die Felder hinein marschieren wir – im Dunkeln laut lärmend ab und an Donner und Blitze aufleuchten sehend – bis in das Morgengrauen des 24. Juni.
Sofort nach nur kurzer Pause schreiten wir hundemüde, mit letzter Kraft weiter Richtung Süden, und sehen das erste Mal auf französischem Boden fahrende deutsche Panzer, auf einem Feld von hier aus wie Spielzeug hin und her kreuzend, aber nicht weiter nach vorne brausend.
„Es ist vorbei! Ich sag's euch, es ist vorbei!", schreit Klaus laut und zeigt mit der Kiste, die Berndl vor Wochen in den Kampf getragen hat, auf die Vielzahl an Panzern, von denen wiederum viele bereits ruhig stehen.
„Mensch, glaubt ihr das wirklich? Den Franzosen geschlagen, in so kurzer Zeit? Das kann doch nicht…", hebt sich deutlich die Freude in Richis abgekämpfter Stimme.
„Sieht gut aus, Männer! Sogar sehr gut", lächelt zum ersten Mal seit langem, oder überhaupt in seinem Leben, unser Slidez.
„Da vorne, Kameraden, da kann gut die Demarkationslinie sein, dieselbe wie zu den Russen in Lemberg."
„Glauben´S wirklich, Herr Unterfeldwebel?"
„Warten wir's ab, eine Neuformierung des Franzosen kann ich mir nicht mehr vorstellen."
Unsere Division nähert sich seitlich den motorisierten Einheiten, die zwischen uns und der weiter linksseitig stehenden Unzahl an Panzern liegt und wir schreiten geradewegs auf eine riesige Ansammlung von in der Sonne sitzenden französischen Soldaten zu. Ein jeder von uns reckt den Kopf in die Höhe oder seitlich am Vordermann vorbei, um die Situation überblicken zu können. Tausende abgekämpfte Männer in brauner Uniform beobachten uns aus neugierigen Augen, zwischen zerzaustem Haar und Bart hervorstechend, wie wir an ihnen vorbeischreiten, die Sieger die Besiegten dabei demütigend mit Staub bedeckend und sie – die von nur einigen Panzern in Schach gehaltenen – die Köpfe wegdrehen lassend. *Wie die Gänse*, fällt mir plötzlich ein, *einer beginnt, und alle machen diese Bewegung nach: drehen den Kopf*

von uns weg. Auch in einem anderen Punkt sind sie diesen Tieren gleich, so würden Gänse, soviel ich weiß, nicht mit Enten nebeneinander schwimmen, und hier sitzt eine große Gruppe von Negern abgegrenzt, von uns bestaunt. Sie wirken, wie schon an der Aisne, wie ein eigenständiger Verband, willkommen als kämpfende Soldaten für Frankreich, aber nicht als Menschen, oder gar Franzosen. An zwei Panzern der Klasse 1 mit gerade essender und aufgesetzt überlegen grinsender Besatzung vorbei, schreiten wir im rechten Winkel auf ein schmales Flüsschen zu und können am anderen Ufer wiederum französische Soldaten erkennen, die uns aber einen vollkommen anderen Empfang bereiten. Laut rufen sie bei unserer Ankunft am Fluss immer wieder dieselben unverständlichen Wörter herüber, viele tanzen vor Freude miteinander, halten Flaschen an die Münder ihrer Kameraden, welche den Inhalt mit Deutschem Gruß leeren. Eine irrwitzige Szenerie: der zerknirscht geschlagene Feind dicht neben uns, feiernde, lebensfrohe Männer in selber Uniform auf der anderen Uferseite, deren Stimmung uns jedoch anzustecken beginnt.

Man merkt einer Gruppe sofort die innerliche Veränderung an, obwohl sie sich nach außen noch nicht gelassen zeigt, jeder darin noch grimmig um sich schaut, wie es die letzten Tage gelernt wurde und bestmöglich vor Überraschungen Schutz bietet. Der gesamte Verband bleibt plötzlich irgendwie – ungeordnet – stehen und schickt auch den tanzenden Franzosen eine dicke Staubwolke mit dem leichten Wind hinüber. Keiner von uns weiß, wie er sich verhalten sollte. Erschöpft stehe ich inmitten grauer Wölfe, das weiß Gott wieviele Kilometer getragene Gewehr mit dem Kolben am Boden. *Es ist vorbei! Es muss vorbei sein! Und ich lebe! Erlebe diesen Tag, nur leicht verletzt!* Ein unbeschreibliches Gefühl von Stärke packt mich trotz meiner körperlichen Schwäche, anders als an der Geländekante. Dort fühlte ich mich unendlich einsam, hier eher meiner damaligen Ankunft in Ried gleich, doch von viel größerer Intensität. *Der große Feind, der größte Feind, dieses riesige Land ist von uns bezwungen mit meiner deutlichen Hilfe. Jetzt,* und vielleicht beschreibt dies das Empfinden am nächsten, *kann diese Armee nichts mehr aufhalten, da bin ich mir sicher.*

Gerüchte gehen als Bestätigung meiner Annahme durch die Reihen und lassen die Helme durch die Luft fliegen, Soldaten kehren – nun auch äußerlich – in ihre menschlichen Hüllen zurück und umarmen sich. Ich drücke Klaus als ersten ganz fest an mich und küsse im Überschwang seine staubige Wangen und sogar die Lippen, niemand kümmert sich um Ordnung, Schüsse fallen. Eine dezimierte Einheit liegt sich vor staunenden Franzosen in den Armen, einige tanzen ganz spontan und ohne Musik in den ausgetretenen Stiefeln, oder gleich barfuß. Weinflaschen, aus den umliegenden Dörfern requiriert, werden herumgereicht, alle singen und prosten auf den ersten Soldaten des Reiches, auf den Führer, an. Slidez kommt `von einer Besprechung´, wie er leicht berauscht meint, mit den wieder nach oben gedrehten Lietzen und fordert von uns, den Zeigefinger dabei nach oben gestreckt, in tadelloser Adjustierung in einer Stunde angetreten zu sein, was er zum allerersten Mal nicht ganz ernst meint.

Exakt den Blick in Richtung Paris gerichtet, steht die Formation der 45er, oder der Rest der leider teilweise schwer ausgedünnten Division, angetreten vor der gesamten Kommandantur, mit den uns still beobachtenden, neugierigen Soldaten dies- und jenseits des Flusses.
„Männer, rühren!", schreit der Kommandant laut in ein kleines, seine Stimme verstärkendes und knacksendes Gerät. „Männer! Soldaten! Kameraden! Es ist tatsächlich vollbracht. Die französische Armee ist geschlagen! Ein dreifaches Sieg!", „Heil", „Sieg!", „Heil", „Sieg!", „Heil!"
„Männer, vor 23 Jahren war ich im Weltkrieg als kleiner Soldat an der Somme dabei. Ein Fluss, zweimal so breit wie der Ardennenkanal. Damals sind wir einfach nicht hinübergekommen, nicht einen Fuß setzten wir auf das verdammte andere Ufer, und viele, verdammt viele, haben ihr Leben gelassen. Vor exakt 21 Jahren und 8 Monaten, am 11.11.1918, wurde in einem Eisenbahnwaggon von dem französischen Marschall Foch an die deutschen Unterhändler der Schandfrieden diktiert, der das bis zum heutigen Tage unbesiegte deutsche Heer zu unrecht schmähte. Unser Führer, Adolf Hitler, hat vor vier Tagen, und somit nach weniger als sechswöchigem Kampf, in genau diesem Waggon den Franzosen die Bedingungen diktiert, welche von General Huntziger

einen Tag später unterzeichnet wurden und den Schandfrieden für null und nichtig erklärten. Es wird, meine Herren, eine ganze Weile dauern, bis wir allesamt das ganze Ausmaß, die unglaublich weitreichenden Geschehnisse dieser Tage begreifen, wenn überhaupt. Geschehnisse, zu deren positivem Ausgang jeder einzelne dieser Einheit seinen wertvollen Beitrag geleistet hat, ob jetzt noch vor mir stehend, oder in Erfüllung seiner Pflicht das Schicksal eines Soldaten erlitten habend. Für jene wird morgen um 10:00 Uhr eine Feldmesse gelesen, darüber hinaus wird jedem von euch die Möglichkeit zur Beichte gegeben. Wohin in weiterer Folge diese Einheit befohlen wird, ist noch unklar und ich möchte keine Spekulationen befeuern. Was ich sagen kann, ist: Für heute Nacht wird hier eine Zeltstadt aufgebaut und ein ordentliches Abendmahl, hoffentlich nicht das letzte", sieht er den Feldgeistlichen schelmisch an, „bereitet. Aber, Soldaten, die Strapazen haben hiermit ein Ende. Soldaten, gemeinsam singen wir in voller Lautstärke hier auf französischem Boden zum ersten Mal unser Lied, das `Deutschland Lied´. Achtung!"

Die Franzosen muss es verwundern, wie strikt – nach nur kurzer Ausgelassenheit – selbst die Siegesfeier bei uns abläuft, beobachten sie uns doch staunend ganz genau. Alle drei Musikkapellen nehmen Aufstellung, spielen sich kurz ein und hören auf den einzigen Kapellmeister, vor ihnen stehend. Alle zusammen schmettern wir lautstark das Lied in die heißer werdende Luft, schreien die Wut, die Freude, den Schmerz mit den Worten `Deutschland, Deutschland über alles!´ hinaus, für ein Publikum, das die Worte nicht versteht, aber von der Leidenschaft beeindruckt scheint. *Wir, diese Division, singt über ein Land, das nicht einmal ihres ist, nicht einmal unsere Heimat ist*, trotzdem singe ich laut mit, aber die Gedanken gleiten dabei in die alte Heimat, zu Herrn Reiter, der dieses Lied gewiss oftmals gehört hat, gesungen hat er es sicherlich nie, er sang über das damalige große Österreich. *Ja, das hat er besungen, seinen Untergang herbeigesungen*, fällt mir mit Genugtuung ein. *Wie er wohl reagieren wird auf meine Heimkehr?* Zu gern würde ich ihn jetzt, in diesen Tagen sehen. *Das gesamte europäische Festland ist jetzt in deutscher Hand*, bekomme ich Gänsehaut am ganzen Körper.

Viel lieber noch aber würde ich seine Tochter, meine Verlobte, sehen, ehestmöglich will ich ihr meine Unversehrtheit wenigstens berichten, die sie seit Monaten hoffentlich quälende Ungewissheit über mein Schicksal – trotz aller guten Neuigkeiten über die Armee, aber eben nicht von mir – auflösen, *und hernach meine Vali ehelichen*, fährt der ganze Stolz, bestärkt durch diesen großen Sieg und berauscht durch den guten Wein, in meinen Kopf. *Nichts wird auch mich persönlich, den kleinen Schützen Meyer, von nun an aufhalten oder gar abhalten können,* und auf gar keinen Fall ein feiner Pingel wie dieser Albricht, der nur daheim zu sitzen braucht, und sich an der Heimatfront bedienen möchte.

Gleich nach unserem Verstummen holen wir die Tornister vom Tross, auf dem sie seit Trier liegen und werfen sie zeltweise auf Haufen, um dann sofort und militärisch einheitlich die Straffheit wieder in Unordnung zu wandeln – saufen, was nur irgend an Alkohol zu kriegen ist.

„Was für ein Tag, Kameraden."

„So ein Tag, so wunderschön wie heute, so ein Tag, den wird es nie mehr geb'm."

„Der größte in meinem Soldatenleben."

„Ich meine, dass wir am größten Tag des deutschen Heeres beteiligt sind."

Wir besaufen uns regelrecht. Der Abendsonne entgegen singen wir alle möglichen Soldatenlieder; aber auch Lieder aus unserer alten Heimat werden angestimmt, da aber nur jene mit leichten und keinesfalls trübsinnigen Texten, um kein Einschreiten der Vorgesetzten zu provozieren. Nur ganz vereinzelt werden Zelte hochgezogen, es gibt keinen vorgegebenen Zeitplan, nichts scheint heute von uns noch verlangt. Eine der beiden möglichen Ursachen, Soldaten von sich aus in einer solchen Situation zur Vernunft zu bewegen, ist der von den Feldküchen ausgestoßene Geruch, welcher Soldaten aller Heere, aller Zeiten in den Automatismus zurückdrängt, der ihn sein Leben erhalten lässt. Um sein Essen einnehmen zu können, benötigt er sein Geschirr, was geholt werden muss. Und vor dem muss normalerweise, und sollte heute, möglichst das Zelt aufgebaut sein. Also beginnen wir, die Bahnen zusammenzuknöpfen und bemerken die Franzosen, die den Fluss überqueren wollen. Instinktiv schlägt der schnellere Puls unter dem

Treibsatz des Alkoholes Alarm, kommen die Bilder von der Aisne hoch; spürbar nervös blicken wir uns gegenseitig an.

„Schon gut, Männer. Das sind Kolaborateure. Die werden mit uns zu Abend essen."

Wir beobachten sie misstrauisch weiter dabei, wie sie einfach durch den einen Meter tiefen Fluss waten, ihren Landsmännern auf dieser Seite keine Beachtung schenken, und auf uns zugehen.

„Bonjour", reicht Richi den ersten bei uns ankommenden die Hand und verneigt sich leicht. Die überaus freundlichen Franzosen greifen ohne Berührungsangst mit beiden Händen sofort nach unseren und reden pausenlos auf uns ein, wohl durch den Gruß verleitet, wir könnten alle französisch. Weitersprechend sehen sie uns aus nächster Nähe bewundernd an, als wären wir die ersten Deutschen, die sie zu Gesicht bekommen, schütteln immer wieder unsere Hände und treiben unseren hart erkämpften Stolz in ungeahnte Höhen, auch wenn wir nur dastehen und wie Zuschauer die Szene betrachten, nicht wissend, wie wir uns verhalten sollten, denn die durchaus ansehnlichen Männer reden unbekümmert weiter auf uns ein.

„Am besten, wir deuten ihnen an, uns doch zu helfen."

Rasch haben sie begriffen und die Zelthaken– nach heftigen Diskussionen untereinander – in die weiche Erde getrieben. Nach etwas länger dauernder Vermittlung – alleinig durch Gesten – schwärmen sie aus, um brennbares Material für ein Lagerfeuer zu sammeln, das erste erlaubte in Frankreich überhaupt.

„Herhören, Männer. Zuerst sind wir dran an der Gulaschkanone. Hernach lassen wir den Franzenmann ´ran, so lange eben der Vorrat reicht."

„Und was, wenn jemand nachholen möchte?"

„Ein volles Geschirr und ein Stück Brot für jeden, Sepp."

„Die sind ja ganz aufgeregt."

„Verstehst du was, Richi?"

„Nein, gar nichts, die reden in einem starken Dialekt."

„Ja, ja, der Dialekt ist wieder ´mal schuld."

Es sind wirklich ansehnliche Männer darunter; ihre Uniformen weisen in der versinkenden Abendsonne keine Spuren von Kampf auf, so als hätten sie diese gerade heute erst übergezogen. Nur bis knapp über Gürtelhöhe sind allesamt vollkommen nass, was ihnen jedoch nichts auszumachen scheint. Ihre Hautfarbe ist viel dünkler als bei jenen an der Aisne weit im Norden, aber sogar noch als bei jenen Sitzenden weiter drüben. Dichtes schwarzes Haar, Schnauzbart oder nicht, aber gute Rasur zeichnen sich auf den Gesichtern der sehr jungen Männer ab. Einige, sich mit den Offizieren unterhaltende, tragen ganz schwarze Uniformen ohne jegliche Abzeichen, und nur Pistolen in schwarzen, großen Halftern. Auf dem Kopf haben sie die typische und ebenso schwarze Franzosenkappe; genau so wurden die Franzosen in den Zeitungen bei uns im Reich immer abgebildet.

„Das einzige, was jetzt noch fehlt, sind Weiber", schmatzt der Sepp laut und schaufelt das eher dünne Gulasch lachend in sich hinein. Wir sitzen um das hohe Feuer und essen mit schlechtem Gewissen, so beobachten uns die umstehenden, offenbar hungrigen Franzosen. Teilweise geben wir den einen oder anderen Löffel ab, hören aber das laute Gejammer der im Dunkeln sitzenden, von aufgestellten Wachen in Zaum gehaltenen, die wohl ohne Mahlzeit schlafen werden müssen.

In der Essenszeit herrscht zumindest ringsum Ruhe, sogar Grillen sind nun hörbar und Glühwürmchen bei ihrem Flug über die Wiese zwischen den Zelten beobachtbar. Sanitäter ziehen herum und werfen in dieser unserer ersten Phase der Erholung, ganz ohne Befehle, die wir auszuführen haben – also der Verarbeitung alles Vorgefallenen – einen neugierigen Blick in unsere von ihren Lampen erleuchteten Gesichter; sie wissen um die Gefahr von Nervenzusammenbrüchen, die sich schnell ausbreiten könnten.

„Hier, Herr Sanitätsgefreiter. Der Kamerad da, der braucht dringend eine Panzerschokolade!"

„So 'was haben wir nicht", gehen sie einfach weiter.

„Welche Schokolade?"

„Ach, der Franz", schüttelt der Sepp den Kopf, „der war ja wieder nicht dabei in Polen, dort haben sie die verteilt, diese spezielle Schokolade."
Und die Gruppe lacht.

Einer der ersten bin ich dann, der seine Müdigkeit auf schweren Beinen in den Schutz des Zeltes trägt und sich, ohne die Schmähungen der anderen zu beachten, auf den weichen, aber kühlen und dennoch trockenen Boden legt. Endlich ist es mir wieder möglich, die so wie ich unversehrt gebliebene Uhr bei schwachem Licht zu einem weiteren Tag verlässlichen Tickens nicht einfach nur so in Schwung zu setzen, sondern dabei die fünf Minuten der Innigkeit unserer Gedanken bestmöglich auszukosten. Konzentriert stelle ich mir Valeria in ihrem sauberen, warmen Bett sitzend vor, ihre schmale Armbanduhr ebenfalls, so wie jeden Tag auch heute, mit mir zeitgleich in Händen haltend und versuche, ihre Gedanken zu erraten. Es bedarf allerdings großer Anstrengung, heute und nach so langer Zeit die Gedanken einzig auf sie richten zu können; zu viel scheint vorgefallen zu sein in den letzten Wochen, zu viel Zeit hat sich zwischen uns gedrängt, mich noch weiter verändert, aber vielleicht auch sie sich verändern lassen. Mit Entsetzen bemerke ich plötzlich das leichte Zittern der rechten Hand am Silberknauf, wische damit unbewusst über das Hemd, als könne ich es einfach wie Schmutz von der Oberfläche entfernen, und drehe weiter mit unverändert zitternden Fingern den Knauf bis zum Ende. Um Punkt 10 Uhr ertönt auch heute, am Siegestag, das vertraute langgezogene Signal zum Zapfenstreich und reißt, wie üblich, die Gedanken an Valeria ab.

Alle Franzosen schlagen die Nacht hindurch auf mich ein; zwei Mal schaffen es die Träume, mich hochjagen zu lassen. Einmal, um halb drei Uhr morgens, verlasse ich das Zelt, steige vorsichtig über die wie Hunde um unsere verglühte Feuerstelle kauernden Franzosen und gehe zum Fluss. Eine sternenklare Nacht wird mir geboten und lässt mich dadurch frösteln. Strahlend hell funkeln sie über mir, während ich in den Fluss pinkle, aus dem noch kühlere Luft aufsteigt. Ganz ruhig, in absoluter Stille fließt er vorbei; keinen Ton gibt er von sich, dabei ist er doch ständig in Bewegung. Den vielen anderen Flüssen gleich, schiebt er sich durch die ebene Landschaft Frankreichs, umschlängelt sanfte Hügel. *Niemand von uns hat je gefragt, woher er kommt oder wohin die Reise geht*, setze ich mich, die Stille genießend, in halbhohes, feuchtes Gras. Irgendwo weit von hier bellt ein einsamer Hund, gleich hinter dem Zelt und dennoch für mich unsichtbar, jammern Männer vor Hunger, unterbrochen von lauten Fürzen und Geräuschen von Dünnschiss, was mich zum Lachen bringt, komme mir aber gleich dumm vor, so haben sie sicher das Gras gefressen.

Der silberne, ruhige Fluss führt mir die drei Kameraden ins Gedächtnis, die es nicht einmal zu befohlener Geländekante geschafft haben, lächelnd stelle ich sie mir vor und will sie unbedingt lebend in Erinnerung behalten und nicht erschossen. Ohne den geringsten Schrei riss es sie um, keine zwei Meter neben mir, oder gar in Fetzen. *Meine Fresse, den Berndl hat es regelrecht auseinander, in kleinste Stücke, gerissen und nach hinten über das Feld geblasen.* Die Waffen, sie fressen tatsächlich ihre Bedienung, aber es muss ihre Opfer wert gewesen sein für diesen Sieg über den Erbfeind. Sie, nicht ich, waren an der Reihe, in so jungen Jahren aus dem Leben zu scheiden. Seit dem 9. Juni begleitet mich ständig diese eine Frage, bohrt unaufhörlich und stetig tiefer, holt ein sich täglich verschlechterndes Gewissen an die Oberfläche: *Warum ich?* Wie werden wir es der Ehefrau vom Berndl, oder Franzls Eltern erklären, die uns ansehen und wortlos fragen werden: Aber ihr lebt. Du, Meyer, du lebst doch. Hast du nicht aufgepasst? Den Franzl, diesen tollpatschigen, ehrlichen Burschen – das weißt du doch – meinen Sohn, ins Feuer gehetzt und dann nicht geholfen? *Nein, verdammt! Das habe ich nicht*, laufen ganz leicht meine ersten Tränen auf französischen Boden. *Den Berndl habe ich liegen gelassen, ich durch meine Unvorsichtigkeit verbluten lassen, damit ich weiter konnte, andere weiter töten konnte*, wiegt der Kopf plötzlich schwer. *Und dann Slidez, der diesen schwerverwundeten Franzosen… woher hätte er eine Waffe genommen?* Ständig fliegt in meiner Vorstellung dieser Kopf hart nach hinten in das Genick. Niemand spricht darüber, alle verdrängen es, kosten den Sieg aus. *Den größten Sieg aller Zeiten,* sehe ich dem Hölzl seine Augen dicht vor mir über dem Wasser, kahl und leer starren sie mich jetzt an und ich begreife, hier nach so langer Zeit, dass er Angst davor hatte, mir in die Augen zu sehen, in meine lebendigen Augen, und sie finden zu lassen, was seine verbargen. *Meine Hände haben sich zur Gänze wieder beruhigt*, überprüfe ich am Zelteingang ängstlich, im Kopf bohrt es hingegen weiter, das Gehirn scheint dieser Bilder nicht Herr zu werden, keinen Platz zu finden, weshalb sich viele wohl besinnungslos saufen.

Um 7:00 Uhr morgens stehen wir nach Regimentern geordnet in Kompaniestärke angetreten vor den Stellvertretern zur Befehlsausgabe in der Sonne.

„Guten Morgen, Männer!", schreit der Spieß wie gewohnt etwas unverständlich und übergibt an den Hauptmann.

„Soldaten! Ich kann mich der gestrigen Worte des Kommandanten nur anschließen, es liegt ein kurzer, aber harter Kampf hinter uns, hinter der V. Kompanie. Ich darf aus voller Überzeugung behaupten, niemals noch die Ehre gehabt zu haben, je eine so disziplinierte, unerschrockene Einheit anzuführen. Daraus ergab sich für mich selbstredend, alle Ansuchen der Offiziere und Unterführer über ausgezeichnetes Verhalten einzelner Soldaten ohne Ausnahme zu unterschreiben und dem Divisionsstab weiterzuleiten. Heute in den frühen Morgenstunden erging folgender Befehl an unsere Kommandanten, ich zitiere: In Anbetracht gezeigter Einsatzleistung sowie Höhe an Verlusten, wird eine ganze Woche, vom 27. Juli – 3. August, Erholungsurlaub gewährt. Dieser hat an der Mittelmeerküste, im Raum Marsaille stattzufinden und den Soldaten sämtliche Annehmlichkeiten zu bereiten. Gezeichnet von Brauchitsch."

„Juhuu!"

„Meine Herren, Ruhe bitte! Das heißt, morgen werden wir hier abrücken. Für heute steht, wie ihr bereits wisst, die Messe für alle gefallenen Kameraden an, was den Schmerz über ihren Verlust ein wenig lindern sollte, aber ersetzen kann sie unsere Helden nicht", verzieht er beinahe so schmerzlich das Gesicht wie der Spieß dicht neben ihm.

„Aber das Leben geht für uns weiter. Am Nachmittag werden alle mit Aufräumarbeiten in den umliegenden Gebieten betraut. Am Abend darf Alkohol getrunken werden, aber nicht in den Mengen von gestern, wir sind offiziell noch im Einsatz. Und ja, genau", wies ihn der Spieß darauf hin, dass Feldpost für heute Abend erwartet wird.

„Ans Meer, du meine Güte! Wer hätte sich das träumen lassen?"

Ja, ein Freund vom Vater hat seit dem Weltkrieg immer davon geschwärmt, von dem ständigen Rauschen heranrollender Wellen", stelle ich mir den Vota vor, wie er losgezogen sein wird, damals.

„Nein, aber das war ein Fehler vom Geistlichen, alle 768 Gefallenen einzeln vorzulesen. Die müssen doch jetzt ruhen, wo auch immer", klagt Klaus auf unserem Weg mit den Spaten durch das Umland.
„Da hast' recht. Die Sanis haben einiges zu tun gehabt, und als er dann die Namen unserer Kameraden und Freunde auf ewig verlesen hat, also verdammt noch eins, das hat sogar mich getroffen."
„Lasst die Toten ruhen, aber Freunde niemand weiß, wie ihm sein Tod bescheret ist", spricht Richard nachdenklich in schwerem Ton vor sich her und bringt jeden ein Stück weit zum Schweigen.
Ein jeder möchte weiter darüber sprechen, so meine Einschätzung all dieser mir sehr gut bekannten Kameraden, hier und jetzt, innerhalb der beteiligten Gruppe, ohne es Außenstehenden – die ja ohnehin, so wie der Hannes damals, nur nach dem Tötungsakt gieren – erklären zu müssen, aber keiner getraut sich, als Memme von den anderen bloßgestellt zu werden.
„Ob unser Slidez Anträge gestellt hat?", fragt ausgerechnet Hannes, der wie ein Häufchen Elend die Messe mitverfolgt hat, und nun doch ein EK II scheinbar einfordert. So viel ich weiß, ist er in fünfter Generation beim Militär.
„Ja, meine Güte, ein EK auf der Brust und damit am Meer sitzen, mit einer kühlen Blonden, was, Hannes, das wär' was?", haut der Sepp ihm unsanft auf die Schulter. Er durchschaut schnell jemanden, ganz entgegen dem tölpelhaften Eindruck, den er macht.
„So, Männer!", bleibt der Leutnant vor uns stehen, „dort drüben ist unser Dorf. Zuallererst werden tote Menschen, oder hier in diesem Gebiet wohl eher die toten Tiere, begraben. Die Menschen haben nämlich ihre Häuser verlassen und kehren nun zögernd wieder zurück. Falls welche angetroffen werden, immer schön freundlich, verstanden?"
„Jawohl!"
„Na denn", gehen wir auf das erbärmlich wirkende Dörflein zu, welches von circa 30 Mann wieder auf Vordermann gebracht werden soll. Die Häuseransammlung steht verlassen um eine Kirche, oder eher Kapelle, in der Mitte einfach in der Wiese. Von dem geradewegs

vorbeiführenden Schotterweg hat man keine Abzweigung für nötig erachtet, nur ein ausgefahrener Streifen im Feld zeigt geradewegs auf die Kapelle mit spitz zulaufendem, aber niedrigen Turm und heute offenstehender Tür. Linksseitig stehen in einer enggehaltenen Umzäunung zwei magere Pferde neben ungemähten Wiesen, in selbiger, nur am anderen Eck, liegt eine tote, aufgeblähte und beißenden Geruch verströmende Kuh.

„Ihr kümmert euch um die Pferde, und ihr", zeigt der Leutnant auf uns, „begrabt gleich die Kuh da. Die anderen kommen mit mir."

Gleich neben ihrem Körper, noch innerhalb der Umzäunung, heben wir, gegen Übelkeit ankämpfend, ein tiefes Loch aus der hellen Erde. Irgendeiner kommt um das Haus herum und schießt ein Foto von den hervorquellenden Augen, danach kippen wir den massigen Körper mit dicken Ästen als Hebel hinein, wobei ihr die Bauchdecke reißt und tausende kleine gelbe Maden aufgeregt in der Sonne ihren Platz suchen.

„Seht euch das an, verflucht noch 'mal!"

„Das erwartet einen in der Erde, egal ob geweiht oder nicht!"

„Wie lange die hier schon liegt?"

„Drei, vier Tage, vielleicht länger, je nach Temperatur. Die ist an Milchbrand verendet, ziemlich scheußlich für so ein Vieh."

Und wir schaufeln diese hellgelbe Erde über sie.

Die dunkelbraunen Pferde, der Statur nach reine Arbeitstiere, die demnach nichts von dem Stolz militärischer Pferde an sich haben, fressen den sie dabei streichelnden Soldaten aus der Hand und trinken erfreut aus Blecheimern, als wir neben dem Erdhügel die Stalltür aufstoßen und zwei Kühe in tadellosem Zustand ganz ruhig stehen sehen.

„Sieh 'mal einer an", klopft Slidez einer der beiden auf den stattlichen Rücken, „entweder da ist jemand im Dorf, oder kommt nächtens, um diese Prachtexemplare zu füttern."

„Der muss doch verrückt sein. Die Pferde lässt er abmagern bis auf die Knochen und die Kühe da füttert er?"

„Gute Frage. Vielleicht getraut sich die Person nur in den Stall, aber keine Ahnung, was in den Franzosenköppen vor sich geht", stellt Slidez fest und sagt dabei ʾKöppeʾ schon wie ein Preuße.

„Will jemand etwas Milch?", springt Klaus auf die Knie und beginnt einfach eine zu melken. „Kommt doch, legt euch einfach darunter, Milch ist doch überaus gesund."
Einer nach dem anderen, oder gleich neben dem andern legt sich lachend unter das Euter und wartet auf die Spritzer, die nur selten in den offenen Mund treffen.
„Aufhalten, weit aufhalten, Kameraden! Nicht das Auge, hahahah!", lacht er laut auf. Überall rinnt mir die warme Milch übers Gesicht, nur den Mund trifft er einfach nicht.
„Das funktioniert doch nicht", stehe ich auf und wische die köstliche Milch mit den dreckigen Fingern in den Mund.
„He, Leute! Kommt doch 'mal her, schnell!", ruft jemand aus einem anderen Raum.
„Was ist denn?"
Laut krachend gehen wir über den Steinboden im Flur, auf dem uns der Sepp den erzeugten Funkenflug unter seiner Sohle zeigt, hinüber in den vorderen Bereich des Hauses, drücken die Tür auf und ich trete als erster mit klopfendem Herzen ein.
„Na, was ist denn?"
„Da, das Essen. Das steht alles auf dem Tisch, wie für uns gedeckt!"
„Diese Franzosen sind davongerannt, ohne vorher zu essen, pah!"
Die fünf-köpfige Familie ist tatsächlich allem Anschein nach vor dem ersten Bissen abgehauen, denn auf den Tellern liegt noch bereits schimmelnder Schinken und viel, aber ebenso schimmliger Käse, vollkommen unberührt. In der Tischmitte sehe ich einen Laib Brot, dem nur zwei, drei Scheiben fehlen.
„Na dann wollen wir 'mal. Gut, dass du uns gerufen hast. Aber nur das Brot, verstanden? Ich will keine Ausfälle durch das schimmlige Zeug da. Ich suche inzwischen nach etwas Wein, den hat doch jeder Franzose im Keller, und lasst's mir ja 'was übrig!"
„Wie Gott in Frankreich, was, Kameraden? Und dann geht's morgen noch ans Meer. Kommt, `Es ist so schön, Soldat zu sein´, na kommt doch, singt mit."
Alle zusammen füllen wir diese karge Stube mit deutschem Gesang, deren einfache Ausstattung – so gibt es für jeden genau ein Stück

eines jeden Besteckes – sowie rußiger Geruch mich an das Hexenhäuschen mit dem Anton als Alleinbewohner erinnert. Wir setzen uns einfach an den Tisch, als wären wir eingeladen und beginnen zu essen, als ein Schuss durch das Haus knallt. Alle halten augenblicklich den Mund, zwei springen auf und gehen zur Tür, um besser hören zu können.

„Was ist los, Herr Unterfeldwebel?"

„Macht euch nicht in die Hose, ich komme gleich, aber spart's mit dem Brot."

Die beiden setzen sich beruhigt erneut auf ihre Plätze und wir reden, durch den Knall an unsere tatsächliche Aufgabe erinnert, in gedämpftem Ton weiter.

„Was macht der dort unten?"

Keiner antwortet und ich sehe in die Runde, mich gleichzeitig fragend, ob es nicht zwei Aufgabenbereiche für Soldaten gibt, wobei der eine mit dem anderen nur indirekt zu tun hat. Der schöne, angenehme wie heute, bei dem man alles tun darf, was zuhause unmöglich sein oder sofort bestraft werden würde, und der andere, schlechte, harte, zuweilen grausame von uns am Feld auszuführende, der uns wiederum diesen schönen im Hier und Jetzt erst ermöglicht.

Der Unterführer kommt laut hörbar durch den Gang mit einem 12-Liter-Eimer – randvoll mit roter Flüssigkeit – in die Stube und wuchtet ihn, dabei erhebliche Mengen verschüttend, auf den Tisch.

„So, Männer, der wird von uns geleert! Das ist ein Befehl!"

„Wo haben´S denn den her?"

„Den hat mir ein Franzose im Keller gegeben, du Schlauberger!", und alle lachen.

„Richi, was heißt `Danke´ auf Französisch?"

„Merci."

„Ach, na dann Merci, Monsieur."

„Trinkt, Männer, der Kellerfranzose hat noch erheblich mehr davon. Nur, dass mir keiner besoffen wird, heut' heißt's, nochmals angetreten."

„Der Leutnant wird für die erfolgreiche Bunkerbekämpfung sicher ausgezeichnet, und Sie auch, Herr Unterfeldwebel?"

„Das werden wir heute noch sehen", grinst er die Vorfreude auf das

EK II über den Becher Rotwein und über den Tisch hinweg.
„Ganz oben, da wird es doch die Orden nur so regnen, oder?"
„Ja, der Göring zum Beispiel", löst der Wein Slidez' Zunge bereits, *dessen Vornamen ich nicht einmal kenne*, muss ich selbst lachen, „der wird im Rang höher klettern."
„Der ist doch schon Generalfeldmarschall, was gibt's denn da noch drüber?"
„Anscheinend wird er zum Reichsmarschall ernannt."
„Huiii!!!"
„Ja, aber etliche andere steigen in ihren Rängen ebenfalls höher, da steigt dann auch der Sold, und dazu kommt noch viel Metall an die Brust, besonders an die von jenen, die weit vom Schuss waren. Das bleibt unter uns, verstanden?"
„Jawohl."
„Na, da wird es wohl Ritterkreuze hageln quer durch die Führung?"
„Genau, und zwar zu weiten Teilen auch zurecht. Der Führer persönlich hat das Eichenlaub zum Ritterkreuz während des Feldzuges gestiftet, da bin ich 'mal gespannt, wer dieses Metall ab sofort spazieren tragen darf."
„Erzählen'S doch, wer wird heute aus der fünften einen Orden erhalten?"
„Das werdet's schon sehen am Abend, mehr sag' ich net, das würd' doch die ganze Überraschung verderben."
Durch die Menge des schmackhaften Getränkes beeinflusst, denkt keiner der Anwesenden an den eigentlichen Auftrag, alle wollen nur noch mehr davon, bis ich schließlich mit dem leeren Eimer in den Keller gehe und dort gleich wieder umzukehren gezwungen bin.
„Herr Unterführer?"
„Was denn, Meyer, hat dich der Franzose erschreckt?"
„Nein, das Fass ist schon bis zum Einschussloch ausgelaufen und der ganze gute Wein schwimmt am Boden."
„Was?", rufen die anderen entsetzt.
„Ach, halb so schlimm. Davon ist doch genug da. Hier", wirft er mir die 08er quer durch den Raum zu, „aber nur ein Mal feuern, verstanden?"
„Jawohl", scheint unser Gruppenführer schon ziemlich betrunken zu

sein.

Ich schieße – diesmal wohl, ohne jemanden zu erschrecken – ein weiteres Loch und gehe hinauf, dorthin, wo Slidez bereits mehr als gewöhnlich ausplaudert.

„Also, Männer, genießt's jeden Tag hier, als wär's euer letzter. Richi, wie heißt das auf lateinisch? Wenn das wer weiß, dann du in dieser Gruppe."

„Carpe diem!"

„Genau, sehr gut, Schütze Schmidleitner. Also, Carpe diem, Männer. Denn es gehen viele Gerüchte durch die Offiziersreihen.

„Welche denn? Da haben'S noch einen Becher", nützt der Sepp die Gunst der Stunde.

„Der Itaker, also Mussolini, hat jetzt auch dem Engländer und dem Franzosen den Krieg erklärt. Jetzt, nachdem wir hier aufgeräumt haben, will er auch ein Stück vom schönen Kuchen. Und das nächste Ziel wartet schon auf uns."

„Welches, England?"

„Mhm, sehr gut, Schütze Piroff. Das wird aber dann das letzte sein. Und, das Ganze habt ihr nicht von mir."

„Aber vielleicht wird es noch 'was mit dem Frieden dort oben?"

„Dieser neue da, der Churchill, der ist dem Führer gar nicht wohl gesonnen, dem müssen wir wahrscheinlich eine Lektion erteilen. So wird halt gesprochen. Aber Männer, stoßen wir auf die drei tapferen Gefallenen dieser Gruppe an, auch wenn ich diesem Mittendorfer auch jetzt noch am liebsten in den Arsch treten möcht'."

„Prost! Und mögen sie die ewige Ruh' finden."

„Prost."

Wir sind bereits alle von dem süßlichen Wein gehörig beeinträchtigt, auch, weil wir ihn trinken, als würde es sich um Bier oder Most handeln, als der Leutnant draußen den Zug zusammenruft.

„Uhh, verdammt! Kameraden, jetzt müss' ma' uns zusammenreißen. Wir tun so, als ob nichts wäre. Gib mir die Scheibe Brot da!", sagt Slidez und wir lachen uns verstohlen gegenseitig zu.

„Unterfeldwebel Slidez, III. Gruppe, herkommen!"

„Also dann, hinaus in die Sonne, das wird uns gut tun."

In leichtem Seegang wackelt vor allem der Gruppenführer hinaus und macht – für uns überzeugend nüchtern – seine Meldung, dennoch lachen umstehende Kameraden auf und erbosen damit den Leutnant.

„Unterfeldwebel Slidez, reißen Sie sich zusammen, wenigstens hier vor Ihren Männern. Und ganz besonders heute Abend bei der Verleihung. Ich will die Anträge nicht bereuen!"

„Jawohl, Herr Leutnant", salutiert er mit wackeligem Körper.

„Tztz", bewegt der Leutnant den Kopf und wir marschieren zurück in die Zeltstadt. Die ganze Gruppe lacht über das gelegentliche Stolpern ihres Führers, ein Lachen jedoch – und wahrscheinlich weiß das auch der Leutnant – das seine Person als Gruppenführer nie in Frage stellen würde. Um mindestens fünf Jahre ist er jünger – der Leutnant – als der Slidez, das muss ihn doch irgendwie ärgern, dass ein so junger Mann ihm immerzu Befehle nach Gutdünken erteilen kann, aber vor allem, wie preußisch diszipliniert dieser junge Leutnant in jeder Situation sich benimmt und keinen Anflug menschlicher Schwäche zu haben scheint. Nachdem wir eine kleine Anhöhe erreicht und dadurch gute Sicht auf die Zeltstadt haben, sehen wir, wie eine kleine Panzereinheit seitlich des Antrittsfeldes in Position fährt, den bereits stehenden Kommandopanzer vor sich.

„Mensch, das wird der Generalleutnant Guderian sein, was?"

„Sehr wohl", schiebt sich Slidez ein Stück Brot in den Mund, „das ist Generalleutnant Guderian. Der wird heute höchstpersönlich mit uns speisen."

„Na hoffentlich nicht mit ihm", lachen wir hinter seinem Rücken.

Noch vor besagtem Mahl wird erneut angetreten, auf dem weiten Feld und dem Platz mit den noch heute Morgen darauf gesessenen Gefangenen. Seitlich, aber nahe der sich noch besprechenden Kommandantur, steht die Panzerkompanie ebenfalls angetreten vor ihren stummen Fahrzeugen und wartet.

„Achtung!"

Alles Gemurmel auf dem Feld verstummt augenblicklich. Alle Soldaten, einschließlich Slidez, stehen – ohne sich zu bewegen – kerzengerade, nur mit den Augen, so wie ich, den herausstechenden Guderian anvisierend. Er steht auf seinem Fahrzeug, in für ihn schon typischer Pose, und daneben unser Divisionskommandeur.

„Rechts schaut!", folgen unsere Köpfe langsam dem Panzer, der ganz nah vor uns die Front im Schritttempo abfährt, und auf dem die beiden militärisch grüßen. Bis nach hinten zum 133. Regiment begleiten wir sie mit den Augen und verfolgen sie wieder zurück bis in die Mitte der Division, hin zu einem kleinen Podest.

„Rühren, Soldaten! Es wird mir eine ganz besondere Ehre am heutigen Tag zuteil. So darf ich Ihnen einen der größten, wenn nicht den größten Strategen und gleichzeitig verwegensten Panzerführer weltweit vorstellen: Generalleutnant Heinz Guderian, Kommandant der 2. Panzergruppe, die – so viel ich weiß – während der zweiten Phase des Feldzuges in `Panzergruppe Guderian´ umbenannt wurde."

Der Gemeinte nickt beiläufig zu seiner Ankündigung und man kann von hier aus nicht erkennen, ob er über die Informationen unseres Kommandanten überrascht ist, oder nicht. Es kommt einem von weitem gesehen so vor, als wäre es ihm sogar zuwider, hier die Zeit zu vertrödeln, wenn er doch mit seiner Division über feindliches Gebiet brausen könnte.

„Generalleutnant Guderian wird nun einige Worte an Sie richten."

„Tapfere, siegreiche Kameraden der Infanterie", beginnt er lautstark und in Hochdeutsch, was auf seinen üblichen Umgang hindeutet, „mir wurde gesagt, dass diese Einheit, welche uns die Flanke am Ardennenkanal und danach, bis hierher zur Demarkationslinie, den Rückraum in gewaltigen Eilmärschen freigehalten hat, beinahe ausschließlich aus Ostmärkern, und dort zu weiten Teilen aus dem Raum Oberdonau kommend, besteht. Wie Sie alle wissen, war die moderne Panzerwaffe, welche ich nicht ohne Stolz als von mir aus der Taufe gehoben bezeichnen darf, und zwar etlicher Widerstände zum Trotz, von entscheidender Bedeutung in diesem Feldzug. Es war uns sehr schnell gelungen, in einem waghalsigen Unterfangen namens `Sichelschnitt´ die Engländer von den Franzosen abzuschneiden und dadurch beide zu isolieren. Die Schlacht um Dünkirchen, als Abschluss dieser Unternehmung, war sehr hart vorgetragen und zeigte aber zugleich die Überlegenheit der deutschen Panzerwaffe, ganz besonders als eigenständiger Verband im Zusammenspiel mit der Luftwaffe, und zu guter Letzt mit der Seele des

Heeres, der heranstürmenden Infanterie. Heute, so kurz nach dem siegreichen Feldzug gegen den Erbfeind und auf dessen Boden, ist es mir gestattet, an der Ordensverleihung, dem größten Moment eines tapferen Soldaten, teilzunehmen. So, nun aber genug der Worte. Danke für eure Aufmerksamkeit."

„Ihr habt gehört, was General Guderian gesagt hat. Doch noch bevor wir mit der Verleihung beginnen, möchte ich Ihnen, Herr Generalleutnant, ein Andenken im Namen der gesamten Division überreichen."

Ein silbernen Gegenstand, höchstwahrscheinlich unser Wappen, wechselt den Besitzer, Hände werden geschüttelt und der Kommandant ergreift erneut das Wort: „Im Anschluss an die Verleihung singt das Panzerregiment für uns" – nickt Guderian zustimmend – „und dann, meine Herren, wird kompanieweise gegessen, oder der Panzerschau beigewohnt."

„Mensch, bin ich gespannt, wer einen bekommt! Ihr nicht auch?"

„Und wie!"

„Also ich glaub', der Sepp wird behängt und vielleicht auch unser Franz, weil er das Negerpak… ha, der ist gut, was? Das Negerpack ausgeschaltet und der Gruppe das Leben gerettet hat."

„Glaubst'? Aber ihr habt sie doch abgelenkt!"

„Ja, schon, aber so viel ich weiß, gibt es da bestimmte Richtlinien, die, wenn überhaupt, nur dich in Frage kommen lassen."

Die gesamte Division wird etwas auseinandergezogen, um Platz für Bewegung dazwischen zu schaffen, Tische werden vor jedem Regiment aufgestellt, hinter denen jeweils ein Schreiber Platz nimmt und geschäftig die Urkunden nach Namen oder Rang ordnet. Die noch fehlenden Orden tragen Kameraden vom Stab mit ernster Miene an die Tische heran, legen sie auf unserem fein säuberlich ab und verlangen einen weiteren Tisch, da auf keinen Fall welche übereinander liegen dürfen. Guderian kommt geradewegs auf unseren zu, nimmt die erste Urkunde und gibt dem Stellvertreter das Zeichen, den Regimentskommandanten, Generalmajor Veith, vortreten zu lassen. Für uns außer Hörweite, wird ihm mit Sicherheit das EK I an die Brust gesteckt und wer weiß, vielleicht wird er darüber hinaus zum Generalleutnant ernannt.

Einer folgt dem anderen hinaus zu diesem beeindruckend effizienten Mann an den Tisch, nervöse Augen folgen jedem einzelnen nach vorne und finden ihre eigenen Erwartungen in den strahlenden Gesichtern der Zurückkehrenden bestätigt. Ganz im Gegensatz zu Krakau vor mittlerweile fast einem Jahr, wo ich nur am Heimfahrtsschein interessiert war, bin ich hier aufgrund der Möglichkeit, ein EK II verliehen zu bekommen, wie unter Strom gesetzt. Der Schweiß läuft mir den Rücken hinunter und spürbar in die Arschritze, als der Leutnant, wie erwartet, aufgerufen wird, dann Gruppenführer und einzelne Schützen der 1. und 2. Gruppe hinausgerufen werden und im Anschluss daran Slidez mit Vornamen Werner hinaus darf. Gleich nach ihm wird wie vorhergesehen unser MG I aufgerufen, dann das EK II dem ehemaligen MG II Bernhardt Schlosser posthum verliehen, danach fällt mein Name. Wie auf Knopfdruck stehe ich – kurz unter Schock – stramm, mache dann den Ausfallschritt, um ohne zu zögern hinaus vor das Regiment zu treten und schreite direkt in bereits abgekühlter Abendsonne auf die entgegengestreckte Hand Guderians zu, der in gelangweiltem Tonfall, dafür mit festem Händedruck, seinen Text herabspult, das EK II vom Tisch vorsichtig ergreift und dann – völlig verändert, nun mit funkelnden, lebendigen Augen – den Orden mit Band an meinem dritten Knopfloch anbringt, mir die Verleihungsurkunde überreicht, nochmals die Hand zur Gratulation schüttelt und den nächsten aufrufen lässt.

„Schütze Meyer, dein Soldbuch", fordert der älterliche Schreiberling mit dem EK II aus dem Weltkrieg mich auf, meine Blicke aber gelten diesem wortkargen, imponierenden Mann, den ich von der Seite aus beobachte. Ein General wie alle Generäle dieser Wehrmacht: groß und in tadelloser Uniform, mit den goldenen Lietzen auf der Schulter und der schönen hohen Kappe. Über dem glänzenden Ritterkreuz am grauen Waffenrock zeichnet sich ein warmes, fürsorgliches Gesicht mit gepflegtem blonden Schnauzbart und von Neugierde durchdrungenen blauen Augen darin. Seine Stimme ist von angenehmer Natur und klingt unaufgeregt, so als müsse er weder sich und nicht einmal noch dem Führer mehr etwas beweisen. *Wären nicht diese besonderen Umstände, er würde einen gutherzigen Vater abgeben.*

„Hier, Schütze, alles in Ordnung. Treten´S wieder ein."

Alles offiziell, schreie ich als einzig lebender – neben dem Sepp – aus unserer Gruppe Ausgezeichneter über das zertrampelte Feld auf die staunende Menschenmasse vor mir zu. Niemals noch habe ich das Regiment, oder gar die Division, von vorne betrachten können, eine schwindelerregend große Ansammlung gleicher Soldaten steht vor mir und verschluckt mich mit dem neuen Orden sogleich wieder. *Mein erster echter Orden, gleich bei meinem ersten Gefecht*, alle die mich im Lazarett quälenden Ängste vor weiterem Feindbeschuss, der grobe Unterton dieses Gendarmen, oder die überhebliche Geste des Obergefreiten auf dem Heimweg aus Polen liegen nun endgültig hinter mir, jetzt bin ich Teil dieses größten Kampfverbandes aller Zeiten, mit weithin sichtbarem Vermerk, dass mit diesem Mann nicht zu scherzen ist.

Am nächsten Tag wackeln wir lärmend in einer LKW-Kolonne unserm Ausflugsziel entgegen. Dabei singen wir zwar wie gewohnt, aber diesmal die gestern gehörten, für uns unüblichen Panzerlieder, und unterhalten uns über die Verleihung, die Parade der ʼSchnellen Truppenʼ, wie sie Slidez noch nennt, aber auch über das Versagen der Feldpost und die noch immer nicht ausgeteilten Briefe aus der Heimat. Meine vor Stolz beinahe platzende Brust kann Klaus einfach nicht unkommentiert hinnehmen.
„Na, na, Franz, jetzt übertreibʼ ʼmal nicht, dich zerreißtʼs doch bald unter deinen Orden", schreit er laut über die Ladefläche gegen den Motorenlärm an.
„Na lass ihn doch, seine Vali wird daheim aber staunen!"
„Die kennst du ja gar nicht."
„Nicht persönlich, nein. Aber alleine das Foto würde sie mich gerne kennen lernen lassen."
Das wird sie wohl: staunen. Das Feld ist lange schon hinter uns verschwunden, genau wie die gesamte Panzergruppe Guderians, welche heute Morgen nach Norden befohlen wurde. Das Anlassen der Panzer hat uns bereits um halb fünf hinaus in den kräftigen Wind gejagt, um die immense Kolonne bis an den Horizont mit den Augen zu begleiten. *Beide Verbände*, sehe ich über die weite Landschaft, *haben ein unbedeutendes Feld hinterlassen, das gestern rein zufällig Zeuge meiner*

Verleihung wurde. Stundenlang durchfahren wir ärmliche Gebiete, mit vereinzelten alten Leuten, die hinter Tieren über Felder schreiten und uns staunend, aber reserviert beobachten. Plötzlich dringt eine erste ungewöhnliche Brise an meine Nase, ich springe auf: „Leute, das Meer, ich rieche das Meer!"
„Pah, das ist der Diesel, Franz!"
Ich recke den Kopf hinten aus der Plane und sehe es tatsächlich: nicht weit von uns liegt das blaue, glitzernde, regungslose Meer in der Sonne, von solcher Dimension, wie ich es trotz aller Beteuerung in den Erzählungen nie vermutet hätte. Alle auf der Ladefläche sind nun von meiner Neugierde doch angesteckt und versuchen, unter der Plane, oder eben an mir vorbei die Sensation zu entdecken.
„Mensch, ist das riesig!"
„Das Wasser hat keine Barrieren."
„Sehr gut, Richi. Machen wir uns doch aus, dass du uns die ganze Woche uns mit mindestens einem Spruch pro Tag zum Lachen bringen musst, was meinst´?"
„Ja genau, du denkst doch sowieso nur in Sprüchen!"
„Na von mir aus. Aber sagt's 'mal, wer von euch Landratten kann überhaupt schwimmen? Ha, das hab ich mir gedacht! Ich als Einziger kann mich aus dieser Gruppe vorlauter Tölpel über Wasser halten."
„Na, na, Richi."
Ganz leichte, weiße Wellen kräuseln sich um die felsige Küste, umspülen jeden einzelnen Felsen ganz zart, steigen, als würden sie emporgezogen, auf, überschlagen sich bei ihrem Versuch und gehen in der nächsten heranrollenden auf. Ein Naturschauspiel, das keinen von uns loslässt, jeder starrt auf das Meer und die tatsächlich lange Zeit wie von Geisterhand unsichtbar ans Ufer geschobenen Wellen, welche jetzt bereits auf weiten Sandstränden die badenden Gäste umspülen.
„Ja. Da, Kameraden, das ist jetzt nach meinem Geschmack. Schaut doch, diese entzückenden Fräuleins, die können mir gerne das Schwimmen beibringen. Merci!", schreit der Sepp laut in die Landschaft, „Nichts gegen dich, Richi."

Irgendwo, inmitten der spärlich bewachsenen Küste, biegen einige Lastwagen – unter anderem der unsere – auf eine weitere holprige, aus reinem Sand bestehende und zwischen von der Natur geformte Sandhügel hindurchführende Straße ein und damit weiter geradewegs auf das Meer zu. Endlich kommen wir auf einer gut präparierten Parkfläche zum Stehen und springen mit Tornister auf dem Rücken und Gewehr in der Hand – wie in Trier, aber heute friedlich – in die heiße Mittagssonne. Einige Hotels, aus denen Soldaten die Ankommenden bereits betrachten, reihen sich um die freie Fläche in der Mitte, einige kleine Häuser sind auf der sich nach hinten erstreckenden Anhöhe erkennbar, ansonsten scheint die Bucht so etwas wie ein Geheimtipp der Franzosen zu sein, so stehen keine weiteren Bauten in ihr und ringsum gibt es nur sich flach krümmende Bäume und Palmen bis hinauf an den höchsten Punkt, mit sicherlich perfektem Blick über das Meer. Ein kleiner Sandweg endet schnurgerade keine 200 Meter von uns an einem breiten Sandstrand und dann im ruhigen Meer.

„Ha, diese Luft!", holt der Sepp eine große Menge davon in seine Lunge, „So eine hab' ich ja noch nie gerochen!"

„Ja, sehr trockene, und schniff, schniff… und… salzige?", meine ich die fehlende Zutat zu erkennen.

„Das ist es, eine salzige Luft hat es hier, eh klar!"

„Kompanieweise antreten! Also, Männer, ich hoffe, diese Anlage ist nach eurem Geschmäckle?"

„Jawohl, Herr Leutnant!"

Auch er ist nicht in der Lage, seinen Stolz über den verliehenen Orden zu verbergen. Dennoch frage ich mich, ob er es einfach so hinnehmen kann, dass Unteroffiziere, ja sogar einfachstes Fußvolk, es genau wie er an die Brust gesteckt bekommt.

„Sehr gut, die Heeresführung ist um das Wohlergehen ihrer Soldaten sehr bemüht. Ich will euch gar nicht lange das kommende Vergnügen vorenthalten und im Falle keiner größeren Beanstandung ist das heute die erste und letzte Ansprache dieser Woche. Ein paar Dinge muss ich dennoch loswerden: Das gesamte III. Bataillon ist in dieser Anlage in 2-, 3-, oder 4-Bett-Zimmer aufgeteilt. Es sind, wie ihr sehen könnt, bereits Kameraden, auch anderer Waffengattungen, hier untergebracht.

Ich verbitte mir die üblichen Streitigkeiten, besonders unter Alkoholeinfluss, in dieser Woche, denn auch ich will meine Ruhe genießen. Ach, und weil ich es gerade am Schützen Oberhofer sehe, die Medaille, wie ihr alle wisst, darf nur am ersten Tag der Verleihung getragen werden. Alle nehmen sie im Anschluss sofort vom Band ab", lächelt er dennoch verschmitzt. „Also, die nächste Stadt ist circa zehn Kilometer entfernt und trägt den Namen Marseille. Der weitere Fahrplan für euch: Ihr habt jetzt eine Stunde Zeit, ein passendes Zimmer zu finden, danach geben hier an diesem Platz alle die Munition ab und zwar jeden einzelnen Schuss. Verstanden?"

„Jawohl, Herr Leutnant!"

„Falls ich auch nur eine Patrone außerhalb der Holzkisten finde, stehen tägliche Zimmervisiten an. Seid unbesorgt, irgendein Spaßvogel ist immer dabei. Danach werden alle Waffen ordentlich gereinigt und abgegeben. Verstanden?"

„Jawohl, Herr Leutnant."

„Der Bataillonskommandant hat bereits alles in seiner Macht Stehende veranlasst, um die Feldpost heute Abend noch hierher zu bekommen, was schwierig genug sein wird. Weiters hat er angeordnet, den noch ausstehenden Sold gleich morgen früh an euch auszubezahlen und euch diese Woche bis auf das tägliche Mittagessen unbehelligt zu lassen. Wenn das 'mal gut geht. Fragen? Zur Unterkunftfindung weggetreten!"

„Also, Kameraden, wer mit wem?"

„Na dazu müssen wir erst 'mal wissen, welche Zimmer frei sind", schreiten wir auf das zugewiesene Gebäude hin, schwitzend unter der wollenen Uniform, treten ein und werden von einem Mann hinter der Rezeption gleich angeschrien: „Stiefel aus! Verdammte Banausen!"

„Das sind die Stabler. Immer nur schlecht gelaunt, warum eigentlich?", durchqueren wir leise in erbärmlichen Socken die helle Vorhalle mit schönen, weißen Fliesen am Boden und begrüßen den ärgerlich dreinblickenden Mann.

„Welche Zimmer?"

„Welche haben Sie denn frei?"

„Da, der Schlüssel, Zweibett", wirft er Nummer 202 auf den Tresen.

„Klaus?"
„Na klar, Franzi, gehen wir zur Unterkunftsfindung."
„Wir sehen uns dann, Leute."

„Mensch, schau 'mal an, direkte Sicht auf das Meer. Komm her, Franz!"
„Und sogar ein Balkon, ich glaub's ja nicht!"
„Da würdest' jetzt gern mit deiner Vali die Flitterwochen verbringen, hab' ich recht?"
„Mhm", sehe ich gedankenverloren vom Balkon aus über das weite Meer.
„Aber in der ganzen Bucht werden wir keine Frauen zu Gesicht bekommen, keine einzige."
„Na warum wohl?", trete ich wieder ein in das dunkle, kühle, etwas enge Zimmer mit den beiden schmalen Betten, zwei kleinen Nachtkästchen, einem Wandschrank und kleinem Tisch mit schön geschwungenen Holzbeinen sowie zwei hohen Stühlen daran.
„Also ich, Franz, ich bin ehrlich gesagt lieber mit dir hier."
Bad und Klo befinden sich augenscheinlich irgendwo am Gang.
„Franz, glaub' mir, morgen werd' ich einen Teufel tun, den ganzen Sold heimzuschicken. Alles, plus Frontzulage stelle ich hier in Frankreich auf den Kopf. Diese Woche wird, Franz, dass du's weißt, so oder so die Woche meines Lebens!"
„Ja aber..."
„Nix aber, verdammt! Immer dieses aber, wenn der Führer einmal nur ´aber´ gesagt hätt', ja glaubst du, wir wären dann jetzt hier in dieser traumhaften Bucht?", klingt es für mich einleuchtend, obwohl ich mir ehrlicherweise eingestehen muss, nicht im Geringsten darüber streiten zu wollen, schon gar nicht vor so einer Kulisse. Das blaue Meer übt eine unglaubliche Faszination auf mich aus. Nicht nur der Mandi konnte sich daran nicht sattsehen, und sogar meine Mutter würde den Vater vielleicht eher verstehen, hätte sie diesen Blick einmal genossen. Ganz ruhig liegt es in seinem Becken, nur kleine, schaukelnde Fischerboote zeigen eine Bewegung der Oberfläche an, verursacht durch eine leichte, über sie hinwegwehende Brise, die salzige Luft bis auf unseren Balkon bringt.

„Sieh 'mal da, Klaus!"
„Ah, die Marine hat diese Bucht bereits lange vor uns entdeckt", stellt er sich neben mich. Drei U-Boote liegen gut geschützt entlang einer unscheinbaren Anlegestelle. „Diese Leichtmatrosen wissen, wo es schön ist. Kannst du die Nummern erkennen?"
„Nein, wie denn? Wir brauchen ein Fernglas."
„Ja genau", hebt sich seine Stimme vor Begeisterung, „aber besser wäre noch so ein Fotoapparat, dann könnten wir die Woche meines Lebens für immer festhalten. Jetzt zum Beispiel wäre ein Bild von dir, dem schönen Orden und dem Meer als Hintergrund doch einmalig."
„Na, Kameraden?", stürmt der Rest der Gruppe in unser Zimmer, „Das ist doch 'was für uns!"
Der Sepp tritt auf den Balkon und lehnt seinen massigen Körper an das wackelige Geländer, sogar das EK, welches sich immer noch am Band befindet, wirkt kleiner als bei allen anderen.
„Was soll das Sepp? Wenn das der Slidez sieht."
„Ich weiß doch, Herr Meyer", lächelt er zufrieden, „ich bin doch nicht taub. Noch nicht. Ich warte aber auf einen Kameraden mit Fotoapparat, der soll mich mit Eisernem Kreuz ablichten. Denn das Band alleine gibt doch gar nix her, hahaha!"
„Wir haben gerade darüber gesprochen. Kaufen wir uns doch so einen Apparat, alle zusammen, was meint ihr?"
„Gute Idee!"
„Ich hab' eine bessere", schlägt der Richi, auf meinem Bett sitzend, lässig die Beine übereinander und wartet.
„Ja und?"
„Wie wär's mit einer kleinen Wette?"
„Über was?"
„Na, wer nach dieser Woche immer noch Nichtschwimmer ist, der zahlt den Apparat. Falls es – so wie ich nicht glaube – jeder kann, zahle ich!"
„Klingt gut, was meint ihr?"
„Zuerst will ich wissen, was so ein Ding kostet!"
„Feigling, das macht ja gerade die Spannung aus! Aber wie ihr wollt."
„Einverstanden."

Wer hätte das gedacht – Richi wusste seinem größten Kritiker beizukommen.
„Die Wette gilt also. Hand drauf!"
„Gehen wir zur Abgabe, damit wir gleich mit dem Üben beginnen können", hole ich die Munitionstaschen und das Gewehr.
Ganze zwei Stunden später lege ich die teure Uhr am Tisch ab, nehme voller Vorfreude das Handtuch und eine weitere Unterhose und wir, oder genauer das gesamte Bataillon, gehen zuerst langsam, dann immer schneller und laufen anschließend um die Wette auf das Wasser zu und springen in weit ausladenden Schritten über die kleinen Wellen des überraschend kühlen Wassers. Wie die Kinder spielen wir herum, setzen uns hinein und tauchen den anderen unter, was einen ungewohnt, aber zugleich angenehm salzigen Geschmack auf den Lippen und leicht brennende Augen hinterlässt. Alle plantschen im brusthohen Wasser, nur ganz wenige schwimmen von bewundernden Blicken gefolgt in tieferes Gewässer.
„Schaut's, der Richi, wie der das macht, das kann doch nicht schwer sein. Arme und Beine bewegen, immer gleich", meint Klaus und zeigt es in der Luft rudernd vor. „Und los", beginnt er nach den ersten Zügen viel schnellere folgen zu lassen, hustet und säuft vor uns, ohne von der Stelle gekommen zu sein, ab."
„Hahahaha. Sehr gut, du Landratte!"
„Sieh´mal einer an, das klappt doch super!", spritzt Richard dem auftauchenden, hustenden Klaus eine Ladung Wasser ins Gesicht, „Du kannst schon ´mal die Scheine zählen."
„Na dann lern's uns doch!"
„Gut, soll mir recht sein. Alle nehmen Aufstellung."
Und damit beginnt die erste Übungseinheit mit Richis Methode, allen zuerst die Grundsätze zu erklären und hernach jedem einzelnen aus besten Kräften und selbstlosem Antrieb heraus zu helfen. Auch andere Kameraden wollen von ihm lernen und stellen sich zu uns, um sich gegen die Wellen im Brustschwimmen zu versuchen. Ich beginne nach vielen kläglichen Versuchen, die Lust zu verlieren, und sehe auch den Sinn nicht mehr darin, noch nie habe ich nämlich in einem See gebadet und für diese Woche habe ich eigentlich anderes geplant. Wenn nur

nicht diese blöde Wette wäre.

„Seht 'mal da, wer da kommt!"

„Ach, die Leichtmatrosen, wollen uns sicher zeigen, wie das geht."

„Tag auch! Ein herrliches Wetter zum Schwimmen, und erst das Wasser!", gleiten sie ohne Mühe in das Wasser und schwimmen mit ruhigen Bewegungen hinaus in die dunkelblauen Fluten.

„Ich geh' raus."

„Gut, Leute, machen wir eine Pause."

Erst als wir uns in den feinen braunen Sand legen, erkennen wir alle in der Gruppe gleichzeitig, wie weiß wir eigentlich vom Hals abwärts noch sind, und lachen, deuten auf die Vielzahl weißer Körper im Wasser und bekommen einen regelrechten Lachanfall. *Es wirkt wirklich zu komisch*, laufen mir die Tränen über das Gesicht.

„Wir brauchen diesen Fotoapparat, das…", hält Klaus sich dabei den Bauch, „das glaubt uns doch keiner."

„Da herrscht sichtlich gute Stimmung unter den Kameraden Schnürschuh, worum dreht es sich denn?"

„Ach, nichts Bestimmtes", beruhigen wir uns allmählich. „Gehören die dort drüben zu euch?", sprechen wir mit den Marineleuten als wären sie normale Zivilisten – ohne jegliche Hierarchie. Das einzige von uns allen getragene Kleidungsstück macht alle auf diesem Strand gleich.

„Ja, das sind unsere. Darf man sich setzen?"

„Sicher!"

„Also, Kameraden, was war denn so lustig, wir wollen auch lachen?"

„Nur eure Schwimmmethode", passt dem Sepp die Anrede von vorhin gar nicht.

„Was ist denn damit?"

„Ach, hört nicht auf ihn. Dass wir allesamt so weiß sind, das sieht doch zum Wiehern aus, oder?"

„Ja, da habt ihr recht", stimmen sie mir in Hochdeutsch zu.

„Sagt 'mal, welche U-Boote sind das?"

„U47, U48, und vorne liegt unser Boot, die ganz neue U99", deutet der gesprächige, schlanke Mann mit dem Arm darauf.

„Und wie weit könnt ihr damit tauchen?"

„Wie weit oder wie tief, du Ostmärkler?"

„Na, wie tief natürlich!"

„Tja, wie weit in die Tiefe wohl", überlegt laut sein Nachbar, ein ebenfalls dünner, aber sehr drahtiger, klein gewachsener Mann mit unschönem Gesicht.

„Die Norm besagt, 150 Meter, dann sei Schluss, aber ich bin mir sicher, unser Baby schafft im Ernstfall das Doppelte."

„Und wie viele Tonnen habt ihr bereits versenkt?"

„Mit dem noch gar keine, wir befinden uns unter Kapitänleutnant Kretschmer auf Ausbildung. Überhaupt, ihr Stopelhoppser, ein anständiger Matrose schweigt aus Ehrfurcht vor den Ertrunkenen darüber. Auf allen Weltmeeren gilt dieser Kodex. Wir fragen euch ja auch nicht, wie viele ihr umgelegt habt."

„Das kann an den Fähnchen ohnehin abgelesen werden, du Niete. Übrigens, Heinrich mein Name, bin Matrosengefreiter, genauso wie der Karl. Unser Tim ist bereits Obergefreiter und der Gustav da, sogar ein Fähnrich.

„Sehr erfreut", stellen wir uns ihnen auch vor.

„Wir fahren heute nach dem Abendessen nach Marseille, kommt doch mit uns!"

„Abgemacht", muss der Sepp bei solchen Unternehmungen nie lange nachdenken. Dann trennen wir uns für eine weitere Übungseinheit von ihnen.

„Welche Fähnchen haben die, Richi, ich kann nichts erkennen."

„Die sind an dünnen Leinen vom Turm nach hinten auf das Deck gespannt und auf jedem Fähnchen sind die in die Tiefe geschickten BRT vermerkt."

Erneut erfrischt mich das Wasser. Ich lege mich auf den Rücken; überaus entspannend und wohltuend umströmt es den Körper, wenn auch nur die wenigen Sekunden, bevor ich jedes Mal auf die gleiche Seite kippe und untergehe.

Kurz vor dem Abendessen und nach einer kalten Dusche trockne ich die noch immer salzige Haut ab und ziehe die stinkende Hose über die frisch gewaschenen Beine, während ich das ebenfalls schlecht riechende Hemd mit dem aufgerissenen rechten Ärmel betrachte. Der

Kratzer auf dem Unterarm ist nur mehr ein roter Strich von zwanzig Zentimetern Länge, die einzige und wohl bald vergangene Erinnerung aus diesem Feldzug, wohingegen diejenige aus Polen noch weitaus besser zu erkennen ist.

„Na Mahlzeit!", ruft der Hannes, in der Tür stehend, während ich die Narbe inspiziere.

„Da hast' aber ordentlich Glück gehabt, da bin ich dir den Orden nicht neidig!"

„Hannes, der Orden ist das Letzte, an das ich damals gedacht hab'. Den Arm hätt' ich beinahe verloren, verstehst?"

„Ja, aber...", sieht er von der Narbe auf in meine Augen, „dann wäre all das längst vorbei für dich."

„Ich weiß, das hat die Martha auch gesagt."

„Ah, die großbusige!"

„Ja, die!", schüttle ich den Kopf. Wo, an welchem Ort, sie jetzt wohl gerade anderen Soldaten den Grund für ihr Weggehen aus dem Dorf erklären wird? Irgendwo in Frankreich wird das vermutlich sein.

„Ach ja, Franz, sieh her, die Post ist schon da!"

„Was?", schreie ich ihn förmlich an, „das sagst du mir jetzt erst?"

Mit nacktem Oberkörper melde ich mich in der Postamtsstube, wo mir gegen eine Unterschrift fünf Briefe überreicht werden, aber kein Paket. Eilig gehe ich zurück in den II. Stock, wobei ich mich frage, ob ich auch im richtigen Gebäude bin, so ruhig ist es am Gang. Ein Brief kommt vom neuen Richtschützen, und jeweils zwei, als hätten sie es sich ausgemacht, von Mutter und Valeria. *Hoffentlich ist daheim alles gut*, entscheide ich mich aber, bei Hofers Brief zu beginnen, den ich dann doch nicht verstehe und gleich den ersten Valerias aufreiße, dem Wehrmachtsstempel nach vom 23. Mai. In nur sparsamen, zittrigen Zeilen beschreibt sie ihre Gefühle, die sie – in den folgenden Zeilen erwähnend – doch gar nicht beschreiben könne. Sie weiß, nur am liebsten an meiner Seite zu marschieren, über diese gefährliche Marginotlinie d'rüber, aber da dies nicht möglich ist, bleiben ihr einzig die fünf Minuten Gewissheit meiner Gedanken pro Tag. Der zweite Brief trägt den Rundstempel vom 19. Juni, und folgenden Inhalt:

Liebster, tapferster und baldigster Ehemann!
Nichts ist über dein Schicksal in Erfahrung zu bringen. Irgendwo sollst du über Frankreich hinwegmarschieren, oder aber du liegst bereits an diesem Fluss, dessen Name mich gar nicht interessiert, und diese Zeilen voll meiner Tränen sollen dich nie mehr erreichen. Selbst Papa macht sich Sorgen um dich, erkundigt sich nach deinem Verbleib und bekommt doch nur das Immergleiche zur Antwort. Gerüchte gehen durch die Stadt, dass der Sieg ganz nah sei. Aber wozu denn, frage ich die größten Feldherren, wenn du so fern bist, wozu läuten sie tagelang die Glocken, hissen die Fahnen, führen ein merkwürdiges Schauspiel auf, wo sich bei uns doch gar nichts geändert hat, die vergessenen Frauen und Mütter warten auf ihre Söhne und Männer. Traurig, es tut mir leid, ich kann nichts anderes schreiben, betrachte ich die ganzen Monate hindurch bereits ohne dich an meiner Seite den See, aber jetzt obendrein ohne die Gewissheit, dass dein tapferes Herz noch schlagen will. Jeden Tag bekämpfe ich diese Ungewissheit damit, mir einzureden, du wüsstest doch auf dich aufzupassen, hast du mir das nicht versprochen? Damals im Schnee vor eurem Haus? Noch keinen Gedanken verschwende ich daran, dass es anders sein kann, einzig aus Furcht davor. Ohne dich, mein Liebster, was hätte das alles für einen Sinn?
Du machst mich zur glücklichsten Frau, wenn dich das folgende Gedicht erreicht. Und im schlimmsten, aber nur allzu möglich scheinenden Falle will ich einen deiner Kameraden bitten, es nur für dich dort vorzutragen, wo nur mehr dein Körper erdlich ist, deine Seele sich auf den Weg in das Jenseits so früh schon gemacht hat und wo ich dich irgendwann wiedersehen werde.
Herzallerliebst, deine dich immer liebende Valeria Ruth Reiter (Meyer)

Es sind der Freudentränen nie genug geweint;
der anderen, dem Schmerz entronnen,
derer aber wahrlich scheint;
denn fließen sie des Nächtens nicht, so drängen sie bei Tag ans Licht;
`Jetzt lach doch mal´, ja wenn's was gäb'!
wenn diese Träne g'rad soeben nur der Freud entspräng,
sie schillernd, funkelnd, spiegelnd sich
nicht ihr Dasein nur erfreute, nein auch mich in meinem nur erbaute.

Wie sie wundervoll – und damit entgegen ihrer eigenen Vermutung – ihre sie quälenden Gedanken mitteilen kann, und in meiner Gefühlswelt durch diese Zeilen über ihren Kummer ein tiefes Schamgefühl erzeugt. Das schlechte Gewissen darüber, mich nicht gemeldet zu haben, nicht einmal in Gedanken bei ihr gewesen zu sein, gesellt sich sofort hinzu. „Die Ungewissheit ist doch das Allerschlimmste", hat die Mutter einmal gesagt, sie hätte den Opa beinahe verrückt werden lassen und beschäftigt ihn bis heute. *Valeria aber ist eine starke Frau, auch wenn sie selber manchmal anderer Meinung ist*, sehe ich erneut auf den Brief mit der zittrigen Schrift, *das muss sie auch sein, um die Kraft für so einen selbstlosen Schluss aufbringen zu können.* Ein wunderbares Gedicht sollte im schlimmsten Falle ein Kamerad an meinem Grab vortragen, was niemals möglich wäre, so werden die Briefe an bereits gefallene Soldaten ungeöffnet zurückgeschickt. Nochmals lese ich es und ein weiteres Mal, um den eindringlich beschriebenen Unterschied zweier Arten von Tränen zu begreifen.
„Pah, diese Weibsbilder!", schreit Klaus laut auf und holt mich zurück nach Frankreich, in das von rötlicher Abendsonne durchflutete Zimmer mit Meeresblick, aber leider überschattet von Gewissensbissen.
„Was ist denn?", frage ich ihn genervt.
„Na, sie hofft, ich sei wohlauf und hofft außerdem, dass ich sie nicht vergesse, sie und den Franzl. Du weißt, was sie damit meint?"
„Einen Teil musst' ihr doch schicken. Die Unterkunft hier ist doch frei, auch das Essen ist gratis."
„Ich weiß nicht. Das klingt alles so abgekartet. Franz, tu' mir den Gefallen und heirate nie!"

Seinen Rat nicht sonderlich beachtend, gehe ich mit den beiden letzten Briefen hinaus auf den Balkon und überfliege rasch die wenigen Zeilen, um erleichtert festzustellen, dass daheim alles ruhig geblieben ist. Ich sehe dabei Mutters sorgenvolles Gesicht, als sie schriftlich mein ungewisses Schicksal beklagt, ihr gutmütiges dann in jenem Teil, in dem sie sich für die vielen RM bedankt, die ein ordentliches Begräbnis für die Oma ermöglicht haben. Dann folgen die besten Grüße aller: „… sogar der Hubert kommt jetzt öfter vorbei, um nach dir zu fragen, und alles Gute, besonders von den Kleinen, und ein Küsschen obenauf von der Betti. In Liebe, deine Mutti!"

Das Ganze drückt enorme Lasten auf meine Schultern, die aber so ganz anderer Art jener von Klaus sind. Alle zuhause sind voller Sorge um mich, was zwar rührend ist, dennoch mein Gewissen hier in diesem Paradies beschwert, so als würden sie ahnen, wie gut es uns geht. Der Feldzug nämlich – der einzige Anlass ihrer Sorgen – scheint eine Ewigkeit zurück, und verschwimmt bereits in meiner Vorstellung. Ich bin mir bewusst, es mit der Schönheit Valerias Zeilen nicht aufnehmen zu können, unterlasse daher jeden mich reizenden Versuch großer Töne, die ja doch nur albern klingen würden, und unterrichte sie in knappen, einfachen Sätzen über mein Wohlbefinden, mein großes Verlangen, sie in die Arme zu schließen und natürlich über meine Vorfreude auf die Gespräche mit ihr. Der gesamte Feldzug, unsere gefallenen Kameraden, aber auch die Verleihung bleiben gänzlich unerwähnt. Ich brauche nicht – und dafür danke ich Gott – um ihr Leben bangen, alleine um ihre Liebe zu mir, die bestärkt oder verblasst aus dieser Prüfung herausgehen wird.
Ein zweites Briefpapier werde ich an Mutter schicken, nun aber greife ich erneut nach Hofers Brief mit seiner typischen Krax'n.
„Der Hofer, der war bei einer Parade in Paris dabei."
„Wer war wo, wie dabei?"
„Na komm schon, Klaus, sie ist doch deine Frau."
„Ja eh, also was ist?"
„Der Hofer war am… am…", sehe ich nochmals nach, „14. Juni bei der Parade in Paris durch den Arc de Triomphe dabei, schreibt er. Die

Weiber waren ganz außer sich, entlang der ganzen Route."
„Der hat Glück. Mitten in der Hauptstadt."
„Laut ihm könnten wir auch das Glück haben. Er meint, der Führer will vielen Soldaten zumindest für kurze Zeit das Vergnügen in Paris gewähren. Der Hofer und seine Einheit bleiben dort stationiert, als Besatzungseinheit direkt in Paris. Da könnten wir ihn treffen und hätten einen guten Stadtführer."

„Infanterie, aufgesessen! Auf nach Marseille! Oh là là, die EK-Träger, na wenn das nicht bei den Mädels zieht!", steht die U-Boot-Besatzung in prächtiger, weißer Sommeruniform hinter einem der gestarteten LKWs.
„Na kommt schon, oder wollt ihr die Damen warten lassen?"
Alle zögern, in ihren stinkenden, grauen und plötzlich vor diesen strahlenden Röcken auch noch beißenden Uniformen hinaufzuklettern, bis es dem Sepp als erstem reicht. „Na denn!", springt er in einem Satz hoch.
„Nicht so schüchtern. 'Ran an den Feind, das kennt ihr ja! Fahrer, in die Divertido-Bar", haben die Matrosen an Land das Kommando übernommen.
„Also, Franz. Da meint dieser bestens informierte Hofer, dass wir sogar nach Paris kommen werden?"
„Ja, meint er!"
„Woher der diese Informationen immer hat, ist mir schleierhaft."
„Keine Ahnung, vielleicht können wir ihn schon bald in Paris dazu fragen."
„Mensch, Paris, stellt euch das 'mal vor. Eine Stadt, die niemals schläft. Die Stadt der Liebe in deutscher Hand", schwärmt der Richi träumerisch.
Die Sonne steht hinter uns, knapp über der Küste, und taucht die Felsen und die weite Ebene in rötlich warme Farben; nur das Meer zeigt sich bereits jetzt als kalter, dunkler und riesiger Fleck seitlich von uns.
„Sagt 'mal, habt ihr auch so ein komisches Klo bei euch am Gang?"
„Ja, da ist nur ein Loch im Boden. Ich dacht' nur, das haben sie abmontiert."

„Und ich hab' gestern nicht gewusst, wie ich da scheißen soll", lachen alle aus der Gruppe. „Ordentliche Kloschüsseln hätte die Versorgung ruhig anbringen können. Das Geschäft dauert nun 'mal etwas länger bei mir."
´Das sind also die Gesprächsthemen der Infanterie´, kann aus den Blicken der sich ruhig verhaltenden Matrosen abgelesen werden.
Wir erreichen die Stadt in schwachem Dämmerlicht, fahren noch ein ganzes Stück hinein in das Zentrum, springen dann an einem großen Platz von der Ladefläche und trauen unseren Augen nicht: überall Soldaten, sämtlicher Ränge und Waffengattungen. Aus den dicht aneinandergereihten Bars und schön beleuchteten Cafés dringt schwungvolle Musik, die bei uns verboten wäre, hier aber niemanden zu stören scheint. Ganz im Gegenteil, einige Offiziere tanzen anzüglich mit französischen Damen, andere lassen freizügig bekleidete Frauen auf ihren Schößen posieren – eine Szene spielt sich direkt vor unseren Augen ab, die niemand von uns für möglich gehalten hätte. So viel Lebenslust steht für den Durst der Uniformierten danach bereit und pulsiert an diesem Platz durch alle Menschen hindurch. Die Ruchlosigkeit zeigt unverschämt an: Hier an diesem Platz ist alles erlaubt, alles außer Krieg!
Im Vorübergehen hören wir Offiziere sich auf französisch sich mit Frauen unterhalten, welche uns alle mit einer Sinnlichkeit ansehen, die mir die Röte ins Gesicht treibt. Wahrscheinlich betrunken deuten sie uns – einige militärisch mit Offizierskappe auf dem Kopf – und rufen: „Guten Abend, Hubscher!"
„Mensch, sagt 'mal, wo sind wir hier gelandet, im Paradies?"
Die Matrosen verfügen scheinbar über beste Ortskenntnis; erklären uns, dass hier, inmitten des Zentrums, die teuren Lokale sind, wo ein Glas Wein schon 'mal 50 Pfenning kosten könne, und wir noch ein paar Straßen weiter gehen würden. Kein einziger französischer Mann ist in dem Getümmel zu sehen, nur deutsche Männer gehen Hand in Hand mit leicht bekleideten Frauen – oder eher Mädchen in meiner Schwester Alter – über den Platz und strahlen ihr Glück hinaus.
„Das ist das Leben, nicht wahr? So etwas hätte ich nicht 'mal zu träumen gewagt", hat Klaus seinen Kummer schnell vergessen.
„Du sagst es. Mensch, dem Führer sei Dank!"

„Wir haben gestern einen Tisch bestellt, aber nur für uns, ihr müsst zu Beginn noch stehen, aber da ergibt sich sicher etwas."
„Ahoi, Matrosen! Wen habt ihr denn da im Schlepptau? Kamerad Schnürschuh will auch wat erleben, wat?", steuern wir direkt auf eine lärmende, mit Matrosen und Landsern vollgestopfte Bar zu.
„Tach, Leute. Ist das unser Tisch da?"
„Klar Schiff!"
Die Seemänner bleiben also ebenfalls ihrer Sprache treu, muss ich bei all dem Gerede denken. Kurz werden wir von Heinrich den fünf anderen vorgestellt, bleiben aber dann ratlos neben den Sitzenden stehen und warten, was passiert. Junge Damen bringen den Matrosen ungefragt Weinflaschen, die sie offensichtlich gestern als gut befunden haben und stellen mit graziöser Bewegung kleine Gläser auf den Holztisch, wobei eine der Damen uns mit dem Kopf zunickt, wir einfach zurücknicken – und schon haben wir wortlos eine erste Flasche bestellt.
„Eine Flasche macht hier bloß 1 RM aus, also Prost!"
„Spitze! Da war es doch nur in dieser verlassenen Stube billiger, was?"
„Ja, aber ohne diese gestandenen Kellnerinnen hier."
„Könnt ihr euch an den Slidez erinnern? Der schießt einfach ein Loch in das Fass!"
„Und besoffen war der, hahaha."
Der Gastgarten inmitten der engen Gasse ist übervoll mit Soldaten. Die offenstehende Tür in den Innenbereich zeigt diesen hingegen teilweise leerstehend, um die in der Mitte zu ruhiger Musik tanzenden Pärchen.
„Sollen wir ´rein geh'n? Hier im Stehen aus der Flasche, ich weiß nicht."
„Ja, geh'n wir."
Direkt hinter die Tür in eine Ecke setzen wir uns, als ich den Neger am Klavier und die ihn mit ihrer Stimme begleitende wunderhübsche Dame in rotem, aufreizenden Kleid daneben sehe.
„Das ist doch…"
„Ach, ein Kolonialmann mit seiner Braut!"
„Das, glaubst du, ist seine Frau?"
„Oh, ich schon, Franz. Die Neger, die haben doch so große Pimmel, das gefällt den Frauen, besonders den Franzosenweibern!"

„Ach, Sepp. Die Musik hat der aber im Blut, so wie der spielt, das ist sicher. Und überhaupt, er lächelt doch freundlich, da schau, sogar zu uns herüber. Deute ihm doch, Sepp."

„Das der da so einfach spielen kann, bei uns wäre das doch unmöglich!"

„Vielleicht auch hier bald. Aber Frankreich ist dann doch etwas freier als unser Ried. Über was sie wohl singt?"

„So wie ich die Franzosen einschätze, über die Liebe, l´ amour."

Ich betrachte den schwarzen Mann am Klavier bei meinem sechsten oder siebten Glas Rotwein etwas bitteren Geschmacks und spüre ein starkes Gefühl der Überlegenheit. Ich weiß nicht, warum, aber ich fühle ihn mir untergeordnet, alles was ich oder wir wollten, könnten wir mit ihm hier anstellen, aber nur im Falle, dass. Niemand würde ihm zu Hilfe kommen, so wie seinen Landsmännern am Geschütz niemand zu Hilfe eilte. Wenn er das wüsste, würde er mir nicht seine Heiterkeit direkt ins Gesicht lächeln. *Oder will er mich gar provozieren?* Das Gespräch zwischen uns hat vor einer Weile schon geendet, alle suchen diskret, oder wie der Sepp aggressiv, nach Beute.

„So viele Männer und nur die paar Kellnerinnen. Ich glaub', wir sind in einer Schwulenbar gelandet?"

„Richi, wenn sie wieder kommt, musst' sie etwas fragen!", werden im Hannes durch den Rotwein die Lebensgeister geweckt.

„So? Was denn?"

„Na, wie sie heißt!"

„Bonjour, qùestque tu t' appelle?"

„Ich bin die Friederike", lacht sie dabei gelangweilt, „und ich bin Deutsche", dreht sich um und verschwindet.

„Na spitze, Richi!", lacht der ganze Tisch, „du hast ein Händchen!"

„Ja, aber warum sagt sie dann kein Wort zu uns?"

„Ich weiß nur, dass ich die flachlegen möchte, bei diesem Fahrgestell."

„Ahoi, Kameraden! Ist noch etwas Platz bei euch?"

„Ahoi, ja."

„Na, ihr sitzt da 'rum und lasst euch volllaufen? Geht doch tanzen! Aha, keine Frauen hier, oder? Bleibt entspannt, das wird schon noch", nehmen sie Platz an unserem Tisch und beginnen laut, der Dame zu applaudieren, zu klatschen und zu pfeifen.

„Wie ist das eigentlich, auf so einem U-Boot alleine am Meer zu sein?"

„Wenn man nur alleine wäre!"

„Ach, diese wenigen Augenblicke", ergreift der junge Fähnrich das Wort, „die sind einmalig. Oben auf dem Turm, bei glatter See, wenn die Sonne am Horizont verschwindet, die Dieselmotoren auf halbe Kraft singen, und ringsum nichts, nur Wasser zu sehen. Da kommst' dir vor wie der Mittelpunkt der Erde, und deswegen bin ich Seemann geworden."

Ob der Andi damals genommen worden ist und bereits zur See fährt?, sehe ich meine Betti vor mir, wie sie es mir kleinlaut mitgeteilt hat auf einem unserer viel zu wenigen Spaziergänge.

„Da hat er recht. Delphine, Wale schwimmen neben uns her. Diese Viecher unterhalten sich miteinander, laut hörbar."

„Pah, so ein Blödsinn!"

„Nein, das stimmt", wirft einer der im Hintergrund Sitzenden ein.

„Die verständigen sich mit lauten, quietschenden Geräuschen. Wenn man in der Koje liegt, kann man es durch die Wände hindurch hören. Herrlich, sag' ich euch, und irgendwie gespenstisch. Der Horcher kann sie meilenweit durch die ruhige See hören und weiß dann genau, wie viele Tiere es sind."

„Was genau ist eine Meile?"

„Es gibt die Land- und die Seemeile. Die eine ist 1.6 Kilometer, die andere, also die Seemeile, 1,85 Kilometer."

Drei weitere Flaschen werden gebracht, die Musik wird nun etwas schneller und gibt den Pärchen einen anderen Rhythmus vor, und in meinem Kopf dreht sich der Wein allmählich im Kreis.

„Aber diese U99 ist nagelneu, hast du gemeint?"

„Kielgang am 11. April in der Germania-Werft. Am 30. April sind wa unter Kapitänleutnant Kretschmer zur letzten Erprobung in die Ostsee. Ein Prachtboot, dat kann ik euch sagen, damit werden wir alleine die gesamte Royal Navy auf Grund schicken."

Es herrscht nun Stille auf dem Tisch, über den des Fähnrichs funkelnde Augen fahren.

„Alles haben wir an diesem Tag getestet, einige Ingenieure waren mit

an Bord. Die Höchstgeschwindigkeit von ganzen 17 Knoten über Wasser, Probetauchen, Trimmversuche, alles klar. Torpedos schickten wir ohne Probleme los, der II WO feuerte die 8,8er Bordkanone, alles planmäßig und die Ingenieure zeigten sich selbstzufrieden."
„Ihr müsst dabei wissen, Gustav und die halbe Besatzung sind neu zu uns gestoßen, allesamt noch Jungfrauen."
„Ach!"
„Doch! Wir hier waren unter unserem Kapitän Kretschmer bereits auf neun Unternehmungen mit der U23."
„Ja, ja, aber dann kommt es", schreit Gustav laut, „Kretschmer…"
„Kapitänleutnant Kretschmer!"
„Ja, verdammt, Kapitänleutnant Kretschmer sagte den Ingenieuren, dass wir ein gefechtsmäßiges Tauchmanöver durchführen müssten, um es ordentlich zu testen, also das ganze Programm, welches in keinem Lehrgang geschult wird."
Keiner sagt ein Wort und wir hören nur gespannt zu, auch die erfahrenen Kameraden lassen Gustav gewähren.
„Die Alarmglocken rasseln! Alle fallen vom Turm in das Boot, Turmluk zu, Ventile werden sofort aufgerissen und fauchen mit hohem Druck die Luft hinaus, während blitzschnell Wasser in die Tauchtanks strömt. Die Dieselmotoren verstummen und mit den E-Maschinen geht es volle Fahrt in die Tiefe. 45 Grad rammt es sich durch die Fluten, die Herren halten sich ängstlich und blass wie Leichen überall fest, Gegenstände fliegen durch die Röhre. Für uns Seeleute – und *wohl* auch für mich – kein Problem, aber für Landratten durchaus. Dazu müsst ihr wissen, dass 20 bis 25 Grad normal sind. Also ab in den Keller, 50, 60 Meter zeigt der Tiefenmesser, dann lässt der Kapitänleutnant das Boot abfangen und in normale Lage bringen. Im Anschluss hat einer der Ingenieure kleinlaut gemeint: `Was, wenn Sie es nicht mehr abfangen können, es Ihnen durchrauscht, mein Gott, was dann?´ und sich den Angstschweiß von der Stirn gewischt. Unseren Kapitän versuche ich jetzt für euch zu imitieren: `Meine Herrren, es dorf nicht durchrrrauschen. Das tut's auch net, wenn man eine eingespielte Besatzung an Bord hat und sein Boot kennt und beherrrscht!´ Er hat in solchen Situationen immer einen leichten bayrischen Akzent."

„Ja Hut ab! Da geht's zur Sache bei euch."
„Alles schön und gut, aber du, Gustav, sei bitte nicht bös', warst noch auf keiner Feindfahrt dabei. Da erst zeigt sich, wer Nerven hat, nicht bei einem Manöver. Mit der U23, einem kleinen 250-Tonnen-Boot, haben wir, wie gesagt, neun Unternehmungen unter Kapitänleutnant Kretschmer gemacht. Meist in das Fanggebiet um die Shettlands bei England. Wenn so ein riesiger Dampfer nach einem Torpedotreffer direkt vor einem auseinanderbricht, der ganze Stahl knirscht und ächzt, sich windet, als wäre es Papier und dann noch lange hörbar in seinem nassen Grab verschwindet, das, ihr Stoppelhopser, das ist schon ein unglaubliches Hochgefühl."
„Ja und...", sieht der Hannes skeptisch um sich, dabei aussprechend, was wir anderen sicher auch denken, „und die ganzen Menschen?"
„Die haben meist Zeit, in die Rettungsboote zu gelangen, ist ja nicht wie auf der Titanic. Oder wir sind nahe an sie herangefahren, um zu helfen, so gut wir konnten. Aber", leert er sein Glas, „natürlich ertrinken viele trotzdem dabei. Dieses Risiko hat doch jeder. Als wir einmal einem Geleitzug gefolgt und entdeckt worden waren, daraufhin sofort in den Keller rauschten, wie Gustav es aus dem Manöver beschrieben hat, da unten dann lagen die Nerven blank. Der Horcher meldet sich ständig nähernde Schraubengeräusche, niemand darf laut sprechen, diese grausliche Alarmbeleuchtung ist an, und dann die Kommandos im Flüsterton. Wenn sie uns in der Nähe vermuten, schalten sie das Echolot an. `Ping, ping, ping´ – so lange die Abstände gleich bleiben, ist alles noch in Ordnung. Werden sie kürzer, heißt es Arschbacken zusammenkneifen und einfach warten. Aber sie sind an jenem 30. Januar, ohne eine Wabo geschickt zu haben, abgezogen. Am 12. Feber dann sind wir aus Kiel erneut ausgelaufen. Bei regnerischem Wetter meldet plötzlich der Ausguck die Blasenspuren von zwei Torpedos Steuerbord. Der Kapitänleutnant lässt das Boot herumreißen und beide rauschen knapp am Boot vorbei. Alarmtauchen!", schreit Heinrich, als wäre er am Boot. „Auf 15 Meter Tiefe sacken wir ab, das britische U-Boot direkt neben uns. Wir brauchten keine Meldungen aus dem Horcherraum, alle hörten wir mit eigenen Ohren die Schraube durch das Wasser schaufeln. Sogar die Schalter, müsst ihr euch vorstellen,

in deren Boot konnten wir bei Betätigung hören, der Kapitänleutnant wusste genau, was sie gerade machten. `Alles hinlegen, Kollisionsgefahr!´, schreit er noch, da macht es einen Rums und wir hören ein langgezogenes Knirschen vieler Tonnen von Stahl der Bordwand entlang. 500 Tonnen Stahl rieben sich in 15 Metern Tiefe eng aneinander, einige Matrosen hielten sich die Ohren zu, so laut war es. Nur die Außenhaut muss halten, dachte ich, und sie hielt. Aber jetzt genug vom Krieg, wir müssen ohnehin sicher noch diese Woche auslaufen gegen den nächsten und letzten Feind, dann hat Gustav auch seine erste Feindfahrt."

„Wahnsinn! Also ich hab' eine Scheißangst vor dem Meer, aber ein Hoch auf den glorreichen Sieg gegen Frankreich, der dem Versailler Vertrag endlich ein Ende gesetzt hat."

„Steht alle 'mal auf! Auch ihr da, ja! Kommt, singt mit! Wir fahren gegen Eng-er-land!"

Immer lauter grölen wir hinaus, `gegen England´ zu fahren, bis das Klavier wegen uns verstummt und die Pärchen auf der kleinen Tanzfläche zum Stillstand zwingt.

„Haltet das Maul, wir wollen tanzen und nicht nach England!"

„Eng-er-land!", brüllt Heinrich ein letztes Mal aus vollem Hals ihnen zu und scheint in seinem doch nicht unerheblichen Stolz verletzt, denn er wird es diese Woche wirklich tun und fühlt sich augenscheinlich unverstanden und zu wenig gewürdigt.

„Ach, diese Landratten", prustet er die Luft hinaus und setzt sich enttäuscht wieder hin. Die Musik beginnt auf ein Zeichen des Wortführers auf dem Parkett von neuem, in den alten, schwungvollen Rhythmen wie vorhin. Die Ausgelassenheit ist durch diese Auseinandersetzung von unserem Tisch verschwunden, und auch draußen, im noch vollen Gastgarten, erhalten die Gespräche einen hörbar aggressiveren Ton.

„Heinrich, hast du nicht vorher gemeint, wir sollten warten? Auf was denn genau?"

„In genau...", krempelt er den Ärmel hoch, „in genau zwölf Minuten brechen wir aus dieser Spelunke auf. Noch vor allen anderen Tölpeln hier. Damit wir sicher eingelassen werden."

Nach genannter Zeit folgen wir ihm durch die offene Tür hinaus in die warme, vom Meer heraufwehende Brise durch den Gastgarten und gehen die enge Gasse weiter hinunter auf das Meer zu. Die Matrosen besingen dabei ihr prächtiges Boot, während sie uns durch weitere Gassen an vielen Kameraden vorbeiführen, bis wir an eine etwas größere Straße gelangen, in deren Mitte am Straßenrand eine Handvoll Soldaten vor einer unscheinbaren Türe stehen und warten.

„Da sind wir, Leute! Noch ist hier nichts los, aber in circa einer Stunde wird der Teufel hier sein Unwesen treiben, wie das St. Elsner Feuer auf einem Boot."

Direkt vor uns verschwinden die Männer durch diese Tür und wir werden aufgefordert, zu warten. „Was ist das, ein Bordell?", fragt der Hannes in schüchterner Neugierde.

„Nein, doch kein Bordell, wo denkst du hin? Das ist der beste Nachtklub der Stadt! Da drinnen werdet ihr alle möglichen Klunker sehen, aber das spielt hier keine Rolle, alle sind gleich, falls man sich nicht völlig daneben benimmt."

Die schwere Tür öffnet sich und wir betreten einen verrauchten Flur, gerade nach hinten und dort über eine Treppe nach unten führend. Aus dem finsteren Loch vor uns dringt der schnelle Rhythmus lauter Musik, vermengt mit gelegentlichem Gelächter. Mit jedem Schritt näher auf das dunkle Nichts zu, verstärkt sich der Lärm. Festen Tritts steigen die Matrosen die Treppe hinunter in einen, von draußen nie vermutet großen Saal schwacher Beleuchtung, das heißt: die wild tanzenden Paare sowie die kleine Musikgruppe direkt uns gegenüber sind gut zu erkennen, während die anderen im Saal Befindlichen nur zu vermuten sind.

„Das passiert", schreit mir der Sepp laut ins Ohr und zeigt dabei auf die hüpfenden Soldaten, „wenn du Panzerschokolade frisst und nicht an der Front bist!"

„Kommt schon, hier entlang."

Den im Dunkeln vermuteten Tischen ausweichend, kann ich leise stöhnende Frauen vernehmen, Geräusche, die mich sofort in höchste Erregung versetzen; nur erkennen kann ich leider nichts. Eine herrlich duftende Kellnerin drückt sich an mir vorbei und ihre entblößten Brüste dabei fest gegen meinen Oberarm, was sofort Bewegung in meiner

Hose auslöst.

„Hast du die gesehen, Franz? Die hat sogar ihren Halter verloren, das gibt's doch alles nicht! Zwick mich, Franz, das muss einfach ein Traum sein."

„Nein, Sepp, deine Träume gehen heute in Erfüllung."

„Mensch, Franz. Jede Nacht auf den kalten Wiesen vor dem Einschlafen hab' ich mir sowas gewünscht und jetzt…"

Ich drehe mich zu ihm um und sehe einen sichtlich gerührten MG I. Glückselig lächelt und strahlt er und zeigt mir eine gänzlich unbekannte Seite an ihm.

„Ja, Franz, auch ich bin nur ein Mensch."

„Hierher, Kameraden Schnürschuh, da haben wir noch Platz."

Auf einer gepolsterten, weichen Bank setzen wir uns und bestaunen eine andere Kellnerin, oder besser gesagt ihre Brüste. Ich kann gar nicht anders, als sie unentwegt anzustarren. In diesem schwachen Licht fühle ich meine Blicke gut geschützt, wie auch die Gedanken darüber, das erste Mal überhaupt so etwas zu sehen und dann noch hier in Marsaille. Sie setzt sich einfach auf dem Sepp seinen Schoß und bringt den großen, starken Mann damit in völlige Verlegenheit. Ohne ein Wort grinst er nur verschmitzt, während sie gelassen etwas auf Französisch sagt, ihren Oberkörper dabei mit der Hand auf meinem Oberschenkel abstützt und dadurch auch mich in dem Sepp seinen Zustand befördert. Richi nickt mir lächelnd zu, als er ihre Hand auf meinem Oberschenkel findet. Sie unterdessen beugt sich noch weiter nach vorne, um den gerade bestellenden Heinrich besser hören zu können, nimmt durch die Gewichtsverlagerung ihre Hand hoch und stützt sich gleich darauf mit vollem Gewicht ganz knapp neben meinem voll erregten Glied ab, was mir den Atem abschnürt. In voller Kenntnis über ihre momentane Macht lächelt sie mir ganz gelassen ins Gesicht, sieht mir direkt in die Augen, hebt die Brauen kurz an, haucht dann ein schönes `Merci´ und erhebt sich.

„Mensch, Heinrich", ist der ansonsten so besonnene Richi aus dem Häuschen, „wo sind wir hier?"

„Diese Mädchen, meine Kameraden, die sind spitze! Stellt nicht groß' Fragen, genießt den Abend."

„Genau!", kommt nur knapp vom Sepp. So schnell geht das also. Eine unbekannte Frau legt ihre Hand auf meinem Schoß ab, lässt sich von mir auf die – zugegeben wunderbar geformten – Brüste starren, ein kurzer Augenkontakt und ich vergesse alles andere, spüre die Lusttropfen geradezu herauslaufen.

„Dem Franz, dem geht's gut, auf den fliegen die Weiber!"

„Nur schad', dass er schon vergeben ist. Und Titten hat der auch noch nie gesehen, nicht einmal von seiner Verlobten. Unsere Jungfrau!", muss sich jetzt der Sepp wohl wieder etwas beweisen.

„Leute der Infanterie, mir fällt gerade ein, ist euer Motto nicht `Schnell und hart´?"

„Nein, das sind die Pioniere!"

„Aha, ja die, genau. Die sind ja völlig daneben. Vorgestern, glaub' ich, lernten wir ein paar von denen kennen. Aber was ich euch sagen wollte, habt euren Spaß und wenn es sein muss schnell und hart. Aber diese Mädchen sind nicht umsonst zu haben und bezahlt sie hinterher anständig, klar?"

„Also doch ein Puff?"

„Nachtklub, Hannes, ein Nachtklub ist das."

„Ich mache das nicht."

„Ich schon."

Immer wieder huschen Frauen an uns vorbei, hinter uns – keinen Meter entfernt – geht es bereits ordentlich zur Sache; die gesamte Stimmung in diesem Saal drängt alle buchstäblich zum Verkehr. Unsere Kellnerin kommt zurück, stellt die Getränke ab, nimmt das Geld, ohne nachzuzählen, und ergreift meine Hand, um mich hochzuzerren. Daraufhin dreht sie sich um und führt mich weg. Ich genieße dabei ihre Bestimmtheit, aber nur solange, bis ich erkenne, wohin wir gehen. Alle am Tisch klatschen und pfeifen. „Viel Glück!", ruft Gustav mir nach, was hier niemanden stört. Sogleich beginnt das Mädchen, sich auf der Tanzfläche gekonnt im Rhythmus zu bewegen. Ich stehe ihr steif gegenüber und betrachte eine Frau in ihren unanständigen Bewegungen; immer wilder tanzt sie, während ich die schweren Stiefel bewege, die Steifheit aus fast allen Gliedern entweichen lasse und ihren Bewegungen folgend in den Takt finde. Ich bemerke nicht, wie sich der Saal sowie die Tanzfläche weiter füllen, wie in Trance tanzen wir zu der schnellen Musik. Ein wundervoll schwereloses Gefühl stömt durch meinen Körper hindurch. Die Mädchen – und zwar alle hier – scheinen genau zu wissen, was wir benötigen: den Kopf frei bekommen, das Ganze von außerhalb, innerhalb dieser vier Wände für wenige Stunden vergessen.

Die anderen Kameraden drängen sich – völlig aufgedreht – auf die Tanzfläche, springen und tanzen um ihre ängstlich wirkenden Mädchen herum. „Hey Leute!", schreie ich, was niemanden mehr erreicht. Die unbekannte Schönheit nimmt mich fest am Arm und führt mich weiter nach hinten. „Panzerchocolat", flüstert sie in mein Ohr und berührt es dabei ganz zart mit ihren herrlichen Lippen. Ganz fest reibt sie geübt den Körper an meinem, ich reagiere nicht nur mit einem Gewährenlassen, ich stimme mit ein, drücke mit voller Kraft dagegen; sie dreht mir überraschend den Rücken zu und drückt ihren Hintern zart gegen mein hartes Glied, es umkreisend nimmt sie mir die letzten Reste meines Verstandes. Eng schlinge ich meine Arme um sie und will tollpatschig ihre weichen Brüste berühren, sie aber reißt meine Hände nach unten und tanzt, ihren Körper an meinem Körper, die Erregung weiter steigernd, vor mir her. Berauscht fühle ich mich, bewege mich mit dieser unbekannten Frau im Arm im pulsierenden Takt durch den dichten Rauch, durch den Lärm ringsum. Als sie den Zeitpunkt für angemessen erachtet, ergreift sie wiederum meine Hand und führt mich mit sicherem Schritt durch die Dunkelheit nach hinten zu einer Treppe, sieht mir, an deren Absatz stehend, fragend in die Augen und geht, ohne die Hand loszulassen – im Gegenteil, den Druck dabei verstärkend – hinauf. Viele schmale Türen passieren wir, durch welche stöhnende und zum Teil laut schreiende Frauenstimmen dringen, nur aus einer kann ich die eines Mannes, und auch das nur kurz, hören. Sie jedenfalls öffnet bereits eine dieser Türen und verschließt sie dann mit uns beiden darin. Ohne Umschweife zieht sie ihren Rock über die herrlich geformten Beine nach unten, setzt sich – nur in ihrer feinen schwarzen Unterhose – auf das Bett und öffnet langsam, aber weit ihre Beine. *Welch ein Anblick! Was für eine unverschämte und reizvolle Aufforderung; über sie herfallen, das ist es, was ich jetzt will und meinen Gelüsten endlich*

Befriedigung verschaffen. Zögerlich, durch diese mir unbekannte Aufgabe, stelle ich mich vor sie hin, während sie beim Öffnen meiner Gürtelschnalle laut `Gott mit uns´ abliest, was mich schockiert. *Wie oft wird sie diesen Spruch alleine heute schon gelesen haben? Und Valeria? Was habe ich ihr versprochen, wie habe ich um sie gefleht, als ich dort gelegen bin?* Noch bevor sie die Hand in meine Hose stecken kann, weiche ich zurück, schüttle langsam den Kopf und schließe den Gürtel – gegen mein beinahe unwiderstehliches Verlangen ankämpfend – erneut. Das Mädchen sieht mich zuerst entgeistert an, schließt – sich schämend – ihre Beine und ändert dann ihren Blick in einen ehrlichen, dem aufreizenden, lüsternen weit entfernten. *Sie, so wie alle anderen auf dieser Erde, ob im Krieg oder nicht, möchte das haben, was ich hier und jetzt beinahe verloren hätte*, schließe ich von außen die Tür.

Um Punkt sieben Uhr morgens wache ich mit kräftigem Kater auf und laufe ins Bad, um meinen Brand zu löschen.
„Franz! Au, au, dieser scheiß Wein!", dreht Klaus sich mir zu. „Franz, wo bist du gestern so plötzlich hin? Wir haben dich die ganze Zeit gesucht. War deine so eine Schlimme? Hahaha, au, auweh! Der verfluchte Wein!"
„Nein, ich wollt' einfach nur noch heim", erzähle ich ihm die Geschichte, wie sie sich zugetragen hat, wobei er müde lächelt und leise wiederholt:
„`Gott mit uns´ also. Ich glaub' trotzdem, du bist ein Idiot. Ts, ts, ts."
Ich gehe hinaus auf den Balkon und möchte ihm eigentlich erzählen, wie sehr das Mädchen ihren Blick dann geändert hat und sie sich doch alle nur 'was vormachen, aber das hätte wirklich keinen Sinn. Stattdessen trinke ich dieses komisch schmeckende Wasser und frage ihn:
„Was ist überhaupt diese Panzerschokolade? Die habt ihr doch gestern alle genommen?"
„Ah, du heilige Scheiße, auch das noch. Von da an weiß ich, bis ich mit der Annabell alleine in einem Zimmer war, gar nichts mehr."
„Und was ist das jetzt?"
„Eine kleine Tablette. Der Heinrich hatte ein paar davon, aber du hast dich ja entführen lassen von `Gott sei´... Hihi, 'musst schon entschuldigen, aber das kann wieder nur dir passieren. Tja, und diese Tablette

schluckst du halt", antwortet er auf meinen fordernden Blick, „Sekunden später bist du nicht mehr du selbst. Eigentlich sind sie an der Front verteilt worden, in Polen schon, aber zum Feiern eignen sie sich um einiges besser, durch den Kontrollverlust!"
„Ihr seid's ja alle verrückt!"
Ich glaub', heut nachmittag fahren wir uns so einen Fotoapparat kaufen, wenn ich mich recht erinnere."
„Ich geh' 'mal zum Zahlenfritzen, kommst' mit?"
„Nein, später."
Im Nu habe ich, durch die frühe Morgenstunde, meinen Sold und entschließe mich, ans Meer zu gehen, wo nur ganz wenige Tapfere im Wasser untätig herumstehen und drei Köpfe von Schwimmern weiter draußen zu sehen sind. Ich gehe in den auslaufenden Wellen am Strand entlang, seinem seitlichen Ende entgegen, wo als Begrenzung der Bucht kleinere Felsen vor großen im Wasser stehen und hinten in die sandige, hier steil abfallende Anhöhe, hineinragen. Die Felsen stechen in ihrem Grau deutlich aus der Umgebung heraus, die einzelnen Schichten übereinander sind gut zu erkennen und ragen schroff mit ihren Kanten in die Sonne, während ihre unteren Enden im selben Winkel wie die U99 bei ihrem Tauchmanöver ins Wasser zeigen. *Das wär' doch ein Foto wert*, umklettere ich den ersten Felsen und gelange auf eine winzige Sandfläche, die immer nur so lange an der Luft sein darf, bis die nächste Welle sie wieder vollständig unter Wasser setzt. Hinter jeder abziehenden Welle laufen kleine, weiße Krebse her und verschwinden im leise säuselnden Wasser. Lange stehe ich an einen Felsen gelehnt mit den Füßen auf einem sich darunter ausspülenden Untergrund. Neugierige Krebse versuchen aus nächster Nähe, aus dem neuen `Schwemmgut´ schlau zu werden, stehen prüfend neben meinen Füßen, laufen aber bei geringster Bewegung meinerseits – witzigerweise immer seitlich – in das schützende Wasser, oder graben sich geschickt in den Sand ein.
Den nächsten Felsen, von doppelter Höhe, beginne ich auf meiner Entdeckungsreise zu besteigen und höre – noch bevor ich den höchsten Punkt erreicht habe – Männerstimmen, hebe den Kopf darüber und sehe zwei Männer splitternackt im Sand sitzen, ein jeder den Schwanz

des anderen in der Hand. Schockiert sehe ich ihnen eine Weile dabei zu, wie sie ihre steifen Glieder reiben, beide im selben Takt, einmal schneller, dann wieder langsam, als wäre es ein Spiel, bis ich das Gesicht des hinteren erkenne, mich danach in die Bucht zurückfallen lasse und einfach nicht mehr anders kann, als selbst Hand anzulegen. In Gedanken aber bin ich in diesem Raum von gestern mit der wunderschönen, unbekannten Frau, nicht bei den schwulen Soldaten, keine zehn Meter von mir entfernt. Ich spritze die weißen Strahlen in die Wellen, klettere erleichtert, aber mit schlechtem Gewissen beladen auf den breiten Strand zurück und rufe mir Paragraph 69 der Wehrdienstordnung ins Gedächtnis, wonach jede homosexuelle Handlung, insbesondere innerhalb der Wehrmacht, sofort zu melden sei, die beteiligten Personen unverzüglich und unehrenhaft aus der Armee entlassen und interniert zu werden haben. *Schwule in unserem Bataillon, das darf doch nicht wahr sein!*, setze ich mich in die kalten Fluten und sehe immer wieder zu den Felsen hinüber, wo sich nichts rührt. *Die werden es den ganzen Tag in dieser Bucht treiben.*

„Gott mit uns!", begrüßt mich ausgerechnet Hannes am Mittagstisch.
„Hast' es bereits allen erzählt, ja, Klaus?"
„Die wollten den genauen Grund für dein Verschwinden wissen, soll ich etwa lügen?"
Heute gibt es sogar Fisch mit Kartoffelsalat. Den Fisch allerdings meiden viele, `ist nicht ihr Geschmack´, auch nachdem ich ihnen Mandis Meinung darüber gesagt habe, wie gesund er ist.
„Trotzdem. Aber vielleicht, Franz, war sie eine ganz Katholische?"
„Wahrscheinlich, Sepp, das wird's gewesen sein", schaue ich Klaus verärgert an, „wichtig ist, dass du deinen Spaß gehabt hast."
„Oh ja! Der Wahnsinnige ist mit zwei Damen auf's Zimmer, gleichzeitig."
„Was?"
„Da schaust', was? Da weißt' nicht mehr, wo du zuerst hinfassen sollst. Beinahe hätten sie mir vor lauter Gaudi das EK geklaut, na da hätt' ich mir was anhören können. Aber, Kameraden, eines steht seit gestern fest!"
„Und was, Sepp?"

„Der Franz ist jetzt der einzige von uns mit vollen Eiern und ich wette, das schafft er nicht bis zu seiner Vali!"
Alle außer mir am Tisch lachen. „Das lass' 'mal meine Sorge sein! Übrigens war ich grad' am Strand bei den Felsen und dort hab' ich allerlei Krebse g'seh'n."
„Krebse?"
„Ja."
„Mensch, Franz, was bist du für einer?"
„Lass' ihn doch. Auweia, wir müssen los!"
In Marseille schlendern wir den gestrigen Weg – die heute verlassenen Gassen – entlang, unter Gelächter vorbei an der unscheinbaren Tür, hinter der man heute eher ein altes Ehepaar vermuten würde, und grüßen die Frauen und vereinzelten französischen Männer. Im dritten von uns besuchten Laden dann endlich gibt sich unser Tischler und selbsternannter Hobbyfotograf mit dem Preis, bei dafür bestmöglicher Qualität, zufrieden. 54 RM zahlen wir, nicht ohne vorher erneut von Richi an die Wette erinnert zu werden, und er trägt sie anschließend mit Begeisterung aus dem Laden. Drei Filme mussten es sein, um genau 75 Fotos von nah' oder fern, bei hellem und schwachem Licht, gegen direktes Sonnenlicht oder mit der Sonne im Hintergrund knipsen zu können.
„Das erste Foto muss von der gesamten Gruppe sein."
Dafür fragt er einen anderen Soldaten und erklärt – obwohl dieser erwähnt, selber eine zu besitzen – genau, was zu tun sei. Er scheint an diesem Gegenstand seine Erfüllung gefunden zu haben. Klick, das war's. Nun muss sich ein kleines Bildchen von uns in diesem silbernen und für seine Größe ganz schön schweren Gehäuse befinden.
„Schad' ist nur, dass wir nicht mehr alle sind!"
„Ja, Mensch. Stellt euch nur 'mal die gelben Maden vor!"
Stumm gehen wir eine halbhohe Mauer mit Blick über den Hafen voller Fischerboote entlang.
„Kopf hoch, Leute! Es hätt' jeder sein können! Und wir können sie nicht wieder lebendig machen. Ich will ein Bier, was haltet ihr davon?"
„Ein Reparaturseidl. Aber nicht wie gestern!"
Ein, zwei Gläser trinken wir in einer dunklen Bar.

„Nicht 'mal ordentliche Biergläser haben's, die Franzosen."
Ein paar alte Männer sitzen an einem Tisch. Verlegen haben sie uns vorher gegrüßt, ansonsten folgen sie ihren eigenen Gesprächen. Es scheint sich bei ihnen um Fischer zu handeln, die dem Wein vor dem teureren Bier den Vorzug geben.
„Warum die alle in so dunklen Gasthäusern sitzen, wenn doch draußen die Sonne scheint?"
„Die haben sie jeden Tag. Sonne ist für die kein Luxus und deshalb gehen sie verschwenderisch damit um. Bei uns daheim ist das 'was anderes, oder denkt an Norwegen. Dort, so hab' ich gehört, geht im Winter die Sonne gar nicht auf. Da bleibt's dunkel, Tag und Nacht."
„Na, haben wir ein Glück, hier zu sein."
Früh kehren wir heute in die von uns bezeichnete 'Bucht 99' zurück, allesamt gehen wir müde vom Vortag auf unsere Zimmer.
„Toll, dieser neue Apparat, was?"
„Ja, spitze!"
„Du, Klaus, glaubst du, dass es eigentlich Schwule gibt in der Armee?"
„Hör' mir bloß mit denen auf, ich hasse diese Arschficker!"
„Ja, aber gibt es welche, was glaubst'?"
Er stützt sich am Bett liegend auf seinem Ellbogen ab und erklärt: „Na klar! Die sind doch überall, denk' an den Röhm. Meist sind die unscheinbarsten, süßlichsten die Allerschlimmsten, das kann ich dir sagen. Im Waisenhaus waren genug davon, alles gern gesehene Kirchendiener bei Tag", hebt er seine Stimme, „bei Nacht der Teufel. Wasser predigen und Wein trinken, wie es in der Bibel steht. Merk' dir eines, Franz, die untersten werden immer ausgenutzt, und Waisenkinder sind ganz unten. Unter dem Vorwand, sich um die hilflosen Geschöpfe – wie unsere Priester uns immer nannten – zu kümmern, wird genau diese Hilflosigkeit ausgenutzt. An wen soll sich so ein kleines Geschöpf denn wenden? Da bleibt niemand. Nur heute bin ich nicht mehr hilflos! Ich will dennoch niemandem Unrecht antun", zeigt sich plötzlich ein tieftrauriger Ausdruck auf seinem Gesicht, „dazu, Franz, kenne ich es selber zu gut, aber die Pflicht, die erfülle ich."
Ich merke, wie schwer es ihm fällt, darüber zu reden, und wie unmöglich es für ihn ist, das eine vom anderen zu trennen.

„Aber wie kommst du überhaupt jetzt d'rauf? Sag' jetzt nicht, du hast gestern festgestellt, dass du einer von denen bist?"
„Spinnst du? Ich heirate bald."
„Aber…", legt er sich erneut auf den Rücken, „du hast sicher recht, die gibt es selbst in der Wehrmacht, da bin ich mir sicher. Erwischen darf ich keinen von ihnen, glaub' mir."
„Skatturnier im Gemeinschaftsraum, jeder der mitmachen will, 2 RM Nenngeld!", ruft einer am Gang.
„Komm, Franz, da machen wir mit."
„Ich bin kein Freund der Karten", sage ich und gehe trotzdem mit. Auf einigen Tischen sitzen schon Männer mit französischen Zigaretten der Marke Gaulouise und warten, der Sepp posiert lässig mit seinem sich spiegelnden Orden und schreit, wie könnte es anders sein: „Ah, Gott sei mit uns!"
Ich setze mich zum Richi – ebenfalls kein Spieler – mit seiner, oder wohl eher unserer, Kamera in den Händen.
„Wer wird Deutscher Meister heuer, was meint ihr? Dresden oder Schalke?"
„Wie letztes Jahr, Schalke natürlich."
„Das glaub' ich auch, obwohl ihr Mittelstürmer jetzt gerade in Topform ist."
„Also, jeder kennt die Regeln, wir beginnen."
„Na, Richi, bist' zufrieden damit?"
„Eine gute Wahl. Die können wir überall mit hin nehmen, auch wenn sie auf den Boden fällt, dann macht sie vielleicht unabsichtlich ein Bild, geht aber laut Beschreibung nicht kaputt."
„Steht das auf Deutsch?"
„Nein, nur in Französisch. Aber ich hab' ein kleines Wörterbuch."
„Richi, was ist eigentlich mit den versprochenen Sprüchen?", schreit der Roman herüber.
„Ach ja! Wer des Spieles nicht kann, soll zusehen. Und extra für dich, Sepp: Glück im Spiel, Unglück in der Liebe."
„Na dann weiß ich, wer gewinnt."
„Wer alles vorher wüsste, würde bald reich."
„Ja, ja, schon gut, die waren schon 'mal besser."

Was ist das für einer?"

„Mein MG II, ein ruhiges Händchen unter Feuer, das traut man ihm gar nicht zu."

„So, jetzt gib die Karten aus."

„Ob wir jetzt bald gegen den Engländer losschlagen, was meint ihr?"

„Sieht ganz danach aus. Aber da seid dann ihr 'mal mit den Fliegern ganz vorn' dabei, nicht immer die Infanterie."

„Was willst du damit sagen?"

„Nur, dass ihr zuerst die Insel sturmreif schießen müsst und erst..."

„Glaubst du, Schütze, dass wir so zum Spaß durch den Kanal tauchen, oder was?", mischt sich jetzt einer der Matrosen ein.

„Ich weiß nur", wird der mir wenig bekannte Soldat lauter, „dass ihr in einer dicken Metallröhre sitzt, wir haben genau die hier an", greift er als Zeichen seines einzigen Schutzes auf die Uniform, „wenn wir zum Sturm ansetzen!"

„Kommt schon, Männer, lasst uns doch deswegen nicht streiten, jetzt ist erst 'mal Friede."

„Vollidiot!"

„Da springt der kampflustige Schütze auf und schreit über den Tisch: „Wen nennst du hier Vollidiot?"

„Jetzt aber mal langsam, ihr zwei Kampfhähne. Wenn das ein Vorgesetzter hört, dann werden sie uns das Spiel abblasen, also spart euch das, ja!"

Nachdem die Partien begonnen haben, beobachte ich zunächst eine ganze Weile die Spielenden, den Richi, und dann wieder die nun ganz in ihre Karten vertieften Spieler. Auf allen Tischen im Saal verteilt sitzen immer nur je drei Spieler pro Tisch und versuchen sich im Wettkampf miteinander. Nach drei gespielten Partien werden die Spieler durchgemischt, um die Tische neu zu besetzen und obwohl ich versuche, hinter die Spielstruktur zu kommen, sollte sie mir bis zum großen Finale fremd bleiben.

Am späten Nachmittag des 30. Juni lässt sich in der ganzen Bucht die Langeweile ablesen, die mich selber – und das, obwohl ich mir doch ständig etwas zum Zeitvertreib suche – bereits quält. Meine Socken sind seit gestern perfekt gestopft, die Uniform mit Seife und Wasser so gut es geht gereinigt; den Schwimmunterricht allerdings, den haben wir gestern einstimmig abgebrochen und die Wette damit sehr zur Freude Richards verloren. *Selbst das Meer wirkt gelangweilt*, denke ich, mit den beiden Briefen aus der Heimat am Strand sitzend, das hat der Mandi verschwiegen, wahrscheinlich aus gutem Grund. *Was hätten die beiden Abenteurer denn damals anderes gemacht als ich jetzt, nachdem das leise Rauschen beim Atmen des Meeres, die salzige Brise und das leichte Schaukeln im Bett vor dem Einschlafen zur Normalität verkommen wäre?* Es wird, erkenne ich heute, das größte Abenteuer auf ewig für meinen Vater bleiben, eben weil sie es nie gestartet haben; oder wer weiß, ob die Mutter wirklich richtig liegt in ihrer Annahme zu dem Grund für das Scheitern, dem Vater traue ich zu, sie auch fälschlicherweise darin zu belassen.

Ich möchte jedenfalls nichts lieber als nachhause. Paris, auf das sich alle schon so freuen, kann mir ruhig gestohlen bleiben, meine Valeria ziehe ich jeder Weltstadt vor. In ihren – diesmal wieder wundervoll geschwungenen – lebendigen Buchstaben versichert sie mir die ehrliche Erleichterung darüber, von mir gehört zu haben und bittet, ja fleht beinahe auf dem teuren, wieder mit Parfüm bestäubten Papier um meine baldigste Rückkehr. Ich halte ihre beiden Bildchen in Händen, die ich zum Trocknen in die Sonne gelegt hatte, bevor sie nach unseres Fotografen Meinung, `gerade noch rechtzeitig´ unter Schimpftiraden entdeckt wurden, und die wohl dadurch bereits stark verblasst sind; besonders aus dem ersten sind leider teilweise ihre Konturen gewichen. Dennoch würde ich für nichts in der Welt dieses Bild vergeben, es hält die Erinnerung an den harten Todeskampf – nur für mich – wach, Valeria hat mir damals in meiner Brusttasche, ganz nah meiner Wunde, geholfen, ihn zu gewinnen.

Für morgen haben sich Reporter in der `Bucht 99´ angesagt, um einige von uns zu interviewen, vor allem aber, um die drei U-Boote bei ihrem Auslaufen zu begleiten. Die neue `Deutsche Wochenschau´, von der gerade alle sprechen, ist eine willkommene Abwechslung an diesem Ort, an dem ansonsten alles seinen gewöhnlichen Gang hat. Die Soldaten nutzen, obwohl es durch die Enge hier nicht einfach ist, jeden Moment eines möglichen Abstandes voneinander, nur der Hannes scheint im Sepp so etwas wie einen Ersatzvater gefunden zu haben und der Richi hängt sehr an – wohl mittlerweile – seiner Kamera. `Tja, die anderen machen das Beste daraus´, schreibe ich als Abschluss an meine Verlobte und erwähne, mich das nächste Mal aus Paris zu melden.

Mit dem ersten Julitag kehrt endlich Aufregung zurück in die kleine Bucht; Soldaten laufen hektisch durch die Flure, achten wieder auf Rasur und Adjustierung und gehen neugierig, so wie ich, am späten Vormittag zu den am Platz angetretenen U-Boot-Besatzungen. Mit ihren schwarzen Uniformen stehen sie in der prallen Sonne nach Bootgröße von links nach rechts geordnet in `Achtung´, auf U 99 ganz links allein dient dieselbe Mannschaftsgröße wie auf den beiden anderen Booten zusammen. Wir beobachten ihre Vergatterung und können aus nächster Nähe die beiden angeblichen U-Boot-Asse deutscher Kriegsmarine, Kapitänleutnant Kretschmer und Kapitänleutnant Priem, miteinander scherzen sehen. Den Reportern stehen sie abwechselnd vor laufender Kamera Rede und Antwort.

„Unglaublich, diese Technik", meint der ständig seine Position wechselnde Richi, der das alles für die Nachwelt festhalten möchte – bestmöglich!

Bei nur einem einzigen Glas Wein hat uns der Heinrich gestern ein Wiedersehen inklusive einer weiteren wilden Nacht – dann aber in London – versprochen, ganz nüchtern und ausgeschlafen wollten sie heute ihr Schiff in Fahrt bringen, unter dem Kommandanten, der seine Kappe ganz leger seitlich am Kopf trägt und sich auch von den Reportern darin nicht beeinflussen lässt. Eine Stunde lang geht es hin und her auf diesem Platz, treten unterschiedliche Matrosen vor die Kamera. Einige Franzosen sowie eine kleine, sich zurückhaltende Abordnung des SD überwachen schließlich den Abmarsch der Besatzungen und grüßen mit erhobenem rechten Arm.

Das gesamte Bataillon steht am Strand versammelt und beobachtet das

Zeremoniell auf allen drei Booten. Kapitän, I. und II. WO stehen auf dem Turm, militärisch die Besatzung an Deck begrüßend. Jeder Kapitän spricht nur wenige Sätze, danach herrscht reges Treiben, genau wie unsere Freunde gestern vorausgesagt haben. Unter den Klängen unserer Regimentskapelle und unserem Jubel gleiten sie langsam, dichte Rauchschwaden ausstoßend, hinaus auf das offene Meer, eines hinter dem anderen. Ein paar Männer winken noch zu uns herüber, bis die Silhouette kleiner und kleiner wird und dann ganz verschwindet, wobei die Musik längst schon aufgehört hat zu spielen. *In den nächsten Stunden*, starre ich auf das glitzernde Meer, *wird – laut Gustav – der Kapitänleutnant im Beisein aller Offiziere den versiegelten Umschlag mit den Befehlen darin öffnen.*
„Muss auch kein Spaß sein, immer in dieser Zigarre drin' sein!"
„Ich hoffe, die Bilder sind gut 'worden. Schade nur, dass ich den Guderian nicht knipsen konnte, oder eure Verleihung."
„Die beiden `Asse´ sind aber ganz lustige Kerlchen. Das glaubt man auf den ersten Blick nicht, dass die ihr U-Boot fest in der Hand haben."
„Genau wie bei meinem Richi hier, ganz ruhig unter Feuer, hätt' ich auch nicht geglaubt", stößt der Sepp ihn kräftig an.
„Geh'n wir doch nach dem Mittagessen die Küste entlang, machen ein paar Bilder, und vielleicht entdecken wir noch andere kleinere Buchten?", schlägt Richi, sicherlich geschmeichelt von diesem Kompliment, vor.
„Oder Meerjungfrauen?"

Gleich nach dem Essen gehen wir hinüber zur versteckt liegenden, kleinen und unbewachten Anlegestelle.
„Das muss gerade erst betoniert worden sein."
„Ja, sieht so aus. Der Beton ist noch ganz frisch. Ohne die Boote davor sieht es aus wie ein ganz normaler Bunker."
„Mensch, die Bunker in der Nacht, was?"
„Arme Hunde, bei lebendigem Leib gegrillt. Wieso sie nicht vorher einfach abgehauen sind?"
„Moment 'mal! Die haben feige aus dem Hinterhalt vier von uns, und wer weiß wie viele bereits vorher, erschossen. Einen Fahrer kann ich

′mal eben um die Ecke bringen. Die werden geglaubt haben, das geht so einfach weiter."

„Naja. Wer weiß, wie alt die waren."

„Alt genug, um unsere Jungs feige zu meucheln."

„Ich freu' mich schon auf Ried."

„Ich auch."

„Ob sie uns feierlich begrüßen werden am Bahnhof?"

„Na was glaubst', und wie!", gehen wir die sandigen Hügel der Küste auf und ab.

„Wir haben jetzt auch den letzten Zweifler eines besseren belehrt."

„Da hast' recht", stimme ich laut zu, „es ist genau anders ′rum verlaufen wie damals im Weltkrieg. Dort waren alle begeistert, zu Beginn jedenfalls, hat der Schwiegervater erzählt."

„Ach, der alte Reiter. Der ist mir nicht geheuer."

„Mir auch nicht."

„Wieso, was ist mit dem?"

„Er hält sich für eine Pazifisten."

„Was? Einer vom Dolchstoß, durch die der Weltkrieg verloren ging? Schöner Schwiegervater."

„Nein, Sepp, ganz und gar nicht. Er hat Großes vollbracht im Krieg, hat das Pour le Mérite erhalten, einen preußischen Orden für einen Österreicher, das gab's nur ein Mal. Nur, nach dem Ganzen änderte er, wie viele andere auch, seine Meinung und am Schandfrieden ist er dann verzweifelt. Er hat gemeint, das würde jetzt bei uns auch geschehen."

„Da hat er sich geirrt. Und obendrein wird er aber schau'n, wenn du mit dem EK dort oben am Villahügel aufkreuzt."

„Ich kann es immer noch nicht begreifen, was eine aus reichem Hause an dir findet."

„Wo die Liebe hinfällt. Schaut mal her!", knipst Richard ein Bild von uns. „Irgendwie komisch, wir leben hier wie die Götter und freuen uns allesamt auf daheim, dort wo wir den Pflichten gleich wieder nachgehen müssen."

„Ich nicht", meint Sepp.

„Komm schon, es ist auch deine Heimat."

„Ob die Angehörigen von den dreien schon Bescheid wissen?"
„Ich denke, ja. Aber überbringen möcht' ich's nicht, so eine Nachricht."
„Auch bei uns, also in dem kleinen Lazarett bei Tomaszow, da haben's einen gebracht, mitten in der Nacht, der ist gleich nach seiner Einlieferung verstorben, geschrien hat der wie am Spieß. Der Stabsarzt hat dem nur leicht verletzten Feldwebel dieser Gruppe gesagt, dass er die Angehörigen verständigen wird, in sehr kaltem Ton."
„Ah, der alte Arzt dort?"
„Ja."
„Der hat uns forsch von deinem Bett verwiesen, draußen aber war er ganz umgänglich und um dich besorgt. Jedenfalls hat uns dieser Wiener wegen deines Zustand's beruhigen können, womit wir gleich wieder nach vorne konnten."
„Seid ihr denn zurückgeblieben?"
„Ja, Franz, sind wir. Vom Slidez angeordnet. Nachdem wir dich aus dem Feld geholt haben, sind wir gleich mit dir als Bewusstlosem nach hinten und auf einen zufällig bereitstehenden LKW gestoßen, vorgesehen war da überhaupt nichts für einen Abtransport. Ich hab' wirklich gedacht damals, du wirst d'rauf geh'n, g'rührt hast' dich ja nicht mehr. Wir konnten dich nur dort bei dem Lazarett abliefern und der Herr `Fotograf´ und ich, wir haben dann gewartet, bis wir Genaueres wüssten, auf ausdrücklichen Befehl vom Slidez."
„Ach, so war das! Ich hab' dich grad' so erkannt am Bett."
„Ja, das hab' ich mir gedacht. Aber da warst du schon über den Berg und wir sind dann weiter. Vergiss übrigens unser Bier nicht, versprochen ist versprochen!"
„Ja, aber bei den dreien ist das 'was anderes. Die sind einfach am Feld geblieben, ohne Arzt oder Sanitäter, da muss dann jemand vom Heer die Angehörigen verständigen."
„Mensch, stellt euch dem Franzl seine Mutter vor. Die war doch immer so um ihn besorgt, schon bei den Manövern durfte nichts passieren und jetzt…"
„Oder dem Berndl seine Frau. Die ist jetzt Witwe mit zwei Kindern, und er als vermisst gemeldet, obwohl wir genau wissen, was mit ihm passiert ist. Scheiße, ich werde ihr nie mehr gegenübertreten können."

„Kommt doch, Leute! Machen wir hier auf der Klippe ein Foto."

Nach zwei neu entdeckten Buchten und einigen Fotos von uns im Wasser stehend oder dem Richi schwimmend, drehen wir um und kehren rechtzeitig zum Abendessen zurück. In der Schlange vor der Essensausgabe sehe ich den einen schwulen Soldaten weiter vorne stehen und sich ganz gelassen – als ob nichts gewesen wäre – mit einem anderen, vielleicht dem zweiten aus der Bucht, unterhalten. Kurz nur schaut er, durch meine Blicke aufgefordert, zu mir herüber, erkennt mich allem Anschein nach und wie vermutet nicht wieder, und wendet sich lachend seinem Gesprächspartner zu. Im Anschluss an das Essen schlendern wir, wie alle anderen auch, zur Zahlenmeisterei mit dem einzigen Empfänger hier, um die täglichen Nachrichten zu hören. Der viel zu kleine Raum ist voll von leise horchenden Soldaten, die alles Gehörte nach draußen an die große Menge von Soldaten weitergeben und dort ein Gemurmel erzeugen. So wurden laut Innenstehenden gestern drei britische Kanalinseln, deren Namen wir nicht verstehen, von uns besetzt. Es folgen einige weitere unverständliche Angaben zu England, danach werden die bedeutenden 14 Punkte des Waffenstillstandvertrages mit Frankreich ausführlich verlesen. An deren Ende beginnt der gesamte Raum plötzlich laut zu jubeln. Der Sprecher grüßt alle am Mittelmeer sich befindlichen Soldaten sehr herzlich, danach die an der Kanalküste und so weiter, bis er bei den in Paris stationierten anlangt. In Paris, so sein Hinweis, ist die Lage unter Kontrolle und sehr ruhig. Danach spielt Musik.

Innerhalb der Gruppe überlegen wir danach lange, ob wir an unserem letzten Abend in dieser Bucht nochmals nach Marseille fahren, oder uns mit Wein an den Strand setzen sollen. Der Sepp will zuerst, genau wie der Hannes, unbedingt nochmals in die unscheinbare Bar, der Rest aber hier bleiben, was schlussendlich auch die beiden umstimmt. Die Gruppe, hat man das Gefühl, macht mittlerweile entweder etwas zusammen oder gar nicht, jeder fühlt sich als Teil des Ganzen, auch weil in dieser wenig vertrauten Gegend die Gruppe dennoch sehr vertraut ist. Wir sitzen in der warmen, rötlich versinkenden Sonne, trinken, rauchen und reden über Paris, unser morgiges Ziel, hüpfen noch ein paar Mal in das nun wärmere Wasser, legen uns in den angenehm warmen

Sand und genießen den aufziehenden Nachthimmel, bis uns die kühle Luft auf die Zimmer empfiehlt.

„Also, Männer! Ich hoffe, ihr hattet eine angenehme Woche?"
„Jawohl, Herr Hauptmann!"
„Gleich im Anschluss geht es ab zur Leibesvisite. In Paris gibt es bereits erste Fälle von Geschlechtskrankheiten. Was ist daran so lustig, Soldat?", schreit er den gemeinten gehörig an.
„Nichts, Herr Hauptmann!"
„Genau, gar nichts. Der Spaß hört mit dem Antreten auf. Wir sind immer noch auf besetztem Gebiet. Also, deshalb werden alle untersucht, die Paris betreten, und falls jemand sich hier schon etwas geholt haben sollte, wird er unverzüglich nachhause geschickt. Bezüglich der Zustände in Paris gibt es einen Führererlass über das Verhalten der Wehrmacht in besetztem Gebiet, den sich jeder durchzulesen hat. Er steht auf der ersten Seite der Wörterbücher, die an euch ausgeteilt werden. Jede Gruppe erhält eines davon. Es beinhaltet neben dem wichtigen Erlass einige Wörter und Sätze, die euch helfen sollten, falls ihr mit Franzosen in Kontakt tretet, wenn es unbedingt sein muss. Auf der letzten Seite befindet sich ein kleiner Stadtplan, Paris ist nicht das kleine beschauliche Ried der Oberdonau. Fragen? Gut, dann abtreten!"
Bis auf die Unterhose ausgezogen stehen wir in einer langen Schlange. Jeder muss hinter einem Vorhang auch diese ausziehen, ganz nah an einen sitzenden Sanitätsobergefreiten herantreten, der sich das Geschlechtsteil und dessen Umgebung genau ansieht und bei mir, so wie allen anderen unserer Gruppe, nichts Verdächtiges finden kann. Vier Personen aus der gesamten Kompanie bleibt Paris, auf das ich mich jetzt doch schon sehr freue, verwehrt und werden heimgeschickt. Irgendwie sind sie aber dennoch darum zu beneiden, nicht aber darum, zuhause die Gründe für ihre verfrühte Heimreise erklären zu müssen. Und eigentlich, wer hat schon die Gelegenheit, diese wundervolle Stadt mit all seinen Verlockungen zu erleben? Nicht einmal Valeria war sie bisher gegeben.
Einen letzten Blick – und dafür von langer Dauer – werfe ich von unserem Balkon aus auf das Meer, hin und her gleiten meine Augen über

die bläuliche Oberfläche mit den regungslosen Fischerbooten darauf. Mein ganzer Körper schlägt plötzlich wie bei Gefahr Alarm, der Bauch zieht sich eng zusammen, und verkrampft umklammere ich das Geländer. Das Meer, so soll mir dieser Umstand wohl mitteilen, werde ich nie mehr sehen und wie bei allem zur Neige Gehenden, gewinnt auch diese glitzernde Fläche noch mehr an Bedeutung und hat dadurch meine Aufmerksamkeit bis zum letztmöglichen Zeitpunkt. Immer wieder, als würde ich es verlieren oder es mir genommen, versuche ich, jede Stelle genau zu erkunden, so viel wie irgend möglich – abseits geschossener Fotos – für mich alleine in Erinnerung zu bewahren.

„Komm schon, Franz, Paris wartet", singt Klaus den Namen laut. Ich gehe zurück in das Zimmer, nehme den Tornister und verlasse es – ohne mich nochmals umzudrehen – hinter ihm, hole nach ihm das Gewehr und steige als Letzter auf die Ladefläche des LKWs.

Stunde um Stunde wackeln wir nordwärts, durch friedlich wirkende, ärmliche Landschaften, bis sich nach beschwerlichen sechs Stunden das Bild ändert. An der holprigen Fahrstraße werden liegengebliebene Fahrzeuge ersichtlich, mitten auf den Feldern stehen Panzer, stumm und fahruntauglich wartend. In kleinen Gruppen kümmern sich unsere Soldaten um Fahrzeuge, die sicherlich dringend benötigt werden. Direkt an uns vorbei, aber in die entgegengesetzte Richtung, ziehen die ersten Franzosen mit Fahrrädern und ihren wenigen Habseligkeiten; je weiter wir fahren, um so mehr werden es, bis wir gar an Frauen, Hand in Hand mit ihren Kindern, vorbeifahren. An diesem heißen, trockenen Tag werden sie von uns obendrein mit Staub bedeckt, sodass sie sich schützend wegdrehen, uns hernach fragend hinterhersehen und sich vor dem nächsten LKW erneut umdrehen. Panzer unserer Armee stehen auf zerfurchten Feldern friedlich, aber kampfunfähig rastend, bewegungsunfähige 8,8er – beinahe eine ganze Batterie – und leichte Haubitzen hat man, umringt von Kartuschen, am Vorstoß auf Paris zurückgelassen.

„Hier hat es ordentlich gerumst, was?"

„Sieht so aus!"

Seitlich von uns, aber in großer Entfernung, beginnen dicke, schwarze

Rauchwolken, westwärts zu wandern. Immer mehr drängen sich in unser Sichtfeld und an den Himmel, bis der halbe damit voll ist und von unten unaufhörlich weitere nach oben steigen.

„Der Franzenmann hat sicher die Erdölvorräte gesprengt, das hat eine solche Rauchentwicklung, und stinken wird das auch ordentlich dort."

Immer noch fließt der Flüchtlingsstrom an uns vorbei, sie machen den Eindruck von Menschen, die nicht wissen, wo sie eigentlich hin sollen. Einige haben sich bereits umentschieden und strömen mit uns wieder hinein in die Stadt: Paris.

Paris; dieser Tage wie lange vorher schon, ist nicht irgendeine Stadt, sondern Weltstadt – eingehüllt in ein Flair, um das sie der Rest der Welt immer beneidet hat – inmitten eines den Verlauf der Dinge bestimmenden Europas. Besonders der überaus penible östliche Nachbar hatte von jeher ein Interesse an dieser für die Deutschen so untypischen Stadt mit ihrer Freiheit des Denkens und – aus deutscher Vorstellung – natürlich ihrem Sündigen, Verruchten und darum insgeheim gerade so Anziehenden. Aus diesem Grund wollten sie ihr schon im Ersten Weltkrieg den Stempel preußischer Korrektheit aufdrücken. Weil das aber misslungen war, die `Grande Dame´ ihre Freiheit mit viel Stolz verteidigt sah, wollte man als Einwohner, bis in die höchsten Kreise dieser Stadt hinauf, sogar bis zum 12. Juni dieses geschichtsträchtigen Jahres 1940 noch – und trotz aller Vorkommnisse – nicht ernsthaft um sie besorgt sein. So traf an jenem heißen Juniabend um halb sieben Uhr das gesamte französische Kabinett im Schloss Cangé zusammen und musste die bittere Wahrheit in einem desaströsen Situationsbericht des Oberbefehlshabers ihrer Streitmacht, Général Weygand, zur Kenntnis nehmen. Als Abschluss jenes Vortrages forderte er mit ernster Miene, eine Bombe sollte ihn noch heute treffen, denn so war *er* es gewesen – wie der Zufall es will – der in Fochs Namen 1918 den Deutschen die Waffenstillstandsbedingungen diktierte und musste an diesem Tag nun vor dem Kabinett die letzte Konsequenz fordern: Paris zur offenen Stadt zu erklären.

Ganz im Sinne Adolf Hitlers wurde dann die Weltstadt am Donnerstag, den 13. Juni offiziell als `offen´ erklärt und somit vom französischen Militär gänzlich geräumt, um ihre Zerstörung zu verhindern. Über eine Million Zivilisten lebten noch in der Stadt und waren so den einmarschierenden `Barbaren aus dem Osten´ schutzlos ausgeliefert, darunter viele Juden aus dem Viertel an der Rue des Tournelles, die aber, die Gefahr unterschätzt hatten und nicht im Traum daran dachten, dasselbe Schicksal wie jenen, rechtsseitig des Rheines könne ihnen hier widerfahren – eine fatale Fehleinschätzung!

Häufig wurden im gesamten Frankreich dieser Tage Situationen auf den Ersten Weltkrieg bezogen, ohne zu bedenken, dass mehr als 20 Jahre vergangen waren.

Der in den Junitagen 1940 noch hoch angesehene Oberst Perré hatte mit seiner Starrköpfigkeit auf eine völlig veraltete militärische Taktik gesetzt – entgegen den Mahnungen junger Militärs, allen voran Charles de Gaulle, der die Panzerwaffe, wie die Deutschen, als eigenständigen Verband gefordert hatte. Oberst Perré wird nach dem verheerenden II. Weltkrieg dadurch bei den Franzosen in Ungnade gefallen sein, aber kehren wir nun zurück in die Stadt, wo alles irgendwie, aber zeitverzögert, weiter seinen Lauf nimmt, nehmen musste. Auf die große Parade der 18. Armee, die laut Führer zu klein ausgefallen war, folgten weitere, aber bei dieser ersten war unser alter Bekannter aus Polen mit dabei, der ehemalige Gefreite Hofer aus Linz, inzwischen zum Obergefreiten befördert.

Nichts war von Seiten der Einwohner ernsthaft gegen die Invasoren auszurichten, außer, sich den neuen Herren gegenüber – die aufgrund ihrer unterschwelligen Machtposition auch noch übertrieben freundlich waren – möglichst unauffällig zu verhalten, oder wenn man skrupellos seine Chance sehen konnte, zu kollaborieren, wie es der faschistische Schriftsteller Drieu la Rochelle tat, der bewundernd meinte, dass *„…Hitler einer vom Schicksal auserwählter Mann ist, der einem anderen vom Schicksal auserwählten (Napoleon) nach einem Jahrhundert den Sohn zurückgibt."* Oder auch die französische Reichsbahn, die im Laufe der Zeit nicht fragen wird, wo denn die Juden hingebracht werden sollten und aus welchem Grund; alleine das Geld überzeugte sie und die Waggons wurden bereitgestellt.

Die hohe Politik ist der kleinen Soldaten Sache dann aber doch nicht und so gelangen sie an diesem 5. August fernab solcher Überlegungen in eine Stadt, welche vom amerikanischen Militärattache Oberst Fuller zutreffend als die `einsame alte Dame dieser Tage´ bezeichnet wurde, und biegen ein in die Rue de Berri im 8. Arrondissement, wo die LKWs mit der V. und VI. Kompanie vor dem luxuriösen Lancaster Hotel halten.

„Absitzen!", schreit jemand laut und klappt zugleich die Ladefläche nach unten. „Männer, willkommen in Paris!"

Alle springen hinaus in die Sonne, strecken sich oder beklagen die Kreuzschmerzen und staunen nicht schlecht über die hohe Fassade ihrer Unterkunft.

„Schaut euch das an! Da wohnen wir?"

„Ja, Soldaten, da werden wir auf unbestimmte Zeit untergebracht sein", erklärt Unterführer Slidez seinen noch immer faszinierten Untergebenen. Slidez fühlt sich gegenüber der Gruppe, oder eher dem Rest von ihr, stark der väterlichen Obsorge verpflichtet, seinen Ton ihnen gegenüber versucht er an das, was hinter ihnen liegt und – Gerüchten aus Offizierskreisen nach zu urteilen – noch vor ihnen, anzupassen.

„Also, selbiges Tun! Zimmersuche und bis auf weiteres befreit."

Verhalten betreten sie die riesige Empfangshalle, die wegen des genagelten Schuhwerks vollständig mit dickem Teppich ausgelegt wurde und gehen beeindruckt an den seitlichen, freistehenden Rundsäulen entlang nach vorne zu einer breiten Rezeption. Ein einzelner, verloren wirkender junger Franzose sieht den Näherkommenden dabei unbeeindruckt zu, hat sämtliche Schlüssel bereits auf dem Tresen abgelegt und zeigt mit „Bonjour" darauf und dann zu den seitlichen Liften. Ein Hotel dieser Größenordnung, dieses offenkundigen Reichtums haben sie natürlich weder von außen, geschweige denn von innen je gesehen; gleich drei Lifte befördern die vielen Männer in ihre Stockwerke, die 3. Gruppe davon in den sechsten, wo sie bereits vom Flur aus die halbe Stadt überblicken kann. Die Lage des Hotels ist sehr zentral, im besten Quarter der Stadt, in einer Straße, die direkt in die weltberühmte Champs-Èlysées führt, jene breite Straße, die man von hier oben aus vom Triumphbogen bis nach unten an den Place de la Concorde verfolgen kann. Man kann ruhig behaupten, es ist eine Welt, die sie in Staunen versetzt, vom weichen Toilettenpapier, dem sauberen Sitzklo, den gut riechenden Betten bis hin zu den beeindruckenden Bauwerken, in der ganzen Stadt verteilt. Das einzig Vertraute hier sind die von jedem bedeutenden Gebäude – abgesehen vom Triumphbogen – wehenden Reichsflaggen; ansonsten sind die so verinnnerlichten Bilder des letzten halben Jahres ersetzt, mit einem Tag. Dieses Staunen über Dinge, die sie nicht ganz verstehen, führt auch bei ihnen zu Ängstlichkeit vor `dem da draußen´, den fremden Gewohnheiten, der fremden Sprache, in die sie ungewollt gestoßen werden; auch wenn sie jetzt `die Herren´ zu sein haben, werden wir erst noch sehen müssen, wie sie sich als Kompanie, als Gruppe, als Deutscher Soldat in den nächsten Wochen in Paris zurechtfinden werden. Die Warnung vor zerstörerischen Kräften innerhalb der Stadt führte zu einem Verbot, sich als Einzelner alleine in ihr bewegen zu dürfen, denn die französische Polizei scheint an Zahl und Lust zu gering, trotz der Vereinbarung mit den Deutschen.

Dies sind so in etwa die Sorgen dieser Tage vom Unteroffizier hinunter bis zum einfachen Soldaten – als einzelner vernachlässigbar, aber in der Masse für eine andere Gruppierung doch ungemein von Bedeutung, denn von ihr hängt ja letzten Endes alles ab. Diese andere Gruppe beschäftigt sich derweil mit nichts Geringerem als der Politik von Welt. Und da war in diesem Juni 1940 an Hitler kein Vorbeikommen. Er selbst stattete kurz vor Ankunft unserer 3. Gruppe Paris einen Blitzbesuch ab, inklusive einer vom – damals noch – Generalfeldmarschall Göring zusammengestellten und persönlich geführten Kunst-Tour durch halb Paris, die den Führer an Napoleons Grab und damit den größten Moment seines Lebens führte. Ohne viel Pomp gelangte der `größte Feldherr aller Zeiten´ in den frühen Morgenstunden des 24. Juni in die Stadt, und antwortete, nach dem Grund solcher Bescheidenheit gefragt, sachlich, er könne das `dem kultivierten Volk nicht antun´.

Sicher war zu diesem Zeitpunkt bereits, dass mit Frankreich noch nicht genug der `Heldentaten´ vollbracht worden waren und so begannen im Berliner Bendlerblock die Planungen für weitere. Gegen den unbeugsamen Engländer sollte mit September in einer groß angelegten Aktion namens `Seelöwe´ vorgegangen werden, schließlich galt es ja `nur mehr´, die Insel zu befreien. Italien hatte sich ja, wie wir wissen, einige Tage zuvor auf die `richtige Seite´ gestellt, allerdings erst, nachdem der Krieg entschieden war, nicht mehr allzuviel passieren konnte und der Kuchen in Hitlers Händen riesig und zugleich von höchst appetitlicher Erscheinung war. Kurz darauf machte Mussolini schon einmal den Anfang und besetzte kleinere Inseln im Mittelmeer, freilich erst, nachdem er dies öffentlich angekündigt hatte. Hitler hätte es laut eigenem Bekunden genau andersherum angestellt, was er in Bezug auf Mussolini zu diesem Zeitpunkt noch amüsant finden konnte, während ihm in genau sechs Monaten das Lachen endgültig vergehen wird.

Aber alles der Reihe nach. Die Freude über den großen Sieg wird – schon jetzt absehbar – nur kurz währen, in der Führungsriege noch viel kürzer als bei unseren Mannschaftssoldaten, die von alldem ja nichts wissen. Es fällt im Zusammenhang folgender Schilderungen Scibius' berühmter Ausspruch an Hanibal ein: "Vincere, Hannibal, scis, sed victoria uti nescis". Denn es wird Hitler nicht gelingen, Bündnispartner für sich zu gewinnen und das trotz solch einer Visitenkarte. Italien ist, genau wie Spanien, gerne auf deutscher Seite, aber an dieser in den Kampf ziehen, eigene Leute riskieren gegen England, womöglich Amerika, das erscheint ihnen dann doch als ein zu großes Opfer. So wird der Führer zunehmend nervös werden, denn die hoch verschuldete Reichskasse könnte bei Stillstand des riesigen Kampfapparates mit seinen pünktlich ausbezahlten Sölden vielleicht ein halbes Jahr überstehen, dann würde der 'größte Feldherr aller Zeiten' in Berlin Konkurs anmelden müssen, was aber dann doch zu peinlich wäre.

Während also der Führer von Treffen zu Treffen eilt, was tun da die Herren der französischen Regierung, gibt es die noch und wenn ja, wie sind deren Pläne? Ja, es gibt sie noch, nur nicht mehr in Paris, sie versuchten fernab, von Bordeaux aus, zu operieren. Alle Städte mit über 20.000 Einwohnern wurden von dort aus zu offenen erklärt und Charles de Gaulle versucht sich nun in London in einer Exilregierung. Diplomaten gibt es sicherlich auch noch auf Verliererseite, aber in großer Zahl haben sie das sinkende Schiff bereits verlassen, denn Diplomatie ist laut ihnen etwas für Friedenszeiten. In Paris selber hält nun – sage und schreibe – ein einzelner wackerer hoher Diplomat die Stellung, ein gewisser William Bullitt, seines Zeichens amerikanischer Diplomat. Aber auch er wird um Schutz beim deutschen Militärbefehlshaber in Paris ansuchen müssen, und zwar in genau jenem Hotel, das Präsident Wilson 20 Jahre zuvor – tempora mutantur – nach der deutschen Niederlage bezogen hatte: im Hotel Grillon.
Also nicht nur in den Straßen haben die Pariser sich mit den neuen Herren zu arrangieren, selbstverständlich auch in den hohen Ämtern bemüht man sich um ein gutes Auskommen: man eilt in das Haus Nummer 52 in der Champs-Èlysées, um über die weiteren Absichten

der Besatzer bestmöglich unterrichtet zu sein, denn niemand weiß – aber sehr zum Leidwesen der Franzosen auch kein sich in Haus Nr. 52 befindlicher Deutscher – was folgen soll. Man kann in Paris – aber noch merklicher im fernen Bordeaux – den weiteren Verlauf der Bündnispolitik nur erahnen und in so einem Vakuum an Stabilität wird Gerüchten bekanntlich noch mehr Gewicht verliehen als ohnehin. Deren gingen in den ersten Tagen nach dem Waffenstillstandsabkommen viele durch sämtliche Instanzen und beginnen nun, an den Nerven zu zerren, wie auch die Umtriebe des Führers. Es kann ja niemand – außer General Petan – wissen, wie lang sich das Vichy-Regime vor den Deutschen her treiben lassen wird im Hinblick auf den einzig verbliebenen militärischen Machtfaktor Frankreichs, um den die Verlierer nun besonders bangen: die Flotte.

Hitler wüsste sie nur zu gern an seiner Seite gegen den unbeugsamen Engländer, zuallererst als weiteres kräftiges Drohmittel. Er muss demnächst die nächste diplomatische Niederlage nach dem großen Sieg gegen Frankreich einstecken, indem er erfassen wird, wie ungern die Kollaborierenden diese Schiffe in seinen Händen sähen und ihm die Zeit unerbittlich im Nacken sitzt.

Also wird er es bald mit einem in solchen Angelegenheiten probaten Mittel versuchen und beginnen, General Petan sprichwörtlich das Messer anzusetzen und ihn vor die Wahl zweier Möglichkeiten zu stellen: Die eine wäre, den Flottenverband unter deutsches Kommando zu stellen, um gemeinsam gegen England zu operieren und damit das französische Festland vor der Zerstörung zu schützen. Der Verlierer hätte selbstverständlich die Kriegsschäden zu begleichen, also England alleine, oder gemeinsam mit Frankreich – und damit sind wir bei Möglichkeit Nummer zwei angelangt: Frankreich würde mitsamt England untergehen, so einfach ist die.

Tatsächlich gibt es im Juli 1940 die keinesfalls unbegründete Angst vor einem Krieg zwischen Frankreich und England, die aber nur kurz anhalten wird, zu kurz vielleicht, um die Menschen der Nachkriegsjahre zu interessieren. Das Vichy-Regime ist jedoch eher darauf aus, die Deutschen bestmöglich für die eigenen Pläne zu nutzen und im Falle, dass der mächtige Verbündete in Zukunft irgendwann einmal selber untergehen würde, wäre das dann ein nicht allzu schmerzlicher Verlust. All das fruchtet für den Führer wenig, noch nicht einmal die altbewährte Erpressung führt an das Ziel und das riesige Gebiet wird dadurch eine lange Zeit über lange Grenzen zu nicht immer freundlich gesinnten Nachbarn als Folge haben. Das Einfallstor in die mediterrane See, zum Beispiel, ist am Felsen von Gibraltar britisch kontrolliert; den Vorschlag Adolf Hitlers an den Caudillo Franco, diesen Felsen in einem Handstreich von deutschen Truppen einnehmen zu lassen, wird dieser brüsk zurückweisen, ´nur spanische Truppen könnten für Spanien Gibraltar einnehmen´, wird des Caudillos Antwort sein, schließlich hatte damals jeder seinen Stolz. Enormer Druck lastet auf den Schultern aller hochrangigen Entscheidungsträger dieser Tage, niemand kann einschätzen, wohin die Gewaltwelle weiter rollen wird, nur in Berlin wird das OKdW vom Führer am 18. Dezember 1940 mit den geheimen Planungen eines Feldzuges gegen die Sowjetunion beauftragt werden.

Die leidtragenden, sich eben erst in Paris eingefundenen Soldaten spazieren an ihrem ersten Tag durch das sonnige Paris des 2. Juli. In kleinen Gruppen marschieren sie durch die Rue de Berri, unterhalten sich über ihr immens großes Hotel und die anscheinend in jedem Stockwerk fehlende Zimmernummer 13 und tragen ihre Uniform – teilweise mit Orden geschmückt – mit großem Stolz durch Paris, denn, auch wenn sich unsereins das nicht mehr vorstellen kann oder will, diese Männer sind nun und fühlen sich auch als Besatzer in einer Weltstadt – und das in dem nach nur sechs Wochen besiegten Frankreich. Sie gehen – und das muss ebenfalls erwähnt werden – während der ersten Tage ehrfurchtsvoll hindurch und verhalten sich überaus höflich, der Umschwung im Verhalten der Soldaten den Franzosen gegenüber wird erst durch die im Osten aufziehende Front kommen – und daher für unsere Kameraden nicht mehr, weil sie, wie sie lesen werden, sich dann schon längst selber dort befinden werden. Einige fotografieren von der kleinen Anhöhe die berühmte Champs-Élysées entlang blickend den Triumphbogen, auf dem die Reichsflagge nur einen einzigen Tag geweht hatte.
„Hier ist also der Hofer entlangmarschiert!"
„Ach, der!"

„Ja, der Obergefreite Hofer, die ganze lange Straße bis an den Platz dort unten. Einen Tag und eine Nacht hindurch sind sie mit Gesang und Musik marschiert, hat er geschrieben", erklärt der als einziger von dessen Erlebnissen informierte Franz den anderen.
„Das kann man sich jetzt gar nicht vorstellen, so ruhig und leer, wie es da gerade ist."
„Und keine Weiber!"
„Aber, Kameraden, ist euch das eigentlich klar? Wir kleinen Fürze aus Ried gehen hier als Sieger entlang, einfach nach Lust und Laune ´mal eben zum Triumphbogen. Paris, meine Herren, liegt uns zu Füßen, wenn auch ohne Leut'", kann es der auf einmal überwältigte Sepp kaum fassen und bringt mit seinem Zusatz alle zum Lachen.
„Wir sind in Paris, zwei meiner Cousins stehen in Norwegen, mein Bruder noch in Polen, ganz Europa gehört uns!", merkt man allen den Stolz an.
„Ja, schon wahr", beginnt Richard mit einer seiner schon bei allen bekannten Phrasen, die er dann gekonnt einfach so stehen und wirken lässt, weil er gerade an den Einstellungsknöpfen des Fotoapparates für ein möglichst perfektes Bild des Triumphbogens dreht, hält dann den Moment für gekommen und spricht weiter: „Der große deutsche Traum, gar nicht so sehr der unseres Kaisers, ging im Weltkrieg nicht in Erfüllung und die Ironie des Schicksals hat im zweiten Anlauf dann voll zugeschlagen." Er drückt im perfekten Augenblick den schweren Knopf und zieht das Bild dann Platz schaffend weiter.
„Ja und?", scheint keiner der anderen nachdenken zu wollen.
„Ein österreichischer Gefreiter, wie dieser Hofer da, aber aus dem Weltkrieg halt, hat den deutschen Traum wahr werden lassen."
„Österreicher? Aus Braunau ist der, keine 40 Kilometer von Ried entfernt. Der Führer ist demnach so oder so einer von uns."
Mehr als hundert Mann sind es, die rund um den beeindruckenden Triumphbogen – so alleine in der Mitte eines Kreisverkehrs – versammelt sind. Unter dem Bogen steht am Grab des unbekannten Soldaten neben dem ewigen Feuer eine Mahnwache, vorschriftsmäßig exerzierend. Ein Soldat gehört immer eindeutig zuordenbar einer bestimmten Einheit an und aus diesem Grunde wollen alle sofort die ihres unbekannten

Gegenübers in Erfahrung bringen, was hier ein Leichtes ist, da am grünen Ärmelband der Wache gut lesbar steht: `Großdeutsches Reich´. Die Soldaten blicken neugierig um sich, stellen sich unter das Halbrund, knipsen Fotos oder sind – wie die meisten eher – bereit, zu posieren und sind erstaunt darüber, dass ganze zwölf breite `Avenues´ hier sternförmig im Kreis aufeinandertreffen bzw. zurück zwischen die Häuserreihen führen. Ganz wenige Fahrzeuge verirren sich an diesen Ort, und wenn, dann sitzen meist auch darin deutsche Soldaten, allerdings von Offiziersrang. Eine berittene Streife kommt auf den ungeordneten Haufen von Männern zu, grüßt freundlich und trabt laut klopfend auf dem Kopfsteinpflaster weiter die Champs-Élyseés hinunter. Eine drückende Traurigkeit vermittelt dieses Bild der berühmtesten Straße der Welt hier an diesem Tag, so ist sie normalerweise der Pulsschlag von Paris, die pulsierende Hauptschlagader, die wie unter Strom das Leben in beide Richtungen peitschende Nord-West-Achse, die aber heute wie ausgestorben – alleine von den seitlichen Baumreihen flankiert – bis hinunter an den Obelisken führt.

Nur ein paar alte Damen beäugen die Soldaten misstrauisch von den schattigen Bänken seitlich der Straße aus und es ergibt sich bereits jetzt die Frage, ob das verruchte, sündige Paris es jemals war oder bereits verpreußt worden ist. Ein Soldat aus dem I. Zug stellt sich breitbeinig etwas abseits der anderen auf und beginnt, um sich herum alles zu filmen. Somit kann er, wie er dem durchaus neidischen Richard später erklärt, große Teile dieser Stadt auf Doppel-acht-Millimeter mit nachhause nehmen. In einem kleinen Laden irgendwo am Vormarsch hätte er sie gesehen und einfach requiriert, obwohl er wüsste, dass auf Plünderung bereits die Todesstrafe stehe, aber es ging bei ihm gut und er ist somit in der Lage, den Place de la Concorde mitsamt dem echten deutschen Verkehrspolizisten inmitten des langsam auflebenden Verkehrs zu filmen.

Die 3. Gruppe wandert westlich die Straße entlang, während die Männer ständig die vorbeifahrenden Offiziere in deren Opels militärisch zu grüßen haben, als vor ihnen Stimmengewirr aus einer kleinen Seitengasse kommt, sie einbiegen und sich ihnen das gleiche Bild wie in Marseille bietet.

Ein Restaurant mit in die Gasse ragendem Gastgarten folgt dem nächsten, dazwischen eng hineingezwickt die eine oder andere schmale Bar, alles bestens gefüllt mit deutschen Männern in Uniform. Selbst die Luft ist eine andere und die wunderschönen Fassaden sind voller Stukkadur und haben an den Ecken kleine Statuen, Figuren von nackten Engelsgestalten. Kellner stehen am Eingang eines jeden Gastgartens und sprechen die Vorbeikommenden auf Deutsch mit Akzent an, doch ihr Restaurant zu beehren. In einem dieser Gärten sehen unsere Soldaten zum ersten Mal ein junges Pariser Fräulein, was die Lebensgeister sofort in ihnen wieder erweckt, woraufhin der Richard für einen Moment die Kamera vergisst und auf Französisch die Getränke bestellt. Einige Offiziere, bereits ziemlich betrunken, besingen am Nebentisch das siegreiche Deutschland, lallen das neue Rommellied und rufen den neu Eingetroffenen zu: „Soldaten!"

„Herr Mayor!"

„Habt ihr eigentlich einen informativen Stadtplan? Nein? Das dacht' ich mir. Hier, werft 'mal einen Blick da 'rein!", wirft der Mayor ein dünnes Büchlein auf ihren Tisch. Darin sind alle inneren Arrondissiments und die sie teilenden Straßen gut erkennbar, aber sofort konzentriert sich das Grüppchen auf die eingezeichneten Bordelle, die verbotenen, sowie die für Deutsche empfohlenen und erlaubten.

„Na, da staunt ihr, was? Nur 5 RM, dann könnt ihr euch nicht mehr verlaufen in Paris!", können die Offiziere am Tisch das Lachen kaum zurückhalten und warten gespannt, ob ihre Masche ein weiteres Mal zieht, denn die Gruppe prüft noch eine ganze Weile das Angebot. Es riecht für sie stark nach Betrug, aber wer weiß, wie lange sie sich in Paris noch aufhalten werden und immerhin sind ja auch die Bauwerke kurz und knapp beschrieben. „Also, abgemacht, Herr Mayor!"

„Gut, und in diesem Restaurant machen sie sehr gute Crème brûlée, kann ich nur empfehlen."

Die Gruppe macht sich mit der im Wörterbuch befindlichen Speiseliste daran, zu übersetzen und Richard bestellt. Er ist trotz seiner Französischkenntnisse allerdings nicht in der Lage, auf die schnelle Gegenfrage der bezaubernden Kellnerin anders als mit offenem Mund zu reagieren. Zwei, drei Mal wiederholt sie, dann entscheidet sie selber

über die Art der Zubereitung. Letzten Endes landen sie mit dem Stadtführer vor sich immer wieder mit Aug' und Finger bei den vielen Bordellen, machen Witze über die verbotenen und alleine dadurch natürlich interessanteren und finden im 18. Arrondissement das berüchtigte, für die Pariser Ausschweifung stehende Moulin Rouge.
Denn `wer bedingungslos sein Leben gibt, darf auch bedingungslos lieben´, so der Führer. Die nicht durchschaubare Phantasie läuft bei allen auf Hochtouren, doch unser Franz sucht sie bei allen damit abzukühlen, dass er vorliest, was unter dem `Grab des unbekannten Soldaten´, einem bedeutungsschweren Grabmal, zu lesen steht: Es handle sich dabei nicht um die Gebeine eines Namenlosen, sondern die eines deutschen Soldaten des Weltkrieges. „Sogar der Name steht hier", meint er verdutzt. „Na, das ist ein Ding!"
„Nicht wahr?", richtet sich der neugierige Mayor auf und kommt herüber. „Die Franzosen haben einfach den Soldaten August Schultz von Württemburg hier begraben und erzählen der ganzen Welt, es handle sich um einen unbekannten. Seht euch ja vor in dieser Stadt! Aber ihr habt ja jetzt den Plan, ich darf mich dann empfehlen. Heil Hitler!"
„Heil Hitler, Herr Mayor!"
Dieser zwar überraschend klein gewachsene Mayor, aber mit durchbohrenden, eisigen Augen ist kein gewöhnlicher und so folgen wir ihm zurück in die Champs-Élysées, wo er mit leichter Schlagseite und begleitet von seinem zurückhaltenden Adjudanten, zum Haus Nr. 52 geht, in dem die Propagandastaffel Paris seit über zwei Wochen untergebracht ist. Mayor Wolkenstein ist Chef der Gruppe `Aktiv-Propaganda´ und dabei Oberst Rinnstein und dem Opportunisten Mayor Hierm unterstellt, sowie drei weiteren, noch in dieser Woche zur Staffel stoßenden Vorgesetzten. Aktive Propaganda bedeutet allerdings nicht, eigenen, etwas einfältigen Soldaten überteuerte Stadtpläne aufzuschwatzen, es bedeutet, die Stimmung in der Stadtbevölkerung mit gezielten Aktionen in eine bestimmte Richtung zu lenken, die auch im Interesse der Wehrmacht liegt.
„Ah, Mayor Wolkenstein! Sie kommen gerade recht!", begrüßt ihn auch schon der ungeliebte Hierm im I. Stock des prächtigen Gebäudes, was unserem Wolkenstein in seinem momentanen Zustand noch weniger

passt.

„Ich möchte Sie etwas fragen."

„Was wollen Sie wissen?"

„Kommen Sie, auch Oberst Rinnstein ist daran interessiert, wie er mir bekundet hat", führt er unseren Mayor ins Büro des Oberst.

„Ach, Wolkenstein! Heil Hitler! Ich komme besser gleich zur Sache!", mustert dieser ihn abschätzig und dreht sich um. „Es gibt beunruhigende Nachrichten, ich nehme an, Sie wissen das?"

„Nein, welche?"

„Junge Einwohner marschieren durch große Teile der Stadt, singen die Marseillaise und tragen Kokarden in den Nationalfarben der Franzosen an sich."

„Wann war das, Herr Oberst?", richtet unser Mayor das Wort gleich gar nicht an den Erzählenden, was diesen wiederum nicht davon abhält, scharf zu antworten: „Gestern früh. Und wir möchten wissen, was Ihre Gruppe in diesem Fall zu beabsichtigen sucht?"

„Ich werde das sofort in die Wege leiten."

„Sie wissen, Herr Mayor!", beginnt der Oberst am Fenster und stößt seinen Rauch gegen das Glas, „dass wir uns als gesamte Staffel keinen Aufstand in dieser Stadt leisten können, und, was gerade dadurch für uns alle auf dem Spiel steht. Gehen sie meinetwegen Ihren Vergnügungen nach, oder den kleinen inoffiziellen Geschäften, solange Sie eine ordentliche Arbeit machen. Ich habe Informationen darüber, welche Pläne der Führer als nächstes in die Tat umsetzen möchte und dorthin zieht es mich, so wie die ganze Staffel einschließlich Ihnen, Herr Mayor, mit Sicherheit nicht. Wir bleiben hier im friedlich dahingarbenden Paris, fern unserer Frauen. Sehen Sie, Mayor Wolkenstein, dies durch Ihr Verhalten gewährleistet? Ich auch nicht! Trotzdem gebe ich Ihnen noch eine Chance, nach all dem, was wir bereits zusammen geleistet haben, und ich weiß natürlich, welch hervorragender Gruppenführer Sie sind, aber verlange ab jetzt vollen Einsatz, verstanden?"

„Jawohl, Herr Oberst."

„In Ihrem Büro wartet der Polizeichef, arbeiten Sie ein Konzept mit ihm aus. Noch in dieser Woche wird der Chef mit den Neuen hier erscheinen, wenn der Wind von dieser Sache bekommt, winkt uns Sibirien!

Treten Sie ab!"

Ab dem 18. August nimmt der Krieg nun den uns bekannten Verlauf. Die Deutschen beginnen, London zu bombardieren und damit die Insel für die noch immer geplante Operation `Seelöwe´ sturmreif zu schießen. Die Engländer ihrerseits schlagen gegen norddeutsche Städte zurück, beides aber geschieht ohne Wissen unserer in Paris lebenden Soldaten. Die erfahren nur das, was ihnen Oberst Rinnstein zumuten will, also meist nur Erlässe, die genau sie betreffen. Aus den wenigen Kontakten mit der Heimat gehen nur Andeutungen hervor, denn selber darf man auf keinen Fall mehr schreiben, wo man sich gerade befindet. Unser Franz hat diesbezüglich die Idee, in einem seiner häufigen Briefe an Valeria die Buchstaben des Aufenthaltsortes für die aufmerksame Leserin hervorzuheben, was diese auch sofort versteht, wie aus der bald folgenden Antwort, Valerias Pariser Brief Nummer zwölf, hervorgeht. Von da an aber werden ihre Zeilen etwas neidvoller, so sitzt sie schließlich in Ried mit seinem starren Tagesablauf fest und so ist sie es doch, die sogar *die französische Sprache spricht*, während es ihrem Verlobten vergönnt ist, sich in der Weltstadt offenkundig zu vergnügen, auf welche Weise auch immer. Diese geheimen, kleineren Andeutungen – meist zwischen den Zeilen versteckt – bewirken in unserem Franz ein weiteres Verstärken seines schlechten Gewissens, dagegen hat er – wie die meisten Soldaten – längst begonnen, im großen Stil einzukaufen und den Großteil der Sachen in beinahe täglichen Feldpostpäckchen in die Heimat zu schicken. Meist besteht der Inhalt aus Kaffee, Likör, Schuhen aus feinem Leder und natürlich den berühmten Strümpfen, die die Damenwelt zuhause in höchste Entzückung, nicht weniger als Seide und Samt versetzt. In ganz Frankreich wurden die Soldaten dieser Tage zu einer kaufkräftigen Kundschaft, freundlich in ihrem Auftreten und noch wichtiger: finanzkräftig. Um sie in die eigenen Läden zu bekommen, wendete man einen Trick an, der gar nichts anderes als funktionieren konnte: Man stellte junge hübsche Französinnen als Verkäuferinnen ein, was allerdings als Begleiterscheinung die Soldaten länger als nötig in den Läden hielt, denn sie waren zum Großteil schon froh, eine Dame einfach um sich zu haben und etwas anderes als die grauen Waffenröcke zu sehen und zu riechen. Abgesehen von diesen täglichen Einkäufen so ziemlich aller Soldaten und dem Besichtigen großer Bauwerke, wobei schlussendlich der Eiffelturm den größten Eindruck bei den meisten hinterlässt, wird es selbst in Paris ein langweiliger Aufenthalt mit dem immergleichen Tagesablauf, der sich von Tag zu Tag mehr in die Länge zu ziehen beginnt. Mit dem Nichtstun hadern schon nach wenigen Tagen viele; ihre Uniform durch verlassene Straßen zu führen wird langweilig und aus diesem eintönigen Strudel heraus kommen Männer auf dumme Gedanken, um alles etwas kurzweiliger werden zu lassen. Die Bordellbesuche haben für Franz allerdings etwas Entwürdigendes, vielleicht allerdings gar nicht der Besuch an sich, sondern die von dem Arzt durchgeführte Leibesvisite, die stets zu dessen heuchlerischer Frage führt, `wie es denn gewesen wäre´, so als ob der Arzt der Feldgeistlichen Worte über Zurückhaltung ernst nähme. In höchster Not kann es schon mal Abhilfe schaffen, meint Franz, aber alles darin ist von Kälte geleitet, ohne jegliche Gefühle, da könne man, wie unser Franz den anderen einmal vorwarf, gleich auch an der Front stehen, was vielleicht etwas übertrieben sein mag.

Er, jedenfalls, nutzt hingegen seinen täglichen Besuch einer kleinen Bäckerei, um eines der knusprigen Croissants zu erstehen, aber wie uns allen klar sein muss auch, um das wundervolle Mädchen bestaunen zu können, das gegen ein Trinkgeld so melodisch „Merci!" über den Tresen wirft, dies auch noch mit einem kurzen Knicks unterstützt und ihn – nach Interpretation seiner lüsternen Gedanken – dabei ansieht, als würde sie ihn gerne verführen. Tagein, tagaus geht er alleine dorthin – seine einzige Routine, die das ganze Gegenteil von langer Weile ist – um ihr tief in die Augen oder ins Dekolleté zu blicken und mit viel Mut einmal seinen Namen, dabei auf sich deutend, zu nennen. Sie lächelt verstehend und reicht ihm über den Tresen zwischen Croissants und langen Baguettes ihre zarte Hand mit den Worten: „Je m'appelle Isabel." Da ist's um ihn geschehen! Wie und warum, verlobt oder nicht, was durch solcherlei Worte in den Gehirnen junger Männer ausgelöst wird, können nur Forscher vielleicht erklären und hat nicht selten schon zu Kriegen geführt.

Wir jedenfalls wissen es nicht und so halten wir uns an die darauffolgenden Symptome, aber erst, nachdem wir nochmals dorthin wechseln, wo die Weichen für die Zukunft dieses glücklichen Mannes wirklich gestellt werden.

In Berlin wird nämlich um den 17. September die Operation 'Seelöwe' zu den Akten gelegt, 'man habe schließlich wichtigere Ziele vor sich': Nordafrika und den zumindest auf dem Papier verbündeten Osten. Nordafrika, um die Flanke im Süden zu sichern und das gesamte Mittelmeer zu beherrschen, den Osten – also die riesige Sowjetunion – für mehr Lebensraum und zwar durch die altbewährte Blitzstrategie gegen sein desolates Heer. Doch trotz aller Pläne wird nicht in Berlin der nächste Waffengang eingeleitet, sondern exakt 1200 Kilometer weiter südlich entscheidet sich Mussolinis Stolz für einen militärischen Alleingang gegen Griechenland, was dem Führer in Berlin die ersten Tobsuchtsanfälle beschert, weil er sich sofort der Tragweite dessen bewusst ist. Nichts Geringeres als die Möglichkeit, dass britische Truppen sich eingeladen fühlen, sich auf dem unzugänglichen Festland festzusetzen – zu allem Überdruss auch noch in der Nähe wichtigster Raffinerien, welche den Treibstoff für die neuen Unternehmungen liefern sollten – sowie der Bedarf deutscher Truppen zur Intervention in Griechenland, die dann an entscheidender Stelle woanders fehlen, folgen daraus.

Noch weiß unser Franz jedoch nichts davon und auch wenn er es wüsste, hätte es ihn doch gar nicht gekümmert. Was er möchte, steht doch vor ihm in der kleinen Bäckerei, aber dazu – ist er sich bewusst – braucht es zuerst französischer Worte. Kamerad Hofer, den wir beinahe vergessen hätten, kommt an dieser Stelle ins Spiel – natürlich erst, nachdem ihm zu seiner Beförderung gratuliert wurde, dadurch seine Frontzulage etwas erhöht worden ist was er 'schlauerweise' daheim nicht erwähnt. Was ihn für unseren Franz so interessant macht, ist, dass er sich in ähnlicher Lage befindet und dem wohl etwas zweifelnden Franz ganz offen erklärt, dass doch nichts dabei wäre, denn niemand wisse, was komme, der Krieg mache doch nur Pause. Der recht gesellige Hofer – nennen wir ihn darum bei seinem Vornamen Wolfgang – kennt mittlerweile eine große Menge an Leuten,

ist als Obergefreiter auch schon etwas mehr angesehen, denn alle wissen, auf welche Weise man diesen Rang verliehen bekommt, und schlägt dem Franz vor, auf Deutsch ein paar Zeilen an sein Fräulein zu schreiben und mit ihm einen gewissen Gefreiten Böll aufzusuchen, der sie bestmöglich übersetzen könne. Das, so Hofer, würden bereits viele Soldaten hier machen. Einen Versuch, findet Franz, sei es wert, kritzelt etwas zusammen, spürt dabei die große Lust am Verbotenen und die Freude vor der unsicheren Antwort deutlich in den Fingern, und geht mit Wolfgang – dieser dabei viel von seiner Tochter erzählend – jenseits der Seine in das 6. Arrondissement.
„Guten Tag!", empfängt der Gefreite Böll die beiden freundlich in seiner nach Rauch stinkenden Stube. „Ein oder zwei Briefe?"
„Nur einen."
„Seiten, wie viele?"
„Eine."
„Weiß er den Preis?"
„Ja!"
„Also, Amoureux, zeig' her. Aha, nun gut. Ich werde ihn etwas umformulieren, Franzosen denken allgemein etwas anders als wir. So direkt wie es hier steht, darf man keine Pariser Frau ansprechen. Vermutlich der erste Brief an die Glückliche?"
„Ja."
„Na dann schon erst recht nicht. Zehn Minuten. Nehmt doch Platz."
Und der Gefreite beginnt mit verhaltenen, kleinen Buchstaben, auf beigem Papier zu übersetzen. In Franzens Augen entspricht dieser schmächtige, vielleicht 18-Jährige genau dem Inbegriff eines ʼSchreibtischtätersʼ, wie solche Männer in Uniform von den Frontkämpfern genannt werden.
„Schönes Wetter heute!", hält Wolfgang scheinbar die Stille im Raum – nur das leise Kratzen auf dem Papier ist zu hören – für unangebracht.
„Mhm", sieht der Schreibende auf, „ja, du hast recht. Ich hoffe, es bleibt so. Du bist Österreicher, oder?"
„Ja, wieso?"
„Ach, das kann man lesen. Viele haben bereits um meine Übersetzungen gebeten und jeder", sieht er dem Franz in die Augen, „wirklich

jeder macht dieselben Fallfehler, wohl aufgrund eures Dialekts. Ist doch lustig, oder? So, das war's! Hier, Soldat, und viel Glück!"
„Danke. Eigentlich hängt es von Ihnen ab!"
„Ich meine nicht bei dem Mädchen."
„Nicht? Naja, danke, Herr Gefreiter."
Mit diesen Worten verlassen die beiden den bereits einen weiteren Brief Schreibenden. Auf Franz wirkt er zwar überheblich, wirklich gestört aber hat ihn die Tatsache, wie viele Briefe er scheinbar schreibt, denn exklusiv ist seiner damit nicht. Aber der erste Schritt, egal wohin er führen wird, ist damit zumindest getan.
„Na, hat doch geklappt, was? Dieser Böll, um den ranken sich einige Geschichten."
„Ja, das glaub ich gleich."
„Er soll der Panzerschokolade ziemlich verfallen sein. Gefährliches Zeug. Und...", blickt er heimlich um sich, „er ist angeblich dem Ganzen hier nicht gut gesinnt, wenn du verstehst?" „Was?"
„Na, er lässt scheinbar die eine oder andere Meldung fallen, ein kleiner Defätist halt. Aber nichts zu niemandem! Er ist der einzige, den ich kenne, der uns diese Dienste anbietet."
Damit ist unserem Franz alles klar, denn so hätte er ihn auch eingeschätzt. Unser Franz weiß um diese Leute innerhalb der Wehrmacht, die er einfach nicht ertragen kann, sitzt doch dieser Böll in seiner warmen Stube, wird bezahlt für null Risiko und profitiert auch noch von der Situation, die die kämpfenden Einheiten geschaffen haben. Aber zweifeln, das können sie, die Defätisten, denkt er sich, da sind dem Franz die Verweigerer bis zu ihrem Tod allemal lieber.
„So einer, und ich werde ihn nun unter Umständen öfter besuchen müssen."
„Kann sein. Pro Seite 30 Pfennig inklusive Tinte und Papier, da kannst' ihm einen ganzen Roman bringen."
Das Vorausgesagte tritt ein, denn der Brief wird bereits am übernächsten Morgen von Isabel erwidert und gerade im Moment der Übergabe, zwischen den Croissants und Baguettes hindurch, fragt ihn plötzlich sein schlechtes Gewissen kurz aber dafür hart, was um Himmels Willen er da nur mache. Sollte er sich lieber in den Bordellen vergnügen,

so wie die anderen, die ihn heute Abend mit in dieses Moulin Rouge zerren wollen? Dieser Gedanke verscheucht erfolgreich sein schlechtes Gewissen. Zuerst aber – nach längerer Berührung Isabels Hand – geht es hinüber in die Rue Bonaparte, schnellen Schrittes mit pochendem Herzen um die Ecke und hinauf in den I. Stock zum Hoffnungsträger vieler Soldaten, Heinrich Böll. Dieser sitzt über einem kleinen Stapel von Briefen, aber genau wie gestern Nachmittag allein hinter dem Tisch und bittet Franz mit den Worten: „Na, das ging ja geschwind!" hinein. Er kann nicht anders, als unseren Franz zu verachten, den Frontsoldaten, von allem überzeugt, was der Führer `an Schwachsinn herauswürgt´. Das EK ist, wie Böll ihm innerlich unterstellt, sicher das erste, was dieser Schütze nach dem Aufstehen reinigt, auch wenn er wirklich blendend aussieht; wie in graues Fundament gegossen sitzt er wartend vor ihm und lässt ihn, Böll auf der anderen Seite des Tisches kümmerlich wirken. Wenn der nur französisch könnte, hätte er alle in der Hand, ist Böll sich sicher. Aber alles an ihm war und ist berechenbar, meint er. Dass ihre Antwort zu übersetzen sein wird genauso, wie Franzens heutiges Erscheinen. Vielleicht, denkt Böll, sollte er ihn auf die Probe stellen. Böll steht mit dem kurzen Text in Händen auf. Den Inhalt hat er mit einem Blick erfasst und für standardgemäß erachtet. Er schließt die Tür, setzt sich dann erneut und sieht Franz mit fragendem Blick an.

„Wer ist die Dame?"

„Wie bitte?"

„Na, es handelt sich dabei doch um eine Dame, oder?"

„Ja sicher", fühlt sich unser Franz bereits jetzt von `diesem Schreibtischheini´ provoziert. „Sie arbeitet in einer kleinen Bäckerei und heißt, wie Sie lesen können, Isabel."

„Weißt du, was hier als Antwort auf deine kleine Liebeserklärung steht? Sie erwarte von dir, Paris zu verlassen, denn du bist der Feind!"

„Was?"

„Das steht hier, tut mir leid."

„Was haben Sie in meinem Brief geschrieben? Ich weiß, wie Sie über uns denken!"

„Nun mal langsam!", weiß Böll, dass das Spielchen hier nicht eskalieren darf, glauben nämlich werden sie, wie er weiß, dem Ausgezeichneten hier ihm gegenüber. „Ich habe genau das geschrieben, was du mir vorgelegt hast, nur auf Französisch halt. Aber, in welchen Kreisen beliebst du zu verkehren?", kann er der Versuchung nicht widerstehen, den Schützen auf die Palme zu bringen.

„Was?", springt unser Franz – sogar für uns überraschend energisch – auf und fühlt sich wohl von dem Inhalt und der Sprache dieses Defätisten angegriffen.

„Ich weiß nicht, was das soll hier!"

„Siehst du, das ist das Problem bei euch Frontschweinen! Komm schon, setz dich wieder. Du glaubst einfach alles, was dir gesagt wird, egal was. Denk' darüber nach und hier, in kurzen Sätzen der wahre Inhalt. Ist umsonst! Arrividerci!"

Verärgert verlässt Franz den Raum, ohne sich zu verabschieden und geht hinaus in den feinen Nieselregen, ohne sich den Brief, der doch der eigentliche Grund seines Besuches hier war, anzusehen. Menschen, die von oben herab auf andere schauen, machen ihn rasend, auch wenn es jemandem seiner Position gegenüber nicht anders zu erwarten ist, etwas Respekt vor seiner Situation kann doch selbst ein Schütze erwarten. Denn wie Franz sich erinnert, meinte auch seine Schwiegermutter damals, die schöne Kanne vor sich haltend, es läge nicht in seiner Hand; etwas anzuzweifeln hat man seiner Rolle ja nicht angedacht. Handeln heißt für ihn einfach tun, was er soll. Die Schritte im warmen Juliregen klären seinen Kopf, entziehen diesem Mann in der Stube, der ja nur eine – wenn auch unangenehme – Begleiterscheinung war, die Macht über seine Gedanken und er setzt sich auf ein feuchtes Bänklein direkt an die Seine, faltet vorsichtig das schmale Papier auseinander und liest: „Servus, Franz! Danke für die lieben Zeilen. Ich denke du weißt, dass es für uns Mädchen nicht einfach ist, mit euch zu verkehren. Aber einen Spaziergang, wie du gemeint hast, will ich gerne wagen. Ich habe täglich um 12 Uhr aus und dann treffen wir uns morgen vor der Kathedrale Notre-Dame um halb eins. Schöne Grüße, Isabel"

Ach, denkt Franz, könnte er doch nur diese schwierige Sprache, aber es zahlt sich doch gar nicht aus, sie zu lernen, beschließt er und beobachtet den Fluss ganz langsam vorbeiziehen. Am anderen Ufer hat sich viel Unrat angesammelt, dort werfen die Leute – auch jetzt gerade ein paar Männer – alte Sachen in den Fluss, die danach, teilweise am Wasser treibend, weggespült werden; wohin, weiß er nicht, aber ganz sicher aus deren Augen, genau wie die schweren Dinge am Grund. Die Männer halten kurz inne, offensichtlich weil sie den Soldaten auf der anderen, etwas höher gelegenen Uferseite erkennen und schimpfen sofort über ihn, dies allerdings mit relativ freundlichem Gesichtsausdruck, deuten sogar zu ihm hinüber und als sie sicher sein können, dass dieser 'Fritze' sie nicht verstehen kann, rufen sie, immer noch lächelnd „Geh heim, du Arsch!" und winken nochmals.

Wie freundlich die Leute hier sind, denkt unser nichtsahnender Franz und grüßt zurück. Nur die eigenen, diese Defätisten, die in den Stuben Hockenden, halten sich für etwas Besseres, ist er überzeugt. Die Männer verschwinden in einem kleinen Gestrüpp und hinterlassen eine nun wieder saubere Seine, die unseren Franz plötzlich an die Weichsel erinnert. Sie hatte dieselbe Farbe, Breite und Geschwindigkeit, nur ihr Bett war natürlich. Sie wird für ihn immer der schicksalhafte Fluss bleiben, der sie am 12. September innerhalb weniger Minuten wurde und den er nie mehr sehen will; da können die Erlebnisse an der Aisne nicht mithalten, wenn aber auch diese so gut wie möglich verdrängt werden müssen. Die Sonne blinzelt ein wenig hervor, bringt aber die Regenwolken nicht dazu, über Paris abzuziehen – und trotzdem gibt es ihm jedes Mal eine positive Einstellung, denn im Sonnenschein, so seine Mutter, gehe alles einfacher. Franz steht auf und geht den Fluss entlang, ein paar ältere Einwohner drücken sich an ihm vorbei, einige Soldaten der Luftwaffe sitzen in einem Cafè und trinken Bier am frühen Nachmittag. Um fünf Uhr abends soll es unter Hofers Regie losgehen, sonst bekomme man im gefragtesten Nachtklub der Stadt keinen Platz mehr, wie er meint. Ohne ihn, so betont er seit Tagen, kämen die Schützen aus dem 'Bataillon Scheißegal' nicht einmal bis vor die Eingangstür.

Für die einfachen Soldaten geht es dieser Tage, wie schon mehrmals betont, um die Suche nach wohlverdienten Vergnügungen, in Haus Nr. 52 beginnt mit der Wiederkehr der Normalität erst die harte Arbeit. Oberst Rinnstein, ein alter Hase in der noch jungen Propaganda, ist sich bewusst, wie sehr der Schein trügen kann und im Zuge der Revitalisierung sich zerstörerische Kräfte tarnen und unsichtbar machen können. Der Unterschied, so weiß er darüberhinaus, zum Operationsgebiet Ostpreußen liegt in der Besonderheit dieser Stadt: Alles soll unauffällig verlaufen, die Deutschen einzig als freundliche Besatzer wahrnehmbar sein. Der SS ist es bislang verboten, die Stadt zu betreten, und die Gestapo lässt sich mit ihrem Einzug drüben im Haus Nr. 53 Zeit. Alles hohe Politik, denkt er und setzt seine Kappe auf den kahlen Schädel, so haben sie es gestern im kleinen Kreis besprochen. Die Gestapo lässt sich bewusst viel Zeit, am liebsten wäre ihm ein kleiner Aufstand so wie in Kattowitz, wo sie sogar selbst einen angezettelt hat, um ihren Einsatz notwendig zu machen und so aus dem knapp gewordenen Budget mehr herauszuholen.

„Ah, Mayor Wolkenstein, sind Sie fertig?", reißt er sich aus den Gedanken.

„Ja, Herr Oberst, das Fahrzeug wartet bereits."

„Na dann 'mal los!"

Pünktlich um sieben Uhr fährt der Chauffeur die beiden die Champs-Élysées entlang am Triumphbogen vorbei mit dem Ziel des 18. Arrondissements.

„Wolkenstein, das mit der französischen Polizei haben Sie gut hinbekommen! Denken Sie immer daran, dass sie unser einziger Verbündeter in dieser Stadt ist. Seh'n Sie 'mal da, in der Gasse! Fahrer, langsamer! Da stehen sie und beratschlagen sich, verdächtige Objekte allesamt, und können bis zur Verdunklung um 22 Uhr Pläne auf offener Straße schmieden. Fahren Sie weiter."

„Der französische Polizeiführer tut, was er kann, aber sie sind wenige und nicht alle loyal. Sie müssten unbedingt von uns unterwandert und unterstützt werden."

„Wolkenstein, die Gestapo lauert Hand in Hand mit der am Stadtrand abgestellten SS nur auf diesen Befehl, dann aber, und das muss Ihnen

bewusst sein, meldet sich der Herr Grötke als erstes bei uns und die versagt habende Propaganda-Staffel wird laut § 101 mit sofortiger Wirkung ihm unterstellt."
„Aber, Herr Oberst, wir können das nicht ewig verhindern."
„Das hängt, lieber Wolkenstein, ganz von den Plänen in Berlin ab. Der Führer beabsichtigt tatsächlich, die Sowjetunion zu überfallen!"
„Was?"
„Ja, Sie haben richtig gehört. Reiner Selbstmord, obwohl wir das vor Frankreich auch gesagt haben. England ist, so viel steht fest, kein Thema mehr. Aber überlegen Sie einen Moment, was das für uns bedeutet. Die Soldaten da, schauen Sie, vor dem leuchtenden Eingang, die können einem jetzt schon leid tun. Wie Napoleons Truppen wird es ihnen ergehen. Wir aber, Herr Mayor, bleiben dann ungestört in Paris, denn die SS und der Herr Grötke werden dann woanders benötigt, so läuft das."
„Ins Moulin Rouge?"
„Ja, Wolkenstein, zeigen Sie mir, wie man sich in Paris richtig vergnügt, schließlich habe ich nur einmal im Jahr Geburtstag."

Die 3. Gruppe unterdessen hat zu diesem Zeitpunkt bereits die erste Vorführung aus dem hinteren Teil des Etablissements mit Begeisterung und gierigen Augen verfolgt. Auch wenn das Bier hier kleiner als üblich und auch noch teurer ist, so sind die Mädchen eine reine Augenweide. In kürzest möglichen Röckchen servieren sie, sich dabei weit nach vorne bückend; all das hatten sie ja auch in Marseille gehabt, nur dort konnten sie die Dotails nur erahnen, so dunkel war es.
„Mensch, herrlich! Da kannst' die Weiber im Puff vergessen, was, Sepp?"
„Naja, Weib is' Weib, wenn sie d'runter liegen. Aber für's Auge, ja, da sind die hier schon ´was anderes."
„Na seht euch das an!"
Am Beginn der nächsten Vorstellung kommen die Damen einzig mit flauschigen Schleiern bedeckt von der Seite auf die Bühne und tanzen sich in die Fantasie der Männer. Jede ihrer anschmiegsamen, fließenden Bewegungen wird von einem nach vorne weggestreckten Bein

in Strümpfen unterstützt, einer Bewegung, die leicht als pornografisch verstanden werden kann, denn geöffnete, nackte Beine kommen seit jeher einer Einladung zum Verkehr gleich. Die Männer klatschen ordentlich und jubeln laut, auch, als beim nächsten Auftritt sehr selbstbewusste Frauen mit Zylinder und Stock das Tanzbein im Takt schwingen.

„Na, Wolkenstein, das ist doch nach Ihrem Geschmack?"
„Ja, Herr Oberst, durchaus", fühlt sich der Mayor hier immer gut aufgehoben. Dann und wann kommt eines der Fräulein auch mit ihm nachhause, aber mit dem alten Oberst weiß er nicht so recht, wie das werden wird. Etwas seitlich der Bühne zwar, aber ganz vorne, ist ein kleiner runder Tisch für sie reserviert, wo sie umringt von anderen – allerdings Wehrmachtsoffizieren – unter misstrauischen Blicken Platz nehmen. Die Propaganda in solch einem Laden, das kann schließlich alles bedeuten.
„Wolkenstein, sehr gut, das gefällt mir! Diese Prachtweiber hier, also volle Kanone! Aber die Kellnerin, kennen Sie die etwa?"
„Ja, Herr Oberst, hier war ich schon ´mal."
Auch heute gelangt die Show an den Moment, an dem der Star seinen Auftritt hat. In ganz Paris ist sie bei den Deutschen schon für ihr Aussehen und ihre Stimme berühmt: Édith Piaf. Sie hat von ihrem ersten Schritt auf den Holzboden an etwas, was alle Damen vor ihr zur Zeitverschwendung degradiert; eine Aura, die niemals antrainiert werden kann, führt sie geschmeidig durch den stillen, dunklen Raum. Sie sagt kein Wort – als ob sie das nötig hätte! Sie braucht augenscheinlich, in ihrem schwarzen Kleid, nur von links nach rechts zu schweben, ihr gewelltes blondes Haar berechnend – aber für die Zuschauer rein zufällig wirkend – im genau richtigen Augenblick über die Schulter gleiten zu lassen und es reicht, die roten Lippen im Scheinwerferlicht einen kleinen Spalt zu öffnen. Alle Offiziere sind deswegen hinter ihr her, machen Komplimente, schicken in ihrer Verzweiflung Blumen, doch niemand weiß, wer an ihrer Seite ist, sogar von General Stülpnagel ist die Rede. Unserer 3. Gruppe, so viel steht fest, bleiben nur die feuchten Träume. Wenn Piaf es dann für angebracht hält, nickt sie kurz, die

Musik beginnt ganz langsam zu spielen und ihre Stimme zeigt nun allen, warum Paris die Stadt der Liebe sein muss – eine Sprache, die vor Erotik geradezu überquillt und für die immerwährende Anbahnung zweier Menschen entstanden ist.
Tänzelnd, einer rolligen Katze ähnlich, steigt sie die kleine Treppe hinunter zu den wortlos Staunenden, denen sie in dem Moment allen befehlen könnte, sich sofort zu töten und exakt 367 weitere Männer wären eine Sekunde später ´gefallen´. Der erste Oberschenkel darf sie tragen, während sie dem Besitzer für alle – zumindest in der Fantasie – hörbar, etwas ins Ohr flüstert. In einer Eleganz, die in jedem Mann das Blut zum Kochen bringt, steht sie auf und geht weiter, setzt sich auf Rinnsteins Schoß, legt zu seinem kindlichen Entzücken den Arm um seine Schulter und beendet in dieser Position ihr Stück.
„Bravo! Bravo!", springen die sich jetzt noch einsamer fühlenden Männer auf und klatschen in einer Lautstärke, die noch draußen auf der Straße den gelungenen Auftritt ihres Stars hörbar macht. Mit schnellen Schritten steht sie dann erneut auf der Bühne, genießt den schellenden Applaus und zeigt dem interessierten Beobachter eine andere Seite, eine geschmeichelte, zuweilen sogar verletzliche. Der Oberst, in ihren Bann gezogen, lässt es sich nicht nehmen, hinter der Bühne dem Star seine Empfehlung zu machen. Eine Reihe von Bittstellern wartet zwar bereits auf möglichen Einlass, darunter aber kein Oberst, was ihn nach ganz vorne bringt und nach nur 15 Minuten Wartezeit hinein in den, ihren Raum. In geschliffenem Französisch drückt er sogleich seine Bewunderung für sie aus, die sie mit einem Lächeln zur Kenntnis nimmt, ihm wieder ihren bezaubernden Rücken zudreht und über den großen Spiegel seine weiteren Anliegen entgegennimmt. Er wolle, meint er ganz preußisch direkt, sie nur einmal schick ausführen, gar nichts Schlimmes, nur essen gehen. Das wäre sehr lieb, singt sie auch jetzt noch in seine Ohren, aber so etwas mache sie nicht.
„Nur ein Mal Essen gehen, da ist doch nichts Großes dabei!"
„Schon! Weil das dann alle wollen, Herr Oberst."
Auch er kennt die Gerüchte um den General, ihren angeblich größten Bewunderer und Gönner – derer sie vieler hat. Aber wie jeder Stern einmal Kratzer bekommt, bevor er endgültig verblasst, wird auch Édith

Piaf die ihren nach dem Krieg erhalten, die Franzosen werden ihr den Auftritt in Berlin im Laufe der nächsten Monate noch lange nachtragen. Der Oberst empfiehlt sich also mit eingekniffenem Schwanz, aber charmant, und räumt das Feld für einen weiteren Glücklichen, bald im Unglück Badenden.

Die Mannschaftssoldaten plagen solche Sorgen jedoch nicht, sie trinken das teure Bier aus und verlassen den nach Männerschweiß stinkenden, nun hell beleuchteten Saal.
„Na, was sagt ihr?"
„Diese Piaf, die ist, das kann man gar nicht beschreiben. Spitze, Wolfgang, danke für die Karten!"
„Aber jetzt gehen wir einen heben."
Auch da weiß Obergefreiter Hofer Bescheid, gute Bars hier in der Nähe kennt er zur Genüge. Bei Wein und Bier – am besten zugleich – wird die ungewöhnliche Versetzung Hofers, so kurz vor dem Waffengang, sowie der lange Sitzkrieg besprochen und hernach gelangen sie an den Feldzug, den der Alkohol aus den Gehirnen der Kämpfenden laufen lässt – irgendwer mit gleichen Erfahrungen sollte es dann aufnehmen. Hofer scheint sich dabei am leichtesten zu tun und spricht gerade heraus, wie es gewesen ist, hinter seiner `Geliebten´, einer Pak 2cm: „Auf bis zu 1500 Meter trifft sie alles, Kameraden. Wir haben die Flanke übernommen und von dort dem Nachschub eingeheizt. Das war ein Schauspiel, ein LKW oder Fuhrwerk nach dem anderen, wie beim Schulschießen, die sind beim ersten Treffer einfach stehen geblieben, dann beim zweiten, dritten, fingen die LKWs Feuer. Nachjustieren, und der nächste, ab die Post. Stellungswechsel! Ganz vorschriftsmäßig, obwohl die gar nicht reagiert haben. Rums und krach, ha! Das Beste aber, Leute, das alles immer mit Sicht auf den Eiffelturm! Sagenhaft."
„Aber das ist doch einfach, gefahrlos herumzuballern. Was wir erlebt haben, das ist ´was anderes."
„Aber die Panzerabwehrkanone, könnt ihr euch an den Wald erinnern, die ist einfach abgeprallt an dem Panzer."
„Ja, Kameraden, aber das bleibt unter uns. Sie wird von einigen bereits `Heeresanklopfgerät´ genannt. Einige hatten auf kurze Distanz keine

Chance, einen Panzer zu erledigen, das wird dann ungemütlich."
„Träumt ihr auch manchmal von dem Ganzen?", kann der Hannes, ein ehrliches Gemüt, nicht mit den anderen Helden am Tisch mithalten, die dies verneinen: „Bislang nicht."
„Ich schon, gelegentlich. Dann wache ich auf und will nicht mehr einschlafen. Ja, ich sag's ungern, aber dann hab ich, tja, Angst davor, einzuschlafen."
„Da, Hannes, siehst', der Alkohol dämpft diese Gedanken, hat mir der Sani an der Aisne gesagt, das hilft immer."
Unser Franz, der eine ganz eigenartige Art der Verarbeitung dieser Geschehnisse zu haben scheint, hatte bislang keinen weiteren Besuch von dem nach seinem Leben trachtenden Mann in seinen Träumen. Ganz sicher, wie er selber weiß, wird er das aber noch.
Wir lassen die Gruppe eine weitere lange Nacht durchzechen, nach der viele Soldaten im Hotel „beerdigt" werden müssen und ziehen einen Tag weiter zur faszinierenden Notre-Dame, die sich vor den Augen des wartenden Franz von Leuten in farbenprächtigen Gewändern leert. Viele Mythen ranken sich um diese Kathedrale, weiß er, das große runde Fenster in der Mitte über dem hohen Eingang erinnert ihn an das erste Dorf hier in Frankreich, dessen Namen er vergessen hat, auch wenn diese Kirche fünf Mal so groß sein dürfte. Isabel kommt die Treppen der Metro herauf und deutet ihm in ihrem schlichten Kleid mit ihrer modischen Handtasche. Sein „Bonjour" klingt noch immer nicht französisch, der Rest muss ohne Worte funktionieren. Sie trägt ihr schwarzes, von Natur aus gewelltes Haar offen über die Schultern hinabfließend, ihre Augen sind dabei nicht so wild wie die Annas, nicht so klar wie die Valerias, sondern eher von schüchterner Neugierde, in einem perfekt gezeichneten Gesicht, aus dem durch ihre Lippen französische Sinnlichkeit strahlt. In schnell gesprochenen, dafür einfachen Sätzen stellt sie unserem Franz die üblichen Fragen solcher Momente, die er weder versteht, noch beantworten kann. Er strengt sein Gehirn ordentlich an, wozu allerdings ist fraglich, denn die Wörter kann es nicht finden können. Isabel erklärt ihm weiter die Stadt auf ihrem Weg entlang der Seine, verrät ihm entzückend, wo sie gerne einmal hinfahren würde, während das Nicken von Franz ihr irrtümlicher Weise vermittelt, er

verstünde schon das eine oder andere. Aus einer Seitengasse dringt lauter Trommelwirbel deutscher Truppen, der sie plötzlich verstummen lässt. Er ruft ihr die missliche Lage Frankreichs zurück ins Gedächtnis und nimmt ihr das freudige, jugendliche Lächeln, wie sonst nur das Alter es vermag. Isabel sieht damit lieber über den Fluss hinweg, in die entgegengesetzte Richtung ihrer attraktiven Begleitung, die bei diesem lauten Getrommel wohl etwas anderes spüren wird als sie und fragt sich, warum sie überhaupt an deren Seite hier entlanggeht. Franz, bei Frauen überaus unsicher, greift dennoch nach ihrer Hand, um sie wieder zum Lächeln zu bringen. Es ist für ihn jedes Mal ein neues, eigenartiges Gefühl, die fremde Hand eines hübschen Mädchens zu umschließen, und er hat Erfolg: das zögerliche Lächeln kehrt in das schöne Gesicht zurück. Vielleicht ist dieser junge Mann doch anders, als die Gerüchte über die Deutschen besagen, denkt sie. Alle sind doch nur einsame Männer, in ihren Uniformen schlägt doch auch irgendwo ein Herz, auch wenn Isabel neben ihm lieber nicht von Bekannten gesehen werden möchte. Franz hat sich nicht getraut, um das Wörterbuch zu bitten, und so scheitert die Kommunikation an den einfachsten Worten, was zu keinem Vorwärtskommen für ihn führt, aber ab dem Zeitpunkt, da er sich nicht mehr nur als Narr fühlt, sondern immer selbstbewusster seine Gestik einsetzt, jede Menge Spaß bringt. Isabel bestellt sein Lieblingsgetränk in einem Cafè, das sie dann wortlos – für Paris doch fast unmöglich – miteinander schlürfen. Eine ganz eigene Art des Austausches erleben die Beiden zum ersten Mal in ihrem recht kurzen Leben. Die Sprachlosigkeit hält unweigerlich eine große Distanz zwischen ihnen, mehr als unserem Franz lieb ist. Offiziell weiß er es besser so, nur, dass sich das gesellschaftlich Erwünschte selten mit dem verboten Lustvollen Einzelner decken mag und ihn dadurch über die Erfüllung seines Wunsches grübeln lässt. Er betrachtet es dabei unentwegt, das hübsche Fräulein von Welt, da kann aus seiner Sicht noch nicht einmal Valeria mithalten. So elegant wie Isabel ist, könnte sie ihm eine Menge erzählen, ist er sich sicher. Sie beobachtet zur gleichen Zeit den fremden Mann ihr gegenüber und schämt sich jetzt auf einmal, mit einem Soldaten hier zu sitzen, der ihren Vater und all die anderen so rasch besiegt hat – was ihn für sie zu allem Übel aber gerade so anziehend macht. Trotzdem, ihr Vater Louis kam wenigstens zähneknirschend nachhause, ohne in einen Kampf verwickelt worden zu sein. Isabel erhebt sich daraufhin, ohne Franz böse zu sein, reicht ihm die Hand und verabschiedet sich. „Non", schüttelt sie den Kopf, er solle sitzen bleiben.

An diesem sonnigen Tag soll unser Franz nicht der einzige sein, dem ein Stück seines Herzens verloren geht, auch Oberst Rinnstein wirkt abwesend in einer Besprechung, was sich einzig Mayor Wolkenstein schmunzelnd erklären kann.
„Herr Oberst?"
„Ja bitte?"
„Wir haben einen weiteren Verbündeten in Paris", verkündet Wolkenstein laut sein positives Ergebnis den Anwesenden, darunter den drei neuen aus Berlin, allesamt Schoßhündchen vom Chef, wie der Oberst ihm versicherte.
„Die Kommunisten wollen unbedingt mit einer verbotenen Zeitung wieder in Druck gehen. Ich habe mich heute früh mit der Abteilung Kultur besprochen. Wir werden sie dabei unterstützen und damit ganz nah an uns binden."
„Ja, sehr gut. Gute Arbeit, Herr Mayor. Die Rechte und die Linke in einer Hand, ein Meisterwerk."
„Die ersten Einheiten werden bereits aus Frankreich abgezogen, Herr Oberst. Können wir, Ihrer Meinung nach, ohne große Verbände der Wehrmacht die Drohgebärde aufrechterhalten in Paris?", zeigt sich Hierm, ein undurchsichtiger Windhund, besorgt.
„Ich weiß, aber lassen Sie das meine Sorge sein. Wichtig sind die radikalen Elemente dieser Stadt und die scheint Mayor Wolkenstein gerade zu bündeln."
„Das hoffe ich. Mit 22. August wird die gesamte 45. Division heimverlegt und dann kann ihr eine nach der anderen folgen, so 'was bleibt nicht unbemerkt."
„Nun gut, wir werden das beobachten, das war's für heute, danke. Wolkenstein, haben Sie noch einen Moment? Diese Piaf hat mir gehörig den Kopf verdreht, was glauben Sie, soll ich ihr eine Nachricht

zukommen lassen?"

„Herr Oberst, Sie kennen die Gerüchte um diese aufreizende Dame. Sie könnten sich in Ihrer Position durch einen Wettstreit um Sie sofort den Unmut anderer einflussreicher Personen zuziehen, was alles von Ihnen Gesagte über das friedliche Paris, in dem sie zu bleiben gedenken, ad absurdum führte."

„Ja, ja, schon gut, Sie haben natürlich recht. Sogar meinen Rang wusste sie sofort, das heißt 'was, bei den Zivilisten. Nur, ich bin halt ein alter Dickkopf von mittlerweile 55 Jahren, verstehen Sie?"

„Bedingt! Sie, Herr Oberst, könnten doch jedes Mädchen hier vollkommen risikolos genießen."

„Ja, Wolkenstein, jedes! Aber warum nicht das! Kommen Sie besser erst gar nicht in mein Alter. Und seien Sie ja vorsichtig bei den Kommis, unterschätzen Sie die nicht."

„Vous non plus, Herr Oberst."

Ein paar Spaziergänge waren dem Franz an der Seite Isabels noch gegönnt, viele Briefwechsel, übersetzt von dem launischen Gefreiten Böll, und sogar ein Kuss nach einem Glas Weinbrand sprang für Franz heraus, aber seine Absichten änderten sich mit den Tagen grundlegend, es herrscht in ihrem Beisein nicht mehr die Lendengegend vor, nein, es behält das Gehirn Oberhand. Er ist schon froh, überhaupt Umgang mit einer Frau haben zu dürfen, abseits des ganzen männlichen Getues der Gruppe. Überhaupt konnte er dadurch reinen Gewissens an Valeria die freudige Nachricht schicken, er würde am 22. August hier Richtung Heimat abreisen, und kann nun Isabel einen Abschiedsbrief überreichen, den sie in seinem Beisein traurig liest und ihr schönes Gesicht dabei verzieht, um die Tränen zurückzuhalten, der sie dann aber zum Lächeln bringt, als die Zeilen ein Wiedersehen nach dem Krieg versprechen. Wie ein Gentlemen nimmt er sie – zum ersten und letzten Mal – sanft in den Arm, streichelt ihren Rücken, spielt aber sogleich im Kopf das von Valeria einzulösende Versprechen in Isabels Armen ab, gibt ihr – wie in Paris üblich – drei Abschiedsküsschen und drückt – wie in Paris unüblich – die warme, zarte Hand ganz fest.

Mit jedem ihrer Schritte weg von ihm will er sie fester umarmen, enger an sich drücken, nur einen Menschen spüren, etwas Lebendiges, Weibliches, das ihm gehört und ihn nicht verlässt, um seinen noch jungen, wenig verhakten Wurzeln hier eine Chance zum Wachsen zu geben, aber mehr als ein gelegentliches Umdrehen findet Isabel nicht für angebracht. Er will ihr nachlaufen, sie am Arm packen – doch was dann? So dreht auch er sich um, senkt den Kopf tief in die Schultern, geht ein Stück, dreht sich nochmals um und sieht ihr dabei zu, wie sie weit unten die Straßenseite wechselt. Das war seine Romanze in der Stadt der Liebe, die doch gar keine war und das lange Zeit auch in seinem Interesse, nur bei ihrem Abschied – trotz des Versprechens, wohl auf ewig – da kommt dieses Gefühl hoch, etwas versäumt zu haben, eine Gelegenheit ausgelassen, leichtfertig verspielt zu haben. Abschiede sind ihm auch gar zuwider, besonders jener auf ewig, oder wie so häufig, ins Ungewisse.

Wie schon die letzten Tage, so begrüßt die Männer auch heute Morgen eine rasch emporkletternde Sonne bei ihrem Antreten rings um den Arc de Triomphe. Eine ganze Division an Männern ist damit beschäftigt, in der strahlenden, wenn auch bereits herbstlich scheinenden Sonne die Uniformen zu richten, die Stiefel nochmalig zu wichsen und letztlich auf die Vergatterung zum Abmarsch um 8 Uhr aus Paris zu warten. Streng nach Gliederung beginnt das 133er – und auch das einer exakten Aufteilung folgend im Badenweiler Marsch – die Champs-Èlyèes im Stechschritt hinunterzumarschieren. Eine ganze Weile, beinahe eine Stunde lang, rührt sich im letzten Regiment gar nichts, dann werden auch sie laut in `Achtung` geschrien und bewogen sich am Triumphbogen vorbei, hinter dem Regiment 134 her. Französische Delegierte haben sich trotz Einladung von der Abzugsparade ferngehalten, nur der amerikanische Militärattache Fullner steht mit wenigen Delegierten etwas abseits und beobachtet den Abzug mit einem lachenden und einem weinenden Auge. Lachend, weil die Stadt ein weiteres Stück in Richtung Freiheit rückt, weinend, weil er nicht weiß, wohin die mächtige Masse als nächstes ihre Stiefel setzen wird.

„Prächtige Infanterie, was, Wolkenstein?"

„Ja, Herr Oberst. Wenn man bedenkt, dass vor zehn Jahren eine Parade deutscher Soldaten in Berlin nur belächelt worden ist, so kümmerlich waren sie, dann muss man schon den Offiziersschulen hohen Respekt zollen."

„Vergessen Sie nicht die Unteroffiziersschulen, `der Soldat denkt, der Kommandant lenkt´. Vielleicht geht das gegen den Stalin auch gut, stellen Sie sich das vor. Dann lass' ich mich scheiden und bleibe für immer in Paris."

Im Schritt mit allen anderen Kameraden auf der breiten Champs-Èlysèes, sieht unser Franz ganz kurz das Podest mit General Stülpnagel, der Divisionskommandantur, einem Oberst und einer Handvoll Mayoren und Adjudanten. Dieser Marsch im gleichen Tritt berauscht ihn, wieder durchdringt den Franz diese unglaublich aufgeladene Energie der Macht, und das ihn, den Schützen, wie wird sich der Hauptmann oder gar der Veith vorne weg erst fühlen, fragt er sich. Letztlich ist es immer und wird es, solange es Menschen gibt, um Sieg oder Niederlage gehen, um nichts anderes, denkt er. Dass er hier in dem grauen Band durch Paris schreiten darf, unangreifbar vor den Augen der gedemütigten Franzosen, überflügelt ihn. Der Schritt, schaukelt sich das Gefühl unter seinen Stiefeln hoch, löst gleich ein Erdbeben aus, so fest treten sie auf.

Eine wunderbare Zeit liegt hinter uns, das Meer, von dem ich den Neugierigen zuhause berichten kann, die Weltstadt Paris – Mensch, die Vali wird mich beneiden – mit dieser verruchten Bar als ihrem Mittelpunkt. Und nun in die Heimat zu meiner Verlobten. Im Schritt biegen wir vor dem Place de la Concorde nach links, ein letzter Blick nach rechts auf die still erstarrte Seine ist mir gegönnt, dann weiter die Avenue de Marigny hinauf und abschließend ohne Tritt auf den Bahnhof zu. *Das war's mit Paris, mit Frankreich, es hätte aber ganz leicht meine letzte Ruhestätte werden können.*
„Eigentlich schad', dass wir hier weg müssen. Wo wir uns gerade eingelebt haben."
„Mich zieht auch nicht wirklich 'was heim, dem Franz seine Hochzeit vielleicht."
„Ach ja, der Verrückte heiratet ja seine Vali, damit er endlich d'rüber darf."
„Ja genau, deshalb. Ihr seid alle eingeladen, sobald ich weiß, wann."
„Franz, lass dir Zeit damit."
„Wieso?"
„Weil wir nicht wissen, was folgt. Und für Hochzeiten gibt es immer Urlaub, egal wo wir sind."
„Ich weiß nicht, Richi, ich will sie schnellstmöglich heiraten, jetzt geht das schon so lang dahin zwischen uns."
Einige Stunden sitzen wir wartend am Bahnhof herum, ein Zug folgt dem nächsten, voll mit Kameraden und Gerätschaften aus Paris. Auch jetzt beim Verladen sind wir die letzten.
„Also, mein Cousin hat mir gestern noch geschrieben, den haben sie mit seiner Batterie nach Belgien verlegt, in ein kleines Kaff. Der war, glaub' ich, ziemlich neidisch auf uns."
„Das kann er auch sein. Wer hat schon diese Gelegenheit? Paris ist unser! Aber hierher kommen muss man erst 'mal. Egal was auf uns zukommt, die Stadt haben wir erlebt, stimmt's, Kameraden?"
„Ja, aber jetzt geht's erst 'mal heimwärts. Kommt schon, alles auf, wir sind d'ran."
Auf der gut ausgebauten Strecke in Richtung München legen wir ein ordentliches Tempo vor, zu beiden Seiten von uns – über die weite

Ebene verstreut – steht einzelnes Gerät, dann und wann geschliffene Bunker oder Verhaue. Einer der Bunker zeigt auf einer Anhöhe seine riesige Panzerkuppel und aus der ragt ein lächerlich kleines, weißes Fähnchen. Im Waggon singen einige Soldaten, andere unterhalten sich laut, ich bleibe still am Fenster und werfe mir nun vor, was ich getan habe, oder besser beabsichtigt habe, zu tun. Die sämtlichen Frauen drängen vor mein geistiges Auge, aber nicht etwa, um mich erneut zu erregen, eher abstoßend finde ich die Geschichten gerade. In Marseille dort wäre es beinahe passiert, *wie würde ich meiner Verlobten in wenigen Stunden gegenübertreten?* Bedrückt sehe ich in den herbstlichen Sonnenschein, der sich durch die Wiederkehr meines nächtlichen Mörders eintrübt, lächelnd hielt er letzte Nacht erneut auf mich an und beendete meinen Schlaf um 20 nach 3 Uhr für die restliche Nacht. Ich wusste, er würde wiederkommen. Aber gerade jetzt? Vielleicht schlafe ich bald neben Valeria und werde an ihrer Seite von diesem Mann hochgejagt, das wäre furchtbar peinlich. Vor einer Brücke über den Rhein warten wir die passierenden Züge aus Deutschland ab, danach zieht die kräftige Lokomotive wieder an; langsam bringt sie uns auf die metallene, schmale Brücke, auf der die Räder an den Naben laut über den ruhigen Fluss hinweghämmern und erst wieder leiser werden, nachdem das deutsche Ufer erreicht ist.

Wie zu erwarten war, halten wir in München, wo diesmal allerdings keiner zu den jubelnden Menschen aussteigt, wir winken ihnen nur zurück durch die schmale Fensteröffnung und grüßen laut hinüber, was sie mit `Heil Hitler´ quittieren. Ein Knabenchor singt das Deutschlandlied unbegleitet, es ist eine verrückte Stimmung draußen am Bahnsteig, die sich ansteckend auf viele hier drinnen auswirkt; einige sinken dennoch in ihre Sitze, unbeachtet von den anderen, und denken wie ich: *Ein `Heil Hitler´ gilt nicht den Menschen hier drinnen, es gilt der grauen Masse, dem Verband, der Wehrmacht, in welcher jeder sofort auswechselbar ist.* Mit in die Heimat wollte ich den Krieg eigentlich nicht nehmen, es reichen die Träume, wollte dort mit einer Normalität, die eine Langeweile mit sich bringt, vorlieb nehmen und die Natur bei ihrer Wandlung bestaunen. Sie aber werden es wissen wollen, sich an den Bluttaten gierig laben, die wir doch nur zu verdrängen hoffen.

Wieder versetzen mich die sanften Hügel in Staunen, rund um Salzburg mehren sie sich und führen kurz vor Ried sichtbar bis nach hinten zu den schroffen Kanten der Alpenausläufer. Atemberaubend stehen diese in der Sonne, bewegen sich nicht und zeigen nur spöttisch auf unser sinnloses Mühen; weder Zeit, noch Mensch kümmern sie, können ihnen irgendetwas anhaben; sie haben sich entschlossen, im Salzkammergut zu stehen und damit ist für sie alles gesagt. Die letzte lange Linkskurve – niemanden hält es noch auf den Bänken, vor Aufregung drücken wir uns gegen die Fenster und versuchen, den Bahnhof als erster aus dem sich verlangsamenden Zug zu erblicken. Die ersten Menschen stehen – kräftig winkend – bereits weit noch vor dem aus allen Nähten platzenden Hauptgebäude. Polizei hat vor dem zweiten Geleis eine wuchtige Kette gebildet, aus der sie abwechselnd nach vorne gestoßen werden, woraufhin sie sich mühsam an ihren Nebenmännern wieder gegen den Druck der Masse hinaufziehen müssen.
`Willkommen, Soldaten, Kameraden, Freunde, Sieger!! Ein Volk, ein Reich, ein Führer!!´ steht diesmal auf riesigen Transparenten über dem kleinen Vordach. Viele Frauen werfen selbstgebastelte Blumenkränzchen auf den fahrenden Zug, wo viele abprallen und verloren auf den Boden fallen, einige aber gefangen und damit gerettet werden.
„Ich hab' einen!", schreit der Sepp laut, „Jetzt muss mich die Dame heiraten, oder? Hoffentlich kein Schirchperchten!"
Der letzte harte Ruck geht durch den Waggon und wir stehen keine zehn Meter von der jubelnden Menge entfernt. Hilfspolizisten reißen überall laut die Türen auf und weichen an unserer ehrfurchtsvoll vor dem Sepp zurück, sehen sich kurz an, grüßen ihn zuerst militärisch, hernach einhellig mit Hitlergruß, während er nach unten steigt und den vollkommen begeisterten Leuten zuwinkt. Alle folgen wir ihm nach und stehen dann etwas verloren am Bahnsteig. Einige Fotos werden von uns geschossen, während wir uns beschämt unterhalten – so sind wir mit dieser Situation absolut überfordert – als der Slidez uns zu Hilfe eilt.
„Männer, wir gehen jetzt da durch die Halle, danach Aufstellung am Vorplatz und, Kameraden", klopft er mir auf die Schulter, „genießt es einfach, das haben wir uns verdient."

Zögerlich folgen wir ihm auf den schmalen Durchgang zu, winken in die Menge, ergreifen Hände und die Vielzahl an gereichten Blumenkränzen – einer wird mir von einem kleinen Mädchen, das ganz vorne steht, um den Hals gehängt. Ich erhebe mich daraufhin wieder und suche die Menge hinter ihr mit nervösen Augen ab, kann nirgends etwas Vertrautes finden, dränge mich dann noch kurz vor dem Durchgang auf die andere Seite, wo ich ihren seltsamen Hut irgendwo mittig erblicke.
„Valeria! Valeria!", hilft das Schreien hier nichts. Hin und her bewege ich den Oberkörper, bis ich ihre Augen an den vielen Köpfen vorbei finde, einen Blitz entzünden sie in meinem Körper, der sich in Windeseile bis in alle Winkeln ausbreitet, jagen mir diese ungeliebten Tränen in die Augen; die Zeit steht still, den Zeigern meiner Uhr verbietet sie jeden weiteren Schlag, macht das Ganze hier zu einer entwürdigenden Aufführung, reißt mich als Mensch aus dieser Menge heraus, hinein in ihren zarten Bann. Ohne geringste Regung ihres Blickes ziehe ich den meinigen ab, so muss sich die Zeit erneut vorwärts bewegen und drückt mich durch die Halle hinaus an den Vorplatz, der bereits umstellt ist von Leuten, die uns als ihre Helden feiern. Der Bataillonskommandant wartet geduldig mit gelassener Miene auf das Verstummen der Marschkapelle. Wir stehen angetreten, drehen die Köpfe unentwegt herum und ich erschrecke erneut vor den vielen Löchern innerhalb der Kompanie.
„Achtung!", gilt das laute Kommando allen Anwesenden; die vielen Leute ringsum verstummen sofort, einige in den vorderen Reihen stehen sogar wie wir stramm. Alles blickt auf den Kommandanten, der sich darum Zeit nimmt und einige Feldwebel durch die Reihen schickt, um unsere Uniformen zu prüfen, denn nur in ordentlichster Adjustierung wird seine Kaserne betreten.
„Männer!", schreit er, nachdem der Feldwebel wieder eingereiht steht, „Wir marschieren jetzt im Stechschritt durch unsere Heimatstadt, wie vormittags noch durch Paris. Dabei singen wir, wie es sich gehört, für mein Bataillon, verstanden?"
„Jawohl, Herr Mayor....!"
„Wie bitte?"
„Jawohl, Herr.......!"

„Soldaten! Kameraden! Männer! Heute ist ein großer Tag für unsere Kaserne! Ich bin stolz auf euch! Rechts um! Im Tritt, Marsch!"
Tief beeindruckt stehen die Leute mit sprachlosen Gesichtern, beginnen verlegen zu jubeln, niemand getraut sich jetzt, den Arm nach uns auszustrecken, als ob wir nun andere wären und nicht dieselben wie gerade noch im Durchgang.
„Ein Lied!"
Stampfend, immer gleich, Schlag auf Schlag am Kopfsteinpflaster und ohne jedes Zwischentreten, wie zu Beginn der Ausbildung, arbeiten wir uns vor und stimmen dabei unser Bataillonslied an. Alle Marschierenden, alle Umstehenden glauben in diesem Moment, die Welt liege uns zu Füßen und egal, wer sich auch mit uns anlegen wird, kommt unter diese Stiefel.
Mein Herz hüpft im Takt des Schrittes beinahe aus der Brust, wieder ist es die Lebensfreude, die es antreibt, die ein beschleunigtes Schlagen vorgibt; die Vorfreude auf die nächsten Tage trägt mich in schwindelerregende Höhen, das sanfte, angenehme Ziehen vom Bauch hinab bis in die Hoden ergreift mich erneut. Alles, was an Einheiten nicht in Frankreich war, steht seitlich innerhalb des Kasernengeländes und salutiert, bis hin zum Flaggenmast in ihrer Mitte. Der Ablauf ist der gleiche wie bei meiner letzten Ankunft, nur, dass wir unser Zimmer gemeinsam, aber wieder nicht vollzählig, betreten. Jedem von unserer Gruppe fällt es schwer, in Zimmer Nummer 23 zu stehen, auf engem Raum fehlen die vier besonders stark. Ihre Betten, die Spinde, alles wartet auf die Besitzer, die nie mehr wiederkommen. Die freudige Stimmung wird dadurch stark gedämpft, es ist tatsächlich ein beträchtlicher Teil von uns gegangen. *Nicht einmal das weite Meer war ihnen gegönnt*, denke ich und räume den Spind sorgfältig ein.

Diesmal hat es alle Kompanien erwischt, nicht wie in Polen nur vereinzelte und alle werden aufgefüllt mit Neulingen für das nächste Ziel. Zehn Minuten später heißt es erneut `Antreten´, am großen Exerzierplatz übergibt der Stellvertreter das Kommando unter Glückwünschen dem Bataillonskommandanten, der uns mitteilt, dass ein riesiges Bankett am Hauptplatz mitsamt Familie und Freunden auf uns warte, welches wir jetzt ohne Tritt und ganz gelassen zu Fuß aufsuchen würden.

„Lassen wir, meine Herren, den Krieg für heute dort, wo er war. Zunächst aber noch eine außerordentlich wichtige Schweigeminute für die Tapfersten unter uns, sowie alle Gefallenen dieses Waffenganges. Achtung!"

Wieder zieht jemand die Reichsflagge auf halbmast, nach einer viel zu kurzen Minute kommt dann: „Rühren und abtreten!"

Ein Kamerad aus der 2. Gruppe hatte etwas Parfüm aus Paris mitgebracht, was wir alle gegen den Gestank der Uniform aufgetragen haben, der bei jedem nun von dem gleichen süßlichen Geruch übertüncht wird und uns auf dem Weg zum Hauptplatz zum Lachen bringt – *einen parfürmierten Soldaten, das hat es auch noch nicht gegeben*. Durch die halbe Stadt hören wir die Musik spielen und sehen von weitem den nun vollständig restaurierten Kirchenturm, treffen auf lautes Gelächter und biegen rasch hinter der Kirche auf den mit vielen Tischen vollgestellten Platz. Das Bild gleicht jenem am ersten Tag in Treysa, auch hier drehen sich die gerade noch sprechenden Leute plötzlich wortlos um, nur die Kapelle spielt unermüdlich weiter für die wenigen tanzenden Paare. Einige der Sitzenden beginnen zu klatschen, es folgen mehr und mehr, einzig unserem Auftreten hier applaudieren sie. Wir gehen weiter und viele erkennen ihre Angehörigen, womit wir uns aufzuteilen beginnen, die beiden erheblich gewachsenen `Kleinen´ laufen aus der Menge auf mich zu.

„Franz, Servus!", schreien beide laut und umschließen meine Mitte.

„Servus, ihr zwei!", muss ich mich dennoch hinunterbücken. „Ihr seid's aber in die Höh' geschossen."

„Franz! Ein EK hast' bekommen!"

„Ja, da schaut's, was? Und ohne Verwundung! Na, macht den Mund zu, dass ihr mir keine Fliege verschluckt's!", nehme ich sie an den doch noch kindlichen Händen und führe sie zurück in die Richtung, aus der sie gelaufen kamen. Direkt vor meine versammelte Familie führe ich sie, wo alle über den Tisch hinweg herzlich grüßen, mir die Hände entgegenstrecken wie einem sympathischen Fremden, mit dessen Erscheinen man nicht gerechnet hatte. `Was willst du jetzt hier?´, fragen mich all die Blicke. Die Mutter erhebt sich als erste und kommt um den Tisch herum auf mich zu.

„Bua, so lang' bist' weg g'wesen", kann ich aus ihrem Gesicht, auch als es meinem bereits ganz nah ist, nicht lesen, wie sie darüber denkt. Sie umarmt mich ungewöhnlich fest, hält mich umschlungen und beginnt leise zu weinen; fast lautlos laufen ihr die Tränen auf meine Schulter und als ich loslassen will, drückt sie nur stärker dagegen, um mir zu zeigen, wie ernst ihr das, wie wichtig ich ihr bin. Eine lange Weile stehen wir so und wieder löst der Vota die innige Umarmung auf, indem er sich – diesmal ohne mich zu berühren – neben uns stellt und „Servus Bua!" sagt. Vorsichtig führe ich ihre Hände von mir weg, wobei sie den Kopf weiter nach unten senkt.

„Mutti, hast' heut' wieder die schöne Brosche angesteckt?", frage ich, woraufhin sie nun doch lächelt. „Servus Vota!", reiche ich dem abgearbeiteten Mann die Hand. Durch den kräftigen Druck seiner rauhen Hand und seinem strahlenden Gesichtsausdruck spüre ich, wie stolz er auf seinen Franz in diesem Moment ist.

„Komm' doch, setz dich zu uns!"

Gleich an seiner Seite haben sie einen Platz freigehalten, meine beiden älteren Schwestern sitzen neben ihren Männern am Nachbartisch. Verlegen gratulieren sie zu meiner Auszeichnung, wahrscheinlich sind sie nicht sicher, ob in einem solchen Falle gratuliert werden soll. Alle zusammen finden wir keinen Gesprächsstoff, sehen uns nachdenklich an, aber die Worte, der erste entscheidende Satz fehlt.

„Wo ist denn die Betti?"

„Die kommt sicher gleich vorbei, Franzl, und bringt dir 'was Gutes."

„Ja genau, wo ist die denn?", sucht der Vota mit den Augen die Tischreihe entlang ab.

„Über acht Monate war der Franz jetzt im Krieg", hat der Pepi errechnet, während die beiden von hinten seitlich zwischen uns Erwachsene drängen.

„Was, so lang'?", sage ich und weiß nicht, wie ich ihm bei seinem Versuch, auf die Bank zu kommen, helfen soll.

„Ja, Franz, fast ein Jahr."

„Komm her, du! Wie geht's in der Schule, lernst' eh brav?"

„Ja sicher. Bin ich einmal groß und nicht mehr klein, werd ich ein Soldat des Führers sein."

„So? Und was lernt ihr noch in der Schule?"

„Ach, nichts Wichtiges."

Den Pepi im Arm, spüre ich seinen Drang, auf diese Worte Taten folgen zu lassen; seine in den letzten acht Monaten gesteigerten Kräfte werden im Jungvolk ganz gezielt gebündelt und damit ist er – ohne sein Wissen – auf dem besten Weg, ein gewünscht aggressives Instrument zu werden, ganz im Gegensatz zu jenem, der mich von hinten nur stumm ansieht und uns zuhört.

„Wie geht's dir denn, Max?"

„Gut, Franz!", ist die knappe Antwort. Er wird, im Falle, dass diese Entwicklung – gegen die weder sie, noch ich etwas tun können – weitergeht, es ungleich schwieriger haben. *Es könnte sogar sein*, sehe ich direkt in seine frischen, kindlichen, blauen Augen, *dass er an den kommenden Aufgaben zerbrechen wird, da er zu viel denkt, viel mehr noch als ich.*

„Wer bin ich?"

„Valeria?"

„Nein, falsch. Das hättest' wohl gern."

„Na dann, meine kleine Schwester!"

„Servus!", drückt sie mir voller Überschwang einen Kuss auf die Wange und umarmt mich noch fester als ihre Mutter. „Und alles dran an dir! Gott, bin ich froh! Da, Bruder, hast' ein Bier, ich schenke nämlich aus. Deine Verlobte auch, aber dort drüben. Noch...", zerrt sie an meiner Armbanduhr, „noch genau 25 Minuten, dann gehört sie ganz dir. Über die Pariser Mode sprechen wir später, und du riechst ja nach Parfüm, warst du schon im Krieg?"

Man könnte tatsächlich den Eindruck gewinnen, wir wären auf Abenteuerreise gewesen, wenn auch mit ungewissem Ausgang.

„Also, die Betti wird ja jetzt eine richtige Frau und immer fescher."

„Wem sagst' das, ich muss regelmäßig die Verehrer aus dem Haus werfen", stößt der Vota stolz mit mir an, nimmt einen kräftigen Schluck und fügt hinzu: „Das ist mein Ernst."

Herrlich kühl, prickelnd rinnt es die Kehle hinab, befreit – im Magen

angelangt – die heiteren Gedanken im Kopf und berauscht sie sofort. Dennoch wissen wir noch immer nicht recht, was wir besprechen sollen. Vom Krieg reden will ich nicht; aber Paris kann ich erwähnen, wenn auch Betti gerade nicht zuhören kann. Alle zeigen sich sehr interessiert an den verschiedenartigen Bauwerken und der Lebensweise der Franzosen, diesen scheinbar so unbekümmerten, faulen Genießern – Vorurteile, die ich teilweise widerlege oder zumindest nicht bestätigen kann.
„Paris… Na, Vota, da könnten wir jetzt ´mal hinfahren?"
„Pah!"
Sämtliche Abenteuer in Bezug auf Frauen bleiben – wie bei fast jedem anderen auch – unerwähnt, ganz zu schweigen von den Beiden in der Bucht, was mich jetzt auf einmal erregt; dieses rohe Befriedigen der Lust, sogar unter Männern; Hauptsache zweckdienlich. Die Musik spielt nach dem Radetzky-Marsch kein weiteres Lied mehr, jeder schaut auf das Podest zu den stehen gebliebenen Paaren und dem auf die Mitte zugehenden Bürgermeister. Auch er – kein besonders guter Redner, dafür ein Nationalsozialist der ersten Stunde – bewundert `seine´ Söhne, verkündet seinen Stolz und bittet alle Soldaten, am Platz vor dem Podest anzutreten. Wir erheben uns von den Tischen, als der Hauptmann dem Bürgermeister etwas mitteilt, woraufhin jener sich korrigiert: „Bitte nur kompanieweise, beginnend mit der fünften."
„Dacht' ich mir doch, das ganze Bataillon dort vorne auf dem kleinen Platz? Also, beim Militär war der Herr Bürgermeister nicht", freut sich der Vota über dessen Unwissenheit. Ein Großteil setzt sich wieder hin nur wir, die fünfte, weit unter Normalstärke, gehen scherzend nach vorne.
„Wir werden jetzt ein Foto machen, welches im Anschluss eingerahmt im Rathaus aufgehängt wird", verkündet der Herr Bürgermeister.
In dem Augenblick, als wir uns zu den vielen Zuschauern umdrehen, stößt mir Klaus in die Seite: „Schau ´mal da, dem Franzl seine Eltern, die sind auch da!"
Unweigerlich muss ich zu ihnen hinübersehen, wo der Vater – ein Mann schmächtiger Statur – einen gelassenen Eindruck macht und unentwegt zu uns, dem Franzl seiner Gruppe, sieht. Die Mutter scheint

hingegen völlig verzweifelt, starrt nur auf den Tisch und nimmt dann langsam die Hand ihres Mannes, ohne dabei hochzuschauen.
„Siehst du die anderen auch irgendwo?"
„Nein."
„Also, alle schön lächeln, wenn unser Fotograf es sagt!"
Noch während der ältere Herr die Gruppe hin- und herdirigiert, fängt die Frau mit dem auf den Tisch gesenkten Blick an zu schluchzen. Nicht allzu laut, nur wir beide sehen und hören ihren tief aus der Seele fahrenden Schmerz. „Mensch, mach schon, ich will hier weg!"
Da ist es auch schon passiert. Die Frau kippt nach hinten weg – gerade noch von ihrem Mann aufgefangen – und schüttelt sich in seinen Armen wild umher, ohne einen weiteren Laut von sich zu geben. Wir schauen uns alle entsetzt an; keiner weiß, was zu tun ist, wenn ein Leben gerettet werden soll, nur meine Valeria läuft geradewegs auf sie zu, zerrt die zitternde Frau von der Bank auf den Boden und schreit zu uns: „Wo ist ein Sanitäter?" Zwei von ihnen laufen erst jetzt hinüber, als gingen sie Zivilisten nichts an, und können doch nur Ratschläge geben, ihre hellgelben Taschen liegen nämlich in der Kaserne.
„Ein Arzt, ist hier ein Arzt anwesend?"
Daraufhin treffen zwei uniformierte Helfer mit einer Bahre ein, laden die Frau auf und tragen sie vom Platz; ihr Mann hält unentwegt ihre sich völlig verkrampfende Hand, den ganze Weg hinüber in Richtung Krankenhaus begleitet er sie und lässt nicht los.
„Das war doch die Mutter..."
„Ja, Sepp, war sie."
„Aber um Himmels Willen, wieso setzt die sich hier her? Die muss doch verrückt sein!"
„Bitte, bitte, beruhigt euch, Leute. Das war ein tragischer Zwischenfall, aber alles ist wieder in Ordnung, die Feier geht weiter. Dieser Tag darf nicht von persönlichen Eitelkeiten überschattet werden", löst der Bürgermeister durch diese Aussage lautes Gemurmel aus.
„Ach, diese Leute", flucht er leise hinter uns.
„Freunde, Bürger, ich will unsere Helden aus Ried und Umgebung auf einem Bild festhalten, also bitte beruhigt euch, hernach gibt es auf meine Kosten zwei weitere Fass Bier. Na also, geht doch."

Meine Valeria geht langsam zurück an ihre Tischreihe. Zwei Mal nur dreht sie sich um, zeigt mir ihr verlegenes, neckisches Lächeln und beginnt erneut, Krüge zu verteilen.
„War das nicht deine Verlobte?"
„Was, die Energische?"
„Ja, Richi, jetzt hast du sie auch gesehen."
„Gratuliere! Ein sauberes Ding. Das war's wert, dass du dich zurückgehalten hast in Marseille."
„Ach ja, Gott mit uns!", schreit noch kurz vor dem Foto der Sepp und alle können wir anschließend wieder an unsere Tische gehen.

„Franz hast du Lust zu tanzen?"
Mit diesen einfachen Worten versetzt mich meine Verlobte in den so unglaublichen Zustand, dessen Existenz mir erst jetzt – und erst nachdem ich den Klang ihrer Stimme vernehmen habe dürfen – überhaupt wieder bewusst wird und dadurch alles, was zwischen meiner Abreise und heute gewesen sein mag, mit einem Schlag unwichtig werden lässt. Eilig drehe ich mich zu ihr um, wie sie schüchtern mit etwas Abstand in der Sonne steht und ich dadurch nur ihre Konturen sehen kann. *Wie auf dem ersten Bild von ihr*, denke ich und stehe auf. Ihre strahlende Schönheit, der sie sich vermutlich noch nicht einmal bewusst ist, macht auch mich nervös, denn sie fährt mit ihren Augen ständig hin und her, kann sie – entgegen ihres normalen Verhaltens – nicht stillhalten und lässt sie sprunghaft von meiner Auszeichnung in mein Gesicht und wieder zurück wandern.
„Sicher Vali und wie!", ist das Einzige was mir einfällt.
Meine Eltern verdrehen die Augen, zeigen sich dann aber freundlich, als wir nach vorne gehen, ich hinter ihrem traumhaften Fahrgestell her. Die Berührung ihrer Hände durchzuckt meinen ganzen Körper auf eine nie dagewesene Art, ihr Blick, von unten herauf in meine Augen, ist voller Sinnlichkeit und Gier nach dem Menschen an ihrer Seite, nach der erstmaligen Lust auf den Körper des anderen.
„Das hast du gut gemacht, vorhin!"
„Danke, Franz. Welch ein Privileg von einem ausgezeichneten Soldaten. Warum hast du mir das verschwiegen?"

„Ich hielt und halte es nicht für sonderlich wichtig", schwindle ich etwas über meine Bescheidenheit.
„Franz, du kannst dich sicher erinnern?"
„An was?", wirbelt sie in meiner Hand herum.
„An mein Versprechen natürlich, vor genau 223 Tagen."
„So genau weißt du das?"
„Ja, weiß ich es."
„Ehrlich gesagt, dann hab ich 223 Nächte davon geträumt. Wie viele Nächte werden noch folgen?"
„Keine!" Ganz bestimmt, ohne ein Zucken und ohne zu zögern, wie immer, wenn eine Reiter sich etwas fest vorgenommen hat, verlässt dieser Befehl ihre doch so sanften Lippen.
„Keine? Das heißt..."
„Genau. Als du mir geschrieben hast, dass du heute kommst, habe ich es so eingefädelt, dass wir das ganze Haus für uns allein haben, für ganze zwei Nächte."
„Ach?"
„Am liebsten würde ich dich die ganze Zeit im Haus einsperren und es ständig tun, ständig und immer."
„Vali, sag 'mal, was denkst du!", kann ich mir einen Grinser nicht verkneifen, meine Hose unterdessen spannt jetzt bereits kräftig.
„Also, Soldat, ich möchte, dass du heute bei mir schläfst!"
„Zu Befehl!"
„Und trink' halt nicht zu viel!"
„Darf ich ablösen?"
„Ja, sicher!"
„So ein schöner Tag, was, Franz?"
„Und wie! Der sollte nie enden. Wie geht's meiner Lieblingsschwester?"
„Gut, Lieblingsbruder, viel Arbeit hab ich halt, entweder beim Bauern oder am Wochenende daheim."
„Bist' noch bei der alten Hex?"
„Am Hof schon, nur die Alte ist nicht mehr. Umgefallen und tot, von einer Sekunde zur nächsten."
„Das kenn' ich."
„Ja, und der Alte ist jetzt noch netter zu mir, der war grad froh d'rum,

sag' ich dir. Aber ja, jetzt ist er beinahe zu nett."
„Ich hoff', er macht keinen Blödsinn?"
„Nein, das nicht. Noch nicht", fährt ein leichter Schatten von Besorgnis über ihre Stirn, erfasst die noch so unbekümmerten jugendlichen Augen die den Alten zu ihrem Leid wohl ebenso entzücken müssen, und geht – wie für junge Leute üblich – in einem nächsten Lächeln vollständig auf.
„Soll ich reden mit ihm?"
„Nein, bloß nicht! Das schaff' ich schon, und wer weiß…"
„Glaubst', dass er auch tot umfällt?"
„Na komm her, jetzt tanzen wir 'mal ordentlich."
Sie hat die Musik im Blut, und wie, bewegt sich im Takt nach Gefühl und weiß, ohne nachzudenken oder gar zu zählen, wo die nächste Drehung einsetzen oder enden muss. Die Betti, eine prächtige junge Frau, braucht keine Führung über das Parkett, sondern eher eine Zähmung ihrer aufbrechenden Wildheit. Die anderen drehen sich bereits nach uns um und schütteln die Köpfe, was mich nur noch bestärkt, ihr mehr Raum zu gewähren, um diesen Eseln und Heuchlern zu zeigen: *Seht her! Das ist meine verrückte Schwester, die ich um Haaresbreite nie mehr halten hätte dürfen.* Wir drehen uns; laufen lachend hin und her, bis wir völlig verschwitzt vom Tanzboden gehen und die züchtig Tanzenden alleine lassen.
„Betti, so kenn' ich dich ja gar nicht, du bist aber eine Frau geworden."
„Franz, versprich mir eines, dass wir diesmal mehr miteinander reden, ich hab' sonst niemanden, der mich versteht."
„Das versprech' ich!"
Am Tisch meiner Eltern sitzt meine Verlobte und klatscht bei unserer Ankunft laut: „Betti, das war Klasse!"
„Na, ich weiß net, wo du hing'raten bist", schaut der Vota die Mutter an und ergänzt: „Ich glaub', das hast' von der Muata."
„Ah geh', von dir hat sie das, du warst doch auch so! Vor langer Zeit allerdings."
„Is' doch egal jetzt, oder nicht? Nix is geschehen, etwas ausgelassen dürfen wir heut' schon sein, findet's nicht?"
„Richtig. Deine kleine Schwester hat dich aber schwitzen lassen."

„Und stinken. Hast du die Uniform einmal gewaschen in den letzten acht Monaten?"
„Sicher, Mama, extra feine Handwäsche."
Valerias Worte nehme ich mir zu Herzen, trinke langsamer und bei weitem weniger als der Vota, der heute Nacht wahrscheinlich aber auch von Mutter in Ruhe gelassen werden wird. Den Erzählungen über Paris von vorhin lasse ich, bei Würstel und Sauerkraut, jene über das Meer folgen; genau versuche ich die Eindrücke wiederzugeben, die an einem so fremden Ort im Kopf entstehen und beantworte die Fragen – besonders die Kleinen wollen wissen, was eine Welle ist, woher sie kommt und warum das viele Wasser nicht trinkbar ist. Meine Verlobte kann ihnen zwar erklären, wie die Wellen angeblich entstehen, das Geheimnis mit dem Salz im Meer können wir für heute aber nicht lüften. Die Mutter stellt diesbezüglich keine Fragen und hält sich bedeckt, dabei ist sie normalerweise die Neugierige, aber mit dem Meer verknüpft sie einzig diese eine Erfahrung, und das mit Sicherheit für den Rest ihres Lebens. Ihre Vorstellung ist jetzt definitiv bestätigt, wir wären alle auf Urlaub gewesen und hätten uns je nach Belieben ein EK am Markt gekauft, um daheim vor ihnen zu prahlen. Aber lieber belasse ich sie heute in diesem – vor allem den Gefallenen nicht gerecht werdenden – Irrglauben, als jetzt von der Zeit vor unserer Erholung zu sprechen.
„Gespannt bin ich ja auf die Bilder vom Richard."
„Ah, ist das nicht der Schmidleitnerbua?"
„Ja genau, der hat…", erzähle ich seine clevere Wette, bis hin zu der in ihm aufkeimenden Leidenschaft fürs Fotografieren.
„Na, das war doch die reinste Vergnügungsreise", spüre ich den Groll im Vota schon eine ganze Weile. Den Ärger, dass er hier in Ried noch immer beim Grafen arbeitet, nachdem ihm der Weltkrieg viel genommen hat und sein geheimes Abenteuer von ganz kurzer Dauer nur war.
„Vota, das war es ab dem 24. Juni auch. Vom `Davor´ will ich net reden, aber wennst' willst, kannst die Eltern der Gefallenen fragen, was sie über die Vergnügungsreise denken."
„Geh' Bua! Kennst' denn den Vota immer noch net? Der redet doch nur Blödsinn, weißt eh."

„Ja, schon recht, Mutti. Nur, ich will halt nur das in Erinnerung behalten, das ist alles."

Die Strahlen der Sonne erfassen bereits nur mehr den hinteren Bereich des Platzes, viele Tischreihen befinden sich gleich der unseren bereits im Schatten, wo die herbstliche Luft die Wärme nicht mehr lange halten kann und dadurch viele Gäste den Platz verlassen. Valeria und ich halten stetig Blickkontakt, wobei sie ständig ihre Augen rasch zur Seite zieht, um anzuzeigen, dass auch wir gehen sollten, was ich mit verlegenem Zucken der Wangen zu bestätigen versuche, aber noch auf den geeigneten Zeitpunkt warte. Erst als die ersten neben uns aufstehen, finde ich ihn passend.

„Also dann, die Vali und ich gehen dann auch."
„Ja, wohin geht's denn?"
„Zu uns."
„Aha!"
„Ja, ich muss ihr mein Geschenk zeigen, braucht's nicht warten auf mich!"
„Wie romantisch!"
„Betti! Franz, na hör' 'mal!"
„Mutti, mach' dir keine Sorgen, ich bin in besten Händen."
„Aber die, die, der Herr Reiter, was wird der sagen?"
„Der Papa freut sich schon sehr auf den Franz", schaut die Lügnerin mich verlegen an.
„Na wenn das so ist, oder, Vota?"
„Von mir aus, macht doch eh jeder, was er will bei uns."
„Pfiat Gott."

„Du kannst ja lügen wie gedruckt."
„Ach, eine kleine Notlüge hie und da. Wenn deine Eltern wissen, dass meine gar nicht da sind, dann schlafen sie die ganze Nacht nichts, da ist es so doch besser."

Von der Stadt kommend überqueren wir die kleine Holzbrücke, auf der ich kurz stehen bleibe und am Geländer angelehnt der Antiesen entlangblicke, über die stille Brauerei hinweg in die Gegend, wo unser Haus steht, welches von hier aus nicht einsehbar ist.

„Das letzte Mal, als ich daheim war, ist alles von Schnee bedeckt gewesen, sogar der Fluss war komplett zugefroren. Aber das letzte Mal auf dieser Brücke war nach unserem ersten Tanz am Maifest, bis hierher durfte ich dich danach begleiten."
„So 'was merkst du dir wiederum ganz genau. Aber heute darfst' den Hügel des Kapitols hoch mit mir."
„Wie heißt der?"
„Ach, Franz", lacht sie kurz auf und nimmt meine Hand, „komm einfach, du Träumer."
„Ist das Hausmädchen noch da?"
„Das hättest' wohl gern. Nein, der Lisa hab ich natürlich auch frei gegeben, wir können tun und lassen, was wir wollen."
Wir durchschreiten den noch immer unordentlichen Garten und das erste Mal muss ich nicht den dicken Knauf aus der Wand ziehen, um die Tür geöffnet zu bekommen. Valeria steckt den großen Schlüssel in das metallene Schloss, dreht kräftig den Bart zwei Mal um seine eigene Achse und wir können hinein. Alleine am Geruch, den ich allerdings nicht bestimmen kann, ist ihr Haus unter tausend anderen zu erkennen; überall liegt er angenehm in sämtlichen Räumen, nur die Konzentration schwankt von einem zum nächsten.
Ich weiß nicht, woher er kommt, wie er entsteht und ein so riesiges Haus komplett der anderen Gerüche zu berauben in der Lage ist; nur als Valeria näher kommt, mir die Hausschuhe hinstellt und wieder aufsieht, kann ich den wundervoll weiblichen Duft ihres frischen Haares riechen.
„Das Meer, Valeria, hast du jemals das Meer gerochen?"
„Weder gerochen, noch gesehen, leider. Das musst du mir später alles erzählen. Hast du hunger?"
„Soll das ein Scherz sein? Die Würstel vom Fest liegen mir jetzt noch im Magen. Also… also, wie machen wir jetzt weiter, ich meine…"
„Wir gehen einfach in mein Zimmer, oder willst du's lieber gleich hier im Stiegenhaus einlösen?"
„Geh'n wir."

Valeria drückt, in spürbarer Erwartung davor, was hinter dieser Tür auf uns wartet, langsam die wunderschöne Türschnalle nach unten und dreht dabei den Kopf zu mir mit Augen darin die ihre Sehnsucht auf das Erwartete versprühen; fern jeder Gier von vorhin sind sie, nur die schüchtern lieblichen, warmen, Augen die sich erneut von mir wegdrehen und im dunklen Raum verschwinden. Zögerlich folge ich ihr ins Halbdunkel, wo ich ihre Silhouette ganz nah an ihrem Bett erkenne, während ich die Tür leise schließe und ängstlich auf sie zugehe. Kein Geräusch ist vernehmbar, absolute Stille umgibt uns. Durch die an die Dunkelheit gewöhnten Augen wird ihr Gesicht direkt vor meinem erkennbar, da durchzuckt ein Blitz erneut meinen ganzen Körper. Wie oft schon durfte ich ihre kalten Hände berühren, fest umschließen, dieses angenehme, vertraute Gefühl erfahren, welches mich dennoch jetzt vor ihr kleiner werden lässt; zum ersten Mal stellt es nur die Einleitung auf viel mehr dar.

„Keine Angst, Herr Soldat", spürt sie genau meinen zaudernden Kuss auf ihrer heißen Wange, während ich ihr das ins Gesicht drängende Haar nach hinten über die Schulter streiche und den schönen Hals mit seiner pochenden Lebensader küsse. *Anna hätte mich jetzt bereits nackt ausgezogen, nicht so Valeria!* Sie wartet ab und gibt meinen drängenden Versuchen und Griffen nach, fest presse ich ihren Körper an den meinen und koste ihre süßlichen Lippen, die schon nach kurzem Spiel weicher anschwellen und voller werden. Verschlungen landen wir im Bett, wo keiner so recht weiß, wie es weitergehen soll. Ungestüm fahre ich ihr deshalb unter die Bluse und über den weichen Bauch hinauf an ihre noch viel zarteren Brüste, umschließe eine und halte meine Hand still darauf. Einen kleinen Seufzer stößt sie dabei aus, was mich ermutigt, weiter ihren Körper zu erkunden und drehe sie dazu auf meinen Körper, um ihre Bluse abstreifen zu können. Sie hat längst meine vollständig aufgeknöpft, reißt sie energisch zur Seite und bewegt ihren Schoß mit Genuss an meinem hoch erregten Glied auf und ab. Meine beiden Hände fahren unter den Rock, die glatten Oberschenkel hoch bis an das feine Material ihrer Unterhose und umfassen ihre festen, vollen Pobacken, sodass sie mit einem tiefen Schluchzen von meinen Lippen ablässt, ihren Kopf auf meiner Brust ablegt und ihre Lust auf mir hinauspresst. Sie beginnt in dieser Stellung – ohne mich anzusehen – mit einer Hand, meine Hose zu öffnen und greift vorsichtig hinein, fährt mit ihrem Handrücken auf meiner dünnen, kratzigen Unterhose einmal fester, dann mit weniger Druck gegen den Schwanz hin und her, spürt seine Härte und Wärme und gleitet hinein, um ihn kräftig zu umschlingen, was meinen Körper durchjagt und das Herz sprunghaft und für sie laut hörbar hüpfen lässt.

Sie blickt mir tief in die Augen und weiß, dass ich ihr jetzt vollkommen ausgeliefert bin, drückt die Vorhaut kräftig ganz nach unten und verharrt ohne ein Lächeln auf ihren Lippen in dieser Stellung. Die Lusttropfen quillen in dieser süßen Umklammerung aus meinem Glied heraus, was mich beschämt, ihr aber nichts auszumachen scheint. Ich presse meine Lippen wieder auf ihre und drehe sie erneut unter mich, was meinen Schwanz aber nicht aus der Umklammerung befreien kann und soll! Einmal noch fährt sie mit der Hand rasch auf und ab, was mich sofort unbeweglich macht, um das herrliche Gefühl in ihrer umschließenden Hand auszukosten. Ich ziehe ihr ungeschickt den Rock aus, küsse vorsichtig ihre zarten Brüste, umspiele mit meiner Zunge die erregten Warzen, während ich ihr Höschen abstreife. Beide zerren wir wortlos an meiner Hose, wobei sie nur kurz den Schwanz aus der Hand gibt, um ihn sofort wieder fest zu umklammern und ich mich endlich mit dem nackten Körper fest auf sie drücke.

Hin und her bewege ich das Glied über ihre behaarte, jugendliche Scheide, fest presst sie es mit der Hand und gegen die feuchte Grotte, hält es kurz weg und drückt mein Glied anschließend wieder dagegen. Dann streicht sie einige Male mit der Spitze meines Schwanzes an ihrem heißen Eingang entlang und führt ihn sich anschließend langsam ein, wobei ich nur durch sanften Druck helfe. Langsam gleitet er in die enge, nasse Scheide und bereitet mir ein ungeheures Hochgefühl: durch die Enge wird die Vorhaut ganz fest nach hinten gedrückt.

„Halt, warte kurz!", entfährt es ihr. Ich verweile und möchte ihn doch nur hart hineinstoßen. Vorsichtig gleite ich weiter hinein, bis er vollständig in ihr steckt und schon jetzt kurz vor dem Abspritzen ist.

„Ist's gut?", keuche ich vor Glück.

„Ja, aber vorsichtig!", kommt es glucksend zurück.

Nur wenige Male bewege ich ihn hin und her und die würzigen Strahlen schießen mit schwindelerregendem Glücksgefühl in ihre Scheide, wie damals über das Feld. *Wie sind die zu bemitleiden, die das nicht erleben dürfen!*
Erleichtert lege ich mich auf sie, rolle dann auf die Seite, fühle zum ersten Mal nach dem Abspritzen keine Schuld und küsse dabei ihre glühenden Wangen.
„Jetzt müssen wir sicher bald heiraten", lächelt sie mich an.
„So bald wie möglich! Ich liebe dich, Valeria."
„Ich dich auch. Ich bin so froh, dass du heil zurückgekommen bist! Wir sollten das morgen früh gleich wiederholen."
„War es gut?"
„Für das erste Mal, ja. Was da einige andere erzählt haben."
„Ja, was denn?"
„Na, dass es schmerzt, die ganze Zeit lang, und blutet wie wild."
Ganz fest nehme ich sie in den Arm, drücke ihre nach Schweiß riechende, feuchte Haut gegen meinen Körper und noch bis zum Einschlafen erzählt sie mir, was so daheim vorgefallen ist, dass ihr Vater skeptisch geblieben ist, obwohl wir die stärkste Armee der Welt in so kurzer Zeit geschlagen haben, über den BDM, der ihr einfach nicht gefallen will, ihre Mutter und natürlich jene unzähligen Spaziergänge an den See und anschließend meist zu uns für die neuesten Nachrichten. Ich drücke sie, einfach froh, hier zu sein, und sehe von der Seite auf ihr weiches Gesicht. Ab und zu ist sie mit Freundinnen im Kino gewesen, wo sie seit neuem vor jedem Film die Deutsche Wochenschau zeigen, mit faszinierenden Bildern aus Frankreich, seiner Landschaft und viel über marschierende Soldaten, die durch brennende Dörfer schreiten.
„Frankreich! Ach, wie gern' würd' ich dort sein."
„Dein Geschenk, Vali, hab' ich in der Kaserne, das werd' ich dir morgen erst geben können."
„Danke! Was ist es denn, Seidenstrümpfe? Mit denen hast du mir bereits große Freude bereitet. Die Qualität ist hervorragend!"
„Wirst' schon sehen, ist eine kleine Überraschung. Dein Gedicht hab' ich auswendig gelernt, hast du das selbst gedichtet?"
„Ja, gefällt es dir?"

„Und wie! Und den ganzen Brief deiner Sorge um mich, ständig hab' ich ihn gelesen, aber da war für uns schon alles vorbei."
„Du weißt ja gar nicht, was das heißt, daheim zu sitzen und nicht zu wissen, wie es einem geliebten Menschen wohl ergeht. Durch die Wochenschau haben wir zwar viel gesehen, aber nichts Genaues über die Einheiten. Jeder, vom Offizier bis zum Infanteristen konnte längst tot sein, der Vormarsch ginge auch ohne sie weiter."
„Ich weiß schon, aber ich konnte nicht schreiben, es blieb kaum Zeit zu schlafen. Am Meer haben Reporter das Auslaufen von drei U-Booten gefilmt! Direkt vor unseren Augen sind sie hinaus aufs Meer, habt ihr das auch gesehen?"
„Nein, wir waren nur fünf Mal, der Eintritt ist gar nicht billig."
„Aber wir zwei gehen ′mal, ja? Ist alles in Ordnung?"
„Ach, du und dein Einfühlungsvermögen. Das scheint dir geblieben. Ja, Franz, es fühlt sich irgendwie fremd zwischen uns an, es fühlt sich ehrlichgesagt sogar jetzt noch so an, als würden wir uns gar nicht wirklich kennen. Verstehst du das ein bisschen?"
„Und trotzdem schläfst du mit mir?"
„Versprochen ist meinem Verlobten versprochen. Und du bist ja derselbe, aber wie soll ich sagen… Ach, das ist so kompliziert, reden wir morgen darüber. Ich bin so froh, dich heil hier zu haben, das kann ich gar nicht sagen."
„Ich bin auch überglücklich und hundemüde."
Erneut liegt der Raum in völliger Stille und sie nackt ganz eng an mich gepresst. Überall und jeden Flecken ihrer zarten Haut will ich spüren. Während meine Verlobte bereits tiefe Atemzüge holt, schwirren meine Gedanken über dem, was sie gesagt hat und wie gewöhnlich kommen sie von einem zum nächsten, für mich ungewollt zu weiteren und auch intensiveren, die mir einen raschen Übergang in Valerias Zustand erschweren. Irgendwann ist dann aber auch mein Gehirn – wie der Körper schon seit geraumer Zeit – erschöpft, kann keine weiteren Überlegungen mehr anstellen und gleitet hinüber in den Schlaf.

„Nicht!", schreie ich laut und finde mich schweißgebadet aufrecht im Bett sitzen.
„Was ist denn, Franz? Hast du schlecht geträumt?", streicht sie über meinen Rücken. „Oh, du bist ja klitschnass!", richtet nun auch sie sich auf.
„Komm, Franz, leg' dich wieder hin. Soll ich dir ein Glas Wasser holen?"
„Nein, Vali, dank' dir, das wird schon wieder."
„Hast' von Frankreich geträumt, von der Zeit vor dem 24sten?"
„Ist schon gut, Vali, ich glaub', jetzt ist es vorbei."
„Franz, ich hab' gehört, darüber soll man reden, ja nicht verdrängen, das macht alles nur noch schlimmer."
„Glaubst du? Ich will aber niemandem damit zur Last fallen, am allerwenigsten dir."
„Ich werde bald deine Frau sein, du kannst, du musst sogar alles mit mir besprechen. Glaubst du, ich will jede Nacht von dir wachgeschrien werden, da bekomm' ich ja Angst."
„Komischerweise ist es nicht Frankreich, was mich so häufig in der Nacht hochreißt. Es ist immer derselbe Traum, und zwar schon seit Polen", starre ich gegen die Decke und erwarte ihre Frage.
„Was für einer?"
„Ein Mann, jedes Mal derselbe, steht auf einer Anhöhe und zielt auf mich, tja, mit einem Gewehr. Ich liege keine drei Meter vor ihm auf dem Boden, also ich weiß, dass ich es bin, aber erkenne mich nicht. Und spätestens wenn er abdrückt, werde ich wach, so wie vorhin, schlagartig."
„Aha, interessant."
„Das fand ich zunächst auch, also habe ich mir Notizen gemacht, jeden Morgen, nachdem ich das geträumt habe. Es gab nur den einen Unterschied, dass ich manchmal noch vor dem Schuss aufgewacht bin, sonst war alles genau gleich, jedes Mal."
„Interessant, und hast du so eine Situation erleben müssen in Polen?"
„Nein, so 'was auf diese Art überhaupt nicht."
„Ich kenne da jemanden, einen guten Freund meines Vaters, ein sehr herzlicher, irgendwie drolliger alter Herr, der kennt sich bei solchen

Dingen aus. Dem Vater hat er nach eigenem Bekunden die Gespenster aus dem Weltkrieg vertrieben. Dem könnt' ich deinen Traum schildern, was meinst'?"

„Vali, wenn das unsere Ärzte erfahren, kann ich unehrenhaft entlassen werden. Du weißt, was das bedeuten würde?"

„Dem Mann können wir völlig vertrauen, ich sage ihm auch nicht, um wen es sich handelt."

Normalerweise würde ich trotzdem beschämt ablehnen und von ihr verlangen, es ruhen zu lassen. Nachdem er mir aber in unterschiedlicher Regelmäßigkeit nun bereits beinahe ein Jahr den Schlaf raubt, erzähle ich ihr – noch immer am ganzen Körper nass – jede Einzelheit, darunter die eigenwillige Tatsache, dass er mich ausschließlich dann besuchen kommt, wenn ich mich an ungefährlichen Orten befinde. Alleine darüber gesprochen zu haben, befreit meinen Kopf ungemein. *Und könnte sie nicht recht behalten und diesem Mann sein Verschwinden erleichtern? Keiner, den ich kenne, ist in der beneidenswerten Lage, mit jemandem außerhalb seiner Gruppe über das reden zu können, was in seinem Kopf vorgeht. Und wenn gerade das nur hilft?*

Valeria weckt mich am Morgen mit einem Kuss und einer Berührung dort, wo es einem Mann am liebsten ist. Sofort erwacht er in ihrer zarten Hand erneut, beginnt rasch zu wachsen und erfreut mich damit, ein weiteres Mal den Inhalt aus den Hoden zu schleudern.

„Guten Morgen", drückt sie ihre Brüste sanft gegen meine Seite.

„Puh, guten Morgen, Vali. Was tust du denn da?"

„Nichts", klettert sie frech auf mich und drückt den noch harten Schwanz sachte in ihre klitschnasse Scheide, senkt ihren Schoß ganz nach unten, hält still und beginnt, mich zu küssen. Zwei, drei Mal, stoße ich ihn – sehr zu ihrer Freude – kräftig hinein, was mich bereits wieder an den Rand des höchsten Genusses bringt. Eine Weile zögere ich noch, dann hebe ich ein paar weitere Male ihr Becken auf und ab, spritze mein Sperma ganz tief in ihre warme Scheide und drücke sie dabei ganz fest an mich.

„Ich will jetzt ein Frühstück, du nicht auch?", sagt sie aus heiterem Himmel.

So muss nun wirklich das Paradies aussehen, welches uns versprochen ist, und in das die toten Kameraden in Frankreich hoffentlich gekommen sind. Falls es nicht so ist und unser Körper einzig gefundenes Fressen gelber Maden wird, hat der Franzl ganz sicher so etwas Schönes nie erleben dürfen, eine Frau nicht einmal nackt gesehen. *Das ist nicht gerecht*, gehe ich in Gedanken an die Kameraden die breite Stiege hinunter auf das kleine, holzgetäfelte Speisezimmer zu, aus dem es nun bereits herrlich nach Kaffee duftet.

„Franz, setz' dich einfach, ich bin gleich fertig. Kaffee ist doch dein Lieblingsgetränk", kommt sie schwungvoll mit einem Tablett aus der Küche.

„Oh ja, und leider sehr selten. Den aus der Feldküche bezeichnen viele und das zu recht, als `Negerschweiß´."

„Negerschweiß?", lacht sie zweifelnd auf, „ihr habt aber eine Ausdrucksweise!"

„Wenn du wüsstest. Ah, ist der gut! Das ist richtiger Kaffee, das andere...",

„Der Negerschweiß."

„Genau. Das ist dünnes, schwarzes Wasser. Also, Vali, was machen wir heut'?"

„Bei dem herrlichen Wetter müssen wir an den See gehen, unbedingt. Ich an der Seite eines ausgezeichneten Soldaten, wenn auch mit schlechten Träumen."

„Ich wusste, ich hätte nichts sagen sollen."

„Ach, ich mach' doch nur Spaß, das bleibt unser Geheimnis, genau wie die ganze letzte Nacht eines bleiben muss. Aber dem Herrn Doktor Neunland muss ich es sagen. Und überhaupt, selbst meinen Vater, du weißt, dass er dieselbe Auszeichnung wie der Rommel erhalten hat, also selbst ihn quälten die Erinnerungen."

„Ja, ja, schon gut."

„Spiele nur nicht mit dem Stolz eines Soldaten, schon gar nicht als Frau, hat meine Mutter einmal hier in diesem Raum gesagt. Wir zwei fanden das lustig, der Vater aber ganz und gar nicht, damals. Seitdem sind wir vorsichtig mit euch."

„Ich merk's. Wie ist eigentlich euer Verhältnis zu den Nachbarn?"

„Also, wir reden ab und zu mit der Gattin, nur der Vater halt nicht. Sie scheint nett zu sein und durchaus gebildet, auch wenn sie unglaublich eingebildet herumstolziert. Den Herrn Obersturmführer haben wir lange nicht gesehen. Moment, ja genau! In etwa so lange, wie du jetzt weg warst, also 223 Tage, der wird jetzt noch in Frankreich sein Unwesen treiben. Uns jedenfalls fehlt er hier nicht, das darf ich doch hoffentlich zu dir sagen, oder?"
„Sicher. Ich brauch' auch keinen von denen, darum ging's ja damals auch nicht. Aber, Vali, die können tun und lassen, was sie wollen mit unsereins. Ich gehe dann nachhause Mittagessen, und werde dich so gegen...", schüttle ich die Armbanduhr unter dem Ärmel hervor, „...halb zwei Uhr abholen."
„Hat sie dir gute Dienste geleistet?"
„Und wie, besonders die fünf Minuten täglich, wenn ich die Augen noch offen halten konnte."
„Gehen wir noch 'mal in mein Zimmer, bevor du gehst?"

Das ist meine Verlobte, eine aufgeschlossene Frau mit einem neugierigen Blick auf das Schöne in der Welt, gehe ich in der Sonne durch den Garten und nehme den kürzeren Weg nachhause, der mich an dem im letzten Winter nochmals verkleinerten Waldstück vorbeiführt. Drei Mal durfte ich mit ihr schlafen, und von Mal zu Mal ist es besser geworden, weil ich mehr Gefühl für die Sache bekommen habe, auch durch das Ablegen der Angst davor. Jetzt aber kenne ich das große Geheimnis, um das alle so einen Aufruhr veranstalten, zu dem niemand etwas sagen will – von der Truppe einmal abgesehen, dort fallen die schlimmsten Aussagen, die in ihrem primitiven Ton aber auch erregend für mich sind. Jedenfalls weiß ich nun, wie das funktioniert mit den Frauen und stehe nicht mehr blöd da, wenn der Sepp über mich sagt, ich sei doch noch Jungfrau. Auf Anhieb hat es geklappt. Wieder ist es einer dieser Momente, wie damals schon, kurz nach meiner Ankunft aus Polen, die stehen bleiben, mir erhalten bleiben, zumindest in die Länge sich ziehen sollten; die Erfahrung im Umgang mit ihnen zeigt allerdings das Gegenteil. Über den geschlägerten Teil des Waldes hinweg ergibt sich eine neue Perspektive hinüber auf den Pulverturm;

in einem ganz neuen Blickwinkel liegen die Felder und Wiesen dort drüben in der Sonne, bis hinauf an den noch gleich groß gebliebenen Wald. Stellenweise sind die Wiesen vom Gras befreit, abgemäht, oder von den jetzt an anderer Stelle fressenden Kühen abgegrast; alle tragen sie die typische braune Farbe mit weißen Flecken darin, nicht diese komische schwarz-weiße Haut wie in Frankreich, *wenn ich das daheim erzähle*. Die Antiesen verrät mir durch ihren Wasserstand den vielen Regen der letzten Tage; normalerweise hält der sich im Altweibersommer vornehm zurück, was diesen wiederum so verlockend zum Wandern macht. Die wenigen Äpfel auf den Bäumen, besonders jene für die Mosternte, werden dem Vota Sorgen bereiten, das gute Resultat aus dem Vorjahr wird heuer dadurch kaum möglich sein. Den ganzen Weg entlang treffe ich auf niemanden, selbst durch das geöffnete Brauereitor höre ich nur geschäftiges Arbeiten, die Menschen dazu fehlen jedoch. *Gut so*, denn dadurch kann ich den langen Schotterweg bis hinüber zu unserem Haus die Natur bestaunen. Sie bekommt erst durch längeres Fernbleiben dieses Besondere, das macht sie – und nur in Verbindung mit dem heimatlichen Gefühl – einzigartig. Die ferne Landschaft, insbesondere jene der Küste, ist von einer atemberaubenden Schönheit, mit der sie das glitzernde Meer in seinem flachen Bett umschließt; hier an diesem einfachen Schotterweg würde kein Fremder verweilen und staunen, er würde den Weg nur benutzen, um fortzukommen, raus aus dieser langweiligen Umgebung, die seine Heimat nie gewesen ist. Schnell erreiche ich gedankenverloren das kleine Marterl, biege um es herum ab und kann unser Haus bereits vollständig begutachten. *Als wäre hier die Zeit stehen geblieben!* Über die ganzen Monate hinweg ist nichts geschehen und wie damals bei meiner letzten Ankunft stehen die Fenster zu meinem Zimmer weit offen; nur die sich darunter befindlichen Läden – da ergibt sich doch eine Änderung – tragen einen frischen Anstrich, nun zur Vorderseite des Hauses passend. Heute ist der Tag des großen Saubermachens, so wie jeden Freitag putzt die Mutter, was ihr in die Finger kommt und in ihren Augen der Reinigung bedarf. Gerade eben klopft sie, dabei aus einem Küchenfenster gelehnt, die alten Pölster der Eckbank gegeneinander, auf ihre unnachahmlich ruppige Weise.

„Muata, Servus!"

„Ah, der Herr Sohn kehrt heim! Servus!"

Sie ist eine für Rieder Verhältnisse freidenkende Frau. *Aber unverheiratet eine ganze Nacht auszubleiben, es sei denn im Zuge großen Zechgelages, das wird sicherlich sogar ihr zu viel sein*, öffne ich das kleine Gartentor. Zumal sie ja noch nicht einmal gefragt worden ist! Das machte ihr die Nacht zu einer schlaflosen, bin ich mir sicher.

Ich setze mich im dunklen Vorraum auf die quietschende Bank, stelle die Stiefel ab, ergreife sie erneut und gehe damit in die helle, schon nach Suppe riechende Küche, wo die Kora mich freudig anhüpft, mit wedelndem Schwanz umrundet und laut bellt.

„Servus, Kora. Na, du?", kraule ich kräftig ihr weiches Fell am Hals, sodass ihr gleich vor lauter Vergnügen der Speichel über die Ränder ihres Maules läuft.

„Ja, das gefällt dir!"

„Bua, so geht das aber net."

„Was denn, Muata?", nähere ich mich dem Fenster neben jenem, aus dem sie die Pölster klopft und kontrolliere in der Sonne die noch feste Sohle meiner Stiefel.

„Franz, ihr seid noch nicht verheiratet. Da kannst du nicht mir nichts, dir nichts bei deiner Verlobten bleiben und weiß Gott was treiben. Werd' jetzt ja nicht übermütig! Übermut..."

„Tut selten gut. Ich weiß, Mama. Nur, wir werden baldigst heiraten, und dir ist unsere Situation doch bewusst, oder net?"

„Durchaus. Aber wir haben uns alle anständig zu benehmen, jeder von uns, ob daheim oder in der Ferne."

„Ach Muata!", setze ich mich auf die Eckbank und schenke mir aus dem Tonkrug ohne Henkel den vorgepressten heurigen Most ein. Wenn sie wüsste, was in Paris los war! Gut, dass ich nichts dergleichen gestern erzählt oder angedeutet habe, sie glaubt tatsächlich – so wie bestimmt alle anderen Mütter der Soldaten – es gäbe keine Bordelle, oder so etwas täglich Gefülltes wie ein Moulin Rouge, einfach, weil es das nicht geben darf, zumindest nicht für ihren Sohn. Dabei dient das alles einzig dem Zweck, den ich gestern durch viel liebevollere Mittel endlich erreichen konnte.

„Na, Bua", geht sie kopfschüttelnd an den Herd. „Der Vota hat auch geschimpft, und wie, das hätt's bei uns net gegeben. Was sollen die Reiters oder die Leut' von uns denken, ha?"
„Die Reiters, ja die sind da gar nicht kleinlich, und sonst weiß es niemand."
„Bua, nimm das ja net auf die leichte Schulter, das ist gegen die Lehren der Kirche und wenn das der Herr Pfarrer, ein so mitfühlender, lieber Mann, erfährt, dann... dann... weiß i net", zittert jetzt wirklich ihre Stimme vor Erregtheit, so ernst ist ihr das Ganze. Ich hatte weder eine Ahnung, noch Erfahrung damit; nie wurde darüber gesprochen, wie genau diese Vorgabe der Kirche einzuhalten ist.
„Ich versprech' dir, Mutti, das war bis zur Hochzeit das einzige Mal, dass ich dort schlafe. Nur, Muata, versteh' mich nicht falsch, du weißt aber, von wo ich gestern erst gekommen bin?"
„Natürlich, Franz", wischt sie die Hände auch heute, wieder verlegen, in die alte Schürze.
„Vielleicht fällt das alles zusammen. Ich freu' mich ja so, dass du als Ganzes da bist, und dann kannst du dich nicht beherrschen. Die anderen kommen auch schon, gleich gibt es Essen, wenn der Vota nichts darüber sagt, dann lassen wir es gut sein, ja?"

Pünktlich um zwölf Uhr sitzen alle bereit, um von Mutter die Teller mit Gemüsesuppe gefüllt zu bekommen. Unentwegt erzählen die Kleinen von einem Ausflug am Wochenende, bei dem sie in Zelten mitten in einem Wald übernachten werden und einen Kurs über Orientierung erhalten. Nur so lange jedoch, bis Mutter sich zu uns setzt, nicht aber bevor sie ihre Schürze ordentlich neben dem Ofen aufgehängt und mir befohlen hat, das Tischgebet zu sprechen, vielleicht würde ich einen Teil der Sünde damit abbüßen.
„Mahlzeit!"
Alle beginnen laut, die Suppe in den nach unten gehaltenen Mund zu löffeln. Die vornehme Tafel beim Grafen kommt mir dabei wieder in Erinnerung, aber erwähnen will ich auch das nicht, sie würden sich darüber nur lustig machen.
„Gehen wir heute spazieren, Franz?"

„Ich gehe schon mit Valeria an den See, aber 'bin bald am Abend zurück, vielleicht gehen wir dann noch ein wenig?"
„Ja, gut."
„Viel Most wird das nicht heuer, was, Vota?"
„Nein."
Am liebsten würde ich jetzt, in genau diesem Moment, aufspringen, sie anschreien, ob sie nicht wüssten, dass wir gerade die Franzosen besiegt haben. Das, was sie damals nicht… *Mensch, das darf doch nicht wahr sein*, fällt mir jetzt auf, dass der Vota seinem Sohn diesen Sieg neidig ist. Sie sind damals mit eingezogenem Kopf mitten in der Nacht heim aus Frankreich, und wir werden gefeiert wie der Führer bei seiner Durchfahrt.
„Den Franzosen haben wir's gezeigt, was, Vota! In sechs Wochen, das hat gereicht diesmal."
„Ja genau, Franz", stimmt mir der Pepi wenig überraschend zu.
„Pah, ohne diesen Rommel und den Guderian mit den vielen Panzern… Aber schon gut, ich bin stolz auf dich. Ihr seid gut hinterhermarschiert." Kauend sieht er dabei zu mir. Das von gestern hat er mir nicht verziehen, und dann auch noch mein nächtliches Vergnügen; auch er hat sicher, wenn auch aus anderen Gründen als Mutter, kaum geschlafen.
„Zumindest besser als ihr, damals."
„Wir?", schreit er laut, „Wir und marschiert? Bua, dass dir das Ganze ja nicht zu Kopf steigt, dann gibt's 'was, hast' mich verstanden? Ich bin immer noch dein Vater."
„Max, die Kleinen haben schon Angst. Hört's auf, ihr zwei, das bringt doch nix. Und wie wir stolz sind auf dich, Bua."
„Naja, ich geh' dann zur Vali, falls ich darf."
Der Vota bleibt trotz seiner Zornesröte ganz ruhig und sagt kein Wort. `Spiel nie mit dem Stolz eines Soldaten´, die Vali weiß, worum es dieser Tage geht.

Man weiß einfach nicht, wie der Vota reagiert; verlässlich ist bei ihm nur, dass er die gegenteilige Meinung haben wird, um einen Streit förmlich zu provozieren. Wenn auch seine Sicht verständlich sein mag, so brauchen er und die anderen Veteranen am Stammtisch nicht glauben, es wäre ein Spaziergang für uns gewesen.

Schon bin ich erneut an der Kreuzung hinauf zu Valerias Haus. Von der Anhöhe kommt gerade ein Fuhrwerk mit einem Bauern und dessen Sohn herunter. Der alte Mann stößt den kleinen Jungen kräftig in die Seite, deutet auf mich und hebt, als das Fuhrwerk ganz nah an mir vorüberfährt, den rechten Arm als Vorbild für den Kleinen, der mit ernstem Gesicht danebensitzt. Militärisch grüße ich zurück und gehe hinauf vor das schöne Haus, von wo auch der größte Teil des Sees eingesehen werden kann. Bis hier herauf glitzert heute die glatte Oberfläche, dahinter stehen die Weiden; und jene, unter deren Ästen ich Valeria gefragt habe, ragt über das Brauhaus hinaus.

„Servus, Franz! Bist ja überpünktlich! Hab' ich dir schon gefehlt, was? Ich komm' gleich!"

Das Geschenk in meinen Händen konnte sie aus dem Fenster des ersten Stocks heraus nicht sehen. Mit beiden Händen streiche ich das zerknitterte Papier glatt und als ich sie heraustreten höre, drehe ich mich zu ihr, lasse das Geschenk jedoch hinter meinem Rücken. Wieder trägt sie ihren Lieblingshut, der scheinbar zeitlos modisch ist, und ein sommerlich luftiges Kleid in hellen Farben. Sie ist einfach zauberhaft.

„Hast du keine Weste mit?"

„Nein, glaubst' es wird kalt?"

„Im Schatten ist's schnell frisch, hast' eh gestern gemerkt."

„Na dann...", dreht sie sich um.

"Vali, schau 'mal!"

„Ah, das angekündigte Geschenk! Danke, Franz", küsst sie nach dieser Nacht sofort meine Lippen.

„Ich mach's gleich auf. Oh, ein kleiner Eiffelturm, ist der filigran, danke! Du hast mir schon so viel geschenkt, das brauchst du doch nicht."

„Und ob. Meine Verlobte so weit und so lang' weg, da wollt' ich mich mit den Geschenken in Erinnerung halten."

„Danke, ich komm' gleich."

„Wie war das Essen daheim?", läuft sie zu mir durch den Garten.
„Das Essen war sehr gut, also für einen Freitag halt, aber der Vota, der ist einfach ein komischer Kauz."
„Dein Vater? Der Max Meyer, wie bitte kann das jetzt sein? Der muss doch vor Glück schreien, den ganzen Tag lang", lacht sie unbekümmert und zeigt ihre wunderschönen Züge. Gäbe es nicht gerade diese schweren Prüfungen für sie, nichts könnte aus ihrem Leben diese Heiterkeit verbannen.
„Ich glaub', nein, ich weiß eigentlich, dass er mir neidig ist."
„Was? Ach so, so ist das bei euch. Na gut, dass ich eine Frau bin, euer Stolz ist euch wieder 'mal im Weg."
„Genau, das habe ich vorhin auch gedacht, du hattest vollkommen recht damit."
„Wirst seh'n, das gibt sich mit der Zeit, vielleicht kannst du es verkürzen, indem du 'mal erwähnst, wie hart es bei ihnen gewesen sein muss, das hat er wahrscheinlich nie gehört und jetzt spricht alles nur mehr von eurer Tapferkeit."
Wir gehen über das Brücklein und biegen gleich dahinter in einen schmalen Weg am Rande eines Galeriewaldes, der südlich der alten Brauhausmauer direkt an den See führt.
„Setzen wir uns doch eine Weile auf die Wiese, hier kommt die Sonne so schön durch die hohen Bäume. Und wenn sie dahinter verschwunden ist, gehen wir bootfahren."
Eine frisch gemähte Wiese liegt zwischen uns und dem See, an dessen Ufer Leute herumwandern und Fischer geduldig auf einen Fang warten.
„Sag 'mal, Franz. Wie sind denn die Frauen in Paris? Sind die wirklich so hübsch, wie es immer heißt?"
„Teils, teils, wie bei uns. Eigentlich haben wir nur wenige gesehen, die meisten versuchten uns, aus dem Weg zu gehen, oder was weiß ich, blieben zuhause."
„Ja, aber die ihr gesehen habt?"
„Sehr modisch gekleidet, so wie du halt, nur sehr stolz sind die auch!"
„Ah, wieder der Stolz. Hat dich also keine angelächelt?"
„Nein, Vali", erkennt sie wahrscheinlich, dass ich sie anlüge und an Isabel denke, die doch sicher bereits mit einem anderen Soldaten flirtet.

„Schad' für dich, Franz. Und tragen einige davon Hosen? Oder Röcke, die nicht 'mal über das Knie reichen?"
„Frauen in Hosen? Nein, solche hab' ich sicher nicht gesehen und die Röcke waren so lang wie die euren, glaub' ich."
„Ich stell mir das schön vor, Paris! Allein der Name klingt herrlich in den Ohren. Eine so faszinierende Stadt, dort fahren wir hin nach dem Krieg", sagt sie nun ganz aufgebracht, „wir zwei, Franz, ohne Uniform oder Gewehr, ohne bedroht zu werden, oder drohen zu müssen, versprich mir das!"
„Versprochen."
„Du glaubst nicht d'ran, nicht wahr? Meinst du, es dauert noch lang'? Meinst, Franz, dass du noch 'mal fort musst und ich wieder, dann als deine Ehefrau, wochen-, monatelang auf Nachricht warten muss?"
„Ich weiß es nicht. Der Engländer bleibt ziemlich stur."
„Wenn's nach meinem Papa geht, dann ist unter dieser Regierung nie Ruh'. Auch wenn er ehrlich beeindruckt ist, bleibt er dabei, das Ganze führt Österreich an der Seite Deutschlands ins Verderben."
„Ach, dein Vater, unsere Väter, tsts. Aber so sieht es jetzt nicht gerade aus, oder? Aber, Vali, lieber als Paris würde ich mit dir ans Meer fahren. Die Wellen, das kann ich gar nicht beschreiben, wie schön die sind. Wir sind eine Nacht am Strand in vollkommener Dunkelheit gesessen, da hörst' nur ihr Heranrauschen. Ständig laufen sie laut gegen das Ufer an und verschwinden glucksend wieder im Meer, bis sie, durch ihr stetiges Anwachsen, uns erreicht haben und wir uns ein Plätzchen weiter oben suchen haben müssen. Über uns die Sterne, so hell, wie ich sie in Paris nie gesehen habe."
„Weißt' was, Schatz, wenn du es nicht beschreiben kannst, dann machen wir ein Gedicht darüber.
„Jeder überlegt sich 'was und sagt es dann auf."
„Ach, Vali, ich weiß nicht recht."
„Sicher weißt du! Denke einfach wie vorhin an die schöne Nacht am Strand und bringe es in einen Reim. Ich war gar nicht dabei und versuche es trotzdem, vorgetragen wird anschließend im Boot, direkt unter der geschichtsträchtigen Weide." Das Wort `Weide´ spricht sie dabei ganz langgezogen aus.

Also sitzen wir Rücken an Rücken, grübelnd, ein jeder für sich etwas zu einem Gedicht formend. Valeria nimmt ihre Idee sehr ernst, überlegt verbissen, korrigiert, für mich hörbar, in einem Streitgespräch mit sich selbst eine Stelle, um den Reim flüssiger werden zu lassen, wie sie meint. Das liegt ihr, die Beschäftigung mit weltfremden Dingen wie dem Dichten, Lesen, Gedichteniederschreiben, oder wie heute: Vortragen. Es ist sicherlich einer der Gründe, warum der BDM nichts für sie sein kann, dort lernen sie, zu funktionieren, wie wir. Gedichte, außer den heroischen paar, haben dort keinen Platz.

„Fertig! Du auch?"
„Ja, schon längst."
„Na da bin ich aber gespannt. Komm, gehen wir und folgen der Sonne", zeigt sie auf die diese bereits verdeckende Baumkrone. Valeria reißt mich, um ihr Folge zu leisten, an der Hand hoch, gibt mir ungestüm einen schmatzenden Kuss und schreitet, mich an der Hand, auf den See zu. Ein läppisches Gedicht bringt sie in diesen Zustand, erfreut meine Verlobte weit mehr als die doch teuren Geschenke, ein paar sich reimende Zeilen versetzen sie derart in Entzücken. Ich hätte mich mehr anstrengen sollen, denke ich.
„Vom Stelzhamer, kennst du von ihm auch ein Gedicht, Vali?"
„Das Hoamatlied natürlich! Ah, das Boot da nehmen wir."
Zwei Stunden gibt uns derselbe alte Herr von damals und nennt mich, so wie wahrscheinlich jeden anderen auch, wieder einen Leichtmatrosen, während er uns abstößt.
„Ja, Franz, gleich sind wir an unserer Stelle, noch ein bisschen! Hmhm, Krrr...", befreit sie ihre Stimmbänder, als müsste sie gleich in der Oper singen. Alles für ein möglichst freies Vortragen.
„Wer beginnt? Keiner? Na dann fange ich gleich an:

Ein Zusammenspiel, so könnt ich`s heißen,
wollt ihr wissen, woher ich komm'.
Aus ihm allein' entstehe ich,
bin unsichtbar für Menschen Aug' und bleib' es auch,
wenn er es will,
der mächt'ge Wind es nicht befiehlt, mich zu bewegen,
ganz wie er will.
Lässt er mich liegen, ist er faul, weiß ich genau, ich kann gut schlafen,
weckt er mich sanft desweilen, beginnen sich der Wogen Gleiten,
überall versinkt die Glätte, zerfurchend fährt er über mich,
in leisen Tönen aus allen Richt'gen, auch da ist seinem Willen frei.
Irgendwas macht ihn dann bös', nie weiß ich wann oder das Wie.
Erzürnt vielleicht, weil er, der Dirigent, des Tones sich vergriffen wähnt?
Oder gar, nur der langen Weile überdrüßig scheint?
Dann brause ich, ohne zu wollen, rings aus meinem Bette,
er bläst mich hoch, gar höher noch, mir selbst wird dann ganz übel,
und hat er sich dann festgelegt, so schickt er mich mit großer Wucht entgegen
jeder kleinen Bucht. Könnt' ich nur sprechen, um laut zu schrei'n.
Die Leut', ihr müsst es selber wissen,
niemals bei Sturm die Segel hissen.
Nun wisst ihr wohl, wer ich denn bin.
Seid mir nicht bös', wenn ich's arg treib,
ich bin und bleib ein Z'sammenspiel!

„Das hast du vorhln erst überlegt?"
„Ja, selbstverständlich!"
„Das glaub' ich nicht, das hast' von irgendwem."
„Nein, ehrlich nicht, also gefällt's dir?"
„Das ist wundervoll, das musst du mir aufschreiben! Wie kannst du das so gut?"
„Ich hab' doch schon viele geschrieben und es macht mir einen riesen Spaß! Die Hauptsache, wenn etwas gut werden soll. Und nun deines!"
„Nein, Vali, ich kann das nicht, es würde deines nur stören."
„Mein alter Feigling Franz. Zumindest bist' jetzt wieder der alte Franz

und nicht mehr fremd wie gestern noch. Aber erwachsener bist', als noch vor einem Jahr, und Erwachsene sollen bekanntlich heiraten! Sind Sie, Herr Meyer, schon verheiratet?"

„Noch nicht, und Sie?", lachen wir laut über den ganzen Unsinn und ich beginne, das Boot etwas mehr in die Sonne zu rudern.

„Die Eltern und ich, wir haben gleich nach deinem erleichternden Brief darüber gesprochen und auch über mögliche Termine. So um den 15. September herum oder gegen Ende September würd's geh'n. Falls du willst, auch noch gleich am Anfang, wenn auch mit dazugehörigem Stress. „Nein! Mitte würde gut passen, obwohl..."

„Obwohl was?"

„Da fällt mir ein, was der Richi gesagt hat. Er meinte, er würde abwarten. Wir werden nämlich sicher wieder verlegt und für die Hochzeit dürfe man immer und zu jeder Zeit heim."

„Sicher?", weicht so entsetzlich schnell die Freude aus ihrem Gesicht. „Wird das wirklich nie aufhören? Weiter und weiter weg, viele von euch auf ewig!"

„Ja, kann sein. Aber, Vali, du weißt doch, wie die Lage ist, da kann alles auf uns zukommen. Also lass' uns doch am besten Mitte September heiraten, egal, was der Richard gesagt hat."

„Hast du eigentlich mit der Betti schon gesprochen?"

„Nein, was hat das alles mit meiner Schwester zu tun?"

„Deine kleine Schwester hat unterschrieben! Dann und wann fragen sie uns um irgendwelche Freiwilligeneinsätze.

„Was, Vali? Wo hat sie unterschrieben?", hole ich ängstlich vor der Antwort die Ruder vorsichtig ins Boot und kann sie in dem Moment, in dem sie den Jägerleitdienst wie befürchtet nennt, nicht ansehen.

„Franz, es tut mir leid, dass du es von mir erfährst, aber du musst sie davon abbringen. Die Betti weiß nicht, was da auf sie zukommt!"

„Wie denn abbringen? Sie hat mit ihren 18 Jahren unterschrieben und nur das zählt."

„Ja, aber sie hat sich blenden lassen", beugt sich Valeria näher zu mir und spricht plötzlich viel aufgeregter. „Da war so ein wunderbarer Vortrag über den ungefährlichen Einsatz zur... zur Unterstützung der Wehrfähigkeit gegen die Zerstörung aus der Luft."

Vali, ich weiß was das heißt. Die sind die ersten Ziele am Boden, deshalb verschwenden sie kaum Soldaten für die Scheinwerfer, oder Horcher, sondern junge, willige, unerfahrene Mädchen."
„Mein Gott!"
„Meine Frage ist, Vali: Wie sollen wir die Unterschrift rückgängig machen, wenn sie 18 ist? Was hat sie sich nur dabei gedacht, verdammt? Wieso fragt sie mich nicht? Sie ist doch meine kleine Schwester, um die ich mich kümmern muss."
„Vielleicht will sie dich nicht belästigen und... tja, und dir ebenbürtig sein?"
„Ebenbürtig? Ach, Weibergefasel!"
„Na, Franz, ich kann da jetzt aber nichts dafür!"
„Fehlt noch, dass du dich meldest!"
„Für die Abwehr, niemals! Obwohl sie immer öfter kommen und geschickt dabei vorgehen, einen mit seinem schlechten Gewissen, euch nicht zu helfen, zurücklassen, bis zu ihrem nächsten Besuch."
„Ich muss mit ihr reden, gleich heute noch! Wenn ihr das dieser Andi eingeredet hat."
„Welcher Andi, hat sie einen Freund?"
„Ja, so einen jungen Anwärter bei der Marine, der hat sie verrückt gemacht und nun frisst sie ihm aus der Hand."
„Ja, schon möglich, aber wer weiß, wann sie benötigt wird."
„Der Engländer fliegt mehr und mehr Einsätze, oft bei Nacht. Die wird sehr bald schon im Norden eine sinnlose Einschulung erhalten, wo sie dann den Andi fern der Eltern sehen kann. Nur, den zweiten Schritt hat sie nicht bedacht, dass dort bitterer Ernst auf sie wartet. Warum hast du ihr das nicht ausgeredet?"
„Weil ich es offiziell nicht weiß, das hab' ich von einer Bekannten erfahren. Wahrscheinlich weiß es überhaupt niemand, dann kann sie – so ein schlaues Ding", redet sie nun ganz leise, „den Eltern erzählen, sie wurde eingezogen, wegen ihrer guten Augen oder sonst ´was."
„Verdammt, das bringt die Mutter ins Grab. Sie hat gemeint, die nächsten, die fort müssten, wären die beiden Kleinen und das – wenn überhaupt – erst in Jahren. Aber die Betti, das wird ein Schock, mit Sicherheit. Ich muss sofort heim, Vali. Danke trotzdem, dass du mir das

gesagt hast. Aus wär's."
„Schon gut. Ich hoffe, das lässt sich noch irgendwie aufhalten."
„Das sicher nicht, aber vielleicht ändern, in eine andere Tätigkeit."
„Aber sei behutsam mit ihr! Die ist verliebt und dadurch genauso stolz wie du."

Gleich am See noch bleibt es bei einer kurzen Verabschiedung und auf dem Heimweg schon fehlt mir bereits die Erinnerung daran, ob ich Valeria noch nach dem Hochzeitstermin gefragt habe oder nicht, so fest klammert sich die Angst um eine geliebte Person an mich, die noch lähmender wirkt als jene um das eigene Leben. Schnell schreite ich den kürzesten Weg hin, auf unser Haus zu, die Bewegung kann die Angst nicht erstarren lassen, aber meine Gedanken hält sie fest. Es ist die Art von Angst die daraus entsteht, dass man nur hilflos zusehen kann, es obendrein nicht um einen selbst geht, und man schon gar nicht versteht, warum diese Person sich so und nicht anders entscheidet. Tief atme ich vor dem Gartentor durch, versuche, so freundlich wie möglich auf das Haus zuzugehen und mit Betti anschließend zu reden.
„Bist' schon wieder da?"
„Ja, der Vali ist kalt 'worden, jetzt kann ich mit der Betti spazieren gehen. Betti!", rufe ich laut an der Mutter vorbei in die Küche.
„Die ist nicht da. Es hat doch geheißen, am Abend erst?"
„Wo ist sie denn?"
„Bei einer Freundin, sie wartet doch nicht daheim, bis du Zeit hast."
„Versteh' schon."
„Wennst' willst, kannst' den beiden oben helfen, die Sachen für morgen zu packen. Aber nur, wenn du den Blödsinn für dich behältst. Die bekommen", spricht sie nun leise, „ganz den Kopf verdreht, was die am Wochenende wieder alles hören werden. Alle sind der Meinung, es ist die Pflicht aller Kinder, so zu werden, wie es der Führer will. Und stell' dir vor, auch der Pfarrer, der spricht ebenfalls von der christlich-vaterländischen Pflicht, aber der hat ja niemanden an der Front."
„Der Pfarrer? Etwa der, den du doch so lobst immer?"
„Ja, stimmt schon. Aber diese Ansicht von ihm und so eiskalt, wie er das gesagt hat, das hat mich direkt abgestoßen."

„Ah mei', die Kirch' halt, ich geh dann 'mal rauf."
„Ja bitte, hörst du's? Streiten eh schon wieder."

„Na, ihr zwei, über was streitet's denn schon wieder?"
„Der verdammte Max hat mir mein Tuch versteckt und sagt mir nicht, wo."
„He, he, Pepi! Max, komm schon, rück' das Tuch heraus und dann helfe ich euch, das Ganze soldatisch zu verstauen."
„Juhuuu! Komm gleich zu mir, Franz, und kontrolliere meinen Rucksack."
„Fertig zur Visite!"
Auf dieses Kommando hin stehen sie sofort wie Soldaten neben ihren Betten – und damit ihrer Kindheit – stramm. Mit ernstem, entschlossenen Gesichtsausdruck sehen sie schnurgeradeaus. An den Jungen auf dem Fuhrwerk von vorhin erinnern sie mich, und in diesem Moment gar nicht an meine beiden kleinen Brüder. So schnell haben sie sich verwandelt, in sogar mir furchteinflößende, unberechenbare Werkzeuge, worüber Mutter sich wohl zurecht Sorgen macht, während sie von der unmittelbar aufkommenden Gefahr noch gar nichts weiß.
„Rühren! So, dann schauen wir 'mal."
„Ich war im Sommerlager der schnellste unter den Jungpimpfen, Franz!"
„Ja? Gratuliere."
„Schau her, da hängt die Medaille."
Mitten an der nackten Wand, auf einem einfachen Nagel, baumelt sie an dem nationalen Band, schimmernd in gold, mit schwarzer Schrift und mächtigem Hakenkreuz.
„Na sehr schön, Pepi", streichle ich sein weiches, holles Haar, wobei mich die Augen eines Kindes anblicken, rein und klar und – ja, so bilde ich mir ein – fragend. „So, du kannst den Rucksack versorgen. Nun zu dir, Max. Hast du auch eine Medaille gewonnen?"
„Nein, aber vielleicht am Wochenende, beim Orientieren, da bin ich gut."
„Und beim Packen! Sehr sorgfältig, Max. Denkt d'ran, je genauer ihr packt, umso leichter habt ihr es im Zeltlager. Kommt her, setzt euch auf meinen Schoß. Ja, ihr seid richtig gewachsen alle beide und ufff...

auch schwer 'worden."
„Ich hab schon 33 kg."
„Aha."
„Und ich 38. Nicht ganz das Optimalgewicht, sagt der Oberpimpfführer. Ich soll mehr essen, das kann ich aber nicht."
Der Max ist einfach zu wenig forsch, er könnte etwas vom Pepi gebrauchen. Das wird sich jeder, der die beiden kennt, denken. Dem Vota traue ich zu, dass er am liebsten die Namen der beiden tauschen möchte. „Das wird schon", mag ich ihn aber trotzdem sehr gern, oder vielleicht gerade deswegen. „Ich erzähl euch eine kleine Gesichte."
„Endlich! Von Frankreich und deiner Verleihung? Die Mutti hat uns verboten, dich darüber zu fragen, aber was sollen wir im Lager denn erzählen?"
„Dass ich dort war und… tja, gekämpft habe für das Reich."
„Oh ja, das ist gut. Aber mehr, sag' doch mehr darüber."
„Die Geschichte ist schon von Frankreich, aber handelt vom friedlichen Meer, dort wo ich gewesen bin."
Die beiden lassen sich ohne Zögern von meinen Worten entführen, bilden in ihrer lebhaften Phantasie die Landschaft mit den schaukelnden Fischerbooten darin nach und stellen andauernd Fragen über alles Mögliche. Beneidenswert, wie sie sich auf die Sekunde von allem anderen in ihren Köpfen verabschieden und auf nur eine Sache konzentrieren können, mich kindlich eng umarmen – alle beide – und froh darüber sind, unter den Schutz gestellt zu sein, in ihrer Vorstellung jenem, eines tapferen Soldaten.
Dieselben kleinen Geschöpfe, die vorhin unbedingt erwachsen sein wollten, fallen, dort wo sie gelassen und nicht gepiesackt werden, in ihren natürlichen Entwicklungsstand zurück. Kinder habe ich in Frankreich selten gesehen, aber wenn wir an Dörfern zum Requirieren vorbei sind, standen sie dann neugierig in der Tür. Irgendwo hinter der Aisne sind zwei von Pepis Größe auf einem unserer abgeschossenen Panzer herumgeklettert, bis wir sie vertrieben haben. *Was, wenn das die Kinder meines ersten getöteten Menschen waren?* Eine Weile schon fühle ich uns von jemandem hinter der Tür beobachtet, erzähle aber dennoch bis zum erdachten Ende und versuche, das Gedicht hint'anzufügen,

was nach mehrmaligem Anlauf auch klappt.

„Sehr schön", klatscht die Betti Beifall, „sag bloß, das hast du gedichtet?"

„Ich? Nein, die Vali! Einfach so auf der Wiese, als wär' nix dabei", stelle ich die beiden, nachdem sie mein Band auf Echtheit inspiziert haben, auf den Boden und drehe mich um.

„Du wolltest doch spazierengehen mit mir?"

„Das will ich noch immer! Also, auf und der Kuh nach. Und ihr zwei macht Dienst nach Vorschrift, verstanden?"

„Jawohl, Herr..."

Betti und ich lachen gemeinsam laut auf: „Herr Bruder! Müsst ihr sagen", lachen wir weiter. `Welch eine Verschwendung an jungem Leben´, würde jetzt Martha sagen, wäre sie an meiner Stelle.

„Zum Pulverturm?"

„Natürlich."

Der Zauber von damals, der meine Schwester vor sich herträumen ließ, der ist sichtbar aus ihr entwichen, deute ich, von Valerias Worten beeinflusst, ihren Blick über die Landschaft. Die Fröhlichkeit wirkt – wie bei vielen anderen Menschen dieser Tage – teilweise gespielt und verkrampft.

„Wunderschön ist es. Erst wenn du lange nicht da gewesen bist, den Wald nicht gesehen oder gehört hast, dann ist es nicht mehr nur der langweilige Wald hinauf zur Anhöhe, sondern ganz 'was Besonderes."

„Das ist es für mich jetzt schon. Ich bin oft herauf, besonders im Sommer und hab' aber dann doch von oben in die Ferne geschaut, geb' ich zu. Überall ist sie begrenzt, durch die Berge im Süden, oder die Wälder im Westen – dort, wo ich dich vermutet hab' – nie aber bin ich auf der anderen Seite gewesen."

„Möchtest' das überhaupt? Beim Tanz gestern hast' etwas Merkwürdiges angedeutet. Also, möchtest' Ried und den Schwerenöter von Bauern verlassen?"

„Ich weiß nicht, Franz. Wenn ich muss, dann kann ich gar nicht anders, dann ist es, so wie bei dir auch, nicht meine Entscheidung. Aber wenn ich net müsst'? Manchmal beneid' ich dich, dir wird keine Wahl gelassen."

„Betti, sei vorsichtig mit dem, was du da sagst. Dennoch, wir, du und ich, wir haben doch keine Geheimnisse voreinander, oder?"
Erschrocken sieht sie mich an, die schauspielerischen Fähigkeiten Valerias fehlen ihr. „Wie meinst du das?"
„So wie ich's gesagt hab', nicht anders. Ich will, dass wir beide uns alles sagen, das war's."
Wir schauen still hinüber zu den Bergen. Den Traunstein können wir nicht wie sonst deutlich an seinen schroffen Konturen erkennen, nur eine Zacke ragt aus dem ihn umhängenden wolkigen Nichts; der von hier aus gesehen nähere Schafberg dagegen steht wolkenbefreit voll in der Sonne und wärmt sich für den kommenden Winter. „Betti, das ist es, was mir gefehlt hat in Frankreich, keinen einzigen Berg gibt es dort, nur weite Ebene und ein paar Hügel, sonst nix."
„Du erzählst ja nichts davon, nur immer Andeutungen, net mehr."
„Wenn der Richard die Bilder hat, dann zeig' ich sie dir und sag' dir alles, was du dazu wissen willst. So wie du mir jetzt, komm, wir setzen uns dort hin."
„Was du wissen willst? Du weißt doch alles von mir."
„Nein, Betti, ich weiß von deiner Unterschrift, aber will jetzt den Grund dafür erfahren."
„Woher? Ach, deine Valeria, die..."
„Na, na, Betti, du bist zwar meine Schwester, aber sie meine Verlobte", hebe ich meine Stimme gegen ihren verdutzten Ausdruck im Gesicht etwas an.
„Ach, Franz", fällt das Konstrukt zusammen und sie drückt weinend ihren Kopf gegen meine Brust. „Wärst du doch hier gewesen, ich hab' nicht gewusst, was ich machen soll."
„Auf jeden Fall nicht unterschreiben!"
„Die haben uns so sehr gedrängt, das... das kannst du dir gar nicht vorstellen", schüttelt sie sich kräftig und weint dabei aus ganzem Herzen, schluchzt laut auf und kämpft danach um den Atem.
„Betti, Betti, das wird schon, jetzt beruhig' dich erst 'mal und sag' mir, wie das passieren konnte!"
„Meine Freundinnen und ich, wir haben uns dafür interessiert, nach so einem Vortrag. Deine Vali und all die anderen waren bereits aus dem

Saal und diese freundlichen Frauen haben auf uns eingeredet, die ganze Zeit, wir wollten alle schon gehen, ehrlich, Franz, aber die haben uns nicht 'lassen, und dann ist es passiert."

„Dann hast' unterschrieben?"

„Nein, zuerst nur die Karin, die wollt' einfach ihre Ruh' haben. Und dann hat eine nach der anderen unterzeichnet. Gleich draußen, als die gemeinen Weiber grinsend an uns vorbei sind, waren wir fassungslos über unsere Dummheit."

„Na wenigstens war nicht der Andi schuld daran."

„Der Andi? An den hab' ich erst viel später gedacht, dann hab' ich auch Hoffnung geschöpft, es mir schön geredet. Aber, Franz, ich will doch gar nicht dorthin, was kann ich nur tun? Ach Gott!"

„Du hast freiwillig, zumindest am Papier, unterschrieben, Betti. Ich sag's dir schonungslos: gar nichts! Die können dich täglich abkommandieren. Vielleicht können wir noch einen anderen Bereich für dich finden, aber selbst das wird schwer, weil sie beim Leitdienst viele suchen und noch bevor sie jemanden zwingen, nehmen sie die Freiwilligen."

„Das hab' ich ja gemeint, Franz, mit niemandem kann ich reden darüber."

„Das soll auch so bleiben, kleine Schwester. Die Mutti darf das nicht erfahren! Erst wenn sie dich wirklich einladen zur Schulung."

„Wann wird das sein, Franz, vielleicht vergessen sie auf uns?", spricht sie nun hektisch und davon überzeugt aus.

„Das kann bald, oder erst später sein, aber gar nicht kann ich mir zur Zeit kaum vorstellen. Das bleibt jedenfalls unter uns, Betti, niemand erfährt etwas und ich überleg' mir 'was, da holen wir dich schon raus."

„Mein Franz, ich hab dich so lieb, du hast doch genug am Hals, und dann noch deine dumme, kleine Schwester."

Wortlos bestaunen wir daraufhin die Sonne, wie sie rasch nach unten sich neigt, hören den Grillen zu, wie sie die von Heugeruch durchzogene, sommerlich warme Luft mit ihrem lauten Spiel unablässig füllen.

Ich will jetzt nicht an diese unangenehme Sache denken und versuche, die Landschaft bestmöglich aufzunehmen, so wie sie ungeplant und frei vor uns hingeworfen bis nach hinten an die von Betti erwähnte Sichtgrenze gelangt.

Meine Schwester sitzt aufrecht neben und macht es mir nach, sieht in die Ferne, genauso verträumt wie damals, als wir noch Kinder waren. Irgendwo hier auf der Anhöhe haben wir uns damals oft in die hohe Wiese gesetzt und uns eingeredet, wir wären Mann und Frau; manchmal ging es ein wenig zu weit, zeigten wir uns gegenseitig das Geschlecht, wussten dann aber nichts damit anzufangen, packten es ein und saßen oftmals einfach nur da, wie eben, und manchmal auch, um unsere Träume auszutauschen. Als sie noch ganz klein war, wollte die Betti, so wie jedes Mädchen, von einem schönen Prinzen abgeholt werden. Später, als sie die Welt der harten Arbeit kennengelernt hatte, verschwand dieser aus ihren Träumen und wurde durch den Berufswunsch Krankenschwester ersetzt, wie die ältere Schwester schon eine war, was allerdings durch die Ereignisse der letzten Jahre wieder in Vergessenheit geraten ist. „Betti! Wolltest du nicht immer Krankenschwester werden?"
„Ja, damals, das war einer meiner kindischen Träume, weißt' noch?"
„Wieso kindisch? Und wieso nicht mehr heute?"
„Wie meinst'?"
„Es gibt einen Beruf, in dem sie noch mehr junge Frauen benötigen als beim Leitdienst: Krankenschwester", freue ich mich insgeheim über einen möglichen Ausweg.
„Im Ernst?"
„Ja, ich könnt' mir da durchaus eine Lösung vorstellen."
„Wirklich? Ach, mein gescheiter großer Bruder!"
„Man soll den Tag nicht vor dem Abend loben, aber so einfach lass' ich meine Lieblingsschwester nicht weg. Komm, ich muss ein paar Schritte tun und dann gehen wir abendessen. Denk' d'ran, immer schön fröhlich, die Mutter bekommt ansonsten ein Schlag'l."
„Ah, grüß' euch, Nachbarn, geht's auch ein Stück?"
„Servus, Franz, Betti", hebt der etwas ältere Bauer den Hut an, während die magere Bäuerin neben ihm freundlich grüßt.
„Seid's schon daheim! Ich hab's schon gehört, gratuliere!"
„Danke, Fritz."
„Meine beiden sind noch unterwegs in ihren Kisten. Jetzt geht's ja dann gegen den Engländer!"

„Ohne die Luftwaffe hätten wir keine Chance g'habt."
„Glaub' ich dir, Franz."
„Wie geht's den beiden?"
„Der Sepp steht bei sieben Abschüssen, offiziell, der Norbert bei drei oder vier, so genau weiß er das selber net. Jedenfalls, Totenschein haben's uns noch keinen geschickt, also gehen wir davon aus, dass sie noch am Himmel und nicht im Himmel sind, gell, Muata."
„Ja", zeigt sie erheblich mehr Kummer als er.
„Also dann, lass' sie mir schön grüßen, wir gehen jetzt hinunter."
„Pfiat euch."
„Der wär' doch was für dich, dieser Sepp, findest' nicht? Hast du mit ihm nicht einmal geliebäugelt?"
„Das ist doch ewig her, und er war so schüchtern! Kein Wort hat er 'rausgebracht, wenn wir uns zufällig getroffen haben! Dass er so ein Jäger ist jetzt? Und überhaupt, hab' ich mich für den Andi längst entschieden."
„Den Andi... Wo ist der jetzt unterwegs?"
„Er macht gerade seine Ausbildung auf der `Gorch Fork´. Sehr hart, hat er mir bei seinem letzten Landgang geschrieben."
„Gorch Fork?"
„Ja, das soll ein berühmt-berüchtigtes Schulschiff sein, da stirbt dann und wann sogar einer, wenn er aus den Planken fällt! Gruselig!"
„Probleme ohne Ende, was?"

Am nächsten Morgen, nach der ersten Nacht in meinem quitschenden Bett, frühstückt wie eh und je die ganze Familie sehr zeitig um sechs Uhr früh. Ich glaube mittlerweile, dass die Mutter absichtlich bereits um halb sechs das ganze Haus durch ihr lautes Entfernen der alten Asche weckt. Die Beiden im Nebenzimmer hielt es natürlich vor Aufregung nicht mehr in ihren Betten und sie ließen es mich auch sofort wissen.
„Guten Morgen, Franz, setz' dich doch."
„Also, Vota, soll'n wir dann heut' scheiterglian?"
„Ja."
„Franz, die Beiden werden vor der Kaserne um 7 Uhr abgeholt, kannst du sie hinbringen?"

„Oh ja, der Franz soll uns begleiten!"
„Sicher doch."
„Und hernach kommst' gleich hinauf zum Opa, dort wart' ich auf dich."
„Zum Opa?"
„Ja, dort hinterm Haus liegt das Holz."
„Na sehr gut, dann seh' ich den Anton auch gleich."
„Freu' dich nicht zu früh."
„Hm?"
„Na, der ist mit dem Tod der Oma verrückt 'worden."
„Geh', Vota!"
„A bisserl komisch is' er seit dem, sei trotzdem nett, hast' g'hört?"
Die Betti sagt gar nichts am Tisch, das sind die anderen längst gewohnt. Keinem fiele daher ein, sich bei ihr zu erkundigen, was sie an einem der Sonne versprochenen Tag wie heute so sorgenvoll d'reinblicken lässt.
„Also kommt, ihr zwei, esst z'samm', in fünf Minuten ist Abmarsch."
Draußen im Garten kontrolliere ich ihre Adjustierung. Nicht weil ich sie beeindrucken möchte, ihnen soldatische Korrektheit lehren möchte – das machen ohnehin andere – sondern weil ich schlichtweg nicht anders kann. Alles passt soweit, nur dem Pepi richte ich noch das Halstuch in den genau vorgeschriebenen Winkel, dann marschieren wir ab, ich vorneweg, die beiden im Gänsemarsch und ohne Gesang hinterher. Eine Viertelstunde vor der Zeit kommen wir am Haupttor an, aus dem wir am 18.12. letzten Jahres gegen Frankreich marschiert sind, und sind beileibe nicht die ersten. Viele warten bereits oder treffen gerade – teilweise von Soldaten geführt – ein.
„Heil Hitler!", stehen die jungen Gruppenführer stramm vor mir.
„Heil Hitler!", grüße ich in Deutschem Gruß eigentlich ungern, in diesem Fall jedoch, um den Kleinen mögliche ungute Fragen zu ersparen.
„Gratuliere, Schütze!" In leicht abschätzigem Ton reicht mir der ältere und an seinem Lederriemen zur rechten Seite als Oberführer erkenntliche Bursch' die Hand. Alle, sogar jene ohne Fronterfahrung, verstecken sich hinter ihren Rängen und fühlen sich dadurch ihrem Können entsprechend eingeteilt.
„Sie sind der große Bruder von Max und Pepi?"

„Ja."

„Andauernd erzählen die beiden von Ihnen, der Pepi allerdings wirklich unaufhörlich."

„Wie machen sich denn, die beiden?"

„Gut! Sie können in einigen Jahren gut und gerne auch schon das EK durch Ried führen, wie ihr großer Bruder", spricht er laut und für beide hörbar.

„Der Pepi", will er das Folgende ihren Ohren verweigern und nimmt mich, ganz einer Führungsperson gerecht, zur Seite, „der ist schnell und schießt exzellent, aber der Max, der beweist Führungsqualitäten."

„Was? Der Max, der größere von ihnen?"

„Ja, so waren wir auch überrascht, aber bei Geländeübungen gewinnt häufig die von ihm geführte Gruppe. Er denkt über eine veränderte Situation rasch nach und setzt dies dann eigenmächtig um. Ich persönlich habe ihn bereits für die Offiziersschule vorgeschlagen, so sehr sticht er heraus."

„Weiß er das?"

„Nein, noch nicht. Wir wollen noch einige Zeit warten, bis wir ganz sicher sein können, und wie in solchen Fällen üblich, suchen wir zuerst das Gespräch mit den Eltern. Also behalten Sie es für sich, bitte."

„Ja, werd' ich", schaue ich den Max jetzt ganz anders an, als wäre er nur durch die wenigen Sätze jemand anderer geworden.

„Also dann, ihr zwei, viel Spaß!"

„Danke, Franz."

„Morgen um 18 Uhr sind wir wieder da."

„Auf Wiedersehen."

„Wiedersehen, und nochmals Gratulation zum großen Sieg."

Nachdem kein mir bekannter Soldat zu sehen ist, gehe ich zurück, an unserem Haus vorbei und den schmalen Wiesenweg, hinauf zum Anton, entlang. *Wie man sich täuschen kann; schon erstaunlich: Dieser stille Max soll in einigen Jahren einen Zug oder gar eine Kompanie führen, und der vorlaute Pepi, so wie ich, ein einfacher, wenn auch fähiger Schütze sein.* Das letzte Stück des Weges, ein etwas steileres, ist aufgrund einer Quelle – wohl irgendwo unter dem Haus – ganzjährig feucht; auch die relativ ebene Fläche vor dem Haus ist gatschig, und liegt, so wie das Haus selber, auch ständig im Schatten. Vor dem Haus bereits sind die beiden sich hinter dem Haus unterhalten – und vermutlich nur der Vota bei der Arbeit – hörbar.

„Nein, Anton, du warst doch damals dabei, oder net?"

„Herrschaft, Max, was kümmert mich das Ganze noch? Furchtbar war's im Stahlbad, vor Angst hab' ich in die Hose g'schissen, und zwar wirklich! Sei doch froh, wenn der Franz es leichter hat."

„Du verstehst das net, die hängen dem ein EK um für's Marschieren, so weit sind die heut'. Und was haben wir abgekriegt, im nassen Graben?"

„Was soll der Verlierer denn erhalten, Max, außer dem Fangschuss vielleicht?"

„Geh', alter Depp. Du weißt genau wie ich, warum wir verloren haben."

„Ja dann meld' dich doch freiwillig, dann kannst' es den Leuten zeigen und dem Franz."

„Was meinst', überleg' ich schon längst! Bei dem Grafen halt' ich es nicht mehr aus, der Hund zahlt, wie es ihm passt. Aber vorher liefere ich die Schwuchtel noch aus, da kannst' Gift d'rauf nehmen. Nur deine Tochter, was glaubst', die dreht doch durch! Obwohl ich den Sold ja bekommen würd'."

„Ach, du bist ein kompletter Spinner, jeder ist doch froh, wenn er dort nicht hinkommt!"

„Ach, Anton! Wir Männer haben's net leicht. Ist das hier alles für dich, allein im ewigen Schatten, tagein, tagaus und auf den langsamen Tod warten? Ist das deine Erfüllung?"

„Nein! Aber der Graben war's schon gar net!"

„Anton, weißt, niemand versteht mich, außer einer und der... ach, was soll's, warum sekier' ich dich auf deine alten Tage damit, wo bleibt er denn, der Schütz'?"

Leise gehe ich zurück vor die geöffnete Haustüre und rufe lautstark: „Anton!"

„Da, hinterm Haus sind wir!"

Zur Sicherheit schreie ich nochmals: „Wo?", um jeglichen Verdacht, dass ich etwas mitgehört haben könnte, abzuweisen und spaziere, erfreut über die ersten ehrlichen Worte meines Vaters – wenn auch nicht an mich gerichtet – um das kleine Häuslein.

„Da bist' ja endlich!"
„Servus, Opa, Vota!"
„Der Franz, Servus. Gut schaust' aus, mit dem Band auf der Brust. Beträchtlich, ganz beträchtlich."
„Wie geht's dir denn, Opa, und mein herzlichstes Beileid."
„Danke, Bua. Aber wennst' so alt wie ich bist, lebt es sich sorgenfrei. Ich hol' gleich den Krug."
„Na, Bua, nimm die Axt, und der Haufen dort ist deiner. Wenn du damit fertig bist, kannst' wieder geh'n, das willst' doch!"
Ohne zu antworten nehme ich die langstielige Axt, richte den ersten der etwa einen Meter langen Stümpfe auf und breche durch wuchtige Schläge Teile von gleicher Größe heraus. Um diese in passable Stücke zu wandeln, schlage ich gezielt genau in deren Mitte, drehe die Axt mit dem jeweiligen Scheit in der Luft und lasse sie rücklings auf einen anderen Stumpf aufschlagen.
„Jeden Tag, wenn ich aufwache, bin ich verwundert", spricht der Anton ansatzlos, den Krug dabei zittrig auf einer Fensterbank abstellend, weiter, „dass ich noch einen erleben muss, drehe ihn herunter und lege mich am Abend hin, für einen neuen Versuch."
„Ach, Opa, du bist ein wenig sarkastisch?"
„Was?"
„Na, weil du so redest über den Tod."
„Ja, Bua, so wird man, das siehst' noch früh genug. Da trink' erst 'mal. Na aber dem Franzosen, dem habt's ordentlich eingeheizt, gratuliere! Was wir dort sinnlos geopfert haben und ihr marschiert's da durch wie nix!"
„Warum, ach nix!"
„Bua, wenn du 'mal so alt bist wie ich, ich wach' in der Früh auf und bin verwundert…"
„Über was denn, Anton?" Schmunzelnd warten wir auf seine Antwort: „dass ich noch einen erleben muss, und…"
Wir drehen uns lachend von ihm weg, verrichten die Arbeit und ertragen dem Anton seine tägliche Verwunderung, die wahrscheinlich letzte Geschichte seines Lebens, immer wieder.
„Also, Vota, ich bin soweit. Dann geh' ich 'mal."

„Zu deiner Verlobten, ja?"
„Genau!"
„Und kommst' heut' noch heim?"
„Ich weiß net."
„Bua, ich frag' dich ungern, weil du es dir hart verdienen musst, aber hast' ein paar Mark über, für deinen alten Herrn? Dein Schaden soll's net sein."
„Reichen drei?"
„Oh, gnädigsten Dank."
„Ja, ja, schon recht. Servus."
Sein Blick – nie hat mich der Vota je so angesehen – spricht mehr als Worte, er sagt: `Du aufgeblasener Heini mit deinem EK´. *Was nur geht in seinem Kopf vor?* Und jetzt, mit der Axt in seiner kräftigen Pranke, spüre ich eine Angst vor ihm, wie seit meiner Kindheit nicht mehr. Am Vordereingang treffe ich den nächsten Patienten, der gerade zu `seinen´ Bergen sieht. „Ich bin verrückt, Bua, aber das ist nun egal. Den ganzen Tag schaue ich die Berg', was denn sonst? Bald sehe ich sie nicht 'mal mehr von fern, denn jedes Mal, Bua, wenn ich aufwache..."
„Ja, Anton, ich geh' wieder in die Stadt, damit du ungestört schauen kannst. Servus!"
„Servus, Bua, und komm bald wieder und nimm die Betti mit."

Ein unheimlicher Vormittag an einem unheimlichen Haus. Den beiden ist einiges zuzutrauen, und dem Vota sogar nochmals das alte Abenteuer; er kann sich damit nicht abfinden – einmal die Woche zum Sigi und ansonsten nur arbeiten – er will noch'mal etwas anderes. Nur, ob er dann weiß, was? *Ich bin ihm ob seiner offenen Worte nicht böse, wirklich nicht*, rede ich mir ein, *einzig wie er sie sagt und mir damit in den Rücken fällt, das erwartet wohl kein Sohn ausgerechnet von seinem Vater.* In weitem Bogen gehe ich an unserem Haus vorbei, den gut vertrauten Weg bis hin vor das nüchtern kühle Haus der Reiters.
„Grüß' dich, Liebster!", öffnet Valeria die schwere Tür, gleich nachdem ich den Knauf in der Wand versenkt habe, was jetzt im Sommer tatsächlich wesentlich einfacher ist.

„Servus, Vali!"

„Na komm' doch 'rein! Ich hab' auch schon gekocht, obwohl ich nicht wusste, ob ich Besuch bekomme. Gehofft, das hab ich's und zurecht."

„Erdäpfelgulasch?"

„Ja genau, Franz, und du kommst gerade recht, als ob du es gerochen hättest. Verschwitzt bist' aber schon! Und die Uniform erst, die muss ja schon von selbst stehen?"

„Das kann gut sein."

„Weißt' was, du gehst dich jetzt waschen und ich geb' dir frische Sachen von Papa."

„Meinst'?"

„Ja, komm jetzt!"

Während der Topf – randvoll mit köstlicher, brauner Brühe – auf dem Herd blubbernd kocht und in Verbindung mit dem frischen Laib Brot, danebenliegend, einen herrlichen Geruch durch die Küche zieht, gehen wir in das große, ebenerdige Bad, wo Valeria mir hilft, mich auszuziehen.

„Ach, komm schon, Soldat, keine Angst! Nackt gefällst du mir am besten", drückt sie ihren geschmeidigen Körper fest an mich und küsst mich.

„So, jetzt dreh' dich aber um, damit ich deinen Rücken schrubben kann. Da geht der ganze Dreck herunter, mit dieser Bürste hat die Oma den Opa schon abgeschrubbt, bis sein Rücken sauber und ganz rot war."

„Das probierst du jetzt auch?"

Der süßlich leichte Schmerz verbreitet dort, wo er nicht entsteht, ein angenehmes, wohlwollendes Prickeln bis hinter beide Ohren hinauf und weiter über die gesamte Kopfhaut. Wie eine Katze recke und strecke ich den ganzen Körper unbewusst und höre das Knacksen einzelner Gliedmaßen, so wie am Morgen, wenn ich aus dem tiefen Bett daheim krieche.

„So, das wird reichen. So viel Dreck, dort drüben kannst du dich abspülen."

„Ihr habt fließend Wasser?"

„Ja, seit dem Frühjahr, eine tolle Sache. Ich schau' 'mal nach dem Gulasch. Da, die Hose, Leibchen und Pullover falls du einen brauchst."

Das Gewand passt mir, bis auf die etwas zu weite Hose, womit ich hinüber ins Speisezimmer gehe und von Valeria gleich den Teller gefüllt bekomme.
„Mahlzeit, Schatz, und danke für alles!"
„Ach, das freut mich doch, aber das Tischgebet lassen wir aus. Übrigens ich hab' gestern schon den Herrn Neunland sprechen können, du weißt, den Seelenklempner."
„Und, was meint er?"
„Sehr interessant, sag' ich dir. Zunächst bist du beileibe kein Einzelfall. Vielen ergeht es so, da ist er sich sicher, obwohl sich nur die wenigsten, und niemals noch einer der Mannschaftssoldaten, an ihn gewendet haben. Ganz typisch sind laut ihm zwei Dinge. Erstens: Bei allen ihm bekannten Fällen kommen die schlimmen Träume erst, wenn die Person in völliger Sicherheit ist, das scheint eine Schutzfunktion des Körpers zu sein.
„Ach so, und zweitens?"
„Zweitens: Du kannst gar nicht sterben."
„Was heißt das?"
„Leider nur im Traum, aber dort ist es unmöglich, dass du stirbst. Du wirst jedes Mal spätestens mit dem Schuss aufwachen, nie danach, weil der sogenannte `seelische Tod´ nie vor dem körperlichen eintreten kann."
„Das ist ja beruhigend."
„Ich weiß. Nicht sonderlich, leider."
„Und wie könnte ich diesen Traum los werden, hast ihn das auch gefragt?"
„Ja! Dazu, Franz, müsste er dich behandeln, was ihn übrigens sehr freuen würde."
„Ja, und eine Menge Zaster brächte."
„Das würde ´was kosten, das stimmt."
„Ach was. Danke, dass du ihn gefragt hast, aber das gibt sich schon wieder."
„Ja, spätestens bei euren nächsten Abenteuern."
„Vali, warum um Himmels Willen glauben alle in Ried, wir wären auf Abenteuerreise wie... wie dieser Gulliver gewesen?", reiße ich

verärgert ein Stück Brot aus dem Laib.

„Du hast recht, tut mir leid. Ich weiß auch nicht, vielleicht liegt es an der Wochenschau, oder daran, was wir generell über euch erfahren haben. Du erzählst ja nach eigenem Wunsch auch nichts von vor dem 24. Juni."

„Drei Männer hab' ich erschossen, davon zwei Neger, bist' jetzt zufrieden? Neben mir, mitten im Lauf, ist der Roland geräuschlos umgefallen, als wär' er nur ausgerutscht. Den Berndl, liebe Vali, hat's vor meinen Augen in kleinen Stücken über das Feld verstreut. Dass ich das kleine `Abenteuer´ überlebt hab', kann ich bis heut' nicht begreifen."

Mit offenem Mund starrt sie mich nun an, wobei der Löffel voll Gulasch in ihrer rechten Hand wieder nach unten in den Teller sinkt.

„Mein Gott, Franz, das hab' ich nicht gewusst!"

„Dann redet's nicht! Wenn ich die eine Pak nicht ausgeschaltet hätte, gäb's den Orden nicht, den eigentlich alle verdient hätten, zu beiden Seiten des Flusses, an diesem Tag. Der Vota redet genauso blöd daher, und alle, die ganze Familie, glaubt natürlich dem Veteranen. Was mir nicht wichtig ist, aber meine baldige Ehefrau soll nicht einfach vom `Abenteuer´ sprechen", weise ich sie zurecht, wobei ich weiß, nicht die ganze Wahrheit zu sagen.

„Deine armen Kameraden liegen… ja liegen die jetzt irgendwo in Frankreich?", fragt sie mit zittriger Stimme.

„Ja sicher, oder glaubst' wir zerren sie mit, legen sie kurz ab und nehmen den Kampf gegen versteckte Panzer oder Schützen wieder auf?"

„Ja… ah, nein, wie dumm von mir."

„Vali, ich versuch' es zu vergessen, auch wenn dein Arzt meint, man soll darüber sprechen, was aber gewaltig schmerzt. Noch mehr tut aber weh, dass ich dich davon überzeugen muss. Aber lassen wir das leidige Thema. Ich hab' nämlich gestern lang' mit der Betti gesprochen. Es ist anders, als wir dachten, sie und die Freundinnen wurden zur Unterschrift geradezu gedrängt."

„Ach, was?"

„Ja, nach diesem Vortrag, als ihr alle schon draußen gewesen seid…"

„Diese Weibsbilder!"

Ich erzähle ihr, welche Möglichkeit ich in diesem Fall sehe und frage, ob sie diesen Arzt um eine Empfehlung oder sonst ′was für Betti als Krankenschwester bitten könnte, was sie sorgenvoll, aber wie immer kämpferisch, sogleich bejaht, dennoch natürlich nichts versprechen könne.
„Gehen wir in dein Zimmer?"
„Kannst du das jetzt tun? Und so einfach an das Schöne denken, als ob nichts gewesen wäre?"
„Ja, Vali, kann ich, oder wohl eher: muss ich können."
„Franz, mein geliebter Franz scheint auf den Geschmack der Liebe gekommen. Na, dann gehen wir."

Am nächsten Morgen, nach einem großartigen Frühstück und nochmaligem wundervollen Geschlechtsverkehr, habe ich mich um halb acht vor der Militärkapelle einzufinden. Valeria nutzt die Abwesenheit ihrer Eltern, um dem Gottesdienst für Zivilisten in der großen Kirche am Hauptplatz fernzubleiben, ich will meinerseits gerne folge leisten und dabei offiziell im Rahmen des Heeres von den Kameraden Abschied nehmen. Vor der Kirche stehen bereits viele Kameraden scherzend, einige davon rauchend, zusammen, als ich meine Gruppe ausmache und mich zu ihnen geselle.
„Ach der Franz, servus! Na, wann ist denn dein großer Tag da drinnen, hoffentlich noch bevor es gegen den letzten Feind geht?"
„Es steht zwar noch nicht fest, aber es wird wahrscheinlich der 14. September, ein Samstag, sein."
„Meyer!", ist Slidez hier wieder ganz Vorgesetzter. „Sobald du es genau weißt, gibst du mir Bescheid, ich will den Leutnant davon in Kenntnis setzen!"
„Jawohl, Herr Unterfeldwebel!"
„Ich werd' dein persönlicher Hochzeitsfotograf sein. Die Bilder aus Frankreich sind spitze, da werdet's Augen machen."
„Wann können wir die sehen, hast' sie mitgebracht?"
„Nein, aber spätestens zur Hochzeit."
„Also, Freunde, bringen wir's hinter uns, damit wir zum Sigi können."
„Apropos Sigi, habt's ihr das von seiner Frau gehört?"

„Was?"
„Ach, besser nach der Kirche."
Exakt gleich verläuft alles, wie damals nach Polen, nur dass die Kirche beinahe aus allen Nähten platzt. Bis ganz nach vorn an das Pult des Militärseelsorgers stehen die Männer und hören ihm dabei zu, wie er unzähligen Soldaten mit Rang, Namen und Familienstand Einlass in den Himmel erbittet, abschließend dem Schmerz über ihre frühe Abberufung mit traurigem Gesicht Ausdruck verleiht und uns alle, die wir gnädigerweise noch auf Erden wandeln, auffordert, für sie lautstark ein Vaterunser zu beten. Als wir damit fertig sind, dauert es eine ganze Weile, bis wir Aufstellung am Friedhof – ohne einem einzigen neuen Grab darauf – genommen haben, wo der Bataillonskommandant, exakt wie damals vor beinahe einem Jahr, den Kranz niederlegt, auf das Zeichen seines Adjudanten drei Salutschüsse gen Himmel fahren lässt und die Kapelle dann, nach einem weiteren Zeichen des unscheinbaren Mannes, zu spielen beginnt.
Es fühlt sich gerade keineswegs so heldenhaft an, wie es sicherlich sollte, und doch singen wir, das gesamte Bataillon in und um den Friedhof, lauthals die wunderschöne Melodie über einen Kameraden, den die Kugel umgerissen hat und halten die Ehre dadurch für ihn ein letztes Mal hoch, auch wenn er uns gar nicht hören kann. Niemand verzieht eine Miene, und singt, in Gedanken nochmals bei dem von seiner Seite Gewichenen, das schöne Lied mit traurigem Inhalt.
„Musik ab!"
„Das war's dann auf ewig!", sagt Klaus, dreht sich um und geht.

Der Sigi hat in weiser Vorausschau bereits vor dem Gasthaus reihenweise Bänke mitten auf die Straße und in die Sonne gestellt, um Platz zu haben für die aus beiden Kirchen bei ihm zusammenströmenden Männer.
„Was hast du gemeint über dem Sigi seine Frau?"
„Irgend'was war da, ich hab' gehört, sie hat ein Techtelmechtel gehabt mit einem anderen, aber Konkretes weiß ich auch nicht."
„Schauen wir ´mal, wie er sich verhält, dann wissen wir vielleicht mehr."
„Naja, das Bier knallt er wie eh und je auf den Tisch, und zuerst

werden die Kämpfer bedient, da hat sich nichts geändert. Sein grimmiger Ausdruck war auch schon immer da."
Trinkend sitzen wir an einem Tisch zusammen. Auf dem meines Vaters kann ich die alten Veteranen sehen; einige davon prosten zu uns herüber, was wir erwidern, den über die politische Lage Diskutierenden.
„Servus, Mandi!", freue ich mich aufrichtig, ihn zu sehen. In Gedanken scheint der etwas dürre Manfred gleich direkt hinüber zu den Alten gehen zu wollen.
„Franz, servus! Hab' mir schon gedacht, dich heut' hier zu treffen."
Er stellt sich hinter mich, deutet mit nun frischer Mimik allen, die er kennt, und in seiner weltläufigen Art gratuliert er dem ganzen Tisch und spendiert sogleich einen Doppelliter „für die harten Kämpfer", wie er meint.
„Danke! Na wie geht's dir, Mandi? Schlank bist' geworden."
„Ja, ich hab' abgenommen, das ist richtig. Aber, Franz, du erst! Ein EK, Mensch, du musst aber einen Schneid haben! Nicht so wie ich", fügt er leise hinzu.
„Wieso? Ihr seid doch monatelang im Graben gelegen und seid betrommelt 'worden."
„Ach, Franz, das ist lang' her. Jetzt, also vorigen Mittwoch, war ich bei der Musterung. Bis Jahrgang 02 – die sogenannten weißen Jahrgänge – wird jetzt schon auf Tauglichkeit geprüft, und ich bin als alter Unteroffizier voll tauglich. Und, gratulier' mir jetzt bitte nicht."
„Ja, aber was heißt das?"
„Vorerst gar nichts, nur muss ich mich bereithalten und meinen Standort immer melden."
„Mandi, weißt du zufällig, ob der Vota auch schon dort gewesen ist?"
„Ach, Franz, der Max soll dir das lieber selber sagen. Wie du weißt, ist er einige Jahre älter als ich und das weitere musst du ihn selber fragen. Ich geh' dann 'mal rüber. Und Prost euch allen!", schreit er über den Tisch, auf den die Krüge im Sekundentakt laut krachen.
„Wer war denn das?"
„Ein Freund vom Vota, der mir immer vom Meer erzählt hat."
„Es gehen viele Gerüchte. Herr Unterfeldwebel, ist es richtig, dass die Anzahl der Divisionen verringert werden soll?"

„Angeblich ja, wahrscheinlich für die Landung in England. Dafür werden weniger benötigt."
„Aber der Mandi, ein Unteroffizier aus dem Weltkrieg, hat zur Musterung müssen, wie passt das zusammen?"
„Ja, Kameraden, ich weiß nicht mehr als ihr."
„Ich will nur wissen, welche Ersatzmänner wir bekommen. Wenn das Rohrkrepierer sind, dann wisst ihr, was das heißen kann", zeigt der Sepp sich besorgt und fragt dann Slidez direkt: „Herr Unterfeldwebel, haben Sie auf die Auswahl Einfluss?"
„Nein, Sepp, natürlich nicht! Die werden zugeteilt, wahrscheinlich kommen alle aus dem Ersatzheer."
„Na großartig! Kasernenhocker also!"
„Das wart ihr auch 'mal."
„Ja, aber jetzt sind wir gut eingespielt. Wenn auch nur ein Blindgänger dazu kommt, kann das alles auseinanderfallen."
„Die sind bestens ausgebildet, Sepp, also lass' das Gerede."
Ich sehe eine ganze Weile bereits hinüber zu den diskutierenden Alten: meinem Vota, der durch die Freiheit hier und den von mir finanzierten Alkohol gesellig mitredet, und dessen Nachbarn, dem `Großmaul´, wie die Mutter meinte – damals. *Was, wenn all die Geschichten, jede einzelne, von jedem Frühschoppen, erfunden waren? Er gar nicht den Gefreiten Hitler geführt hat? Die Veteranen einer falschen Erinnerung erlägen und die Niederlage sich damit erklären ließe?* Ein paar von uns sind schon an den Tischen der Zivilisten und auch ich dränge, durch die Berauschung ermutigt, hinüber zu den Alten.
„Grüß' euch!"
„Servus, Franz! Heil Hitler. Da schau her, der Max hat's uns schon gesagt, dass du ausgezeichnet worden bist. Komm, setz' dich zu uns."
„Mein Bua, der sitzt dort drüben. Den hat's schwer am Arm erwischt, noch bevor er ordentlich mitmischen hat können, hat er zumindest gemeint. Aber, Franz, wie hast' den bekommen, den Orden?"
„Indem ich eine Pak, die uns auf's Korn genommen hat, durch gezielte Schüsse ausgeschaltet hab'!", sehe ich den Vota mir gegenüber dabei an, der wie üblich bloß auf seinen Krug starrt. „Hört, hört, so eine Kanone, die spuckt schon kräftig, nicht wahr, Kameraden? Die Franzosen,

die kennen wir auch noch gut, Franz."

Es sitzen, hier im Freien auf diesem Tisch, genau dieselben Leute wie jeden normalen Sonntag drinnen in der Gaststube, nur der mir in bester Erinnerung gebliebene Josef fehlt.

„Sagt ´mal, wo ist denn der Josef heut'? Wird ihm das alles zu viel, der ganze Rummel gerade?"

„So kannst du sagen, Franz, der ist an der Heimatfront gefallen, und zwar schon vor über drei Monaten."

„Ja, auweh, das tut mir jetzt leid."

„Ach was, Milzbrand! Wahrscheinlich noch ein Geschenk aus russischer Gefangenschaft, scheußlich genug."

„Ich glaub' aber trotzdem, dass es heute in der Wehrmacht ziemlich einfach ist, ein EK zu erhalten. Wenn ich da an die Statuten des Weltkrieges denke, was dafür alles getan werden musste."

„Vota, ich kenn' die Statuten von damals nicht, und die von heute genausowenig. Ich weiß nur: den Orden hab' ich bekommen, weil ich zufällig der beste Scharfschütz' unserer Gruppe bin und Slidez mir, und nicht einem anderen, den Befehl gegeben hat. Und überhaupt, Vota, Rudi, Mandi, Gustav, Martin, zählen tut einzig das Resultat, das ist wie beim Fußball."

„Da hat er recht, dein Bua, Max. Was hat man von einer Auszeichnung, wenn der Krieg verloren ist? Der Sieg, der zählt. Wie uns die Franzosen durch die Straßen getrieben haben. Bespuckt und gedemütigt haben's uns, Kinder haben uns mit Steinen beworfen. Heut' tun sie das nicht! Wir, an der Seite der hochnäsigen Deutschen, Max, wir sind die neuen Herren in Europa. Und wem haben wir das zu verdanken? Vergiss das nicht!"

Ein paar Tische weiter beginnen Zivilisten, das Hoamatland-Lied anzustimmen. Sie singen in leisem, schüchternen Ton über die versunkene Heimat, was die angrenzenden Tische aber nicht daran hindert, einzusteigen und letztlich auch unseren erfasst – die Versammelten geistig wiedervereint, in dem ehemaligen Oberösterreich. Der Gesang entledigt uns des Druckes und ist nach wenigen Strophen in der Lage, die Differenzen auszuräumen, wie er – in anderen Zusammenhängen – diese in Hass treiben kann; hier aber sind alle einzig kampferprobte Rieder, egal aus welchem Krieg.

Die Vorbereitungen für unsere Hochzeit sind seit der Rückkehr meiner baldigen Schwiegereltern in vollem Gange. Der Pfarrer, ein guter Freund des Herrn Reiter, meinte, dass zur Zeit sehr viele junge ´Leutchen´ – wie er uns nennt – das heilige Sakrament der Ehe empfangen wollen und den noch warmen Herbst dazu nutzen möchten; womit sich für ihn am 14. September 1940 freudigerweise gleich drei Eheschließungen ergeben. Ständig, als wären der anderen Pflichten nicht genug, bittet er uns zu ihm ins Pfarramt, um die Wichtigkeit unseres Schrittes zu betonen und in stundenlangen Zusammenkünften uns einzustimmen. Meine Mutter kann darüber, in Erinnerung an ihre Hochzeit, nur den Kopf schütteln. Dennoch liegt eine großartige, konzentrierte und daraus glückliche Atmosphäre über allen Eingebundenen, besonders aber Valeria und mich einnehmend, schließlich gilt das ganze ´Tohuwabohu´ einzig uns. Jedes Mal, wenn wir beide uns nun treffen, um nochmals und nochmals – unterbrochen nur von schmackhaften Küssen – zu besprechen, was wer noch zu erledigen hat, fühlt sich unser Zusammensein tatsächlich nahe dem Himmlischen, wie der Pfarrer meinte, an. Durch wundervoll leuchtende Natur spazieren wir dann in immerzu scheinender Sonne und halten unsere Hände von Beginn bis zur möglichst späten Verabschiedung. Mein Verlangen nach ihrem schönen Körper wächst täglich und hat sich nun dennoch bis zur Hochzeitsnacht, dem offiziell erlaubten Zeitpunkt, zu gedulden. Den Pfarrer ließen wir, nach gegenseitiger Vereinbarung, trotz seiner bohrenden Fragen im Dunkeln über den außerehelichen Verkehr. Auch wenn man einen Mann Gottes nicht belügen darf, die Konsequenzen wären andersherum fatal.

Die ganze Familie hat für einen Anzug vom hiesigen Schneider zusammengelegt, nachdem sich herausgestellt hat, dass der Vota seinen vor langer Zeit billig verscherbelt hat, was die Mutter erzürnte, den Rest der Familie in schallendes Gelächter versetzte, was die Eltern wiederum schmunzeln ließ – über einen Mann, der sich zu Lebzeiten wohl nicht mehr ändern wird und die Mutter an diesem Tag in ruppigem Ton fragte, warum sie ihn denn nur geheiratet hätte. Meine kleine

Schwester hat sofort zugestimmt, die Brautjungfer zu sein, und in rasender Geschwindigkeit gelangten wir an den großen Tag.
„Hast' die Ringe, Bua?"
„Ja natürlich, Mutti, was glaubst' denn?"
„Ich bin ja so gespannt! Den besten Termin habt's bekommen, so ein G'riss um die Kirch', also der Herr Reiter, der hat Einfluss. Gehen wir's noch'mal durch. Deine… deine Verlobte ist drüben bei der Betti, übrigens zauberhaft sieht sie aus in ihrem Kleid, und noch zu haben! Hach! Der Herr Reiter erwartet dich, wie es die Tradition verlangt, im dunklen Glockenturm, dann gehst' an seiner rechten Seite hinein."
„Ja, Mutti, was glaubst' hat mir der Pfarrer gesagt, auf der Seit' des Teufels vielleicht?"
„Geh', Bua, ich will doch nur, dass alles klappt!", reibt sie mit sorgenvoller Miene die Hände ineinander, „Ich bin gespannt, was die Bertha anzieht, die wird wieder alle in den Schatten stellen."
„Du, vergiss nur ja die glücksbringende Brosche nicht."
„Ach Bua, wo du immer hindenkst. So, was noch? Der Vota holt die alte Kutsche vom Hubert und wird bald da sein. Mein Gott, Franzl, mein lieber Franzl, wo ist die Zeit hin'kommen? Dann geht´s los für dich, dann wirst' erwachsen", umarmt sie mich fest und küsst mich zur endgültigen Verabschiedung aus ihrem Schutz rechts und links auf die Wangen – auch das ist so Tradition – und betet leise ein Vaterunser, um mich endgültig freizugeben. „So, Franz, meinen Segen hast'. Ich wünsch' dir eine schöne Zukunft an der Seite deiner Frau, und viele Kinder."
„Danke, Mutti", und füge dann mit gedämpfter Stimme bei: „für alles!"
„I wo!"
Die beiden Kleinen poltern in ihren Lederhosen und karierten Hemden die Stiege herunter; die Uniform, in der sie mich wie die geladenen Kameraden in die Kirche geleiten wollten, hat Mutter ausdrücklich verboten. Ich persönlich hatte mich zu erkundigen, ob das Tragen derer bei solchen Anlässen auch für sie schon Pflicht sei, was der Oberführer verneinte, nicht aber ohne den Hinweis, dass es doch eine große Ehre sein sollte, was Mutter wiederum kommentarlos stehen gelassen hatte.
„Bua, los geht's!", schreit auch schon der Vota mit aufgeregter Stimme

von der Kutsche aus ins Haus.

„Ich komme!"

„Wir fahren auch ein Stück mit. Max, Pepi, kommt jetzt, und habt's die Kora versorgt?"

„Ja, Mami, doch eh mit dir!"

„Ach, na dann, auf ins Gefecht!"

„Aber Muata!"

„In die Kirch' halt."

Ich setze mich vorne auf das kleine Bänkchen neben den blendend aussehenden Vater in seinem abgetragenen, aber frisch duftenden Hosenanzug, die anderen hingegen in den offenen Teil der Kutsche hinten und wir fahren ohne zu zögern los. „Na, Bua, jetzt ist's wohl Zeit für ein paar Worte vom alten Herren. Ich wollt' dir nur sagen... du weißt, das ist nicht einfach für mich, aber ja, ich bin stolz auf dich und zwar sehr."

„Danke, Vota, das weiß ich zu schätzen."

„Und, Bua, gut schaust' aus, also wirklich gut, wie ein ausgezeichneter Soldat eben. So, jetzt reicht's aber!"

„Danke, aber du auch, Vota, glaub' mir."

„Halt an! Halt an, Vota!"

Kurz vor dem Hauptplatz, in einer engen Gasse, bleiben wir stehen und die drei steigen ab. „Also, Vota, du weißt zu welchem Tor. Und ich bitt' dich, mach' diesmal keinen Blödsinn! Das gilt für euch beide!"

„Is' schon recht, Muata, zum Haupttor halt."

„Nein, Kruzifix! Doch nicht dahin!", müssen wir über ihren Zorn lachen.

„Ich weiß, wohin wir müssen, keine Angst. Und tu' dich nicht versündigen."

„Ah geh, kommt, wir gehen!"

Um zehn Minuten vor zwei Uhr, und bei schwachem Sonnenschein, steige ich an einem von den Leuten gemiedenen Seiteneingang ab und gehe quer über den Friedhof direkt hin auf den Glockenturm, wo die kleine Holztür wie erwartet halb ins Dunkle hineinragt.

„Herr Reiter?"

„Ah, Franz, hier, hier drüben. Servus."

„Grüß' Gott, warten'S schon lang'?"

„Fünf Minuten, allerhöchstens!", macht er eine Pause, holt hörbar Luft und beginnt: „Franz, in weiteren fünf Minuten gehen wir da raus, hinüber durch das Haupttor in die Kirche, damit du meine einzige Tochter, die Valeria, ehelichst. Ich weiß, wir waren nicht immer einer Meinung, aber ich glaub', du bist ein ganz passabler Schwiegersohn. Aber ich will, dass du mir hier und jetzt versprichst, immer auf mein Ein und Alles aufzupassen und sie durch den Sturm der Zeit sicher zu führen."
„Das werd' ich, Herr Reiter, ganz bestimmt!"
„Komm, Franz, gib mir die Hand, und damit bin ich der Andreas für dich."
„Danke sehr."
In dem Moment kommen die Glöckner in den Turm und fordern uns auf, nach vorne zu gehen, hängen sich dann unverzüglich an die Seile der schweren Glocken und läuten damit unsere Hochzeit ein.
„Na dann, Franz, eamus! Hic et nunc!"
Wir gehen aus dem Turm mit seinen schemenhaft auf- und abfliegenden Körpern hinaus, wobei mir Herr Reiter den Arm um die Schulter legt und mich vorsichtig an der Kirche entlang zum Haupttor geleitet, dorthin, wo bereits viele Menschen auf uns warten und die Kameraden ein Spalier bis zu dem mit Girlanden verzierten Eingang gebildet haben. An dessen Beginn stellen wir uns auf, richten die Anzüge und folgen dem gerade aus der Kirche tretenden Trauzeugen, einem Bruder Herrn Reiters, der auf halbem Weg stehen bleibt und uns etwas verlegen deutet, wir sollten folgen. Zu beiden Seiten stehen ausschließlich Soldaten und trennen uns somit von den anderen Menschen im Hintergrund; die ersten von ihnen kenne ich nur wenig, die nächsten sind mir gänzlich unbekannt, bis nach vielen langsamen Schritten ich jeden beim Namen kenne und dann, schon ganz nah' dem Eingang, meine Gruppe mit dem fotografierenden Richard sehe. Feierlich überschreitet der Brautvater die metallene Schwelle und wartet, bis auch ich, den rechten Fuß zuerst und mit Bedacht auf die schönen alten Fliesen der Kirche setze – als symbolisch letzten freien Schritt meines Lebens – und dabei von einer halb gefüllten Kirche und dem geduldig lächelnden Pfarrer, ganz vorne, beobachtet werde.

Immer weiter, wie ich es nur in einem anderen Zusammenhang bislang erlebt habe, schreiten wir durch die Stille des Kirchenschiffes bis zu dessen Mitte. Mit starrem Blick nach vorne haben wir beide, direkt hinter dem Trauzeugen, nun zu warten, bis auch die Braut die Schwelle übertreten hat und an der Seite meiner Schwester zu uns aufschließt. Die ersten Reaktionen aus dem hinteren Bereich der Kirche können wir bereits hören und lassen augenblicklich mein Herz reagieren, es springt nervös in meiner Brust – und mit ansteigendem Gemurmel ebenfalls stetig heftiger, um dann mit dem nun einsetzenden Orgelspiel wie wild zu hüpfen.

Erst im letzten Moment – und das auch nur ihrem Vater – ist es erlaubt, sich zu ihr zu drehen, seinen ganzen Stolz auf ihre Stirn sanft zu küssen und hernach – nun doch zögerlich – sie mir auf ewig zu übergeben, was aber noch nicht bedeutet, ich dürfe sie betrachten; einzig ihre kalte Hand darf ich hier ergreifen, fest drücken und sie neben mir – und jetzt ohne ihren Vater – ganz nach vorne führen, wo wir uns unter dem `Ave Maria´ des Kirchenchors auf die Betbank knien – einem Lied, das mir unter die Haut geht; *egal wer es in dieser Kirche hören mag ist von ihm ergriffen, hört genau hin und muss einfach, so wie ich, dabei den Atem anhalten.*

Die Zeremonie fliegt geradezu an mir vorbei; wie in eine Art Trance versetzen mich die Worte des Pfarrers, die zum ersten Mal direkt an mich gerichtet sind, bis ich an der Reihe bin, „Ja, ich will!" zu antworten. Dieselben Worte, von Valeria hörbar, mildern meine Nervosität – so könnten sie doch andere sein – und endlich darf ich den Ring an ihrem Finger sanft hinanschieben und so tiefer in ihre reinen Augen blicken, als jemals zuvor. Wunderschön strahlt ihre Gestalt an meiner Seite, als ich den goldenen Ring auf ihren Finger gleiten lasse, was sie neugierig beobachtet, ein Lächeln, wie es nur selten Menschen gegeben ist, dabei zeigend. Valeria Ruth Meyer macht es mir gleich, und zum ersten Mal von Gottes Gnaden darf ich sie küssen, was wiederum hier, inmitten dieser Ansammlung und Kirche, ein symbolisches, keinesfalls intimes bleibt. Symbolisch aber deshalb, weil durch diesen Kuss besiegelt ist: *Sie gehört fortan mir ganz allein!* Und wenn wir auch einzeln die Kirche betreten haben, so verlassen wir sie nun gemeinsam

als Mann und Frau in die noch hinter Wolken versteckte Sonne.
Vor zwei – in ihrem leuchtend grünen Gewand, welches kurz vor dem längst entschiedenen Abfallen ein letztes Mal besonders hell hervortritt – nebeneinanderstehenden Kastanien, werden wir in wechselnden Positionen fotografiert, bis auf Anraten meiner Gemahlin vor einer einzelnen Trauerweide – und damit zur Verstörung aller anderen – weitere mit uns beiden alleine geschossen werden.

„So, liebe Gäst'! Die Feier findet im Gasthaus Huber statt, im großen Saal, dort darf dann auch dem Brautpaar gratuliert werden." Dem Schwiegervater obliegt es, diese Einladung laut zu verkünden wo er auch die Kosten dafür trägt. Mein Vota steht bloß ruhig daneben, sich dabei über so viel sprachliche Gewandtheit vielleicht ärgernd, die ihm vor einer größeren Ansammlung von Leuten, und dann auch noch ohne Alkoholeinfluss, vollends fehlt. Er ergreift lieber die Initiative, indem er wortlos auf uns zukommt und die Braut etwas hölzern um ihre Hand bittet, um sie zur bereitgestellten Kutsche zu führen. Nur der Betti ist es gestattet, mit uns auf der Kutsche durch die Stadt gefahren zu werden, dorthin, wo alle anderen zu Fuß gehen müssen. Erneut möchte ich sie anhalten, die Zeit, sie – wenn ich bloß könnte – zum Stillstand zwingen, endlos in dieser Kutsche verweilen, neben dieser Frau, deren Hand ich die ganze Zeit halte und deren Lächeln mir gilt. *So wie alles, wird auch diese Reise ihr Ende finden*, fällt mir dabei der Opa wieder ein, von dem ich nicht einmal weiß, ob er heute in die von ihm wenig geliebte Kirche gekommen ist.

„Du, Betti, ist der Opa eigentlich auch in der Kirch' gewesen?"

„Nein, Franz. Der weigert sich bereits, auch nur einen Fuß in die Stadt zu setzen!"

„Der vom Hexenhäuschen?"

„Mhm", lehne ich mich erneut zurück, den Arm dabei um meine Frau legend, als wir in die an das Ziel führende Straße einbiegen und ich auf den letzten 200 Metern meine wunderschöne kleine Schwester uns gegenüber betrachte. Wie gezeichnet, von einem frisch verliebten Maler, setzen sich ihre Konturen zusammen, ziehen sich die feinen Linien um ihre Augen, perfekt unter der Stirn sitzend, und mit den etwas schmalen Lippen, lieblich geschwungen zwischen den Wangen, ergibt

das ihre wunderbare Erscheinung. *Wir müssen das unbedingt verhindern, aber nicht heute*, denke ich, sie weiter betrachtend, *die alten Weiber verheizen mit Vorliebe solch zarte Geschöpfe und setzen hernach die Nachricht an die tapferen Eltern lächelnd auf.*
„So, da wären wir. Brrrr, Rosi! So ist's brav!", hüpft der Vota hinunter und hilft Valeria in ihrem langen, wunderschönen weißen Brautkleid aus der Kutsche. Einige der eintreffenden Leute klatschen, die meisten schauen ihm dabei zu und warten noch, bis Betti mit meiner Hilfe abgestiegen ist, um uns anschließend in den I. Stock des Gasthauses zu folgen.
Die Leute stehen, wie bei Hochzeiten üblich, in einer langen Schlange an, um uns Glück zu wünschen, wobei die Frauen selbstgeflochtene Kränze auf dem Tisch vor uns ablegen und uns die Hand anschließend darüber reichen, in meist ehrlicher Freude. Die Männer schütteln unsere Hände mit nur wenigen Kommentaren und ohne Geschenke, der noch dicker gewordene Hannes freut sich dabei, meine Valeria nun endlich kennenzulernen, doch alles was er sagt, klingt auch heute wie eine Provokation in meinen Ohren und seine gierigen Augen tragen ausreichend dazu bei, dass ich gleich die nächste Hand ergreife: jene von Klaus.
„Franz, alles erdenklich Gute!"
„Danke!"
„Und hier haben wir ein kleines Geschenk, von der ganzen Gruppe.", überreicht er mir ein eingerahmtes Bild mit uns allen in Marseille darauf.
„Ach spitze! Danke!", und ich schüttle ab nun nur mehr Soldatenhände – einige davon mit mehr Blut daran als an meinigen – bis hinauf zum Hauptmann persönlich. Nur wenige Worte verliert er dabei und geht sofort in den vorderen Bereich des Saales, während wir beide uns mit Schweißperlen auf der Stirn endlich ein wenig hinsetzen können. Der Hauptmann schickt sich, ohne Zeit zu verlieren, an, eine `kurze Rede´ – wie er meint – zu halten, die wie jedes Mal in einem Schwall endet. Er kommt dabei von uns gleich zur Armee, von dort zu seiner eigenen Hochzeit in Linz, dessen Datum er nicht lange zu überlegen habe – genau am Geburtstag des Führers – und führt uns dann zurück in

diesen Raum, in dem er gleich das Brautpaar auf den Tanzboden bittet, womit er gar nicht bedenkt, ob jemand anderes noch etwas zu sagen hätte. Einen Ranghöheren gibt es nicht in diesem Saal, alle anderen sind für ihn doch nur `Zivis´, wie er sie nennt.

Wie befohlen hüpfe ich auf, nehme die auf seine Befehle weniger gebende Valeria und führe sie nach vorne, um vor aller Augen den Boden im Walzertakt der kleinen Musikkapelle warm zu tanzen und so drehen wir uns im ¾-Takt in dieser Leichtigkeit des heutigen Tages jeweils um unser eigenes Glück.

„Der Tanzboden ist eröffnet!", schreit jemand laut, woraufhin die Frauen ihre meist tanzfaulen Männer aufzerren und das Tanzparkett sich stetig füllt. Unsere Hochzeit verläuft nach demselben Muster wie jede andere. Neben dem seltenen Tanzvergnügen wird fett gegessen und reichlich Alkohol vertilgt, wodurch an einigen Tischen lautstark die Politik erörtert wird. Meine Braut hat dann zu gegebenen Zeitpunkt den schönsten Kranz auf dem Tisch auszuwählen, damit in der Hand nach vorne zu gehen und ihn rücklings überkopf zu werfen, direkt in die wartende Ansammlung unverheirateter Mädchen hinein. Diejenige, die ihn fangen kann, wird die nächste Braut sein, obwohl meines Wissens nach niemand noch die Verlässlichkeit dessen überprüft hat. Eine unscheinbare junge Dame hat den Kranz als schnellste aus der Luft gegriffen; eine, die bestimmt auf dessen Selbsterfüllung hoffen wird, lese ich aus ihrem Gesicht. Irgendwann aber fällt der Vorhang jeder Veranstaltung und so sind wir beide unter den letzten Gästen, die den mit Rauch gefüllten Saal verlassen. Einige davon sind nicht mehr in der Lage, dies von selbst zu tun und müssen von einem Freund gestützt werden, wenn sie sich gegen jede Hilfestellung auch wehren, aber ohne jene doch umfallen würden. Ich bedanke mich noch beim Herrn Pfarrer, der nach seiner dritten Eheschließung heute hier noch vorbeikam, und dann verlassen wir den nun ungewöhnlich ruhigen Saal. Nochmals drehe ich mich in der Tür um und betrachte die stille Atmosphäre, die sich mit frischer Luft durch die geöffneten Fenster zu füllen beginnt, mit Wehmut. *Das war dann die Feier, der schönste Tag meines Lebens! Hoffentlich nicht der Auftakt zu einer beschwerlichen Zukunft.*

„Kommst du, Schatz?"
„Ja, Vali, 'bin gleich da!"
„Das war doch eine gelungene Hochzeit."
„Ja, Herr Reiter."
„Andreas!"
„Andreas, das war sie."
„Aber deine Kameraden, Franz! Dieser, na wie heißt er noch gleich?"
„Wer denn, Mutti?", fragt meine Frau neugierig.
„Der große Hühne da."
„Der Sepp, also Josef?"
„Ja, genau, Franz. Sepp haben's den genannt, die anderen. Also der hat getrunken, schon gleich eher gesoffen. Die Wirtin ist gar nicht mehr nachgekommen bei ihm."

Ich bin knapp davor zu fragen, ob sie etwas über der Wirtin ihre kleine Romanze wüsste, lasse es dann aber doch sein, weil es mich gar nicht betrifft und dieses Gasthaus mit den darin verkehrenden Leuten normalerweise von den Reiters gemieden wird.

An einer kleinen und unbeleuchteten Kreuzung verabschieden wir uns von meiner Familie. Der Vota lässt seinen Rausch nur jene sehen, die ihn lange genug kennen. Die Mutter bedankt sich bei den Reiters für den großen Aufwand, womit sie den finanziellen meint und ich gebe den Kleinen jeweils einen Kuss, den sie hundemüde hinnehmen.

„Gute Nacht!"
„Gute Nacht!"
„Eine solche Sauferei, was, Andreas?"
„Eine Hochzeit halt. Die Leut' arbeiten tagein, tagaus, oder kommen dieser Tage gar vom Krieg heim, liebe Gemahlin, wundern tut mich das nicht."
„Ja, aber... schon recht so. Nur, dass sie die erwachsenen Männer beinahe hinaustragen mussten, also da hört sich doch der Spaß auf! Ist es nicht ein kirchliches Fest? Der Pfarrer war auch ganz betroffen, das hab' ich ihm angesehen, aber er ist einfach zu gütig, etwas zu sagen."
„Mama, das gehört dazu. Die Kirche, war die nicht wundervoll?"
„Oh ja, mein Schatz, das war sie. Wie bezaubernd du ausgesehen hast, da vorne. Eine einmalig schöne Braut!"

Im Dunkeln gehen wir über das kleine Brücklein, mit freudig glucksendem Wasser darunter und hinauf die Anhöhe, wobei ich einen Großteil des langen Brautkleides vor Verschmutzung rette, indem ich es bereits den ganzen Weg trage.
„Da wären wir!"
„Der Franz will bestimmt noch einen Kaffee?"
„Nein, Mama, wir sind doch fix und fertig, den trinkt er morgen, nicht wahr?"
„Ja, Vali, ähm... Valeria."
„Na dann, ihr zwei, ihr dürft heute gemeinsam die erste Nacht verbringen", nimmt jene Bertha, die tatsächlich nicht unter die Leute im Saal gepasst hat, ihren schönen Hut ab, um sich die Haare sogleich zu richten. „Gute Nacht. Hach, wie die Haare stinken."
„Gute Nacht!"

„Franz, unsere Hochzeitsnacht! Endlich! Nun können wir tun und lassen, was wir wollen!",
küssen wir uns gegenseitig die Müdigkeit aus den Gliedern und bringen das Blut erneut in Bewegung, welches auf seiner Wanderschaft genau weiß, wo es als nächstes gebraucht werden wird. Mit viel Gelächter müssen wir ihr ganzes Kleid über ihren Kopf heben und daran zerren, aber irgendwo bleibt es doch wieder hängen und verursacht dabei einen kleinen Aufschrei Valerias. Ein kurzes Stück zurück und erneut hoch – endlich steht sie in Unterwäsche neben dem hellen Haufen und vor mir im Dunkeln, sodass ich nur ihre Konturen und darüber ihr wundervoll fließendes Haar erkennen kann. Auch jetzt – wie jedes Mal in entscheidenden Momenten – verstummt ihre Heiterkeit, dringt die Ernsthaftigkeit durch sie hindurch. Nur kurz muss ihre Hand nach dem obersten Knopf meines Anzuges suchen, den sie geschickt etwas zur Seite dreht, um ihn durch die Öffnung zu bekommen; einen nach dem anderen gelangt sie schließlich an den untersten, macht einen Schritt nach vorne und zieht das in die Hose gesteckte Hemd heraus, öffnet den Hosenknopf dabei meine Erregtheit hochtreibend und zieht den Reißverschluss langsam nach unten. Einen kurzen Augenblick verharren wir ohne jegliche Berührung, stehen im Dunkeln und hören einzig

den Atem des anderen. Wieder führt sie die Hand an meine Hose, tastet sich an meinen Bauch heran und gleitet dann auf meiner Haut langsam und gleichmäßig nach unten, um mein steifes Glied mit festem Griff zu umschließen. Tief atme ich ein und öffne meinen Mund, aus dem ein erlösender, genussvoller Seufzer dringt, der ihr nicht verborgen bleibt. Ganz leicht und zart drückt sie die weiche Haut nach hinten, was ihn noch weiter wachsen lässt. Valeria bleibt einfach so stehen, ohne ein Wort. Mit ihrer zweiten Hand drückt sie zuerst meine Hose und dann die Unterhose hinunter bis zu den Knöcheln, wobei sie sich bücken muss und wie zufällig mit ihrer heißen Wange die Spitze meines Gliedes berührt. Wieder kommt sie hoch, aber die einmal fester, einmal lockere Hand – ganz wie sie es will – nicht davon ablassend.

„Zieh dein Sakko und das Hemd aus, Geliebter!"

Dem leiste ich sofort Folge und Valeria beginnt, meine behaarte Brust zu küssen, hernach den Bauch und geht dann weiter tief in die Knie, bis ihr Gesicht direkt vor meinem pochenden Glied ankommt. Vor und zurück gleitet ihre Hand und Valeria scheint ihr Spiel aus nächster Nähe interessiert zu beobachten, bis ich plötzlich ihre weichen Lippen spüre. Ganz zart küsst sie seine Spitze, dann seine Seite, bis nach hinten zu seinem Ansatz, kommt wieder nach vorne und steckt ihn sich tatsächlich in den Mund. Ganz langsam gleiten ihre Lippen über ihn, während ich dem zuckenden Hochgefühl vom Schwanz hinauf zum Herzen folge und ihr völlig das Kommando übergebe. Valeria führt ihn immer weiter hinein und verharrt von Neuem regungslos. Nun scheint es geschafft – *die Zeit ist angehalten, ein Moment für die Ewigkeit brennt sich in mein Gedächtnis!* An meinem Glied saugend führt sie den Kopf wieder zurück, bis mein Schwanz wieder vollkommen frei ist und sie sich aufrichtet.

„Gefällt dir das?"

„Oh, und wie!"

„Komm, ich will dich spüren!"

Sie zieht mich auf ihr weiches Bett und mit leichtem Druck auf sich hinauf, wo mich erneut ihr schöner Körper überfordert, also beginne ich damit, ihren Büstenhalter zu öffnen, doch auch dabei benötige ich Hilfe, fahre dann fort, ihre zarten Brüste sanft zu küssen und die Knospen

abzulecken, im Ungewissen darüber, ob ihr das gefällt. Ich will ihr in nichts nachstehen und bewege mich, ihre straffe Haut ableckend, nach unten und während ihr Bauchnabel von mir Liebkosung erfährt, ziehe ich ihr Höschen aus und gelange mit dem Gesicht an die weiche Behaarung ihrer Scham, dorthin, wo ich absolut keine Ahnung habe, wie ich meine Zunge wohin bewegen soll. Valeria öffnet ganz leicht die Beine, sodass ich ihre feuchte Spalte küssen kann und das erste Mal in meinem Leben erfahre ich den eigenartig aufregenden Geschmack und strecke die Zunge weit heraus, um sie zwischen den fleischigen Lippen auf und ab fahren zu lassen, was ihr augenscheinlich überaus gut gefällt. *Was nun?*, denke ich, nach einigem Hin und Her, tauche wieder auf und gebe meinem Verlangen in wenigen Stößen nach.
„Franz?"
„Ja?"
„In neun Monaten schon könnten wir Eltern sein."
„Na hoffentlich!"
„Aber ich, ja, ich möchte dann nicht allein' sein."
„Wirst du auch nicht, das versprech' ich. Die längste Zeit war ich bereits weg, da bin ich mir sicher", bin ich es ehrlicherweise nicht halb so, wie ich sage, aber ich will sie nicht unnötig ängstigen. „Und jetzt schlaf schön, gute Nacht."

Das frühe, morgendliche Vogelgezwitscher weckt mich, und die warmen Strahlen, die seitlich an den Vorhängen vorbeischeinen, melden einen weiteren sonnigen Tag. Valeria kümmert das gar nicht, sie schläft, auf dem Rücken liegend und atmet unhörbar für mich weiter, bis sie meinen Kuss auf der Wange spürt und mich zuerst verträumt, hernach lächelnd ansieht.
„Guten Morgen, meine Ehefrau!"
„Guten Morgen!"
„Ich glaub', deine Eltern sind schon frühstücken gegangen."
„Ja, absolute Frühaufsteher."
„Sollen wir nicht besser auch aufstehen?"
„Sollen schon, wollen nicht!", dreht sie mir den Rücken zu und will weiterschlafen. Ich hingegen stehe, nachdem ich ihre entblößte Schuler

geküsst habe, auf und ziehe den nach Rauch stinkenden Anzug wieder an.
„Vali, komm, gehen wir lieber hinunter, die erwarten uns sicher!"
„Das ist wahr, aber heute ist doch Sonntag! Morgen muss ich sowieso wieder zu diesem blöden BDM."
„Na, komm hoch."
„Ach!", wirft sie die Decke von ihrem Körper, sieht, dass ich ihren nackten Körper betrachte und sagt: „Ah, Franz, ich kann deine Gedanken lesen, komm doch zu mir."
„Nein, jetzt nicht."
„Zu Befehl!", steht sie widerwillig auf.

„Ah, das Brautpaar! Wunderschönen guten Morgen."
„Guten Morgen."
„Setzt euch doch, es ist schon fast alles fertig."
„Wo ist denn Vater?"
„Der Vater, meine Liebe, für *die* Artikel haben wir immer Zeit!"
„Also, wo ist er, der Papa?"
„Na wo wohl? Ach ja, das kannst du ja nicht wissen, du Siebenschläfer. Er holt die Zeitung, so wie jeden Sonntag, drüben vom Bahnhof. Er wird gleich hier sein, aber er hat gesagt, wir können ruhig ohne ihn beginnen, falls ihr es schafft, das Zimmer zu verlassen. Kaffee, Franz?"
„Oh ja, bitte!"
„Und? Ihr habt auch ein wenig geschlafen in eurer Hochzeitsnacht, will ich hoffen. Also, wenn ich da an unsere denke..."
„Mama, bitte!"
Die Bertha redet, wenn ihr Gemahl nicht anwesend ist, gerne und viel; in diesen Momenten scheint sie all das los werden zu wollen, was sie in seinem Beisein zurückhalten muss. Dennoch, verwundert mich gerade jetzt vielmehr die Tatsache, dass sie auch um diese Uhrzeit geradezu perfekt in ihrer Erscheinung aussieht, nur der Hut über dem makellos gerichteten Haar fehlt, dann könnte sie in jeder Gesellschaft sofort bestehen.
„Guten Morgen, Kinder!"
„Guten Morgen, Herr Reiter!"

„Ach, Franz, wie oft denn noch?", gibt er seiner Tochter einen Kuss auf die Stirn.
„Sei nicht so obrigkeitshörig, wenigstens in ziviler Kleidung."
„Ja, Andreas", kann ich mir einfach nicht helfen, es klingt falsch in meinen Ohren.
„Also dann, jedem Tag sein Frühstück."
Eine ganze Weile schon sitzen wir, ohne zu sprechen, essend am Tisch, da ergreift er erneut das Wort.
„Na, bevor wir hier in Stille vor uns her kauen, will ich doch lieber eine freudige Nachricht frisch aus der Rieder Zeitung verkünden."
„Papa!"
„Doch, doch, meine Liebe, das solltet ihr wissen. Die Operation gegen England scheint verschoben, der Führer, das steht natürlich nicht, zaudert vor der Eroberung Englands. Warum nur? Ich meine, nach diesem großen Sieg, und das meine ich noch nicht ′mal ironisch, kann die Insel doch im Handstreich genommen werden! So verfügt er über Luftlandetruppen, die ihresgleichen suchen, siehe Narvik. Was meinst du, Franz? Oder aber, er beginnt in Berlin, Fehler zu machen. Warum ließ er so viele engländische Soldaten aus Dünkirchen unbehelligt übersetzen? Dieser Churchill wird niemals mit ihm verhandeln, der bleibt hart, nicht so wie Chamberlain."
„Ich glaube schon, dass wir England angreifen werden", entgegne ich und füge schnell ein „irgendwann" hinzu, um Valerias ängstlichen Blick etwas zu entschärfen, „aber dann ist Schluss!"
„So, meinst du, Franz? An diesem Punkt sind wir schon ′mal gewesen, dann musstest du erneut fort. Ich sage, er verfolgt irgendwelche anderen Ziele, England ist bereits sekundär, also zweitrangig. Dieses Zaudern, das ist doch nicht der entschlossene Führer!"
„Ich habe in Treysa drei A-Tage erlebt, wobei es noch viel mehr gewesen sein sollen. Da hängt viel vom Wetter ab, besonders, wenn's über das Meer geht."
„Der Punkt geht an dich. Trotzdem, ich traue dieser Sache nicht, England unterstützt von den Amis...", denkt er laut vor sich hin, während er die Tasse anhebt.
„Das sind doch alles feige Hunde!", macht mich diese Schwarzseherei

schon wieder wütend, diese und der Umstand, nicht sicher zu sein, wie ich ihn jetzt ansprechen soll.

„Aber vor allem, Franz: *viele* feige Hunde! Nun denn, das werden wir heute nicht lösen können. Tempus ipsum affert consilium. Und die Damen scheinen sich längst zu langweilen."

„Ganz und gar nicht, Papa. Ist A-Tag die Abkürzung für Alarmtag?"

„Nein, mein Kind, für Aufmarschtag."

„Ach, das mussten wir noch nicht lernen. Aber, Papa, der Franz hat das EK erhalten, in Frankreich, und zwar von Guderian persönlich", verschwindet die anfängliche Freude aus ihrem Gesicht, wahrscheinlich mit den aufkommenden Gedanken daran, wie ich es mir erkämpft habe.

„Ich kenne niemanden in Ried, der das nicht schon weiß. Gratulieren werde ich trotzdem nicht, und ich erkläre auch gerne den Grund für dieses schändliche Verhalten. Als sie mir den größten aller großen Orden angesteckt haben, wusste keiner – von mir einmal abgesehen – was hinter mir lag, aber schon gar nicht diejenigen, die dickbäuchig und grinsend bei der Verleihung nebenstanden. Nur zwei Dinge habe ich mir damals geschworen: nie wieder einen Orden anzunehmen, egal, welche Konsequenzen darauf folgen sollten, und nie mehr einem Träger zu gratulieren! Mea culpa, Franz."

Von niemandem kommt ein Einwand, denn jeder am Tisch spürt, dass noch nicht alles gesagt ist, er die Bitterkeit darüber, egal, ob vor einem frisch vermählten Brautpaar oder sonst wem, loswerden muss.

„Aber sie führen ja laufend neue Auszeichnungen ein! Neben den Schwertern jetzt noch das Ritterkreuz des Kriegsverdienstkreuzes, dann noch den Narvik-Schild... alle Achtung, die Herren da oben wissen ihre Helden bei Laune zu halten. Da spricht jetzt leider wirklich der Zyniker aus mir. `Generalfeldmarschall´ Guderian."

„Generaloberst!"

„Nein, Franz, Irrtum! Der ist natürlich, wie viele seiner Zunft, befördert worden! Also der für uns einfach `Guderian´, der wird dieser Tage viel Metall an stolze Brüste junger Männer hängen."

„Vermutlich, Andreas", wirft Bertha ihren Worten diesen warnenden Blick hinterher.

„Ich weiß schon, Liebes, aber man kann doch über die ganzen

Vorkommnisse nicht einfach Stillschweigen bewahren, oder? Ich frage mich, was der Führer wirklich vorhat mit seiner riesigen Armee. Das wüsst' ich zu gern", denkt er wieder laut vor sich hin.

„Das wissen wir nicht."

„Bitte wie? Ach ja, nein, das weiß vermutlich außer ihm niemand. Ein herrlicher Tag heute", hebt er den Oberkörper und seinen Kopf, um durch das Fenster seine Annahme zu bestätigen. „Was steht denn auf dem Plan heute, geht das junge Brautpaar vielleicht mit dem alten hinunter an den See?"

„Das wissen wir noch nicht, Papa."

„Ich werd' dann heimgehen, die Mutter kocht nämlich heute extra einen teuren Braten."

„Einen Braten von der Zilli, da läuft auch mir das Wasser im Munde zusammen, sie soll ihren Max nur ja nicht zu sehr verwöhnen."

„Nur sonntags, Herr...Andreas. Danke für das ausgezeichnete Frühstück, ich werd' dann 'mal gehen, auf Wiedersehen."

Wie ein Befreiungsschlag fühlt es sich noch immer an, wenn ich die gekünstelte – wie ich es für mich bezeichne – Steifigkeit verlassen kann. Auch das Du-Wort an den Hausherren ändert nichts daran alles, jedes kleinste Wort, will bei ihnen überlegt sein; bei uns zuhause kümmert die Ausdrucksweise keinen, weshalb wir in ganz anderen Tönen um Punkt 12 Uhr am Tisch in der Küche bei herrlichem Braten die gestrige Hochzeit besprechen. Jedes Mal, wenn dabei die Sprache auf die wunderschöne Brautjungfer fällt und diese dann nur gequält lächelt, dabei in die Runde sieht und mit eingezogenem Kopf weiterisst, will ich sie fragen, was denn los sei, schrecke aber vor der möglichen Antwort zurück, und so bleibt die Hoffnung aufrecht, es könnte – wie häufig in diesem Alter – reiner Liebeskummer dahinter stecken. Nach einer ganzen Weile zwar, scheint nicht nur mir ihr fröhliches Gemüt zu fehlen und ausgerechnet der Vota fragt, was um Himmels Willen denn mit seiner stummen Tochter los sei, was diese dann nicht mehr die Fassung wahren lässt und sie ganz leise – und gerade deshalb herzzerreißend – zu weinen beginnt. „Betti!", lege ich den Arm um ihre Schulter, „Na los, sag' doch, was hast' denn?" Nur ich scheine den

schwerwiegenden Grund dafür überhaupt ahnen zu können. Alle am Tisch sehen sich an; die beiden Kleinen lachen, aber nur kurz, bis ich sie böse ansehe, womit wir nun alle wortlos um Klärung bitten.
„Dieser blöde Leitdienst."
„Welcher Dienst? Jetzt sag' doch!", scheinen die Mutterinstinkte die Gefahr bereits vorherzusehen.
„Morgen muss ich dorthin."
„So, Betti, jetzt red' gescheit, wohin musst du morgen?", fragt der Vota ruppig, woraufhin sie aufspringt und weinend hinauf in ihr Zimmer läuft.
„Betti!", schreit er, allerdings zwecklos, hinterher.
„Franz, also was soll das jetzt? Du weißt doch sicher Bescheid."
„Die Betti ist zum Jägerleitdienst befohlen."
„Was redest du da? Was ist das?", verliert die Mutter den letzten Rest Lebendigkeit in ihrem Gesicht.
„Wieso um alles in der Welt nehmen die dafür dieses unerfahrene Mädchen?"
„Ihr zwei erklärt mir jetzt sofort, was das soll. Pepi, Max, auf euer Zimmer, auf der Stelle!"
„Sie wird morgen irgendwo im Norden des Reiches mit einer Schulung beginnen, wahrscheinlich ´Objektjagd´, das heißt, einen Scheinwerfer auf die engländischen Jäger und Bomber zu richten lernen."
„Nein, nein, nein!", schüttelt Mutter vollkommen abwesend den Kopf immerzu hin und her. „Nein, alles können sie mir nehmen, aber nicht dieses lebensfrohe Ding. Nein, nein."
„Mutti, horch' zu! Es gibt eine Möglichkeit, wie wir sie da ´rausbekommen, und die Valeria hilft uns dabei."
„Franz!", tätschelt sie regungslos meine Hand, „Franz, lass' gut sein. Dieser Krieg, dieser dumme Krieg nimmt mir alles weg. Nicht nur dich, alles! Das spüre ich, alles, was im Weltkrieg geblieben ist, kommt jetzt weg, dafür hat der Herrgott gesorgt, das weiß ich."
„Geh', Mutti, jetzt red' nicht so ´was! Hör doch…. ach komm, Vota, legen wir sie etwas hin."
Wir legen sie sachte auf die Eckbank keine Träne läuft ihr dabei über das bleiche Gesicht; selten habe ich sie zwar weinen gesehen, aber der Schock dieser Neuigkeit sitzt merklich tief, und leer starrt sie an die

Decke, während ich ihre Beine auf die Bank hebe.

„So, Mutti, da bleibst' jetzt eine Weile liegen. Vota, gehen wir kurz hinaus?", folgt er mir, diesmal rasch. „Du siehst, wie nah' ihr das alles geht und ich will gar net lang' herumreden. Vota, überleg's dir gut mit deiner Freiwilligkeit!", bin ich es diesmal, der die Antwort gar nicht erst abwartet. Entschlossen gehe ich hinein, an der Mutter vorbei und hinauf in den I. Stock wo die Beiden neugierig in der Tür stehen und horchen.

„Wie geht's denn der Mama?"

„Wird schon wieder, keine Angst. Ihr geht's jetzt hinein und schließt die Tür."

Leise öffne ich jene zu Bettis kleinem Zimmer, wo sie in ihrem Lieblingssessel sitzt und über die Felder hinüber zum Pulverturm starrt.

„Betti, wie geht's dir?"

„Ach, Franz."

„Ich hab's ihnen gesagt."

„Danke, Franz."

Zum ersten Mal zeigt sich mir Mutters Gesicht in ihrem – kreidebleich und alles Lebendige daraus verschwunden.

„Da hast'."

Mit zitternder Hand reicht sie mir ein Blatt Papier, abgestempelt am 01. September 1940, mit dem kurz und knapp gehaltenen Verlegungsbefehl.

„Betti, warum wartest' damit so lang, bis zum letzten Tag?"

„Warum wohl, Franz?"

„Ach, Betti", knie ich mich an ihre Seite und lege die Hand auf die ihre, um die Aufmerksamkeit bestmöglich zu bekommen, „hör' jetzt genau zu. Da steht, die Schulung dauert drei Wochen. In dieser Zeit machst du alles nach Vorschrift, verstehst du?"

„Mhm."

„Und vor allem, du unterschreibst nichts, gar nichts, Betti. Hast du das verstanden?"

„Mhm."

„Sieh mich an und versprich mir das!"

„Ja, Franz, ich versprich's."

„Valeria und ich, wir holen dich als angehende Krankenschwester

zurück. Das einzig Wichtige: nichts unterschreiben und Dienst nach Vorschrift! Betti?"
„Ja, Franz!"
„Das ist nur eine Schulung, sonst nichts. Da besteht keine Gefahr, und nach drei Wochen bist du wieder bei uns, das versprech' ich dir jetzt."
„Und meine Freundinnen?"
„Die müssen selber schauen, wo sie bleiben, leider. Und kein Wort zu denen. Alles geschieht für dich überraschend. Wenn die Wind davon bekommen, wird's schwer. Das tut mir wirklich leid, aber es ist so, nach der Schulung folgt bitterer Ernst."
„Gerade deshalb…"
„Betti, der Herr Doktor kann unmöglich drei oder vier von euch anfordern!"
„Aber das sind meine besten Freundinnen, wir teilen alles, jedes Geheimnis… und auch jedes Schicksal", fügt sie leise hinzu.
„Also gut. Mein Gott, Betti, den Sturkopf hast' vom Vota! Ich werde die Valeria fragen, aber denk' d'ran: du kommst sicher von dort weg, für die anderen kann ich nichts garantieren."
„Bitte, Franz, wir müssen alle vier von dort weg. Ach bitte, mach' das möglich!"
„Ich kann es nur versuchen. Es ist momentan aber nichts einfach. Auch wir müssen morgen wieder antreten in der Kaserne und haben keine Ahnung, was uns bevorsteht. Aber dein Weggehen bricht der Mutter das Herz."
Sie beginnt von neuem zu weinen. „Ich dummes Ding, warum nur mach' ich das?"
„Das wird wieder, Betti, ich versprech's."

Zur Standeskontrolle um 6. 30 Uhr steht die ganze Kaserne angetreten, und zwischen Block I und II, die löchrige V. Kompanie vor dem Spieß, der nach einem knappen „Guten Morgen" zur Seite tritt und auf den Hauptmann wartet.

„Männer", kommt dieser ohne Umschweife zur Sache, „ich hoffe, ihr habt euch, und das völlig zu Recht, gut erholt bei euren Familien?"

„Jawohl, Herr Hauptmann!"

„Gut. Zur Zeit gibt es eine Reihe von Spekulationen über unsere Zukunft. Fast täglich gelangen neue Schreiben in diese Kaserne, die nur Tage später wieder als hinfällig gelten. Deshalb gebe ich an euch nur das weiter, was soweit sicher feststeht. In den kommenden Wochen, meine Herr'n", zieht er dabei wie üblich das N in die Länge, „werden die entstandenen Lücken aus dem Ersatzheer aufgefüllt. Ich verlange bestmögliches Eingliedern der neuen Kameraden. Weiters werden wir mit hoher Wahrscheinlichkeit nicht mehr der 45er unterstellt, es werden bereits neue Divisionen aufgestellt. Diese Woche steht ganz im Zeichen der Wiederherstellung. Dazu kann, muss aber nicht, in der Kaserne geschlafen werden. Fragen? Gut, Soldaten, weggetreten."

So schnell ich kann, laufe ich die wenigen hundert Meter hinüber zu unserem Haus, vor dem die Betti um sieben Uhr abgeholt werden wird. Ganz allein steht sie da mit dem alten Koffer vor ihren Füßen und versucht, tapfer zu wirken, was ihr schwer nur gelingen mag.

„Betti!"

„Franz! Was... das freut mich!", legt sie von einer Sekunde zur nächsten den Kummer ab und lächelt, wie früher täglich, ihre junge Heiterkeit geradewegs heraus.

„Ich kann dich doch nicht so gehen lassen. Geht's dir schon besser?"

„Ja, besser schon", sagt sie und verliert dabei den Mut erneut.

„Meine kleine Betti", lege ich die Hände auf ihre Schultern und sehe sie geradewegs an, „keine Angst. Denk' d'ran, ich lass' dich nicht im Stich, niemals! Aber zu niemandem ein Sterbenswörtchen, auch nicht zu deinen besten Freundinnen!", nickt sie daraufhin schwerfällig, hebt sich auf die Ballen und sieht über meiner Schulter den LKW kommen, den ich nur hören kann.

„Also, bis bald. Lass' dich net unterkriegen und schreib' uns möglichst bald."

„Mach ich! Aber du, großer Bruder, passt auch auf dich und deine Vali auf, ja?"

„Natürlich! Bis in drei Wochen dann."

Wir umarmen uns nochmals und sie klettert zu den anderen Frauen – vermutlich ihren ebenfalls unglücklichen Freundinnen – hoch und fährt, bis weit nach hinten winkend, davon.

Eilig laufe ich, nachdem sie verschwunden ist, wieder zurück in die Kaserne. *Wenn der Betti etwas zustoßen sollte, das würde ich nur sehr schwer verkraften.* Wie oft habe ich sie als Kind gerettet, wenn auch aus ungefährlichen Situationen. Nur einmal, da hat sie den Rotlauf bekommen, was mir als erstem und gerade noch rechtzeitig aufgefallen war und vom Herrn Doktor Hitzinger mit einer Spritze behandelt worden ist. Immer war sie meine kleine Schwester, auf die ich ungefragt aufgepasst habe, die mit ihren Problemchen immer zu allererst zu mir gekommen ist – und dann erst zur Mutti ging.

Zwei Wochen sind in Windeseile seither vergangen, zwei Wochen, in denen wir als Waldarbeiter an die umliegenden Bauern zugewiesen wurden, und in denen täglich weitere Leichtverwundete zu uns stießen, um mit anzupacken. In der letzten Woche vor der zu erwartenden Ankunft meiner Schwester müssen sich diejenigen von uns, die bereits die letzten zu fällenden Bäume gelagert haben, in der Kaserne zurückmelden, wobei einige auf Urlaub zurück an die Höfe geschickt werden, ich jedoch nicht. Nervös bin ich vor ihrer Ankunft und vor allem ihrer weiteren Zukunft, um die sich unsere Gespräche zuhause hauptsächlich drehen. Fast täglich treffe ich dafür meine Valerla, ganz egal, wo: vor dem Quartier des BDM, bei ihnen daheim, am See, oder so wie heute vor unserem Haus. Jedes Mal frage ich sie sofort um den unterschriebenen Antrag, so auch heute wieder.

„Franz! Wir haben es geschafft, was sagst du dazu?", nehmen absolut ehrliche Freude und Erleichterung die schon zunehmend größer gewordene Last von ihren Schultern.

„Danke. Gott sei Dank!", küsse ich erleichtert ihre weichen Lippen, ungeniert, mitten am Weg. „Und die Freundinnen?"

„Die müssen leider warten. Er kann immer nur eine anfordern. Die Behörde prüft nämlich ganz genau, ob hier Personen „zweckentfremdet" werden. Deshalb muss er vorsichtig sein, denn, mein geliebter Franz, dadurch haben Ärzte schon ihre Lizenz verloren."

„Ach, ist das alles kompliziert! Und alles wegen ihrer Unterschrift. Manchmal stellt sie sich an... typisch..."

„Was typisch, Franz? Typisch Frau, oder Weib?"

„Nein, Vali, entschuldige. Ich bin nur so nervös, ob das klappt, sonst bricht die Mutter noch völlig auseinander."

„Ich kann mir denken, wie ihr Soldaten redet's untereinander, ich will aber, dass du in meiner Gegenwart etwas überlegst, was mich anbelangt."

„Ja, Vali, ich hab' mich doch entschuldigt. Und du wirst doch nicht abstreiten, dass es einfach nur dumm von ihr war? Aber lassen wir das, morgen ist sie hoffentlich wieder bei uns und bleibt das auch."

„Und du gehst dafür wieder weg!"

„Komm, gehen wir ein Stück. Ja, die Marschbereitschaft muss seit Montag vollständig gewährleistet sein, alles hat in der Kaserne zu schlafen, bis auf die Erntehelfer."

„Hinauf gegen England?" Ungewöhnlich gefasst fragt sie nach dem Ziel, weshalb ich sie genau betrachte, nichts, keine ungewöhnliche Regung in ihrem Gesicht finden kann und daher erwidere: „Es gehen viele Gerüchte. Zuerst aber werden wir nur Manöver abhalten, weil alles umgruppiert wird und viele neue Kameraden hinzukommen."

„Um die Toten zu ersetzen", spricht sie ganz leise, dabei hinüber auf das kleine Dorf unterhalb des auf der Anhöhe liegenden Waldes blickend und dabei vielleicht die dunklen Wolken darüber betrachtend.

Stumm gehen wir auf dem noch vom Vortag feuchten Wiesenweg nebeneinander her, ich möchte nichts beschwichtigen oder sie gar anlügen, und nur eines von beiden wäre jetzt als Antwort möglich.

„Franz, wenn du wieder ins Ungewisse gehst", bleibt ihr Blick in der Ferne, „dann werd' ich nicht einfach daheim warten, jeden Tag deine Eltern besuchen, um – wie du selbst gesagt hast – geschönte Nachricht von euch zu erhalten, das halte ich nicht noch einmal aus."

„Vali, jetzt komm. Das Schlimmste liegt bereits hinter uns. Du hättest

sehen müssen, wie der Engländer davongerannt ist, das wird wahrlich ein kurzer Spaziergang gegen das, was hinter uns liegt. Und dann, Valeria Ruth Meyer, dann war's das, für immer!"
„Trotzdem, du gehst weg und lässt mich hier allein, im Stich."
„Du tust ja g'rad so", ziehe ich sie an mich heran, „als ob es meine Entscheidung wäre."
„Ach, Franz, ich weiß, aber wie soll das weitergehen? Was, wenn… wenn auch du fällst?"
„Dann, Frau Meyer, ist Ihnen die Witwenpension sicher", lache ich über den Scherz, den sie allerdings gar nicht komisch findet und zu weinen beginnt.
„Na komm!", drücke ich sie, ihren Körper ganz fest umarmend, während sie kräftig schluchzt und am ganzen Körper zittert. „Vali, ich hab' dir doch bei unserem letzten Abschied versprochen, dass ich wiederkomme, und das verspreche ich erneut, von mir aus heute schon. Wir, meine Gruppe und ich, wir wissen, was wir zu tun haben."
„Dieser verdammte Krieg, Franz. Ich habe Angst, dass mein Vater recht behält."

Am 18. Dezember erhalten wir aus heiterem Himmel Befehl, nach Döllersheim zu verlegen. Die gesamte, sich im Aufbau befindliche Division wird dort aufgestellt und aufgefüllt. Gleich in derselben Stunde packen wir alles zusammen und treten mit den schweren Tornistern am Platz zwischen Block I und II im nassen Schnee an.
„Also, meine Herren. Die Vorausabteilung ist bereits auf dem Weg, wir folgen in geordneter Marschformation, dabei bleiben die Tornister hier. Ich kann euch nicht versprechen, dass alle von euch Weihnachten bei ihren Familien verbringen können. Achtung!"
„Scheiße, jetzt geh' ich keine 200 Meter an unserem Haus vorbei und die merken es nicht einmal."
„Ja, Franz. Ich kann mich auch nicht von meiner Freundin verabschieden."
„Wenn du eine hättest, Sepp."
„Doch, die Fünf-Finger-Anni, ein ganz tolles Weib. Immer willig, treu, und vor allem: sie hält das Maul", lachen natürlich alle über sein derbes

Gerede. Mir fällt sofort ein, wie Valeria darüber denkt, aber so ist es wahrscheinlich in jeder Armee, in der ja die Männer unter sich sind.
„Aber, Sepp", schreit Klaus nach vorne, „die kannst du doch sowieso überall mit hin nehmen."
Nach einer Stunde, bei normalem Marschtempo, erreichen wir die Donauschlinge, wo wir an dessen südlichem Ufer – einer steilen Anhöhe – bei einsetzendem Schneefall Rast machen, während der Pionierzug beauftragt wird, eine notdürftige Brücke darüberzuschlagen.
„Die müssen da im eiskalten Wasser stehen und weiter östlich gibt es eine schwere Brücke."
„Damit bleiben sie in Übung, bin ´mal gespannt, wie lange die Jungs brauchen."
Wir sehen ihnen dabei zu, wie sie versuchen, an einer strömungsarmen Stelle Pfeiler in den Grund zu rammen. Auch die Kommandantur beobachtet sie dabei genau, deutet laut diskutierend herum und wartet die Entwicklung ab. Die Donau, mit ihrem langsamen Dahinschieben, ist von hier oben aus gut einzusehen, wie sie an dieser Stelle ein einzigartiges Kunststück vollbringt: sie ändert genau hier für ein kurzes Stück ihre Richtung, fließt wieder zurück nach Westen, und entschloss sich vor tausenden von Jahren, und nach nur wenigen hundert Metern, weiter nach Osten zu fließen. Unser Lehrer Böck hat beinahe jede Sachkundestunde davon gesprochen, aber genau vorstellen konnte ich es mir bis heute nicht. Beeindruckend knickt sie hier nach hinten, und genau in dieser engen Kurve stehen die winzig wirkenden Männer in brusthohen Gummianzügen und ebenso hohem Wasser.
„Das muss die Härte sein, was, Leute?"
„Gottseidank wurde ich bei denen nicht genommen."
„Du wolltest zu den Pionieren, Hannes?"
„Ha!", lacht der Sepp abschätzig und es bleibt still. Die Berge weit im Süden sind durch den leise fallenden Schnee nicht mehr sichtbar. Mehr und mehr werden wir von dichten Wolken umhüllt, steht das ganze Bataillon abgeschottet auf der Anhöhe und wartet, in der dadurch entstandenen eigenartigen Stille.
„Sieh sich das einer an, die Teufelskerle haben schon über die Hälfte! Da brat' mir einer einen Storch! Und das bei diesem Wetter."

Das andere Ufer ist von hier oben bereits nicht mehr erkennbar, als es heißt: „Alles auf, Abmarsch!"

Nur das Fußvolk darf hinüber. Einer dem anderen folgend, schreiten wir langsam über das wackelige Gerüst. Wer da heute hineinfällt, ist arm dran.

„Na, scheißt nicht in die Hose, ihr Schützen. Sogar ein Geländer haben wir euch gebaut, das hält", begrüßen uns die Erbauer stolz, einige davon nackt im Schnee stehend und ihren Körper damit einreibend.

„Gut gemacht, Kameraden."

„Danke. Gelernt ist gelernt. Schad' nur, dass wir sie sofort wieder sprengen müssen."

„Weiter, vorwärts, Männer, wir haben noch viel vor heute! Rasch die Anhöhe hinauf!"

Auf dieser angelangt, kann der breite Fluss unter uns nur mehr erahnt werden. Dichte Nebelfelder setzen sich im Tal ab, als plötzlich kleine grelle Blitze durch sie hindurchfahren und es gleich danach drei Mal laut kracht, was ein Echo nach kurzer Pause wiederholt.

„Diese Pioniere! Drei Ladungen für das Brücklein da! Los, weiter! Kommt schon, habt ihr noch nie eine Explosion gehört?"

„Doch, aber kein Echo, Herr Unterfeldwebel."

„Ich geb' euch gleich ein Echo! Los, weiter!"

„Warum ist denn der Slidez so mies gelaunt, hat ihn seine Alte nicht gelassen?"

„Ach, der muss nur wieder den Vorgesetzten spielen, hier, so ganz ohne Kampf."

Stunde um Stunde marschieren wir weiter in Richtung Nordost, durch ständig tiefer werdenden Schnee, und die ersten Kameraden beginnen auszufallen. Auf Höhe Linz dann klart der Himmel mit einem Mal auf und wir verlassen von einem auf den nächsten Schritt die weiße Wand und treten aus ihr heraus in die Sonne. Ganz deutlich ist Linz von hier aus zu erkennen. Der berühmte Dom ragt den Turm noch in ein Wolkenfeld, dahinter fahren Züge in den großen Bahnhof.

„Männer! Ab jetzt Formation genau einhalten, wir werden kontrolliert!"

Den riesigen Truppenübungsplatz haben wir längst in befohlener Formation erreicht, als tatsächlich ein Jäger in gedrosseltem Tempo

über uns hinwegbraust, zuerst nach vorne zieht, dann in weitem Bogen umdreht und später nach hinten weg. Eine ganze Stunde brauchen wir in verlangsamtem Tempo noch bis zu unseren engen Quartieren, vor denen die Quartiermeister bereits auf uns warten, und sogleich Führer, Unterführer und die Mannschaft dem Block C zuteilen. „Das ist mein Bett!"
„Ja, ja, schon gut, Sepp!"
Lediglich drei Zimmer weiter als damals bei den Manövern hier vor Polen, räumen wir die Spinde ein, reinigen das Gewehr und wechseln die von innen und außen durchnässten Uniformen.
„Wann waren wir eigentlich hier? Damals vor zwei Jahren, oder?"
„Blödsinn! Letztes Jahr im Februar. Könnt's euch erinnern? Ach Gottchen..."
Keinem fällt es leicht, über die gefallenen Kameraden zu reden, alle behalten lieber Stillschweigen über sie.
„In fünf Minuten: Abendessen!", schreit der Charge durch den Gang.
„Ich hoffe bloß, dass wir Weihnachten heim dürfen. Nochmal will ich nicht irgendwo sein an Heilig Abend."
„Willst' mit deiner Vali zusammen sein? Wie geht's in der frischen Ehe? Ist sie auch so treu wie meine Anni?"
„Geh, Sepp!", springt mir Richard zur Seite.
„Mein Gott, seid ihr alle humorlos geworden bei euren Weibern! Aber glaubt's mir eines, den werden wir noch brauchen, den guten alten Landserwitz."
„Dass wir uns nicht verabschieden haben dürfen, das ist doch ungeheuerlich! Sag' jetzt keinen Scheiß, Sepp!"

Gemüsebrei und ein kleines Stück Rindfleisch – aber wenigstens heiß serviert – essen wir überraschend langsam auf.
„Meine Herren!", steht der Hauptmann vorne an seinem Tisch und wartet kurz. „Es freut mich, dass nur wenige marschkrank geworden sind und wir dadurch beinahe vollständig hier in Döllersheim eintreffen konnten. Es gibt einige Neuigkeiten. Wie ihr bereits wisst, werden hier am Tüpl neue Divisionen aufgestellt und unser Bataillon wird dabei Teil der 100sten, leichten Infanteriedivision und bleibt zusammen mit ihren

Schwestern, 97ste, 99ste, 101ste, der 2. Armee unterstellt. Unser Kommandant steht ebenfalls fest, es handelt sich dabei um den hochdekorierten Generalleutnant Werner Sanne, der in den nächsten Tagen hier eintreffen wird. So wie jede neue Einheit, benötigt auch diese ein eigenes taktisches Zeichen, und dieses wird im Zuge eines Wettbewerbes auserkoren.

Jeder Soldat hat die Pflicht, seinen Vorschlag bis zum 21. Dezember um, sagen wir, 18 Uhr einzureichen, verstanden?"

„Jawohl, Herr Hauptmann!"

www.ingramcontent.com/pod-product-compliance
Lightning Source LLC
Chambersburg PA
CBHW031247230426
43670CB00005B/73